제3판 경영과학

제3판

경영과학

Management Science

— 기초부터 심화까지

홍성필 지음

율곡출판사

제3판
들어가는 글

Management Science
third edition
Preface

개정판의 부족한 점을 보완하기 위한 목적으로 3판을 썼다. 선형계획 장에서는 왜 피봇 작업이 선형계획문제를 다르게 만들지 않는지 구체적으로 설명하여 독자가 심플렉스 해법 타당성을 좀더 명확히 이해할 수 있도록 하였다. 네트워크 모형 장에서는 최소비용흐름문제를 푸는 음수회로 알고리듬을 네트워크 심플렉스 알고리듬 전에 새로 넣어 최소비용흐름문제의 일반적인 접근법에 대한 이해를 도모하였다. 이런 과정에서 앞의 최대흐름문제에서 도입한 잔여흐름네트워크를 사용해 알고리듬을 기술하여 최적화문제 간의 연관성을 강조하였다. 또한 다품목 최소비용흐름문제를 별도의 부절을 통해 소개하였는데 이는 교통을 비롯한 다양한 분야에서 이러한 모형이 발생하기 때문이다. 정수계획 및 조합최적화 모형 장에는 최근 강의에서 사용한 프로젝트 문제를 첨가하였고, 수강생의 리포트 중에 우수한 것을 하나 선정하여 절로 삽입하였다. 독자들에게 좋은 참고가 될 것으로 믿는다. 자신의 리포트를 본서에 게재하는 것을 허락해 준 Max Kapur 학생에게 감사한다. 비선형계획 장에서는 이론적 성질이나 최적조건의 설명을 많이 다듬었다. 수리적으로 엄밀하지 않은 증명 하나를 엄밀하면서도 좀더 간결한 증명으로 대체할 수 있는 기회를 가지게 되어 만시지탄을 면하기 힘들지만 안도가 되기도 한다. 비선형 알고리듬 부분도 설명을 상당히 보완하였다. 끝으로 게임이론 장에서는 현재 발전을 지속하고 있는 게임 메커니즘 디자인의 개념을 별도의 부절을 도입하여 설명하였다.

현재 우리 사회는 데이터의 추출과 학습을 바탕으로 인공지능이 발전을 거듭하고 있으며, 이들이 모빌리티나 가상공간 등에 본격 구현되면 여러가지 맥락에서 인류의 삶을 이끌어 가게 될 것으로 전망된다. 최적화는 이러한 인공지능의 엔

진으로서 그 역할을 담당하고 있다. 그러나 이보다 더 중요한 것은 과거에는 존재하지 않았지만 새롭게 가용하거나 신뢰성이 향상된 데이터가 모형의 신뢰성을 제고하여 최적화의 본질적인 역할을 가능하게 할 것이라는 것이다.

3판이 가능했던 것은 필자에게 넘칠 만큼 출중한 박사과정 학생, 임세호와 이민희가 있기 때문이다. 그들의 피드백은 강의에 항상 큰 도움이 되었다. 특히 프로젝트와 연습문제 중에는 이 두 사람이 만든 것들이 있다. 이를 사용하도록 허락해준 두 사람에게 감사한다.

2022년 7월

관악캠퍼스에서

홍성필(sphong@snu.ac.kr)

제2판
들어가는 글
Management Science
second edition
Preface

경영과학은 세 가지 측면을 가진다. 방법론으로서의 경영과학, 경영원리로서의 경영과학, 그리고 전략으로서의 경영과학이 그것이다. 그 순서대로 경영과학을 사용하는 심화단계라고 할 수 있다. 그리고 현재 경영과학의 세 가지 측면 중에 뒤의 두 가지가 강조되고 있는 추세이다.

그러나 이러한 시류 속에서도 경영과학 교육이 염두에 두어야 할 것이 있다. 방법론으로서의 경영과학이 충분히 갖춰질 때 다른 두 가지 측면의 경영과학이 더 풍부해진다는 것이다.

본서는 경영과학을 깊이 있게 공부하는 학부생과 경영과학에 입문하는 대학원생을 위한 겸용 교재이다. 경영과학의 기초부터 심화된 단계까지 포함하고 있다. 그러나 특정 분야에 대한 사전 지식을 요구하지 않는 '스스로 갖춘' 교재로 만들려고 노력하였다. 필자는 실제로 경영학과와 산업공학과 모두에서 강의를 해왔으며, 이 교재는 그 강의록에 바탕을 두고 있다. 그렇다고 해서 이 책의 내용을 익히는 데 논리적이고 체계적인 사고가 필요하지 않다는 것은 아니다. 경영과학의 방법론적인 특성을 생각할 때, 이는 오히려 필수적인 것이며 이 교재가 그러한 능력을 배양하는 기회를 제공할 것이라고 믿는다.

초판을 내고, 여러분의 경영과학 전공 교수님들로부터 피드백을 받았다. 감사하게도 좋은 평가였다. 특히 본서의 내용 구성과 지향하는 방향에 대해 지지를 받은 것이 격려가 되었다.

학제적 학문이라는 것은 경영과학의 본질이다. 이는 경영과학의 기원과 발전 과정을 보면 쉽게 이해할 수 있다. 앞으로도 경영과학이 해결해야 할 현실의 문제들은 몇 개의 모형이나 해법으로는 감당할 수 없을 정도로 더 다양해질 것이다.

'도라고 말하면 이미 도가 아니다' 라고 했던가. 경영과학은 노장의 역설적 명제를 생각하게 한다.

따라서 바람직한 경영과학 교육은 학생들이 기존의 모형, 방법 그리고 응용 예들을 깊이 있게 이해하도록 할 뿐 아니라, 이로부터 새로운 문제에 대한 접근법을 이끌어낼 수 있도록 하여야 한다. 경영과학 교재는 하나의 현실 문제를 최적으로 해결하기 위해 고려해야 할 다양한 측면들과 그 연관성을 충분히 다루어야 한다는 것이다.

필자는 이러한 인식을 견지하며 이 책을 썼다. 경영과학을 이해하기 위한 내용이라면 분야를 구별하지 않고 필요한 깊이만큼 다루었다. 그래서 본 교재를 사용하기 위해서는 독자에 따라 학습에 상대적으로 많은 시간이 소요될 수도 있다고 생각한다. 하지만 충분히 보상을 받는 시간이 될 것으로 생각한다.

그러나 이러한 점들 이전에, 제2판의 주된 목적 중에 하나는 초판의 몇 가지 결함을 해소하는 것이다. 저자가 아닌 강의교수의 관점을 유지하면서 본서를 뜯어 보았다. 그 결과 명백히 필요한 설명이 누락된 곳을 여러 곳 발견하였다. 새 판의 늘어난 분량 중, 상당 부분은 이에 관한 것이다. 나머지 증가 분량은 대부분 비선형과 게임이론에 해당한다.

비선형은 시작하는 학생들이 상대적으로 더 어려움을 느끼는 분야이다. 기울기 벡터와 같은 기초 개념에 대한 충실한 이해를 바탕으로 해법의 원리인 개선방향과 더 나아가 KKT 최적조건에 대한 이해를 도모하였다. 게임이론은 초판에 비해 내용이 가장 많이 바뀌었다. 좀더 체계적인 서술을 위해 다루는 주제들의 순서를 변경하였다.

그리고 이 두 분야의 새로운 연구들을 추가로 반영하였다.

예를 들어, 공급사슬 협력에 대해 훌륭한 직관을 제공하는 연구 결과들이 지난 십 수년간 축적되었다. 이 연구들은 초판에서 비선형계획 응용 예로 다루었던 '붕어빵 만들기' 모형을 기반으로 하기 때문에, 연속성을 가지고 제2판에 추가할 수 있었다. 특히 대학원생들이 공급사슬 개념이나 이에 대한 수리모형을 익히는 데 유용하리라고 생각한다.

게임이론의 경우, 응용 예로 라우팅 게임 그리고 워드롭 균형 등을 포함하였다. 이들은 교통공학의 기본 개념이기도 하고, 또한 제로섬게임과 더불어 균형을 최적화를 통해 구할 수 있다는 것을 보여주는 좋은 예가 된다.

최근 외국의 모 대학의 게임이론이 경제학과 공학분야 교수의 공동 강의로 구성된 것을 보았는데, 이는 본서의 게임이론 구성과도 부합한다.

또한 본 교재 사용에 도움이 되기 위해 제2판에서는 연습문제의 삼분의 일 정도의 해답을 부록으로 제공하였다.

가르치기 위해 쓰는 일은 하면 할수록 즐거움과 무거움이 동시에 커진다. 많은 문장들을 되쓰고, 독자들이 이해하기 편하게 만들려고 노력하였지만 아직 만족스럽지 않다. 책 내용에 대한 피드백은, 좋은 것이든 나쁜 것이든, 무엇보다도 감사한 일이다.

특히 졸저를 좋은 평가로 격려해 주신 경영과학 분야의 여러 교수님들께 깊은 감사를 드린다.

마지막으로 제2판의 내용을 꼼꼼히 읽고 연습문제 해답을 정리해 준 경영과학/최적화 연구실 제자들, 김경민, 옥도헌, 이수빈, 고석준, 김종은, 김태균, 김도원, 황준하 군, 여러 가지 의견을 준 학부생 김영근 군에게 고마움을 전한다. 이들은 원고를 거의 끝내 놓고도 마무리를 못해 출간을 차일피일하던 나의 게으름에 동력을 준 사람들이다.

2014년 2월

관악캠퍼스에서

홍성필(sphong@snu.ac.kr)

초판 들어가는 글

Management Science
first edition
Preface

경영과학은 멋진 학문이다. 인간의 의사결정을 과학적으로 최적화하는 경영과학에는 목적의 실용성과 방법의 완벽성을 동시에 추구하는 이상이 들어 있다. 그 응용의 넓이는 생산 및 물류, 운송 및 교통, 정보 통신, 금융, 공공부문 등을 아우르고, 그 방법의 깊이는 수학, 컴퓨터 과학 등에 닿는다.

구체적으로 말해 경영과학은 현실 의사결정문제를 수리모형화하고, 그 해법을 개발하며, 마지막으로 해법이 제공한 해를 의사결정에 적용하는 일체의 과정이다.

경영과학이 현실 문제를 풀기 위한 학문이라는 것을 먼저 강조해야겠다. 경영과학의 적용 분야는 점점 넓어지고 있다. 필자도 이 교재를 다듬은 최근 몇 년간, 모바일 네트워크 서비스 품질 보증 문제와 KTX 열차 스케줄을 위한 차량 할당 문제, 열차 경합 해소 문제 등을 수리 모형으로 만들고 그 해법을 개발하는 연구를 수행하였다. 따라서, 다양한 현실 문제들을 열린 자세를 가지고 해결하려는 자세는 경영과학의 진정한 시작이다.

한편 경영과학은 과학적 방법론에 의지하기 때문에, 수리적이고 계산적인 요소가 강하다. 현실 문제를 논리적으로 재구성하여 수리적으로 모형화하는 능력이 필요하며 동시에 의사결정이 적시에 가능하도록 모형을 효율적으로 푸는 해법을 개발하는 역량도 중요하다. 댄직(G. B. Dantzig)은 1947년 선형계획 모형을 정립하고 이를 푸는 심플렉스 알고리듬을 발견하여 경영과학의 효시가 되었다. 현재에도 새로운 응용분야를 위한 수리모형 정립과 효율적 해법을 개발하는 것은 경영과학의 가장 중요한 연구 과제이다. 따라서 경영과학의 커리큘럼은, 해법 개발 능력까지는 아니더라도, 최소한 모형의 구조에 맞는 해법의 중요성에 대한 인식을 제공해야 한다.

경영과학의 또 다른 명칭이라고 할 수 있는 최적화 또는 수리계획은 수학의 한 분야로 자리잡고 있다. 경영과학 해법 속에 담긴 수리적이고 기하적인 원리들은, 그 자체로서 깊이와 아름다움를 갖고 있어, 이론적 토대를 중시하는 대학 강의에 적합한 주제라고 필자는 믿는다.

문제는 한 학기의 제한된 강의 시간에 어떻게 경영과학의 두 가지 요소를 균형 있게 배합하여, 임계치 이상의 학습효과를 거두는가 하는 것이다. 필자는 이를 위해 다음과 같은 강의 방식을 취하고 있다.

첫째, 학기당 세 개 이상의 경영과학 모형 응용 프로젝트를 수행하도록 한다. 이 프로젝트 문제들은 학기 초에 공개되어 학생들이 경영과학의 모형들을 배우면서 충분히 생각할 수 있는 시간을 갖게 한다. 이 문제들은 실제 응용 예를 작은 크기로 수정하여 대형 문제에 필요한 상용코드가 없어도 풀 수 있도록 만든 것이다.

둘째, 경영과학의 다양한 해법들을 균형 있게 다루는 것이다. 전통적으로 반 학기를 넘게 할애하던 선형계획 심플렉스 해법 강의는 그 원리를 전달하는 수준으로 하고, 현대 시스템에 중요한 네트워크와 정수계획법의 비중을 늘렸다. 응용 실습에는 스프레드쉬트 해법이나 'Xpress-MP' 같은 상용 코드를 사용하였다.

그러나 경영과학의 해법 강의는 단순한 나열을 넘어 그 상호 연관성을 이해하도록 해야 하며, 이를 위해 필요한 이론적 깊이를 피할 수 없다고 생각한다. 예를 들어, 네트워크 흐름 모형은 선형계획의 특수한 경우이기 때문에 효율적인 해법이 가능하다는 것, 선형계획을 정수계획 해법 개발을 위해 완화 모형으로 사용할 수 있다는 것, 문제의 볼록성(convexity)과 효율적인 해법의 가능성과 밀접한 관계를 가지고 있다는 것 등을 이해하는 것은 현실 문제를 풀기 위해 적절한 솔루션을 찾는 실용적 목적을 가진 이들에게도 유용한 지식이다.

그리고 우리의 의사결정문제 중 정확한 최적해를 빠른 시간에 구하는 것이 근본적으로 불가능한 문제들이 존재한다는 사실은 이론뿐 아니라, 자신의 문제를 위해 해법을 선택하는 경영과학 사용자들에게도 플러스가 된다. 'NP-hardness'라고 부르는 이러한 개념은 계산과학에 기초하고 있기 때문에 비전문가들에게는 어려운 짐이라고 생각할 수 있지만, 계산과학 용어에 의존하지 않고 경영과학의 모형 간의 관계를 사용하여도 직관적으로도 충분히 설명이 가능하다. 따라서 대학원 강의에서는 이를 포함하는 것이 적절하다고 본다.

본서는 필자가 지난 15여 년 동안 중앙대학교 안성캠퍼스 상경학부와 대학원 경영학과, 그리고 서울대학교 산업공학과에서 해온 경영과학 또는 경영과학개론 강의 과정에서 생겨 났다. 유명 원서들을 사용하기도 했지만, 보기만 해도 질리는 1,000페이지에 가까운 분량에 비해 내용의 상호연관성(coherence)이 충분하지 못하다는 느낌을 많이 받았다. 그리고 스프레드쉬트 해법에 전적으로 의존하는 몇몇 원서들은 경영과학이 지향해야 할 궁극적인 방향은 아니라고 판단했다. 특히 대학원 경영과학개론에 적합한 교재를 찾기가 힘든 실정을 감안하여 대학원 강의에도 사용할 수 있는 책을 만들어 보기로 하였다. 별표 '*' 가 붙어 있는 절이나 연습문제들은 대학원 강의에 적합한 것들이며 학부 강의에서 생략해도 연속성에 지장을 주지 않는다.

마지막으로, '언어는 문화' 라고 하였다. 글로 쓸 때와 말로 할 때 지나치게 차이가 나지 않는, 분명하고 간결한 글을 만들려고 노력하였다. '생각된다' 같은 다소 부주의한 피동형의 문장에서부터 '이러한 의심을 가능케 하는 것도 사실이다' 같은 애매모호하고 되먹지도 않은 '먹물 문장' 은 피하리라 마음먹었다. 그러나 시간에 쫓겨 되쓰는 것을 소홀히 한 문장들이 아직도 너무 많다. 마땅치 않거나 틀린 내용을 지적해 준다면 그보다 고마운 일이 없겠다.

오자를 지적해 준, 서울대학교 산업공학과 박은정, 최준영 학생에게 감사한다. 강의 노트 보완을 도와 준, 서울대학교 대학원 산업공학과 최적화 연구실 그리고 수리계획 연구실의 제자들에게 감사한다. 남우진, 김지영, 민윤홍, 송호석, 권순우, 그리고 정재한 학생에게 감사한다. 김형석 그리고 송호석 군은 선형계획의 Xpress-MP 부분의 초고를, 서용일 군은 선형계획 프로젝트 문제 초고를 만드는 데 도움을 주었다. 네트워크 부분은 이수빈 군이 탈고를 도와주었다. 특히 지하철 환승 네트워크 그림은 이군이 준비해 주었다. 정수계획부분은 박지혜 양이, 게임이론 부분은 이준호 군이 수정에 많은 도움을 주었다. 박사과정 민윤홍 그리고 박명주 군과는 비선형계획의 알고리듬 원리 부분을 어느 정도까지 다룰 것인가를 토의하였으며 이들의 의견이 반영되었다. 이들의 돕는 손이 없이는 이 책은 불가능했다.

안성 내혜홀에서

2004년 2월 초고, 2005년 2월 수정

관악캠퍼스에서

2005년 8월, 2006년 8월, 2007년 8월, 2008년 8월, 2009년 8월, 2010년 1월 수정

홍성필(sphong@snu.ac.kr)

차 례

Management Science
third edition
Contents

제3장 선형계획의 여러 가지 응용

제4장 네트워크 모형

제5장 정수계획 및 조합최적화 모형

제6장 비선형계획

제7장 게임이론

경영과학, 모형, 그리고 해법

1

Chapter One

경영과학이란 무엇인가? 경영과학은 왜 모형을 사용하는가? 그리고 효율적인 해법 또는 알고리듬은 왜 중요한가? 이러한 질문들을 살펴보자.

1 경영과학이란?

경영과학은 세 가지 측면을 가지고 있다.

- **방법론**(methodology) : 의사결정 문제를 모형화하고 해법을 통해 최적 대안을 찾는다. 모형은 의사결정 사항을 나타내는 결정변수, 결정변수가 만족해야 하는 제약조건, 그리고 가능한 의사결정이 우리에게 주는 비용 또는 이익을 나타내는 목적함수로 이루어진다. 이러한 모형의 구조를 연구하여 최선의 결정변수 값을 찾는 해법을 개발하는 것이다. 수리적인 측면이 강조되면 **최적화**라고 부르기도 한다.
- **원리**(principles) : 경영과학의 방법론은 다양한 문제에 공통적으로 적용할 수 있는 최적화 원리를 드러내 준다. 규모의 경제(economies of scale), 위험분산(risk pooling) 등 구체적인 데이터가 없어도 선험적으로 의사결정에 적용할 수 있는 것들이 그 예이다.
- **전략**(strategies) : 목적함수 값을 증대시킬 수 있도록 문제 자체를 재정의하는 가장 상위의 접근법이다. 지연전략(postponement), 수익관리(revenue management), 중앙통제 또는 분산자율시스템(central vs. autonomous system), 게임구조설계(game mechanism design) 등이 그 예이다.

이 중에서도 방법론으로서의 경영과학은 가장 기본이 되며, 이를 바탕으로 뒤의 두가지 측면이 진화한다.

캠브리지 철학사전에 의하면, 방법론이란 철학 중에서 세상에 관해 상정된 진리에 이르는 방법들을 탐구하며 또한 그러한 방법론의 제기된 타당성을 비판적으로 분석하는 분야를 의미한다. 이러한 철학적 정의는 경영과학에서도 타당성을 가지고 있다. 여기서 말하는 방법론이란 경영과학의 모형화와 해법이 대응된다고 볼 수 있다. 모형화의 개념을 이해하기 위해 다음과 같이, 연결 마디가 자유롭게 각을 이루도록 다섯 조각의 철사를 연결한 체인을 보자.

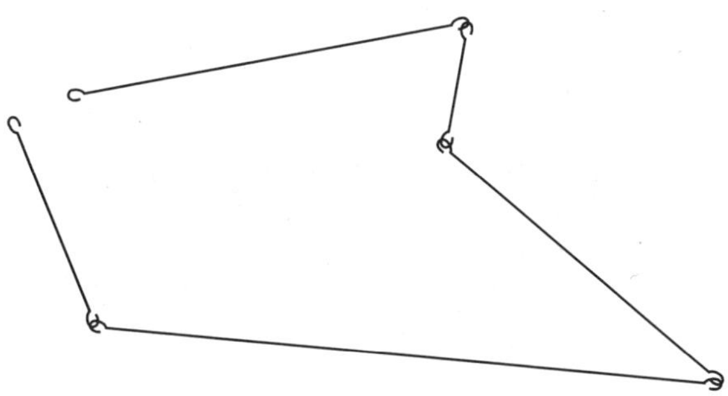

〈그림 1.1〉 체인

체인의 양 끝을 고리에 걸면 그 모양은 어떻게 될까? 이 문제를 다음과 같은 세 가지 단계로 접근해 보자.

먼저, 찾아야 하는 것이 무엇인지를 명확히 하고 이를 변수로 나타낸다. 체인의 모양은 마디들의 위치에 의하여 결정된다. 따라서 체인 마디들의 위치, 즉 여섯 개의 2차원 좌표들을 결정하면 된다. 이는 실수 값을 갖는 12개의 변수로 나타낼 수 있다. 이를 결정변수라고 한다.

우리가 정해야 하는 사항이나 값들을 결정변수로 나타내면, 그것들이 반드시 만족해야 할 조건들이 있다. 첫째, 양 끝 마디의 좌표는 각각 두 개의 고리의 위치와 일치해야 하고, 둘째, 두 마디 사이의 길이는 해당 철사 조각 길이와 같아야 한다. 이를 제약조건이라고 한다. 제약조건은 체인의 가능한 모양의 집합을 결정한다.

자연은 정지해 있는 물체의 위치 중에서 위치에너지를 가장 작게 하는 것을 선택한다. 즉, 체인의 모양은 위의 제약조건을 만족하는 것 중에서 그 위치에너지가 최소화되는 것이다. 위치에너지란 물체의 무게와 무게 중심의 (미리 정한 기준선으로부터의) 높이를 곱한 값이다. 우리 체인의 위치에너지는 다섯 조각 철사 위치에너지의 합이 되며, 각각의 철사 조각의 위치에너지는 철사 조각의 중점과 중점의 높이의 곱이 된다. 따라서 위의 두 가지 제약조건을 만족하는 마디 좌표 중에서 철사 조각의 위치에너지의 합을 최소화하는 것을 찾으면 된다. 이때, 위치에너지 최소화를 목적함수라고 한다.

정리하면 체인의 모양을 결정하는 문제는 다음의 세 가지 요소로 기술할 수 있다.

- **결정변수** : 체인의 모양, 즉 여섯 마디들의 2차원 좌표.
- **제약조건** : 체인의 양 끝은 고리의 위치와, 두 마디 사이의 길이는 해당 철사 조각의 길이와 일치.
- **목적함수** : 체인 위치에너지의 최소화.

여섯 개의 2차원 좌표를 나타내는 결정변수를 정하면, 제약조건과 목적함수는 2차 방정식과 선형 함수로 나타낼 수 있다. 앞으로 배울, 경영과학의 비선형계획법 알고리듬을 사용하면 위 문제의 해를 구할 수 있다. (많이 사용하고 있는 스프레드쉬트 프로그램에는 크지 않은 비선형문제를 풀 수 있는 알고리듬이 내장되어 있다.)

우선 실험을 통하여 이러한 접근법이 문제를 실제로 푸는지 확인해 보자. 길이가 26.5, 50.5, 34, 19.5, 그리고 41.5센티미터인 철사 다섯 조각을 순서대로 연결하여, 120센티미터 간격의 두 개의 고리에 걸어 보자. 이들은 문제 입력 데이터이다.

〈그림 1.2〉의 첫 번째 그림은 알고리듬으로 푼 결과를 2차원 평면에 그린 것이고, 두 번째 그림은 실제 실험으로 얻은 모양을 알고리듬 결과와 비교한 것이다. (물론, 약간의 실험 오차를 감안하면, 두 모양은 일치한다.)

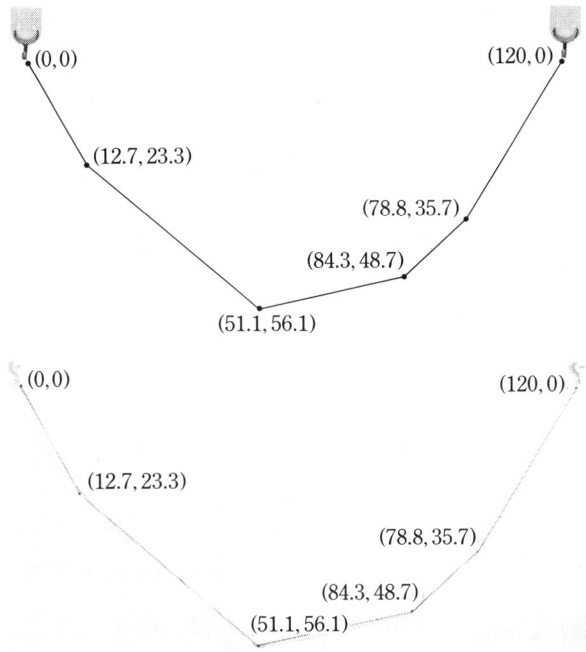

〈그림 1.2〉 경영과학 기법을 사용하여 추정한 체인의 모양과 실제 실험 결과

필자는 최근 몇 가지 경영과학 응용 과제들을 수행하고 있다. 이 중 하나는, 철도 네트워크에서 고장 또는 사고의 여파로 전체 열차의 정상적인 운행이 중단되었을 때('경합이 발생한다' 고 한다), 이를 어떻게 정상 운행으로 되돌리는가 하는 문제이다. 이는 다음과 같이 기술할 수 있다.

- **결정변수** : 새로운 열차 스케줄.
- **제약조건** : 진행 중이던 여객 및 화물 열차 수송 완수, 동일 선로 상의 연속한 두 열차 사이의 안전 시간 간격과 같은 안전 운행 규정 등.
- **목적함수** : 원래 스케줄과 새로운 스케줄의 열차 도착시간 차이에 의한 승객 지연 시간의 최소화.

이러한 모형을 수립하기 위해서는 철도 네트워크, 현재 운행 또는 운행 예정 중인 열차들의 구체적인 스케줄, 그리고 안정 규정에 관한 데이터 등이 필요하다.

두 번째는 상수도 공급에 관한 문제이다. 취수원으로부터 물을 끌어, 정수 과정을 거친 후 수요지까지 송수하기 위한 관으로 구성된 네트워크를 생각해 보자.

현업에서는 이를 '관망' 이라고 한다. 관망의 중요한 지점 중에는 펌프장들이 있다. 이곳에서는 여러 대의 펌프를 조합하여 관망 내의 물의 흐름에 에너지를 공급하여, 각 수요지에서 요구하는 유량을 확보한다. 이때 펌프들을 어떻게 작동하는가에 따라, 각 수요지에 확보되는 유량과 펌핑에 소요되는 에너지 수준이 달라진다. 관망 펌핑 스케줄 최적화문제는 다음과 같이 기술할 수 있다. 우선 입력 데이터로 예측 수요, 관망구조, 펌프 밸브 정보, 수리역학(hydraulic) 파라미터, 시간별 전기요금 등이 필요할 것이다.

- **결정변수** : 각 펌프장에서 계획기간 동안 시행할 시간별 펌프 밸브 작동 수준.
- **제약조건** : 각 수요지의 유량 확보, 저수탱크의 안전 수위 수준 , 에너지 보존 방정식과 같은 펌핑과 유량의 수리학적(hydraulic) 관계식 등.
- **목적함수** : 펌핑에 필요한 에너지 비용의 최소화.

세 번째 문제는 균형 통행량 예측(equilibrium traffic estimation)이다. 서울 광역 지하철 각 출발-목적지 역 사이의 통행량 수요가 주어졌을 때, 실제로 각 대안 경로별로 어떻게 통행량이 나뉘어져 발생할지 추정하는 문제이다. 지하철 네크워크, 출발-목적지별 통행 수요, 실제 열차 스케줄, 운임, 출발-목적지 통행 소요 시간, 환승 지점별 소요 시간 등이 입력 데이터가 된다.

- **결정변수** : 각 출발-목적지의 대안 경로별 통행량.
- **제약조건** : 시간대별 열차 운행과 대안 경로의 일치, 통행 수요 만족 및 통행량 보존 등.
- **목적함수** : 각 승객은 자신이 인지하는 비용을 최소화하는 경로를 선택한다.

마지막 모형은 앞 두 개와는 다른 특징을 가지고 있음을 알 수 있다. 대상 시스템에 관련된 의사결정자가 다수라는 점이며, 더 중요한 것은 그들의 목적함수 값이 서로의 의사결정에 영향을 받는다는 것이다. 구체적으로 말해서 선택한 경로의 통행량이 많을수록 승객은 더 큰 비용을 느낀다. 우리가 아침에 선택하는 출근 경로는 통행 시간과 요금은 물론 경험이나 정보를 통해 다른 사람들의 경로 선택까지 고려하여 결정한 것이다. 이러한 상황을 게임이라고 한다. 앞의 두 개의 모형을 시스템 최적화(system optimization) 모형이라고 부른다면 마지막 모형은 사용자 최적화(user optimization) 모형이라고 부를 수 있다.

이러한 세 가지 예에서 우리의 많은 의사결정 문제들은 앞의 체인 문제와 같이 과학적인 방법을 적용할 수 있는 측면을 가지고 있음을 알 수 있다. 경영과학은 이러한 점에서 다른 학문 분야와 분명하게 차별적인 효용을 가지고 있다.

마이클 트릭(Michael Trick)의 옵티마이즈(Optimize) 잡지 기고문 'Best Possible Outcome'의 일부를 인용해 보자.

> '컨티넨탈 항공사가 시카고의 눈폭풍으로 항공기들의 비행계획을 다시 수립해야 했을 때, 수천의 항공기와 승무원들이 현재 어디에 발이 묶여 있는지를 알아내는 것은 IT 기술 덕택에 문제가 없었다. 그러나 어떻게 하면 최대한 빠르게 이들을 정상적인 스케줄로 복귀시킬 수 있는지는 IT 시스템을 가지고 해결할 수 없었다. 광고주들이 NBC를 찾았을 때, 광고담당 중역들이 현재 어떤 시간대가 가용한지는 정확히 알고 있을지는 몰라도, 그것들을 어떻게 조합해서 제공하면 광고주가 겨냥하는 고객층과 최대한 연결시킬 수 있을지 알아낼 방법이 없었다. 이때가 바로 컨티넨탈과 NBC가 오퍼레이션즈 리서치(operations research, OR, 경영과학의 다른 명칭 – 필자주)라는 중화력을 동원한 순간이다. 두 회사는 OR을 사용하여, 공통적으로 직면하는 복잡하고 어려운 경영적 문제들의 최적해를 찾아가고 있다.'

경영과학이란 의사결정권자의 목적을 최대로 달성시키기 위해 한정된 자원과 시스템을 활용하는 방법을 연구하는 학문이다. '과학'이란 이름은 그 방법이 논리적이고 수리적인 원리에 바탕을 두고 있음을 뜻한다. 좀더 구체적으로 말하면, 경영과학은 현실의 의사결정 문제에 대응되는 수리모형(mathematical model)을 수립하고, 그 모형을 푸는 해법 또는 알고리듬(algorithm)을 개발하며, 마지막으로, 해법을 적용하여 구한 모형의 해를 의사결정에 적용하는 일체의 과정이다.

연습문제 1.1 경영과학의 응용 예를 문헌 등을 통하여 조사해 보자.
(키워드 : 'management science', 'operations research', 'optimization', ……)

2 경영과학의 기원과 발전

경영과학의 기원이 언제인지는 큰 의미가 없는 것일지도 모른다. 다만, 대량생산, 전쟁, 통신 등과 같이 인류 역사에 큰 영향을 준 분야에서 도입한 논리적이고 과학적인 의사결정 방법들을 경영과학적 사고의 출발점으로 볼 수 있을 것이다.

- 찰스 배비지(C. Babbage)의 『기계와 제조의 경제에 대하여』(On the Economy of Machines and Manufactures, 1832).
- 19세기 말, 간트(H. Gantt)의 일정계획을 위한 간트시스템.
- 1914년, 랜체스터(F. Lanchester)의 전투예측모형.
- 1915년, 해리스(F. W. Harris)의 경제적 주문량(EOQ) 공식.
- 20세기 초, 얼랑(A. K. Erlang)의 대기이론 모형.

연습문제 2.1 위의 예 중에 두 가지를 택하여 과학적인 방법이 어떻게 의사결정에 적용되었는지 조사해 보자.

그러나 경영과학과 동의어라고 할 수 있는 오퍼레이션즈 리서치(operations research, OR)의 기원은 제2차 세계대전이었다.

1930년대 말은 영국에게는 매우 중요한 시기였다. 프랑스를 침공하고 점령한 독일의 다음 공격 목표가 영국이 될 것이 확실하였다. 그리고 지리적인 측면을 고려하면 그 공격은 주로 공습에 의존할 것이 분명하였다(〈그림 1.3〉 참고).

영국 국무성은 군 장교들과 민간인 학자들을 소집하여 새로 개발된 레이더를 어떻게 운용하면 독일의 공습 방어 효과를 최대화할 것인가를 연구하였다. 여기

〈그림 1.3〉 OR의 기원(Source : U.S. National Archives)

서 강조해야 할 점은 새로운 성능의 레이더를 개발하는 것뿐 아니라 그것을 어떻게 방어 시스템에서 효과적으로 운용하는가도 중요한 문제로 인식하기 시작하였다는 것이다.

이를 시작으로 하여 세계대전 중 영국 그리고 미국의 정부는 과학자들을 동원하여, 유한한 전시 자원을 효율적으로 사용하여 다양한 군사작전(military operations)의 효과를 극대화하는 연구(research)를 수행하였다. 이것이 OR의 기원이 된다.

OR은 앞에서 언급한 레이더 배치를 비롯하여, 폭격, 어뢰배치, 적 잠수함 탐색 등에 과학적인 방법들을 적용하여 전쟁을 효과적으로 수행하는 데 큰 공헌을 하였다. 특히 미국의 대잠 작전 연구는 독일군의 U-보트를 효과적으로 색출하여, 미국으로부터 영국까지 군수물자 보급로를 지키는 데 매우 큰 공헌을 하였다.

그리고 OR은 제2차 세계대전이 끝나갈 무렵에는 물류, 인력계획 등에도 사용되기 시작하였다. 이는 전쟁이라는 비극적인·상황에서 개발된 방법론들이 민간부문의 산업, 경제, 그리고 경영 활동에도 활용될 수 있다는 가능성을 보여준 것이다. 실제로 제2차 세계대전이 끝난 후, OR은 산업의 발전에 따라 고도화된 기업과 정부 조직의 운용과 의사결정에 더욱 활발히 적용되었다.

이러한 시대의 요구는 많은 사람들의 공헌으로 이루어졌다. 이 중 다음 두 사람은 짧게라도 언급할 만하다고 하겠다. 레오니드 칸토로비치(Leonid Kantorovich)는 구 소련의 수학자, 경제학자, 컴퓨터 과학자이자 경영과학자이다.

구 소련은 사회주의 국가답게 칸토로비치를 합판공장 생산관리를 위해 파견하였다. 그는 이러한 경험을 통해 선형계획(linear program)을 창시하였으며, 생산계획과 관리를 위한 수학적 방법론들을 개발하였다. 이러한 공로로 스탈린 상과 "자원을 경제적으로 사용하는 이론에 대한 공헌을 인정하여…" 노벨 경제학상을 수상하였다. 조지 댄직(George Dantzig)은 독자적으로, 그러나 칸토로비치보다 약간 늦게 선형계획을 고안하였지만 그 해법인 심플렉스 해법을 발견하였고, 이는 오늘날에도 절대 다수가 사용하는 방법이 되었다. 이러한 그의 공헌은 수리계획 분야 발전의 토대가 되었다. 그는 또한 '강의에 늦는 방법' 을 전한 이로 유명하다(2장 참고).

그러나 다음 두 가지의 발달이 없었다면 경영과학이 오늘과 같은 모습을 갖추지 못하였을 것이다.

- 수리모형(mathematical model)과 해법(algorithm)의 발달.
- 컴퓨터의 발달.

현대의 경영과학은 생산, 금융, 운송, 물류, 통신, 정보시스템, 군사작전 등과 같은 복합적이고 유기적인 시스템의 운용에서 발생하는 여러 가지 의사결정 문제들을 효율적으로 해결하는 데 적용되고 있다.

관련 학문 분야로는 산업공학, 경영학 등을 들 수 있으며 경영과학의 방법론을 제공해 주는 기초 학문으로는 수학, 컴퓨터 과학 등을 꼽을 수 있다. 경영과학은 학제적(interdisciplinary) 성격이 매우 강한 학문이다. 분야와 관점에 따라서 OR, 최적화(optimization), 의사결정분석(decision analysis) 등으로 불리운다. 경영과학은 생산 및 운영, 경영, 물류 및 공급사슬관리, 운송 및 교통, 정보 통신, 금융 경제 등과 같은 여러 분야에 방법론을 제공하는 원리적인 학문이기도 하다.

3 경영과학과 모형

경영과학은 현실이 아닌 모형을 다룬다. 모형은 자신의 집으로 오는 길을 가르쳐 줄 때 그리는 '약도'에 비유할 수 있다. 약도는 해당 지역의 실제 모습은 없지만 간단한 선이나 기호를 사용하여 친구가 집을 찾을 수 있게 해준다.

모형(model)이란 복잡한 현실이나 환경에서 의사결정권자의 목적을 달성하기 위해 필수적인 요소만을 추출하여 문제를 논리적으로 재구성하는 것을 의미한다.

1절의 체인 문제에서, 마디의 위치에 해당하는 2차원 좌표 변수들을 선정하면, 모든 것은 수식으로 표현할 수 있게 된다. 원래 문제의 대상이 철사 조각을 연결한 체인이라는 것은 중요하지 않다. 경영과학에서는 이렇게 결정변수(decision variable), 목적함수(objective function), 그리고 제약조건(constraints)들로 표현한 수리모형을 주로 사용한다.

결정변수는 의사결정자가 추구하는 최적 대안을 정량적 혹은 논리적으로 표현한 것이다. 따라서 결정변수는 숫자나 논리값들을 나타내는 변수들의 벡터가 된다. 제약조건은 결정변수들이 만족해야 할 조건들을 말한다. 예를 들어, 자원의 제약, 시스템 운영 규칙, 법규 또는 해가 만족해야 할 물리적 법칙 등이 제약조건이 될 수 있다. 제약조건을 모두 만족하는 대안을 **가능해**(feasible solution)라고 부른다. 목적함수는 이러한 가능해의 실수 함수가 되며, 현실에서는 가능해에 해당하는 대안을 선택했을 때, 거두는 이익이나 치루는 비용 등이 된다. 따라서 목적함수 값을 최대화 또는 최소화하는 가능해를 **최적해**(optimal solution)라고 한다.

3.1 모형의 예

모형을 나타내는 수단은 다양하다. 도형, 흐름도(flow chart)와 같은 그림이나, 방정식, 그래프(graph)와 같은 수학적 도구를 사용할 수 있다. 몇 가지 간단한 예를 보자.

예 3.1 성원 대 아빠

성원이는 오늘 오후 저녁 먹기 전까지 4시간 동안 스타크래프트 게임과 독서를 할 수 있다. 성원이와 아빠는 평소 다음과 같은 약속을 했다.

첫째, 게임을 하는 시간은 독서 시간의 두 배를 넘지 않는다.

둘째, 게임을 한 시간 하는 데서 오는 피로를 1이라고 하면, 경험으로 볼 때, 독서의 심리적 피로는 4이다. 게임과 독서로 인하여 생기는 피로는 12를 넘지 않게 한다.

1) 성원이가 최대로 할 수 있는 게임의 시간은?
2) 아빠가 바랄 수 있는 최대 독서 시간은?
3) 성원과 아빠는 대화를 통해서, 독서가 게임보다 두 배로 유익하다는 결론에 합의하였다. 이것을 독서 한 시간에서 얻는 효용이 게임 한 시간에서 얻는 효용의 두 배라고 해석한다면, 성원이의 최적 시간 분배는?

모형 수립의 첫 단계는 결정해야 하는 사항이나 값을 무엇으로 나타낼지 정하는 것이다. 이 문제의 경우, 성원이가 결정해야 하는 것은 게임과 독서에 소비하는 시간이다. 그 값을 각각 x_1과 x_2라고 놓으면 가능한 시간의 분배는 〈그림 1.4〉와 같이 2차원 평면에 나타낼 수 있다. 이때, x_1과 x_2를 결정변수라고 하고, 결정변수의 값을 제한하는 조건들을 제약조건이라고 한다. 마지막으로 고려해야 할 사항은 이러한 가능해에서 어떤 해를 선택해야 하는지의 기준이 되는 목적(objective)이다. 위의 세 가지 질문은 서로 다른 목적을 가지며 따라서 선택하는 최적해도 다르다. 예를 들어, 1)에서 성원이의 최적해는 음영 부분 중에서 x_1이 최대가 되는 점이다. 마찬가지로 2)에서 아빠의 최적해는 x_2가 최대가 되는 점이 된다. 3)의 최적해는 뒤에서 선형계획 모형을 논의할 때 자세히 보기로 한다.

[예 3.1]은 물론 경영과학의 모형의 개념을 설명하기 위한 단순한 예에 불과하다. 예에 제시된 수치들, 특히 피로에 관한 수치와 제약들은 매우 인위적인 것으로 보일 수도 있다.

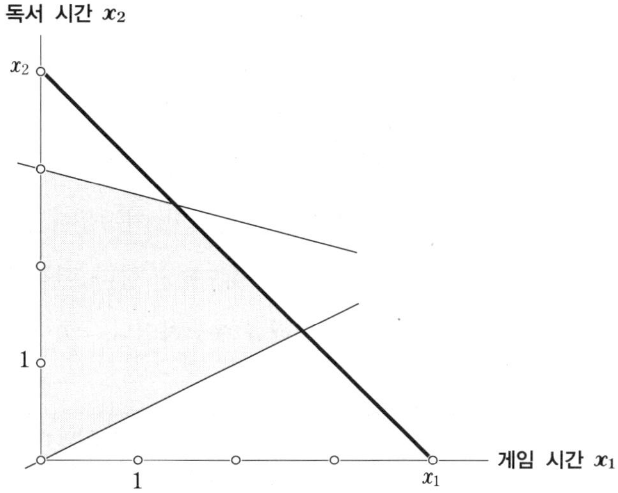

〈그림 1.4〉 가능한 시간 분배

그러나 여기서 인식의 전환이 필요하다. 우리는 의사결정 실행의 단계에서 항상 어떤 값을 선택할 수밖에는 없다. 따라서 의사결정을 합리화하는 최선의 방법은 그 선택에 대한 수리적인 근거와 논리를 필요하다면 시행착오를 통해 추구하는 것이다.

이러한 접근법에 회의를 가진 사람들은, 실제로 우리가 얼마나 많은 수치들을 논리적인 근거를 갖는지에 대한 별 의심 없이 당연한 것으로 매일 사용하는지 생각해 볼 필요가 있다. 예를 들어, 은행에서 융자를 할 때 우리가 지불하는 이자율이나 콜금리 등을 생각해 보자. 물론 이는 금융시장의 수요와 공급의 원리에 의해서, 즉 '보이지 않는 손'에 의해서 결정이 되지만, 그것이 특정 시간과 장소에서 실행되는 과정에서는 개별 은행이나 한은 총재라는 '보이는 손'에 의하여 결정된다. (이러한 의미에서 경영과학은 미시경제보다 한 단계 더 미시적인 학문이라고 할 수 있겠다.)

인간의 모든 경제활동은 이러한 선택의 집합체라는 것을 잊어서는 안 되겠다. 항상 완벽한 근거를 처음부터 제시할 수 있는 것은 아니다. 빈약한 근거라도 없는 것보다는 낫다. 이를 끊임없이 추구하고 개선하는 과정이 경영과학이기 때문이다. 많은 수치들이 관행과 시행착오, 심지어는 의사결정권자의 결단을 통해 결정된다는 것을 이해하는 것이 중요하다. 경영과학은 데이터를 요구하지만 데이터를 맹신하지 않는다. 숫자란 의사결정의 합리성을 추구하는 과정으로 이해해야 한다.

예 3.2 식단문제(Diet Problem)

홍씨 아저씨 나라 사람들은, 우유, 빵, 돼지고기, 그리고 양배추로부터 칼로리, 칼슘, 단백질, 탄수화물을 섭취하며 살아간다. 어느 날 홍씨는 가족들의 영양 상태에 비해 지출되는 식비가 과도하다는 것을 느껴, 가족들이 필요한 영양분을 섭취할 수 있으면서도 가장 경제적인 식단을 찾으려고 한다. 이를 위해서 각 식품별로 영양가와 단위 비용 등에 관한 데이터를 수집하였다.

	우유 (100g)	빵 (100g)	돼지고기 (100g)	양배추 (100g)	일일권장량
칼로리(kcal)	70	350	420	30	2,500
칼슘(mg)	100	0	11	18	700
단백질(g)	3	6	20	2	50
탄수화물(g)	5	58	0	5	400
가격(원)	250	300	600	50	–

이 식단문제는 앞으로 다루게 될 선형계획으로 모형화할 수 있다. **선형계획**(linear programming)이란 목적함수와 제약조건들이 모두 선형함수로 표현할 수 있는 수리모형을 말한다. 위의 데이터를 사용하여 식단문제를 선형계획으로 모형화하면 다음과 같다. 우선 홍씨 아저씨의 결정변수는 4개, 즉 각 식품의 일일 섭취량이 되는 것을 쉽게 알 수 있다.

$$\begin{array}{llrrrrrr} \min & z= & 250x_1 & +300x_2 & +600x_3 & +300x_4 & & \\ \text{sub.to} & & 70x_1 & +350x_2 & +420x_3 & +\ 30x_4 & \geqslant & 2,500, \\ & & 100x_1 & & +\ 11x_3 & +\ 18x_4 & \geqslant & 700, \\ & & 3x_1 & +\ 6x_2 & +\ 20x_3 & +\ 2x_4 & \geqslant & 50, \\ & & 5x_1 & +\ 58x_2 & & +\ 5x_4 & \geqslant & 400, \\ & & \multicolumn{6}{l}{x_1 \geqslant 0,\quad x_2 \geqslant 0,\quad x_3 \geqslant 0,\quad x_4 \geqslant 0.} \end{array} \tag{3.1}$$

선형계획은 여러 가지 해법이 있는데, 그중에서 심플렉스 해법(simplex method)은 실용적이면서도 매우 빠르게 최적해를 구할 수 있는 대표적인 해법이

A	B	C	D	E	F	G	H
			식단문제(실행전)				
영양소		식품					
	우유	빵	돼지고기	양배추			일일권장량
칼로리	70	350	420	30	0	>=	2500
칼슘	100	0	11	18	0	>=	700
단백질	3	6	20	2	0	>=	50
탄수화물	5	58	0	5	0	>=	400
		식품					
	x1	x2	x3	x4			
섭취량	0	0	0	0			
					총비용		
단위 비용	250	300	600	50	0		

A	B	C	D	E	F	G	H
			식단문제(실행후)				
영양소		식품					
	우유	빵	돼지고기	양배추			일일권장량
칼로리	70	350	420	30	2500	>=	2500
칼슘	100	0	11	18	700	>=	700
단백질	3	6	20	2	100.6349206	>=	50
탄수화물	5	58	0	5	415.3968254	>=	400
		식품					
	x1	x2	x3	x4			
섭취량	0	3.809523809	0	38.88888889			
					총비용		
단위 비용	250	300	600	50	3087.301587		

〈그림 1.5〉 식단문제의 스프레드쉬트 모형

다. 한편 엑셀과 같은 스프레드쉬트 프로그램에 이러한 해법이 내장되어 크지 않은 문제들을 편리하게 풀 수 있다. 〈그림 1.5〉의 윗 부분은 위의 식단문제를 엑셀 스프레드쉬트를 사용하여 정리한 것이다. 스프레드쉬트의 각 셀들은 데이터뿐만 아니라 함수를 정의할 수 있다. 예를 들어 위의 선형계획의 식들을 셀에 정의할 수 있다. 이를 사용하여 전체 선형계획을 입력할 수 있다. 그리고 '해 찾기' 기능을 사용하면 수리모형의 최적해를 구하게 된다. 〈그림 1.5〉의 아래 부분은 해 찾기를 실행하여 최적해를 찾은 모습이다.

식단문제는 가장 오랜 유래를 가진 선형계획의 응용문제들 중 하나이다. 조지 스티글러는 1945년 그의 논문에서 다음과 같은 최적화 문제를 제시하였다. '70kg의 몸무게를 가진 적당히 활동적인 성인 남자가 최소의 비용으로 9가지 영양소를 최소한 일일권장량만큼 섭취하기 위해서는 77개의 음식을 얼만큼 먹어야

하는가?'

아직 선형계획이 생기기 이전이기 때문에, 스티글러는 (3.1)의 영양소 제약조건에 해당하는 9×77 선형연립부등식 시스템을 사용하였다. 이러한 부등식 시스템의 가능해 중에서 비용이 낮은 것을 찾는 방식을 택하였다.

그 결과, 밀가루, 탈지유, 양배추, 시금치, 말린 흰 강낭콩(Navy bean, 당시 미해군 저장식품), 팬케이크 가루, 소간으로 구성된 식단이었다. 1945년 기준으로 일년의 식비는 60달러 정도, 이는 2013년 기준으로 하면 780달러가 되며 원화로 환산하면 90만원 정도가 된다. 이것은 분명히 영양가를 충족하며 비용을 최소화하는 비용의 측면에서는 최적화된 식단이기는 하나 아무도 '식탁에 앉으려' 하지 않을 것이다.

이것은 경영과학의 모형은 명시된 제약식과 목적함수에 충실한 해를 준다는 것을 다시 한번 실감하게 한다는 것이다. 그리고 모형의 비현실성에 대한 해결책도 바로 이러한 점에 있다는 것이 중요하다.

즉, 원래 모형이 산출하는 비용 위주의 식단의 결점은 영양소와 비용 이외의 맛, 다양성, 음식의 귀중성과 같은 문화적 요소를 고려하는 추가적인 제약식과 목적함수의 항을 포함시킴으로써 보완할 수 있다. 실제로 선형계획을 기반으로 시작한 최소비용 식단 모형은, 이러한 방법으로 보완되거나 정수선형계획이나 비선형계획 혼합 모형으로 진화되어 미국의 저소득층 영양지원을 위한 푸드스탬프 프로그램(Food Stamp Program)이나 학교 급식 메뉴 개발 등에 활용되어 왔다.

참고로 스티글러는 1960년대에 정보경제학(Economics of information)을 창시하여 1982년 노벨 경제학 수상자가 된다.

예 3.3 컴퓨터 통신과 경영과학 모형

경영과학의 모형 중에서 현대 시스템에서 가장 유용한 네트워크 모형은 정보통신, 운송 및 교통, 유전자 분류 등에 응용할 수 있다. 〈그림 1.6〉은 컴퓨터 통신망의 네트워크 모형이다.

네트워크 모형에서 작은 원들은 마디 또는 노드라고 부르며, 일반적으로는 시스템의 주요 설비나 지점을 나타낸다. 예를 들어, 컴퓨터 네트워크에서는 통신

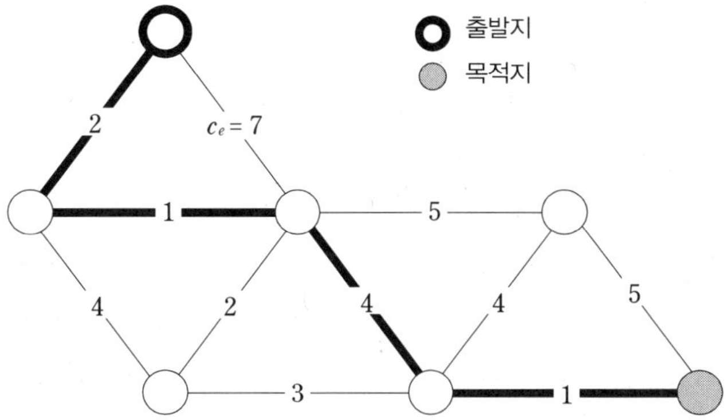

〈그림 1.6〉 유니캐스팅과 네트워크 모형

사용자 간에 주고받는 데이터들이 교환되는 교환기(switch)를 나타낼 수 있다. 그러면 마디들을 연결하는 호들은 데이터 전송 통로가 되는 물리적 링크를 나타낼 것이다. 그림에서 c_{ij}는 마디 i와 j를 연결하는 링크를 통해 단위량을 전송할 때 발생하는 비용을 말하며 다양한 맥락으로 사용할 수 있다.

한 쌍의 마디 사이에 데이터를 주고 받는 통신 형태를 유니캐스팅(unicasting)이라고 한다. 효율적인 유니캐스팅을 찾는 문제는, 〈그림 1.6〉과 같이, 데이터의 시점(source)과 종점(destination)을 연결하는 경로 중에서 비용의 합이 가장 적은 것을 찾는 문제로 모형화할 수 있다. 이러한 문제를 최단경로문제라고 한다. 컴퓨터 네트워크가 발전하여 통신 형태가 다양해짐에 따라 이외에도 다양한 네트워크 모형이 필요하다. 제4장에서 이러한 모형들을 살펴볼 것이다.

3.2 경영과학 모형의 종류

경영과학의 모형은 데이터의 확실성의 정도에 따라 결정적 모형(Deterministic Model)이나 확률적 모형(Probabilistic Model)을 사용한다.

결정적 모형

□ **선형계획법**(Linear Programming)

목적함수와 제약식의 함수가 모두 선형인 수리모형을 말한다. 그 단순성에 비해 광범위한 응용성을 가지기 때문에 가장 유용한 경영과학의 수리모형이다. 선형계획은 다른 수리모형 구조 연구와 해법개발에도 기본이 되는 가장 중요한 모형이다.

- **네트워크최적화**(Network Optimization)

  현대 사회의 많은 시스템들은 마디와 호로 이루어진 네트워크를 이용하여 모형화가 가능하다. 편의상 네트워크 위의 흐름을 최적화하는 네트워크 흐름문제와 최적의 부분 네트워크를 찾는 설계문제로 구분할 수 있다.

- **정수계획법**(Integer Programming)**과 조합최적화**(Combinatorial Optimization)

  어떤 결정문제는 선택할 수 있는 값이 정수에 국한된다. 따라서 해당하는 모형에서는 결정변수의 값을 정수로 제한하는 제약 조건이 필수적이며 이런 모형을 정수계획이라고 한다. 변수의 정수성을 사용하면 논리적인 의사결정 등을 포함하여 다양한 문제를 모형화할 수 있는 장점이 있지만, 한편 최적해를 신속하게 구하는 것이 어려운 문제이다. 조합최적화란 결정변수가 선택적이거나 논리적인 값을 나타내는 수리모형을 말하며, 결정변수가 0 또는 1을 갖는 정수계획문제로 모형화가 가능하다.

- **비선형계획법**(Nonlinear Programming)

  선형계획법과 달리 목적함수나 어떤 제약식의 함수가 비선형인 일반적인 수리모형을 총칭한다. 가장 일반적인 비선형계획 문제는 정수계획법보다 풀기 어렵다. 그러나 함수들이 볼록성을 가지면 효율적인 해법이 가능하다. 이러한 비선형계획 문제들을 볼록최적화라고 하는데 광범위한 응용성을 가진다.

확률적 모형

- **확률적 의사결정론**(Decision Analysis)

  앞의 결정적 의사결정 모형과는 달리, 어떤 대안을 택하였을 때 그 결과의 불확실성이 큰 경우, 의사결정 방법은 달라진다. 이러한 불확실성은 확률적 방법으로 모형화해야 한다. 또한 의사결정권자의 불확실성에 대한 주관적

성향을 고려하여 최적화되는 대안을 선택해야 한다.

- **확률과정론**(Stochastic Process)

  주식 가격은 시간에 따라서도 변동한다. 이처럼 어떤 지표(index)에 의해 변동하는 값들을 확률변수 열(sequence)로 모형화하여 의사결정을 최적화 하는 것을 확률과정론이라고 한다. 최근 금융상품의 발달과 함께 그 중요성이 부각되고 있다.

- **대기이론**(Queueing Theory)**과 대기망이론**(Queueing Networks)

  시간이란 저장이 불가능하기 때문에 관리가 가장 어려운 자원이다. 고객 만족이 중요한 서비스 시스템은 고객의 대기시간 최소화와 이를 위한 비용 간의 최적의 'trade-off' 를 달성해야 한다. 대기망이론은 대기이론을 네트워크로 확장한 것으로 통신 시스템 최적화 등에 응용된다.

이러한 모형들은 대부분, 의사결정 환경 자체는 의사결정에 의하여 영향을 받지 않는다는 것을 가정한다. 그러나 '게임참가자' 들의 이해 관계가 협조적인 또는 경쟁적인 연관성이 있는 경우에는 각각의 의사결정이 서로의 성과에 영향을 준다. 예를 들어, 지하철을 타는 승객들의 선택은 다른 승객들이 어떤 열차를 타는가에 영향을 받는다. 이것은 앞의 문제들과 다른 특징이다. 이러한 '상호적인 의사결정' 을 연구하는 분야를 게임이론이라고 한다.

게임 모형

- **동시게임**(simultaneous game, strategic form game), **순차적게임**(sequential game, extensive form game), **경로선택게임**(routing game), **제로섬게임**(zero-sum game) **등.**

본서에서는 이 중에서 결정적인 모형들과 상대적 모형인 게임이론을 다루게 된다.

경영과학을 현실의 의사결정에 적용하는 과정은 편의상 다음과 같이 정리할 수 있다.

1. 대상 시스템의 목표와 문제점을 파악한다. 이 단계는 한 마디로 말하면 의사소통 단계라고 말할 수 있다.

기업이 경영과학자에게 과제를 의뢰하면서, 자신의 요구 사항이나 문제점을 논리적으로 파악하여 경영과학적 체계에 맞게 전해 주는 것은 기대하기 힘들다.

필자의 경험에 의하면, 경영과학자와 기업은 서로 다른 두 개의 언어를 사용하는 이방인들과 같다. 이 경우 방법론을 갖고 있는 경영과학자가 먼저 기업의 언어를 이해하여야 한다.

특히 그 기업이 고유 분야의 기술을 가지고 있는 경우, 충분한 시간을 갖고 이에 대한 사전 연구를 수행하여야 한다. 또한 충분한 접촉을 통해 현장의 운영 규칙, 그리고 현업의 관행 등을 이해하여야 한다. 이는 해당 문제를 적확한 모형으로 만드는 데 최소한의 필수사항이다.

이것을 바탕으로 기업의 의사결정권자와 실무자의 의견을 반영하여, 적절한 범위와 깊이를 가지고, 문제를 균형 있게 정의하여야 한다.

그러나 이것만으로 충분하지 않다. 경영과학자는 더 나아가 기업에 경영과학의 언어를 이해시켜야 한다. 경영과학이 마법이 아니라, 상식과 과학을 바탕으로 한 문제의 개선책이라는 것을 이해시키는 것은 매우 중요하다.

기업이 자신의 문제를 경영과학의 체계로 이해하는 경우, 이를 더 잘 이해하게 되고 경영과학의 기법에 신뢰를 갖게 된다. 종종 전에는 미처 보지 못했던 측면들을 깨닫게 된다. 그리고 경영과학자가 기업의 문제를 해결하는 데 최선의 조력자가 된다.

이러한 단계에 이르기 위해 경영과학자는 적극적으로 이니셔티브를 구사하여야 하며, 기업은 결국 이러한 노력에 공감하게 된다. 이렇게 '갑' 과 '을' 이 각각 상대의 언어를 모두 구사하는 단계에 이르지 못하는 경우, 애써 완성된 프로젝트는 한 권의 보고서만으로 남을 확률이 커진다.

2. 시스템을 관찰하고 데이터를 수집한다. 정확한 데이터는 모형 수립에 필수적이다. 그러므로 앞에서 언급한 결정변수, 목적함수, 그리고 제약조건의 요소를 염두에 두어 체계적으로 데이터를 획득해야 한다. 이는 매우 어려운 과정이다. 필자의 경험에 의하면 기업은 가장 기본적인 데이터들도 완비하고 있지 않은

경우가 많다. 그렇기 때문에 기업 담당자들과 효율적인 의사소통은 필수적이고, 특히 어떠한 데이터가 필요한지 정확히 말해 주어야 한다. 필요한 데이터가 기업의 데이터베이스에 없는 경우, 새로운 관찰수집 작업이 필요하다.

3. 모형을 수립한다. 수집된 데이터를 사용하여 문제를 과학적으로 재구성하는 단계이다. 경영과학자의 전문성이 요구되는 과정이다. 모형은 물론 정확해야 한다. 그러나 세밀성과 포괄성에 집착하다 보면, 종종 모형이 너무 복잡해져, 필요한 시간 안에 해를 구하는 것이 불가능하게 되기 쉽다.

문제의 본질을 잃지 않은 범위에서 최대한 단순화시켜야 한다. 현실성과 단순성을 적절히 타협한 모형을 정착시키기 위해서는 상당 기간 모형을 점검하는 작업과 다음 단계에서 필요한 수리모형 알고리듬에 대한 근본적인 이해가 필요하다. 필자의 경험에 의하여 모든 현장의 문제는 그 문제만이 갖는 데이터의 특성이 있다. 이러한 데이터의 특성은, 예를 들어 문제를 작은 문제나, 여러 단계로 분할하여 접근할 수 있는 가능성을 주기도 한다.

4. 적절한 대안을 찾아낸다. 수립한 모형의 최적해를 구하는 과정이다. 효율적인 해법을 개발하기 위해서 경영과학은 수학, 통계학, 그리고 컴퓨터 알고리듬과 같은 이론을 응용하게 된다. 어떤 모형은 정확한 최적해를 신속하게 구할 수 있다. 그러나 모형의 속성 때문에 이것이 근본적으로 불가능한 경우도 있다. 이런 경우, 해당 문제 데이터의 특수성에 의지하여 발견적이거나 근사적인 해법을 사용할 수 있다. 이런 해법을 선택하거나 개발하기 위해서는 이론적인 이해가 필수적이다. 그렇지 못한 경우 전문가의 이론적인 자문은 값비싼 시행착오를 줄일 수 있다.

5. 대안을 실행하고 평가한다. 필자는 항상 과제의 기간을 충분히 가지도록 노력한다. 그 이유는 앞의 과정을 거쳐 구축한 초기 시스템을 점검하는 시험기간을 확보하기 위함이다.

대안을 실행하다 보면 미처 고려하지 못한 사항들이 반드시 나타나게 된다. 경영과학의 모형은 작게는 몇 개의 패러미터로부터 크게는 모형의 제약조건이나 목적함수까지 수정하여 그런 점에 대비할 수 있는 유연성을 발휘할 수 있는 여지가 많다.

또한 이 단계는 새로 구축된 시스템이 적절하고 원활하게 운용되도록 일선 담당자에게 충분한 정보를 제공하고 교육을 할 수 있는 단계이기도 하다.

4 경영과학과 해법*

해법 또는 알고리듬이란, 수리모형의 최적해를 구하는 방법을 말한다. 나날이 빨라지고 있는 컴퓨터가 있는데 해법은 왜 중요한가? 컴퓨터를 사용하여 신속하게 가능한 해를 헤아려보고 그중에서 가장 좋은 것을 선택하면 충분하지 않을까? 댄직(G.B. Dantzig)은 이러한 의문에 대하여 다음의 예를 통하여 극명하게 대답한다.

세 사람의 작업자와 세 종류의 업무가 있다고 하자. 각 작업자는 세 개의 업무를 모두 할 수 있지만 걸리는 시간이 각각 다르다. 세 개의 업무에 필요한 시간의 총합이 최소가 되도록 업무를 작업자에 할당하는 문제를 생각해 보자. 이런 문제를 **할당문제**(assignment problem)라고 한다.

할당문제의 최적해를 어떻게 찾아낼 수 있을까? 손쉽게 생각할 수 있는 방법은 가능한 경우를 모두 따져보고 그중 작업시간이 제일 짧은 것을 택하는 것이다. 세 명의 작업자를 세 가지 업무에 배열하는 방법의 수는 $3! = 3 \times 2 \times 1 = 6$이므로, 각 방법의 소요시간을 6번 계산하면 최적해를 구할 수 있다. 아주 짧은 계산이다.

그러나 작업자와 업무의 수가 각각 70 정도로 증가하면 얘기가 사뭇 달라진다. 같은 원리를 적용하면 70개의 수를 합하는 작업을 70!번 수행해야 한다. 70!은 100^{100}보다 큰 수로 어마어마한 수이다! (옆에 계산기가 있다면 70!을 눌러보라. 웬만한 계산기라면 오버플로우(overflow) 메시지가 뜰 것이다.) 각 방법을 나열하고 그 작업시간을 계산하는데 1 나노 초가 걸린다고 해도, 모든 경우를 다 계산하는데, 10^{84}년보다 더 많은 시간이 소요된다. 지구에 슈퍼컴퓨터를 가득 채워 놓고 가능한 경우들을 병렬로 계산한다고 해도, 지구의 종말이 오는 순간에도 계산을 계속하고 있을 것이다. (이는 댄직의 언급이다.)

이 예는 해를 일일이 나열하여 그중에서 최적해를 고르는 **열거법**(enumeration)이 일반적으로 얼마나 비효율적인 방법인가를 말해 준다.

그런데 할당문제는 선형계획문제의 특별한 경우이다. 따라서 할당문제를 선형계획문제로 모형화하여 심플렉스 알고리듬을 사용하면 최적해를 구할 수 있다. 작업자의 수가 70인 문제도 'LINDO' 같은 흔한 상용코드를 사용하여 보통의 데스크탑에서 풀어도 불과 1~2초면 답이 나온다.

이러한 예의 교훈은 같은 문제라고 하여도 그것을 푸는 해법의 효율성이 얼마나 큰 차이를 만들 수 있는가 하는 것이다. 효율적인 해법 개발을 위해서는 문제의 수리적 구조를 적절하게 탐구하는 과정이 필수적이다. 이러한 과정은 경영과학의 이론적 연구의 중심 주제이며, 수리적인 성질을 가지고 있다. 그러나 효율적인 해법을 개발하는 것 자체가 경영과학적인 행위라는 것을 잊어서는 안 될 것이다. 인간의 가장 소중한 자원인 시간을 효율적으로 사용할 수 있게 하기 때문이다.

그러나 경영과학이 모든 의사결정 문제의 **정확한 최적해를 빠른 시간에** 구할 수 있다는 인상을 주어서는 안 될 것이다. 이 세상에는 아직도 인류 최고 수준의 지능들이 오랜 세월 추구하였지만, 정확한 최적해를 구하기 위해 열거법 이외에는 뾰족한 수를 찾지 못한 문제들이 많다.

대표적인 예가 **세일즈맨(순회)문제**(Traveling Salesman Problem)이다. 여기 70개의 거래처와 이들을 모두 매일 순회(tour)하고 회사로 돌아와야 하는 영업사원이 있다. 모든 두 지점 사이의 걸리는 시간을 안다고 하면, 영업사원은 전체 시간이 가장 적도록 거래처를 순회하려고 할 것이다. 그러나 이 문제는 할당문제와는 달리 아직 열거법 말고는 특별한 해법이 없다. 즉, 70! 정도(정확하게는 (70−1)!/2) 만큼의 해를 모두 비교하는 방법 이외에는 최적해를 구할 수 없다.

이러한 문제들은 그 고유한 구조 때문에 효율적인 알고리듬이 불가능하다고 학계는 믿고 있다. 그 근거는 이 문제들만이 갖는 특수한 성질 때문인데, 이 문제들 중 한 문제만이라도 효율적으로 풀 수 있으면, 다른 모든 수리모형 역시 효율적으로 풀리게 된다. 다시 말하면, 이것들은 수리모형 중에서 가장 어려운 문제들이다. 이런 문제들을 'NP-hard 문제' 라고 부른다.

따라서 새로운 수리모형이 발생했을 때, 해법 개발자는 그 문제가 NP-hard 문제에 속하지는 않는지 먼저 판단하는 과정을 거치게 된다. 만약 NP-hard 문제라면 정확한 최적해를 구하는 알고리듬을 추구하는 것은 시간 낭비일 수밖에 없기 때문이다.

그러면 NP-hard 문제라면 모든 것이 불가능한 것인가. 결코 그렇지 않다. 첫째로, 현실에서 발생하는 문제는 그것이 NP-hard 문제에 속한다고 하여도 데이터는 특별한 구조를 가지고 있어서 효율적인 해법이 가능할 수도 있다. 둘째로, 경영과학의 이론들은 NP-hard 문제에 대처하는 방법들을 다양하게 제시한다. 그중 하나는 최적해는 아니지만, 최적해와 가까운 **근사해**를 효율적으로 구하는 것이다. 예를 들어, 제4장에서 배울 멀티캐스트 문제는 NP-hard지만 최소비용의 두 배를 넘지 않는 해를 손쉽게 구할 수 있다. 따라서 NP-hard 문제의 존재는 반가운 소식은 아닐지 모르지만, 이것이 경영과학의 발전을 좌절시키지는 못한다. 오히려 과학의 진보를 믿는 이들에게는 설레이는 도전의 대상일지도 모른다.

5 경영과학의 성공적 응용 사례

시트고 정유회사(Citgo Petroleum)는 경영과학의 대표적인 성공사례이다. 휘발유의 정유와 유통 판매를 하는 시트고 정유회사는 1994년 5천만 달러의 손실을 내고 있었다. 클링먼(Klingman) 등은 경영과학의 해법을 적용, 정유와 유통과정을 최적화하였다. 이 결과 1995년 7천만 달러의 이윤을 기록하였다.

샌프란시스코 경찰국(San Francisco Police Department) 순찰 스케줄링은 공공기관의 응용 사례로 유명하다. 1980년대 후반 테일러(Taylor)와 헉슬리(Huxley)는 샌프란시스코 경찰국의 경찰 순찰 스케줄링(Police Patrol Scheduling) 시스템을 개발하였다. 이 시스템은 연간 17만 인력시간(man hour)을 창출하는 효과를 주어 5백 2십만 달러의 비용을 절감하고 경찰관들의 근무여건과 생산성을 향상시켰다. 그리고 신고전화에 대한 출동시간을 20% 정도 단축시켰다.

경영과학의 해법은 항공사의 운영을 효율적으로 만드는 데 응용될 수 있다.

1985년 미국의 유나이티드 항공사(United Airlines)는 예약과 공항의 업무 일정의 비용을 절감하였으며, 1996년 델타 항공사(Delta Airlines)는 주요 운행 구간에 항공기들을 할당하는 문제를 정수계획법으로 모형화하여 연간 1억 달러 정도의 비용절감을 가져 왔다. 아메리칸 항공사(American Airlines) 역시 경영과학의 해법들을 운항 일정 수립뿐 아니라 요금, 그리고 예약시스템을 최적화하는 데 적극적으로 활용하여 큰 이득을 거둔 바 있다. 본서에서는 이러한 응용 사례들을 축소하여 프로젝트 문제로 실습하게 된다.

우리나라에서도 경영과학의 응용이 본격화되고 있다. 예를 들어 삼성전자는 리치만(Leachman) 팀의 SLIM(Short cycle time and Low Inventory in Manufacturing)이라는 방법론을 도입하여 DRAM 생산 주기를 단축하고 이에 따라 매출이 증가하였다고 보고하였다.

한솔제지는 정수계획모형을 사용하여 생산계획과 작업계획을 수립하여, 과거의 수작업에 의한 생산 통제 시스템에 비해 연간 12억원 이상의 재료 비용을 절감하였을 뿐 아니라 생산계획 수립에 소요되는 시간을 획기적으로 단축하였다는 보고가 있다.

사회가 효율을 중시할수록 경영과학의 역할은 강조된다. 효율은 지속가능성의 필요조건이기 때문이다. 이러한 이유 때문에 경영과학의 방법론들은 사기업뿐만 아니라 공공부문의 계획 및 운영에도 매우 다양하고 구체적으로 응용되고 있다.

6 '머니볼'의 경영과학

2002년 시즌을 앞둔 미국 오클랜드 시의 프로야구 구단 오클랜드 에슬레틱스의 단장 빌리빈은 깊은 고민에 빠진다.

구단의 수입 규모가 작기 때문에 다른 구단보다 훨씬 적은 연봉 예산으로 라인업을 구성해야 하는 상황이기 때문이다. 당시 가장 돈 많은 구단인 뉴욕 양키스의 선수 연봉을 의한 일년 예산이 1억 2천만 달러가 넘는데, 오클랜드 에이즈는

4천 백만 달러 정도였다.

이러한 불공정한 게임을 극복하기 위한 빌리빈의 전략은 대략 두 가지 정도로 요약할 수 있다. 첫째는, 빌제임스라는 통조림 공장 경비원 출신이 오랜 세월의 연구 끝에 고안한 야구통계분석 방법론인 세이버메트릭스(Sabermetrics)의 도입이었다. 세이버메트릭스의 요점 중에 하나는 기존에 타자를 평가하는 표준적인 방법으로 사용하였던 도루율, 타점, 그리고 타율 척도 대신에 출루율(On-base percentage) 그리고 장타율(Slugging percentage)을 더 중요한 통계치로 사용한다는 것이다.

그리고 전략의 두 번째 요소는 저평가된 공격수를 라인업에 기용한다는 것이다. 예를 들어 '출루율이 0.67인 선수를 700여만 달러라는 돈을 써서 데려올 수 없다면, 출루율이 2할을 웃도는 그러나 연봉은 훨씬 낮은, 예를 들어 100만 달러가 안 되는, 선수 셋을 기용하면 된다' 는 것이 빌리빈의 논리였다. 이것은 경영과학에서 말하는 가합성의 가정이다. 출루율이 0.22인 선수 셋을 라인업에 넣으면 0.66의 출루율이 나온다는 것이다. 빌리빈의 두 번째 전략은 다음과 같은 경영과학 모형으로 표현할 수 있다.

- **결정변수** : 2002 시즌 라인업, 즉 선발할 선수
- **제약조건** : 선발 선수 연봉의 합 ≤ 4,100만 달러
- **목적함수** : 출루율의 최대화

앞에서 언급한 가합성을 가정한다면 이 모형은 전형적인 경영과학의 최적화 문제이다. 제5장의 정수선형계획의 배낭문제가 된다([예 0.1] 참고). 그 최적해에서는 저평가된 공격수들의 기용이 된다는 것을 쉽게 알 수 있다. 실제 공격력이 뛰어나지만, 연봉의 측면에서 제대로 평가받지 못하는 선수들을 발굴하여 승리팀을 만든다는 빌리빈의 전략은 경영과학적인 사고의 표본이다.

이러한 전략으로 오클랜드 에이즈는 그 해 20연승이라는 미국 타이기록을 수립하며 플레이오프에 진출하였다.

그리고 이후 이러한 전략은 타구단들의 라인업 구성에도 도입되었다. 특히 보스톤 레드삭스는 세이버메트릭스 창시자인 빌제임스를 고용하는 등, 가장 적극

적으로 머니볼의 전략을 수용하였다. 보스톤 레드삭스는 2004년 시즌에는 '밤비노의 저주' 를 이기고 86년 만에 미국 챔피언쉽을 획득한다.

빌리빈의 전략은 애초부터 전통적인 방법을 고수하는 야구인들에게 심한 반발을 샀다. "야구란 여러 요인이 복합적인 인과관계로 얽혀 있는 게임이다. 한 명의 스타플레이어가 게임을 결정하기도 한다. 야구 비전문가가 만든 통계 데이터를 사용한 수리적인 방법론이 이기는 팀을 만든다는 것은 위험한 발상이다."

이것은 필자에게는 상당히 귀에 익은 언급이다. 혹자는 이렇게 말하기도 한다. "경영이라는 것은 여러 가지 요인들이 복합적인 인과관계로 얽혀 있다. 몇 개의 숫자에 바탕을 둔 수리적인 방법론으로 의사결정을 한다는 것은 너무 단순한 발상이다."

빌리빈의 접근법이 팀의 승율을 극대화한다는 보장은 없다. 하지만 수없는 변수들이 승패를 결정하는 상황에서는 오히려 유일하게 명료한 발상이었다. 이러한 성공에 힘입어 빌리빈은 훗날 미국의 기업을 돌며 강연을 하게 된다. 그의 강연의 요지는 '경쟁력을 창출하고 유지하기 위해 저평가된 자산을 활용하라' 는 것이다.

실제로 두 명의 경제학자의 연구에 의하면 당시 미국 프로야구의 '야구선수시장' 에서 타자들에 대한 연봉이 공격력을 제대로 평가하고 있지 못하고 있었다. 이러한 비효율성이 상당히 심해, 이를 역으로 이용하면 2002년 시즌의 오클랜드 에이즈와 같이 적은 비용으로 강력한 팀을 만들 수 있을 정도였다는 것이다. 최소한의 자원으로 최대한의 효용을 거두는 구체적으로 방법을 찾아내는 미미시경제(micro-microeconomics)로서의 경영과학를 다시 확인할 수 있다.

물론 이러한 방법론의 성과가 실현되기 위해서는 구현하는 사람의 확고한 믿음이 있어야 한다. 영화 머니볼에서 빌리빈은, 자신에게 이러한 방법을 제시하고도, 강력한 추진을 불안해하는 부단장에게 묻는다. "넌 정말 이 방법을 믿니?"

선형계획, 해법, 민감도 분석, 그리고 쌍대성

2

Chapter Two

선형계획(linear programming)은 경영과학의 가장 기본적인 모형이다. 단순하면서도 응용 분야가 넓기 때문에 이상적인 모형이라고 할 수 있겠다. 예를 들어, 제4장의 네트워크 흐름 모형들은 선형계획 모형의 특별한 경우이다. 또한 선형계획은 정수계획 모형이나 조합최적화 모형과 같이, 다른 수리 모형들의 구조를 설명하거나 해법을 개발하는 데 사용하기도 한다.

제2장에서는 먼저 선형계획문제의 예를 통하여, 그 수리모형으로서의 특징을 직관적으로 살펴 본다. 그리고 가장 많이 사용하는 심플렉스 해법의 원리를 살펴 본다. 이러한 과정에서 먼저 정규형 선형계획문제의 해법을 논의하고, 이를 일반적인 선형계획문제에 어떻게 확장할 수 있는지 설명한다.

엑셀과 같은 스프레드쉬트 프로그램에는 심플렉스 해법과 같이 선형계획을 비롯한 경영과학의 모형들을 풀 수 있는 해법들이 내장되어 있어 데스크탑에서 쉽게 사용할 수 있다. 간단한 예를 통하여 이러한 해찾기 기능의 사용법을 익히도록 한다.

문제의 크기가 커지거나 수치적인 정확성이 중요한 경우에는, 스프레드쉬트 해찾기보다는 더 계산적 효율성과 수치적인 안정성을 확보한 상용코드를 사용해야 하는데, 이러한 코드 중에 하나를 사용하여 보도록 한다.

끝으로 의사결정 분석을 위해 유용한 수단인 민감도 분석과 선형계획의 중심 개념인 쌍대성을 공부한다.

1 간단한 예

제1장 [예 3.1]의 문제를 다시 보자.

예 1.1 성원 대 아빠

성원이는 오늘 오후 저녁 먹기 전까지 4시간 동안 스타크래프트 게임과 독서를 할 수 있다. 성원이와 아빠는 평소 다음과 같은 약속을 했다.

첫째, 게임을 하는 시간은 독서 시간의 두 배를 넘지 않는다.

둘째, 경험으로 볼 때, 독서의 심리적 피로는 게임에서 오는 피로의 4배 정도라고 하자. 게임을 한 시간 하는 데서 오는 피로를 1이라고 할 때, 게임과 독서로 인하여 생기는 피로가 12를 넘지 않게 한다.

1) 성원이가 최대로 할 수 있는 게임의 시간은?
2) 아빠가 바랄 수 있는 최대 독서 시간은?
3) 성원이와 아빠는 대화를 통해서, 독서가 게임보다 두 배로 유익하다는 것에 동의하였다. 이것을 독서 한 시간에서 얻는 효용이 게임 한 시간에서 얻는 효용에 두 배라고 해석한다면, 성원이의 최적 시간 분배는?

이 문제를 모형으로 만들어 보자. 다음의 과정은 모든 종류의 수리모형의 수립에 적용할 수 있다.

1.1 선형계획 모형 수립

1. 결정변수 찾기

현실 문제를 수리모형화하는 첫 단계이며 또한 가장 중요한 단계는 **결정변**

수(decision variable)를 찾는 것이다. 의사결정자가 찾아야 하는 값들을 명확히 하기 위해서는 불필요하거나 모자라는 변수들이 있어서는 안 된다. 따라서 결정변수를 찾는 것은 문제를 올바로 파악하는 것과 맞먹는 중요한 일이다.

결정변수를 찾는 요령은 모형을 세울 때 반드시 필요한 사항들을 생각하는 것이다. 이때, 필요한 값들이 정확히 결정변수 집합이 된다.

[예 1.1]에서 성원이가 실행에서 필요한 것은 게임과 독서 시간이다. 따라서 결정변수는 2개이며, 게임 시간을 x_1, 독서 시간을 x_2라고 하자.

2. 목적함수 찾기

결정변수를 찾은 후에는 이를 사용하여 **목적함수**(objective function)를 표현할 수 있다. 목적함수는 이익 또는 효용 등을 최대화(maximize)하거나, 비용, 시간 등을 최소화(minimize)하는 것 중 하나이다. [예 1.1]의 경우 목적함수는 다음 세 가지가 된다.

1) 성원이의 목적함수, 게임 시간의 최대화, 즉 $\max x_1$.
2) 아빠의 목적함수, 독서 시간의 최대화, 즉 $\max x_2$.
3) 타협된 목적함수, 효용의 최대화, 즉 $\max x_1 + 2x_2$.

3. 제약조건 찾기

제약조건(constraints)이란 결정변수가 만족해야 하는 조건들을 말하며, 제약조건을 만족하는 변수 값을 **가능해**(feasible solution)라고 부른다. 즉, 제약조건은 가능해 집합을 결정한다.

우선 게임과 독서에 사용할 수 있는 시간은 4시간 이하이다. 이는 다음과 같은 부등식으로 나타낼 수 있다.

$$x_1 + x_2 \leqslant 4.$$

그리고 나머지 두 가지의 제약조건은 다음과 같이 표현할 수 있다.

$$x_1 - 2x_2 \leq 0,$$
$$x_1 + 4x_2 \leq 12.$$

또한 문제에는 명시하지 않았지만 결정변수가 만족해야 하는 제약조건이 한 가지가 더 있다. 우리의 결정변수가 나타내는 것은 소모하는 시간이기 때문에 음수가 되어서는 안 된다는 것을 알 수 있다. 이러한 결정변수의 **비음조건**(nonnegativity restriction)은 문제에 명시되어 있지 않아도 빠뜨리지 않는 것이 중요하다.

$$x_1 \geq 0,\ x_2 \geq 0. \tag{1.1}$$

위의 세 가지 질문 중에서 3)번 경우의 완성된 수리모형은 다음과 같다.

$$\begin{array}{llll} \max & x_1 + 2x_2, & & \text{목적함수.} \\ \text{sub. to} & x_1 + x_2 & \leq 4, & \text{제약식.} \\ & x_1 - 2x_2 & \leq 0, & \\ & x_1 + 4x_2 & \leq 12, & \\ & x_1 \geq 0,\ x_2 \geq 0, & & \text{비음조건.} \end{array} \tag{1.2}$$

(1.2)의 모형을 살펴보면 사용한 목적함수와 제약조건이 모두 결정변수 x_1과 x_2의 선형함수로 표현된 것을 알 수 있다. 이러한 성질을 만족하는 수리모형을 **선형계획문제**(linear programming problems) 또는 간략히 **선형계획**(linear programs)이라고 부른다. 이에 비해 목적함수나 제약식이 일반적인 비선형함수들로 이루어진 경우, **비선형계획문제**(nonlinear programming problems)라고 부르며, 이들을 모두 아울러 **수리계획문제**(mathematical programming problems)라고 한다.

1.2 선형계획 모형의 가정

[예 1.1]을 (1.2)의 선형계획으로 모형화한 과정을 자세히 살펴보면 다음과 같은 가정을 바탕으로 하고 있다는 것을 알 수 있다.

1. **비례성**(proportionality) : 선형계획의 목적함수나 제약식은 선형함수로 표현된다. 즉, 각 항이 상수와 결정변수의 곱으로 표현된다. 이는 해당 결정변수가 의미하는 활동 수준이 증가함에 발생하는 비용, 이익, 소요 자원이 비례하여 증가하는 것을 의미한다.

   예를 들어 (1.2)의 세 번째 제약식의 경우, 게임에서 오는 피로의 양은 게임 시간에 정확히 비례한다는 가정을 하고 있다. 이러한 비례성의 가정은 경우에 따라 성립할 수도 그렇지 않을 수도 있다. 이 가정이 성립하지 않을 경우 비선형함수를 사용해야 하며, 그런 경우 모형이 풀기 어려워질 수 있다. 따라서 비선형성이 크지 않은 경우는 해를 용이하게 구하기 위해, 선형함수로 단순화한 모형을 사용하는 경우가 많다. 부정확성에서 발생하는 문제점보다 해법이 쉬운 데서 오는 이익이 더 큰 경우 단순한 모형을 선택을 하는 것이다.

2. **가합성**(additivity) : 위에서 언급했듯이 목적함수와 제약식은 상수와 결정변수의 곱으로 표현된 1차항들의 합이 된다. 즉, 발생 비용, 이익, 또는 사용 자원 등의 총량은 각 결정변수들이 비례성을 가지고 발생시킨 양들의 단순 합이 된다고 가정하는 것이다. (1.2)의 세 번째 제약식을 다시 보자. 전체 피로의 양은 게임에서 오는 피로의 양과 독서에서 오는 피로의 양의 합이라고 가정하고 있다.

   이러한 가합성이 가정이 항상 성립하는 것은 아니다. 예를 들어 결정변수들이 복수 개의 제품들의 생산량이라고 할 때, 그 제품들 사이의 범위의 경제(economies of scope)가 큰 경우, 총 생산비용은 각 제품의 개별 생산비용의 합보다 작을 것이다.

3. **분할성**(divisibility) : 선형계획에서는 결정변수가 연속적인 실수 값을 갖는다고 가정한다. 즉, 결정변수 값이 소수이어도 이를 실행할 수 있다는 것을 의미한다. [예 1.1]의 경우, 결정변수들이 시간을 나타내기 때문에 이러한 분할성을 만족한다.

   그러나 분할성을 항상 가정할 수 있는 것은 아니다. 예를 들어, 정수가 아닌 해는 실행 불가능할 수 있다. 예를 들어, 고용 인력의 수준을 나타내는 변수가 그러하다. 이러한 경우 손쉽게 사용할 수 있는 방법은, 선형계획을 풀어 가까운 정수해를 사용하는 것이다. 그러나 이러한 해가 만족스럽지 않은 경우는 **정수계획문제**(integer programming problem)를 사용해야 한다. 이는 제5장에서 자세히 논의할 것이다.

연습문제 1.2 선형계획을 풀어 가까운 정수해를 사용하는 것이 만족스럽지 않을 수 있는 경우를 생각해 보자.

1.3 선형계획문제의 일반형

선형계획은 세 부분으로 이루어진다.

1. **목적함수** : 의사결정자가 최소화(minimize), 또는 최대화(maximize)하고자 하는 결정변수 벡터 x의 선형함수이다.
2. **제약식** : x가 만족해야 하는 선형방정식 시스템이다. 각 방정식은 등식 또는 부등식으로 주어진다.
3. **비음조건** : x의 각 원소가 음수가 될 수 없음을 의미한다.

일반적인 선형계획은 다음과 같은 모습이다.

$$
\begin{array}{lll}
\textbf{목적함수} & \text{min 또는 max } z = & c_1 x_1 + c_2 x_2 \cdots + c_n x_n \\
\textbf{제약식} & \text{sub.to} & a_{11} x_1 + a_{12} x_2 \cdots + a_{1n} x_n =, \leqslant, \geqslant b_1, \\
 & & a_{21} x_1 + a_{22} x_2 \cdots + a_{2n} x_n =, \leqslant, \geqslant b_2, \\
 & & \vdots \\
 & & a_{m1} x_1 + a_{m2} x_2 \cdots + a_{mn} x_n =, \leqslant, \geqslant b_m, \\
\textbf{비음조건} & & x_1 \geqslant 0, \quad x_2 \geqslant 0, \cdots, \quad x_n \geqslant 0.
\end{array}
$$

앞으로 특별한 언급이 없는 한 각 제약식의 우변상수의 부호는 모두 0과 같거나 크다고 가정하자. 만약 그렇지 않다면 양변에 -1을 곱하면 된다.

제약식과 비음조건을 함께 제약조건이라고 부르자. 제약조건을 모두 만족하는 $x = (x_1, \cdots, x_n)$의 집합을 **가능해 집합**(feasible solution set)이라고 한다.

우리의 목적은 가능해 중에서 목적함수를 가장 크게 혹은 작게 만드는 해, 즉 **최적해**(optimal solution)를 구하는 것이다.

2 선형계획 해법

선형계획을 풀기 위해서는 타당성이 증명된 해법(또는 알고리듬)이 필요하다. 가장 보편적으로 사용하는 해법은 **심플렉스 해법**(simplex method)이다. 심플렉스 해법은 선형계획문제를 위한 가장 효율적인 해법 중 하나이기 때문이다.

또 다른 해법인 내부점 해법(interior point method)도 효율적인 해법으로 알려져 있지만, 심플렉스 해법이 상용 코드가 상대적으로 더 잘 개발되어 있어 많은 산업에서 의사결정에 활용하고 있다. 심플렉스 해법은 제약식과 변수가 수십만 개를 넘는 대형 문제를, 대부분 수십 분 안에 풀 수 있는 효율적인 해법이며, 이 절에서는, 예를 통하여 심플렉스 해법의 원리를 공부하려고 한다.

먼저 결정변수가 두 개인 문제를 2차원 평면에서 그래프를 통한 방법을 사용해 풀어, 선형계획의 기하학적인 특성을 살펴본다. 그리고 일반적인 선형계획문제를 풀 수 있는 심플렉스 해법을 공부하기로 하자.

2.1 그래프 해법

[예 1.1]과 같이 결정변수가 2개인 선형계획문제는 2차원 평면 위의 그래프를 사용하여 풀 수 있어서, 수리 모형으로서 선형계획의 구조에 대한 직관적인 이해를 얻을 수 있다.

(1.2)의 첫 번째 제약조건 '$x_1 + x_2 \leq 4$' 는 다음과 같이 도시할 수 있다.

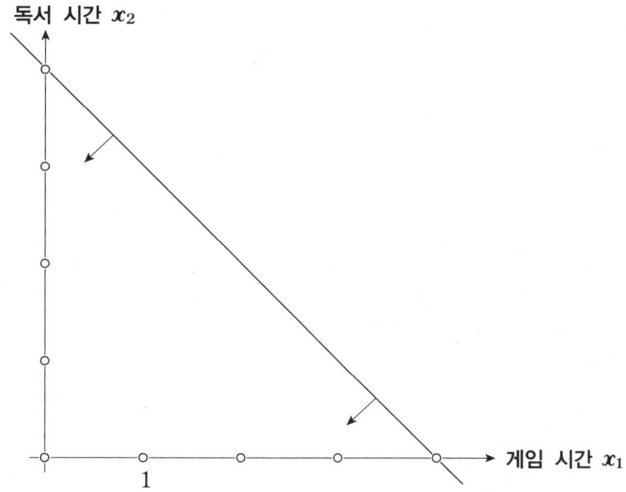

직선 '$x_1 + x_2 = 4$' 는 2차원 공간을 두 개로 나누는데, 각각을 반공간(half space)이라고 한다. 제약식 부등호의 방향에 따라, 두 개의 반공간 중 하나가 제약조건을 만족하는 집합이 된다.

따라서 비음조건들을 포함한 (1.2)의 제약조건들을 모두 만족하는 가능해의 집합은 대응하는 다섯 개 반공간의 교집합이 된다.

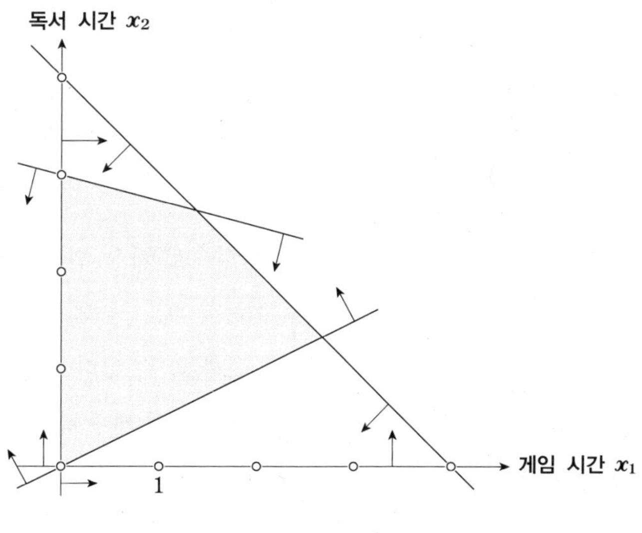

그림의 음영 부분은 문제의 제약조건인 제약식과 비음조건을 만족하는 (x_1, x_2)의 집합이 된다. 이 그림에서 선형계획의 해집합은 2차원 볼록다각형이다. 일반적으로 선형계획의 해집합은 다차원 공간의 **볼록다면체**(polyhedron)가 된다.

이 가능해 집합에서 목적함수를 가장 크게 만드는 최적해를 찾는 방법을 생각해 보자.

우선 최적해를 손쉽게 찾을 수 있는 두 목적함수 1)과 2)를 먼저 고려해 보자. 1)의 경우, x_1을 최대화하는 점을 찾아야 한다. 그 점은 가능해 집합에서 가장 오른쪽에 있는 점이다. 조금 일반화해 보자.

이 문제의 목적함수인 x_1이 같은 값을 갖는 점들의 집합인 직선과 x_1축 방향인 벡터 (1,0)은 서로 수직하다. 목적함수 값은, 다음 그림에 표시된 것처럼, 이 벡터 방향과 예각을 이루는 방향으로 증가하여, 그 방향과 일치할 때, 가장 빨리 증가한다. 여기서, (1,0)은 목적함수의 계수 벡터가 된다.

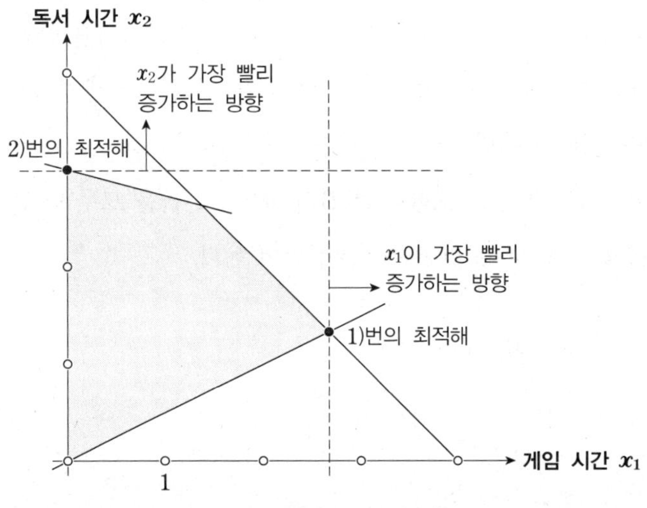

따라서 1)의 최적해는 해집합에서 (1,0)의 방향으로 가장 멀리 있는 점이 된다. 이는 직선들을 벡터 (1,0)의 방향으로 평행이동할 때, 가능해 집합과 마지막으로 접하는 점이 된다. 이 점의 값은 $\left(\frac{8}{3}, \frac{4}{3}\right)$임을 쉽게 알 수 있다.

유사하게 목적함수 2)의 경우, 그 값은 목적함수의 계수 벡터 (0,1)의 방향으로 가장 빨리 증가하는 것을 알 수 있다. 따라서 최적해는 직선들이, 그 방향으로 평행이동할 때, 해집합과 마지막으로 접하게 되는 (0,3)임을 알 수 있다.

마지막으로 3)의 최적해를 구해 보자. 이 경우도 앞의 경우들과 같은 원리를 사용할 수 있다. 목적함수 $x_1 + 2x_2$의 계수로 이루어진 벡터 (1,2)가 목적함수 값이 가장 빨리 증가한다. 이에 수직인 직선들은 목적함수가 동일한 값을 갖는 점들의 집합이 된다. 다음 그림에서 이 직선들을 파선으로 나타냈다. 이 직선들을 벡터 (1,2) 방향으로 평행이동할 때, 가능해 집합과 마지막으로 접하는 점인 $\left(\frac{4}{3}, \frac{8}{3}\right)$ 이 최적해이다.

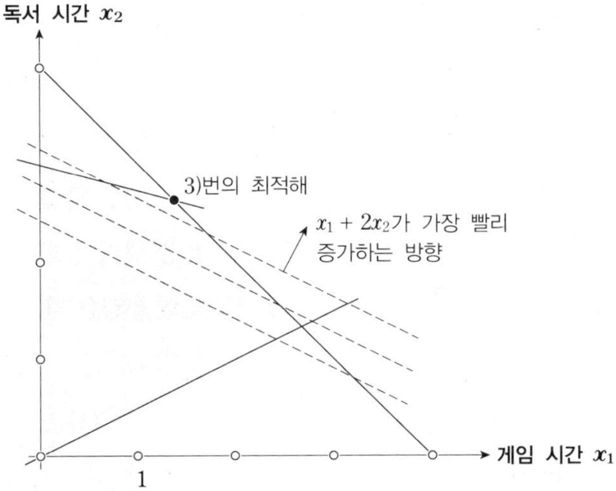

> **참고 2.1** 목적함수가 선형일 때, 계수벡터는 바로 목적함수의 그래디언트(gradient)임을 알 수 있다. 일반적으로 그래디언트는 함수의 순간 변화율이 가장 큰 방향이 된다.

2.2 심플렉스 해법 이해를 위한 약간의 사전 연습

심플렉스 해법의 원리를 완전히 이해하기 위한 약간의 연습을 해보도록 하자. (2.3)의 두 그룹은 각각 한 개의 함수 z와 두 개의 방정식으로 이루어졌다.

$$
\begin{array}{llllllll}
\text{0행} & z = & +x_1 & +2x_2 & & & & +2\text{행}\times\left(-\frac{1}{2}\right). \\
\text{1행} & & x_1 & +\ x_2 & +x_3 & & = & 4+2\text{행}\times\left(-\frac{1}{4}\right). \\
\text{2행} & & +x_1 & +4x_2 & & +x_4 & = & 12\times\frac{1}{4}. \\
 & & & & & \downarrow & & \\
\text{0행} & z = & +\frac{1}{2}x_1 & & & -\frac{1}{2}x_4 & + & 6 \\
\text{1행} & & \frac{3}{4}x_1 & & +x_3 & -\frac{1}{4}x_4 & = & 1 \\
\text{2행} & & \frac{1}{4}x_1 & +\ x_2 & & +\frac{1}{4}x_4 & = & 3
\end{array}
\tag{2.3}
$$

첫 번째 그룹의 오른쪽에 표시한 것처럼, 두 번째 그룹의 0′행은 첫 번째 그룹의 0행에, 2행에 $-\frac{1}{2}$을 곱한 것을 더한 것이다. 1′행은 1행에 $-\frac{1}{4}$ 을 곱하여 더한 것이다. 마지막으로 2′행은 2행을 x_2의 계수인 4로 나눈 것이다. 각 행에 곱합 계수는 2행의 x_2의 계수로 나머지 행의 x_2의 계수를 나누어 −1을 곱한 것이다. 그래서 다음 그룹의 x_2의 계수는 모두 0이 되어 소거되었다. 이는 2행 방정식을 사용하여 다른 변수로 나타낸 x_2를 다른 행에 대입하여 x_2를 소거한 결과이다. 이 세 번째 행 두 번째 변수의 계수를 **피봇원소**로 한 **피봇작업**이라고 한다.

1. 1과 2행으로 이루어진 연립방정식과 1′와 2′행의 연립방정식은 어떤 관계인가? 두 연립방정식은 해집합이 같으므로 동일한 방정식이다.
2. 일반적으로 f와 g가 실수 값을 가지는 함수, c가 상수일 때, 연립방정식 $f(x)=0$, $g(x)=0$의 해는 연립방정식 $f(x)=0$, $cf(x)+g(x)=0$의 해가 되고, 같은 이유로 두 번째 연립방정식의 해는 첫 번째 연립방정식의 해가 된다. 아울러 방정식의 위치를 교환하거나, 하나의 방정식을 0이 아닌 실수로 연립방정식의 해는 동일하게 유지된다.
3. 0행의 함수 z와 0′행의 함수 z는 어떤 관계인가? 분명히 둘은 다른 함수이다. 그러나 두 번째 방정식을 사용하여 x_2를 소거하였기 때문에, 두 번째 방정식을 만족하는 x에 대해서는 동일한 함수이다.

2.3 정규형 선형계획을 위한 심플렉스 해법

2.3절에서는 선형계획의 특별한 형태인 정규형 선형계획문제의 해법을 논의하려 한다. 정규형에 초점을 맞추는 이유는, 간단히 말해서 정규형의 해법을 두 번 사용하면 일반적인 선형계획문제를 풀 수 있기 때문이다. (1.2)의 선형계획문제를 사용하여 그 원리를 살펴 보자.

보통 심플렉스 해법은 계산의 간편성을 위해 타블로(tableau)를 사용한다. 그러나 방정식의 형태를 유지하는 것이 심플렉스 해법의 원리를 이해하는 데 더 낫다고 생각하여 이 책에서는 수식 형태를 유지하였다.

1. 초기화

표준적인 심플렉스 해법은 주어진 선형계획문제의 비음조건을 제외한 모든 제약식을 등호 제약식으로 바꾸어 푼다. 이런 선형계획문제를 **표준형 선형계획 문제**(standard linear program)라고 부른다.

새로운 변수들을 추가하면 이러한 변환이 가능하다. 예를 들어, (1.2)의 첫 번째 부등호 제약식은 다음과 같이 x_3라는 변수를 추가로 도입하면 한 개의 등식과 비음조건으로 바꿀 수 있다.

$$x_1 + x_2 \leqslant 4 \Longleftrightarrow x_3 = 4 - (x_1 + x_2),\ x_3 \geqslant 0 \Longleftrightarrow x_1 + x_2 + x_3 = 4,\ x_3 \geqslant 0.$$

나머지 부등호 제약식에도 이러한 과정을 되풀이하면 다음과 같은 표준형 선형계획을 얻는다. 이 문제는 형태만 다를 뿐 원래 문제와 동등한 문제라는 것을 잊지 말자.

$$\begin{array}{llcccccccl}
0\text{행} & \max & -z & +x_1 & +2x_2 & & & & = & 0 \\
1\text{행} & \text{sub.to} & & x_1 & +\ x_2 & +x_3 & & & = & 4, \\
2\text{행} & & & x_1 & -2x_2 & & +x_4 & & = & 0, \\
3\text{행} & & & x_1 & +4x_2 & & & +x_5 & = & 12, \\
& & \multicolumn{8}{c}{x_1 \geqslant 0,\ x_2 \geqslant 0,\ x_3 \geqslant 0,\ x_4 \geqslant 0,\ x_5 \geqslant 0.}
\end{array} \tag{2.4}$$

우선 위의 0행의 목적함수를 $z = x_1 + 2x_2$ 대신 $-z + x_1 + 2x_2 = 0$의 형태로 쓴 것에 유의하자. 굳이 이렇게 쓴 것은 $-z$를 하나의 변수처럼 생각하여 목적함수를 제약식 형태로 표현하면, 알고리듬의 매 반복단계에서 현재 해의 목적함수 값을 편리하게 계산할 수 있기 때문이다. 이는 예를 통하여 자세히 설명할 것이다.

(2.4)는 표준형 중에서도 특별한 형태를 갖고 있는 선형계획이다.

첫째, 각 제약식은 +1의 계수를 가진 자신만의 변수를 하나씩 가지고 있다.

둘째, 목적함수에서 그 변수들의 계수는 모두 0이다.

이 두 가지 조건을 만족하는 표준형 선형계획문제를 **정규형 선형계획문제**(canonical linear program)라고 한다.

정규형 선형계획문제는 찾기 쉬운 특별한 가능해를 갖는다. 우리 예의 경우, x_1과 x_2를 0으로 놓으면, x_3, x_4, 그리고 x_5는 자신이 속하는 제약식의 우변상수, 4, 0, 그리고 12와 같은 값을 가지며 가능해가 된다(앞에서 우변상수는 항상 0보다 같거나 크다고 가정한 것을 기억하자). 각각 자신의 제약식에만 나타나기 때문이다. 이에 대응하는 목적함수 값은, 0행에서 $x_1 = x_2 = 0$으로 놓으면 $-z = 0$, 즉 $z = 0$임을 읽을 수 있다.

이때, 0으로 놓은 x_1과 x_2를 **비기저변수**(nonbasic variables), 각 우변상수와 같은 값을 갖게 되는 각 제약식의 변수 x_3, x_4, 그리고 x_5를 **기저변수**(basic variables)라고 한다. 또, 대응하는 해를 **기저가능해**(basic feasible solution)라고 한다. 앞에서 관찰한 것처럼 기저가능해는 해당 비기저변수가 모두 0인 유일한 가능해가 된다는 것을 잊지 말자.

심플렉스 해법은, 주어진 선형계획문제를 정규형으로 유지해 가며, 비기저변수를 0으로 놓아 얻는 기저가능해만을 고려한다. 그리고 개선 단계를 통하여 얻은 기저가능해들 중에서 목적함수 값이 가장 좋은 것을 찾는 순간 종료한다(왜 기저가능해만 찾으면 충분한지 뒤에 다시 설명할 것이다).

따라서 해법을 시작하기 위해서는 기저가능해가 필요하다. 이를 초기 기저가능해라고 한다. 정규형의 경우, 앞에서 보았듯이 초기 기저가능해를 즉시 구할 수 있기 때문에 심플렉스의 주 반복단계가 바로 시작된다.

참고 2.2 정규형이 아닌 표준형의 경우 초기 기저가능해를 구하기 위해서는 더 많은 과정이 필요하다. 이것은 2.6절의 주제이다.

2. 주 반복단계

반복단계 1 : 앞에서 구한 (2.4)의 기저가능해 $x_1 = x_2 = 0$, $x_3 = 4$, $x_4 = 0$, $x_5 = 12$는 모든 제약조건을 만족하는 가능해가 된다. 물론 우리는 목적함수를 가장 크게 하는 가능해를 원하며 만약 현재 기저가능해가 그런 해라면 해법은 종료된다. (과연 그런가? (2.4)를 보고 먼저 생각해 보자.)

그러나 현재 기저가능해는 최적해라고 말할 수 없다. 그것은 현재 0인 비기저변수 x_1과 x_2의 목적함수의 계수가 모두 양수이므로 x_1 또는 x_2의 값을 양수로 증가시키면 목적함수 값 역시 증가하기 때문이다.

x_2를 선택하여 해를 개선해 보자. 앞에서 설명한대로 기저변수만이 0보다 큰 값을 가질 수 있다. 따라서 이 개선 단계는 현재 비기저변수인 x_2가 기저변수가 되는 새로운 기저가능해를 구하는 단계가 된다.

이때, x_2를 **진입변수**(entering variable)라고 하는데, 표준적인 심플렉스 해법은 한 번의 개선 단계에서 한 개의 진입변수만을 고려한다. 즉, x_2 이외의 다른 비기저변수들은 (이 경우, x_1) 모두 0으로 고정시켜 비기저변수로 남겨둔다.

현재 목적함수의 계수가 2이므로 x_2의 증가에 따른 목적함수 증가율은 2가 된다. 이를 쉽게 알 수 있는 이유는, x_2가 증가할 때 값이 변하는 변수들은 현재 기저 변수들인데, 정규형 선형계획문제에서는 그 계수들이 모두 0이기 때문에 목적함수의 변화는 오직 항 $2x_2$에 의해서만 결정된다. 따라서 x_2는 가능한 한, 즉 제약조건을 위배하지 않는 한, 최대로 증가시키는 것이 좋다. 그 가능한 최대값은 얼마일까? 이 값을 △라고 하고 이를 계산해 보자.

진입변수 x_2가 $\triangle > 0$로 증가하면 현재 기저변수 값들을 이에 맞게 조정해야 한다(나머지 변수들인 x_2를 제외한 비기저변수들은 0으로 고정된다는 것을 잊지 말자). 이때 △의 증가에는 제한이 있는데, 이는 값을 조정받는 기저변수들이 0 아래로 떨어져 비음조건을 위반해서는 안 되기 때문이다.

먼저 1행을 보자. x_2가 증가하여, 우변상수인 4를 x_2의 계수인 1로 나눈 값인 4가 될 때, 1행 기저변수 x_3가 0이 된다. x_2가 더 커지면 x_3는 음수가 되어 비음조건을 위반하게 된다. 따라서 1행을 고려할 때 △는 4이다.

2행은 x_2의 계수가 음수이므로 △의 범위를 제한하지 않는다(계수가 0인 경우도 마찬가지일 것이다).

3행에서는, 1행과 같은 이유로, 우변상수인 12를 x_2의 계수인 4로 나눈 값인 3이 △의 최대값이 된다.

1행, 2행 그리고 3행의 조건을 모두 만족시켜야 하므로 $\triangle = 3$이 되어야 한다. 이때, 3을 **최소비율**(minimum ratio)이라고 한다. 이렇게 모든 변수를 비음으로 유지할 수 있는 진입변수의 최대값을 의미하는 최소비율을 쉽게 계산할 수 있는 이유 역시 정규형의 특징이다.

최소비율 테스트(minimum ratio test) : 각 제약식의 우변상수를 그 제약식에서 진입변수의 계수로 나누어 비율을 구한다. 이때 진입변수의 계수가 0이거나 음수인 행은 고려하지 않는다. 이때, 최소비율이 진입변수가 갖는 값이다. 그리고 최소비율이 발생한 제약식의 현 기저변수는 비기저변수가 되어 0이 된다.

따라서 새로운 해는 $x_1 = 0$, $x_2 = 3$, $x_3 = 1$, $x_4 = 6$, 그리고 $x_5 = 0$이며 목적함수는 $z = 6$임을 알 수 있다. 물론, 진입변수의 선택에 따라 초기해보다 더 나은 해이며, 최소비율 테스트가 보장한대로 가능해가 된다. 따라서 정규형 선형계획문제의 구조를 이용하여 현재 해를 개선시킨 새로운 해를 얻는 데 성공하였다.

그러나 단순히 해를 한 단계 개선한 것만으로는 부족하다. 우리의 목표는 최적해를 구하는 것이다. 따라서 새롭게 구한 해가 최적인지 판단하여, 만약 그렇지 않다면 해의 개선 과정을 반복할 수 있어야 한다.

이를 위해 앞의 논의를 잠시 끊고 소거 작업을 해보자. 최소비율이 발생한 (2.4)의 3행에서 x_2를 새로운 비기저변수 집합인 x_1과 x_5를 사용하여 나타낼 수 있다.

$$x_2 = 3 - \frac{1}{4}x_1 - \frac{1}{4}x_5.$$

그리고 이를 사용하여 목적함수 행인 0행을 비롯하여, 1, 그리고 2행의 x_2를 소거한다.

연습문제 2.3 이때 얻은 선형계획문제를 써 보라. 그리고 x_2, x_3, x_4를 기저변수 집합으로 가지는 정규형임을 확인하라.

이는 2.2 절에서 3행의 계수인 4를 피봇원소로 하여 피봇작업을 하는 것과 같은 것임을 보았다. 대입법 대신 **행간연산**(row operaion)을 사용하면, 원리는 동일하지만, 더 간편하다. 피봇작업을 다시 설명하면, 우선 최소비율 발생 행인 3행을 진입변수 x_2의 계수인 2로 나누어 x_2의 계수를 1로 만든다. 또한 3행에 적절한 수를 곱하여 더함으로써, 다른 행에서 x_2를 소거한다.

$$
\begin{array}{lllllllll}
0\text{행 max} & -z & +x_1 & +2x_2 & & & & = 0, & 0\text{행}+3\text{행}\times\left(-\frac{1}{2}\right). \\
1\text{행 sub.to} & & x_1 & +\ x_2 & +x_3 & & & = 4, & 1\text{행}+3\text{행}\times\left(-\frac{1}{4}\right). \\
2\text{행} & & x_1 & -2x_2 & & +x_4 & & = 0, & 2\text{행}+3\text{행}\times\frac{1}{2}. \\
3\text{행} & & x_1 & +\underline{4x_2} & & & +x_5 & = 12, & 3\text{행}\times\frac{1}{4}.
\end{array}
$$

$$\downarrow$$

$$
\begin{array}{llllllll}
0\text{행 max} & -z & +\frac{1}{2}x_1 & & & & -\frac{1}{2}x_5 & =-6, \\
1\text{행 sub.to} & & \frac{3}{4}x_1 & & +x_3 & & -\frac{1}{4}x_5 & = 1, \\
2\text{행} & & \frac{3}{2}x_1 & & & +x_4 & +\frac{1}{2}x_5 & = 6, \\
3\text{행} & & \frac{1}{4}x_1 & +x_2 & & & +\frac{1}{4}x_5 & = 3.
\end{array}
\qquad (2.5)
$$

이렇게 한 제약식의 특정 변수의 계수를 1로 만들고, 그 제약식에 상수를 곱한 것을 더하여, 나머지 제약식에서 그 변수를 소거하는 행간연산을 **피봇연산**(pivoting)이라고 하며, 이때 진입변수의 계수가 1이 되는 3행을 **피봇행**(pivot row), 그리고 x_2의 계수 4를 **피봇원소**(pivot element)라고 한다.

이 피봇연산을 통하여 나타난 (2.5)의 선형계획을 보자. 첫째로 정규형임을 알 수 있다. (왜 그런가?) 1, 2행의 기저변수 x_3 과 x_4는 모두 3행에는 나타나지 않기 때문에 피봇작업에서 해당 열이 변하지 않아 기저변수로 남게되는 것을 알 수 있다. 다만 그 값이 1행에서 $x_3 = 1$, 2행에서 $x_4 = 6$로 변한 것을 알 수 있다. 3행에서 새롭게 진입한 x_2는 최소비율만큼의 값을 가지며 3행의 기저변수가 되는 것임을 알 수 있다. 3행의 기저변수였던 x_5는, x_2가 기저변수로 진입하면서, 값이 0으로 떨어지면서 해당 열의 모양이 기저변수 조건을 위반하여 기저변수에서 탈락, 비기저변수가 되었다. x_1은 비기저변수로 유지되었다. 즉, 진입변수는 피봇행의 기저변수가 되면서 같은 행의 기저변수 x_5가 기저변수에서 탈락하여 0이 되는 것을 알 수 있다. 그리고 새로운 선형계획이 정규형이기 때문에 현재 기저가능해는 남아 있는 비기저변수와 x_1과 탈락하는 변수인 x_5가 0이 되는 유일한 가능해이다.

그런데 앞에서 최소비율 테스트를 통해 얻었던 개선된 가능해를 다시 보면 이는 남아 있는 기저변수들과 (이 경우 x_1 하나) 피봇행에서 탈락하는 기저변수가 0이 되는 해임을 알 수 있다. 2.2절에서 위의 두 개의 선형계획은 동일한 해집합을 가지고 있다는 것을 보았다. 따라서 두 번째 정규형 선형계획문제에서 남아 있는 기저변수들과 탈락하여 새로 생긴 비기저변수 모두가 0인 기저가능해가 유일하다면 이는 바로 첫 번째 정규형에서 개선 작업을 통해 얻는 해와 같아야 한다는 것을 의미한다.

실제로 두 해를 비교하면 동일한 것을 알 수 있다. 정리해 보자.

피봇연산 : 최소비율 테스트에서 최소비율이 △가 발생한 행의 진입변수의 계수를 사용하여 피봇연산을 하면, 개선된 해를 기저가능해로 갖는 정규형 선형계획을 얻는다. 이때 △만큼 증가한 진입변수가 새롭게 기저변수가 되고, 최소비율이 발생한 행의 원래 기저변수의 값이 0이 되면서 비기저변수가 된다. 이를 탈락변수라고 한다. 또한 0행은 새로운 비기저변수들로만 표현되며 개선된 목적함수 값을 나타낸다.

여기서 잠깐 한숨 돌리자. 필자는 학부시절 심플렉스 해법을 명확하게 이해하는 것이 쉽지 않았던 것을 기억한다. 나무와 숲을 모두 볼 수 있어야 한다. 여기서 해를 개선하는 한 단계의 피봇작업을 나무라고 한다면 이러한 피봇작업이 왜 우리에게 정확한 최적해를 주게 되는지 그 원리가 숲이라고 볼 수 있겠다. 이 원리를 2.2절의 논의를 이용하여 설명였지만 다시 한번 반복해 보자. 두 정규형 선형계획문제 (2.4)와 (2.5)의 관계를 이해하는 것은 심플렉스 해법을 이해하는 본질적인 것이기 때문이다.

우선 (2.5)의 제약식들을 보자. 이들은 (2.4)의 제약식을 0보다 큰 수로 곱하거나, 한 개의 제약식에 다른 제약식을 상수로 곱한 것을 더한 것이다. 이러한 행간연산이 방정식의 해를 변하게 하지 않는다는 것을 중고등학교 때부터 알고 있다. 즉, (2.4)과 (2.5)는 똑같은 가능해 집합을 갖는다.

또한 (2.5)의 목적함수는 모든 가능해가 만족하는 식 (2.4)의 제약식을 이용하여 x_2를 치환한 것이다. 따라서 두 개의 목적함수는 해당 제약식을 만족하는 모든 가능해에 대해 같은 값을 가져야 하며, 당연히 최적해도 같다. 즉, 다른 변수로 표현했을 뿐 같은 목적함수라는 것이다.

이 두 가지 관찰을 종합하면,

성질 2.4 (2.4)과 (2.5)는 동일한 선형계획문제이다.

그렇다면 어째서 같은 선형계획을 피봇작업을 통하여 모양을 바꾸어가는 것일까?

우리는 이미 이 질문에 대해 답을 알고 있다. 새로운 정규형 선형계획 (2.5)는 (2.4)에서 목적함수를 개선하는 해를 기저가능해로 가지게 된다. 이것이 첫 번째 이유이다. 두 번째 이유는 정규형을 유지하면, 앞의 원리를 반복하여 더 나은 기저가능해를 얻을 수 있기 때문이다!

반복단계 2 : 반복단계 1에서 x_5가 기저변수에서 탈락하고 대신 x_2가 진입하여 얻은 새로운 기저가능해는 목적함수 값이 0에서 6으로 개선되었다. 그러나 아직 최적해는 아니다. 왜냐하면 비기저변수 x_1의 목적함수 계수가 $\frac{1}{2}$로 양수이기 때문이다. 현재 0인 x_1을 증가시키면 목적함수는 정확히 $\frac{1}{2}$의 비율로 증가한다. x_1이 증가하면 현재 기저변수들의 값도 변하지만 현재 목적함수는 x_1과 0으로 고정되는 x_5로만 표현되기 때문에 x_1의 현재 목적함수 계수가 곧 목적함수의 증가율이 되는 것이다(다시 강조하지만, 이것이 정규형의 중요한 특성 중 하나이다).

따라서 x_1을 기저변수로 진입시키자. 최소비율 테스트로부터, 최소비율은 1행에서 $\frac{4}{3}$가 된다. 피봇행은 1행이 되어야 하며 이때 x_3가 기저변수에서 탈락하게 됨을 알 수 있다. 새롭게 개선된 해와 이에 대응하는 정규형 선형계획은 역시 피봇연산을 통해 구하게 된다.

$$
\begin{array}{llllllll}
\max & -z & +\frac{1}{2}x_1 & & & -\frac{1}{2}x_5 & =-6, & 0\text{행}+\left(-\frac{2}{3}\right)\times 1\text{행}. \\
\text{sub.to} & & \underline{\frac{3}{4}x_1} & +x_3 & & -\frac{1}{4}x_5 & =1, & \left(\frac{4}{3}\right)\times 1\text{행}. \\
& & \frac{3}{2}x_1 & & +x_4 & +\frac{1}{2}x_5 & =6, & 2\text{행}+(-2)\times 1\text{행}. \\
& & \frac{1}{4}x_1+x_2 & & & +\frac{1}{4}x_5 & =3, & 3\text{행}+\left(-\frac{1}{3}\right)\times 1\text{행}. \\
& & & & & \downarrow & & \\
\max & -z & & -\frac{2}{3}x_3 & & -\frac{1}{3}x_5 & =-\frac{20}{3}, & \text{새 목적함수 값 } \frac{20}{3}.
\end{array}
\tag{2.6}
$$

$$\begin{array}{llll} \text{sub.to} & x_1 + \frac{4}{3}x_3 - \frac{1}{3}x_5 = \frac{4}{3}, & \text{새 기저변수 } x_1 \text{ 값 } \frac{4}{3}. \\ & -2x_3 + x_4 + x_5 = 4, & \text{기저변수 } x_4 \text{ 값 } 4. \\ & +x_2 - \frac{1}{3}x_3 + \frac{1}{3}x_5 = \frac{8}{3}, & \text{기저변수 } x_2 \text{ 값 } \frac{8}{3}. \end{array}$$

반복단계 3 : 선형계획 (2.6)의 기저가능해는 더 개선 가능한가?

목적함수를 살펴보면 지금까지와는 달리 비기저변수 x_3와 x_5의 계수가 모두 음수이다. 결론적으로 말하면 이는 현재 기저가능해가 최적해라는 의미이다. 왜 그런가?

앞에서 심플렉스 해법이 생성하는 정규형 선형계획문제들은 모두 같은 문제라는 것을 보았다. 특히 세 개의 목적함수는 모두 동일하다. 이 중 마지막 목적함수를 보자:

$$z = \frac{20}{3} - \frac{2}{3}x_3 - \frac{1}{3}x_5.$$

이 함수는 $x \geqslant 0$을 만족하는 x 중에 $x_3 = x_5 = 0$일 때, 최대가 된다. 가능해는 이 비음조건을 만족하기 때문에, 이러한 가능해가 존재한다면 최적해가 된다. 그러나 x_3와 x_5는 마지막 정규형문제의 비기저변수이기 때문에, 그 기저가능해가 가능해가 되며, 따라서 최적해가 된다.

따라서 앞에서 우리는 심플렉스 해법으로 최적해를 구하는 작업을 완수한 것이다.

정리 2.5 심플렉스 해법을 적용하였을 때, 목적함수 계수들이 종료조건을 만족하는 기저가능해는 실제로 모든 가능해 중에 최적이다.

기저가능해의 개수는 유한하다. (왜 그런가?) 따라서 매 반복단계마다 목적함수의 감소값이 0보다 크다면 (그렇지 않은 경우도 있지만 이에 대한 논의는 생략한다.) 유한한 반복단계 안에 가장 좋은 기저가능해를 찾을 것이며 이는 최적해가 된다. 그러나 마지막 질문이 남는다.

문제의 최적해가 존재하면 반드시 기저가능해 중에서 발생할까? 그렇지 않다면, 심플렉스 해법은 최적해를 찾지 못할 수 있지 않을까?

이 질문은 학부시절 필자를 헷갈리게 했던 질문이기도 하다. 우리는 2.6절에서 최적해가 존재하면 반드시 심플렉스 해법을 시작할 수 있는 기저가능해를 찾을 수 있으며 이를 시작으로 목적함수 계수들이 종료조건을 만족하는 기저가능해를 반드시 찾는다는 것을 볼 것이다. (그보다 먼저 2.4절에서는, 선형계획 해집합은 기하적으로 볼 때, 볼록다면체이고 기저가능해는 그 꼭지점이라는 것과 최적해 중에는 항상 꼭지점이 있다는 것을 직관적으로 이해하게 된다.) 따라서 다음과 같이 먼저 정리할 수 있다.

성질 2.6 선형계획의 최적해 중에는 반드시 기저가능해가 존재한다.

[성질 2.5]와 [성질 2.6]을 종합하면 심플렉스 해법은 해가 존재하는 경우, 반드시 기저가능해 중에서 최적해를 찾는다는 것을 의미한다.

또한 선형계획이 가능해를 가지지 않거나, 가능해를 가지더라도 최적해는 가지지 않는 경우가 있는데 이런 경우도 심플렉스 해법이 이를 정확히 진단할 수 있다는 것을 각각 2.5절과 2.6절에서 볼 것이다.

종합하면 심플렉스 해법은 선형계획문제를 위한 **올바른 해법**이 된다. 일반적으로 수리모형을 위한 올바른 해법이란, 최적해가 존재하지 않는 경우, 정확히 이를 가려내고, 존재하는 경우는 최소 하나의 최적해를 항상 찾는 알고리듬을 의미한다.

연습문제 2.7

$$
\begin{array}{llrrl}
\max & z = & x_1 & +3x_2 & \\
\text{sub. to} & & 3x_1 & -\ x_2 & \leqslant\ 6, \\
 & & -x_1 & +\ x_2 & \leqslant\ 3, \\
 & & x_1 & +2x_2 & \leqslant\ 9, \\
 & & \multicolumn{2}{c}{x_1 \geqslant 0,\ x_2 \geqslant 0.} &
\end{array}
$$

가. 위의 선형계획문제를 그래프 해법으로 풀라.

나. 표준형으로 변환한 후, 심플렉스 해법으로 풀라.

연습문제 2.8 다음의 선형계획문제를 풀라.

$$
\begin{array}{llrrrrrr}
\min & z = & -2x_1 & -3x_2 & & & & \\
\text{sub. to} & & x_1 & +\ x_2 & +x_3 & & = & 10, \\
 & & x_1 & +2x_2 & & +x_4 & = & 14, \\
 & & \multicolumn{6}{l}{x_1 \geqslant 0,\ x_2 \geqslant 0,\ x_3 \geqslant 0,\ x_4 \geqslant 0.}
\end{array}
$$

연습문제 2.9 다음의 선형계획문제를 풀라.

$$
\begin{array}{llrrrrrr}
\min & z = & -15x_1 & & +2x_3 & -5x_4 & & \\
\text{sub. to} & & -\ x_1 & +2x_2 & +\ x_3 & & = & 2, \\
 & & 3x_1 & +2x_2 & & +\ x_4 & = & 12, \\
 & & \multicolumn{6}{l}{x_1 \geqslant 0,\ x_2 \geqslant 0,\ x_3 \geqslant 0,\ x_4 \geqslant 0.}
\end{array}
$$

(힌트: 위의 문제는 목적함수에서 현재 기저변수들의 계수가 0이 아닌 것이 있기 때문에 정확히 정규형은 아니다. 그러나 각 기저변수들이 들어 있는 제약식을 사용하는 피봇연산을 통하여, 이들을 먼저 소거하여 정규형으로 만들 수 있다. 이러한 과정을 'pricing out' 이라고 한다.)

연습문제 2.10 다음의 선형계획문제를 풀라.

가.

$$
\begin{array}{llrrl}
\max & 3x_1 & +5x_2 & & \\
\text{sub. to} & x_1 & & \leqslant & 4, \\
 & & x_2 & \leqslant & 6, \\
 & 3x_1 & +2x_2 & \leqslant & 18, \\
 & \multicolumn{4}{l}{x_1 \geqslant 0,\ x_2 \geqslant 0.}
\end{array}
$$

나.

$$
\begin{array}{llrrl}
\min & 3x_1 & +5x_2 & & \\
\text{sub. to} & x_1 & & \leqslant & 4, \\
 & & x_2 & \leqslant & 6, \\
 & 3x_1 & +2x_2 & \leqslant & 18, \\
 & \multicolumn{4}{l}{x_1 \geqslant 0,\ x_2 \geqslant 0.}
\end{array}
$$

다.

$$
\begin{array}{llrrl}
\min & 3x_1 & -5x_2 & & \\
\text{sub. to} & x_1 & & \leqslant & 4, \\
 & & x_2 & \leqslant & 6, \\
 & 3x_1 & +2x_2 & \leqslant & 18, \\
 & \multicolumn{4}{l}{x_1 \geqslant 0,\ x_2 \geqslant 0.}
\end{array}
$$

라.

$$
\begin{array}{llllll}
\max & 3x_1 & +5x_2 & +x_3 & & \\
\text{sub.to} & x_1 & +x_2 & & \leqslant & 4, \\
& x_1 & & -x_3 & \leqslant & 2, \\
& & 3x_2 & +x_3 & \leqslant & 9, \\
\end{array}
$$

$$x_1 \geqslant 0,\quad x_2 \geqslant 0,\quad x_3 \geqslant 0.$$

마

$$
\begin{array}{lllll}
\max & x_1 & +x_2 & & \\
\text{sub.to} & x_1 & & \leqslant & 4, \\
& & x_2 & \leqslant & 4, \\
& -x_1 & +x_2 & \leqslant & 3, \\
& 3x_1 & +x_2 & \leqslant & 13, \\
\end{array}
$$

$$x_1 \geqslant 0,\quad x_2 \geqslant 0.$$

바.

$$
\begin{array}{llllll}
\min & -x_1 & -3x_2 & & & \\
\text{sub.to} & x_1 & +\ x_2 & -x_3 & \leqslant & 4, \\
& 2x_1 & +4x_2 & +x_3 & \leqslant & 12, \\
\end{array}
$$

$$x_1 \geqslant 0,\quad x_2 \geqslant 0,\quad x_3 \geqslant 0.$$

연습문제 2.11 아래의 선형계획문제를 보고 답하라. 여기서 α, β, γ, 그리고 δ는 상수이다(비음조건 표기는 생략됨).

$$
\begin{array}{lllllllll}
\min & -z & +\alpha x_1 & & & +\delta x_4 & & +\ 2x_6 & = -6 \\
\text{sub.to} & & +\beta x_1 & & +x_3 & +\ x_4 & & +\frac{1}{2}x_6 & = \ \ 1, \\
& & +\frac{1}{2}x_1 & & & & +x_5 & & = \ \ 2, \\
& & -\frac{1}{4}x_1 & +x_2 & & +\gamma x_4 & & +\ 2x_6 & = \ \ 1. \\
\end{array}
$$

가. 현재 기저가능해를 쓰라.

나. 이 해가 최적해일 조건은?

다. x_1이 진입하면 목적함수가 2의 비율로 4만큼 개선이 되는 조건을 구하라.

라. x_4가 진입하면 x_3가 탈락하고 그때 얻은 기저가능해가 최적일 조건을 구하라.

2.4 심플렉스 해법의 기하학적 의미

2.1절에서 구한 해집합과 2.3절에서 심플렉스 해법이 생성한 기저가능해를

비교하여 보면 심플렉스 해법의 기하학적인 의미를 이해할 수 있다.

다음의 그림이 보여주는 것과 같이 심플렉스 해법에서 생성한 기저가능해의 x_1과 x_2의 값을 찾아 $x_1 - x_2$ 평면 해집합에 도시하면 다각형의 꼭지점들이 되는 것을 알 수 있다.

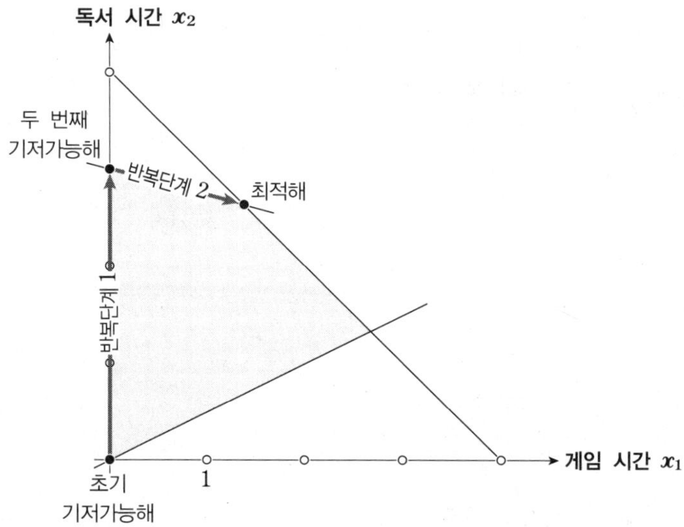

이 예와 같이, 일반적으로 선형계획의 모든 기저가능해는 해집합인 볼록다면체의 꼭지점이 되며 그 역도 성립한다. 그리고 그래프 해법에서 본 것처럼, 해집합과 '같은 목적함수 값을 나타내는 직선'을 목적함수 증가방향(최대화 문제에서)으로 이동시켜 가장 마지막으로 해집합과 만날 때, 그 직선과 해집합의 교집합이 최적해가 되는데, 이 부분에는 반드시 꼭지점이 포함되는 것을 알 수 있다. 이것은, 증명은 우리의 범위를 넘어가지만, 3차원 이상의 일반적인 경우도 마찬가지이다. 즉, 최적해 중에는 반드시 꼭지점이 존재한다는 것을 알 수 있다.

2.5 정규형 선형계획문제를 풀 때 발생할 수 있는 경우들

2.5.1 최적해를 가지는 경우

지금까지 제2장에서 다룬 문제들은 모두 이 경우에 해당된다. 즉 모든 제약조건을 만족하는 가능해가 존재하며, 그 가능해들 중에서 목적함수를 최적화(최대화 또는 최소화)하는 해, 최적해를 선택할 수 있는 경우이다.

최적해는 존재하는 경우, 정확히 한 개 존재하거나 아니면 무수히 많이 존재하게 된다. 이는 2.4절의 그림에서 직관적으로 알 수 있다. 즉, 목적함수를 나타내는 직선과, 가능해 집합이 두 개 이상의 서로 다른 점에서 접할 때, 그 두 점뿐 아니라 그 두 점 사이의 모든 점이 최적해가 되기 때문이다.

연습문제 2.12 최적해를 두 개 이상 갖는 정규형 선형계획문제를 간단하게 만들어 보고, 심플렉스 해법을 적용하여 최적해를 구해 보라.

연습문제 2.13 심플렉스 해법을 통해 구한 최적해와 다른 최적해가 있는지 최종 정규형 문제를 보고 어떻게 알 수 있는지 간단히 설명하라.

연습문제 2.14 다음 문제에 심플렉스 해법을 적용하여 최적해를 구하라. 그리고 심플렉스 해법을 통해 구한 최적해와 다른 최적해가 있는지 확인하라.

$$
\begin{array}{llllll}
\max & 6x_1 & +4x_2 & & \\
\text{sub.to} & -x_1 & +\ x_2 & \leqslant & 2, \\
& 3x_1 & -2x_2 & \leqslant & 3, \\
& 3x_1 & +2x_2 & \leqslant & 9, \\
& \multicolumn{4}{l}{x_1 \geqslant 0, \quad x_2 \geqslant 0.}
\end{array}
$$

그러나 선형계획문제가 항상 최적해를 가지는 것은 아니다. 다음 두 가지 경우를 보자.

2.5.2 가능해를 가지지만 최적해가 없는 경우

가능해를 가지지만 최적해가 없다는 것은 무슨 말인가? 다음의 문제를 예로 들어보자.

$$
\begin{array}{llllll}
\max & x_1 & +x_2 & & \\
\text{sub.to} & -x_1 & +x_2 & \leqslant & 1, \\
& x_1 & -x_2 & \leqslant & 1, \\
& & x_1 \geqslant 0, x_2 \geqslant 0. & &
\end{array}
\tag{2.7}
$$

이 문제의 해집합과 목적함수의 증가 방향은 다음 그림과 같다.

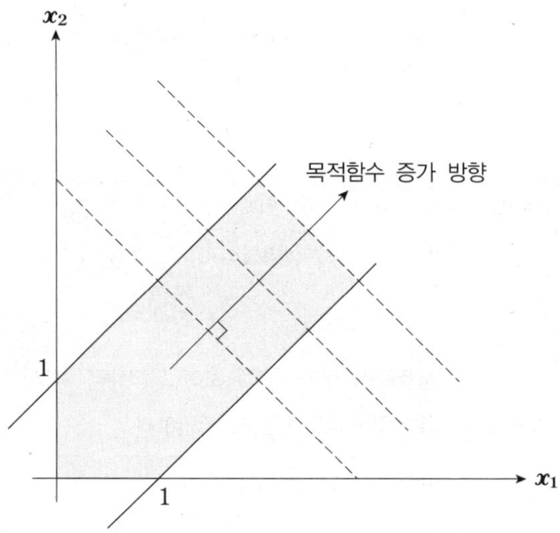

우선 해집합은 목적함수의 증가 방향으로 무한히 뻗어 있음을 알 수 있다. 그러므로 어떤 가능해를 골라도 목적함수가 그보다 더 큰 가능해가 존재한다. 따라서 최적해는 존재하지 않는다.

여기서 재미있는 질문을 해보자. 심플렉스 해법이 올바른 해법이라면 당연히 이런 경우를 가려내야 할 것이다! 만약 이 문제에 심플렉스 해법을 적용하면 어떤 현상이 발생할까? (실제로 적용하기 전에 미리 생각해 보자.)

(2.7)의 선형계획문제를 변수를 첨가하여 표준형으로 바꾸면, 다음과 같은 정규형이 된다. 최대화 문제이고 비기저변수가 모두 목적함수 계수를 양수로 가지므로 임의로 하나를 진입하면 목적함수가 개선된다. x_1을 진입변수로 택하자. 피봇행은 2행이 된다. (왜인가?) 피봇연산의 결과는 다음과 같다.

$$
\begin{array}{llllllll}
0\text{행} & \max & -z & +x_1 & +x_2 & & & =0, & 0\text{행}+2\text{행}\times\left(-\frac{1}{1}\right). \\
1\text{행} & \text{sub.to} & & -x_1 & +x_2 & +x_3 & & =1, & 1\text{행}+2\text{행}\times\left(\frac{1}{1}\right). \\
2\text{행} & & & \underline{x_1} & -x_2 & & +x_4 & =1, & 2\text{행}\times\frac{1}{1}.
\end{array}
$$

$$\downarrow$$

$$
\begin{array}{llllllll}
0\text{행} & \max & -z & & +2x_2 & & -x_4 & =-1 \\
1\text{행} & \text{sub.to} & & & & +x_3 & +x_4 & =2, \\
2\text{행} & & & x_1 & -x_2 & & +x_4 & =1.
\end{array}
\tag{2.8}
$$

개선된 기저가능해의 정규형 선형계획 (2.8)을 보자. (이 해는 위에 그린 해집합 어디에 해당하는가?) 아직 최적해가 아니다. 비기저변수 x_2의 현재 목적함수 계수가 2이기 때문이다. 진입시키자. x_2가 가질 수 있는 최대값을 계산하기 위해 최소비율 테스트를 해야 한다. 그런데 x_2의 제약식의 계수가 모두 양수가 아니라는 것을 알 수 있다. 이는 x_2가 제약식을 만족하면서 무한히 증가할 수 있다는 것이다. 따라서 목적함수도 무한히 증가할 수 있다. 현재 기저가능해에서 x_2가 증가하면 다음 그림에서 굵은 선으로 표시된 무한 직선을 따라가는 것을 알 수 있다.

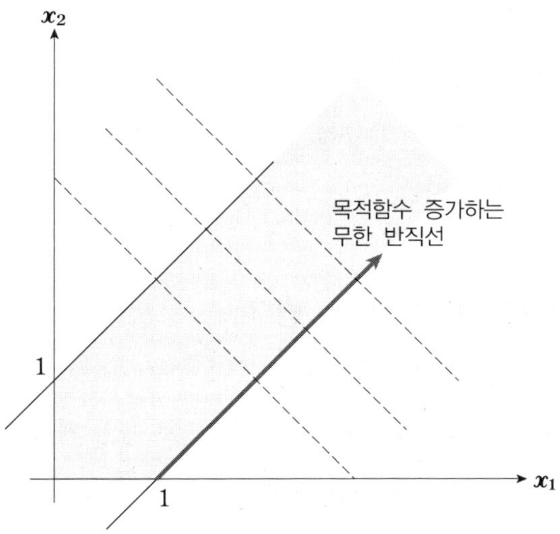

성질 2.15 최소비율 테스트에서 진입변수의 제약식 계수가 모두 0보다 같거나 작으면 목적함수는 무한히 개선가능하여 최적해가 존재하지 않는다.

연습문제 2.16 다음 선형계획문제를 심플렉스 해법으로 풀라.

$$
\begin{array}{llll}
\max & 2x_1 & +x_2 & \\
\text{sub. to} & -x_1 & +x_2 & \leqslant 1, \\
 & -3x_1 & +2x_2 & \leqslant 2, \\
 & x_1 & -4x_2 & \leqslant 2, \\
 & x_1 \geqslant 0, & x_2 \geqslant 0. &
\end{array}
$$

연습문제 2.17 세계 굴지의 외환 거래 은행의 책임 딜러인 희영이는 오늘 파운드와 달러를 취급한다. 정오의 두 화폐 간 외환 거래 시세는 다음과 같다. 1파운드는 1달러 80센트에 살 수 있다. 1달러는 0.5파운드에 살 수 있다. 파운드와 달러의 거래는 아주 짧은 시간(1분 안)에 양의 제한 없이 거의 동시에 이루어질 수 있다고 가정하자. 영희의 목적은 정오에 시작한 거래를 12시 1분에 끝낼 때, 최대한의 이득을 얻는 것이다. 선형계획문제에 심플렉스 해법을 적용하라. 또한 2차원 평면에 해집합을 그리고 그래프 해법을 적용하라.

앞에서 보았듯이 목적함수가 무한히 좋아질 수 있는 선형계획이 이론적으로 존재할 수 있다. 그런데 현실에서 이러한 경우가 발생할 수 있을까? 만약 여러분의 문제가 이런 현상을 보인다면 대개 빠진 제약조건이 있는 경우이며 모형을 다시 점검해 보아야 할 것이다!

지금까지 논의를 종합하면 정규형 선형계획문제를 위한 심플렉스 해법은 〈그림 2.1〉과 같이 요약할 수 있다.

2.5.3 가능해를 가지지 않는 경우

정규형 선형계획문제는 기저가능해가 있으므로 항상 가능해를 갖는다. 그러나 일반적으로 선형계획이 모두 해를 가지는 것은 아니다. 그런 예는 2차원 평면에서도 쉽게 찾을 수 있다.

연습문제 2.18 (2.9)의 선형계획은 모든 제약조건을 만족하는 가능해가 없음을 그래프로 그려 확인하라.

$$
\begin{aligned}
\max \quad & x_1 + 2x_2 \\
\text{sub.to} \quad & -x_1 + x_2 \geqslant 3, \\
& x_1 + x_2 \leqslant 4, \\
& 4x_1 - x_2 \geqslant 4, \\
& x_1 \geqslant 0, \quad x_2 \geqslant 0.
\end{aligned}
\tag{2.9}
$$

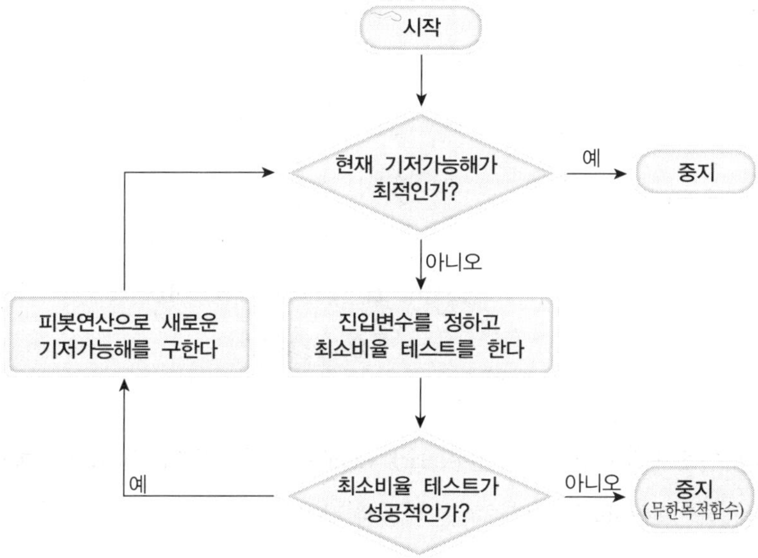

〈그림 2.1〉 정규형 선형계획문제를 위한 심플렉스 해법 요약

물론 가능해를 갖지 않는 경우, 심플렉스 해법은 이를 정확히 가려낼 수 있다. 이를 위해서는 우리가 배운 정규형 선형계획문제를 위한 심플렉스 해법을 표준형 선형계획문제를 위한 심플렉스 해법으로 확장해야 한다. 이러한 표준형 해법은, 2.6절에서 보겠지만, 정규형 심플렉스 해법을 2단계로 사용하는 것과 같다.

2.6 일반형 선형계획을 위한 2단계 심플렉스 해법*

모든 정규형 선형계획문제는 심플렉스 해법으로 풀 수 있음을 보았다. 그러나 모든 선형계획문제가 표준형으로 바꾸면 정규형이 되는 것은 아니다.

따라서 일반적인 경우를 풀기 위해서는, 지금까지 논의한 심플렉스 해법을 표준형을 위해 확장하는 것이 필요하다. 이는 대략적으로 말하면, 정규형 선형계획문제를 위한 심플렉스 해법을 단계적으로 두 번 적용하는 것과 같다. 첫 단계는 초기 기저가능해를 구하기 위한 단계이고, 두 번째 단계는 최적 기저가능해를 구하는 단계이다. 다음의 예를 통하여 이를 논의해 보자.

우선 모든 부등호 제약식을, 변수를 추가하여 등호 제약식으로 변환하자. 이러한 표준화는 심플렉스 해법을 적용하기 위한 가장 기본적인 사전 단계이다.

예 2.19 일반형 선형계획문제의 표준화

$$
\begin{array}{llrrcr}
\min & z = & 2x_1 & + 3x_2 & & \\
\text{sub. to} & & \frac{1}{2}x_1 & + \frac{1}{4}x_2 & \leqslant & 4, \\
 & & x_1 & + 3x_2 & \geqslant & 20, \\
 & & x_1 & + \ x_2 & = & 10, \\
 & & \multicolumn{4}{l}{x_1 \geqslant 0,\ x_2 \geqslant 0.}
\end{array}
$$

위의 선형계획문제를 **여유변수**(slack variable) x_3와 **잉여변수**(surplus variable) x_4를 사용하여 표준형으로 변환하면 다음과 같다.

$$
\begin{array}{llrrrrcr}
\min & z = & 2x_1 & + 3x_2 & & & & \\
\text{sub. to} & & \frac{1}{2}x_1 & + \frac{1}{4}x_2 & + x_3 & & = & 4, \\
 & & x_1 & + 3x_2 & & - x_4 & = & 20, \\
 & & x_1 & + \ x_2 & & & = & 10, \\
 & & \multicolumn{6}{l}{x_1 \geqslant 0,\ x_2 \geqslant 0,\ x_3 \geqslant 0,\ x_4 \geqslant 0.}
\end{array}
$$

이 표준형문제는 정규형이 아님을 알 수 있다. 기저변수로 사용할 수 있는 변수가 x_3 하나밖에 없기 때문이다. 따라서 정규형 심플렉스 해법을 이 문제에 적용하는 것은 불가능하다.

여기서, 다음과 같이 두 개의 새로운 변수 x_5와 x_6를 첨가하면 모든 제약식이

기저변수를 갖기 때문에 정규형이 될 것이다. 이러한 선형계획문제를 **1단계문제**(phase I problem)라고 하고, 이때 도입된 변수, x_5와 x_6를 **인공변수**(artificial variables)라고 한다. 물론, 1단계문제는, 표준화할 때 변수를 첨가한 경우와는 달리, 원래의 문제와 동등한 문제는 아니다.

하지만 제약식이 심플렉스 알고리듬을 적용할 수 있는 정규형이라는 특징을 가지고 있다. 이러한 제약조건 위에 인공변수 x_5와 x_6의 합인 목적함수(w라고 하자)를 최소화하는 **새로운** 선형계획문제 (2.10)을 생각해 보자.

$$\begin{aligned}
\min \quad & w = && && && && x_5 && + x_6 && \\
\text{sub. to} \quad & \tfrac{1}{2}x_1 && + \tfrac{1}{4}x_2 && + x_3 && && && && = 4, \\
& x_1 && + 3x_2 && && - x_4 && \underline{+ x_5} && && = 20, \\
& x_1 && + x_2 && && && && \underline{+ x_6} && = 10, \\
& x_1 \geqslant 0, && x_2 \geqslant 0, && x_3 \geqslant 0, && x_4 \geqslant 0, && x_5 \geqslant 0, && x_6 \geqslant 0. && \qquad (2.10)
\end{aligned}$$

(2.10)의 최적해를 구하면 어떻게 될까? 우선 인공변수의 비음조건 때문에 w의 최소값은 항상 0과 같거나 크다.

최적해에서 w가 0인 경우를 먼저 생각해 보자. [예 2.19]가 이러한 예가 된다. 풀어보자. 아직 목적함수에 기저변수들이 남아 있어 정규형이 아니다. 그러나 각 기저변수들을 피봇원소로 사용하여 목적함수의 기저변수들을 소거할 수 있다. [연습문제 2.9]에서 이를 'pricing out' 이라고 하였다.

$$\begin{aligned}
\min \quad & -w && - 2x_1 && - 4x_2 && && + x_4 && && && = -30, \\
\text{sub. to} \quad & && \tfrac{1}{2}x_1 && + \tfrac{1}{4}x_2 && + x_3 && && && && = 4, \\
& && x_1 && \underline{+ 3x_2} && && - x_4 && + x_5 && && = 20, \\
& && x_1 && + x_2 && && && && + x_6 && = 10, \\
& && x_1 \geqslant 0, && x_2 \geqslant 0, && x_3 \geqslant 0, && x_4 \geqslant 0, && x_5 \geqslant 0, && x_6 \geqslant 0.
\end{aligned}$$

최소화문제이므로 목적함수 계수가 음수인 변수 중에 하나인 x_2를 진입변수로 하여 반복단계를 수행하자.

$$
\begin{array}{llllllll}
\min & -w & -\frac{2}{3}x_1 & & & -\frac{1}{3}x_4 & +\frac{4}{3}x_5 & & = -\frac{10}{3}, \\
\text{sub. to} & & \frac{5}{12}x_1 & & +x_3 & +\frac{1}{12}x_4 & -\frac{1}{12}x_5 & & = \frac{7}{3}, \\
& & \frac{1}{3}x_1 & +x_2 & & -\frac{1}{3}x_4 & +\frac{1}{3}x_5 & & = \frac{20}{3}, \\
& & \frac{2}{3}x_1 & & & \underline{+\frac{1}{3}x_4} & -\frac{1}{3}x_5 & +x_6 & = \frac{10}{3}.
\end{array}
$$

위의 타블로에서 x_4를 진입변수로 선택하여 피봇을 하면 다음과 같다.

$$
\begin{array}{llllllll}
\min & -w & & & & & +x_5 & +x_6 & = 0, \\
\text{sub. to} & & \frac{1}{4}x_1 & & +x_3 & & & -\frac{1}{4}x_6 & = \frac{3}{2}, \\
& & x_1 & +x_2 & & & & +x_6 & = 10, \\
& & 2x_1 & & & +x_4 & -x_5 & +3x_6 & = 10.
\end{array}
$$

목적함수의 계수가 모두 비음이므로 1단계문제의 심플렉스 해법이 종료된다. 이때, 1단계 목적함수 w가 0이고 인공변수 x_5와 x_6가 비기저변수가 되어 0의 값을 가지고 있다. (변수의 값이 0이라고 해서 반드시 비기저변수가 되는 것은 아니지만 만약 0값을 갖는 인공변수가 기저에 남아 있으면 쉽게 원래변수와 교체할 수 있다. 이런 논의는 생략하자.) 이것은 현재 원래 변수들만으로도 제약식들이 만족되고 있다는 의미이다. 즉, 인공변수들을 항에서 모두 삭제하여도 제약식은 그대로 만족된다. 그리고 기저변수는 모두 원래 변수들로 이루어져 있기 때문에 원래 문제의 정규형 제약조건을 얻게 된다.

$$
\begin{array}{lllll}
\text{sub. to} & \frac{1}{4}x_1 & & +x_3 & & = \frac{3}{2}, \\
& x_1 & +x_2 & & & = 10, \\
& 2x_1 & & & +x_4 & = 10.
\end{array} \tag{2.11}
$$

물론 이러한 단계는 일반적인 경우에도 적용되는 것을 알 수 있다.

따라서 1단계의 최적목적함수 값이 0이면 원래 문제는 가능해를 가지며, 1단계문제에 대한 심플렉스 해법이 종료할 때, 기저가능해를 얻을 수 있다.

그리고 그 역도 성립하게 된다. 즉 원래 문제가 가능해를 가지면, 1단계문제의 최적 목적함수 값은 항상 0이 되어야 한다. 왜냐하면, 원래 문제가 가능해를 가진다는 것은 문제 (2.10)이 $x_5 = x_6 = 0$을 만족하는 가능해를 가진다는 의미이다. 그때 목적함수 w가 0이 되며, 그보다 작은 값을 갖는 것은 불가능하기 때문에 이는 반드시 최적해가 된다. 다른 말로 하면, 1단계문제의 최적 목적함수 값이 0보다 크면 원래 문제는 가능해를 가지지 않는다.

정리 2.20 1단계문제의 최적 목적함수 값이 0인 것은 원래 문제가 가능해를 가지는 것의 필요충분조건이 된다.

따라서 만약 1단계문제의 최적 목적함수 값이 0보다 크면, 원래 문제가 가능해를 갖지 않기 때문에 해법이 종료된다.

우리 문제의 경우처럼 최적 목적함수 값이 $w = 0$이면, 원래 변수로 이루어진 기저변수 집합(예에서는 x_3, x_2, 그리고 x_4)을 가지는 원래 문제의 정규형 제약조건과 초기 기저가능해를 얻었다. 이렇게 1단계문제의 용도는 가능성 테스트와 초기 기저가능해 확보 두 가지이다.

우리 예에서, 인공변수들을 타블로에서 삭제하고, 원래 목적함수를 돌려 놓으면 다음과 같이 원래 문제와 동등한 선형계획문제를 얻게 된다. 이를 **2단계문제**(phase II problem)라고 한다.

$$
\begin{array}{llllllll}
\min & -z & +2x_1 & +3x_2 & & & = & 0, \\
\text{sub. to} & & \frac{1}{4}x_1 & & +x_3 & & = & \frac{3}{2}, \\
 & & x_1 & +\ x_2 & & & = & 10, \\
 & & 2x_1 & & & +x_4 & = & 10.
\end{array}
\tag{2.12}
$$

정규형을 완성하기 위해 문제 (2.12)의 목적함수의 기저변수 항들을 'pricing out' 하면 다음과 같다.

$$\begin{array}{lrrrrcr} \min & -z & -x_1 & & & = & -30, \\ \text{sub. to} & & \frac{1}{4}x_1 & & +x_3 & = & \frac{3}{2}, \\ & & x_1 & +x_2 & & = & 10, \\ & & 2x_1 & & & +x_4 = & 10. \end{array} \tag{2.13}$$

최소화문제이므로 타블로 (2.13)에서 x_1을 진입하면 목적함수를 개선할 수 있다.

$$\begin{array}{lrrrrrcr} \min & -z & -x_1 & & & & = & -30, \\ \text{sub. to} & & \frac{1}{4}x_1 & & +x_3 & & = & \frac{3}{2}, \\ & & x_1 & +x_2 & & & = & 10, \\ & & +\underline{2x_1} & & & +x_4 & = & 10. \end{array}$$

$$\begin{array}{lrrrrrcr} \min & -z & & & & +\frac{1}{2}x_4 & = & -25, \\ \text{sub. to} & & & & +x_3 & -\frac{1}{8}x_4 & = & \frac{1}{4}, \\ & & & +x_2 & & -\frac{1}{2}x_4 & = & 5, \\ & & +x_1 & & & +\frac{1}{2}x_4 & = & 5. \end{array}$$

최적해를 구하여 2단계 심플렉스 해법이 모두 종료되었다.

일반적으로 2단계문제에서 발생할 수 있는 경우는 어떤 것이 있을까. 이에 대한 답은 이미 알고 있다. 기저가능해를 확보하여, 정규형 선형계획문제를 풀었기 때문에 2.5절의 세 가지 경우 중, 정규형 선형계획문제의 경우에 해당하는 처음 두 가지 중 하나가 발생하게 된다.

심플렉스 해법이 각각의 경우 어떻게 종료되는지 이미 보았다. 그리고 가능한 기저가능해의 개수는 유한하므로 (왜인가?) 유한한 반복단계 안에 모든 심플렉스 해법은 종료한다.

참고 2.21 좀더 정확히 말하면 드문 경우지만 기저가능해의 개수가 유한해도 심플렉스 해법이 같은 목적함수를 가진 기저가능해들을 반복해서 생성할 수 있으며, 이 경우 그 과정을 무한히 반복하게 된다. 그러나 간단한 진입변수와 탈락변수를 선정하는 규칙을 추가하면 이런 현상을 방지할 수 있다. 이에 대한 논의는 생략한다.

따라서 2단계 심플렉스 해법으로부터 다음을 관찰할 수 있다.

정리 2.22 선형계획문제의 최적해가 존재하면 반드시 기저가능해 중에도 존재한다.

따름정리 2.23 심플렉스 해법은 유한 반복단계 안에 모든 선형계획문제를 정확히 푸는 올바른 해법이다.

연습문제 2.24 다음 선형계획문제를 2단계 심플렉스 해법으로 풀어라.

가.

$$\begin{array}{lrrrrr} \min & -2x_1 & +x_2 & & & \\ \text{sub. to} & x_1 & -2x_2 & +x_3 & = & 2, \\ & x_1 & +x_2 & & = & 1, \\ & \multicolumn{5}{l}{x_1 \geq 0,\ x_2 \geq 0,\ x_3 \geq 0.} \end{array}$$

나.

$$\begin{array}{lrrrrr} \min\ z = & -2x_1 & +x_2 & -x_3 & & \\ \text{sub. to} & -x_1 & +x_2 & +x_3 & = & 15, \\ & & x_2 & & \leq & 30, \\ & 2x_1 & -x_2 & +x_3 & = & 20, \\ & \multicolumn{5}{l}{x_1 \geq 0,\ x_2 \geq 0,\ x_3 \geq 0.} \end{array}$$

다.

$$\begin{array}{lrrrr} \max & 6x_1 & +3x_2 & & \\ \text{sub. to} & 3x_1 & -x_2 & \geq & 2, \\ & & x_2 & \geq & 1, \\ & 3x_1 & +2x_2 & \leq & 13, \\ & \multicolumn{4}{l}{x_1 \geq 0,\ x_2 \geq 0.} \end{array}$$

라.

$$\begin{array}{lrrrr} \max & 2x_1 & +x_2 & & \\ \text{sub. to} & x_1 & +x_2 & \geq & 1, \\ & x_1 & & \leq & 4, \\ & -2x_1 & +x_2 & \leq & 2, \\ & \multicolumn{4}{l}{x_1 \geq 0,\ x_2 \geq 0.} \end{array}$$

연습문제 2.25 (2.9)의 선형계획이 가능해를 가지지 않는것을 1단계문제를 풀어 확인하라.

연습문제 2.26 다음의 선형시스템이 가능해를 가지는지 판단하라.

가.

$$\begin{aligned} -x_1 + x_2 - 7x_3 - 2x_4 &\leq 8, \\ 2x_1 - x_2 + 3x_4 &= 7, \\ x_1 + 4x_2 - 3x_3 - 4x_4 &= 12, \\ x_1 \geq 0, \quad x_2 \geq 0, \quad x_3 \geq 0, \quad x_4 &\geq 0. \end{aligned}$$

나.

$$\begin{aligned} -x_1 + 2x_2 + x_3 &\geq 4, \\ +x_1 + x_2 + x_3 &\leq 1, \\ x_1 \geq 0, \quad x_2 \geq 0, \quad x_3 &\geq 0. \end{aligned}$$

2.7 기저변수의 의미*

선형계획 가능해 집합에서 기저가능해가 어떤 기하학적인 의미를 가지고 있는지 2.4절에서 보았다. 이 절에서는 기저가능해의 또 다른 측면을 [예 2.19]를 통해 살펴보자.

심플렉스 해법을 원래 문제(표준형)에 적용하여 다음과 같은 최적해를 얻었다.

$$\begin{array}{llllll} \min & -z & 2x_1 + 3x_2 & & & = 0, \\ \text{sub. to} & & \frac{1}{2}x_1 + \frac{1}{4}x_2 & + x_3 & & = 4, \\ & & x_1 + 3x_2 & & - x_4 & = 20, \\ & & x_1 + x_2 & & & = 10, \\ & & & \vdots & & \\ \min & -z & & & + \frac{1}{2}x_4 & = -25, \\ \text{sub. to} & & & + x_3 & - \frac{1}{8}x_4 & = \frac{1}{4}, \\ & & + x_2 & & - \frac{1}{2}x_4 & = 5, \\ & & + x_1 & & + \frac{1}{2}x_4 & = 5. \end{array} \tag{2.14}$$

이때 기저가능해 $x = \left(5, 5, \frac{1}{4}, 0\right)$은 다음을 만족하는 해이다.

$$5\begin{bmatrix}\frac{1}{2}\\1\\1\end{bmatrix}+5\begin{bmatrix}\frac{1}{4}\\3\\1\end{bmatrix}+\frac{1}{4}\begin{bmatrix}1\\0\\0\end{bmatrix}=\begin{bmatrix}4\\20\\10\end{bmatrix}. \tag{2.15}$$

일반적으로 기저변수의 값들을 $x_{i_1}, x_{i_2}, \cdots, x_{i_m}$, 이에 대응하는 원래 문제의 열들을 $A_{i_1}, A_{i_2}, \cdots, A_{i_m}$이라고 하면 다음이 성립한다.

$$x_{i_1}A_{i_1}+\cdots+x_{i_m}A_{i_m}=b. \tag{2.16}$$

즉 기저가능해란 우변상수벡터 b를 A의 열벡터들의 비음 조합으로 나타낼 때, 사용하게 되는 비음계수들이 된다. 이때 행간연산에 의하여 이 열벡터들이 동일행렬(identity matrix)이 되었기 때문에, m개의 열벡터들은 선형독립이 되는 것을 알 수 있다. 이러한 의미에서 이 열벡터들로 이루어진 정방행렬 $B=[A_{i_1}, A_{i_2}, \cdots, A_{i_m}]$을 기저(basis)라고 부른다. $x_B=(x_{i_1}, \cdots, x_{i_m})$으로 표기하면 (2.16)을 다음과 같이 쓸 수 있다.

$$Bx_B=b, \text{ 또는 } x_B=B^{-1}b. \tag{2.17}$$

최적 기저가능해란 (2.17)이 비음해를 갖는 기저 B 중에서 x_B의 목적함수가 최대 혹은 최소가 되는 것을 의미한다.

따라서 그 기저를 미리 알게 되면, 최적 기저가능해는 선형연립방정식을 푸는 소거법을 사용하면 구할 수 있다.

연습문제 2.27 (2.15)의 기저 $B=[A_3, A_2, A_1]$을 쓰고, 소거법을 사용하여 (2.17)과 같은 방정식을 풀고 해 $x_B=(x_3, x_2, x_1)=\left(\frac{1}{4}, 5, 5\right)$를 다시 확인하라.

물론 최적해의 기저를 해법을 적용하지 않고 미리 알 수 있는 방법은 없다. 그리고 소거법을 임의의 열들에 적용하면, 해가 음수 원소를 가질 수도 있다. 따라서 한 번의 소거법으로 최적 기저가능해를 구하는 것은 불가능하다. 심플렉스 해법에서 초기 기저가능해를 확보하는 단계와 개선하는 단계인 2단계 해법이 필요한 이유도 여기에 있다.

2.8 스프레드쉬트 해법

'엑셀' 과 같은 스프레드쉬트(spreadsheet) 프로그램에는 규모가 크지 않은 경영과학 모형을 풀 수 있는 '해 찾기' 가 내장되어 있다. 이러한 기능은 스프레드쉬트의 각 셀이 단순히 데이터뿐 아니라 변수, 그리고 함수도 될 수 있다는 점을 사용한다. 수리모형의 데이터, 변수, 그리고 함수를 스프레드쉬트의 셀(cell)에 입력하고, 해당 셀들을 연관 관계를 통하여 수리모형 입력을 완성한 후 내장된 해법을 적용한다. 이러한 과정은 다음과 같은 단계들로 요약할 수 있다.

1. 입력 데이터와 필요한 변수 그리고 함수들을 스프레드쉬트에 입력한다. 이때 다음과 같이 셀 종류를 구별하면 편리하다.

가. 설명 셀 : 설명을 써 넣은 셀—셀 처리하지 않음.

나. 데이터 셀 : 문제에서 주어진 수치나 패러미터를 넣은 셀—셀을 회색으로 명암 처리.

다. 변경할 셀 : 결정변수에 해당 함—셀을 굵은 선으로 둘레를 침.

라. 목표 셀 : 목적함수에 해당함—셀을 굵은 선으로 둘레를 치고 회색으로 처리.

마. 중간함수 셀 : 제약식들을 정의하는 데 편의를 위해 함수를 정의하여 넣은 셀—셀 처리하지 않음.

이러한 입력 데이터들을 성원 대 아빠 문제를 예로 스프레드쉬트에 넣어 보자. 위의 셀 종류의 구별을 위한 셀 처리 규칙을 참고하면 아래의 쉬트와 문제의 데이터 간의 관계는 쉽게 알 수 있을 것이다. 단, 셀 F7은 목표 셀이므로 실제로는 그림 아래에 설명하여 놓은 함수가 입력되어 있다. 또한 셀 F9은 첫 번째 시간 제약의 선형함수, 즉 $x_1 + 2x_2$가, 그림 아래의 설명처럼 정의되어 있다. 결정변수에 해당하는 변경할 셀들인 C5와 D5가 앞의 약속과 같이 굵은 선으로 둘레가 쳐져 있다. 초기 값은 무엇이든지 관계 없다. (지정하지 않아도 좋다.)

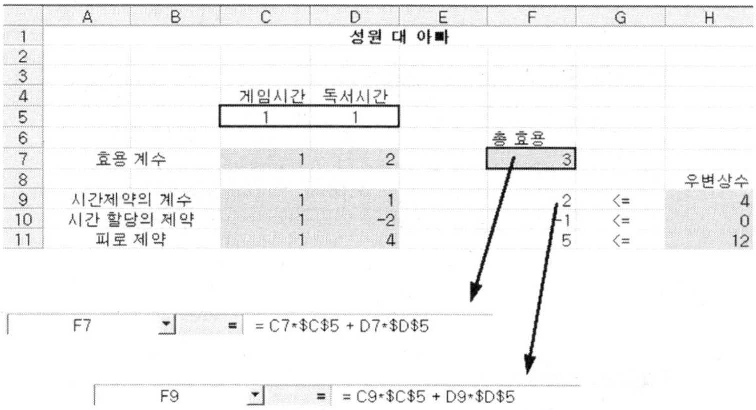

2. "도구" 메뉴의 "해 찾기" 기능을 선택한다. "해 찾기" 기능이 설치되어 있지 않을 경우에는 "도구" 메뉴에서 "추가 기능"을 선택하여 설치한다.

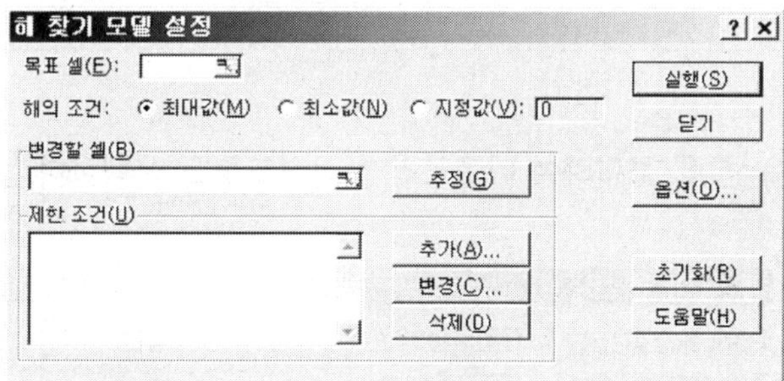

목표 셀(목적함수 값의 셀), 변경할 셀(결정변수 값 셀), 그리고 해의 조건을 지정한다. 우리 문제의 경우, 최대화 문제이므로 해의 조건은 "최대값"이 된다.

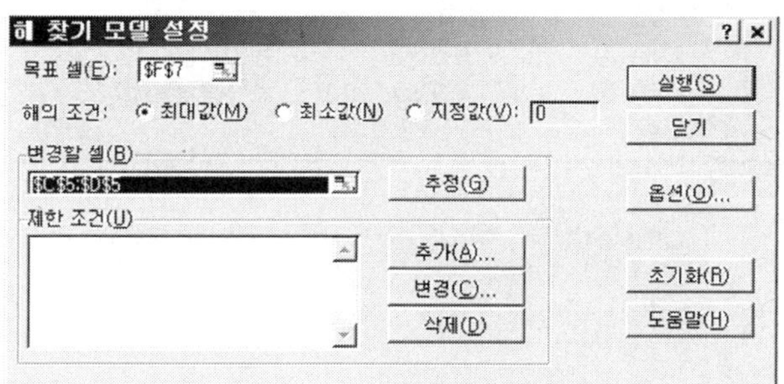

제한 조건은 제약식을 의미하며, "추가"를 클릭하여 하나씩 넣는다. 첫째 제약식은 다음과 같이 쓸 수 있다.

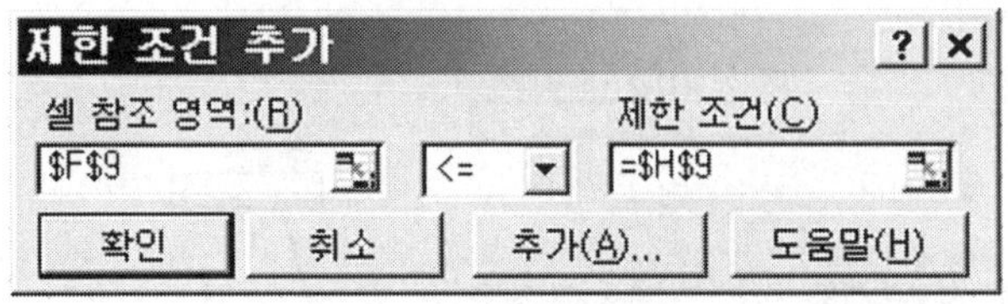

세 개의 제약식을 다 넣으면 다음과 같이 될 것이다.

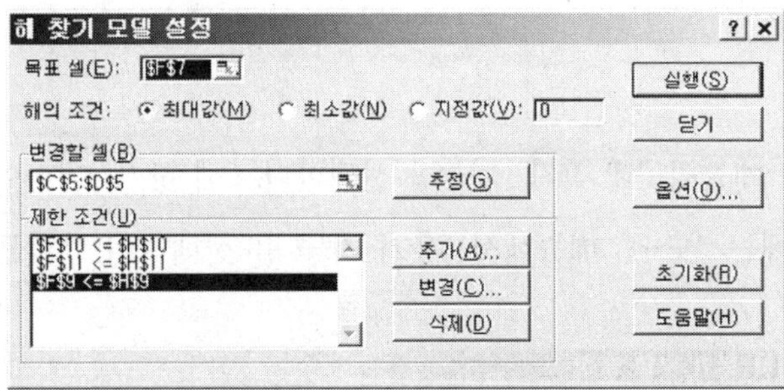

마지막으로 "옵션"을 클릭하여 비음조건과 선형모형을 선택한다.

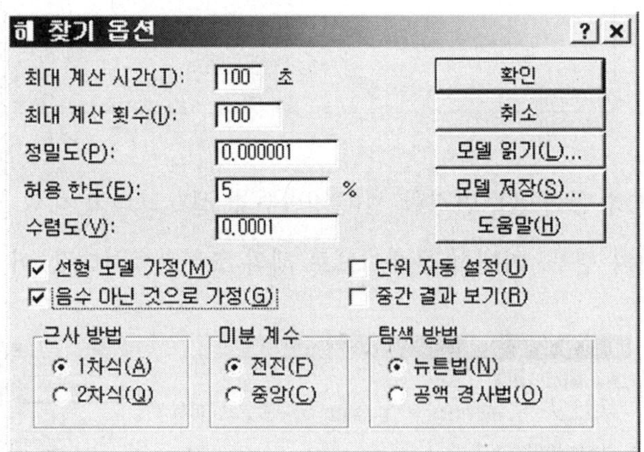

3. "해 찾기"를 실행한다.

	A	B	C	D	E	F	G	H
1				성원 대 아빠				
2								
3								
4			게임시간	독서시간				
5			1.333333333	2.666667				
6						총 효용		
7	효용 계수		1	2		6.666667		
8								우변상수
9	시간제약의 계수		1	1		4	<=	4
10	시간 할당의 제약		1	-2		-4	<=	0
11	피로 제약		1	4		12	<=	12

4. "해답", "민감도" 등을 찾는다. 민감도란 원래의 데이터가 변할 때, 문제의 최적해가 어떻게 변하는지를 말한다. 후에 자세히 설명하기로 한다.

	A	B	C	D	E	F	G
1	Microsoft Excel 9.0 해답 보고서						
2	워크시트 이름: [성원대아빠.xls]Sheet1						
3	보고서 작성일: 2010-07-01 오전 12:35:33						
4							
5							
6	목표 셀 (최대값)						
7		셀	이름	계산 전의 값	계산 값		
8		F	효용 계수 총 효용	5	6.666666667		
9							
10							
11	변경할 셀						
12		셀	이름	계산 전의 값	계산 값		
13		$C$5	게임시간	1	1.333333333		
14		$D$5	독서시간	2	2.666666667		
15							
16							
17	제한 조건						
18		셀	이름	셀의 값	수식	만족 정도	조건과의 차
19		$F$9	시간제약의 계수 총 효용	4	$F$9<=$H$9	만족	0
20		$F$10	시간 할당의 제약 총 효용	-4	$F$10<=$H$10	부분적 만족	4
21		$F$11	피로 제약 총 효용	12	$F$11<=$H$11	만족	0

스프레드쉬트 모형 작성 요령

스프레드쉬트를 사용하여 데이터 처리를 해본 경험이 있는 사람들은 데이터 쉬트에 어떻게 레이아웃하여 입력할 것인지 특별히 정해진 규칙이 없다는 것을 잘 알 것이다. 이것은 경영과학의 스프레드쉬트 모형을 만드는 데도 마찬가지이다. 주어진 문제를 입력하는 데 필요한 각종 셀들을 어떤 위치에 어떤 모양으로 정리하는 것이 좋은지는 시행착오를 거쳐 각자 나름의 요령을 터득하게 될 것이다.

그러나 중요한 것은 스프레드쉬트 모형은 수리모형을 올바로 수립할 수 있으면 쉽게 만들 수 있다는 것이다(또한 필자는 편의를 위해 만들어진 스프레드쉬트 모형을 이해하는 것이 그 본질인 수리모형을 이해하는 것보다 쉽다고 생각하지 않는다). 즉,

수리모형의 원리를 이해하는 것이 더 중요하다는 것이다. 둘째로, 변경할 셀들과 이에 대응되는 데이터들은 상대적으로 같은 위치에 놓으면 편리하다. 또한 될 수 있으면 설명 셀들을 많이 사용하는 것이, 입력 시 문제를 명확히 파악하고, 완성된 스프레드쉬트를 수정하여 사용할 때도 도움이 된다.

스프레드쉬트를 사용하여 한 가지 예를 더 풀어보자. 제1장의 [예 3.2]를 고려하자.

예 2.28 (식단문제, 계속)

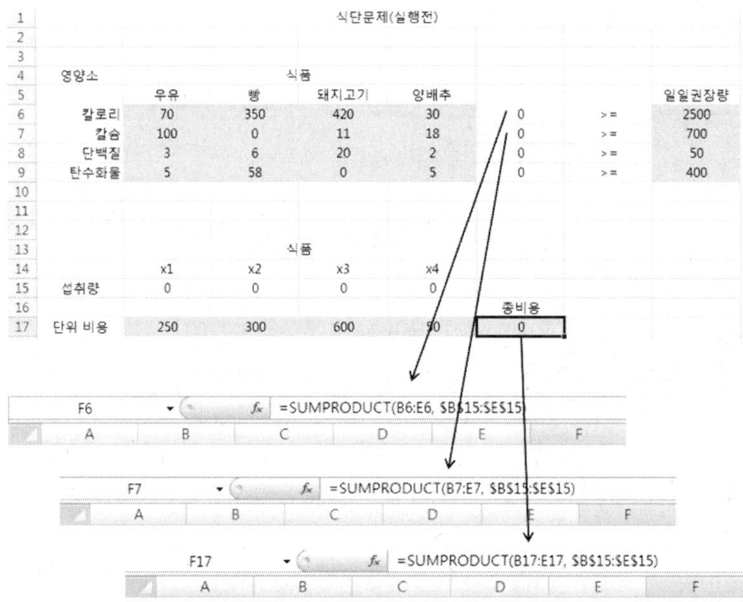

스프레드쉬트 작성

스프레드쉬트에 입력된 식단문제를 보자. 설명 셀들을 보면 문제의 패러미터들이 어떻게 정리되었는지 알 수 있다. 네 가지의 결정 사항에 해당하는 변경할 셀들($B$15 : $E$15)과 이에 대응하는 패러미터들(B6 : E6, … , B9 : E9)을 가로로, 충족되어야 하는 영양소 제약조건들을 세로 방향으로 정리하였다. 이에 맞추어 목적함수의 비용계수들도 가로(B17 : E17)로 놓았다.

총 비용에 해당하는 목표 셀(F17)은 상대적으로 같은 위치에 있는 비용계수 셀들과 변경할 셀들을 곱하여 합한 것이다. 따라서 "= B17*$B$15 +

C17*$C$15 + D17*$D$15 + E17*$E$15" 와 같이 쓸 수 있다. 이것은 그림에 화살표로 설명되어 있는 것처럼 엑셀 내장함수인 "SUMPRODUCT"를 사용하면 "= SUMPRODUCT(B17 : E17, $B$15 : $E$15)" 로 간단하게 쓸 수 있다.

이제 해 찾기 기능을 사용할 때 제약조건들을 입력하기 편리하도록 중간함수 셀들을 만들어 보자. 즉, "F6 : F9" 네 개의 셀에 섭취하는 네 가지 영양소의 양을 나타내는 함수를 넣어보자. 예를 들어, 칼로리 섭취량은 "= B6*$B$15 + C6*$C$15 + D6*$D$15 + E6*$E$15"가 된다. 또는 "SUMPRODUCT"를 사용하면 "= SUMPRODUCT(B6 : E6, $B$15 : $E$15)" 와 같이 넣을 수 있다. 마찬가지로 셀 F7에 칼슘의 섭취량은 "= SUMPRODUCT(B7 : E7, $B$15 : $E$15)"가 될 것이다. 이런 식으로 "F8 : F9" 두 개의 셀에도 영양소를 계산하는 함수를 넣으면 해 찾기 기능을 사용할 준비는 완료된다.

절대주소와 상대주소

위에서 우리는 셀을 사용하여 함수를 정의할 때, 어떤 경우는 열과 행 번호만을 사용하여 셀을 표기하며, 어떤 경우는 "$"를 곁들여 표시한다는 것을 알 수 있다. 이 두 가지 경우의 차이점은 "F6 : F9" 네 개의 셀에 정의된 함수 중 처음 두 개만을 비교하여도 알 수 있다.

셀 F6에 정의된 함수 : = SUMPRODUCT(B6 : E6, $B$15 : $E$15)
셀 F7에 정의된 함수 : = SUMPRODUCT(B7 : E7, $B$15 : $E$15)

변경할 셀의 위치는 두 개의 함수에서 모두 "$B$15 : $E$15"로 동일하게 고정되어야 한다는 것을 알 수 있으며, 이것이 바로 곁들여진 "$"의 의미가 된다. 그러나 곱하는 계수의 위치는 함수를 정의하는 위치에 따라 바뀌게 된다.

특히, "F6"의 셀을 복사하여 "F7 : F9" 세 개의 셀에 복사하면, 우리가 원하는 대로 모든 복사된 함수 내에서 "$B$15 : $E$15"는 변하지 않고, 곱하는 계수에 해당하는 셀들만 위와 같이 주소를 갖게 된다. 이것이 엑셀 스프레드쉬트의 **절대주소**와 **상대주소**의 개념으로 함수가 입력된 셀을 복사하여 다른 셀에 붙여 넣을 때, 염두에 두어야 한다.

해 찾기

"도구" 메뉴에서 "해 찾기"를 선택한다. 다음과 같이 "목표 셀"은 "$F$17"로, "해의 조건"은 "최소값"으로, "변경할 셀"은 "$B$15 : $E$15"로 한다.

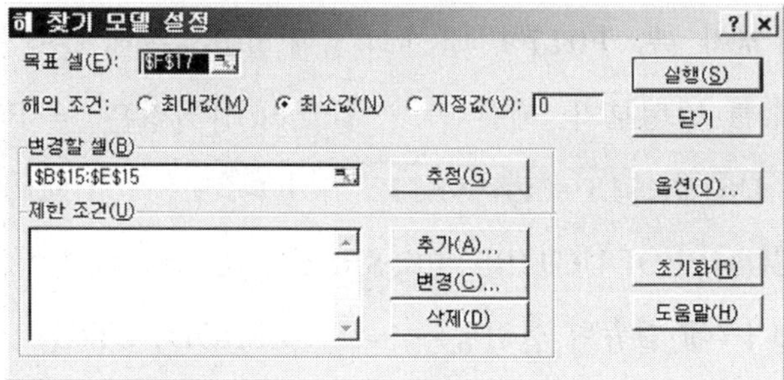

이제 제약조건을 넣어보자. 우리가 이미 정의한 중간함수 셀들을 사용하면, 영양소 제약조건은 섭취량 "F6 : F9"의 값들이 각각 대응되는 최소요구량인 "H6 : H9"의 값들보다 같거나 크다는 조건이 됨을 알 수 있다. 또한 변경할 셀의 값들은 모두 0보다 같거나 커야 한다. 따라서 "제한조건"의 "추가" 기능을 사용하여 다음과 같이 제약조건들을 입력한다.

다음은 입력 완료된 제약조건을 보여준다.

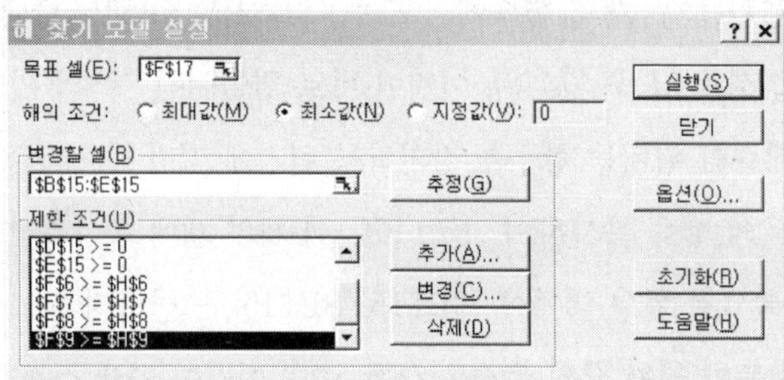

마지막으로 "옵션"을 선택하여, 다음과 같이 "선형 모델 가정"을 선택하여 선형계획문제라는 것을 알려준다. 마지막으로 모든 변수가 비음조건을 갖고 있으므로 "음수 아닌 것으로 가정"을 선택한다.

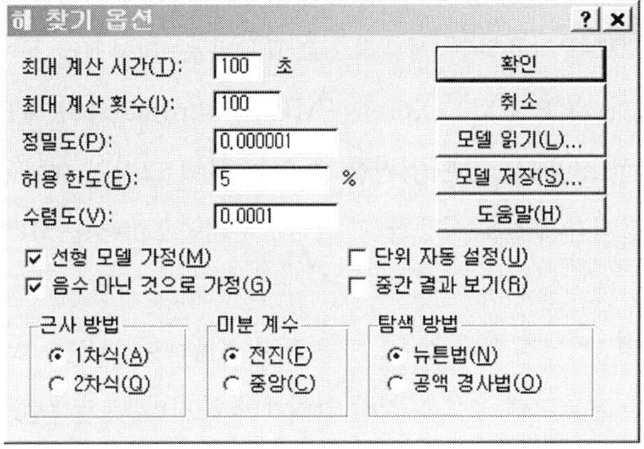

준비는 모두 끝났다. "해 찾기 모델 설정"으로 돌아가 "실행"을 클릭하면 다음과 같이 해가 구해진다.

식단문제(실행후)

영양소	식품						
	우유	빵	돼지고기	양배추			일일권장량
칼로리	70	350	420	30	2500	>=	2500
칼슘	100	0	11	18	700	>=	700
단백질	3	6	20	2	100.6349206	>=	50
탄수화물	5	58	0	5	415.3968254	>=	400

	식품				
	x1	x2	x3	x4	
섭취량	0	3.80952381	0	38.88888889	
					총비용
단위 비용	250	300	600	50	3087.301587

Microsoft Excel 12.0 해답 보고서
워크시트 이름: [New식단.xlsx]Sheet1
보고서 작성일: 2010-07-01 오후 9:53:48

목표 셀 (최소값)

셀	이름	계산 전의 값	계산 값
$F$17	단위 비용 총비용	3087.301587	3087.301587

값을 바꿀 셀

셀	이름	계산 전의 값	계산 값
$B$15	섭취량 x1	0	0
$C$15	섭취량 x2	3.80952381	3.80952381
$D$15	섭취량 x3	0	0
$E$15	섭취량 x4	38.88888889	38.88888889

제한 조건

셀	이름	셀의 값	수식	만족 정도	조건과의 차
$F$6	칼로리	2500	$F$6>=$H$6	만족	0
$F$7	칼슘	700	$F$7>=$H$7	만족	0
$F$8	단백질	100.6349206	$F$8>=$H$8	부분적 만족	50.63492063
$F$9	탄수화물	415.3968254	$F$9>=$H$9	부분적 만족	15.3968254

2.9 'Xpress-MP'를 이용한 해법

일반적으로 스프레드쉬트 해법은 입력 문제 크기의 제한이 있으며 그 계산 시간과 수치 오차가 커질 수 있다. 이에 비해 의사결정 문제를 풀기 위해 개발된 전문적 상용 코드를 사용하면, 상대적으로 규모가 큰 의사결정 문제를 빠른 시간 안에 풀 수 있다. 'CPLEX', 'Xpress-MP', 'Gurobi' 등이 대표적인 상용 코드이다. (이러한 상용코드들은 입력할 수 있는 문제 크기의 제한은 있지만 학생용 버전을 일정기간 무료로 사용할 수 있다.) 우리는 Xpress-MP를 사용하려고 한다.

앞의 '성원 대 아빠 문제' ([예 1.1])를 보자. Xpress-MP는, 스프레드시트 해 찾기와는 달리, 프로그램 코드를 직접 입력해야 하지만, 프로그램 구조가 수식과 유사하기 때문에 간단한 예를 통해 기본적인 사용법을 익힐 수 있다.

프로그램을 실행하면 다음과 같은 초기 화면을 볼 수 있다.

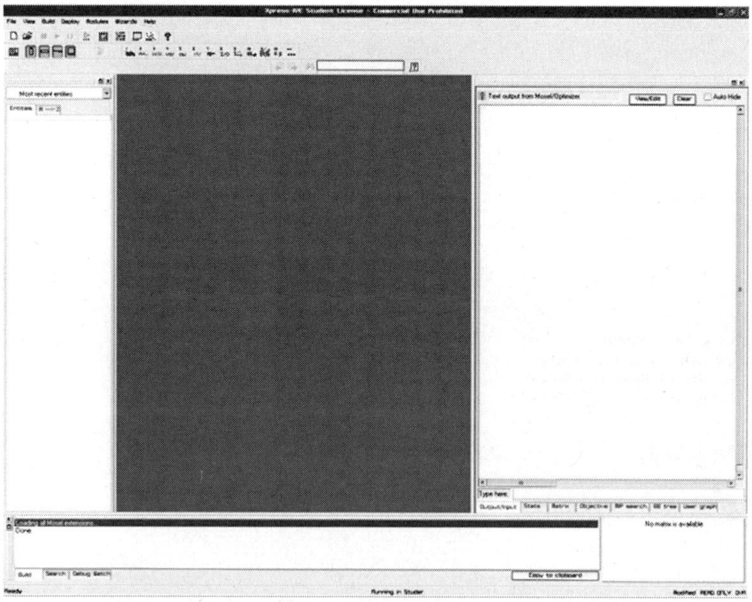

상위 메뉴에서 "File → New"를 선택하거나 화면 상단의 왼쪽 첫 번째 아이콘을 선택하면, 화면 중앙 부분에 프로그램을 작성할 수 있다. 새 파일을 열면 초기에 아래와 같은 코드가 나오는데, Xpress-MP에서 작성하는 프로그램의 뼈대를 간

```
model ModelName
uses "mmxprs"; !gain access to the Xpress-Optimizer solver

!optional parameters section
!parameters
! SAMPLEPARAM1="c:$\backslash$test$\backslash$"
! SAMPLEPARAM2=false
!end-parameters

!sample declarations section
declarations
! ...
Objective:linctr
end-declarations

writeln("Begin running model")
! ...
writeln("End running model")

end-model
```

략히 볼 수 있다.

위 프로그램의 각 부분에 대한 설명은 다음과 같다. "!" 로 시작하는 부분은 주석으로, 프로그램에 대한 작성자의 설명이나 의견 등을 적으면 좋을 것이다. (프로그램이 커질 경우 작성자조차도 알아보기 힘든 부분들이 늘어나게 되므로 주석을 다는 것은 좋은 습관이다.)

model ModelName : 모형의 제목을 쓰는 부분.
uses "mmxprs" : Xpress-Optimizer solver를 사용한다는 의미.
parameters : 프로그램에 필요한 패러미터가 있으면 사용하는 부분. 우리 경우는 해당이 없다.
declarations : 프로그램에서 사용하는 계수나 변수 등을 선언하는 부분.
writeln : 출력 함수와 출력 양식을 지정.

각 부분을 적절히 입력하여 프로그램을 완성하면, 선형계획을 비롯한 의사결정문제를 해결할 수 있다. 다음은 '성원 대 아빠 문제'에 대한 코드를 작성한 화면이다.

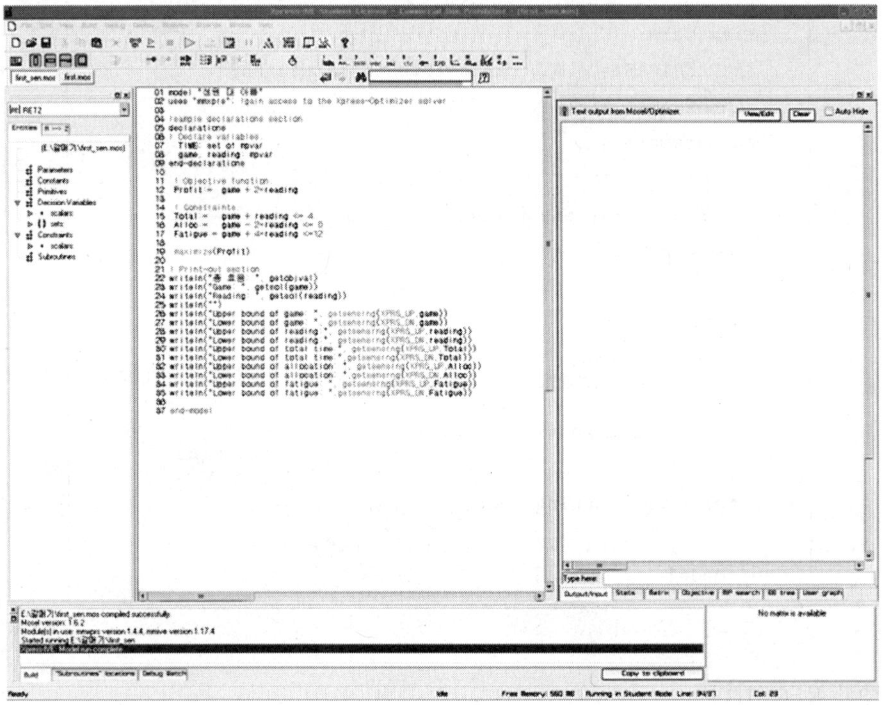

이제 프로그램을 보도록 하자. 이 예는 간단한 것이므로 더 복잡한 문제에 대해 프로그램을 작성할 때에는 별도의 매뉴얼을 참고해야 할 것이다.

```
model "성원 대 아빠"
uses "mmxprs"; !gain access to the Xpress-Optimizer solver

!sample declarations section
declarations
! Declare variables.
TIME: set of mpvar
game, reading: mpvar
end-declarations

! Objective function.
Profit:= game + 2*reading
```

```
! Constraints.
Total:= game + reading <= 4
Alloc:= game - 2*reading <= 0
Fatigue:= game + 4*reading <=12

maximize(Profit)

! Print-out section
writeln("총 효용: ", getobjval)
writeln("Game: ", getsol(game))
writeln("Reading: ", getsol(reading))
writeln(" ")
writeln("Upper bound of game: ", getsensrng(XPRS\_UP,game))
writeln("Lower bound of game: ", getsensrng(XPRS\_DN,game))
writeln("Upper bound of reading: ", getsensrng(XPRS\_UP,reading))
writeln("Lower bound of reading: ", getsensrng(XPRS\_DN,reading))
writeln("Upper bound of total time: ", getsensrng(XPRS\_UP,Total))
writeln("Lower bound of total time: ", getsensrng(XPRS\_DN,Total))
writeln("Upper bound of allocation: ", getsensrng(XPRS\_UP,Alloc))
writeln("Lower bound of allocation: ", getsensrng(XPRS\_DN,Alloc))
writeln("Upper bound of fatigue: ", getsensrng(XPRS\_UP,Fatigue))
writeln("Lower bound of fatigue: ",getsensrng(XPRS\_DN,Fatigue))

end-model
```

출력 중 아래 부분은 민감도 분석에 대한 내용으로, 뒤에서 자세하게 다룰 것이므로 이를 제외한 부분들에 대해 간단히 살펴 보자.

```
model "성원 대 아빠"
uses "mmxprs"; !gain access to the Xpress-Optimizer solver
```

위에서 설명하였듯, 모델 이름을 쓰고 "solver"를 선택하는 부분이다. "ModelName" 자리에 현재 문제의 이름을 써 넣는다. 이때 반드시 따옴표를 해야 한다. "solver"는 그대로 놓아 둔다. 위에서 설명하였듯, 주석을 달 때에는 주석 앞에 느낌표(!)를 붙이면 된다. 이 예시에는 이해를 돕기 위해 매 줄마다 주석이 달려 있으므로 참고하기 바란다.

```
!sample declarations section
declarations
! Declare variables.
TIME: set of mpvar
game, reading: mpvar
end-declarations
```

문제의 결정변수들을 선언하는 부분이다. "declarations" 로 시작해서 "end-declarations" 로 끝나는 것을 볼 수 있다.

"TIME" 을 변수(mpvar)의 집합으로 선언한 후, 그 원소로 "game" 과 "reading" 을 선언하였다. "game" 과 "reading" 은 각각 게임을 하는 시간과 독서를 하는 시간을 나타내는 결정변수가 된다.

```
! Objective function.
Profit:= game + 2*reading
```

목적함수를 정의하는 부분이다. 이로써 목적함수 값은 "Profit" 이라는 변수에 저장된다. 목적함수가 "$x_1 + 2x_2$" 이므로, "game + 2*reading" 으로 표현하였다.

```
! Constraints.
Total:= game + reading <= 4
Alloc:= game - 2*reading <= 0
Fatigue:= game + 4*reading <=12
```

제약식을 나타내는 부분이다. 문법은 목점함수와 비슷한 것을 볼 수 있다. 각 제약식을 가리키는 변수를 "Total(총 시간에 대한 제약식)", "Alloc(게임과 독서에 할당되는 시간에 대한 제약식)", "Fatigue(피로에 대한 제약식)" 으로 표현하였다.

```
! To maximize the objective function
maximize(Profit)
```

목적함수의 최대화/최소화를 지정한 부분이다. 이 문제는 최대화문제이므로, “maximize()” 를 사용하였다.

```
! Print-out section
writeln("총  효 용 : ", getobjval)
writeln("Game: ", getsol(game))
writeln("Reading: ", getsol(reading))

end-model
```

출력 양식, 즉 목적함수의 최적값과 그때 각 변수의 값의 출력을 지정하는 부분이다. “getobjval” 은 목적함수의 최적값을 의미한다. “getsol(mpvar)” 은 목적함수의 값이 최적일 때 각 변수의 값을 뜻한다. “game” 과 “reading” 을 각각 따로 출력한다. 그리고 프로그램이 끝날 때에는 위와 같이 항상 “end-model” 을 써 주어야 한다. (그렇지 않으면 에러가 발생하니 주의해야 한다.)

프로그램을 모두 작성하면 메뉴에서 “Build->Run” 을 선택하거나 툴바의 “Run Model” 버튼을 눌러 실행 결과를 확인할 수 있다. 실행 결과 화면은 다음

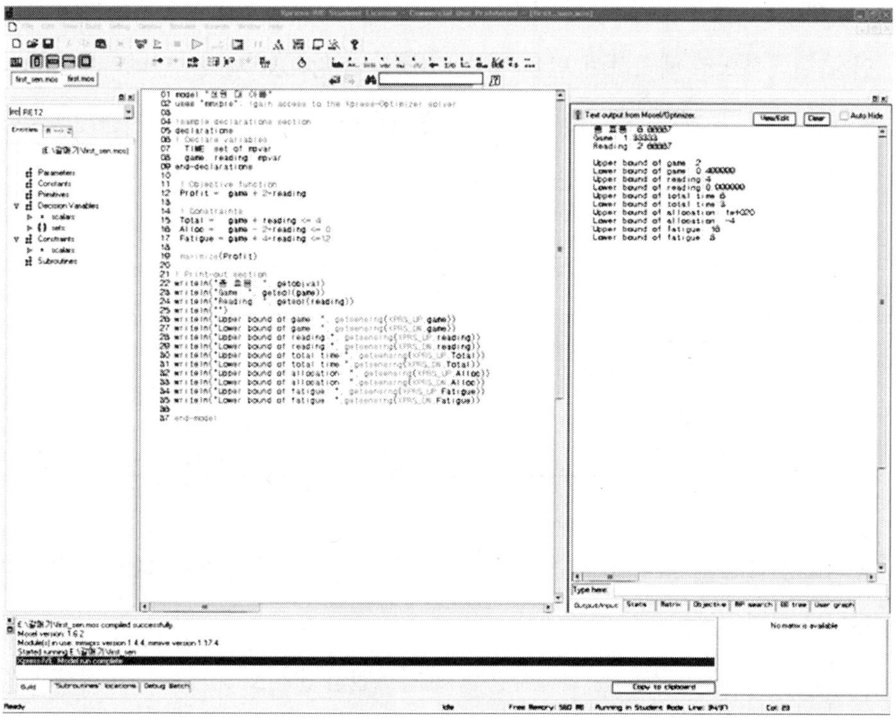

과 같다.

총 효용 6.66667($\frac{20}{3}$), "game": 1.33333($\frac{4}{3}$), "reading": 2.66667($\frac{8}{3}$)로 스프레드 쉬트와 같은 결과가 나오는 것을 확인할 수 있다. 앞에서 언급했지만 그 이하의 출력 결과는 민감도 분석에 관한 것이다.

성원 대 아빠 문제는 아주 간단한 선형계획문제이다. 좀더 다양한 유형과 크기의 문제들을 통해 Xpress-MP에 익숙해져야 할 것이다.

3 선형계획 모형의 몇 가지 기본 유형

3.1 생산수준 결정문제

생산수준 결정문제는 가장 기본적인 선형계획 모형의 유형이다. 예를 들어 보자.

예 3.1 홍씨농방 홍씨 아저씨는 인테리어 장식용으로 사용하는 전통 디자인을 현대적으로 해석하여 만든 뒤주, 겹창을 소량으로 제조·판매하는 공방을 운영하고 있다. 제품들은 소나무, 유리, 뽕나무를 사용하여 만들어지는데 단위당 판매 가격과 원료의 사용량은 다음과 같다.

	뒤주	겹창	가용량
소나무	1	0	4
유리	0	1	6
뽕나무	3	2	18
가격(단위 10만원)	3	5	–

홍씨농방 제품은 품질이 우수하고 생산량이 적기 때문에 만드는 대로 전량 판매된다고 한다.

1.1절과 같이 결정변수, 목적함수, 제약조건의 순서로 문제를 모형화해 보자.

1. **결정변수** : 홍씨 아저씨가 결정해야 하는 것은 뒤주와 겹창을 얼마나 생산하는가이다. 뒤주의 생산량을 x_1 그리고 겹창의 생산량 x_2라고 하자.
2. **목적함수** : 제품 판매 이익을 최대화하는 것이다. 제품은 만드는 대로 전량 판매할 수 있기 때문에 목적함수는 max $3x_1 + 5x_2$이다.
3. **제약조건** : 제품을 생산하는 데 투입되는 원료의 가용량이 제약조건이 된다. 예를 들어 뒤주 하나를 생산하기 위해서 뽕나무 3단위가 필요하고, 겹창 하나를 생산하기 위해서 2단위가 필요하지만 뽕나무의 가용량은 18이기 때문에 이를 부등식으로 나타내면 다음과 같이 표현할 수 있다.

$$3x_1 + 2x_2 \leqslant 18.$$

따라서 홍씨농방 최적생산량 결정문제는 다음과 같은 선형계획문제가 된다.

$$\begin{array}{lrrrl}
\max & 3x_1 & +5x_2 & & \\
\text{sub. to} & x_1 & & \leqslant & 4, \text{(소나무의 가용량)} \\
& & x_2 & \leqslant & 6, \text{(유리의 가용량)} \\
& 3x_1 & +2x_2 & \leqslant & 18, \text{(뽕나무의 가용량)} \\
& \multicolumn{2}{l}{x_1 \geqslant 0,\ x_2 \geqslant 0.} & &
\end{array}$$

참고 3.2 최적생산량 결정문제는 가장 오래된 선형계획 모형이다. 특히 문제 정의에서 각 제품 한 단위를 만드는 데 필요한 자원의 양을 나타내는 계수들을 입출력 계수(input-output coefficients)라고 부르기도 한다. 이러한 입출력 계수를 사용하여 경제시스템을 거시적으로 분석하는 선형모형이 있다.

연습문제 3.3 1. 스프레드쉬트 해법을 사용하여 두 가지 제품의 최적생산량 배합이 다음과 같이 된다는 사실을 확인하라.

	A	B	C	D	E	F	G
1				홍씨농방			
2							
3							
4			제품				
5		뒤주	겹창	농			가용량
6	소나무	1	0	1	2	<=	4
7	유리	0	1	2	6	<=	6
8	뽕나무	3	2	2	18	<=	18
9							
10							
11		뒤주	겹창	농			
12	생산량	2	6	0			
13					수입		
14	단위 가격	3	5	4	36		

2. 뒤주의 가격을 조금씩 올려 최적생산량 배합이 어떻게 변하는지 조사하라. 가격이 내려가는 경우는 어떠한가? 이 실험을 바탕으로 뒤주의 가격 대 최적이익의 관계를 1사분면에 그래프로 그려 보아라. 그래프는 어떠한 특징을 가지는가?

3. 뽕나무의 가용량이 점차 증가하면 홍씨 아저씨의 최적해와 최적 목적함수 값은 어떻게 변하는가? 2번과 같은 방법으로 그래프를 그리고 특징을 살펴보라.

4. 홍씨 아저씨는 신상품인 농을 고려하고 있다. 농은 개당 소나무를 1단위, 유리를 2단위, 그리고 뽕나무를 2단위 사용하여 만드는데 40만원에 팔려고 한다. 농을 시판해야 하는지 직관적으로 설명하고 스프레드쉬트 해법으로 확인하라.

	뒤주	겹창	농	가용량
소나무	1	0	1	4
유리	0	1	2	6
뽕나무	3	2	2	18
가격(단위 10만원)	3	5	4	–

	A	B	C	D	E	F	G
1				홍씨농방			
2							
3							
4			제품				
5		뒤주	겹창			가용량	
6	소나무	1	0	2	<=	4	
7	유리	0	1	6	<=	6	
8	뽕나무	3	2	18	<=	18	
9							
10							
11		뒤주	겹창				
12	생산량	2	6				
13				수입			
14	단위 가격	3	5	36			

5. 농의 가격이 얼마나 오르면 만드는 것이 이익이 되는지 여러 가지 실험을 통해 찾으라.

3.2 복수기간문제

각 단위 기간의 의사결정이 서로 영향을 주는 경우, 해당 기간들을 한 개의 수리 모형에서 고려해야 한다. 이러한 수리모형을 복수기간 모형이라고 한다. 다음 예를 보자.

예 3.4 옛날 옛적 홍가 성을 가진 한 농부가 올해 정월에 벼 네 가마니를 갖고 있다. 매년 새 경작을 시작하기 전에 농부는 그 해 팔거나 심을 벼의 양을 결정한다. 다섯 가마의 벼를 심으면 한 가마의 벼를 더 거둘 수 있다.

홍씨는 밀려드는 안남국의 값싼 수입 쌀 때문에 벼농사를 앞으로 3년만 짓고 상대적으로 이익이 큰 밭농사나 과수 농사로 바꾸려고 한다. 올해를 포함하여 앞으로 4년 동안 연초 벼 한 말의 가격은 현재가로 11냥, 12냥, 12냥, 7냥이다.

1. **결정변수** : 홍씨가 결정해야 하는 것은 매년 초에 팔 벼와 심을 벼의 양이다. 따라서 i년 초 팔 벼의 양을 x_i, 심을 벼의 양을 y_i로 표기하자. 단, $1 \leqslant i \leqslant 4$.
2. **목적함수** : 홍씨의 목적함수는 벼를 판매하여 발생하는 이익의 최대화이다. 따라서 목적함수는 i년 초 팔 벼의 양 x_i에 그 해 벼 한 말 가격을 곱하여 모두 더한 $11x_1 + 12x_2 + 12x_3 + 7x_4$를 최대화하는 것이다.
3. **제약조건** : i년 초에 홍씨가 갖고 있는 벼의 재고는 $i-1$년에 심은 벼의 수확량이다. 수확량은 전년에 심은 벼의 양의 1.2배가 된다. 편의상 매 연초의 재고를 나타내는 변수를 I_i로 표기하면 다음과 같다.

$$x_i + y_i = I_i,\ 1 \leqslant i \leqslant 4,$$
$$I_i = 1.2 \times y_{i-1},\ 2 \leqslant i \leqslant 4,$$
$$I_1 = 4.$$

이를 그림으로 표현하면 다음과 같다.

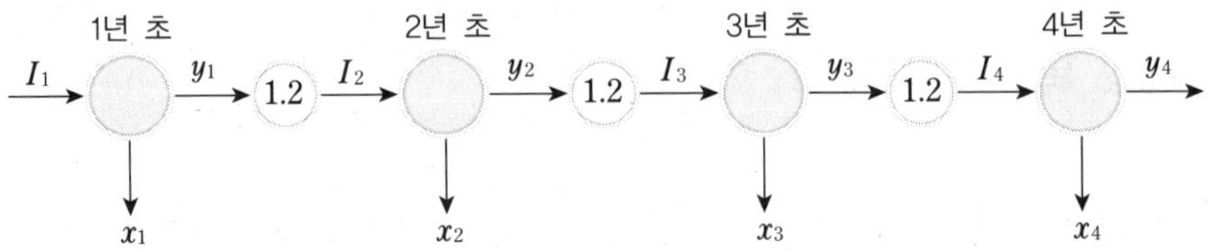

따라서 홍씨의 최적 생산계획 결정문제는 다음과 같이 모형화할 수 있다.

$$
\begin{array}{lll}
\max & 11x_1 + 12x_2 + 12x_3 + 7x_4 & \\
\text{sub. to} & x_i + y_i = I_i, & 1 \leqslant i \leqslant 4, \\
 & I_i = 1.2 \times y_{i-1}, & 2 \leqslant i \leqslant 4, \\
 & I_1 = 4. & \\
 & x_i \geqslant 0, & 1 \leqslant i \leqslant 4, \\
 & y_i \geqslant 0, & 1 \leqslant i \leqslant 4, \\
 & I_i \geqslant 0, & 1 \leqslant i \leqslant 4,
\end{array}
$$

연습문제 3.5 1. 홍씨의 최적 생산계획을 찾으라.

	A	B	C	D	E	F	G
1				옛날 옛적에 …			
2							
3							
4		생산성	1.2				
5							
6			1년초	2년초	3년초	4년초	
7		가격	11	12	12	7	
8							
9		초기재고	4	4.8	5.76	0	
10							
11		파는 양	0	0	5.76	0	69.12
12		심는 양	4	4.8	0	0	
13		사용량	4	4.8	5.76	0	

2. 홍씨에게 올해 정월 김씨가 벼 한 가마를 살 것을 제의하였다. 여러분 같으면 얼마에 흥정을 하겠는가?

3. 쌀 농사의 생산성과 최적해의 관계를 실험을 통하여 그래프로 그려라.

4. 4년 초의 쌀 가격이 농부의 최적 경작계획과 이익에 어떤 영향을 주는가?

참고 3.6 위의 단순화된 복수기간문제는 실제로 더 간단한 해법이 존재한다. 일정기간 생산만을 계속하여 어떤 시점에 한꺼번에 파는 방법 중에서 최적해가 존재하는 것을 설명하라. (물론 그렇지 않은 최적해도 존재할 수 있다.)

3.3 배합문제

배합문제는 빈번히 발생하는 유형 중에서 하나이다. 간단한 예를 보자.

예 3.7 안성가스(주)는 인도네시아와 이란 두 곳에서 천연가스를 수입, 배합하여 고급, 보통 두 가지의 가스를 제조 · 판매한다. 천연가스의 화력과 유황함유량은 산지에 따라 차이가 있으며 아래의 왼쪽의 표와 같다. 보통 그리고 고급 가스가 각각 요구하는 화력의 최소값과 유황의 최대값은 오른쪽의 표와 같다.

	인니	이란
화력(/kg)	96	100
유황(/kg)	0.08	0.07
비용(만원/kg)	2.5	3

	보통	고급
화력(/kg)	97 이상	100 이상
유황(/kg)	0.085 이하	0.075 이하
가격(만원/kg)	3	3.5

하루에 사용할 수 있는 천연가스의 양은 각각 100톤씩이다.

1. **결정변수** : 결정변수를 찾는 데 약간의 주의가 필요하다. 얼핏 생각하면, 각 제품의 생산량이나 각 원료의 구입량을 결정해야 할 값으로 생각하기 쉽다. 그러나 이러한 값들은 해를 실행하는 데 충분한 정보가 되지 못한다. 왜냐하면 제품들은 원료들의 배합에 의하여 생산되기 때문에 이를 정확히 반영한 결정변수가 필요하다. 즉, '보통 그리고 고급 가스 생산을 위해 천연가스 두 종류를 얼마씩 배합할 것이가' 를 결정해야 한다.

   배합문제의 경우, 변수를 정의할 때 두 개의 첨자를 사용하면 편리하다. 인도네시아산 원료를 $i=1$로, 이란산을 $i=2$라고 하자. 보통 가스를 $j=1$로, 고급 가스를 2이라고 하자. 그렇다면 결정변수는 가스 j에 배합하는 천연가스 i의 천연가스 양, x_{ij}가 된다.

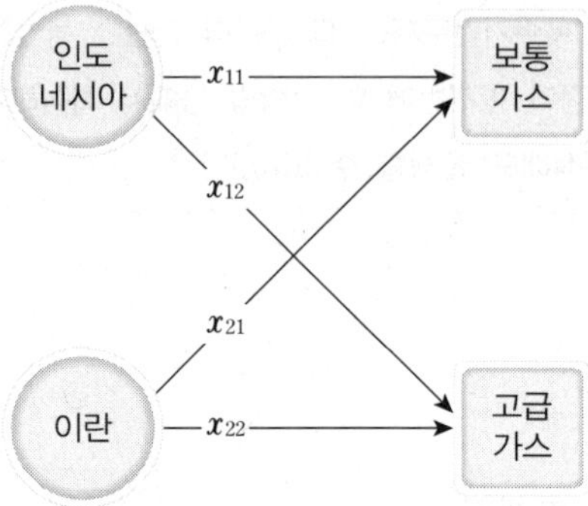

2. **목적함수** : 안성가스의 목적함수는 가스를 제조 · 판매하여 발생하는 이익의 최대화이다. 인도네시아에서 구입하는 천연가스의 양은 $x_{11}+x_{12}$이므로 그 비용은 $2.5\times(x_{11}+x_{12})$이고, 같은 이유로 이란에서 천연가스를 구입하는 비용은 $3\times(x_{21}+x_{22})$이다. 그리고 보통 가스 제조량은 $x_{11}+x_{21}$이므로 이를 팔아 발생하는 수입은 $3\times(x_{21}+x_{21})$이고, 마찬가지로 고급 가스 판매 수입은 $3.5\times(x_{12}+x_{22})$이다. 수입에서 비용을 뺀 이익을 나타내는 목적함수는 다음과 같다.

$$\max\ 3(x_{11}+x_{21}) = 3.5(x_{12}+x_{22}) - 2.5(x_{11}+x_{12}) - 3(x_{21}+x_{22})$$

3. **제약조건** : 보통 가스의 화력은 97 이상이어야 한다. 배합 비율에 따라 화력이 결정된다고 하면, 인도네시아의 천연가스와 이란의 천연가스의 화력이 각각 96, 100이기 때문에, 화력 제약식은 다음과 같이 쓸 수 있다.

$$\frac{96x_{11}+100x_{21}}{x_{11}+x_{21}} \geqslant 97.$$

이 제약조건은 선형은 아니지만, 분모를 양변에 곱하면 다음과 같이 선형 제약을 얻을 수 있다.

$$96x_{11}+100x_{21} \geqslant 97(x_{11}+x_{21}).$$

나머지 제약조건들, 즉 보통 가스 유황 함유량, 고급 가스 화력, 고급 가스 유황 함유량 제약조건도 다음과 같이 표현할 수 있다.

$$0.08x_{11}+0.07x_{21} \leqslant 0.085(x_{11}+x_{21}),$$
$$96x_{12}+100x_{22} \geqslant 100(x_{12}+x_{22}),$$
$$0.08x_{12}+0.07x_{22} \leqslant 0.075(x_{12}+x_{22}).$$

따라서 완성된 안성가스의 최적 생산계획문제는 다음과 같다.

$$\begin{aligned}
\max \quad & 3(x_{11}+x_{21}) = 3.5(x_{12}+x_{22}) \\
& -2.5(x_{11}+x_{12}) - 3(x_{21}+x_{22}) \\
\text{sub. to} \quad & 96x_{11}+100x_{21} \geqslant 97(x_{11}+x_{21}), \\
& 0.08x_{11}+0.07x_{21} \leqslant 0.085(x_{11}+x_{21}), \\
& 96x_{12}+100x_{22} \geqslant 100(x_{12}+x_{22}), \\
& 0.08x_{12}+0.07x_{22} \leqslant 0.075(x_{12}+x_{22}) \\
& x_{11}+x_{12} \leqslant 100,000 \\
& x_{21}+x_{22} \leqslant 100,000 \\
& x_{11} \geqslant 0,\ x_{12} \geqslant 0,\ x_{21} \geqslant 0,\ x_{22} \geqslant 0.
\end{aligned}$$

표준적인 선형계획문제를 얻기 위해서는 우변의 변수들을 모두 좌변으로 이동하여 정리하여야 하지만, 스프레드쉬트 해 찾기 기능를 위해서는 이러한 중간 형태의 모형이 더 편리할 수도 있을 것이다.

연습문제 3.8 1. 생산계획을 수립하라.

	A	B	C	D	E	F	G
1			안성 가스				
2							
3			화력	유황	비용		
4		인니	96	0.08	2.5		
5		이란	100	0.07	3		
6							
7							
8							
9							
10			보통	고급	사용량		가용량
11		인니	100,000	0	100000	<=	100,000
12		이란	33,333	66,667	100000	<=	100,000
13		생산량	133,333	66,667			
14		최소요구평균화력	97	100			
15		최대허용평균유황	0.085	0.075			
16							
17		투입화력	12933333	6666667			
18		최소요구화력	12933333	6666667			
19							
20		투입유황	10333.33	4666.667			
21		최대허용유황	11333.33	5000			
22							
23		판매가	3	3.5			
24							
25		수입	633333.3				
26		지출	550000				
27		판매이익	83333.33				

2. 이란의 정세가 안성가스의 생산계획과 수익에 미치는 영향을 계량적으로 분석하라.

3. 현재 안성가스의 생산계획에 가장 중요한 제약조건은 무엇인가? 중요하지 않은 제약조건은 무엇인가? 이러한 정보를 마케팅이나, 원유 획득 전략에 어떻게 활용할 수 있는가 토의해 보라.

4. 안성가스는 화력이 kg당 98 이상이며 유황 함유량이 0.080 이하인, 보통과 고급 중간급 제품인 '프리미엄'의 생산을 계획하고 있다. 생산 기획 이사인 여러분은 이러한 제품에 대하여 어떤 의견을 이사회에서 제시하겠는가?

4 민감도 분석

선형계획을 비롯한 결정적 모형의 가장 기본적인 가정은 비용계수, 가격, 가용한 자원의 양, 생산성 등과 같은 모든 입력 데이터들이 확실하다는 것이다. 그러나 이는 편의를 위한 가정이며, 현실에서 데이터들은 그 정도의 차이는 있지만 상황에 따라 변하기 마련이다.

넓은 의미의 민감도 분석이란 주어진 문제의 데이터들이 변화할 때, 최적해가 어떻게 변하는지 분석하는 것이다. **패러미터 분석**(parameter analysis)이라고 부르기도 한다.

좁은 의미의 민감도 분석은 현재 최적해나, 최적해를 결정하는 기저변수 집합을 변화시키지 않는(기저변수 값 자체는 변할 수 있음) 입력 데이터의 변화 범위를 구하는 것이다. 이러한 정보를 사용하면, 데이터의 변화에 따른 최적해나 그 목적함수 변화를 쉽게 예측할 수 있어 의사결정에 유용하게 사용할 수 있다.

심플렉스 해법을 적용하여 얻은 정보를 사용하면 이런 민감도 분석을 효과적으로 수행할 수 있다. 스프레드쉬트 해법이나 상업용 코드들은 이러한 민감도 분석 기능을 가지고 있다.

1. 현재 최적해가 변하지 않는 각 목적함수 계수의 변화 범위.
2. 현재 기저변수 집합이 변하지 않는 각 우변상수의 변화 범위.
3. 현재 기저변수 집합이 변하지 않은 각 제약식 계수의 변화 범위.

우리는 이 중에서 앞의 두 가지, 즉 목적함수와 우변상수의 민감도 분석을 [예 3.1]과 2차원 그래프를 사용하여, 그 원리만을 살펴보기로 한다.

4.1 목적함수 계수의 민감도 분석

최적해를 변화시키지 않는 뒤주 가격의 범위를 구해 보자.

	뒤주	겹창	가용량
소나무	1	0	4
유리	0	1	6
뽕나무	3	2	18
가격(단위 10만원)	3 + △	5	–

먼저 그래프 해법으로 최적해를 구해 보자. 생산하는 뒤주의 양을 x_1, 그리고 겹창의 양을 x_2라고 놓으면 최적해는 아래 그림과 같이 $A(=(2,6))$가 된다. △가 커질수록 기울기는 절대값이 더 큰 음수가 되어 더 가파르게 된다. △ = 4.5가 되면, 점 B의 목적함수 값도 점 A와 같아져 역시 최적해가 된다. 이후로는 점 B만이 최적해가 된다.

한편, △가 음수로 작아져 뒤주의 가격이 감소하여 0이 될 때까지, A의 최적성은 유지되는 것을 알 수 있다. 따라서 현재 최적해인 A를 유지하는 뒤주 가격은 75만원 이하이다.

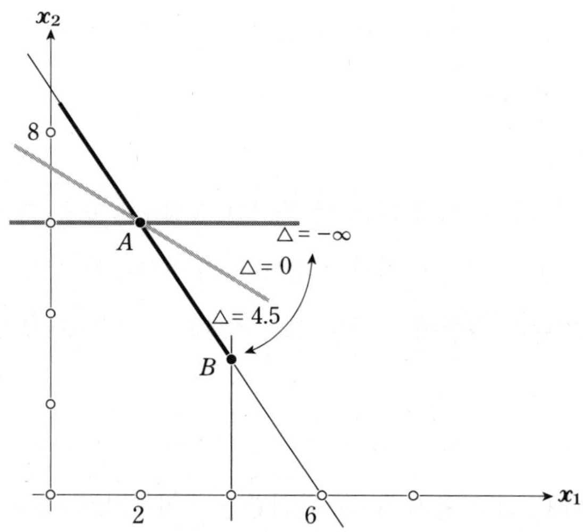

연습문제 4.1 1. 위의 결과를 [연습문제 3.3]의 2번과 비교하라. 위에서 구한 범위는 그래프의 어느 부분에 해당하는가?

2. 최적 목적함수를 $-3 \leqslant \triangle \leqslant 4.5$의 함수로 구하라.

연습문제 4.2 최소화 선형계획문제를 심플렉스로 풀어 최적해와 함께 종료했다고 하자. 이때 어떤 비기저변수 x_j의 원래 계수 c_j가 최적 타블로에서는 $\bar{c}_j$가 되었다고 할 때, c_j가 $\bar{c}_j$ 만큼 감소할 때까지 최적해는 변하지 않음을 증명하라.

연습문제 4.3 다음은 선형계획문제의 초기 단계와 그것을 심플렉스 해법으로 풀었을 때 최적 단계이다. 최적해를 변화시키지 않는 x_1의 계수의 범위는?

$$
\begin{array}{llllllllll}
\min & z = & -x_1 & & -x_3 & & & & & \\
\text{sub. to} & & -x_1 & +x_2 & +x_3 & +x_4 & & & = & 2, \\
& & x_1 & -x_2 & & & +x_5 & & = & 1, \\
& & x_1 & +2x_2 & +x_3 & & & +x_6 & = & 5, \\
\end{array}
$$

$$x_1 \geqslant 0,\ x_2 \geqslant 0,\ x_3 \geqslant 0,\ x_4 \geqslant 0,\ x_5 \geqslant 0,\ x_6 \geqslant 0.$$

$$
\begin{array}{llllllllll}
\min & z = & & & & \frac{2}{3}x_4 & +\frac{4}{3}x_5 & +\frac{1}{3}x_6 & = & -\frac{13}{3} \\
\text{sub. to} & & & & x_3 & +x_4 & +x_5 & & = & 3, \\
& & x_1 & & & -\frac{1}{3}x_4 & +\frac{1}{3}x_5 & +\frac{1}{3}x_6 & = & \frac{4}{3}, \\
& & & x_2 & & -\frac{1}{3}x_4 & -\frac{2}{3}x_5 & +\frac{1}{3}x_6 & = & \frac{1}{3}, \\
\end{array}
$$

$$x_1 \geqslant 0,\ x_2 \geqslant 0,\ x_3 \geqslant 0,\ x_4 \geqslant 0,\ x_5 \geqslant 0,\ x_6 \geqslant 0.$$

4.2 우변상수의 민감도 분석

우변상수가 변하면 최적해는 반드시 변하게 된다. 그러나 그 최적해를 이루는 기저변수 집합은 변하지 않을 수 있다. 이 범위가 중요한 것은, 그 안에서는 목적함수의 변화가 우변상수 변화의 1차 함수가 된다는 것이다.

민감도 분석에서는 표준형 선형계획문제일 때, 각 우변상수에 대하여 이 범위를 구하는 체계적인 방법이 있다.

우리는 모든 제약식이 부등호인 특수한 경우를 사용하여, 그 원리만을 살펴본다. 모든 제약식이 부등호인 경우, 최적해에서 등호로 만족하는 제약식이나 비음조건에 대응하는 변수들이, 표준형으로 변환했을 때, 비기저변수가 된다.

[예 3.1]의 해집합의 꼭지점들을 생각해 보자.

다섯 개의 변수는 각각 비음조건을 포함한 다섯 개의 부등식에 하나씩 대응된다. 즉, 각 가능해의 각 변수의 값은 해당하는 부등식이 얼마나 여유가 있는지를 나타낸다. 예를 들어, 꼭지점(기저가능해) A는 비음조건 두 개, $x_1 \geqslant 0$, $x_2 \geqslant 0$이 등호로 만족하고, 즉 여유가 없고 나머지 식들이 여유가 0보다 크다. 따라서 해당하는 x_1과 x_2가 0값을 갖고 비기저 변수가 되고, 나머지 여유 있는 제약식에 대응하는 x_3, x_4 그리고 x_5가 기저변수가 된다.

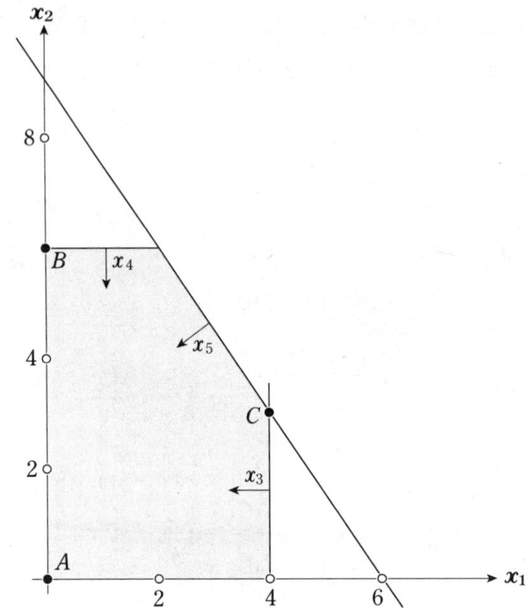

기저가능해 B는, 비음조건 $x_1 \geqslant 0$과 두 번째 제약식을 등호로 만족하고, 나머지 식들이 여유가 0보다 크다. 따라서 마찬가지 원리로, 해당하는 x_1과 x_4가 0 값을 갖고 비기저변수가 되고, 나머지 여유 있는 제약식에 대응하는 x_2, x_3 그리고 x_5가 기저변수가 된다.

따라서 우변상수의 민감도 분석이란 최적해를 결정하는, 즉 최적해에서 등호로 만족되는 제약식들이 바뀌지 않는 각 해당 상수의 변화 범위를 구하는 것과 같다.

예를 들어, 뽕나무의 가용량을 보자.

	뒤주	겹창	가용량
소나무	1	0	4
유리	0	1	6
뽕나무	3	2	18+△
가격(단위 10만원)	3	5	−

다음의 그림에서 △> 6이 되어 뽕나무의 가용량이 24보다 커지면 최적해는 소나무와 유리의 가용량에 의해서만 결정하게 된다.

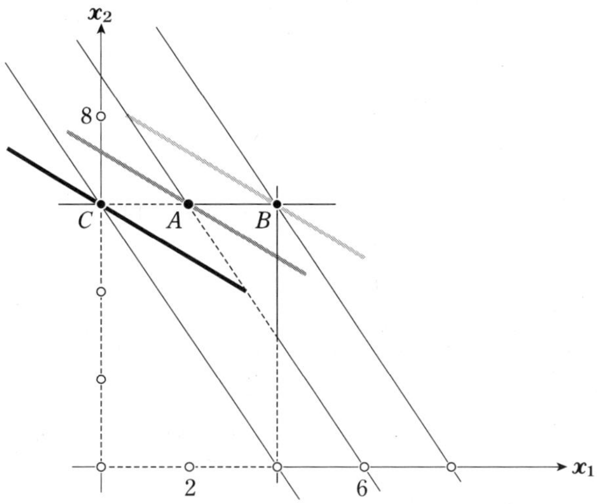

△<−6이 되어 뽕나무의 가용량이 12보다 작아지면 최적해는 뽕나무와 뒤주의 비음조건에 의해서만 결정하게 된다. 따라서 $-6 \leq \triangle \leq 6$는 뽕나무 가용량 허용 변화 범위가 된다.

앞에서 언급했지만, 최적해 값 자체는 변하더라도, 최적해를 결정하는 제약조건들이 동일하다는 것은 중요한 의미를 갖는다. 목적함수가 △의 1차함수가 되기 때문이다.

위의 그림에서 △의 변화에 따른 목적함수의 변화율을 구해 보자. $-6 \leq \triangle \leq 6$의 범위 내에서 △가 1 증가하면, 겹창의 최적생산량은 6으로 고정이 되지만 뒤주는 $\frac{1}{3}$만큼 증가한다. 이것은 목적함수 값이 1만큼 증가한다는 것을 의미한다. 이는 현재의 최적생산량 부근에서 뽕나무의 단위당 가치가 1, 즉 10만원이라는 것이며 이를 **잠재가격**(shadow price)이라고 부른다. 이 잠재가격은 범위 $-6 \leq \triangle \leq 6$ 밖에서는 달라질 수 있다.

연습문제 4.4 위의 예에서, $-6 \leq \triangle \leq 6$ 범위의 최적해와 그 목적함수를 △의 함수로 나타내어라.

연습문제 4.5 위의 결과를 [연습문제 3.3]의 3번과 비교하라. 특히, 위에서 얻은 목적함수의 $-6 \leq \triangle \leq 6$ 위에서의 변화는 [연습문제 3.3]의 그래프의 어느 부분에 대응하는가?

연습문제 4.6

$$
\begin{array}{llll}
\max & 5x_1 & +2x_2 & \\
\text{sub. to} & x_1 & +2x_2 & \leqslant 12, \\
& x_1 & +x_2 & \leqslant 8, \\
& 3x_1 & +x_2 & \leqslant 18, \\
& x_1 \geqslant 0, & x_2 \geqslant 0. &
\end{array}
$$

가. 위의 선형계획문제의 최적해를 심플렉스 해법을 이용하여 구하시오.

나. 최적해를 변화시키지 않는 x_1 계수의 범위를 구하라.

다. 최적 기저변수 집합을 변화시키지 않는 첫 번째 제약식의 우변상수 범위를 구하라.

4.3 스프레드쉬트 해법의 민감도 분석 읽기

"해 찾기"를 실행한 후, "민감도 보고서"를 선택하면 위에서 구한 민감도 분석 데이터들을 다음과 같이 볼 수 있다.

Microsoft Excel 9.0 민감도 보고서
워크시트 이름: [hong0.xls]Sheet1
보고서 작성일: 2010-07-01 오후 10:51:15

변경할 셀

셀	이름	계산 값	한계 비용	목표 셀 계수	허용 가능 증가치	허용 가능 감소치
$B$12	생산량 뒤주	2	0	3	4.5	3
$C$12	생산량 겹창	6	0	5	1E+30	3

제한 조건

셀	이름	계산 값	잠재 가격	제한 조건 우변	허용 가능 증가치	허용 가능 감소치
$D$6	소나무	2	0	4	1E+30	2
$D$7	유리	6	3	6	3	3
$D$8	뽕나무	18	1	18	6	6

연습문제 4.7 [예 3.4]에서 얻은 2번 그리고 4번의 결과들과 스프레드쉬트 해법에서 얻은 민감도 보고서의 수치를 비교하라.

연습문제 4.8 [예 3.7]에서 패러미터들에 대한 민감도 보고서를 보고 그것들의 의미를 해석하라. 그리고 [예 3.7]에서 실험으로 얻은 결과를 비교하라.

연습문제 4.9 홍씨농방 문제의 민감도 보고서를 이용하여 다음 질문에 답하라.

	뒤주	겹창	가용량
소나무	1	0	4
유리	0	1	6
뽕나무	3	2	18
가격(단위 10만원)	3	5	–

가. 최적 생산량을 변화시키지 않는 겹창의 가격의 범위는?

나. 소나무, 유리, 뽕나무를 각각 2, 1, 2 단위 사용하는 신제품을 생산하는 것이 이익이 되기 위해서는 가격이 최소 얼마가 되어야 하는가?

4.4 'Xpress-MP'를 이용한 민감도 분석

Xpress-MP의 민감도 분석을 살펴보자. 민감도 분석에 해당하는 함수 명령어는 "getsensrng"으로, 다음과 같이 사용한다.

```
getsensrng(w:integer, x:mpvar)
getsensrng(w:integer, c:linctr)
```

"getsensrng"은 "get sensitivity range"를 줄인 이름으로, 민감도 분석의 결과를 출력한다. 이 함수는 두 개의 패러미터를 필요로 한다. 첫 번째 패러미터인 w는 어느 방향으로 민감도 분석을 할 것인지 지정하는 역할을 한다. 두 번째 패러미터는 변수나 제약식이 될 수 있는데, 민감도 분석 대상을 가리킨다. 이제 '성원 대 아빠 문제'를 통해 이들의 실제 쓰임새를 보자.

```
writeln("Upper bound of game: ", getsensrng(XPRS_UP,game))
writeln("Lower bound of game: ", getsensrng(XPRS_DN,game))
writeln("Upper bound of reading: ", getsensrng(XPRS_UP,reading))
writeln("Lower bound of reading: ", getsensrng(XPRS_DN,reading))
writeln("Upper bound of total time: ", getsensrng(XPRS_UP,Total)
writeln("Lower bound of total time: ", getsensrng(XPRS_DN,Total)
writeln("Upper bound of allocation: ", getsensrng(XPRS_UP,Alloc)
writeln("Lower bound of allocation: ", getsensrng(XPRS_DN,Alloc)
writeln("Upper bound of fatigue: ", getsensrng(XPRS_UP,Fatigue))
```

첫 번째 패러미터는 민감도 분석을 증가나 감소의 어떤 방향으로 하는가에 따라 "XPRS_UP" 또는 "XPRS_DN"을 사용하는데, 이 두 문자는 Xpress-MP에 내장되어 있는 상수이므로 프로그램에서 따로 지정할 필요는 없다.

두 번째 패러미터 "mpvar"로 변수가 들어갈 경우에는 목적함수의 민감도 분석을 수행하고, 제약식이 들어갈 때에는 해당 제약식의 우변상수에 대해 민감도 분석을 한다. 위의 예에서도 "game", "reading"과 같은 변수와 "Total", "Alloc", "Fatigue"의 제약식이 두 번째 패러미터로 쓰인 것을 볼 수 있다. 위 둘은 목적함수의 계수에 대한 민감도 분석을 하고, 아래 여섯 개의 명령문은 제약식의 우변상수 변화에 대한 민감도 분석을 수행한다. 이 함수는 실수 값을 출력하기 때문에, writeln 출력 함수를 사용하여 그 값을 그대로 출력하도록 하였다.

스프레드쉬트가 허용 가능한 증가/감소 폭을 보여주는 것과 달리 이 함수는 원래 값에서 증가/감소 폭을 더하여 실제 범위를 보여준다. 다음 결과를 보자.

```
Upper bound of game: 2
Lower bound of game: 0.499999
Upper bound of reading: 4
Lower bound of reading: 0.999999
Upper bound of total time: 6
Lower bound of total time: 3
Upper bound of allocation: 1e+020
Lower bound of allocation: -4
Upper bound of fatigue: 16
Lower bound of fatigue: 8
```

현재 최적해를 유지하는 목적함수 계수의 값의 범위가 두 변수 각각에 대해 출력된 것을 볼 수 있다. 또한, 각 제약식의 우변상수에 대한 범위도 볼 수 있다. "Upper bound"는 상한 값, "Lower bound"는 하한 값을 의미한다. 시간 할당에 대한 제약식의 경우 10^{20}이 나온 것을 볼 수 있는데, 이는 최적 상태가 해당 우변상수 전 범위에서 유지된다는 것을 의미한다.

5 원-쌍대 관계*

모든 선형계획문제는 그와 짝이 되는 또 하나의 선형계획문제를 갖는다. 원래 선형계획문제를 **원문제**(primal problem), 짝이 되는 문제를 **쌍대문제**(dual problem)라고 부른다. 그리고 이 두 선형계획문제는 **원-쌍대 관계에 있다**고 말하며, **원-쌍대 쌍**(primal-dual pair)이라고 부른다.

원-쌍대 관계는 선형계획 이외에도 다양한 수리모형에서 발생하며, 여러 가지로 활용할 수 있는 매우 중요한 개념이다.

참고 5.1 뒤에서 쌍대문제의 정의를 배우면, 원-쌍대 관계란 상대적인 개념이라는 것을 알게 된다. 즉, 최초의 원문제의 쌍대 문제를 구한 후 이를 원문제로 놓으면 이의 쌍대문제는 최초의 원문제가 된다.

5.1 원-쌍대 관계의 의미

예를 통하여 원-쌍대 관계를 두 가지 관점에서 유도해 보자.

5.1.1 상하한 관점

다음과 같이 세 가지 원료를 사용하여 이윤을 극대화하도록 세 가지 제품을 제조하는 홍씨 아저씨의 문제를 원문제로 생각하자.

원문제

$$
\begin{array}{llrrrcl}
\max & z = & 3x_1 & +5x_2 & +4x_3 & & \\
\text{sub.to} & & x_1 & & +x_3 & \leq & 4, \\
 & & & 2x_2 & +2x_3 & \leq & 6, \\
 & & 3x_1 & +2x_2 & +2x_3 & \leq & 18, \\
 & & \multicolumn{5}{l}{x_1 \geq 0,\ x_2 \geq 0,\ x_3 \geq 0.}
\end{array}
$$

원문제인 홍씨 아저씨 문제의 목적함수 값을 심플렉스 해법으로 풀지 않고 구할 수 있을까? 정확한 값을 구할 수는 없지만 상한을 하나 쉽게 구할 수는 있다.

원문제의 목적함수는 두 번째 그리고 세 번째 제약식의 좌변에 각각 $\frac{3}{2}$과 1을 곱하여 더한 것보다 항상 같거나 작다. 왜냐하면 첫째, 모든 x 변수는 비음이다. 둘째, 우리가 선택한 두 값, $\frac{3}{2}$과 1을 두 제약식에 곱하여 제약식을 합하면 각 변수의 계수가 목적함수 해당 변수의 계수보다 크기 때문이다.

$$3x_1 + 5x_2 + 4x_3 \leqslant \frac{3}{2} \times (2x_2 + 2x_3) + 1 \times (3x_1 + 2x_2 + 2x_3) \leqslant \frac{3}{2} \times 6 + 1 \times 18.$$

따라서 제약식의 우변에서 $\frac{3}{2} \times 6 + 1 \times 18 = 27$의 상한을 얻는다.

위의 관찰에서 원문제의 제약식들을, 각각 어떤 비음 수를, 곱하여 합했을 때, 각 변수 계수의 합이 목적함수의 해당 변수보다 같거나 크면 우변이 원문제 최적 목적함수의 상한이 되는 것을 보았다.

상한은 작을수록 더 좋은 값이 된다. 따라서 곱하는 비음 수들을 잘 선택하여, 위와 같이 구한 상한 중에서도, 가장 작은 것을 구하는 문제를 생각해 보자.

각 제약식에 곱하는 가중치를 y_1, y_2, 그리고 y_3라고 하자. 그러면 위에서 언급한 바와 같이, 우선 이들은 비음조건을 만족하여야 한다. 즉, $y = (y_1, y_2, y_3) \geqslant 0$.

그리고 첫째 변수 x_1의 계수들이 다음과 같은 조건을 만족해야 한다.

$$1 \times y_1 + 0 \times y_2 + 3 \times y_3 \geqslant 3.$$

유사하게, 나머지 두 번째와 세 번째 변수의 계수들의 관계에서 두 개의 제약조건을 추가로 얻게 된다.

그리고 우변으로 상한 값을 계산하면서부터 다음과 같은 y의 선형함수가 된다.

$$\min \ 4y_1 + 6y_2 + 18y_3.$$

따라서 이러한 방법으로 가장 좋은 상한을 얻는 문제는 다음과 같은 선형계획문제가 된다.

$$
\begin{array}{llrrrcl}
\min & w = & 4y_1 & +6y_2 & +18y_3 & & \\
\text{sub. to} & & y_1 & & +\ 3y_3 & \geqslant & 3, \\
 & & & 2y_2 & +\ 2y_3 & \geqslant & 5, \\
 & & y_1 & +2y_2 & +\ 2y_3 & \geqslant & 4, \\
 & & \multicolumn{5}{l}{y_1 \geqslant 0,\ y_2 \geqslant 0,\ \ y_3 \geqslant 0.}
\end{array}
$$

연습문제 5.2 위의 쌍대문제를 원문제로 놓고, 위와 유사하게 제약식의 가중합으로 목적함수의 하한을 구하는 선형계획문제를 쓰라. 앞의 원문제와 동일함을 확인하라. 즉, 쌍대문제의 쌍대문제는 다시 원문제가 되는 것을 확인하라.

위의 원-쌍대 관계를 관찰하면 다음과 같은 대응 규칙을 쓸 수 있다(단, 각 규칙은 독립적으로 양방향으로 적용한다).

최소화 문제 ⟷ 최대화 문제

제약식 하나 ⟷ 변수 하나

목적함수 계수 ⟷ 우변상수

최소화 문제의 $\geqslant$ 제약식 ⟷ 대응변수 $\geqslant 0$

최대화 문제의 $\leqslant$ 제약식 ⟷ 대응변수 $\geqslant 0$

연습문제 5.3 위의 규칙을 우리의 예에 적용하여 쌍대문제의 쌍대문제는 다시 원문제가 되는 것을 다시 확인하라.

5.1.2 경제적 관점

예 5.4 정규형 선형계획의 원쌍대문제

원문제인 홍씨 아저씨 문제에서 홍씨 아저씨가 갖고 있는 원료를 몽땅 구입하려는 김씨 아저씨를 생각해 보자. 김씨 아저씨는 지불해야 할, 각 원료의 단위 가격 y_1, y_2, 그리고 y_3를 정하려고 한다.

김씨 아저씨의 목적함수는 원료 구입에 지불해야 할 총 금액을 최소화하는 것일 것이다.

$$\min \quad w = 4y_1 + 6y_2 + 18y_3.$$

이때, y는 어떤 조건을 만족해야 할까? 우선 음수는 될 수 없으므로, 비음조건이 필요하다.

다른 조건을 어떤 것들이 있을까? y가 흥정 상대인 홍씨가 받아들일 수 있는 범위가 되어야 할 것이다. 예를 들어, 홍씨 아저씨는 소나무 1단위, 유리 0단위, 그리고 뽕나무 3단위를 사용하면 3단위의 수입을 올릴 수 있다. 따라서 제시하는 가격이 최소한 이것을 보장해 주지 않는다면 거래는 성사될 수 없을 것이다.

$$y_1 + 3y_3 \geqslant 3.$$

유사하게 나머지 조건들도 정리하면 다음과 같은 선형계획을 얻는다.

쌍대문제

$$\begin{array}{llrrrl}
\min & w = & 4y_1 & +6y_2 & +18y_3 & \\
\text{sub.to} & & y_1 & & +\ 3y_3 & \geqslant 3, \\
 & & & 2y_2 & +\ 2y_3 & \geqslant 5, \\
 & & y_1 & +2y_2 & +\ 2y_3 & \geqslant 4, \\
 & & \multicolumn{4}{l}{y_1 \geqslant 0,\ y_2 \geqslant 0,\ y_3 \geqslant 0.}
\end{array}$$

연습문제 5.5 김씨 아저씨 문제, 즉 쌍대문제를 풀어서, 최적해 y^*는 4.2절의 잠재가격이 되는 것을 풀어서 확인하라. 왜 그렇게 되는지 직관적으로 설명해 보라.

연습문제 5.6 홍씨 아저씨와 김씨 아저씨의 최적해의 목적함수 값은 어떤 관계를 가질까? 역시 직관적으로 생각해 보자.

참고 5.7 조금 더 깊이 생각해 보자. 홍씨는 위의 조건들보다 더 강한 조건을 생각할 수도 있을 것이다. 즉, 김씨에게서 받는 금액인 $4y_1 + 6y_2 + 18y_3$가 자신이 현재 얻고 있는 최적해 목적함수 값을 보장해 주어야 한다고 생각할 수 있다. 그런데 이는 쌍대문제의 제약조건이 만족되면 자동적으로 만족이 된다. 이는 바로 $4y_1 + 6y_2 + 18y_3$가 5.1.1절에서 논의한 바와 같이 원문제 최적 목적함수 값의 상한이 되기 때문이다. 하지만 홍씨가 김씨로부터 받는 금액은 홍씨가 생산에서 얻는 이익보다 더 클 수는 없다. 뒤에서, 강쌍대성을 논할 때, 이 점에 대해 다시 논의할 것이다.

연습문제 5.8 식단문제의 원-쌍대 쌍을 쓰고 쌍대문제의 의미를 경제적으로 해석해 보라 (힌트 : 쌍대문제를 영양제 제조 회사의 처지에서 해석해 보라).

5.2 원-쌍대 관계의 일반적 정의

이러한 흥미 있는 성질을 가진 쌍대문제는 일반형 선형계획문제에서도 정의가 가능하며, 다음과 같이 몇 가지 대응 규칙을 추가하면 모든 경우에 대하여 기계적으로 쓸 수 있다(단, 각 규칙은 독립적으로 양 방향으로 적용한다).

제약식 하나 ⟷ 변수 하나

최소화 문제 ⟷ 최대화 문제

목적함수 계수 ⟷ 우변상수

최소화 문제의 $\leqslant$ 제약식 ⟷ 대응변수 $\leqslant 0$

최소화 문제의 $=$ 제약식 ⟷ 대응변수 부호제약 없음

최소화 문제의 $\geqslant$ 제약식 ⟷ 대응변수 $\geqslant 0$

최대화 문제의 $\leqslant$ 제약식 ⟷ 대응변수 $\geqslant 0$

최대화 문제의 $=$ 제약식 ⟷ 대응변수 부호제약 없음

최대화 문제의 $\geqslant$ 제약식 ⟷ 대응변수 $\leqslant 0$

참고 5.9 우리가 앞에서 선형계획을 정의할 때, 변수들이 모두 비음제약을 가지고 있는 경우만 고려하였지만, 실제로 변수들이 부호조건을 가지고 있지 않거나, 비양조건, $x_j \leqslant 0$을 가지는 경우도 있으며, 쌍대문제를 일반적으로 정의하기 위해서는 이런 경우를 고려하는 것이 편리하다.

예 5.10 다음 선형계획문제의 쌍대문제를 적어보자.

$$\begin{array}{llrrrcl} \max & z = & 3x_1 & - x_2 & + 2x_3 & & \\ \text{sub.to} & & -x_1 & + 5x_2 & + 2x_3 & = & 5, \\ & & 2x_1 & - 2x_2 & - x_3 & \leqslant & 3, \\ & & x_1 & & + 2x_3 & \geqslant & 1, \\ & & & x_2 \leqslant 0, & x_3 \geqslant 0. & & \end{array}$$

제약식과 변수가 하나씩 대응된다는 것은 두 가지 의미이다.

- 첫째, 제약식 하나에 변수 하나가 필요하다는 의미이다. 제약식이 세 개이므로 결정변수를 y_1, y_2, 그리고 y_3로 정의하자.
- 둘째, 쌍대문제의 각 제약식의 계수는 대응하는 변수 x_1의 계수를 차례로 쓰면 된다. 즉, 쌍대문제 첫 번째 제약식의 y_1, y_2, 그리고 y_3의 계수는 차례로 −1, 2, 그리고, +1이 된다는 의미이다. 따라서 그 제약식의 좌변은 $-y_1 + 2y_2 + y_3$가 된다. (그리고, 이러한 관계는 반대 방향으로도 성립하게 된다.)

두 번째 대응 규칙에 따라, 쌍대문제는 'min' 문제가 된다.

원문제의 목적함수 계수는 차례로 쌍대문제의 우변상수, 역으로 쌍대문제의 목적함수 계수는 차례로 원문제의 우변상수가 된다.

원문제의 첫 번째 제약식이 = 제약식이므로 대응되는 변수는 부호제약을 갖지 않는다. max 문제인 원문제의 두 번째 제약식이 ⩽ 제약식이므로 대응되는 변수는 비음 부호제약을 갖는다. 원문제의 마지막 제약식이 ⩾ 제약식이므로 대응되는 변수는 비양 부호제약 $y_3 \leqslant 0$을 갖는다.

쌍대문제의 첫 번째 제약식과 대응되는 원문제의 변수 사이도 같은 규칙이 적용된다. 원문제의 첫 번째 변수의 부호제약이 없으므로, 등호 제약이 대응된다. 나머지 변수와 제약식 사이에도 위의 대응 규칙을 적용하면 다음과 같은 선형계획이 완성된다.

$$
\begin{array}{llrrrll}
\min & w = & 5y_1 & +3y_2 & + y_3 & & \\
\text{sub.to} & & -y_1 & +2y_2 & + y_3 & = & 3, \\
& & 5y_1 & -2y_2 & & \leqslant & -1, \\
& & 2y_1 & - y_2 & +2y_3 & \geqslant & 2, \\
& & & y_2 \geqslant 0, & y_3 \leqslant 0. & &
\end{array}
$$

연습문제 5.11 다음 표준형 선형계획문제의 쌍대문제를 y를 변수로 한 행렬을 사용하여 표시할 수 있겠는가?

$$
\begin{array}{ll}
\min & c^T x \\
\text{sub.to} & Ax = b, \\
& x \geqslant 0.
\end{array}
$$

5.3 원–쌍대 정리

원문제와 쌍대문제 사이에는 매우 중요한 성질이 성립한다. 예를 들어,

정리 5.12 ('약쌍대정리') 최대화 문제의 모든 가능해의 목적함수 값은 최소화 문제 가능해의 모든 목적함수 값보다 같거나 작다.

정규형 선형계획의 약쌍대정리는 원–쌍대 관계를 상하한 관점으로 논의할 때 이미 증명하였다. (왜 그런지 다시 생각해 보자.) 일반형의 경우도 유사하게 증명할 수 있다.

연습문제 5.13 한쪽 문제가 가능해를 가지면 다른 문제의 목적함수는, 최소화 문제의 경우 무한히 감소할 수 없으며, 최대화 문제의 경우 무한히 증가시킬 수 없다.

놀라운 것은 이보다 훨씬 강한 사실이 성립한다는 것이다. 증명은 생략한다.

정리 5.14 ('강쌍대정리') 한쪽 문제가 최적해를 가지면 다른 문제도 최적해를 가지며, 두 목적함수 값은 동일하다.

따라서 홍씨 아저씨와 김씨 아저씨의 최적 목적함수 값은 같다. 직관적으로 볼 때, 김씨 아저씨는 지불하는 가격을 될 수 있으면 낮추려고 할 것이며, 홍씨는 가용자원을 직접 생산에 투입하여 올릴 수 있는 수입보다 많은 돈을 받으려고 할 것이다.

그런데 강쌍대정리는 다른 영향이 없는 가운데 합리적인 흥정을 하면 어느 누구도 일방적인 이득을 볼 수 없다는 것을 말해 주고 있다. 실제로 강쌍대정리는 제로섬게임 이론과 밀접한 연관성을 갖고 있다.

연습문제 5.15 다음 선형계획문제에 대하여 답하라.

$$
\begin{array}{llrrrl}
\min & z = & 4x_1 & + 6x_2 & + 18x_3 & \\
\text{sub. to} & & x_1 & & + 3x_3 & \geqslant 3, \\
& & & 2x_2 & + 2x_3 & \geqslant 5, \\
& & \multicolumn{4}{l}{x_1 \geqslant 0,\ x_2 \geqslant 0,\ x_3 \geqslant 0.}
\end{array}
$$

가. 쌍대문제를 쓰라.

나. 쌍대문제의 가능해의 목적함수 값은 항상 원문제 가능해의 목적함수 값보다 작거나 같다는 것을 증명하라.

다. 2차원 그래프 해법을 사용하여 위 문제의 최적 목적함수 값을 구하라. 이때 사용한 정리는?

연습문제 5.16 앞의 원-쌍대 문제를 풀어, 강쌍대정리를 확인해 보자.

6 댄직 이야기

댄직은 선형계획 모형과 심플렉스 해법을 개발하여 경영과학의 분야의 발전에 지대한 공헌을 한 학자이다. 그는 1939년 U.C. 버클리 대학의 통계학과 박사과정 학생이었다. 어느날, 강의에 늦게 들어온 댄직은 칠판 한 켠에 두 개의 문제가 적혀 있는 것을 보았다. 그 문제를 숙제로 생각한 그가 그날 밤 그 문제를 풀었고, 이를 제출했을 때 담당교수 니이만(Neyman)은 깜짝 놀랐다. 왜냐하면 그 문제는 숙제가 아니라 당시 수리통계학 분야에서 중요하지만 오랫동안 풀지 못한

"open problem"으로 소개했던 것이기 때문이다.

이 이야기는 물론 댄직이 똑똑한 영재였다는 것을 말해 준다. 그러나 이러한 질문을 할 수 있다. 만약 그날 그가 강의에 늦지 않았다면, 그래서 그 문제가 많은 사람이 시도했지만 풀지 못한 문제라는 것을 알았다면, 그렇게 쉽게 풀 수 있었을까.

이러한 예는 학문의 세계에서 더 찾아볼 수 있다. 몇 년 동안 완전그래프 가설(conjecture)의 증명을 시도하다가 실패했지만, 로바즈(Lovász)라는 천재가 증명했다는 말만 듣고, 곧 그 문제를 스스로 증명했던 풀커슨(Fulkerson)이라는 학자의 얘기도 같은 교훈을 준다.

훗날 댄직은 그 두 개의 문제가 '보통 숙제보다 조금 더 어려운 정도였다' 고 회상했다.

이러한 일화가 우리에게 주는 의미는 곰곰히 생각해 볼 가치가 있다고 생각한다.

선형계획의
여러 가지 응용

3

Chapter Three

1 최적자원배분문제

예 1.1 마케팅 리서치 회사는 인권당의 대선 후보 지지도를 조사하는데, 인구비례에 맞도록 20∼30대 350명, 40∼50대 450명, 그리고 60∼70대 200명의 응답을 얻어야 한다. 접촉은 전화나 이메일을 사용할 수 있으며, 전화의 경우 한 통화당 200원, 인터넷의 경우 50원의 비용이 드는 것으로 계산된다.

전화를 사용하는 경우 응답 동의율은 80%, 그리고 인터넷의 경우 25%이다. 접촉 수단에 따라 전화나 이메일을 받는 구성비율의 기대값은 다음과 같다.

받는 사람	전화	인터넷
20∼30대	30%	55%
40∼50대	50%	35%
60∼70대	20%	10%

최적 조사 방법을 수립하라.

전화 통화 시도 횟수를 x_1, 이메일 발송 횟수를 x_2라 하자. 모든 연령대에서 전화나 이메일로 얻은 응답인원이 필요한 수를 충족하면서, 조사비용이 가장 적은 조사계획을 찾는 문제임을 알 수 있다. 이를 선형계획으로 모형화하면 아래와 같다.

$$
\begin{aligned}
\min \quad z = &\ 200x_1 + 50x_2 \\
\text{sub.to} \quad & 0.8\times 0.30x_1 + 0.25\times 0.55x_2 \geqslant 350, \\
& 0.8\times 0.50x_1 + 0.25\times 0.35x_2 \geqslant 450, \\
& 0.8\times 0.20x_1 + 0.25\times 0.10x_2 \geqslant 200, \\
& x_1 \geqslant 0, \quad x_2 \geqslant 0.
\end{aligned}
$$

위의 응답율이나 구성비율은 기대값이기 때문에 위의 최적해를 실행하여도 원하는 인원을 확보하지 못할 수도 있을 것이다. 그런 경우는 모자라는 인원을 확보해야 하는 인원으로 놓고 문제를 다시 풀어 실행하는 방법을 반복하면 좋은 해가 될 것이다.

연습문제 1.2 (주)여의도 투금의 30대 투자 담당 이사인 금사과씨는 현재 30억을 투자할 포트폴리오를 만들고 있다. 현재 네 가지의 채권을 고려하고 있다. 각 채권은 다음과 같은 특성을 갖고 있다.

	평균수익률	최저수익률	만기
채권 1	10%	8%	8
채권 2	12%	6%	9
채권 3	9%	9%	4
채권 4	13%	4%	7

금이사는 평소 다음과 같은 투자 원칙을 세우고 있다. 첫째, 평균 최저수익률은 최소한 7%가 넘도록 할 것. 둘째, 한 가지 채권에 전체 투자액의 40% 이상을 집중시키지 말 것. 셋째, 평균 만기가 8을 넘지 않도록 할 것. 최적 포트폴리오를 구성하라.

2 복수기간문제

예 2.1 (총괄계획문제) 다음의 수요를 가진 제품의 6개월간의 총괄계획, 즉 인력유지 및 생산계획을 수립하려고 한다.

월	1	2	3	4	5	6
수요	100	120	140	120	140	170

초기재고는 50, 목표재고는 100이며, 안전을 위해 항시 50 정도의 재고를 유지하려고 한다. 제품의 원가는 대당 40만원이며 자본비용 이자율은 월 1.5%이다. 초기인력은 60명이고, 추가로 노동자 한 명을 고용할 때마다 30만원의 훈련 비용

이 든다. 그리고 노동자 한 명을 해고할 때는 60만원의 퇴직금을 지불한다. 노동자는 4인 1조로 작업하며, 각 조는 한달에 제품 8대를 생산할 수 있다.

각 달에 생산해야 하는 제품의 양과 월초에 고용 또는 해고해야 하는 인력 수준을 결정하라.

i월 초 재고, 고용 및 해고되는 조의 수를 각각 I_i, x_i, y_i라 하고, i월 동안 일하는 팀 수는 w_i라 하자. 재고와 수요를 만족하며, 가동비용을 최소화하는 선형계획문제이고, 이를 표현하면 다음과 같다.

$$
\begin{aligned}
\min \quad z = \ & 320\textstyle\sum_{i=1}^{6} w_i + 0.6\sum_{i=2}^{7} I_i + 120\sum_{i=1}^{6} x_i + 240\sum_{i=1}^{6} y_i \\
\text{sub.to} \quad & I_1 = 50, \\
& I_7 = 100, \\
& w_1 = 15 + x_1 - y_1, \\
& w_{i+1} = w_i + x_i - y_i, \quad \forall 1 \leqslant i \leqslant 5, \\
& I_2 = I_1 + 8w_1 - 100, \\
& I_3 = I_2 + 8w_2 - 120, \\
& I_4 = I_3 + 8w_3 - 140, \\
& I_5 = I_4 + 8w_4 - 120, \\
& I_6 = I_5 + 8w_5 - 140, \\
& I_7 = I_6 + 8w_6 - 170, \\
& I_i \geqslant 50, \quad \forall 2 \leqslant i \leqslant 6, \\
& x_i \geqslant 0,\ y_i \geqslant 0,\ w_i \geqslant 0, \forall 1 \leqslant i \leqslant 6.
\end{aligned}
$$

예 2.2 (주)오성전자 홍보부장은 전국적으로 설치, 운영하는 홍보행사 도우미의 향후 6개월간의 인력계획을 수립한다. 매월 초에 고용하는 신입 인원은 한 달간의 훈련기간을 거친 후 정규 근무에 투입된다. 앞으로 6개월간 필요한 인원은 다음의 표와 같다. 1월 초 현재, 100명의 정규 도우미가 확보되어 있다. 5명의 신입 인원을 한 달 동안 교육시키는 데 정규 도우미 한 명이 필요하다. 경험으로 볼 때, 매달 10명 중 1명 꼴로 그만둔다. 정규 도우미의 한달 월급은 200만원이며 신입 인원은 교육 기간 한 달 동안 100만원을 받는다. 최적 인력계획을 수립하라. 단, 6개월의 기간이 끝날 때 최소 50명의 도우미를 확보하려고 한다.

월	1	2	3	4	5	6
필요 인원	80	90	110	130	120	90

각 i월 초에 새로 고용하는 신입 인원을 x_i, i월 초에 남아 있던 정규 도우미 수를 I_i라 하자. 각 달마다 필요 인원을 충족하면서, 인건비를 최소화하는 선형계획문제임을 알 수 있다. 이를 표현하면 다음과 같다.

$$
\begin{aligned}
\text{min} \quad z = \quad & 200\,\Sigma_{i=1}^{6} I_i + 100\,\Sigma_{i=1}^{6} x_i \\
\text{sub. to} \quad & I_1 = 100, \\
& I_7 \geqslant 50, \\
& I_{i+1} = 0.9\,(I_i + x_i), \quad \forall 1 \leqslant i \leqslant 6, \\
& I_1 - 0.2x_1 \geqslant 80, \\
& I_2 - 0.2x_2 \geqslant 90, \\
& I_3 - 0.2x_3 \geqslant 110, \\
& I_4 - 0.2x_4 \geqslant 130, \\
& I_5 - 0.2x_5 \geqslant 120, \\
& I_6 - 0.2x_6 \geqslant 90, \\
& I_i \geqslant 0, \qquad\qquad \forall 2 \leqslant i \leqslant 6, \\
& x_i \geqslant 0, \qquad\qquad \forall 1 \leqslant i \leqslant 6.
\end{aligned}
$$

연습문제 2.3 (생산계획) (주)내혜홀 피혁은 축구공을 생산하는 기업으로서, 향후 6개월간의 생산계획을 수립하려고 한다. 6개월간의 예상 수요는 10,000, 15,000, 30,000, 35,000, 25,000, 그리고 10,000개이다. 내혜홀은 매달 최대 30,000개의 축구공을 생산할 수 있으며, 각 달에 생산하는 축구공은 그달에 판매될 수 있다고 가정한다. 향후 6개월 동안, 축구공 한 개를 생산하는 데 필요한 예상 비용은 12,500, 12,550, 12,700, 12,800, 12,850, 그리고 12,950원이다.

내혜홀이 현재 보유한 축구공의 재고는 5,000개이고, 최대 10,000개의 축구공 재고를 저장할 수 있는 공간을 확보하고 있다. 재고의 유지비용은 각 달 생산 비용의 5%로 가정한다. 주어진 자료를 바탕으로 비용을 최소화하는 생산계획을 수립하라.

3 배합문제

예 3.1 (주)청룡정유는 현재 5,000배럴의 원유 1과 10,000배럴의 원유 2를 가지고 있다. 청룡정유는 두 가지의 원유를 배합하여 휘발유와 난방유를 제조하여 판매한다. 원유 1은 품질 수준이 10이며, 원유 2는 품질 수준이 5이다. 휘발유는 평균 품질 수준이 최소한 8, 난방유는 평균 품질 수준이 최소한 6 이상이어야 한다. 휘발유는 배럴당 25,000원, 난방유는 배럴당 20,000원에 팔린다. 1배럴의 휘발유를 판매하기 위해서는 배럴당 200원, 난방유는 100원의 판촉 비용이 들어간다. 각 제품의 수요는 무한하다고 가정하여 최적 생산계획을 수립하라.

	원유 1	원유 2
품질 수준	10	5
재고(배럴)	5,000	10,000

	휘발유	난방유
품질 수준	8 이상	6 이상
가격(원/배럴)	25,000	20,000

원유 1을 $i=1$로, 원유 2를 $i=2$라고 하자. 또한, 휘발유와 난방유는 각각 $j=1, 2$로 하자. 그러면 결정변수는 기름 j에 배합하는 원유 i, x_{ij}가 된다. 목적함수(판매이익)와 제약식(재고, 최소요구품질수준)을 표현하면 다음과 같다.

$$
\begin{aligned}
\max \quad z = \ & (25{,}000-200)(x_{11}+x_{21})+(20{,}000-100)(x_{12}+x_{22}) \\
\text{sub. to} \quad & x_{11}+x_{12} \leqslant 5{,}000, \\
& x_{21}+x_{22} \leqslant 10{,}000, \\
& \frac{10x_{11}+5x_{21}}{x_{11}+x_{21}} \geqslant 8, \\
& \frac{10x_{12}+5x_{22}}{x_{12}+x_{22}} \geqslant 6, \\
& x_{ij} \geqslant 0, \quad \forall 1 \leqslant i,j \leqslant 2.
\end{aligned}
$$

이를 선형계획문제로 정리하면 다음과 같다.

$$\begin{aligned}
\max \quad z = \; & 24{,}800x_{11} + 19{,}900x_{12} + 24{,}800x_{21} + 19{,}900x_{22} \\
\text{sub.to} \quad & x_{11} + x_{12} \leqslant 5{,}000, \\
& x_{21} + x_{22} \leqslant 10{,}000, \\
& 2x_{11} - 3x_{21} \geqslant 0, \\
& 4x_{12} - x_{22} \geqslant 0, \\
& x_{ij} \geqslant 0, \quad \forall 1 \leqslant i, j \leqslant 2.
\end{aligned}$$

연습문제 3.2 자수성가한 20대 사업가 홍씨는 계절성 사업의 하나로 9월에서 10월까지 두 달 동안 안성, 입장 등지의 포도를 구입하여 다음과 같은 방법으로 판매한다.

방법 1 : 원액을 제조하여 음료회사에 판매하거나, 외국에 수출한다.
방법 2 : 가락동 농수산물시장을 통해 경매로 처분한다.
방법 3 : 평택-안성 간 국도의 좌판에서 자체 판매한다.

방법 1의 경우, 1kg당 12,000원의 가격을 받을 수 있다. 이 경우 평균 당도가 12 이상이어야 하고, 향을 유지하기 위하여 원료로 사용되는 포도는 수확 후 평균 경과기간이 7일 이하가 되어야 한다. 방법 2의 경우, 평균 경매 낙찰가는 11,000원이다. 이 경우, 평균 당도는 11 이상이어야 하고, 수확 후 평균 경과기간이 5일 이하가 되어야 한다. 방법 3은 1kg당 11,500원에 판매할 수 있다. 그런데 좌판에서 판매하기 때문에 상자 안의 포도의 평균 수확 후 경과기간이 3일을 초과하면 변질되어 팔리지 않는다. 그리고 1주일 동안 최대 200kg 정도 판매 가능하다.

홍씨는 3군데의 농장에서 포도를 납품받는다. 농장 1의 포도는 우수한 품질로 당도가 평균 14 정도이며, 평균 경과기간 2일 정도의 신선한 포도를 공급하는데, 1kg당 9,500원에 납품하며 공급 가능량은 주당 0.5톤이다. 농장 2의 포도는 당도가 평균 10 정도이며, 대량으로 재배되기 때문에 1kg당 7,500원에 납품이 가능하나, 평균 경과기간 4일 정도의 포도를 공급한다. 공급 가능량은 주당 3톤이다. 농장 3의 포도는 보통 품질로 당도가 평균 11 정도이며, 1kg당 8,000원에 납품이 가능하며, 평균 경과기간 7일 정도의 포도를 공급한다. 공급 가능량은 주당 2톤이다.

학창시절 경영과학 성적이 우수했던 홍군의 최적사업계획은?

4 일정계획문제

예 4.1 낙성대학교 정보통신실은 학생들과 교직원들에게 정보와 통신에 관한 지원업무를 담당하고 있다. 정보통신실의 운영시간은 오전 9 : 30부터 오후 5 : 30까지 8시간이다. 근무자들은 업무의 전문성과 연속성 때문에 매시간 30분 정각에 근무를 시작하여 6시간을 연속으로 근무한다. 예를 들어, 오후 3 : 30에 근무를 시작한 사람은 당일 오후 5 : 30까지 2시간 근무하고, 다음 날 오전 9 : 30부터 오후 1 : 30까지 4시간 더 근무한다.

각 시간대에 필요한 인원은 다음과 같다.

	필요 인원
9 : 30 ~ 10 : 30	7
10 : 30 ~ 11 : 30	11
11 : 30 ~ 12 : 30	10
12 : 30 ~ 1 : 30	9
1 : 30 ~ 2 : 30	14
2 : 30 ~ 3 : 30	13
3 : 30 ~ 4 : 30	9
4 : 30 ~ 5 : 30	8

최소인원 일정계획을 수립하라.

9 : 30에 근무를 시작하는 인원을 w_1, 이후 순서대로 $w_2, w_3, \cdots, w_8$이라 하자. 각 시간마다 필요 인원을 충족하면서, 총 근무 인원을 최소화하는 선형계획문제가 됨을 알 수 있다. 이를 표현하면 다음과 같다.

$$
\begin{array}{llllllllllll}
\min & z = & w_1 & +w_2 & +w_3 & +w_4 & +w_5 & +w_6 & +w_7 & +w_8 & & \\
\text{sub. to} & & w_1 & & & +w_4 & +w_5 & +w_6 & +w_7 & +w_8 & \geqslant & 7, \\
 & & w_1 & +w_2 & & & +w_5 & +w_6 & +w_7 & +w_8 & \geqslant & 11, \\
 & & w_1 & +w_2 & +w_3 & & & +w_6 & +w_7 & +w_8 & \geqslant & 10,
\end{array}
$$

$$
\begin{array}{lllllllllll}
w_1 & +w_2 & +w_3 & +w_4 & & & +w_7 & +w_8 & \geqslant & 9, \\
w_1 & +w_2 & +w_3 & +w_4 & +w_5 & & & +w_8 & \geqslant & 14, \\
w_1 & +w_2 & +w_3 & +w_4 & +w_5 & +w_6 & & & \geqslant & 13, \\
 & +w_2 & +w_3 & +w_4 & +w_5 & +w_6 & +w_7 & & \geqslant & 9, \\
 & & +w_3 & +w_4 & +w_5 & +w_6 & +w_7 & +w_8 & \geqslant & 8,
\end{array}
$$

$$w_1 \geqslant 0,\ w_2 \geqslant 0,\ w_3 \geqslant 0,\ w_4 \geqslant 0,\ w_5 \geqslant 0,\ w_6 \geqslant 0,\ w_7 \geqslant 0,\ w_8 \geqslant 0.$$

연습문제 4.2 용산역 F-마트에서는 요일별로 다음의 인력을 유지해야 한다.

	필요 인원
월요일	35
화요일	40
수요일	45
목요일	40
금요일	38
토요일	48
일요일	50

정규직원들은 하루 8시간씩 5일을 연속으로 일하고, 2일을 쉰다. 예를 들어, 한 근로자가 월요일부터 금요일까지 일했을 경우 토요일과 일요일은 반드시 쉬어야 한다. 그리고 F-마트의 1일 총 운영시간은 12시간이다. 즉, 월요일에 필요한 35명의 인력은 $35 \times 12 = 420$시간에 해당한다.

가. F-마트가 필요한 인력을 정규직원들로만 충당할 경우, 최적 인력계획을 수립하라.

나. F-마트는 필요한 인력을 정규직원 외에 파트타임 인원을 활용하여 충당한다. 파트타임 인원은 하루 4시간씩 5일 동안 연속으로 근무한다. 정규직원의 인건비는 시간당 6,000원이며, 파트타임 인원의 인건비는 시간당 4,000원이다. 파트타임 인력의 비율은 한 주 전체 인력의 20% 이하로 제한된다. 이를 바탕으로 F-마트의 인건비를 최소화하는 인력계획을 수립하라.

5 데이터 포락 분석*(DEA)

10명의 구성원이 100만원의 수익을 내는 시스템과 5명의 구성원이 75만원의 수익을 내는 시스템 중 어느 것이 성과가 좋다고 할 수 있을까? 단순히 산출량의 절대적인 크기를 기준으로 비교하면 100만원의 수익을 내는 시스템이 더 성과가 좋다고 할 수 있지만, 효율성 측면에서는 바람직하지 못하다. 즉, 시스템의 성과측정은 투입량과 산출량을 상대적으로 고려하는 것이 더 합리적일 수 있고, 그러면 75만원의 수익을 내는 시스템이 성과가 더 좋다.

이렇게 투입과 산출을 모두 고려하여 효율성 측정을 위한 방법의 하나가 **데이터 포락 분석**(data envelopment analysis)이다. 데이터 포락 분석은 같은 종류의 입출력을 가진 복수 개의 시스템들의 효율성을 비교한다. 의료, 교육 등과 같은 서비스 시스템의 성과측정, 즉 생산성 평가에 주로 사용한다. 직관적인 이해를 돕기 위해 다음과 같이 출력요소가 한 개인 간단한 예를 살펴보자. (이 경우, 필요하면 각 시스템의 데이터를 스케일링을 통해 출력요소의 수준이 모두 같다고 가정할 수 있다.)

예 5.1 서울 관악구에 패스트푸드점 명주버거를 다수 운영하는 박 모씨는 각 지점의 효율성을 비교 분석하고자 한다. 박 사장은 평가의 척도로 다음과 같은 입력요소와 출력요소를 결정하였다.

입력 항목 1 : 직원 수(명)

입력 항목 2 : 운영 비용(백만원)

출력 항목 1 : 월 수익(백만원)

	입력요소		출력요소
	항목 1	항목 2	항목 1
강남역	8	6	10
압구정	9	4	10
신사동	5	9	10
코엑스	7	6	10
대치동	6	5	10

각 지점 운영의 효율성을 비교하라.

차원이 그리 높지 않은 문제이므로 〈그림 3.1〉과 같이 2차원 평면에 입력요소에 대응하는 점들을 찍어 보는 것으로도 지점 사이의 상대적인 효율성을 가늠해볼 수 있다. 〈그림 3.1〉에서 신사와 대치, 그리고 대치와 압구정을 연결한 경계선을 효율적 경계선(efficient frontier)이라고 한다. 이 효율적 경계선 위에 존재하는 지점들은 월 수익 천만원을 산출할 수 있는 입력요소들의 최적 조합을 의미한다. 즉, 이 위의 지점들은 모두 효율적이라고 할 수 있으며, 나머지 지점들은 같은 출력을 위해 더 많은 입력요소를 소모하므로 비효율적이라고 할 수 있다.

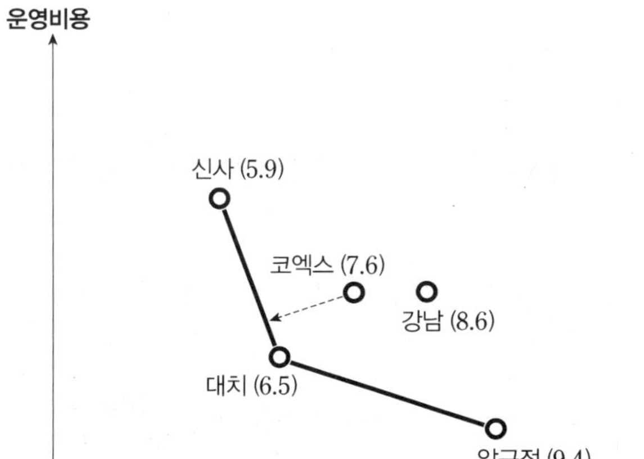

〈그림 3.1〉 명주버거의 효율적 경계선

이보다 체계적인 분석을 위해, 이런 관찰을 일반화한 데이터 포락 분석을 이용해 보자. 데이터 포락 분석에서는 효율성을 다음과 같이 정의한다.

$$\text{효율성} = \frac{\text{출력요소들의 가중합}}{\text{입력요소들의 가중합}} \tag{5.1}$$

물론 (5.1)의 결과는 어떠한 가중치를 사용하는가에 따라 달라진다. 데이터 포락 분석의 기본 철학은 다음과 같다. 특정 시스템의 효율성 (5.1)이 **어떠한 가중치를 사용하여도 다른 시스템들보다 같거나 크지 않으면, 이 시스템을 비효율적이라고 정의**하는 것이다.

따라서 특정 시스템의 효율성을 판단하는 문제는 해당 시스템의 효율성을 최대화하는 가중치를 찾는 문제로 귀결된다. 여기서 가중치는 물론 합리적으로 선택해야 할 것이다. 우선 각 가중치는 음수가 될 수 없으며, 해당 시스템의 입력요소의 가치를 0으로 만드는 경우는 제외한다. 또한 투입의 가치보다 입력의 가치가 더 클 수는 없도록 해야 한다. 즉 입력요소의 가중치 합은 출력의 가중치 합보다 같거나 작아야 한다. 따라서 효율성은 최대값 1을 넘을 수 없다.

DEA 최적화 모형

결정변수 : 출력요소의 각 가중치와 입력요소의 각 가중치.

목적함수 : 효율성 (5.1).

제약조건 : 1. 모든 시스템의 입력요소의 가중치 합은 출력의 가중치 합보다 같거나 작아야 한다.

2. 각 가중치는 비음이다.

3. 해당 시스템의 입력 가중치 합은 양수이어야 한다.

따라서 강남역 지점의 효율성 DEA 분석 문제는 다음과 같다 .

$$
\begin{aligned}
\max \quad & \text{강남역 효율성} = \frac{10u_1}{8v_1 + 6v_2} \\
\text{sub.to} \quad & 10u_1 - 8v_1 - 6v_2 \leqslant 0, \\
& 10u_1 - 9v_1 - 4v_2 \leqslant 0, \\
& 10u_1 - 5v_1 - 9v_2 \leqslant 0, \\
& 10u_1 - 7v_1 - 6v_2 \leqslant 0, \\
& 10u_1 - 6v_1 - 5v_2 \leqslant 0, \\
& 8v_1 + 6v_2 > 0, \\
& u_1, v_1, v_2 \geqslant 0.
\end{aligned}
\tag{5.2}
$$

위의 최적화문제에서 모든 가능해는 적당한 양수로 스케일링, 즉 곱하거나 나누어서 $8v_1 + 6v_2 = 1$이 되도록 해도, 우변상수가 모두 0이기 때문에 가능성이 유지가 된다. 그리고 목적함수가 변하지 않는다는 것을 알 수 있다. 즉, (5.2)에 다음과 같이 $8v_1 + 6v_2 = 1$을 첨가하여도 문제의 해는 변하지 않는다.

$$\begin{aligned}
\max \quad & E_1 = 10u_1 \\
\text{sub.to} \quad & 10u_1 - 8v_1 - 6v_2 \leqslant 0, \\
& 10u_1 - 9v_1 - 4v_2 \leqslant 0, \\
& 10u_1 - 5v_1 - 9v_2 \leqslant 0, \\
& 10u_1 - 7v_1 - 6v_2 \leqslant 0, \\
& 10u_1 - 6v_1 - 5v_2 \leqslant 0, \\
& 8v_1 + 6v_2 = 1, \\
& u_1, v_1, v_2 \geqslant 0.
\end{aligned} \tag{5.3}$$

따라서 간단한 과정을 통해, DEA는 식 (5.3)과 같이 선형계획문제로 모형화되었다. 이러한 과정은 출력요소가 두 개 이상의 일반적인 경우에도 동일하게 적용할 수 있다.

나머지 네 개의 지점에 대해서도 위와 비슷한 방법으로 효율성을 구할 수 있다. 다음 표는 이러한 데이터 포락 분석 결과를 요약한 것이다.

지점	효율성	u_1	v_1	v_2
강남역	0.81	0.081	0.038	0.115
압구정	1	0.1	0	0.25
신사동	1	0.1	0.2	0
코엑스	0.85	0.085	0.118	0.030
대치동	1	0.1	0.138	0.344

위의 결과에서 알 수 있듯이 효율적 경계선을 구성하였던 신사, 대치, 압구정 지점의 효율성은 최대값 1을 달성할 수 있는 가중치가 있기 때문에 효율적이라고 할 수 있다. 나머지 강남, 코엑스 지점의 효율성은 어떤 가중치를 사용해도 1 미만으로 나타났다.

연습문제 5.2 낙성대학교 산업공학과를 졸업하고 (주)대한은행 평가부 부장으로 있는 나산공씨는 대한은행 구조 조정 사업의 일환으로, 서울 강남구의 세 개 지점의 운영효율성을 비교 분석하는 프로젝트의 팀장을 맡고 있다. 나 부장은 여러 가지 평가 수행 방법의 하나로 각 지점이 사용하는 입력 대 생산하는 출력을 비교하여 지점 간의 상대적인 효율성을 비교하는 데이터 포락 분석을 사용하기로 하였다. 평가의 척도로는 세 가지의 입력요소와 세 가지의 출력요소가 쓰이는데 그 항목은 다음과 같다.

입력 항목 1 : 사용 노동력 = 월 총 시간(단위 100시간)

입력 항목 2 : 사용 공간(지점의 총 평수)

입력 항목 3 : 사용 예산(천만원/월)

출력 항목 1 : 월 여신 실적

출력 항목 2 : 월 저축 확보 실적

출력 항목 3 : 월 신용카드 상환 실적

	입력요소			출력요소		
	항목 1	항목 2	항목 3	항목 1	항목 2	항목 3
강남역	20	150	7	45	60	23
압구정	25	130	8	42	63	19
양재	18	130	5	34	45	14

각 지점 운영의 효율성을 비교하라.

6 수송문제

예 6.1 유기농산물 협동 구매 조합인 "흙내음"의 가장 인기 있는 품목 중에 하나는 현미이다. 전국에서 유기농법으로 생산된 현미는 4군데, 김제, 목포, 제천 그리고 영주의 저장소에 집하된 후, 현미로 도정되어 서울, 대전, 광주, 대구 그리고 부산의 조합 물류센터로 일주일에 한 번 운반된다.

한 주간 각 저장소가 공급할 수 있는 처리 용량과 각 물류창고에서 필요한 현미 수요는 다음과 같다.

저장소	김제	목포	제천	영주
공급(ton)	14	10	7	15

물류창고	서울	대전	광주	대구	부산
수요(ton)	15	8	7	4	8

또한, 각 저장소에서 각 물류창고까지의 톤당 운반비용은 다음과 같다.

(만원)	서울	대전	광주	대구	부산
김제	10	6	7	9	13
목포	15	10	9	9	9
제천	12	8	10	8	11
영주	13	9	9	3	6

운반비용을 최소화하는 운송계획을 수립하라.

저장소 김제, 목포, 제천, 영주를 $i = 1, 2, 3, 4$로, 물류창고 서울, 대전, 광주, 대구, 부산을 $j = 1, 2, 3, 4, 5$로 표기하자. 그러면 결정변수는 저장소 i에서 물류창고 j로 보내는 운송량, x_{ij}가 된다. 목적함수(배송비용)와 제약조건(각 저장소의 공급, 각 물류창고의 수요)을 표현하면 다음과 같다.

$$
\begin{array}{llllllll}
\min & z = & 10x_{11} & +6x_{12} & +7x_{13} & +19x_{14} & +13x_{15} & \\
 & & +15x_{21} & +10x_{22} & +9x_{23} & +9x_{24} & +9x_{25} & \\
 & & +12x_{31} & +8x_{32} & +10x_{33} & +8x_{34} & +11x_{35} & \\
 & & +13x_{41} & +9x_{42} & +9x_{43} & +3x_{44} & +6x_{45} & \\
\text{sub.to} & & x_{11} & +x_{12} & +x_{13} & +x_{14} & +x_{15} & \leqslant 14, \\
 & & x_{21} & +x_{22} & +x_{23} & +x_{24} & +x_{25} & \leqslant 10, \\
 & & x_{31} & +x_{32} & +x_{33} & +x_{34} & +x_{35} & \leqslant 7, \\
 & & x_{41} & +x_{42} & +x_{43} & +x_{44} & +x_{45} & \leqslant 15, \\
 & & x_{11} & +x_{21} & +x_{31} & +x_{41} & & \geqslant 15, \\
 & & x_{12} & +x_{22} & +x_{32} & +x_{42} & & \geqslant 8,
\end{array}
$$

$$x_{13} + x_{23} + x_{33} + x_{43} \geq 7,$$
$$x_{14} + x_{24} + x_{34} + x_{44} \geq 4,$$
$$x_{15} + x_{25} + x_{35} + x_{45} \geq 8,$$
$$x_{ij} \geq 0,\ 1 \leq i \leq 4,\ 1 \leq j \leq 5.$$

연습문제 6.2 경기도 교육청은 난개발로 교육환경이 열악한 양인시 소지 지역에 두 개의 초등학교를 신설하여 총 4개의 초등학교를 확보하고, 소지 지역의 7개 아파트 단지 구역의 학군을 재조정하였다. 대상 지역의 초등학교 학생 수와, 4개교의 정원, 그리고 등교거리는 다음과 같다.

(km)	양인	소지	풍덕	신걸	학생 수
청구 1	3	2	4	5	250
청구 2	2	0.5	3	4	350
래미안 1	4	2	1	1	400
래미안 2	3	6	3	3	150
현대	4	5	3	1	220
삼성	4	3	1	3	180
롯데	1	4	4	3	100
최소정원	350	350	400	280	–
최대정원	430	430	470	330	–

합리적인 학교 배정계획을 수립하라.

7 자본예산문제*

예 7.1 꿈나라(주)는 놀이동산 프로젝트를 계획하고 있다. 프로젝트가 완성되는 향후 1년간 현금 흐름은 다음과 같이 추정하고 있다.

(단위 : 억원)

월	현금흐름	월	현금흐름	월	현금흐름
1	−1.2	5	−0.4	9	1.5
2	−1	6	0.5	10	1.2
3	−0.8	7	−0.7	11	−0.7
4	−1	8	−0.2	12	4.5

음수 현금 흐름의 의미는 현금 유출이 현금 유입을 초과한 것이다. 현금 지급을 위해 꿈나라는 연초에 자금을 조달해야 한다. 돈은 다음의 두 가지 방법에 의해 빌려올 수 있다.

1. 1월에 장기 차입한다. 매달 1%의 이자율이 부과되며, 원금은 12월 말에 상환해야 한다.
2. 매달 은행에서 월 1.5% 이율로 단기 자금을 조달할 수 있다. 원금은 대출일자와 관계 없이 12월 말에만 상환해야 한다.

가. 매달 말 초과되어 남는 현금에 대해서는 0.4%의 이자 수익을 얻을 수 있다. 프로젝트 완료 후에 현금 흐름은 일정한 흑자로 예상되지만 (주)꿈나라는 회계 정책상 연말에 프로젝트 추진 관련 융자를 상환 완료하려고 한다. (따라서 연말 장부가 적자가 될 수도 있다.) 연말 재정 상태를 최적화하는 자금운용계획을 수립하라.

나. 매달 꿈나라는 이번 달 지불해야 할 금액의 일부 또는 전부를 다음 달로 미룰 수 있다. 이것을 "지불연장"이라 부른다. 지불은 오직 한 달만 연장이 가능하며, 지불연장된 금액에 대해서는 1%의 지연 수수료가 부과된다. 즉, 1월에 지불해야 할 1억원의 금액을 연장한 경우, 2월에 $1 \times 1.01 = 1.01$억원을 지불해야 한다. 이러한 경우, 꿈나라의 연말 재정 상태를 최적화하도록 자금운용계획을 수립하라.

8 프로젝트 문제

8.1 (주)행복전자 문제

(주)행복전자는 매년 초 향후 1년 동안의 생산계획을 수립할 때, 예측된 그 해의 월별 수요를 바탕으로 직원의 수, 연장근무 필요여부, 재고수준 등을 결정한다. 행복전자의 올해 월별 예측 수요는 〈표 3.1〉과 같다.

표 3.1 (주)행복전자의 월별 예측 수요

월	수요	월	수요	월	수요
1	5,300	5	4,000	9	7,500
2	5,000	6	4,900	10	7,800
3	4,400	7	6,200	11	7,600
4	3,000	8	7,300	12	6,400

(주)행복전자는 매달 변동하는 수요에 대응하기 위해 다음과 같은 세 가지 전략을 세우고, 이 세 가지 전략을 조합하여 최적의 생산계획을 수립한다고 한다.

(a) 직원을 증원하거나 감원함으로써 직원의 수를 변화시킨다.
(b) 기존 직원 중 일부 또는 전체에게 초과근무를 지시한다.
(c) 현재의 여유 제품을 재고로 보관하여 미래의 공급부족에 대비한다.

이 세 가지 전략을 실행하는 데에는 몇 가지 제약이 존재한다.

첫 번째 전략의 경우, 노조와의 협의로 인해 한 달에 증원 혹은 감원할 수 있는 직원의 수는 최대 40명으로 제한된다. 또한 한 명의 직원을 증원할 때 300만원의 비용이 발생하고 한 명의 직원을 감원할 때 420만원의 비용이 발생한다.

두 번째 전략의 경우, 초과근무를 통해 증가시킬 수 있는 생산량에 제한이 존재한다. 구체적으로, (주)행복전자의 직원들은 한 달 동안 정규근무를 하였을 때,

1인당 20단위의 제품을 생산하는데, 한 달 동안 정규근무 외 초과근무를 통해 얻을 수 있는 생산량은 1인당 최대 6단위로 제한된다. 더불어, 초과근무로 한 단위 제품을 생산할 때마다 20만원의 생산비용이 더 발생한다.

마지막으로, 한 단위 제품을 재고로 보관하기 위해서는 한 달 동안 8만원의 재고유지비용이 발생한다. 마찬가지로, 한 단위 제품을 두 달 동안 재고로 보관할 경우 16만원의 비용이 발생한다.

현재 (주)행복전자는 290명의 직원에게 한 달에 220만원의 인건비를 지급하고 있으며, 기업의 정책에 따라, 한해 생산계획을 결정하는 연말 · 연초에는 재고를 가지고 있지 않다고 한다.

연습문제 8.1 (a), (b), (c) 전략의 가능한 조합 중 어떤 조합이 (주)행복전자의 생산 및 인력관리 계획을 수립하기에 가장 적합한가? 그 전략의 조합을 사용하여 (주)행복전자의 최적생산계획을 수립하라.

8.2 시트고 정유 사례

1983년, 유명 편의점 체인 세븐일레븐의 소유 회사 사우스랜드(Southland Co.)는 시트고 정유회사(Citgo Petroleum Corporation)를 인수한 후 특별 전담팀을 구성하고 석유 산업의 공급사슬 구조를 분석하였다.

석유 산업 공급사슬의 큰 변화 중 하나는 원유와 정유 제품에 새로운 공급원이 등장한 것이었다. 과거에는 회사 소유의 유정(oil well), 정유공장, 또는 다른 회사와의 교환을 통해 공급되었다. 하지만 현재는 원유의 30퍼센트 가량은 해외에서 수입하였으며, 현물시장(spot market)이나 선물시장(future market), 넷백(netback) 거래를 통해서도 구입할 수 있다. 정유 제품의 경우는 5개의 현물시장에서 구입하거나 다른 회사와 교환을 통해 조달한다.

이러한 석유 산업의 환경 변화에 맞춰 특별 전담팀은 두 가지 실행 목표를 세웠다. 첫 번째 목표는 시트고의 경영진들이 최선의 의사결정을 할 수 있도록 최고의 경영과학 툴을 구축하는 것이고, 두 번째 목표는 경영과학을 효과적으로 구현하기 위해 조직을 변화시키는 것이었다. 이와 같은 노력을 통해 시트고는 1984년에서 1985년까지 정유, 공급과 분배, 마케팅, 재고 조정 등 전 분야에 경영과학을 적용하였다. 경영과학 적용 후 시트고가 일하는 방식은 크게 바뀌었고, 수익이 연간 약 7천만 달러 증가하였다.

연습문제 8.2 다음의 데이터에 근거하여 시트고 정유회사의 정유 분배를 최적화하라.

중앙 정유공장에서는 매달 10억 갤론의 정유를 생산하며, 이는 2개의 분배 센터로 수송된다. 각 분배 센터에서는 매 시점의 수요를 만족시켜야 한다. 정유공장에서 생산되는 정유는 현물시장에서 판매하거나, 창고에 보관하거나, 각 분배 센터로 보낸다.

각 분배 센터에서는 정유공장에서 받는 양 외에도 현물 시장에서 사오거나 창고에서 가져올 수 있다. 시트고 정유회사는 2달간($t=1, 2$) 정유공장에서 생산된 정유를 어떻게 분배하고, 적절히 재고량을 조절하며 각 분배 센터의 수요를 어떻게 충족할 것인지 결정하려고 한다. 현재 창고에 보관되어 있는 양은 2억 갤론이고 마지막 시점($t=2$)에서 3억 갤론을 보관하고자 한다. t시점에서 현물시장에서의 판매가격을 S_t, 구입가격을 P_t, 창고 보관비용을 D_t라 하자(〈표 3.2〉 참조). 그리고 각 지점으로 정유를 보낼 때 드는 유통 비용은 $L_1 = 4$, $L_2 = 8$이라 하자. 선형계획을 이용하여 총 비용을 최소화하는 분배 계획을 찾아라. 각 시점의 수요 및 창고 보관량은 다음 〈그림 3.2〉를 참조하라.

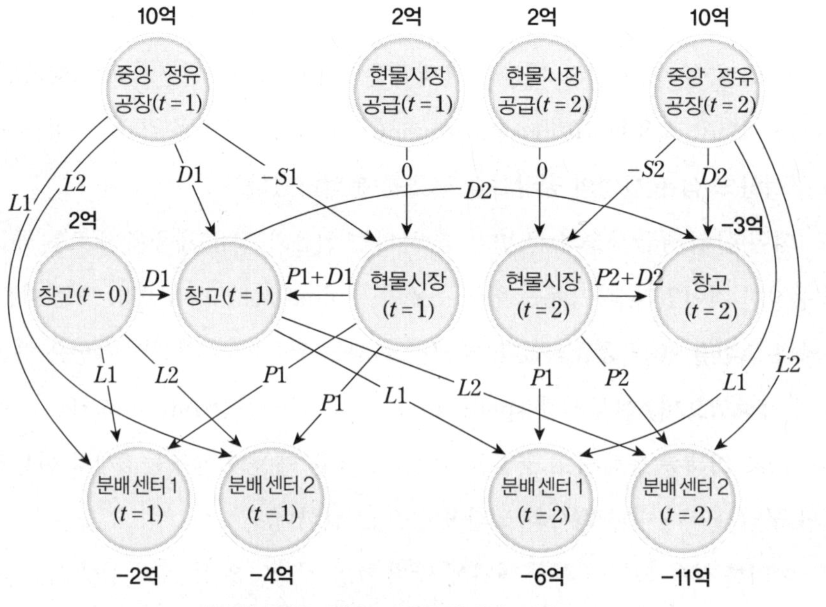

〈그림 3.2〉 시트고 정유회사의 비용구조

표 3.2 시트고 비용 정보 (단위 : 달러)

t	1	2
S_t	62	69
P_t	65	70
D_t	5	4

8.3 네덜란드 수자원 관리

네덜란드는 1976년에 가뭄이 있었다. 농업부분에서 국내 총생산의 4%에 이르는 심각한 손실을 끼친 재앙이었다. 이렇게 심각한 손실이 발생한 이유는 네덜란드 특유의 지역적 특성으로 인하여 담수(fresh water)가 부족하기 때문이다. 여기서 담수는 소금기가 없고, 오염이 되지 않은 물을 의미하며 농업, 공업 생활용수로 쓰인다. 1976년 가뭄 이전에는 담수 수요를 자연적으로 충족시킬 수 있었다. 가뭄이 일어나자 담수가 필요한 많은 산업(농업, 일부 공업)에서 지하수를 평년보다 많이 소비하게 되었고, 이는 다시 수자원의 고갈과 오염으로 이어지면서 가뭄 이후는 만성적인 담수부족과 농업 파괴의 악순환이 계속되었다. 이에 네덜란드 정부는 국가적인 수자원 관리 프로젝트를 시작하였다.

담수는 빗물, 지하수, 인접 국가를 통해 유입된다. 담수는 정수처리된 물과 그렇지 않은 물로 나눌 수 있는데 지하수의 경우 매우 깨끗하므로 정수처리가 필요없다. 농업용수와 일반공업용수의 경우 담수를 정수처리를 하지 않고도 사용할 수 있지만 특수공업용수(공업용수 수요량의 절반)와 생활용수는 반드시 정수처리를 해야 하며, 정수처리 시설의 용량도 최대 10,000톤으로 제한되어 있다. 각 산업에서 쓰인 물은 강으로 배출되는데 이를 정수처리하면 다시 용수로 쓸 수 있다. 또한 농업, 공업, 생활용수로 쓰이지 않은 담수가 많을수록 적은 오염도를 유지한다.

담수의 흐름을 그래프로 나타내면 〈그림 3.3〉과 같다. 마디에서 숫자가 의미하는 것은 해당 자원이 수자원에서 차지하는 양과 필요한 양이다.

네덜란드는 정수처리에 필요한 비용을 전국적으로 조사하였다. 이를 토대로 수리계획과 시뮬레이션을 이용하여 수자원 계획을 수립, 국가적인 수자원 흐름을 개선하였고, 효율적인 담수이용을 달성하였다. 그 결과 수억 달러의 비용을 줄였으며, 자연재해에 의한 손실을 연간 1,500만 달러 정도 감소시킬 수 있었다.

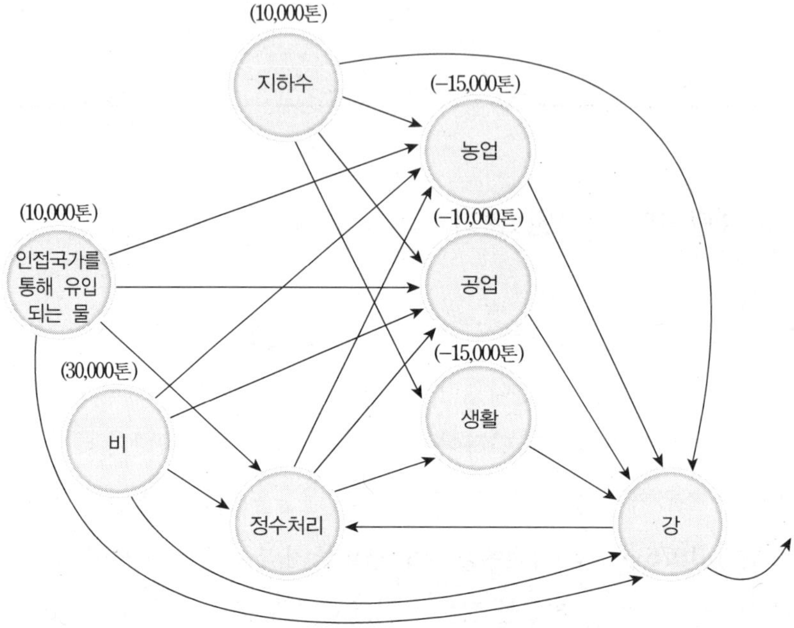

〈그림 3.3〉 수자원 흐름 경로

표 3.3 용도별 처리 비용 (단위 : 10,000달러)

공급원	농업	공업	정수처리	생활	강
인접 국가	2	1	4	−	0
비	1	2	3	−	0
정수처리	1	1	−	2	−
지하수	2	4	−	5	0
강	−	−	8	−	−

표 3.4 피해 비용과 추가 비용 (단위 : 10,000달러)

용도	피해비용
농업	8
공업	4
생활	20

공급원	추가비용	용량 제한
정수처리	10	15,000톤
지하수	6	15,000톤

연습문제 8.3 1. 〈표 3.3〉은 각 공급원에서 각 용도로 용수 1,000톤을 공급하는 데 드는 비용을 나타낸 것이다. 전체 비용을 최소화하는 경영과학 모형을 수립하라.

2. 〈표 3.4〉는 농업/공업/생활용으로 필요한 담수가 1,000톤 부족할 때 생기는 피해 비용과 정수처리용량을 1,000톤 추가할 때 발생하는 비용, 그리고 지하수 1,000톤을 추가로 개발할 때 발생하는 비용을 나타낸다(단, 정수처리와 지하수는 각각 최대 15,000톤을 초과할 수 없다). 가뭄으로 인해 강수량이 5,000톤으로 줄었고, 인접 국가를 통해 들어오는 물의 양도 5,000톤으로 줄어들었다. 이런 상황에서 비용을 최소화하는 수자원 할당을 해보자.

3. 비용 이외에 어떤 목적함수를 생각할 수 있는가? 또 그 목적함수를 위해 어떠한 정보가 더 필요한가 생각해 보자.

8.4 대한전력 문제

대한전력공사는 화력발전에 필요한 석탄을 외국에서 들여와 국내 화력발전소에 분배하는 일을 한다. 현재 대한전력은 미국, 남아프리카 공화국, 인도네시아, 캐나다, 호주 등 5개 국가 13개 기업으로부터 석탄을 공급받고 있으며, 이 석탄들을 울산, 부산, 평택, 인천을 통해서만 들여온다고 한다. 이렇게 들여온 석탄은 서울, 평택, 보령, 하동, 삼천포 등 6개 도시에 있는 총 12개의 화력발전소에 나누어진다.

석탄공급은 대한전력과 외국 13개 기업의 계약관계로 인해 이루어지며, 계약에는 각 기업이 대한전력에 공급해 주어야 하는 석탄의 양의 하한과 상한이 명시되어 있다. 또한 석탄은 그것을 공급하는 기업에 따라 그 속성이 다르며, 각 화력발전소는 발전효율 및 정책의 차이로 인해 발전에 요구되는 석탄의 조건이 상이하다.

공급업체에 따른 석탄의 속성은 〈표 3.5〉, 각 화력발전소에서 발전에 요구되는 석탄의 조건은 〈표 3.6〉, 공급업체의 공급범위와 공급업체부터 각 항구까지의 운송비용은 〈표 3.7〉, 각 항구에서 각 발전소까지 운송비용 및 각 발전소별 수요는 〈표 3.8〉과 같다고 한다.

연습문제 8.4 1. 대한전력의 최적 운송 및 자원할당 계획을 수립하라.

2. 특정 항구의 과부화를 막기 위해, 각 항구에서 한 해 동안 처리할 수 있는 석탄의 양을 〈표 3.9〉와 같이 제한했을 때, 대한전력의 새로운 최적 운송 및 자원할당 계획을 수립하라.

표 3.5 공급업체별 석탄의 속성

국가	업체	황산화물(%)	화산재(%)	발열량(kcal/kg)	휘발성분(%)
미국	Angel	1.11	12.37	6.9	33.41
	Cravat	0.97	15.20	6.7	33.45
남아공	Douglas	0.50	8.91	7.0	42.22
	Duiker	0.63	15.00	6.7	26.76
	Shell	0.50	14.48	6.7	32.10
인도네시아	KPC	0.53	13.49	6.7	25.79
	MHU	0.70	12.04	6.7	29.49
캐나다	Edmonton	0.58	4.51	6.6	40.85
호주	Coalex	0.63	8.91	6.9	41.60
	Collinsville	0.45	15.00	6.7	26.91
	Macquare	0.57	14.50	6.8	30.74
	Ulan	0.58	4.51	6.6	40.85
	Wambo	0.53	13.49	6.7	25.79

국가	업체	분쇄성	수분함량(%)	아산화질소(%)
미국	Angel	58	9.88	0.27
	Collinsville	54	8.85	0.23
남아공	Douglas	49	10.43	1.12
	Duiker	50	9.86	0.25
	Shell	55	8.53	0.33
인도네시아	KPC	52	7.26	0.20
	MHU	49	8.45	0.46
캐나다	Edmonton	46	12.30	0.34
호주	Coalex	48	10.50	1.08
	Collinsville	50	10.00	0.24
	Macquare	50	9.96	0.10
	Ulan	46	12.30	0.34
	Wambo	52	7.26	0.20

표 3.6 화력발전소별 요구되는 석탄의 조건

지역	발전소	황산화물(%)	화산재(%)	발열량(kcal/kg)	휘발성분(%)
서울	발전소 1	0.45–0.65	0–7.50	6.2–7.0	37.5–45.0
	발전소 2	0.80–1.20	0–16.00	6.0–7.0	30.0–34.0
	발전소 3	0.80–1.20	0–16.00	6.0–7.0	28.0–35.0
	발전소 4	0.45–0.65	0–14.00	6.5–7.0	27.0–35.0
평택	발전소 5	0.45–0.65	0–14.00	6.5–7.0	27.0–35.0
보령	발전소 6	0.45–0.65	0–14.00	6.5–7.0	27.0–35.0
	발전소 7	0.45–0.65	0–14.00	6.5–7.0	27.0–35.0
하동	발전소 8	0.50–0.65	0–16.00	6.5–7.0	28.0–45.0
	발전소 9	0.65–1.50	0–13.50	6.5–7.0	29.0–35.0
삼천포	발전소 10	0.65–1.50	0–13.50	6.5–7.0	29.0–35.0
	발전소 11	0.45–0.65	0–13.50	6.5–7.0	27.0–35.0
	발전소 12	0.45–0.65	0–13.50	6.5–7.0	27.0–35.0

지역	발전소	분쇄성	수분함량(%)	아산화질소(%)
서울	발전소 1	40–60	0–15	0–2
	발전소 2	48–60	0–15	0–2
	발전소 3	48–60	0–15	0–2
	발전소 4	45–60	0–15	0–2
평택	발전소 5	45–60	0–15	0–2
보령	발전소 6	45–60	0–15	0–2
	발전소 7	45–60	0–15	0–2
하동	발전소 8	45–60	0–15	0–2
	발전소 9	50–60	0–15	0–2
삼천포	발전소 10	50–60	0–15	0–2
	발전소 11	50–60	0–15	0–2
	발전소 12	50–60	0–15	0–2

표 3.7 각 공급업체의 공급범위(1,000톤/년)와 공급업체에서 항구까지의 운송비용(10,000원/1,000톤)

국가	기업	울산	부산	인천	평택	공급범위
미국	Angel	79	69	82	82	800–1,000
	Collinsville	79	69	82	82	1,790–2,210
남아공	Douglas	67	52	73	73	300–500
	Duiker	62	51	67	67	720–880
	Shell	62	51	67	67	690–910
인도네시아	KPC	55	44	60	60	912–1,764
	MHU	55	44	60	60	760–1,703
캐나다	Edmonton	58	49	63	63	900–1,100
호주	Coalex	59	48	65	65	0–2,000
	Collinsville	59	48	65	65	0–2,000
	Macquare	59	48	65	65	0–2,000
	Ulan	59	48	65	65	0–2,000
	Wambo	59	48	65	65	0–2,000

표 3.8 항구에서 발전소까지의 운송비용(10,000원/1,000톤) 및 발전소별 수요(1,000톤/년)

지역	발전소	울산	부산	인천	평택	수요
서울	발전소 1	50	48	20	25	1,291
	발전소 2	50	48	20	25	1,291
	발전소 3	50	48	20	25	1,291
	발전소 4	50	48	20	25	1,291
평택	발전소 5	45	45	15	0	473
보령	발전소 6	40	41	30	28	880
	발전소 7	40	41	30	28	710
하동	발전소 8	30	28	50	46	1,283
	발전소 9	30	28	50	46	1,283
삼천포	발전소 10	25	23	55	49	1,498
	발전소 11	25	23	55	49	1,407
	발전소 12	25	23	55	49	1,407

표 3.9 각 항구에서 처리할 수 있는 석탄의 양(1,000톤/1년)

	울산	부산	인천	평택
석탄	3,800	4,000	4,000	3,600

네트워크 모형

Chapter Four

네트워크는 교통, 운송, 공급사슬관리(supply chain management), 정보통신, 그리고 심지어는 게놈의 분류와 같은 현대의 다양한 시스템과 문제를 모형화하는 데 매우 유용한 도구이다.

제4장은 네트워크 모형 중에 가장 기본이 되는 최단경로문제, 최대흐름문제, 그리고 최소비용흐름문제를 먼저 다룬다. 이러한 문제들의 구조와 알고리듬, 그리고 응용을 공부한다. 이들은 용량의 제한이 있는 네트워크에서 특정한 마디들 사이에 원하는 양의 흐름을 가장 경제적으로 보내는 문제이며 네트워크 흐름문제라 한다.

흐름문제 이외의 중요한 모형으로는 네트워크 설계문제가 있다. 주어진 네트워크에서 특정한 조건을 만족하는 부분네트워크를 찾는 문제로, 통신망 설계문제 등 다양한 분야에 응용성을 가지고 있다. 본서에서는 기본 모형인 최소비용 걸침나무문제와 스타이너나무문제를 다룰 것이다.

본 장의 목표는, 네트워크가 모형화할 수 있는 다양한 현실문제를 학습하는 것뿐 아니라, 경영과학의 또 다른 그리고 중요한 요소인 해법 개발, 즉 알고리듬을 디자인하는 아이디어를 배우는 것이다. (대학원생들은 더 나아가 그 타당성과 효율성을 논의하는 방법론에 관한 부분까지 공부하면 수리적인 방법론에 대한 기초를 닦을 수 있을 것이다.) 이를 위해서는 기본 용어를 정확히 정의하고, 그 정의를 사용하여 필요한 개념과 성질들을 기술하는 세심한 사고 습관을 기르는 것이 중요하다.

1 기본 용어와 개념

예 1.1 지하철을 타고 교대역에서 시청역까지 간다. 어떻게 하면 가장 빠르게 갈 수 있을까? 2호선만 타고 가는 방법, 3호선을 타고 을지로 3가역으로 가서 2호선을 갈아타는 방법 등 여러 가지 경로가 존재한다. 즉, 교대역에서 시청역까지 경로를 선택하는 것이 우리의 문제이다.

이 문제를 해결하기 위해서 교대역에서 시청역까지 가능한 환승역들과 그 사이의 연결 정보를 체계적으로 표현하는 것이 필요하다. 이러한 정보는 〈그림 4.1〉과 같은 네트워크로 표현할 수 있다. 먼저 교대역과 시청역을 포함한 각 환승역을 마디로 표현한다. 그리고 직접 연결 가능한 환승역 마디 쌍을 호로 연결하고 통행시간을 적는다. 그러면 우리의 문제는, 교대역 마디에서 시청역 마디를 연결하는 호의 통행시간 합이 최소인 경로를 찾는 것이 된다.

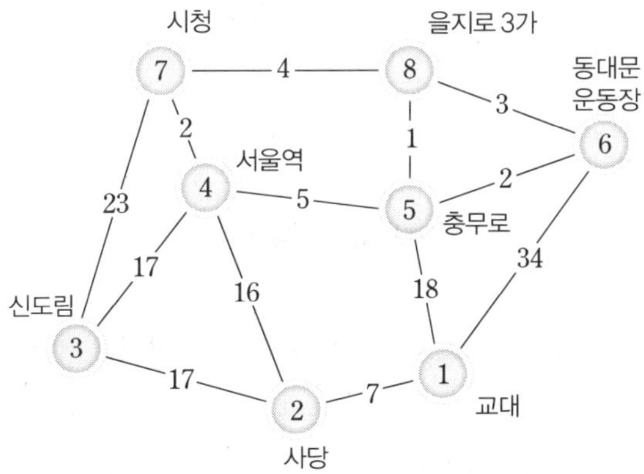

〈그림 4.1〉 지하철 시내 환승 네트워크

앞의 예에서 볼수 있듯이 우리가 흔히 **네트워크**(networks)라고 부르는 것은 두 가지의 요소를 가진다.

첫째는 주요 지점, 시점 또는 설비 등을 나타내는 것으로, 보통 동그라미나 점으로 그리며 **마디**(node)라고 부른다. 우리는 마디 집합을 N으로 표기한다.

둘째는 마디들이 어떻게 연결되었는가이다. 연결이란 통신 케이블, 도로, 인간 관계와 같이 한 쌍의 마디들 사이에 흐름이나 정보를 교환할 수 있는 것을 말하며, 그런 경우 두 마디를 선으로 연결한다. 이것을 **호**(arc)라고 부른다. 호의 집합은 A로 표기하자.

즉, 마디 집합 N과 호 집합 A, 그리고 호의 집합이 마디 집합을 어떻게 연결하는지를 명확히 하면 한 개의 네트워크가 결정된다. 그 해당 네트워크를 $G = (N, A)$로 표기한다.

호는 경우에 따라 방향을 가질 수도 있고 그렇지 않을 수도 있는데, 이를 각각 **유향호** 그리고 **무향호**라고 한다. 예를 들어 〈그림 4.1〉이 나타내는 지하철의 경우, 그 특성상 두 개의 환승역 사이의 소요시간이 양방향 모두 같아 상황이 대칭적이다. 이 경우 무향호를 사용할 수 있다. 이러한 가정이 성립하지 않는 일반도로의 경우, 다음과 같이 두 마디 사이에 각 방향으로 유향호를 하나씩 연결하고 해당 소요시간을 기입하면 적절한 네트워크 모형이 될 것이다.

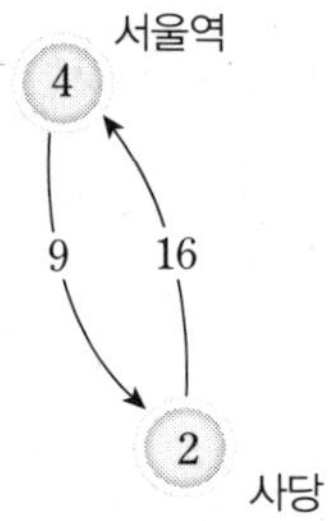

〈그림 4.2〉 유향호

많은 경우, 네트워크 $G = (N, A)$에 여러 가지 데이터를 추가할 필요가 있다. 예를 들어, 위의 지하철 환승 네트워크의 호에는 통행 소요시간을 첨가하였다. 이는, 제1장의 [예 3.3]과 같이, 일반적인 호 비용의 예이다. 그리고 이런 데이터가 추가 되기 전의 네트워크 골격 $G = (N, A)$만을 특별히 구별할 필요가 있는 경우 **네트워크 토폴로지**(network topology), 또는 단순히 **토폴로지**라고 부르기도 한다.

지금까지 네트워크를 충분히 직관적으로 설명하였다. 그러나 엄밀한 논의를 위해 함수 관계를 사용하여 네트워크를 정의하기도 한다.

정의 1.2 (네크워크의 정의*) 어떤 유한 집합 N과 A가 있을 때, A의 각 원소에 N의 원소 한 쌍을 대응시키면, 하나의 네트워크가 만들어진다. (여기서 한 쌍이란 두 개의 원소를 말하며, 동일한 원소가 반복되는 것도 가능하다.) 이때 네트워크를 $G = (N, A)$로 표기하며, N의 원소를 **마디**, A의 원소를 **호**라고 한다. 그리고 각 호에 대응된 N의 원소쌍에 순서를 주면, 이때 호를 유향호라고 부르고, 대응된 두 개의 마디를 순서대로 **꼬리**와 **머리** 또는 **시점**과 **종점**이라고 부른다. 그렇지 않은 호를 무향호라고 부른다.

호의 방향은 현실 문제에서는 정보의 흐름이나 통행의 방향 등을 나타낸다. 예를 들어보자.

예 1.3 [정의 1.2]의 예* $N = \{1,2,3,4,5,6,7\}$로부터 $A = \{a,b,c,d,e,f,g,h,k\}$로 다음과 같은 대응관계를 생각하자.

$$a \to \{1,2\},\ b \to \{1,2\},\ c \to (2,5),\ d \to (2,5),$$
$$e \to (1,4),\ f \to \{4,5\},\ g \to (7,4),\ h \to (5,7),\ k \to \{7,7\}.$$

여기서 $\{1,2\}$는 마디 1과 2를 연결하는 방향이 없는 무향호를 말한다. 이때 1과 2는 서로 이웃이라고 말한다. 한편 $(1,2)$는 마디 1을 2로 연결하는 방향을 가진 유향호를 말한다. 이때, 마디 2를 마디 1의 **이웃**(neighbor)이라고 부른다 .

위의 대응관계가 나타내는 네트워크를 그림으로 표현하면 〈그림 4.3〉과 같다.

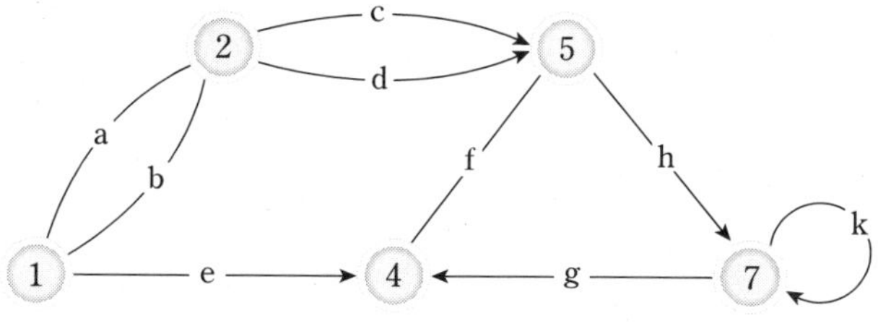

〈그림 4.3〉 [예 1.2]의 대응관계가 나타내는 네트워크

참고 1.4* 마디는 'node'의 우리말 번역이며, 문헌에 따라 'vertex', 'point'라고 부르기도 한다. 그리고 호는 'arc', 'edge', 'line' 등의 우리말 번역이다. 여기서 'arc'는 보통 유향호에 사용하는 경우가 많다. 그리고 경우에 따라 네트워크를 **그래프**(graph)라고 부르기도 한다.

([정의 1.2]에서도 알 수 있듯이) 같은 꼬리와 머리를 가진 호가 여러 개 있을 수 있으며, 이런 호들을 **복수호**(multiple arcs)라고 부른다. 또한 어떤 호의 머리와 꼬리가 같은 경우, 이를 **루프**(loop)라고 부른다. 가장 일반적인 네트워크의 형태를 평면에 그리면 〈그림 4.4〉와 같다.

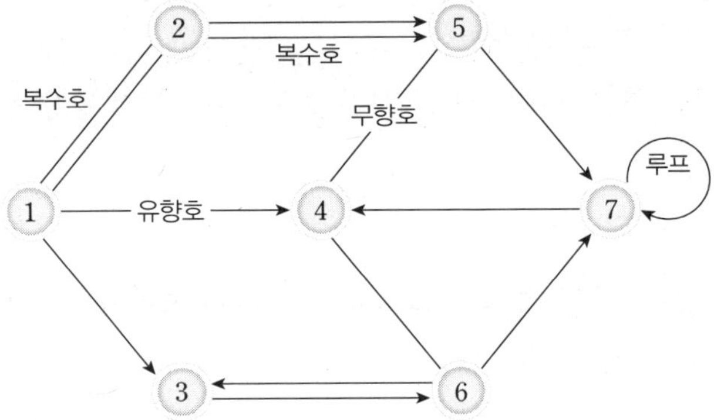

〈그림 4.4〉 일반적인 네트워크의 예

네트워크 흐름문제에서는 〈그림 4.5〉와 같이 모든 호가 방향을 가지고 있는 **유향 네트워크**(directed network), 루프나 복수호가 존재하지 않는 **단순 네트워크**(simple network)로 충분하다. 따라서 앞으로 네트워크라 함은, 다른 언급이 없는 한, **단순 유향 네트워크**(simple directed network)를 의미한다.

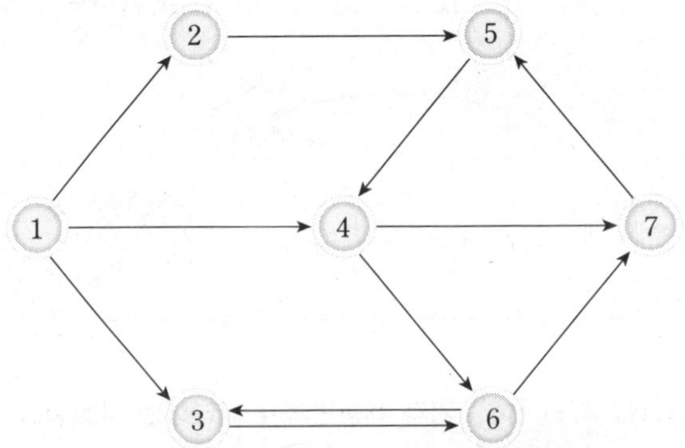

〈그림 4.5〉 단순 유향 네트워크의 예

이러한 예에서 볼 수 있듯이 네트워크 토폴로지는 동그라미와 선을 사용하여 이차원 평면 위의 그림으로 나타낼 수 있다. 그러나 코딩을 위해 네트워크를 컴퓨터에 입력할 때는 잘 약속된 표현 방법이 필요할 것이다.

한 가지 방법은 순서쌍을 사용하는 것이다. 즉 어떤 호가 마디 i를 마디 j로 연결하는 경우, 이 호를 순서쌍 (i,j)로 표시할 수 있다. 앞의 가정에서와 같이 단순 유향 네트워크만을 고려하기 때문에 두 개의 마디를 한 방향으로 연결하는 호는 단 하나뿐이다. 따라서 모든 호를 하나의 순서쌍으로 명확하게 표시할 수 있다.

예 1.5 〈그림 4.5〉에서, 마디 집합은 $N=\{1,2,3,4,5,6,7\}$, 그리고 호의 집합은 $A=\{(1,2),(1,3),(1,4),(2,5),(3,6),(4,6),(4,7),(5,4),(6,3),(6,7),(7,5)\}$로 표시할 수 있다.

1.1 부분네트워크*

두 개의 네트워크 $G=(N, A)$와 $G'=(N', A')$가 $N' \subseteq N$, $A' \subseteq A$를 만족하며 G'에서 연결된 마디쌍이 모두 G에서도 동일한 방향으로 연결되어 있을 때, G'을 G의 **부분네트워크**(sub-network)라고 한다. 특히 부분네트워크 G'의 마디 집합이 원래 G의 마디들을 다 가지면, 즉 $N'=N$이면, G'을 G의 **걸침**(spanning) 부분네트워크라고 한다. 〈그림 4.6〉에서 G'은 G의 부분네트워크이지만 걸침 부분네트워크는 아니다.

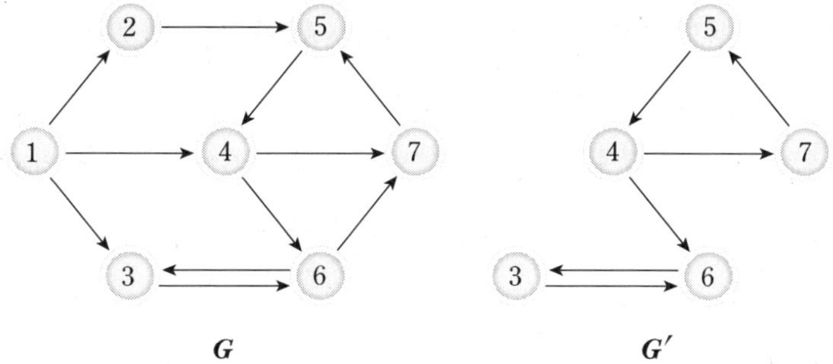

〈그림 4.6〉 부분네트워크의 예

연습문제 1.6 G의 걸침 부분네트워크 세 가지를 만들어 보라.

1.2 경로와 회로

경로와 회로는 네트워크 모형에서 많이 사용하는 중요한 개념이다.

정의 1.7 (무향 네트워크에서의 경로(path)**와 회로**(circuit)**)** 어떤 무향 네트워크 $G=(N, A)$에서 마디와 호가 번갈아 나타나는 순서열(sequence), v_0, e_1, v_1, e_2, v_2, e_3, v_3, ⋯, e_l, v_l이 다음 조건을 만족하면 **경로**(path)라고 부르고 대문자 P로 표기한다.

- 순서열의 모든 연속한 마디쌍은 그 사이의 호를 통해 이웃하다. 즉, $i=1,\cdots,l$에 대하여 $e_i=\{v_{i-1}, v_i\}\in A$.

우선 단순 네트워크에서는 복수호와 루프가 없으므로, 마디쌍을 양 끝 마디로 하는 호가 하나뿐이다. 따라서 위의 P를 $v_0-v_1-v_2-v_3-\cdots-v_l$로 간단히 표기할 수 있다.

같은 마디가 반복되지 않는 경로를 **단순경로**(simple path)라고 부른다. 또한 어떤 경로가 시작 마디와 끝 마디가 같으며 다른 마디는 반복되지 않고 마디의 개수가 3 이상이면 **회로**(cycle)라고 부른다.

정의 1.8 (유향 네트워크에서의 경로와 회로) 유향 네트워크 $G=(N, A)$의 어떤 마디 부분집합 순서열, $v_1-v_2-v_3-\cdots-v_l$이 G에서, G에서 호 방향을 고려하지 않고 얻은 무향 네트워크에서 경로가 되면, G에서도 **경로**라고 부른다. **회로**도 같은 방법으로 정의한다. 그리고 마디가 반복되지 않는 경로를 **단순경로**, 라고 부른다.

유향 네트워크에서는 호의 방향이 존재하기 때문에 경로와 회로의 개념을 조심스럽게 정의하여야 한다.

유향 네트워크 G의 경로 $P: v_1-v_2-v_3-\cdots-v_l$의 호의 방향이 모두 P의 방향과 일치하면 이를 **유향경로**(directed path)라고 부른다. **유향회로**(directed circuit) 역시 같은 방법으로 정의한다.

예 1.9 〈그림 4.5〉에서, 1−2−5−7−6은 경로이나 유향경로는 아니다. 그리고 1−2−5−4−7−5−4−6은 유향경로이고 1−2−5−4−6은 단순 유향경로이다. 유사하게 1−2−5−7−4−1은 회로이지만 유향회로는 아니다. 그리고 5−4−6−7−5는 유향회로이다.

1.3 나무

모든 마디쌍 사이에 경로가 존재하는 네트워크를 **연결된**(connected) 네트워크라고 부른다. 무향 네트워크가 연결되어 있으며 단순회로를 갖지 않으면 **나무**(tree)라고 부른다. 단순 네트워크가 아닌 경우, 회로를 가질 수 없기 때문에 나무는 루프나 복수호를 갖지 않는다.

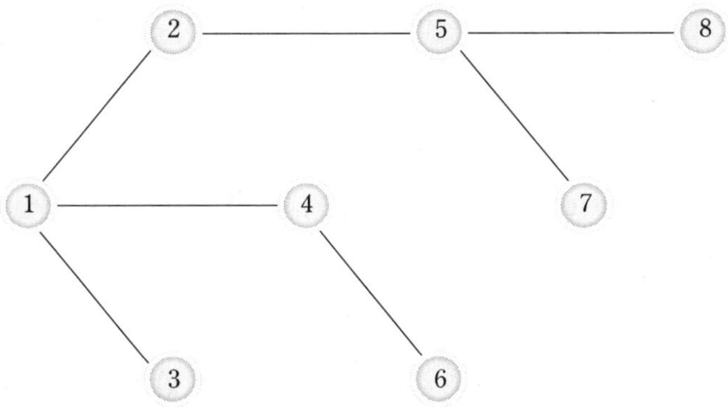

〈그림 4.7〉 나무의 예

그리고 나무는 어떤 마디쌍도 두 개 이상의 단순경로를 가질 수 없다. 네트워크의 어떤 두 마디 사이에 두 개의 단순경로가 존재한다고 가정하자. (다음 그림을 참고하자.)

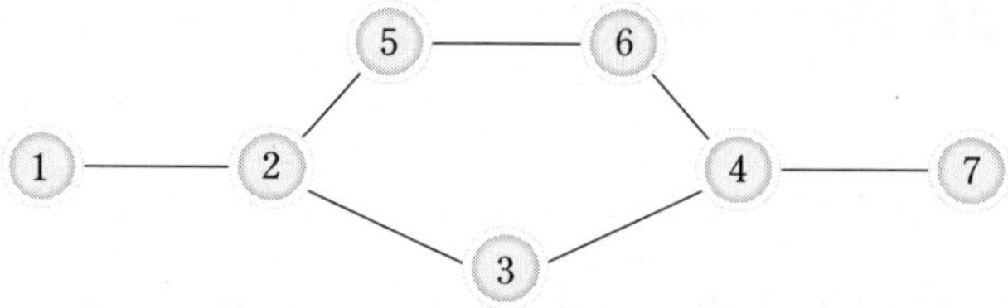

위 그림에서는 마디 1과 7을 연결하는 단순경로 P_1 : 1－2－3－4－7과 P_2 : 1－2－5－6－4－7이 존재한다. 그러면 두 단순경로가 최초로 갈라지는 마디(마디 2)와 그 이후 처음 합쳐지는 마디(마디 4)가 존재한다. 이때, 두 개의 단순경로에서 두 마디를 연결하는 부분 경로를 합치면 하나의 회로가 된다. 이는 주어진 네트워크가 나무라는 것에 모순이다. 따라서 나무는 모든 마디쌍 간에 오직 하나의 단순경로를 갖는다.

어떤 네트워크가 모든 마디쌍 사이에 오직 하나의 경로가 존재한다고 하자. 우선 이 네트워크는 연결된 네트워크가 된다. 그리고 단순회로를 가질 수 없다. 만약 단순회로를 가지면 그 위의 모든 마디쌍은 두 개의 단순경로를 가지는 것을 알 수 있다. 이것은 모순이다. 즉, 모든 마디쌍 간에 오직 하나의 단순경로가 존재하는 네트워크는 나무가 된다.

성질 1.10 어떤 무향 네트워크가 나무라는 것은, 모든 마디쌍이 오직 하나의 단순경로로 연결된다는 것과 같다.

또한 유향 네트워크에서도 나무를 확장하여 정의할 수 있다.

정의 1.11 만약 어떤 유향 네트워크가 호의 방향을 무시했을 때 나무가 되면, 역시 나무라고 부른다.

성질 1.12 나무는, 호가 마디보다 하나 적은, 연결된 네트워크이다.

증명* : 나무는 정의에 의해 연결된 네트워크이므로, 호가 마디보다 하나 적다는 성질만 증명하면 된다. 수학적 귀납법을 이용하여 증명하자.

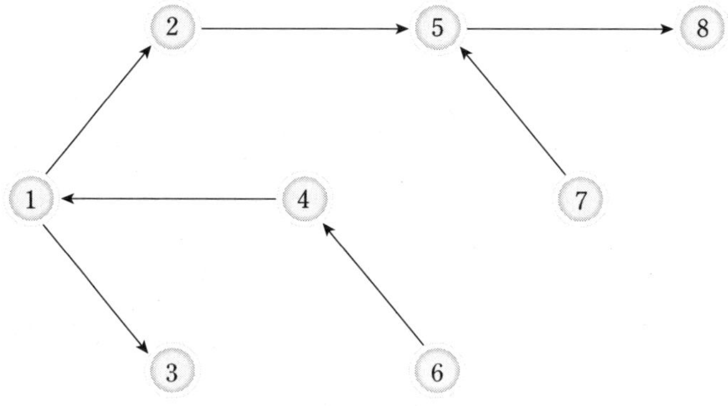

〈그림 4.8〉 유향 네트워크로서 나무

i. 기본 단계로 마디가 한 개인 나무를 생각하자. 이 나무에는 호가 없으므로 마디의 개수 − 호의 개수 = 1이 성립한다.

ii. $n-1$개 이하의 마디를 가지는 모든 나무는 호의 개수가 마디보다 하나 적다고 가정하자.

iii. 이제 n개의 마디를 가지는 임의의 나무 G를 생각하자. 먼저 연결된 호가 하나인 마디 v_1을 선택하자. (모든 나무에는 이런 마디가 두 개 이상이 존재한다. 이유를 생각해 보자.) 그리고 v_1과 연결된 마디를 v_2라 하자.

이제 G에서 마디 v_1과 호 $\{v_1, v_2\}$를 제거한 네트워크 G'을 생각하자. G가 연결된 네트워크이고, G에서 연결된 호가 하나뿐인 마디 v_1을 제거하였으므로 G'은 여전히 연결된 네트워크이다. 또한 G에 단순회로가 없기 때문에 G'에도 단순회로가 없다. 따라서 G'은 마디가 $n-1$개인 나무가 된다. 그러면 귀납적 가정 ii.에 의해 G'의 호의 수는 $n-2$개이다. 그리고 G은 G'보다 호를 하나 더 가지므로, 호의 수는 $n-1$개가 된다. □

연습문제 1.13* 위 성질의 역을 증명하라. 즉, 호가 마디보다 하나 적은, 연결된 네트워크는 나무임을 증명하라.

연습문제 1.14* 나무에 호를 하나 더하면 단순회로가 꼭 하나 생김을 증명하라.

1.4 흐름

흐름을 이해하기 위해서, 〈그림 4.9〉를 팔당과 서울에 걸쳐 있는 상수도 네트워크라고 하자(현업에서는 '관망' 이라고 부른다). 이러한 경우, 각 호 (i,j)를 통과할 수 있는 흐름량의 상한이 있는데, 이를 호 (i,j)의 **용량**(capacity)이라고 부르고 u_{ij}로 표시하자. 각 호의 용량을, 〈그림 4.9〉와 같이, 호 중간에 표시하도록 하자.

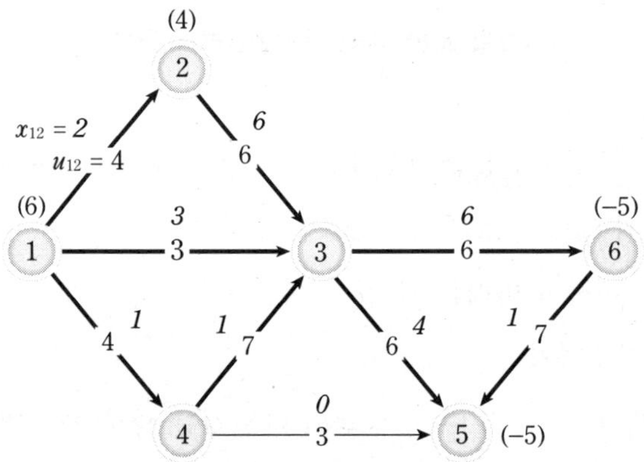

〈그림 4.9〉 흐름 네트워크의 예

정의 1.15 토폴로지 $G = (N, A)$와 각 호 (i, j)의 용량 u_{ij}가 주어진 네트워크를 **흐름 네트워크**(flow network)라고 한다.

흐름 네트워크의 모든 지점은 흐름이 네트워크 외부에서 유입되는 **유입점**(source), 외부로 유출되는 **유출점**(sink), 그리고 보존되는 **중간점**(intermediate node)으로 나뉜다. 그리고 각 마디 i 옆 괄호에 표시된 숫자 $b(i)$는 각 마디를 통하여 네트워크 외부로부터 유입되거나, 외부로 유출되어야 하는 흐름의 **크기**를 나타낸다. 마디 1과 같이 유입점인 경우에는 양수로, 마디 6과 같이 유출점인 경우에는 음수로 표시한다. (숫자가 없는 경우는 중간점으로 $b(i)$는 0인 것으로 이해한다.) 이러한 $b(i)$를 마디 i의 **균형**(balance)이라고 부른다.

각 호를 통과하는 실제 흐름의 크기를 x_{ij}로 표시하기로 하자. 그러면 x_{ij}가 전체 네트워크에서 실제로 가능한 흐름이 되기 위해서는, 마디 i에서 다른 마디로 흐르는 흐름의 합에서 다른 마디들로부터 i로 들어오는 흐름의 합을 뺀 값이 i의 균형 $b(i)$가 같아야 한다. 예를 들어 마디 1에서는 $x_{12}+x_{13}+x_{14}=6=b(1)$이 성립해야 하고, 마디 6에서는 $x_{65}-x_{36}=-5=b(6)$이 성립해야 한다. 이를 질량 보존 조건이라 부르며, 수식으로 표현하면 다음과 같다.

$$\begin{aligned} b(i) &= \text{마디 } i\text{가 시점인 호 흐름의 합} \\ &\quad - \text{마디 } i\text{가 종점인 호 흐름의 합} \qquad (1.1) \\ &= \sum_{j:(i,j)\in A} x_{ij} - \sum_{j:(j,i)\in A} x_{ji}. \end{aligned}$$

연습문제 1.16 다음 네트워크의 흐름을 보고 각 마디의 균형 $b(i)$를 구하라(그림에서 호의 용량은 생략됨).

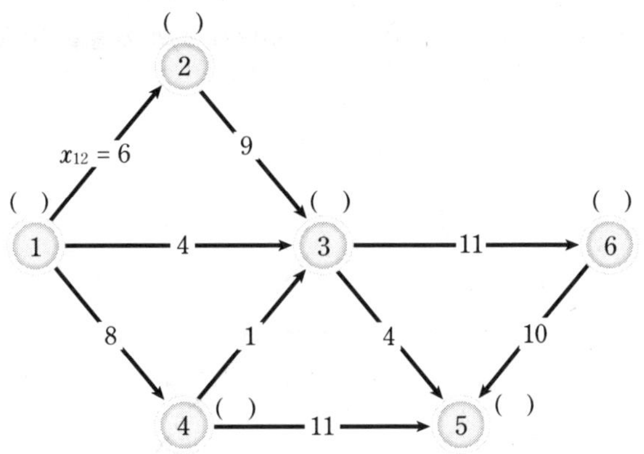

많은 경우, 네트워크의 각 마디 $i\in N$의 균형 $b(i)$가 먼저 주어지고, (1.1)을 만족하는 x를 찾는 문제가 발생한다. 그러한 x를 **흐름**(flow)이라고 한다. 그리고 흐름 x가 각 호의 용량을 넘지 않으면 **가능 흐름**(feasible flow)이라고 부른다.

연습문제 1.17 다음 흐름 네트워크에서 가능 흐름을 하나 찾으라.

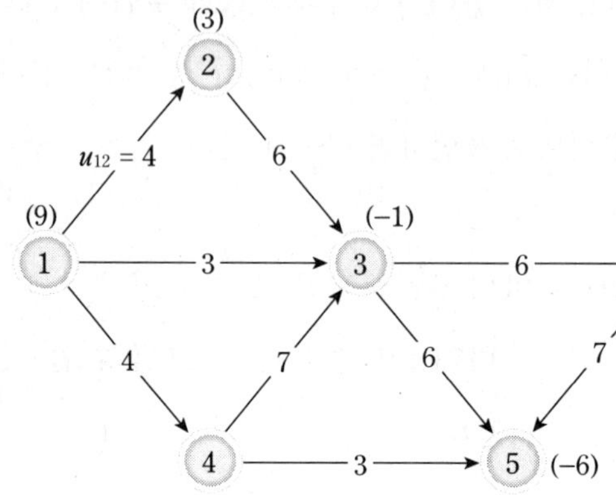

연습문제 1.18 다음 흐름 네트워크에서 세 개의 호의 흐름이 $x_{12} = 3$, $x_{13} = 2$, 그리고 $x_{35} = 4$로 주어졌다. 전체가 가능 흐름이 되도록 나머지 호의 흐름을 구하라.

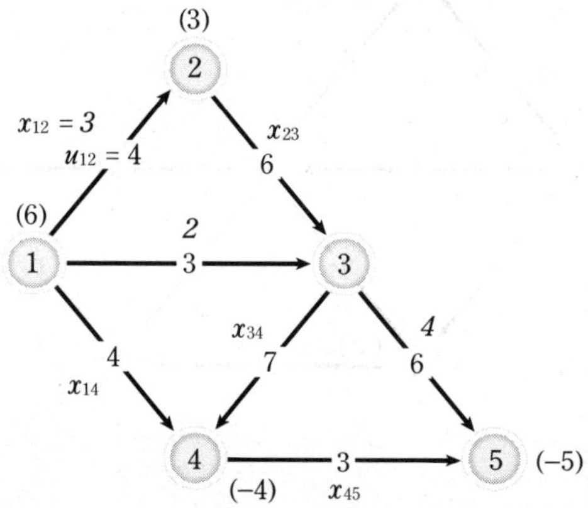

앞에서 쉬운 이해를 위해 물 흐름을 예로 들었지만, 어떤 임무를 특정 사람에게 배정하는 행위, 철도망 위의 열차의 운행, 인터넷 위의 정보의 흐름과 다양한 흐름이 현실에서 나타날 수 있다.

2 최단경로문제

제1절의 예 지하철 환승 문제는 네트워크 모형 중에서 최단경로문제라고 한다. 〈그림 4.10〉에서 어렵지 않게 확인할 수 있듯이, 교대역에서 시청역까지 최단경로는 충무로역과 을지로 3가역에서 환승하는 경로로, 23분이 소요된다. 그러나 문제의 크기가 커지면 좀더 체계적인 해법이 필요할 것이다. 어떻게 이러한 해법을 고안하는지가 이 절의 주제 중에 하나이다.

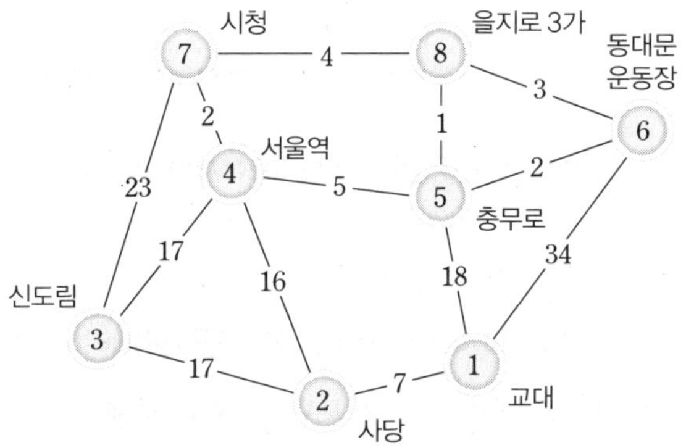

〈그림 4.10〉 지하철 최단경로문제

연습문제 2.1 위의 지하철 환승 네트워크는 각 역에서 환승하는 시간은 고려하지 않았다. 환승시간을 고려할 수 있도록 네트워크를 변형해 보자. 편의상 환승시간은 모두 3분으로 가정하자.

2.1 최단경로문제의 정의

최단경로문제(shortest path problem)는 네트워크 $G = (N, A)$의 각 호 $(i, j) \in A$의 거리(또는, 비용, 시간) c_{ij}, 그리고 두 개의 지정된 마디로 이루어진다. 이 두 마디를 $s \in N$과 $t \in N$이라고 하자. 이때, s를 시점으로 하고 t를 종점으로 하는 경로, 즉 $s-t$ 경로 중에서 호 거리 합이 가장 작은 경로를 구하는 문제를 **두**

마디 최단경로문제라고 부른다. 이러한 최적해를 $s-t$ 최단경로라고 한다.

예 2.2 다음 〈그림 4.11〉에는 네트워크 토폴로지와 각 호의 거리가 주어져 있다. $s-t$ 경로 중에서 최단경로는 s–2–3–5–t이다.

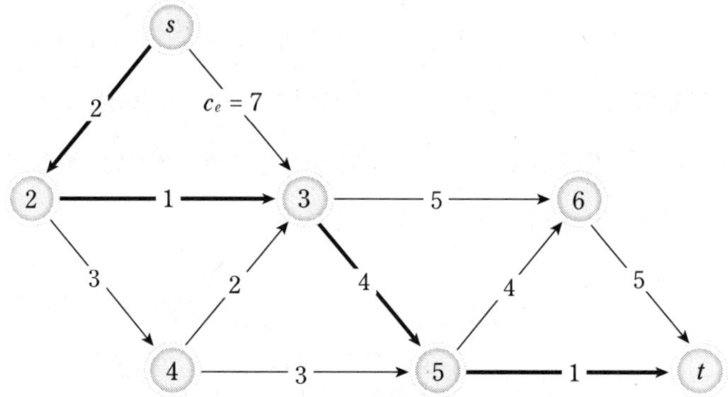

〈그림 4.11〉 두 마디 최단경로문제의 예

이번에는 경로의 시점을 s로 고정하고 s를 제외한 모든 마디까지 최단경로를 구하는 문제를 생각해 보자. 이를 **모든 마디 최단경로문제**라고 부르자. 모든 마디 최단경로문제는 두 마디 최단경로문제보다 어려운 문제처럼 보인다. 하지만 두 문제는 본질적으로 같은 문제이다. 왜냐하면 두 마디 최단경로를 풀기 위해서는 모든 마디 최단경로를 풀 수밖에 없는 경우를 만들 수 있기 때문이다.

예를 들어 〈그림 4.12〉에는 s에서 다른 모든 마디까지의 최단경로가 표시되어 있다. 이때 s에서 t까지의 최단경로가 마디 4를 지나지 않는다는 것을 확신하

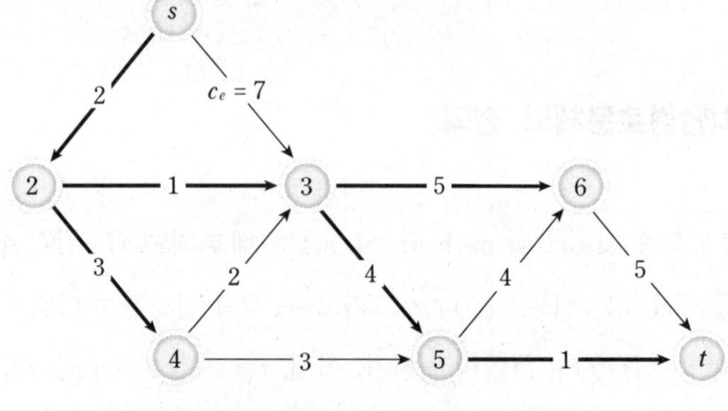

〈그림 4.12〉 모든 마디 최단경로문제의 예

기 위해서는, $s-4$ 최단경로와 $4-t$ 최단경로의 합이 그림에 표시된 $s-t$ 최단경로보다 좋지 않다는 것을 보여야 한다. 따라서 s에서 특정 마디까지의 최단경로를 구하는 문제는 모든 마디까지의 최단경로를 구하는 문제와 같은 문제이다. 따라서 앞으로 최단경로문제라고 할 때는, 네트워크의 어떤 마디 s에서 다른 모든 마디까지 최단경로를 구하는 문제로 이해한다.

2.2 최단경로문제의 응용

최단경로문제는 아주 자연스러운 경영과학의 모형이기 때문에 많은 문제에 응용할 수 있다. 한 문제 전체는 아니더라도 그 부분 문제가 최단경로문제가 되는 경우도 많이 발생한다. 가장 직관적인 응용으로는 네트워크 시스템의 요소들을 효율적으로 연결하는 문제들을 들 수 있다.

예 2.3 (유니캐스트 라우팅) 제1장의 [예 3.3]을 다시 보자. 컴퓨터 통신망을 네트워크로 모형화할 때, 데이터들을 교환하는 교환기(switch)를 마디로 나타내자. 그러면 교환기 간에 데이터 전송 통로가 되는 물리적 링크는 해당 마디들을 연결하는 호로 나타낼 수 있다.

인터넷 프로토콜(IP)에는 컴퓨터로 통신을 할 때, 출발 마디에서 목적 마디까지 데이터를 보내는 효율적인 경로를 설정하는 모듈이 있으며, 이런 기능을 라우팅(routing)이라고 한다. 유니캐스트란 일대일 통신을 말하며, 모든 마디까지 동시에 데이터를 보내는 멀티캐스트와 대비되는 용어이다. 유니캐스트 라우팅문제는 출발 마디와 목적 마디 사이의 최단경로문제가 되는 것을 알 수 있다.

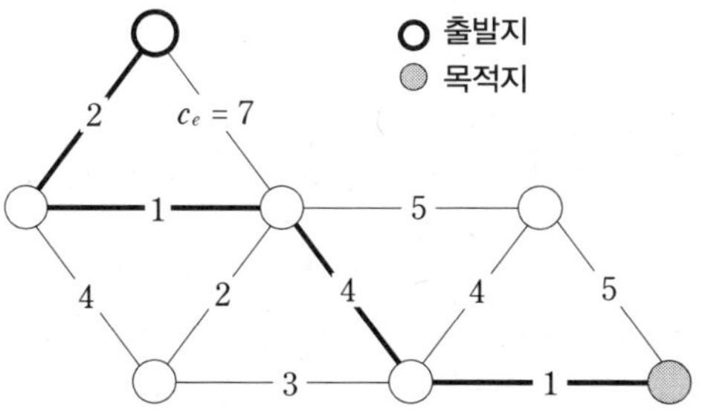

〈그림 4.13〉 유니캐스트 라우팅과 최단경로문제

위의 경우처럼 명시적으로 네트워크가 나타나지 않는 문제도 최단경로문제로 모형화되는 경우가 많다.

예 2.4 (차량유지계획문제) 성원이는 난생 처음으로 소형차 "씽씽이"를 600만원에 구입하였다. 새차를 사서 유지 비용이 과도해지면 다른 차로 교환하려고 한다. 차의 유지 비용과 중고 가격은 연령에 따라 다음 표와 같다. 성원이의 관심사는 앞으로 5년 동안 차량에 관한 비용을 최소화하는 차량 유지 및 새차 구입 계획을 세우는 것이다.

차령	연 유지비용	중고가격
0	100	–
1	200	350
2	250	300
3	450	100
4	600	50
5	–	25

이 차량유지계획문제를 최단경로문제로 모형화해 보자. 요점은 5년간의 차량유지계획을 경로로 나타낸다는 것이다. 그렇다면 의사결정을 해야 하는 6개의 시점을 마디로 하는 네트워크를 자연스럽게 생각해 볼 수 있다. 즉, 1년 초를 마디 1, 2년 초를 마디 2, …, 6년 초(5년 말)를 마디 6이라고 하자. 이때, i년 초에 씽씽이를 구입, $j-i$년 동안 사용하고, j년 초에 중고로 파는 행위를 호 (i,j)로 나타내자. 이렇게 구성한 네트워크에서 1–6 경로는 5년간의 씽씽이 유지계획이 된다. 예를 들어, 〈그림 4.14〉의 굵은 호로 표시된 1–3–6 경로는 1년 초에 새차를 구입하고 2년 후에 팔고 3년 초에 새차를 구입하여 3년간 유지하는 차량계획에

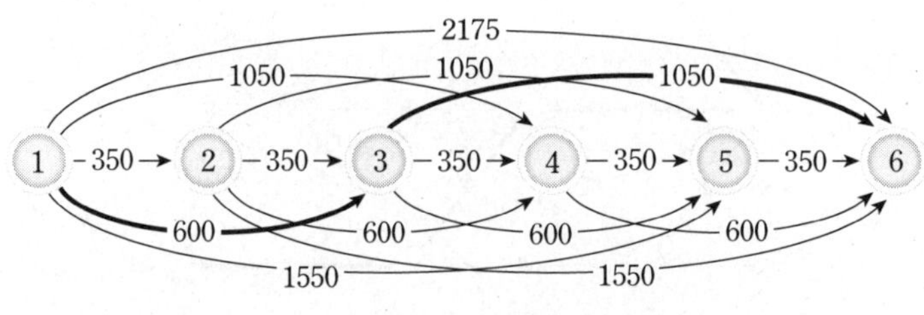

〈그림 4.14〉 5년간 씽씽이 유지계획 네트워크

해당한다. 그렇다면 호 (i, j)의 비용은 다음과 같다.

i년 초 새차 구입 비용 + $(j-i)$년간 유지비용 − $(j-i)$년 된 차 중고가격.

이렇게 구한 호의 비용이 〈그림 4.14〉의 네트워크에 표시되어 있다. 이 네트워크에서 1−6 최단경로를 구하면 최소비용 차량유지계획이 된다.

연습문제 2.5 컴퓨터 소매업체인 안성전자의 앞으로 4주 동안 PC의 수요는 10, 5, 5, 그리고 10대로 나타났다. 컴퓨터는 매주 초 수원의 공장에서 공급받는데, 한 번 주문을 할 때마다 주문량에 관계없이 10만원의 비용이 든다. 한편, 공급받은 PC가 팔리지 않고 한 주를 넘기면 한 대당 1만 5천원의 기회비용이 든다.

가. 안성전자의 최적주문계획문제를 최단경로문제로 모형화하라.

나. 최적주문계획을 찾으라.

2.3 최단경로문제 알고리듬

최단경로문제는 쉽게 풀 수 있는 문제이다. 일반적인 데스크탑을 사용하면, 마디가 수만 개가 되어도 수 초 안에 풀 수 있는 알고리듬이 여러 가지 개발되어 있다. 호 비용이나 네트워크 토폴로지가 좋은 성질을 갖는 경우에는, 이를 이용하여 더 효율적인 알고리듬들을 구현할 수 있다. 예를 들어 비용이 음수인 호가 없는 경우는 그렇지 않은 경우보다 더 효율적인 알고리듬이 가능하다.

간단하지만 최단경로 알고리듬을 이해하는 데 아주 유용한 성질을 먼저 살펴보자.

각 마디 $i \in N$에 대하여, $d(i)$를 $s-i$ 최단경로의 값이라고 하자. 그러면 다음과 같은 성질을 갖게 된다.

$$d(s) = 0. \tag{2.2}$$

$$d(i) + c_{ij} \geqslant d(j), \ \ \forall (i, j) \in A. \tag{2.3}$$

먼저 (2.2)가 성립하는 것은 당연하다. (2.3)이 성립하는 이유를 이해하기 위해서, 만약 어떤 호 $(i, j) \in A$가 (2.3)을 만족하지 않는다고 가정하고 어떠한 모순이 생기는지 살펴보자. 우선 s에서 i까지 최단경로에 호 (i, j)를 추가한 경로 역시 $s-j$ 경로가 되는 것을 쉽게 알 수 있다. 그리고 그 길이는 $d(i) + c_{ij}$로 가정에 의하여 $d(j)$보다 짧다(〈그림 4.15〉 참조). 하지만 이는 $d(j)$가 $s-j$ 최단경로의 길이라는 가정에 모순이 된다.

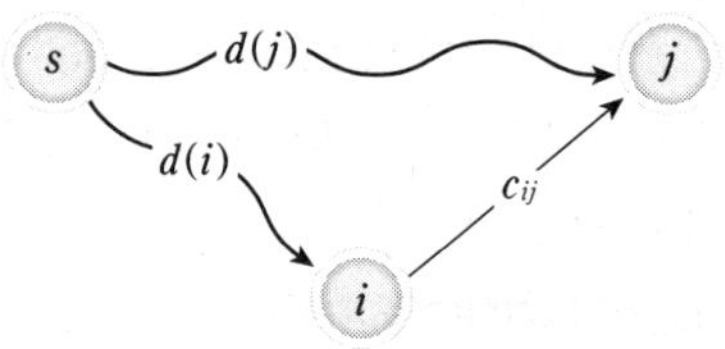

〈그림 4.15〉 최단경로 필요충분조건

역으로, d가 s에서 각 마디까지 실제로 어떤 경로의 길이를 나타내는 벡터일 때, (2.2)와 (2.3)을 만족하면 최단경로의 길이가 된다는 것도 쉽게 증명할 수 있다.

연습문제 2.6 d가 (2.2)와 (2.3)을 만족한다고 하자. 그러면 임의의 $s-i$ 경로 $P: s = v_0 - v_1 - \cdots - v_k = i$에 대하여, 그 길이 $c(P) \equiv c_{v_0 v_1} + c_{v_1 v_2} + \cdots + c_{v_{k-1} v_k}$는 $c(P) \geqslant d(v_k) - d(v_0) = d(i)$를 만족하게 된다는 것을 증명하라. (따라서 $d(i)$의 길이를 $s-i$ 경로는 최단경로가 된다.)

그러므로 다음의 정리가 성립한다.

기본정리 2.7 d가 s에서 각 마디까지 실제 어떤 경로의 길이일 때, 최단경로의 길이가 될 필요충분조건은 (2.2)와 (2.3)을 만족하는 것이다.

연습문제 2.8 다음과 같이 교대역에서 각 환승역까지 어떤 경로의 길이를 $d(i)$로 표시하였다. (각 무향호를 동일한 비용을 가지며 반대 방향을 갖는 두 개의 유향호로 생각할 것.)

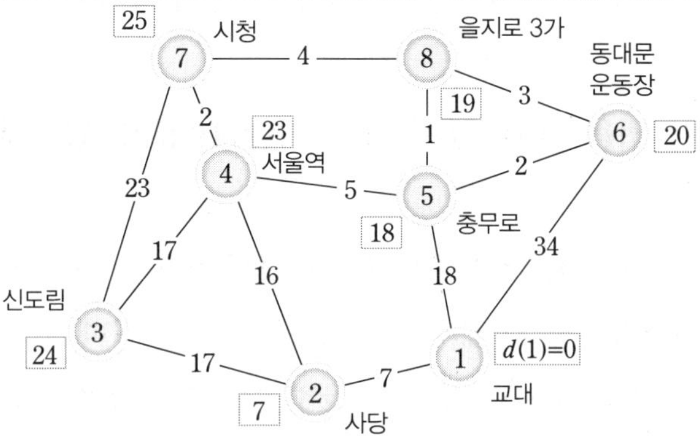

가. 각 역 i의 현재 거리 $d(i)$에 해당하는 $1-i$ 경로를 그림에 표시하라.

나. 현재 시청역에 표시한 거리 $d(7)=25$는 최적인가? 위의 필요충분조건의 관점에서 설명하라. 최적이 아니라면 어떻게 개선할 수 있는가?

대부분의 최단경로 알고리듬은 매 단계마다 현재해를 최적해 필요충분조건 (2.2)와 (2.3)을 만족하도록 개선하는 과정으로 설명할 수 있다. 이는 최단경로문제뿐만 아니라 모든 일반적인 경영과학문제에 적용할 수 있다. 즉, 최적해가 될 필요충분조건을 만족하는 방향으로 현재해를 개선하는 알고리듬 단계를 설계하는 것이다. 다음의 알고리듬 역시 이러한 원리를 가진 최단경로 해법이다.

알고리듬 2.9 포드 알고리듬(Ford's algorithm)

단계 0 : (초기화) 시점 s의 거리를 $d(s) \leftarrow 0$로 놓고 나머지 마디 i의 거리는 모두 $d(i) \leftarrow \infty$로 놓는다.

단계 1 : (주 반복단계) 모든 호가 (2.3)을 만족할 때까지 다음을 반복한다 : $d(j) > d(i) + c_{ij}$인 (i, j)를 하나 선택하여 $d(j) \rightarrow d(i) + c_{ij}$로 수정한다.

포드 알고리듬의 주 반복단계를 한 번 수행하기 위해서는 (2.3)을 만족시키지 않는 호를 찾아야 하는데 최악의 경우 모든 호를 점검해야 한다. 그래서 계산이 상대적으로 많이 필요하다는 단점이 있다. 그러나 네트워크에서 음수 비용을 가진 호가 없는 경우에는 더 효율적인 알고리듬을 만들 수 있다.

2.3.1 음수 비용 호가 없는 경우 최단경로문제 알고리듬

만약 **모든 호의 비용의 0보다 같거나 큰 경우** 다이크스트라(Dijkstra)의 알고리듬을 사용하면 최단경로문제를 더 신속하게 풀 수 있다.

넓은 의미의 알고리듬이란 컴퓨터로 구현할 수 있는 일련의 논리적 연산을 말한다. 그리고 그 구성은 보편적으로 초기화(initialization)와 주 반복단계(main iteration)로 이루어진다. 초기화는 보통 패러미터와 변수를 정의하고, 그 초기값을 부여하여 초기해를 구성하는 과정을 포함한다. 주 반복단계는 최적해에 가깝도록 현재해를 개선하는 과정이다. 반복단계에 따라 현재해는 달라지지만, 동일한 원리를 갖는 연산과정을 적용하게 된다. 현재해가 최적해가 되면, 알고리듬은 종료한다.

따라서 주 반복단계는 알고리듬의 핵심적인 아이디어를 담고 있는 부분이 되며 알고리듬의 성능을 결정한다.

이에 비해 초기 $d(i)$값은 보통 구하기 쉬운 것들을 사용한다. 예를 들어, s까지의 최단경로 길이는 0이므로, $d(s)=0$으로 놓는 것이 최선이다. 그리고 나머지 마디들 i에 대해서는 $d(i)=\infty$로 놓을 수 있다. 이는 아직 어떤 $s-i$ 경로도 찾지 않았다는 의미이다. (무한대 대신 어떤 $s-i$ 단순경로의 길이보다도 큰 수, 예를

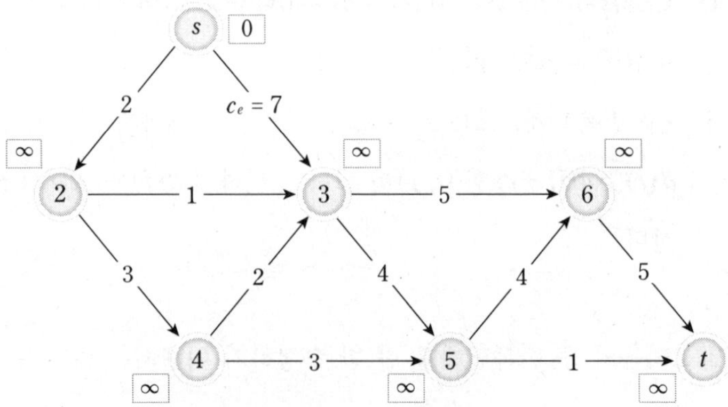

들어 M= 호 비용의 최대값 × (마디의 수 − 1)을 사용할 수도 있다.)

먼저 초기 해를 개선시켜 보자. 현재 마디들이 가지고 있는 경로의 길이를 살펴 보면, 거리가 개선될 수 있는 마디들은 현재 가장 작은 경로 길이인 0값을 가진 s의 이웃 마디 2와 3 두 개 호뿐이다. 즉, 마디 s를 선택하여 개선작업을 하는 것이다. 마디 s에 한 번 선택되었음을 의미하는 '✓' 표시를 하고 이에서 출발하는 두 개의 호가 조건 (2.3)을 만족하도록 개선하면 다음과 같다.

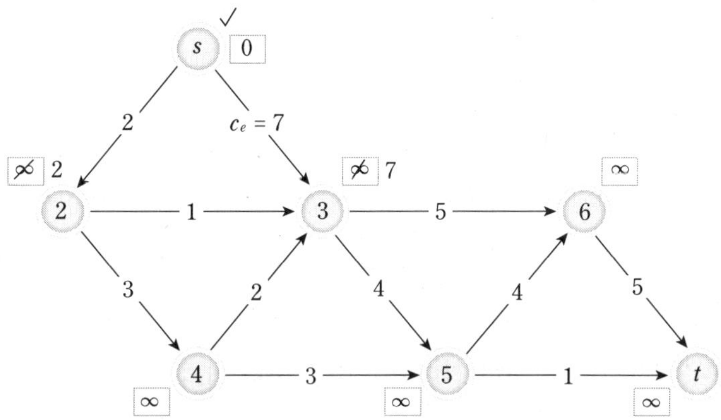

여기까지가 한 반복단계에 해당한다.

이 과정을 반복하여 새로 얻은 현재해를 더 개선해 보자. 이를 위해서는 마디를 하나 선택한다. 마디 s의 이웃 마디들은 해의 개선이 더 이상 불가능하다. 이웃마디의 거리를 개선하는 데 사용할 수 있는 마디는 2나 3이다. 이 중에서 현재 $d(i)$값이 가장 작은 마디 2를 선택하자.

마디 2에 '✓' 표시를 하고 이를 사용하여 이웃 마디들의 경로 길이를 개선한다. 이웃 마디 3의 경우 현재 $d(3)$은 7이지만, 마디 2를 통하여 마디 3으로 가면 거리가 $2+1=3$이므로 $d(3)$은 3으로 개선된다. 비슷한 방법으로 마디 4는 $d(4)=5$로 개선된다.

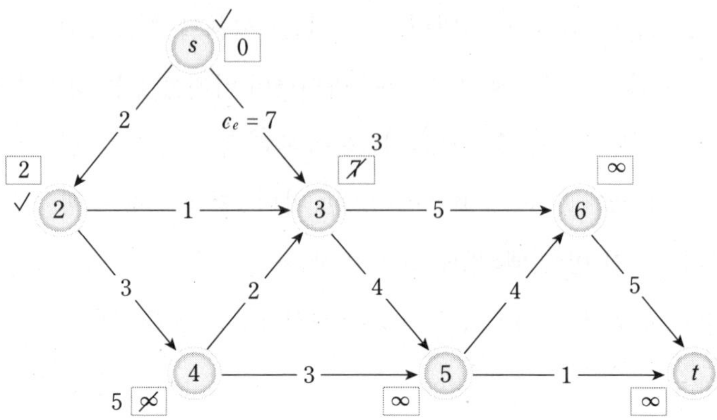

이러한 예를 통하여 우리는 다음과 같은 자연스러운 주 반복단계를 디자인할 수 있다. 반복단계는 두 가지 단계로 이루어진다.

첫째, 아직 선택된 적이 없는 마디, 즉 '✓' 표시가 없는 마디 중에서 $d(i)$가 가장 값이 작은 마디 i를 선택한다. i를 **고정 마디**로 지정하여, '✓' 표시를 하고 이후 마디 선택에서 제외한다.

(뒤에 증명하겠지만, 이미 선택되어 이웃 마디 거리 개선에 사용한 마디 i의 $d(i)$값은 실제 $s-i$ 최단경로의 값이 된다. 또한 뒤에 증명하겠지만, 이후에는 이웃 마디를 개선하는 데 도움을 주지 않는다.)

둘째, 막 고정된 마디 i의 이웃 마디들의 경로 길이를 개선시킨다. 즉, 이웃 마디 j의 현재 길이 $d(j)$가 $d(i)+c_{ij}$보다 크면 $d(i)+c_{ij}$로 대체한다.

이러한 과정을 모든 마디가 고정될 때까지, 즉 모든 마디가 '✓' 표시가 되는 순간까지 반복한다. 이를 정리하면 알고리듬은 다음과 같다. 고정 마디가 아니면 **임시 마디**라고 부르자.

알고리듬 2.10 다이크스트라 알고리듬(Dijkstra's algorithm)

단계 0 : (초기화) 시점 s의 거리를 $d(s) \leftarrow 0$으로 놓고 나머지 마디 i의 거리는 $d(i) \leftarrow \infty$로 놓는다. 모든 마디를 임시 마디로 설정한다.

단계 1 : (주 반복단계) 다음을 모든 마디가 고정되는 순간까지 반복한다: 현재 임시 마디들 중에서 $d(i)$가 가장 작은 마디 하나를 선택한다. 이 마디를 i'이라고 하자. i'을 고정하고 임시 마디에서 제거한다.

i'의 이웃 마디들의 현재 경로의 길이 $d(j)$를 개선시킬 수 있는 경우 개선한다. 즉, $d(i') + c_{i'j} < d(j)$이면 $d(j) \leftarrow d(i') + c_{ij}$로 수정한다.

먼저 위의 알고리듬을 수행할 때, 어떤 마디 i의 $d(i)$가 일단 유한한 값을 가지면 이는 실제 어떤 $s-i$ 경로의 길이가 되는 것을 알 수 있다. 또는 모든 마디 i의 $d(i)$ 값은 개선되어 변하는 순간 항상 작아지기만 한다는 것을 쉽게 알 수 있다.

다이크스트라 알고리듬에서는, 각 마디 i마다 현재 거리 $d(i)$와 마디의 고정 여부를 나타내는 논리변수의 값을 저장하기 위한 두 개의 기억장소가 필요하다. 우리는 마디 고정 여부는 '✓'로 표시하였다.

예 2.11 〈그림 4.11〉의 최단경로문제에 다이크스트라의 알고리듬을 적용을 완성해 보자. 아직 선택되지 않은 마디 중에서, 경로 길이가 가장 작은 마디 3을 고정하고, 이웃 마디 5와 6의 경로 길이를 개선하면 다음과 같다.

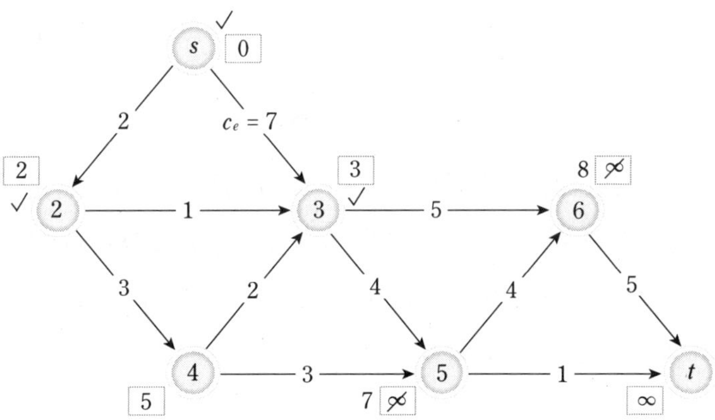

다음 단계에서는 4가 고정되어야 함을 알 수 있다. 그러나 이웃 마디인 3과 5의 기존 경로 길이는 마디 4를 사용하는 대안 경로보다 각각 더 짧기 때문에 그대로 유지된다.

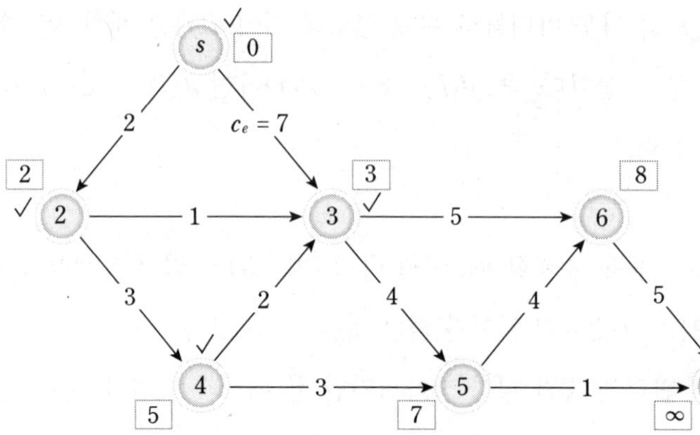

마디 5가 고정된다. 이웃 마디인 6과 t 중에서 t의 경로 길이가 8로 개선된다.

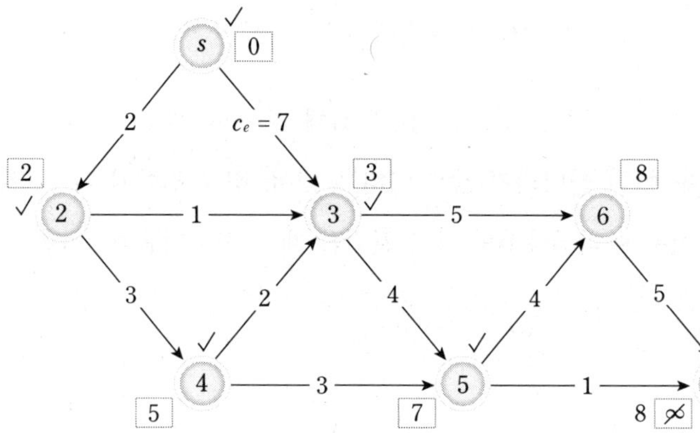

다음 단계에서 고정될 마디를 찾아보면 길이 8을 최소값으로 갖는 마디가 두 개 있음을 알 수 있다. 이렇게 가장 작은 경로 길이를 갖는 고정되지 않은 마디가 복수 개가 있는 경우, 임의의 마디를 선택한다. 우리는 마디 6을 선택하자. 그러나 이웃 마디인 t의 경로 길이는 개선되지 않는 것을 알 수 있다.

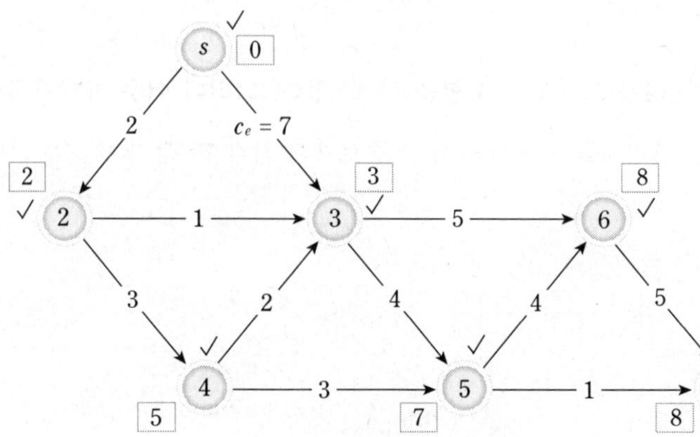

마지막 남은 t를 고정하는 순간 모든 마디가 고정되기 때문에 종료한다. 따라서 s로부터 각 마디까지의 최단경로 길이는 다음과 같다.

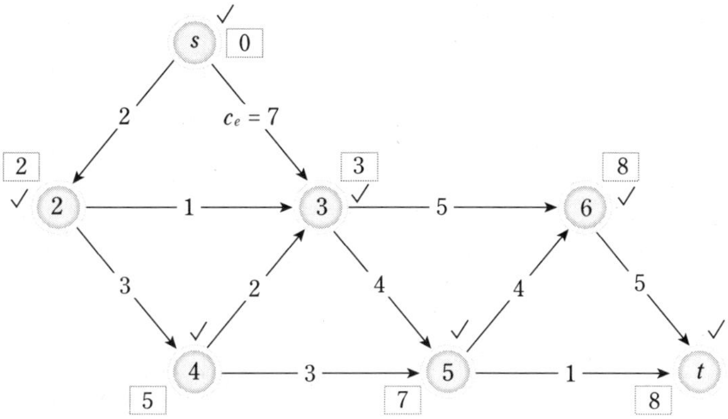

각 반복단계에서 어떤 마디의 길이가 실제로 개선될 때마다 이를 개선시킨 호의 시작마디를 저장하면, 알고리듬 종료 후에 각 마디를 최종으로 개선시킨 마디들을 역순으로 추적하여 s로부터 최단경로를 찾을 수 있다. 그러나 이런 데이터 구조가 필수적인 것은 아니다. 왜냐하면, s에서 각 마디까지 최단경로 길이만 알아도 해당하는 최단경로를 쉽게 구할 수 있기 때문이다.

연습문제 2.12 왜인가? 앞의 예에서 각 마디까지의 최단경로 길이를 구한 후, 어떻게 해당경로를 구할 수 있는지 생각해 보라.

연습문제 2.13 다음 최단경로문제를 풀라.

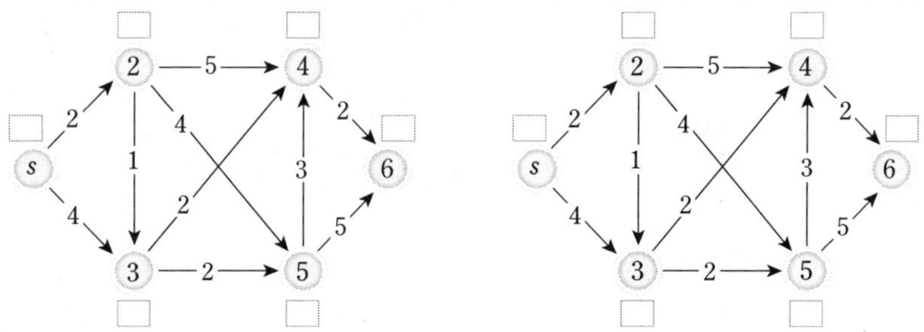

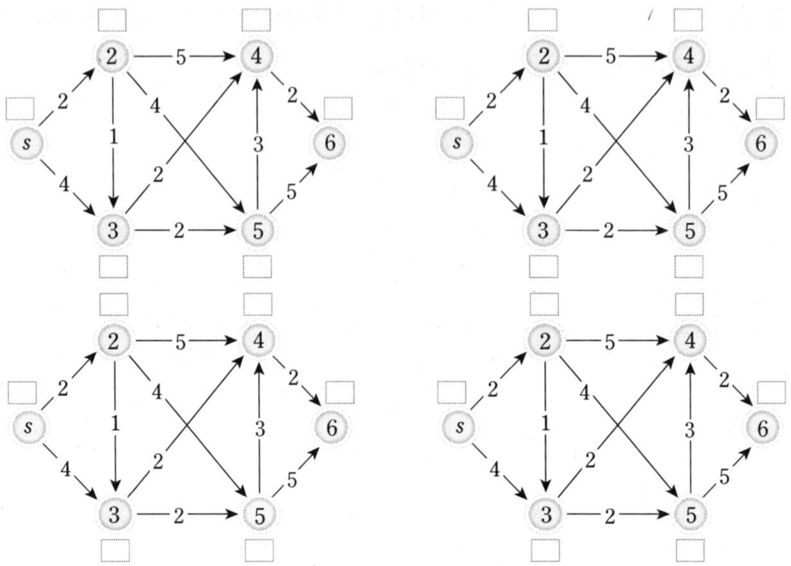

연습문제 2.14 음수비용을 갖는 경우, 다이크스트라 알고리듬은 최단경로를 찾지 못한다는 것을 간단한 예를 통해 보여라.

연습문제 2.15 다음 그림의 d가 마디 s에서 각 마디까지의 최단경로의 길이가 되는 x와 y의 범위를 구하라. 그리고 x와 y의 최소값에 대응하는 최단경로를 구하라.

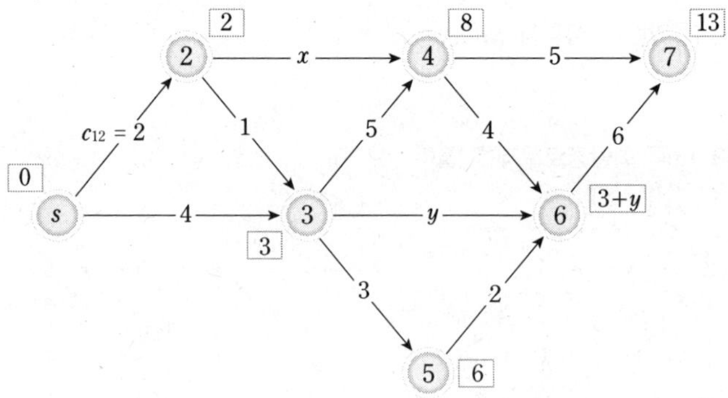

연습문제 2.16 최단경로문제에 다이크스트라 알고리듬을 적용한 후, 최적해가 유일한지 여러 개 있는지 확인하는 방법을 제시하여라.

2.3.2 다이크스트라 알고리듬의 타당성*

음수비용을 갖는 호가 없다는 가정이 성립하는 경우, 다이크스트라 알고리듬이 최단경로문제를 정확히 구한다는 것을 증명하자.

우선 앞에서도 언급하였듯이 다이크스트라 알고리듬에서 어떤 마디 i가 유한한 $d(i)$값을 갖는 순간, 이 값은 s를 시점으로 하고 i를 종점으로 하는 어떤 경로의 거리가 된다는 사실을 염두에 두자. (물론, 최단경로일 필요는 없다.)

맨 처음 반복단계에서 마디 s가 거리 $d(s)=0$을 가지고 고정된다. 이후, 각 반복단계에서 임시 마디 중, d값이 가장 작은 마디 i가 하나씩 고정되는데, 우리는 이때 $d(i)$의 값이 s에서 i까지 최단경로의 값이 되는 것을 증명하려고 한다.

마디 i가 고정될 때 $d(i)$에 저장된 값을 $d'(i)$로 표기하자. 그리고 편의상 마디가 1, 2, ⋯, n 순으로 고정되었다고 하자. (그러면 $s=1$이 될 것이다.) 그러면 먼저 다음이 성립하는 것을 보이자.

$$d'(1) \leqslant d'(2) \leqslant d'(3) \leqslant \cdots \leqslant d'(n). \tag{2.4}$$

만약에 아니라고 하면, 최초로 d'값이 줄어드는 마디가 존재한다. 그 마디를 k라 하자: 즉, $d'(k) < d'(k-1)$을 만족한다. 그러면 $d'(1)(=d(s))$는 항상 0이므로 $k>1$이 된다. 그리고 알고리듬의 규칙에 의하여, 마디 $k-1$이 고정 마디로 선택될 때에는 $d'(k-1) \leqslant d(k)$가 성립한다.

따라서 $d'(k) < d'(k-1)$이 되기 위해서는 마디 $k-1$이 고정된 반복단계에서 $d(k)$가 $d'(k) < d'(k-1)$을 만족하도록 감소해야 한다. 즉, $d'(k)=d'(k-1)+c_{k-1k}$가 된다. 그러나 이는 $c_{k-1k} \geqslant 0$이므로 $d'(k) < d'(k-1)$에 모순이 된다.

이제 알고리듬이 종료했을 때, 모든 $(i,j) \in A$에 대하여 $d(i)+c_{ij} \geqslant d(j)$가 됨을 증명하자. 그러면 [기본정리 2.7]에 의하여, 각 $d(i)$는 최단경로의 길이이므로 증명이 끝나게 된다.

모순법을 사용하기 위해, 어떤 호 (i,j)에 대하여 $d(i)+c_{ij} < d(j)$가 성립한다고 하자. 마디 i가 고정된 반복단계 직후에는 $d(i)+c_{ij}=d'(i)+c_{ij} \geqslant d(j)$가 성립한다. 그런데 $d(j)$값은 항상 감소하거나 변하지 않으므로 알고리듬 종료시에

$d(i)+c_{ij} < d(j)$가 성립하기 위해서는 $d(i)$가 이후에 감소해야 한다. 따라서 i가 고정된 이후, $i < k$인 어떤 마디 k가 존재하여 $d'(k)+c_{ki} < d'(i)$가 성립한다. 그런데 (2.4)에 의하여 $d'(i) \leqslant d'(k)$이고 $c_{ki} \geqslant 0$이므로, 이는 불가능하다. 따라서 증명이 끝난다. □

2.3.3 음수 비용을 갖는 경우 최단경로문제 알고리듬*

우선 음수비용이 있는 경우에는, 경로는 있지만 최단경로는 존재하지 않을 수 있다는 것에 주의하자. 만약 호의 비용의 합이 음수가 되는 유향회로가 있다면, 이 회로는 그 비용을 얼마든지 감소시킬 수 있다. (이렇게 목적함수를 무한히 감소시킬 수 있는 경우를 선형계획에서도 보았으며, 실제로 최단경로의 음수비용 유향회로는, 최단경로문제를 선형계획으로 모형화하였을 때 목적함수를 무한히 감소시킬 수 있는 경우에 해당한다.) 따라서 음수비용 호가 허용되는 경우에도 이러한 경우를 제외하기 위해서 음수비용 유향회로는 없다고 가정한다.

이 가정을 추가하면 앞에서 살펴본 포드 알고리듬은 음수 비용을 갖는 경우에도 최단경로문제를 푸는 알고리듬이다. 이 책에선 생략하겠지만 유한 번의 반복으로 (2.2)와 (2.3)을 만족하는 d를 구할 수 있다는 것을 증명할 수 있다. 물론 계산은 다이크스트라 알고리듬보다 많이 필요하다. 하지만 다이크스트라 알고리듬(을 포함한 대부분의 최단경로 알고리듬)은 실제로 포드 알고리듬의 특별한 경우로 해석할 수 있다. (왜인가?)

연습문제 2.17 다음 최단경로문제를 포드 알고리듬으로 풀어라.

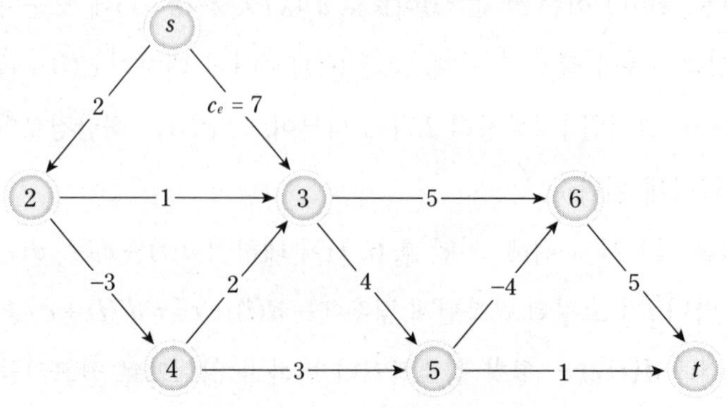

3 최대흐름문제

3.1 최대흐름문제의 정의

최대흐름문제(maximum flow problem)는 흐름 네트워크, 즉 각 호 (i, j)에 용량 u_{ij}가 주어진 네트워크에서 정의된다. 미리 정해진 각각 한 개의 유입점 s와 유출점 t를 갖는 가능 흐름 중에서 유입량이 최대가 되는 것을 구하는 문제이다.

물부족으로 고통을 받고 있는 한 마을을 예를 들어 생각해 보자. 이 마을은 수 km 가량 떨어진 한 수원으로부터 물을 공급받는다. 이를 위해 일정한 용량을 가진 수로들로 이루어진 흐름 네트워크를 사용한다. 이 네트워크와 각 수로의 용량, 수원 그리고 마을의 위치가 〈그림 4.16〉과 같을 때, 마을이 공급받을 수 있는 최대 유량은 얼마인가? 이는 전형적인 최대흐름문제 중 하나이다.

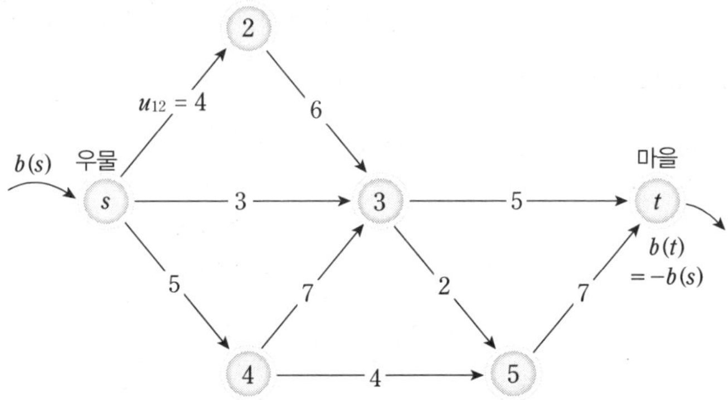

〈그림 4.16〉 최대흐름문제의 예

3.2 최대흐름문제의 응용

예 3.1 서울공과대학 부설 '경영과학분석사' 과정은 초 · 중 · 고급 3단계, 3학기 과정으로 이루어져 있다. 초급 단계에서는 '기초수학'이나 '컴퓨터' 중 한 과목, 중급단계에서는 '경영과학이론'이나 '응용경영과학' 중 한 과목, 고급단계에서는 '경영과학 사례연구' 나 '생산관리 사례실습' 중 한 과목, 모두 세 과목을 이수하도록 되어 있다. 또한 과목의 정원은 기초수학 50명, 컴퓨터 30명, 경영과학이론 60명, 응용경영과학 50명, 경영과학 사례연구 50명, 생산관리 실습 25명이다. 3학기 동안 배출할 수 있는 경영과학분석사의 최대 인원은?

이 문제를 최대흐름문제로 모형화해 보자. 가장 중요한 것은 경영과학분석사의 각 이수과정을 네트워크 상의 흐름으로 만드는 것이다. 그러면 이수과정을 나타내기 위해 초 · 중 · 고급 단계를 나타내는 마디 3개와 각 과목을 나타내는 마디 6개가 네트워크에 필요하다는 것을 알 수 있다. 3개의 초 · 중 · 고급 마디를 순서대로 배치하고, 각 마디는 단계를 이수한 상태를 나타낸다고 하자. 그리고 각 단계를 이수하기 위해서 필요한 과목들을 나타내는 마디를 각 단계 앞에 배치하자. 마지막으로 각각 입학과 졸업을 의미하는 유입점 s와 유출점 t를 네트워크에 포함하자.

이제 각 단계에서 과목을 신청하는 행위를 나타내기 위해 단계 마디에서 각 과목으로 가는 호를 연결하자. 이때 각 과목을 신청할 수 있는 인원은 정원으로 제한되므로 호의 용량은 각 과목의 정원으로 두자. 그리고 각 과목의 이수를 나타내기 위해 각 과목 마디에서 다음 단계 마디로 가는 호를 연결하자. 이렇게 생성된 흐름 네트워크는 〈그림 4.17〉과 같다.

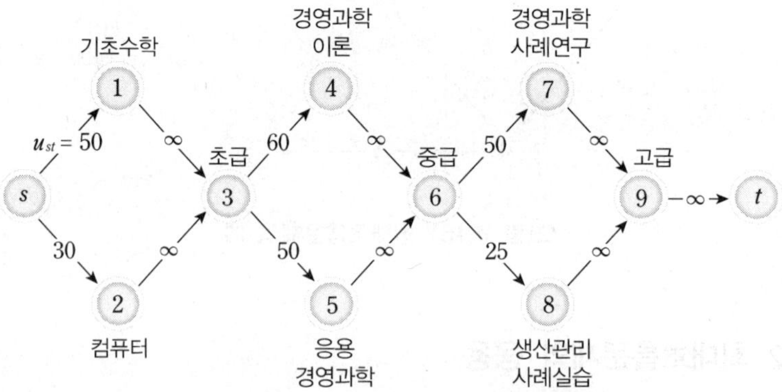

〈그림 4.17〉 경영과학분석사 과정 네트워크

이제 이 네트워크에서 가능 흐름의 의미를 생각해 보자. 이 네트워크에서 가능 흐름은 각 과목을 차례로 이수하여 경영과학분석사로서 졸업하는 것을 의미한다. 그러므로 이 네트워크의 최대흐름을 구하면 이는 3학기 동안에 배출할 수 있는 경영과학분석사의 최대 인원이 된다.

예 3.2 각 국에서 3명씩, 모두 7개국에서 온 대표들을 위한 만찬 파티가 열린다. 식탁은 모두 5개가 준비되어 있는데, 각각 6인용, 5인용, 4인용, 4인용, 그리고 3인용이다. 친선 도모를 위하여 동일한 국가에서 온 대표는 같은 식탁에 앉지 않도록 한다. 이러한 자리배정이 가능한가?

이 문제를 최대흐름문제로 모형화해 보자. 먼저 각 국가를 나타내는 마디 7개와 식탁을 나타내는 마디 5개, 그리고 이 마디들로 흐름을 보낼 유입점 s와 유출점 t가 존재하는 네트워크를 생각해 볼 수 있다. 유입점 s에서 국가를 나타내는 마디로의 호가 대표를 파견하는 행위를 나타낸다고 하면, 각 국가에서는 세 명씩 파견되므로 유입점 s에서 각 국가를 나타내는 마디로 가는 호의 용량은 3이 되어야 하는 것을 알 수 있다. 그리고 국가를 나타내는 마디에서 식탁을 나타내는 마디로 향하는 호를 식탁에 배치하는 행위로 생각하면, 각 국가의 대표는 모든 식탁에 앉을 수 있으므로, 각 국가에서는 모든 식탁으로 호가 연결되어야 한다. 이때, 각 국가의 대표는 각 식탁에 최대 한 명까지만 앉을 수 있으므로, 호의 용량은 모두 1이 되어야 한다. 마지막으로 각 식탁에서 유출점 t 사이의 호의 용량을 각 식탁에 앉을 수 있는 최대 인원으로 두면 각 식탁에 정원 이상의 인원이 배정되는 것을 막을 수 있다. 이를 네트워크로 표현하면 〈그림 4.18〉과 같다.

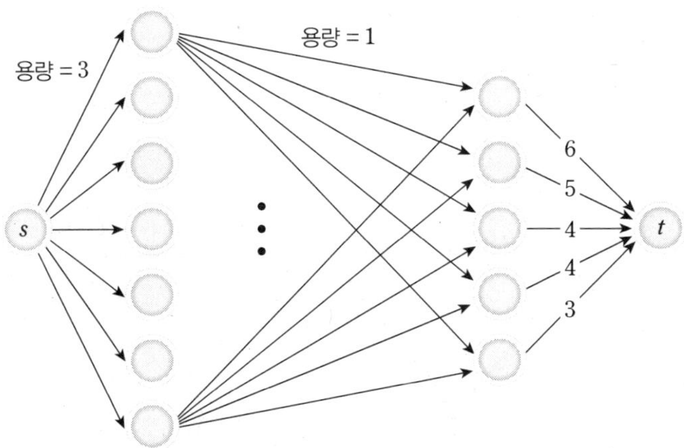

〈그림 4.18〉 자리배정 네트워크

그러면 s에서 t까지 크기가 1인 흐름은 그 흐름에 포함된 나라의 대표 한 명이 흐름이 경유하는 식탁에 앉는 것을 의미한다. 따라서 $s-t$ 최대흐름의 크기가 만찬에 참석한 대표들의 총수인 21과 같으면 문제에서 요구하는 자리배정이 가능하다는 것을 의미하고, 21보다 작으면 가능하지 않다는 것을 뜻한다.

3.3 최대흐름문제 알고리듬

알고리듬의 보편적인 요소인 초기화와 주 반복단계를 생각하면서 최대흐름문제 알고리듬을 디자인해 보자.

초기해로는 가장 손쉽게, 모든 호의 흐름이 0인 해를 생각할 수 있다. (알고리듬은 초기해가 아니라 해를 개선하는 과정, 즉 주 반복단계가 중요하다는 것을 여기서 다시 강조하자.)

주 반복단계는 하나의 가능 흐름인 현재해가 최대 크기인지 판단하고, 그렇지 않은 경우, 이를 증가시키는 과정이 될 것이다.

〈그림 4.16〉의 예를 통해 개선과정을 모색해 보자. 현재 흐름 x의 크기를 개선하는 가장 자연스런 방법 중 하나는, s에서 t까지 남은 용량이 0보다 큰 호로 이루어진 유향경로를 찾는 것이다. 이러한 경로는 물론 여러 개 존재할 수 있으며, 그런 경우 임의로 하나를 선택하기로 하자.

유향경로 $s-4-3-t$를 선택하자. 이 경로를 통하여 보낼 수 있는 흐름의 최대 크기는 5이다. (왜인가?) 따라서 크기 5의 흐름을 보내면 한 반복단계가 끝난다. 새로운 흐름은 〈그림 4.19〉와 같다.

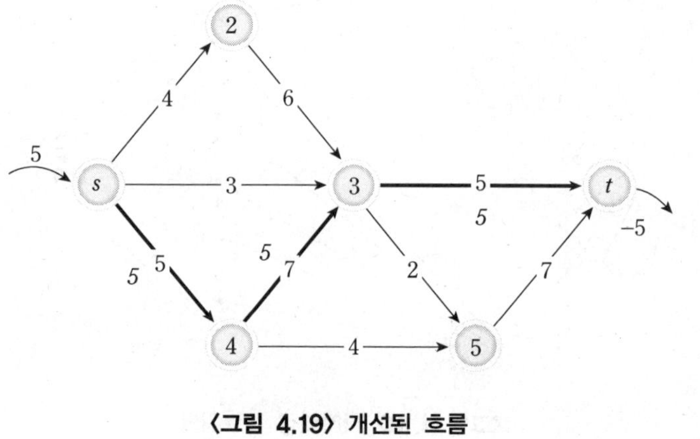

〈그림 4.19〉 개선된 흐름

다음 반복단계에서는 유향경로 $s-3-5-t$를 사용할 수 있다. 개선된 흐름은 〈그림 4.20〉과 같다.

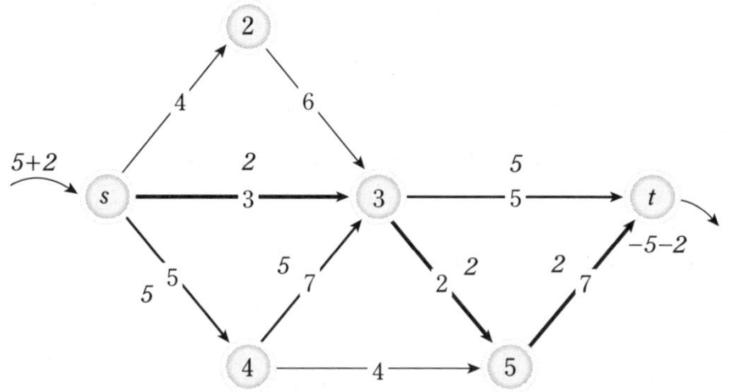

〈그림 4.20〉 더욱 개선된 흐름

지금까지 우리는 흐름을 증가시킬 때, 용량이 남은 호로 이루어진 $s-t$ 유향경로만을 사용하였다. 즉, 호의 **원래 방향**으로 흐름을 증가시켰다. 이러한 방법을 반복 적용하여 〈그림 4.20〉의 흐름을 더 개선하려 하면, 어떻게 할 수 있는지 분명하지 않다. 용량이 남아 있는 $s-t$ 유향경로가 존재하지 않기 때문이다. 왜냐하면 그런 경로는 반드시 마디 3을 거치게 되는데, 마디 3에서 출발하는 호 중에서 용량이 남은 호는 없기 때문이다.

그렇다면 현재해가 최적해인가? 그렇지 않다. 호 $(s, 2)$와 $(s, 4)$에 각각 4와 5가 흐르는, 따라서 크기가 9가 되는 흐름을 어렵지 않게 구할 수 있다. 이는 최대흐름의 크기는 최소한 9 이상이라는 것이다. 이것은 최대흐름을 구하기 위해서 이러한 방법으로는 충분하지 않다는 것을 말해 준다.

이 점을 간단한 예를 통하여 더 논의해 보자.

예 3.3 〈그림 4.21〉에서 흐름 네트워크의 최대흐름 크기는 2라는 것을 알 수 있다. 초기 유향경로를 왼편과 같이 찾았다고 하자. 크기가 1이 된다. 이 현재해를 개선하기 위한 다음 경로를 구해 보자. 그러나 흐름 크기를 증가시킬수 있는 유향 경로는 존재하지 않는다. 이는 각 호의 흐름을 증가시키는 것만을 고려하는 알고리듬은 최대흐름을 올바로 찾을 수 없다는 것을 의미한다.

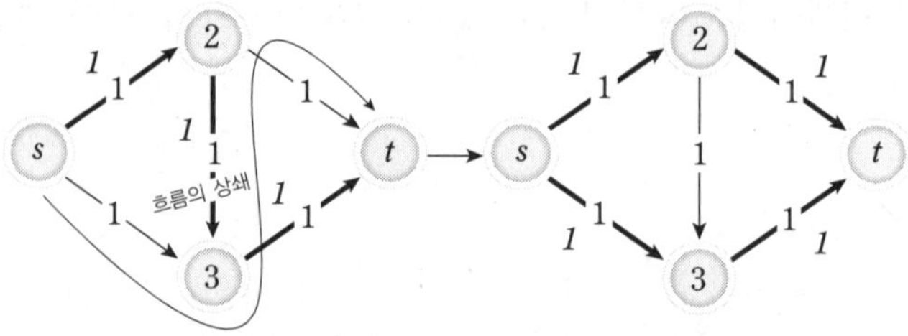

〈그림 4.21〉 "역방향 흐름"이 필요한 예

다시 말하면, 각 호에서 현재 흐름을 감소시키는 것도 생각하여야 한다는 것이다. 예를 들어 〈그림 4.21〉의 왼편의 현재해에서, 다음과 같은 흐름 개선방법을 생각할 수 있다. 우선 호 $(s, 3)$으로 1의 흐름을 보낸다. 그리고 호 (2,3)의 흐름을 1만큼 감소시킨다. 마지막으로 호 $(2, t)$의 흐름을 1만큼 증가시킨다.

논의의 편의를 위하여, 위에서 호 (2,3)의 흐름을 감소시키는 것을, **역방향으로 흐름을 보내는 것**으로 생각하자. 즉, 그 역방향 (3,2)로 흐름 1을 보낸다고 말하자. 정리해 보자. 그러면

흐름 증가 경로를 사용하여 해를 개선시키기 위해서는 각 호의 원래 방향으로 남은 용량을 사용하여 흐름을 증가시키는 경우뿐 아니라, 호의 역방향으로 흐름을 보내어 호의 현재 흐름을 감소시키는 경우도 필요하다.

역방향 호가 원래 없더라도 그 반대 방향의 호 (2,3)에 1의 흐름이 흐르면, 그 크기 만큼의 용량을 가진 역방향 호 (3,2)가 생성된다고 생각한다. 따라서 호 (i, j)에 현재 x_{ij}가 흐르고 있다면, 다음의 남은 용량을 가진 두 개의 호를 고려한다.

$$\text{원래 방향 } (i, j)\text{로 } u_{ij} - x_{ij}\text{만큼} \tag{3.5}$$

$$\text{역 방향 } (j, i)\text{로 } x_{ij}\text{만큼} \tag{3.6}$$

다음 그림의 예를 참고하자.

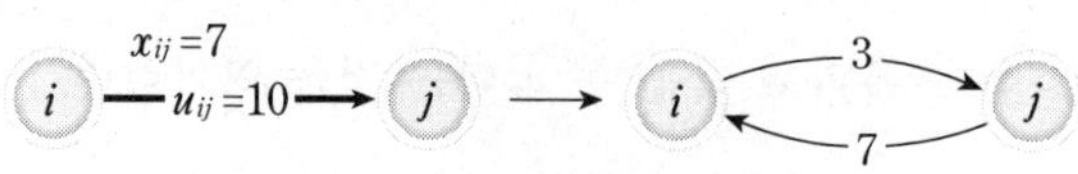

정의 3.4 이러한 용량을 각 호의 **잔여용량**(residual capacity)이라고 부르며, 잔여용량으로 구성된 네트워크를, 현재 흐름 x에 대한 **잔여용량 네트워크**(residual network)라고 부르고 $G(x)$라고 표기한다.

예 3.5 〈그림 4.21〉의 흐름 네트워크 G와 현재해 x에 대한 잔여용량 네트워크 $G(x)$는 다음과 같다.

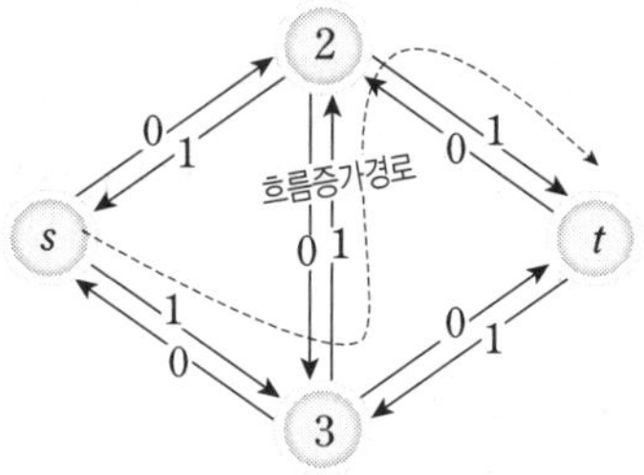

정의 3.6 잔여용량 네트워크 $G(x)$에서 호의 용량이 모두 0보다 큰 $s-t$ 경로를 **흐름증가경로**(augmenting path)라고 부른다. 그리고 흐름증가경로에 포함된 호의 용량 중 최소값을 그 경로의 **용량**이라고 부른다.

이러한 용어를 사용하면 확장된 개선방법을 사용하는 최대흐름 알고리듬은 다음과 같이 표현할 수 있다. 잔여용량 네트워크 $G(x)$에서 흐름증가경로를 하나 찾으면 그 경로의 용량만큼 흐름을 증가시켜 현재해 x를 개선시킬 수 있다.

잔여용량 네트워크를 사용하면, 흐름증가경로에 포함된 호가 네트워크 G에서 원래 어떤 방향인지를 구별할 필요가 없어 편리하다.

지금까지의 내용을 정리해 보자.

알고리듬 3.7 흐름증가경로 알고리듬(augmenting path algorithm)

단계 0 : (초기화) 임의의 $s-t$ 흐름, 즉 s가 유입점이며 t가 유출점인 가능 흐름을 구한다. (예를 들어, 모든 호의 흐름이 0인 흐름)

단계 1 : (주 반복단계)

1. 현재 흐름 x의 잔여용량 네트워크 $G(x)$에서 흐름증가경로를 구한다.
2. 존재하지 않으면 현재 x는 최적해, 즉 최대크기 흐름이다(3.4절에서 증명). 알고리듬을 **종료**한다.
3. 존재한다면 흐름증가경로를 따라 경로의 용량만큼 흐름을 보내어 전체 흐름의 크기를 증가시킨다. 그리고 주단계를 반복한다.

예 3.8 흐름증가경로 알고리듬을 〈그림 4.20〉에서 구했던 흐름 x를 초기해로 사용하여 적용해 보자. x의 잔여용량 네트워크 $G(x)$는 다음과 같다.

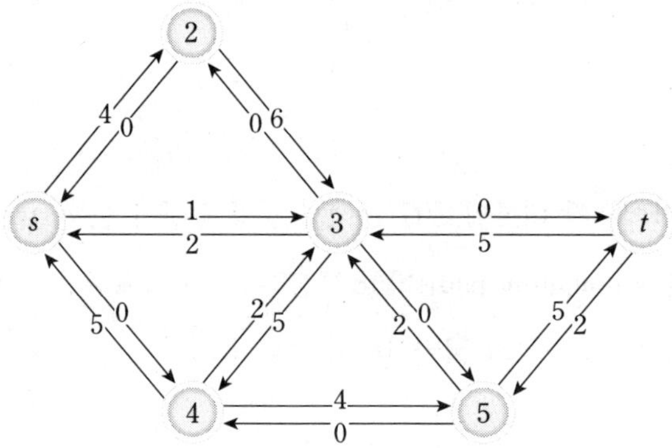

$G(x)$에서 흐름증가경로 $s-2-3-4-5-t$를 구하고, 그 용량 4만큼 흐름을 증가시킨다. 그러면 개선된 흐름의 잔여용량 네트워크는 다음과 같다.

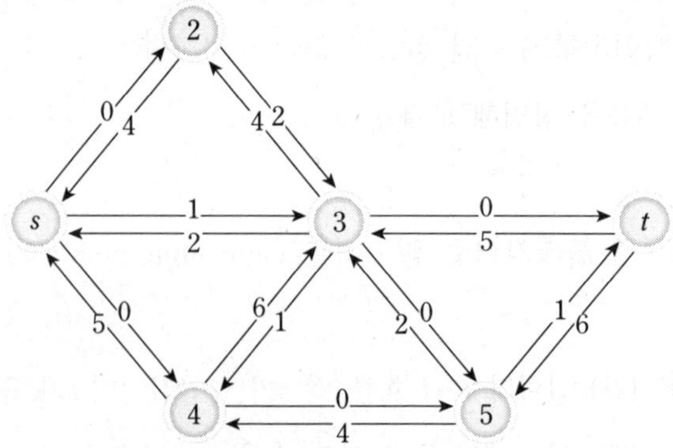

이 잔여용량 네트워크에는 흐름증가경로가 존재하지 않으므로 알고리듬을 종료한다.

연습문제 3.9 현재해가 가능 흐름이면, 흐름증가경로 알고리듬의 반복단계를 한 번 적용하여 얻은 해도 가능 흐름이 됨을 설명하라.

연습문제 3.10 다음 최대흐름문제에, 잔여용량 네트워크를 사용하여 흐름증가경로 알고리듬을 적용하라.

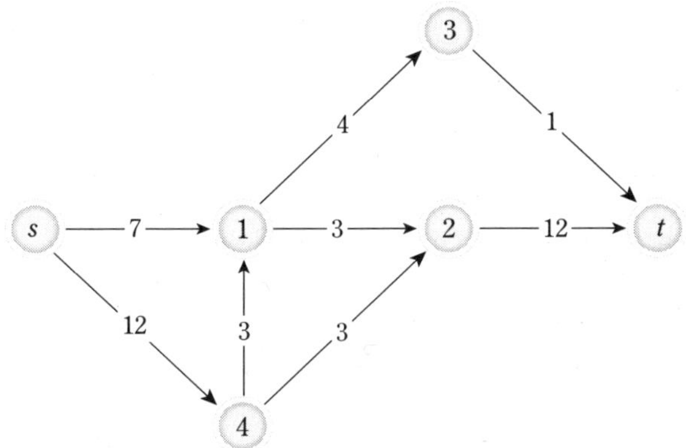

지금까지 s로부터 t까지 흐름을 증가시키는 방법을 단계적으로 발전시켜 흐름증가경로 알고리듬을 개발하였다. 즉, 더 큰 흐름을 찾기 위해서, 어떤 호들은 그 흐름을 감소시킬 필요가 있다는 것이다. 이러한 개선 작업은 잔여용량 네트워크를 사용하여 수행하였다.

이제 근본적인 질문이 하나 남아 있다. 흐름증가경로 알고리듬이 구한 해가 최적해가 된다는 것은 어떻게 알 수 있을까? 즉, 잔여용량 네트워크에 s에서 t까지 흐름증가경로가 존재하지 않으면 현재 흐름이 최대크기라는 것을 어떻게 알 수 있을까? (역은 당연히 참이다.) 이는 '절단면' 을 사용하면 증명할 수 있다. 흥미로운 개념이며 관심이 있는 독자는 3.4절에서 찾을 수 있다.

3.4 최대흐름 – 최소절단면 정리*

절단면이라는 개념을 먼저 정의하자.

정의 3.11 (절단면(cut)) 네트워크 $G = (N, A)$의 마디 집합 V를, 임의의 V의 진부분 집합 S와 그 여집합 $T := V \setminus S$로 분할했을 때, 시작점이 S에 끝점이 T에 속한 호들의 집합을 절단면(cut)이라고 부르고 $\delta(S)$로 표기한다. 그리고 $\delta(S)$에 속한 호의 용량의 합을 그 용량으로 정의한다. 또한 $s \in S$, $t \in T$이면 특별히 $s-t$ 절단면이라고 부른다.

예 3.12 다음의 네트워크에서 $S = \{s, 2, 3, 4\}$, $T = \{5, 6, t\}$로 만들어진 $s-t$ 절단면은 $\delta(S) = \{(2,5), (4,6), (4,t)\}$이며 그 용량은 21이 된다.

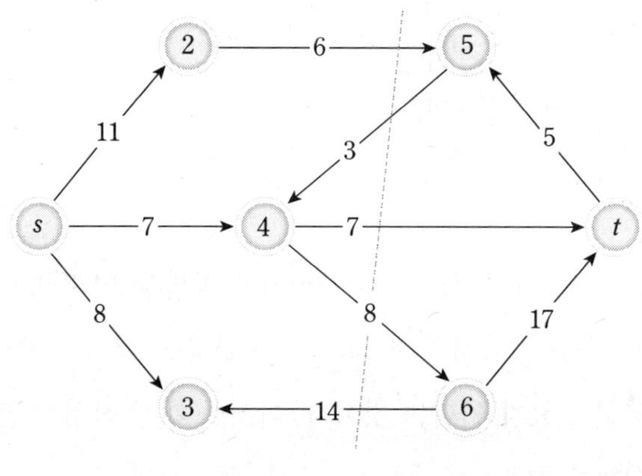

여기서 간단하면서도 중요한 사실을 하나 관찰할 수 있다. 만약 일정한 크기의 흐름이 s에서 t로 관통한다면 그 흐름은 $s-t$ 절단면의 호를 최소 한 번 통과해야 한다는 것이다. 따라서 어떠한 $s-t$ 흐름도 그 크기는 절단면의 용량을 초과할 수 없다.

기본정리 3.13 어떠한 $s-t$ 흐름 x와 어떠한 $s-t$ 절단면 $\delta(S)$를 선택하여도, 흐름의 크기는 절단면의 용량보다 같거나 작다.

따라서 실제로 어떤 흐름의 크기가 어떤 $s-t$ 절단면의 용량과 같다면, 그 흐름은 최대크기 $s-t$ 흐름이 되고 그 절단면은 최소용량 $s-t$ 절단면이 된다. 그래서 우리는 흐름증가경로 알고리듬이 출력하는 흐름의 크기와 같은 용량을 가진 $s-t$ 절단면이 있다는 것을 보임으로써 흐름증가경로 알고리듬이 항상 최대흐름을 찾는다는 것을 증명할 것이다.

흐름증가경로 알고리듬이 출력하는 흐름 x의 잔여용량 네트워크 $G(x)$를 생각하자. 그리고 $G(x)$에서 $s-i$ 흐름증가경로가 있는 마디 i의 집합을 S, 그렇지 않은 마디의 집합을 T라고 하자. 그러면 $s \in S, t \in T$가 성립함을 알 수 있다. [예 3.8]의 경우에는 $S=\{s,2,3,4\}$, $T=\{5,t\}$이고, $\delta(S)=\{(3,5),(3,t),(4,5)\}$이다.

정의에 의해 S에서 T로 가는 호의 잔여용량은 0이기 때문에, 절단면 $\delta(S)$의 호에서는 흐름의 크기가 용량과 같아야 한다. $\delta(T)$의 호는 어떨까? 만약에 이 중 어떤 호의 흐름이 0보다 크다면, 잔여용량이 흐름의 크기만큼 반대방향으로 생기며, 이는 잔여용량 네트워크에서 S에서 T로 잔여용량이 0보다 큰 호가 없다는 것에 모순이 된다. 따라서 $\delta(T)$의 호에는 흐름이 없어야 한다.

[예 3.8]의 경우, $\delta(S)$의 호의 흐름은 $x_{35}=2$, $x_{3t}=5$, $x_{45}=4$가 성립한다. ($\delta(T)=\phi$이다.)

따라서 s에서 유입되어 t에서 유출되는 0보다 큰 모든 연속 흐름은 $\delta(S)$의 호를 정확히 한 번 거치게 된다. 그런데 $\delta(S)$의 각 호의 흐름이 그 용량만큼 꽉 찼으므로, 전체 흐름의 크기는 절단면 $\delta(S)$의 용량과 같을 수밖에 없다. 그런데 어떤 흐름의 크기도 한 절단면의 용량을 넘을 수 없으므로, 현재 흐름은 최대가 되며 증명이 끝난다.

또한, 이로부터 다음과 같은 중요한 정리를 얻는다.

정리 3.14 흐름 네트워크에서 $s-t$ 흐름의 최대 크기와 $s-t$ 절단면의 최소 용량은 같다.

흐름증가경로 알고리듬은 용량이 모두 정수이면, 흐름증가경로 알고리듬에서 각 호의 흐름의 증가 또는 감소량도 정수가 되는 것을 알 수 있다. 따라서 최적해의 각 호의 흐름도 모두 정수라는 것을 쉽게 알 수 있다. 따라서 정수조건을 특별히 부가하지 않아도 정수해를 얻을 수 있다. 이것은 최대흐름문제를 정수조건이 필요한 현실문제에 유용하게 사용할 수 있는 장점이 된다.

따름정리 3.15 용량이 모두 정수이면, 최대흐름문제는 반드시 정수 최대흐름을 갖는다.

예 3.16 [예 3.8]에서 최종 흐름의 크기 11은 $\delta(S) = \{(3,5),(3,t),(4,5)\}$의 용량과 같으므로 최대크기 흐름이다.

연습문제 3.17 다음 흐름 네트워크의 최대흐름과 최소절단면을 구하라.

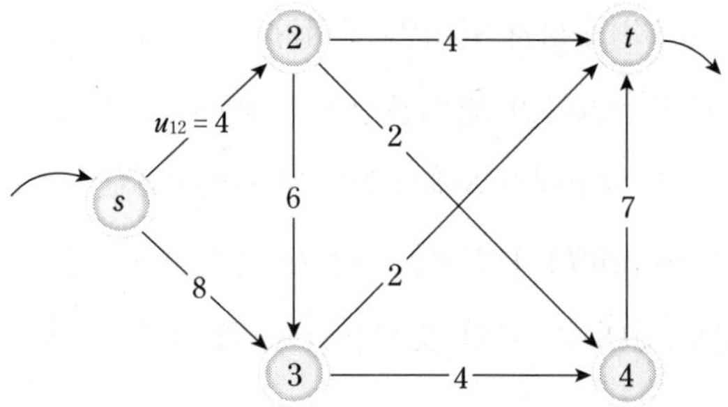

연습문제 3.18 다음 그림에 나타난 흐름이 $s-t$ 최대흐름인가? 먼저 잔여용량 네트워크를 사용하여 답하고, 그후 최소절단면을 이용하여 답해 보라.

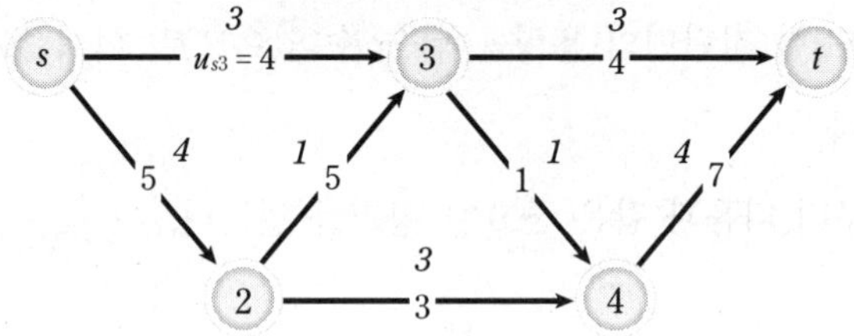

연습문제 3.19 다음 그래프를 고려하자. (호에 쓰인 숫자는 각 호의 용량을 의미하고, 굵은 선으로 표시한 경로 위로 호 위에 쓰인 숫자만큼의 흐름이 흐르고 있다.)

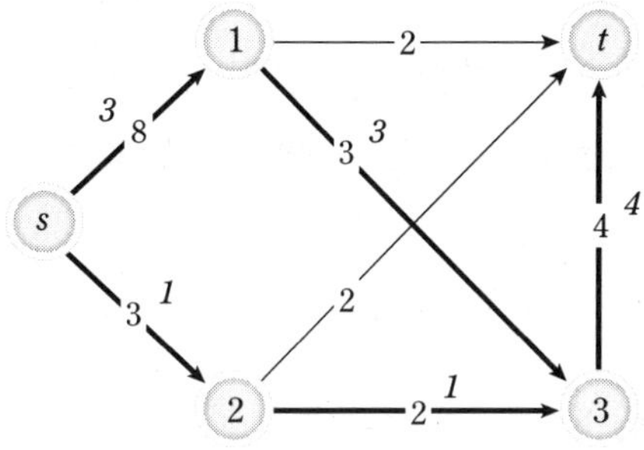

가. 흐름증가경로 알고리듬을 통해 $s-t$ 최대흐름을 구하라.

나. 한 개 호의 용량을 1 증가시켜 $s-t$ 최대흐름을 증가시키고자 할 때, 어떤 호의 용량을 증가시켜야 하는지 답하라.

나. $s-t$ 최대흐름이 변하지 않는 호 $(s,1)$의 용량의 범위를 구하라.

쉬어 가는 페이지

……… 그리고 나서는 그것이 낯설어도 그것을 참아내기 위한 노력과 선의를 가져야 하며, 그것의 인상과 표현에 대해 인내심을 가져야 하고 ……… 마침내 세상에서 그것보다 더 나은 것을 원하지 않고 오직 그것만을 원하는 겸손하고 매혹된 그것의 연인이 된다.

그러나 이런 일은 음악에서만 일어나는 것이 아니다. 그것은 우리가 지금 사랑하고 있는 모든 것들을 사랑하는 법을 어떻게 배웠던가에도 해당한다.

— 니체

One must learn to love. — This is what happens to us in music: First one has to love to hear a figure and melody at all, to detect and distinguish it, to isolate it and delimit it as a separate life. Then it requires some exertion and good will to tolerate it in spite of its strangeness, to be patient with its appearance and expression, and kindly hearted about its oddity. Finally, there comes a moment when we are used to it, when we wait for it, when we sense that we should miss it if it were missing; and now it continues to compel and enchant us relentlessly until we have become its humble and enraptured lovers who desire nothing better from the world than it and only it.

But that is what happens to us not only in music. That is how we have learned to love all things that we now love. In the end we are always rewarded for our good will, our patience, fairmindedness, and gentleness with what is strange; gradually, it sheds its veil and turns out to be a new and indescribable beauty. That is its thanks for our hospitality. Even those who love themselves will have learned it in this way; for there is no other way. Love, too, has to be learned. — from *The Gay Science* by Nietzsche

4 최소비용흐름문제

최소비용흐름문제의 이해를 위해 제3장의 '시트고 정유 회사의 정유 분배 계획'을 생각해 보자. 이 문제는 정유공장, 현물시장, 창고, 그리고 분배센터와 같은 주요 지점들, 각 지점의 용량, 그리고 운송, 판매 혹은 보관 등에 소요되는 지점들 사이의 비용에 있다. 여기서 모든 분배센터의 수요를 만족시키며 전체 비용을 최소화시키는 물류 흐름을 찾는 것이 문제이다. 바로 최소비용흐름문제의 예가 된다.

4.1 최소비용흐름문제의 정의

4.1.1 표준형

최소비용흐름문제(minimum−cost flow problem)는 역시 흐름 네트워크 위에서 정의한다. 즉, 네트워크 토폴로지 $G=(N,A)$와 각 호 (i,j)의 용량(capacity) u_{ij}가 먼저 정해진다. 또한 식 (1.1)과 같이 흐름이 만족해야 하는 균형 $b(i)$가 각 마디 i에 주어진다. 마지막으로 각 호에 1의 흐름이 통과할 때 발생하는 비용 c_{ij}가 주어진다. 이때, 호의 용량과 마디의 균형을 모두 만족하는 가능 흐름 중에서 호 비용의 합이 최소가 되는 것을 구하는 것이 **최소비용흐름문제**이다.

예 4.1 〈그림 4.22〉에는 5개의 마디와 7개의 호를 가진 네트워크 토폴로지, 각 호의 용량과 비용이 호 사이 괄호 안에 차례로 표시되어 있다. 예를 들어, 호 (1,2)의 용량과 비용은 4와 5이다. 마디 1, 2, 3은 유입점이며 나머지는 유출점이 된다. 그래서 총 유입량과 총 유출량은 각각 14가 된다. 그리고 총 유출량이 총 유입량과 다르면 가능 흐름이 존재하지 않는 불가능한 문제가 되기 때문에 이 둘의 값은 같아야 한다.

표준형에서 두 가지의 변화를 생각해 보자.

- 각 호 (i, j)의 흐름의 하한 l_{ij}를 추가한다. 즉, 호 (i, j)의 흐름이 최소한 $l_{ij} \geqslant 0$가 되어야 한다. $l_{ij} = 0$인 경우 표준형이 되므로, 표준형의 확장이라고 할 수 있다.
- 각 마디 i의 균형이 모두 0이 된다. 즉, 모든 i에 대해 $b(i) = 0$이 성립한다. 이 경우는 표준형의 특수형이라고 할 수 있다.

이 두 가지의 경우를 포함하면, 주어진 문제를 좀더 편리하게 최소비용흐름문제로 모형화할 수 있다. (우리도 뒤의 연습문제를 풀 때, 이 두 가지 경우를 포함하여 사용하기로 한다.) 실제로 이 세 가지 형태의 최소비용흐름문제는, 4.1.2절에서 볼 수 있듯이, 동등한 문제임을 증명할 수 있다. 즉, 주어진 형태의 문제는 다른 어떤 형태로도 바꿀 수 있으며, 두 형태의 해집합 간에는 일대일 대응관계가 있다.

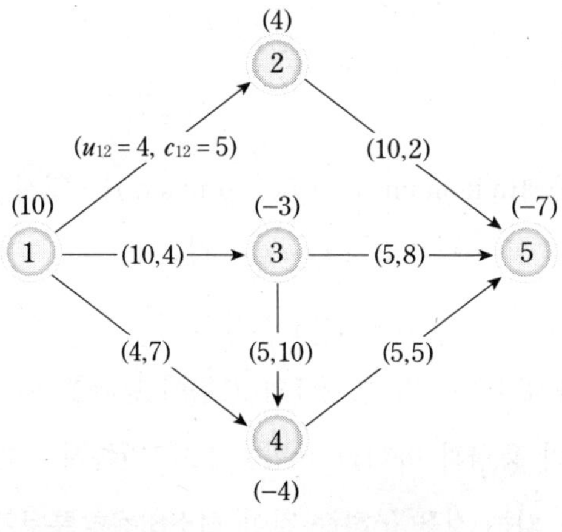

〈그림 4.22〉 최소비용흐름문제의 예

4.1.2 세 문제의 동등성*

일반하한을 가지는 문제*

최소비용흐름문제는 각 호에 가능한 흐름의 상한을 의미하는 용량뿐 아니라, 흘러야 하는 최소량을 의미하는 하한이 있을 수도 있다. 이때 호 (i, j)의 하한을 l_{ij}로 표기하자. 물론 표준형은 l_{ij}가 모두 0이므로 일반하한을 가지는 문제의 특수한 경우가 된다. 또한 역으로 일반하한을 가지는 문제를 표준형으로 변환할 수 있다.

예 4.2* 다음의 〈그림 4.23〉을 보자. 왼쪽의 최소비용흐름문제는 호 (1,2)가 하한 $l_{12}=2$를 가진다. 이때, 새로운 변수 y_{12}를 $y_{12}=x_{12}-l_{12}=x_{12}-2$, 즉 호 (1,2)의 하한과 흐름의 차이로 정의하면, 새 변수 y_{12}를 사용하는 네트워크는 〈그림 4.23〉의 오른쪽과 같이 주어진다. 즉, 새로운 문제의 상하한과 균형이 다음과 같이 바뀐다.

$$l'_{12}=0,\ u'_{12}=u_{12}-l_{12},\ b'(1)=b(1)-l_{12},\ b'(2)=b(2)+l_{12}.$$

다른 데이터는 바뀌지 않는다.

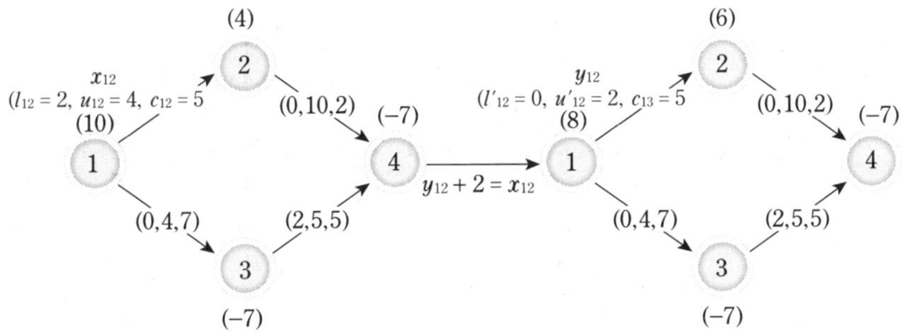

〈그림 4.23〉 일반하한 최소비용흐름문제의 표준화

이러한 방식으로 호 (3,4)에 관한 변환을 계속하면 표준형을 얻을 수 있다. 이 표준형의 최적해를 구하고 위의 관계를 역으로 구하면 원래 일반하한문제의 최적해가 된다. 즉, 표준형 최적해의 호 (1,2)의 흐름의 값에 $l_{12}=2$를 더하면 원래 문제의 최적해의 호 (1,2)의 흐름 값이 된다.

연습문제 4.3* [예 4.2]의 변환을 호 (3, 4)에 계속하여 표준형을 완성하라.

순환흐름문제*

일반하한을 가지는 문제에서 마디의 균형 $b(i)$가 모두 0인 경우, 가능 흐름을 **순환흐름**(circulation)이라고 한다.

순환흐름문제는 일반하한문제의 특별한 경우이다. 역으로 일반하한문제에 추가적인 마디를 도입하고 균형이 0이 아닌 마디에 호를 연결하여 적절한 상하한을 주면 동등한 순환흐름문제로 변환할 수 있다. 다음 예를 통해 알아보자.

예 4.4* 다음 〈그림 4.24〉와 같이 일반하한문제가 있을 때, 마디 5를 추가한다. 마디 5로부터 균형이 양수인 각 마디 i로 호 $(5,i)$를 연결하고 상하한을 모두 $b(i)$로 놓는다. 또한 균형이 음수인 각 마디 i로부터 마디 5로 호 $(i,5)$를 연결하고 상하한을 모두 $b(i)$로 놓는다. 그리고 모든 마디의 균형은 모두 0으로 대체한다. 그러면 원래 일반하한을 가지는 문제와 동등한 순환흐름문제를 얻게 된다.

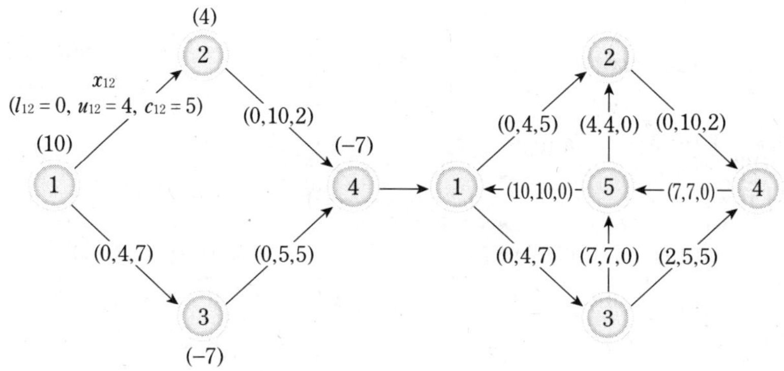

〈그림 4.24〉 일반하한문제의 순환흐름문제화

연습문제 4.5* 위 예에서 만든 새로운 순환흐름문제가 원래 문제와 왜 동등한지 설명해 보라.

이러한 관찰을 통해 표준형과 일반하한문제 그리고 순환흐름문제가 모두 동등한 모형임을 알 수 있다.

4.1.3 최단경로, 최대흐름 문제와 최소비용흐름 문제의 관계

최소비용흐름문제는 지금까지 우리가 다룬 네트워크 흐름문제를 포함하는 일반적인 모형이다. 예를 들어, 2절에서 공부한 $s-t$ 최단경로문제가 최소비용흐름문제로 모형화됨을 살펴보자. 먼저, 각 호에 대해 비용은 그대로 유지하고 용량을 ∞로 부여하자. 그리고 마디 s의 균형은 +1로, 마디 t의 균형은 −1로, 나머지 마디의 균형을 0으로 설정하여 최소비용흐름문제를 만들자(〈그림 4.25〉 참조).

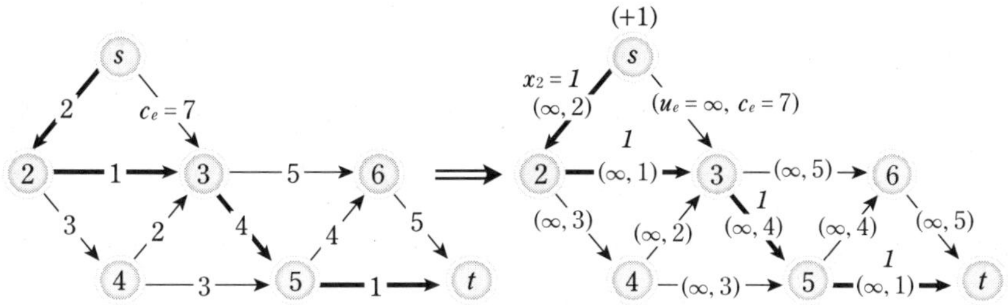

〈그림 4.25〉 $s-t$ 최단경로문제의 최소비용흐름문제화

그러면 최소비용흐름문제를 풀어서 구한 최적해를 이용하여 $s-t$ 최단경로를 구할 수 있다. 즉, 최소비용흐름문제의 최적해에서 흐름을 가진 호를 이용하여 만들 수 있는 $s-t$ 경로는 모두 $s-t$ 최단경로가 된다. 만약 이 경로보다 길이가 짧은 $s-t$ 경로가 있다면 그 경로를 따라 1의 흐름을 보내는 해의 비용이 앞에서 구한 최적해의 비용보다 더 적게 되어 모순이 발생하기 때문이다. 최적해를 이용하여 만들 수 있는 $s-t$ 경로가 여러 개인 경우에도 각각이 모두 최단경로임을 비슷한 방법으로 보일 수 있다.

연습문제 4.6 다음 최대흐름문제를 최소비용흐름문제로 바꾸어 보고, 이를 통해 최대흐름문제가 최소비용흐름문제의 특수한 경우임을 확인하라.

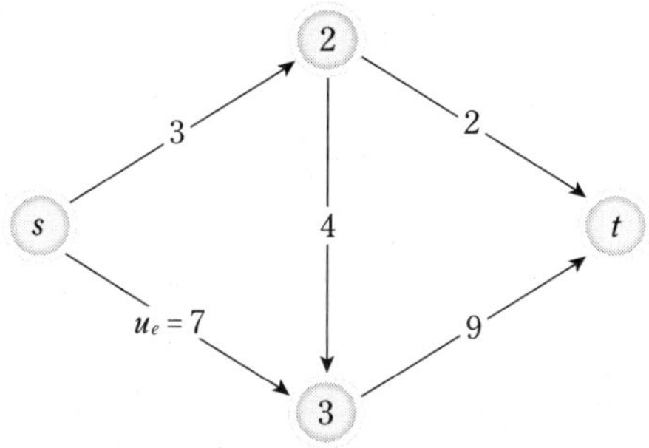

4.2 최소비용흐름문제의 응용

예 4.7 (주)안성농산은 거봉을 서울 지역으로 공급한다. 안성농산의 물류망은 강남, 미아리, 화곡, 잠실, 평촌 그리고 분당의 대리점과 각 지역 간의 소형차 수송 체계로 구성되어 있다. 안성에서 집하된 거봉은 나흘 단위로 공급되는데, 이 기간 동안 안성에서 공급할 수 있는 물량은 2,800상자이다. 이들의 수요는 강남 800, 미아리 400, 화곡 300, 잠실 500, 평촌 300, 분당 500상자로 구성된다. 각 대리점 간 수송 능력과 100상자당 수송 비용은 대칭적으로 안성을 제외한 다른 구역에서 다음과 같다.

(단위 : 100상자, 만원)

	강남	미아리	화곡	잠실	평촌	분당
안성	10, 3	–	–	–	9, 3	12, 2.5
강남	–	3, 0.5	3, 0.6	5, 0.3	4, 0.6	6, 0.3
미아리	–	–	2, 0.7	3, 0.4	–	–
화곡	–	–	–	–	5, 0.4	–
잠실	–	–	–	–	–	8, 0.25
평촌	–	–	–	–	–	4, 0.25

다음 네트워크에 표시된 최소비용흐름문제의 해는 물류비용을 최소화하는 거봉 공급계획이 된다. 단 하나의 무향호는 두 개의 대칭적인 유향호로 해석한다.

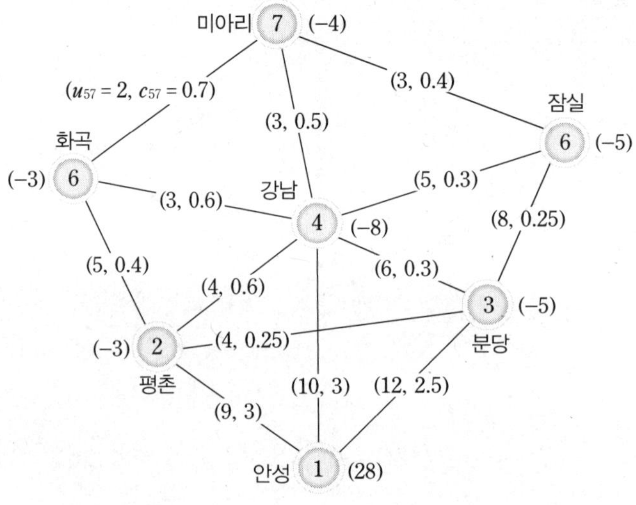

[예 4.7]의 경우는 거봉이라는 흐름을 최적화하는 매우 직관적인 예이다. 그러나 보다 다양한 응용 문제에 최소비용흐름문제가 활용될 수 있다.

예 4.8 (식탁보 수급문제*) 코엑스는 국제회의에 필요한 만찬을 호텔 '오우버더래인보우' 에 아웃소싱하였다. 이번 만찬은 국제회의가 가장 많은 10월 1일부터 열흘 동안 진행될 예정이다. 오우버더래인보우의 'culinary arts' 팀장 고라니 양은 오늘 오전 스태프들과 만찬 지원에 필요한 품목의 수급계획을 수립하려 한다. 그중 하나는 대형 원탁 식탁보이다. 식탁보의 구입 비용은 장당 15만원이고 세탁 비용은 장당 15,000원이다. 보통 세탁을 하면 이틀 후(다음 다음 날)에 사용 가능하다. 하지만 장당 10,000원의 비용을 추가하면 다음 날에 사용할 수 있다. 코엑스에서 보내온 열흘간의 만찬 참석자 수를 바탕으로 계산한 식탁보의 수는 다음과 같을 때 최소비용으로 식탁보를 수급하는 계획을 수립해 보자.

일자	1일	2일	3일	4일	5일	6일	7일	8일	9일	10일
수요	80	80	90	100	120	100	120	100	140	150

이 문제를 최소비용흐름문제를 이용하여 모형화해 보자. 먼저 식탁보 수급문제를 풀기 위해서는 각 일자에 필요한 식탁보를 조달하기 위해 새로 구입한 양, 이틀 이전에 사용한 식탁보를 세탁하여 사용한 양, 그리고 하루 전에 사용한 식탁보를 세탁하여 사용한 양을 결정해야 한다. 또한 그날 사용한 식탁보를 처리하기 위해 폐기하는 양, 다음날 바로 사용하기 위해 세탁하는 양, 이틀 이후에 사용하기 위해 세탁하는 양을 결정해야 한다. 이때 각 일자에 필요한 양 이상의 식탁보를 준비해야 한다는 것을 기억하자.

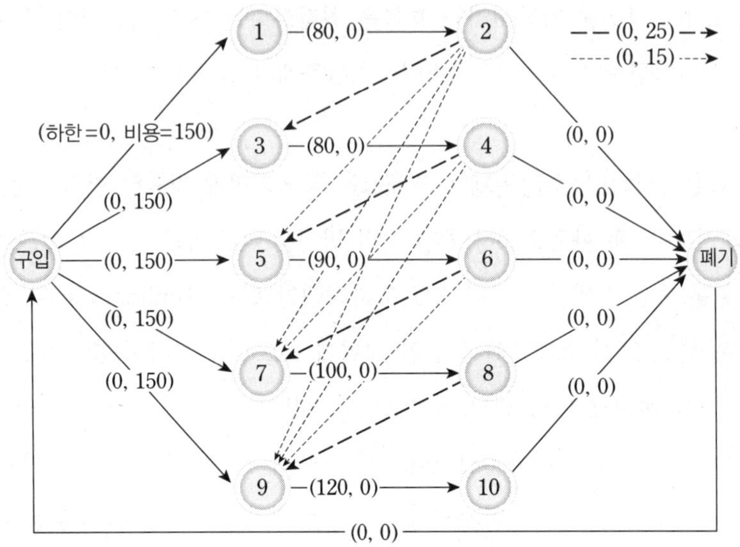

위 그림은, 네트워크 크기를 줄이기 위해, 10일 중 처음 5일간의 식탁보 수급 문제를 최소비용흐름문제로 모형화한 것이다. 비용의 단위는 천원이다.

각 일자($i=1,\cdots,5$)마다, 그날 필요한 식탁보를 조달하는 것을 의미하는 마디인 $2i-1$과 그 날 사용한 식탁보를 처리하는 마디인 $2i$를 만들자.

그리고 새로 식탁보를 구입하는 것을 의미하는 마디 "구입"과 사용한 식탁보를 다시 사용하지 않고 폐기하는 것을 의미하는 마디 "폐기"를 만들자. 이때 마디 "구입"에서 마디 $2i-1$로 호를 연결하고 하한을 0, 비용을 15만원으로 두자. 그리고 마디 $2i$에서 마디 "폐기"로 호를 연결하고 하한과 비용을 모두 0으로 두자.

하루만에 사용이 가능한 세탁을 표현하기 위해 마디 $2i$에서 마디 $2i+1$로 호를 연결하고 하한을 0, 비용을 2만 5천원으로 두자. 세탁한 후 이틀 이후에 사용하는 것을 표현하기 위해 $i \leqslant j$를 만족하는 i와 j에 대해, 마디 $2i$에서 마디 $2j+3$으로 호를 연결하고 하한을 0, 비용을 1만 5천원으로 두자. 마디 $2i-1$에서 $2i$로 호를 연결하고 하한을 그 일자에 필요한 식탁보의 양으로, 비용을 0으로 두자.

마지막으로 모든 마디의 균형이 0이 되도록 폐기 마디에서 구입 마디로 호를 연결하고, 하한과 비용을 모두 0으로 두자. 이 네트워크에서 호의 상한은 모두 ∞이다.

위의 최소비용흐름 네트워크의 최적해가 수요를 만족하는 최소비용 식탁보 공급 방법이 된다. 이를 다음과 같이 단계적으로 확인할 수 있다.

첫째, 위 흐름네트워크의 가능흐름은 실제로 가능한 식탁보 공급방법이 되고 그 역도 성립하는 것을 보인다. 둘째, 가능흐름은 항상 모든 식탁보 수요를 만족한다는 것을 보여라. 셋째, 위의 호비용이 실제 비용을 올바르게 반영하는 것을 보여라. 이 문제는 특히 순환흐름인 것을 알 수 있다.

4.3 최소비용흐름문제의 선형계획모형

최소비용흐름문제는 선형계획문제이다. 이를 보기 위해, [예 4.1]을 수리모형화해 보자.

예 4.9 ([예 4.1] 계속) 우리의 결정변수는 각 호 $(i, j) \in A$를 통과하는 흐름의 크기, x_{ij}이다. 목적함수인 총비용은 각 호에 통과하는 흐름이 발생시키는 비용을 모두 합한 것이 된다. 따라서 비용함수는 다음과 같다: $z = 5x_{12} + 4x_{13} + 7x_{14} + 2x_{25} + 10x_{34} + 8x_{35} + 5x_{45}$.

우리가 찾는 흐름이 각 마디에서 균형을 맞추기 위해서는 1.4절의 식 (1.1)이 만족되어야 한다. 예를 들어, 마디 3에서의 균형은 다음과 같이 쓸 수 있다.

$$
\begin{aligned}
b(3) &= \text{마디 3을 시점으로 하는 호의 흐름의 합} \\
&\quad - \text{마디 3을 종점으로 하는 호의 흐름의 합} \\
&= x_{34} + x_{35} - x_{13}.
\end{aligned}
$$

마지막으로 각 호에서의 용량제약조건을 첨가하면, [예 4.1]의 최소비용흐름문제는 다음과 같은 선형계획문제가 된다.

$$
\begin{array}{llllllllllll}
\min & z = & 5x_{12} & +4x_{13} & +7x_{14} & +2x_{25} & +10x_{34} & +8x_{35} & +5x_{45} & & \\
\text{sub.to} & & x_{12} & +x_{13} & +x_{14} & & & & & = & 10, \\
& & -x_{12} & & & +x_{25} & & & & = & 4, \\
& & & -x_{13} & & & +x_{34} & +x_{35} & & = & -3, \\
& & & & -x_{14} & & -x_{34} & & +x_{45} & = & -4, \\
& & & & & -x_{25} & & -x_{35} & -x_{45} & = & -7, \\
& & x_{12} & & & & & & & \leqslant & 4, \\
& & & x_{13} & & & & & & \leqslant & 10, \\
& & & & x_{14} & & & & & \leqslant & 4, \\
& & & & & x_{25} & & & & \leqslant & 10, \\
& & & & & & x_{34} & & & \leqslant & 5, \\
& & & & & & & x_{35} & & \leqslant & 5, \\
& & & & & & & & x_{45} & \leqslant & 5,
\end{array}
$$

$$\text{모든 변수} \geqslant 0.$$

일반적으로 표준형문제의 선형계획 모형은 다음과 같이 쓸 수 있다.

$$
\begin{aligned}
\min \quad & \sum_{(i,j)\in A} c_{ij} x_{ij} \\
\text{sub.to} \quad & \sum_{(i,j)\in A} x_{ij} - \sum_{(j,i)\in A} x_{ji} = b(i), \ \forall i \in N, \\
& 0 \leqslant x_{ij} \leqslant u_{ij}, \ \forall (i,j) \in A.
\end{aligned}
$$

이러한 선형계획문제는 여러 가지 특별한 구조를 가지고 있음을 알 수 있다. 그중에서도 각 마디의 균형제약식의 계수만을 쓰면 다음과 같은 모양의 행렬이 된다. 즉, 각 호의 변수는 오직 두 개의 제약식에서만 나타나는데, 호의 시점의 균형 제약식에서는 +1을 호의 종점의 균형 제약식에서는 −1을 계수로 갖게 된다.

따라서 이러한 행렬은 주어진 네트워크 토폴로지를 표현하는 방법으로 쓸 수 있으며 **마디-호 관계행렬**(node−arc incidence matrix)이라고 부른다.

	호 12	호 13	호 14	호 25	호 34	호 35	호 45
마디 1	+1	+1	+1				
마디 2	−1			+1			
마디 3		−1			+1	+1	
마디 4			−1		−1		+1
마디 5				−1		−1	−1

〈그림 4.26〉 마디-호 관계행렬

연습문제 4.10 [예 4.2]의 일반하한문제를 선형계획문제로 모형화하라.

연습문제 4.11 다음 네트워크 토폴로지를 마디-호 관계 행렬을 사용하여 나타내고, 그 위에서 정의된 최소비용흐름문제를 선형계획문제로 모형화하라.

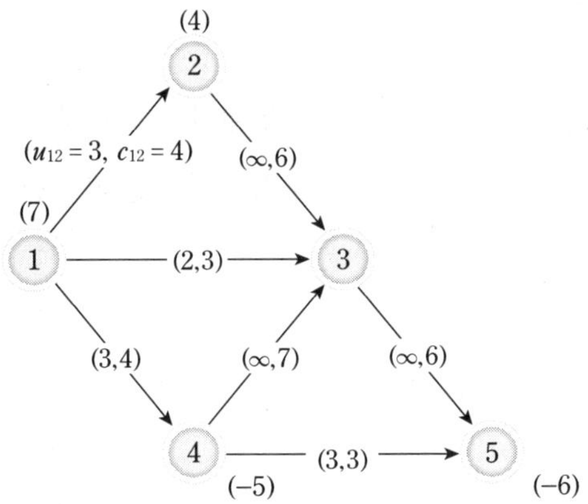

4.4 음수회로 알고리듬

최소비용흐름문제를 위한 해법은 다수 존재한다. 그중에서 음수회로 알고리듬은 가능흐름을 유지하면서 음수회로를 찾아 해를 개선하여 최적성을 추구하는 해법이다. 이 해법은 **최소비용흐름문제 잔여용량 네트워크**를 사용하여 구현할 수 있다. 구체적으로 네트워크 G에 정의된 최소비용흐름문제의 가능흐름을 x라고 할 때 그 잔여용량 네크워크는

- 흐름네트워크로서 G의 잔여용량 네트워크 $G(x)$와
- 각 호 (i, j)에 원래 방향 호이면 c_{ij},원래는 없었지만 역방향 흐름에 의해 생

긴 호이면 $-c_{ij}$의 비용을 부과한 것으로 정의한다.

예 4.12 다음 그림에서 왼쪽 최소비용흐름문제의 가능해 x가 호 옆에 표시되어 있다. 표시가 없으면 0이다. 오른쪽은 이의 잔여 용량네트워크이다.

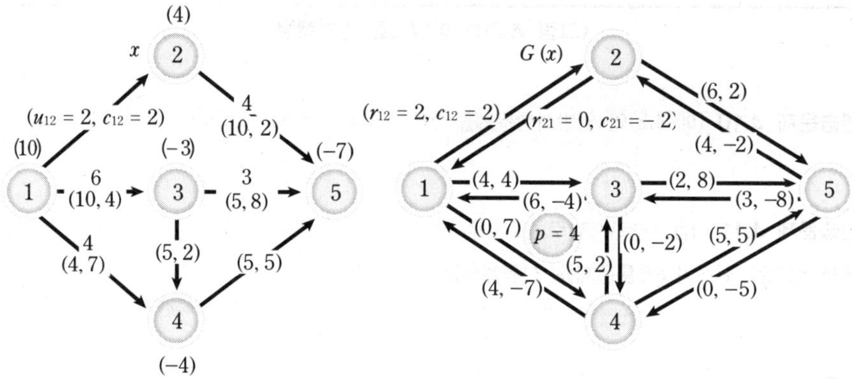

호비용의 합이 음수인 회로를 **음수회로**라고 부르자.

음수회로 알고리듬은 'pseudo-code' 형식을 따르면 다음과 같이 기술할 수 있다.

음수회로 알고리듬

초기가능해 x^0를 구한다.

x^0의 잔여용량 네트워크 $G(x^0)$를 구한다.

용량이 0보다 큰 음수회로가 존재하지 않을 때까지 다음을 반복한다 :

1. 현재 잔여용량 네트워크에서 용량이 0보다 큰 음수회로를 하나 찾는다.
2. 그 회로의 용량 ρ를 계산한다.
3. 음수 회로를 따라 정 방향호의 용량은 ρ만큼 감소시키고 역방향 호는 증가시킨다. (이를 ρ-조정이라 한다.)
4. 현재 잔여용량 네트워크와 원래 네트워크를 비교하여 해를 출력한다.

예 4.13 [예 4.12]의 $G(x)$에서 유향회로 $1-3-4-1$은 용량 $\rho=4$이며, 호비용의 합이 -1이므로 음수회로이다. 이를 따라서 ρ-조정을 하면 원래 문제에서 비용이 $4\times(4+2-7)$만큼 증가하며, 바로 음수회로의 용량과 비용의 곱임을 알 수 있다.

앞의 관찰에서 현재 가능해 x가 최적해이면 잔여용량 네트워크가 용량이 0보다 큰 음수회로를 가질 수 없다는 것을 알 수 있다. 역으로 현재 가능해 x가 최적해가 아니면 반드시 그 잔여용량 네트워크가 용량이 0보다 큰 음수회로를 가져야 한다는 것을 어렵지 않게 보일 수 있다. (우리는 생략한다.)

성질 4.14 최소비용흐름문제 G의 가능해 x가 최적일 필요충분조건은 잔여용량 네크워크 $G(x)$가 용량이 0보다 큰 음수회로를 가지지 않는 것이다.

연습문제 4.15 초기 가능해를 구하는 방법을 구하라. (힌트 : 최대흐름문제로 풀 수 있다.)

또한 음수회로는 우리의 경우처럼 네트워크가 소형일 때는 '눈으로' 찾을 수 있다. 참고로 대형 네트워크에서 음수회로는 최단경로 알고리듬을 사용하면 구할 수 있다.

연습문제 4.16 앞의 예에 음수회로 알고리듬을 계속 적용하여 최적해를 구하라.

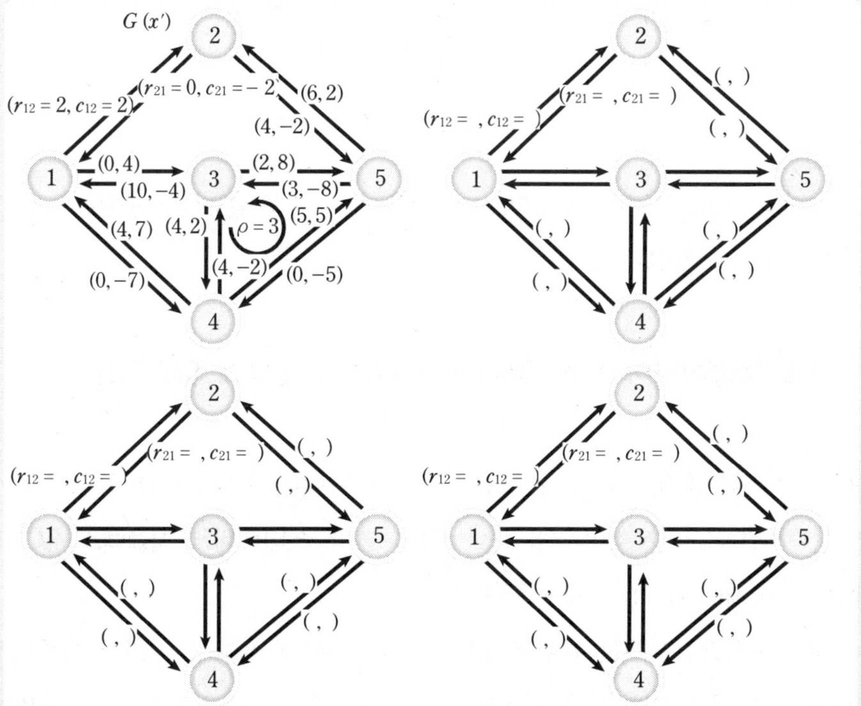

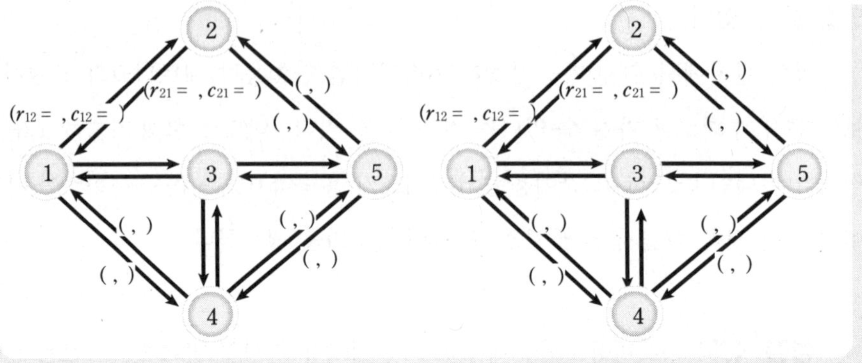

연습문제 4.17 다음 최소비용흐름문제를 주어진 가능흐름을 초기해로 하여 음수회로 알고리듬으로 풀라.

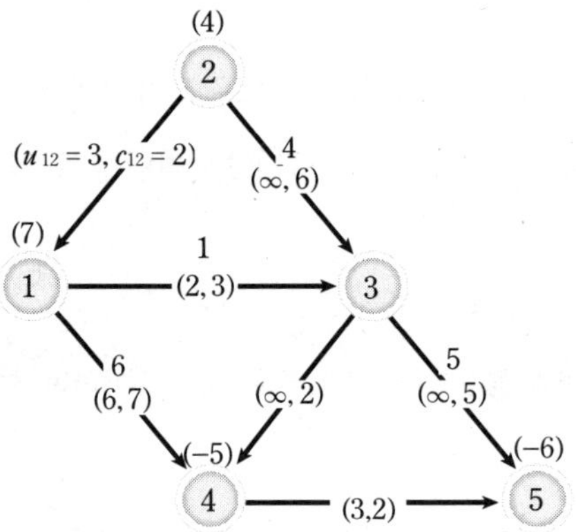

최소비용흐름문제를 위한 알고리듬들 중에서 가장 실용적인 방법은 네트워크 심플렉스 해법이다.

4.5 용량제약이 없는 경우 네트워크 심플렉스 알고리듬*

최소비용흐름문제를 풀 수 있는 알고리듬은 여러 가지가 있다. 그중에서 가장 신속하면서도 실용적인 것을 하나 고른다면 바로 **네트워크 심플렉스 알고리듬**(network simplex algorithm)을 들 수 있다.

최소비용흐름문제는 앞에서 보았듯이 선형계획문제이며, 따라서 심플렉스 알고리듬을 적용할 수 있다. 심플렉스 알고리듬을 최소비용흐름문제의 특별한 구조에 맞게 서술한 것이 네트워크 심플렉스 알고리듬이다. 네트워크 심플렉스 해법은 우리가 다룬 음수회로 알고리듬의 특별한 경우로 해석할 수 있다. 항상 가능해를 음수회로를 찾기 쉬운 '나무해' 라는 형태로 유지하기 때문에 매우 효율적으로 한 반복단계를 수행할 수 있다.

이러한 점들을 이해하기 위해, 표준형보다 조금 더 단순한 형태의 최소비용흐름문제를 먼저 생각하자. 모든 호의 용량의 제한이 없는 최소비용흐름문제에 국한하여 네트워크 심플렉스 알고리듬을 논의하려고 한다.

문제 4.18 (무한용량 최소비용흐름문제)

$$\min \quad \sum_{(i,j)\in A} c_{ij}\, x_{ij} \tag{4.7}$$

$$\text{sub.to} \quad \sum_{(i,j)\in A} x_{ij} - \sum_{(j,i)\in A} x_{ji} = b(i), \ \forall i \in N, \tag{4.8}$$

$$0 \leqslant x_{ij}, \ \forall\, (i,j) \in A. \tag{4.9}$$

이 경우, 문제의 단순성 때문에 알고리듬을 서술하고 이해하기 훨씬 간편하면서도 이를 용량이 있는 문제로 어렵지 않게 확장할 수 있기 때문이다.

4.5.1 음수회로

음수흐름증가회로(negative-cost circuit)는 네트워크 알고리듬을 이해하는데 필수적인 개념이다.

유향 네트워크의 경로 $P: v_1 - v_2 - \cdots - v_l$을 생각하자. (이때, '유향경로' 가 아니라 단순히 '경로' 라고 할 때는, 방향을 생각하지 않는 무향 네트워크에서 의미라는 것을 상기하자.) P에서, v_1으로부터 v_l을 향하여, 그 마디들을 경유하면 만나는 호의 방향이 P의 방향과 일치할 수도 있고, 반대도 될 수도 있는데, 전자의 경우는 **정방향호**, 후자의 경우는 **역방향호**로 부르자.

P의 비용 $c(P)$를 다음과 같이 정의한다 :

$$c(P) \equiv \text{정방향호의 비용의 합} - \text{역방향호의 비용의 합}. \tag{4.10}$$

예를 들어 아래 그림에서 경로 $P: i-j-k-l-p$의 비용은 $3-4+1-3=-3$이 된다. 이것은 유향경로 비용을 확장한 개념이라는 것을 알 수 있다.

흐름 네트워크에 가능 흐름 x가 흐르고 있다고 하자. 그리고 네트워크에 아래와 같은 회로 $C: i-j-k-l-p-q-i$가 있다고 하자. 이때, 회로를 따라가면서 호의 흐름을 다음 그림과 같이 $\theta \geqslant 0$만큼 조정해 보자.

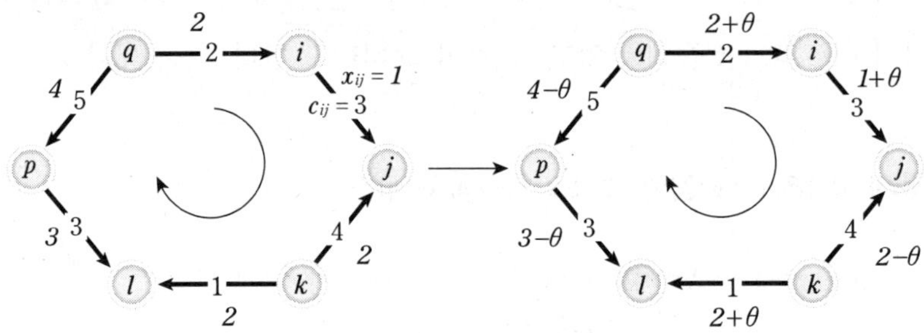

구체적으로 말해, 정방향호는 흐름을 θ만큼 증가시키고 역방향호는 θ만큼 감소시키자. (흐름증가경로 알고리듬에서 유사한 흐름조정을 한 바 있다. 잔여용량 네트워크를 사용하였지만 ….)

$$
\begin{aligned}
x_{ij} &\leftarrow 1+\theta, \\
x_{jk} &\leftarrow 2-\theta, \\
x_{kl} &\leftarrow 2+\theta, \\
x_{lp} &\leftarrow 3-\theta, \\
x_{pq} &\leftarrow 4-\theta, \\
x_{qi} &\leftarrow 2+\theta.
\end{aligned}
\tag{4.11}
$$

이렇게 조정된 흐름은 각 마디에서 균형을 유지하게 된다. 예를 들어, 마디 전후의 호의 방향이 같은 마디 i를 보자. i로 들어가는 호 $(q,\ i)$와 i에서 나가는 호 (i,j)의 흐름이 모두 θ만큼 증가하였으므로 i의 균형은 깨지지 않는다. 이번엔 마디 전후의 호의 방향이 반대인 마디 j를 보자. 이 경우엔 두 개의 호가 모두 j로 들어가는 호인데, 하나는 흐름이 θ만큼 증가하고 다른 하나는 θ만큼 감소하였으므로 마디 j의 균형 역시 유지된다.

이런 관찰을 반복하면 모든 경우에 마디의 질량보존 조건을 유지되는 것을 알 수 있다. 따라서 조정된 흐름은 용량조건을 만족하기만 하면, 가능 흐름이 된다.

조정된 흐름이 용량조건을 만족하게 되는 흐름 증가량 θ의 최대값은 얼마일까? 그것은 각 호의 흐름이 비음이 되면 충분하므로 다음을 만족하는 θ의 최대값은 2가 된다.

$$1+\theta \geqslant 0,\ \ 2-\theta \geqslant 0,\ \ 2+\theta \geqslant 0,\ \ 3-\theta \geqslant 0,\ \ 4-\theta \geqslant 0,\ \ 2+\theta \geqslant 0.$$

일반적으로, 이 값은 역방향호의 흐름 크기 중에서 가장 작은 값과 같다.

마지막으로 목적함수의 변화는 다음과 같다:

$$\theta\,(c_{ij}-c_{jk}+c_{kl}-c_{lp}-c_{pq}+c_{qi}) = \theta c\,(C).$$

따라서 $c(C)$가 음수인 경우 조정된 흐름은 목적함수를 감소시킨다. 이러한 회로를 **음수흐름증가회로**, 또는 간단히 **음수회로**라고 부르자.

음수회로의 개념에서 최소비용흐름문제를 위한 알고리듬 디자인 원리를 얻을 수 있다. 현재 가능흐름의 음수회로를 찾아 θ–조정으로 해를 개선시키는 알고리듬을 생각할 수 있다.

참고 4.19 본 4.5.1에서 정의한 음수회로는 4.4절에서 잔여용량 네트워크에서 정의한 음수회로와 본질적으로 같은 개념이다. 다만 네트워크 심플렉스 알고리듬은 더 많은 장치가 필요하기 때문에 잔여용량 네트워크를 사용하지 않고 음수회로를 정의하였다. 따라서 새로 정의한 음수회로의 존재성은 현재 해가 개선 가능하다는 것과 동치가 된다.

이러한 알고리듬은 매 반복단계마다 음수회로를 찾아야 하는데, 음수회로를 찾는 문제는 최단경로문제와 맞먹는 계산이 필요하다는 것을 보일 수 있다. 따라서 매 반복단계가 적지 않은 시간이 필요하므로 실용적으로 볼 때 바람직한 알고리듬이라고 볼 수는 없다.

이에 비해 우리가 배울 네트워크 심플렉스 알고리듬은 매우 빠르게 탐지할 수 있는 탐지할 수 있는 가능흐름인 걸침나무해를 유지하기 때문에 계산을 많이 줄일 수 있다. (이것이 네트워크 심플렉스가 실용적으로 아주 빠른 이유 중에 하나이다.)

4.5.2 걸침나무해

(4.8 ~ 4.9)의 제약조건을 만족하는 가능흐름은 무수히 많다. 네트워크 심플렉스 알고리듬은 다음과 같이 흐름을 갖는 호의 수가 최소한이 되는 가능흐름만을 고려한다.

정의 4.20 [문제 4.18]의 가능해 x에 대해 다음의 조건을 만족하는 걸침나무 T가 존재하면 우리는 그 가능해를 **걸침나무해** 또는 줄여서 **나무해**(tree solution)라고 부른다: T에 속하지 않는 호 (i,j)의 흐름은 모두 0이다.

[정의 4.20]의 조건은, 'G에서 흐름의 크기가 0보다 큰 호로 이루어진 부분 네트워크에 회로가 존재하지 않는다' 는 것과 같다. 언뜻, 나무해는 일반적인 가능해에 비하여 너무 특별한 형태로 보인다. 그러나 최적흐름 중에는 반드시 나무해가 존재하는 것을 보일 수 있다.

먼저 최적흐름에서 흐름의 크기가 0보다 큰 호로 이루어진 부분 네트워크에 회로 C가 존재하면 C의 비용은 0임을 보이자. 만약 C의 비용이 음수이면 C가 음수회로가 되고, C의 비용이 양수이면 C와 반대방향 회로가 음수회로가 된다. 어떤 경우에도, θ-조정을 통하여 흐름의 비용을 감소시킬 수 있기 때문에 현재 흐름이 최적이라는 데에 모순이다.

앞 절에서 논의한 것과 같이 C의 흐름을 역방향호 흐름의 최소값만큼 θ-조정하자. (역방향호가 없으면, 회로의 방향을 반대로 바꾸어 생각하면 된다.) 이 흐름은 조정 전의 최적해와 비용이 같으므로 역시 최적해가 된다. 중요한 것은 새로운 최적해는, 회로 C의 호 중 최소 하나가 그 흐름이 0이 된다는 것이다. 이렇게 흐름이 0보다 큰 호로 이루어진 회로를 하나 감소시킬 수 있다. 또한 흐름이 0인 호들에는 흐름 변화가 없는 것을 알 수 있다.

따라서 이러한 과정을 반복하면, 호의 개수보다 작은 반복횟수 안에 흐름이 0보다 큰 호로 이루어진 모든 회로를 제거할 수 있다. 즉, 최적 나무해를 구할 수 있다.

정리 4.21 최소비용흐름문제가 최적해를 가지면, 반드시 나무해가 되는 최적해가 존재한다.

예 4.22 예를 보자. 호의 비용은 호의 중간에 적었다. 굵은 선으로 표시된 걸침나무 밖의 호의 흐름은 0이다.

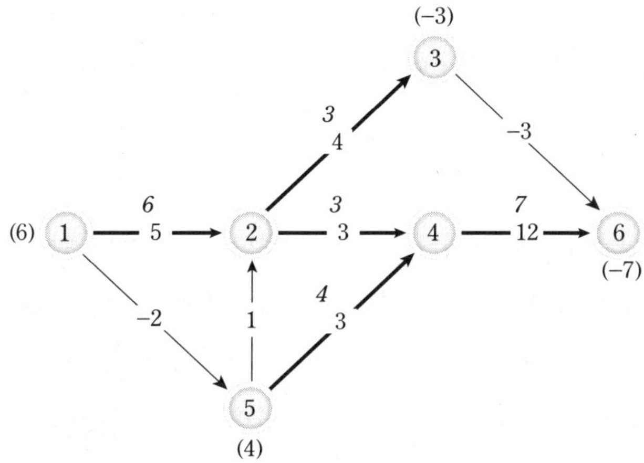

연습문제 4.23 다음 무한용량 최소비용흐름문제의 현재 흐름은 나무해인가? 그렇다면 그 이유를 정확히 밝히고, 아니면 현재 흐름을 나무해로 바꾸어라.

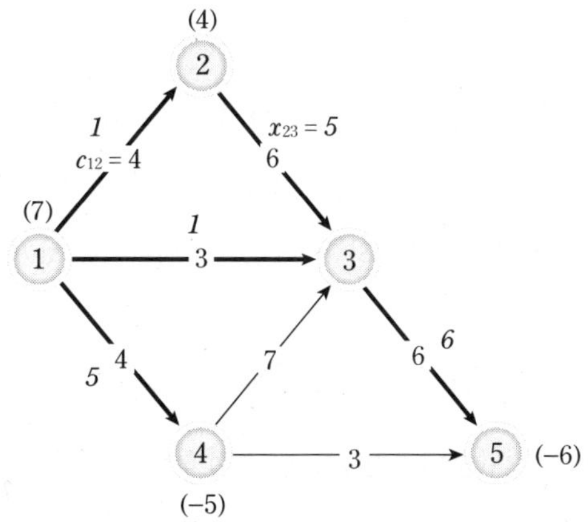

참고 4.24 나무해는 최소비용흐름문제를 선형계획으로 적었을 때, 기저가능해에 해당하는 것을 어렵지 않게 보일 수 있다. 이것은 〈그림 4.3〉의 행렬의 열의 부분집합이 선형독립이라는 것과 대응하는 호의 집합이 회로를 만들지 않는다는 사실을 사용하여 증명한다.

4.5.3 네트워크 심플렉스

4.5.1절에서 논의했듯이, 네트워크 심플렉스는 특별한 형태의 음수회로의 흐름을 조정하여 해를 개선하는 알고리듬이다. 즉, 나무해를 항상 유지하기 때문에 매 반복단계마다, 이에 대응하는 걸침나무 T를 하나씩 갖게 된다. 그러면 [연습문제 1.15]에 의해 T에 속하지 않는 각 호 $e \in A$는 T와 회로를 꼭 한 개 만들게 된다. 회로의 방향은 추가되는 호 e의 방향으로 정한다.

네트워크 심플렉스 알고리듬은 이러한 회로만을 고려한다. 이러한 회로의 개수는 걸침나무 T에 속하지 않은 호의 개수와 동일한 것을 알 수 있다. 이러한 회로 중에 음수회로가 존재하면, 4.5.1절에서 논의한 θ-조정을 통해 더 나은 가능해를 구한다. 증명을 하지는 않지만 이러한 음수회로가 존재하지 않으면 현재해는 최적해가 된다.

구체적인 논의를 위해 [예 4.22]의 나무해를 보자. 굵은 선의 걸침나무에 호 $e=(3,6)$을 추가하면 회로 $C: 3-6-4-2-3$이 생긴다. 그리고 회로의 비용 $c(C)$는 -14가 된다. 다음 단계로 회로를 따라 θ-조정을 최대로 하면 개선된 해를 얻게 되는 것이다.

이러한 해의 개선 작업을 위해 가능한 회로의 비용을 모두 계산하여야 할 것이다. 이러한 작업을 보다 편리하게 구하는 방법을 보자. 이는 각 마디 i마다 값 $\pi(i)$를 먼저 구한 다음 이를 사용하여 회로의 비용을 구하게 되는데 그 방법은 다음과 같다.

먼저 마디를 임의로 하나 선택하여 뿌리 마디로 지정한다. 이 마디를 r이라고 하자(이후로 뿌리 마디는 변하지 않는다). 걸침나무 T에서, r에서 각 마디 i까지는 경로가 꼭 하나 존재한다. 그 비용을 $\pi(i)$라고 하자. 그러면 호 $e=(i,j)$가 T에 첨가되어 만들어지는 회로의 비용은 다음과 같다:

$$\bar{c}_{ij} \equiv c_{ij} + \pi(i) = \pi(j). \qquad (4.12)$$

예를 통해 확인해 보자. 다음 그림에는 [예 4.22]에서 $r=1$로 고정했을 때, $\pi(i)$값들을 마디에 표시하였다. 이때, 앞에서 보았던 회로 C : $3-6-4-2-3$의 비용 $\bar{c}_{36} \equiv c_{36} + \pi(3) - \pi(6) = -3+9-20=-14$가 되어 실제 비용과 일치한다. 왜냐하면 $\pi(3) - \pi(6)$은 $1-3$경로와 $1-6$ 경로의 공통 부분인 호 (1,2)의 비용은 상쇄하고, 회로에 해당하는 부분인 호 (2,3)의 비용과 경로 $2-4-6$의 비용의 부호를 반대로 한 비용만을 남기기 때문이다. 그리고 이러한 관찰을 확장하면, 일반적으로 $\bar{c}_{ij}$가 호 (i,j)를 현재 걸침나무에 추가했을 때 생성하는 회로의 비용이 되는 것을 어렵지 않게 확인할 수 있다.

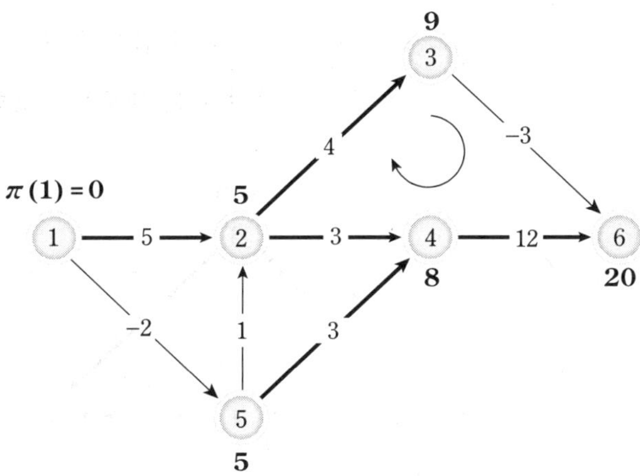

(4.13)의 $\bar{c}_{ij}$를 호 (i,j)의 상대비용이라고 부른다. 즉, 걸침나무에 속하지 않는 호의 상대비용은, 이 호가 현재 걸침나무에 추가되어 만드는 회로의 비용이 된다. 나무에 속한 호의 상대비용은 0이 되는 것을 쉽게 확인할 수 있다.

다음 단계는 찾은 음수회로에서 θ−조정을 하는 것이다. 그러면 목적함수는 $-\theta c(C)$만큼 감소하게 된다.

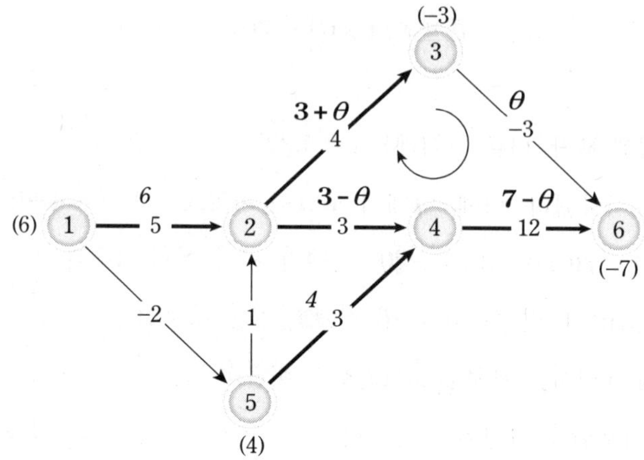

만약 역방향호가 없는 경우에는 θ를 얼마든지 증가시켜 목적함수를 무한히 감소시킬 수 있다. 따라서 최적해는 존재하지 않으므로 알고리듬을 종료한다. 역방향호가 있는 경우에는 θ를 역방향호의 흐름 중 최소값과 같게 한다.

위의 예의 경우 $\theta = 3$이 되어 조정 후 다음과 같은 새로운 가능해를 얻는다.

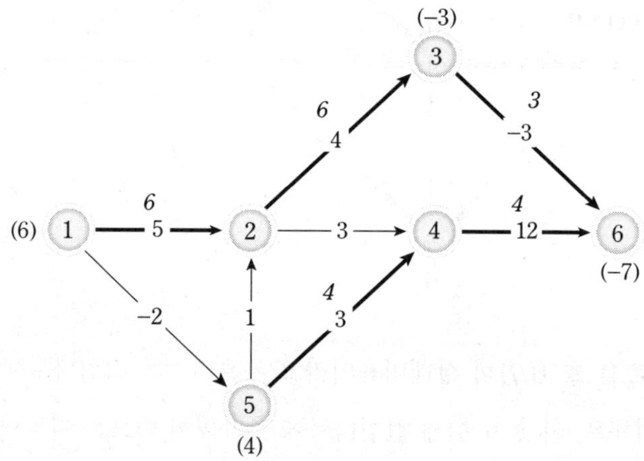

이때 걸침나무에서 흐름이 0이 된 역방향호 (2,4)를 제거하고 호 (3,6)을 걸침나무에 추가하면 새로운 걸침나무가 생성된다. 개선된 해는, 이 걸침나무 밖의 호에서는 흐름이 모두 0이기 때문에 역시 나무해가 된다.

따라서 앞의 과정을 다시 새로운 해에 반복하여 수행할 수 있다. 그리고 음수회로가 없을 때까지 반복한다.

알고리듬 4.25 무한용량 최소비용흐름문제를 위한 네트워크 심플렉스

단계 0 : (초기화) 초기 나무해를 하나 구하고 임의로 뿌리마디 r을 선택한다.

단계 1 : (주 반복단계) 알고리듬이 끝날 때까지 다음을 반복한다:

1. 현재 나무해의 π를 구한다.
2. 현재 걸침나무 T에 속하지 않는 호 중에서 다음을 만족하는 것을 찾는다: $\bar{c}_{ij} = c_{ij} + \pi(i) - \pi(j) < 0$. 그런 호가 없으면 현재해는 최적해이다: 알고리듬을 **종료**한다. 아니면 $\bar{c}_{ij} < 0$인 호 호 (i,j)를 하나 선택한다.
3. 호 (i,j)를 T에 첨가했을 때 생기는 음수회로를 따라 역방향호가 없으면 최적해는 존재하지 않는다: 알고리듬을 **종료**한다.
4. 역방향호 흐름의 최소값을 구하여 θ−조정을 하여 새로운 나무해를 구한다. 이때, 호 (i,j)를 T에 첨가하고 흐름이 0으로 떨어진 역방향호 중 임의로 하나를 선택하여 T에서 삭제하여 새로운 걸침나무를 얻는다.

연습문제 4.26 위의 알고리듬을 계속 적용하여 [예 4.22]의 최적해를 완성하라.

연습문제 4.27 [연습문제 4.23]에서 구한 나무해가 최적해인지 확인하고, 아니면 위의 알고리듬을 적용하여 최적해를 구하라.

4.6 용량제약이 있는 경우*

유한한 용량을 갖는 호가 존재할 때, 앞에서 논의한 개념들을 어떻게 확장하여 일반적인 네트워크 심플렉스 알고리듬을 만들 수 있는지 보기로 하자.

나무해

정의 4.28 가능해 x에 대해 다음의 조건을 만족하는 걸침나무 T가 존재하면 우리는 그 가능해를 걸침나무해 또는 줄여서 나무해라고 한다: T에 속하지 않는 호 (i,j)의 흐름은 모두 0이거나 호의 용량 u_{ij}와 같다.

[정의 4.28]의 조건은, G에서 흐름의 크기가 0보다 크고 용량보다 작은 호로 이루어진 부분 네트워크에 회로가 존재하지 않는다는 것과 같다. 다음 그림은 [예 4.1]의 나무해 중 두 개를 예로 들었다.

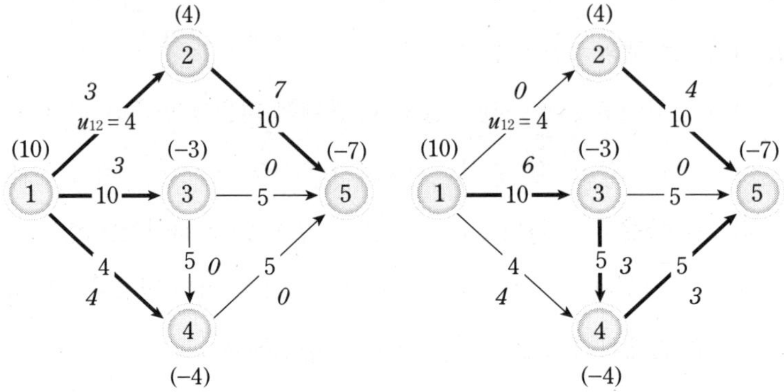

π와 회로의 비용

우선 π를 구하는 방법은 이전과 동일하다. 먼저 마디 하나, 예를 들어 r을, 임의로 골라 이후로 생성하는 모든 걸침나무의 뿌리로 지정한다. 걸침나무가 하나 있을 때, 마디 i의 $\pi(i)$값은 걸침나무에서 r에서 i까지 경로의 비용이 된다. 다음 그림은 위의 두 나무해에서 r을 마디 1로 고른 후에 π를 계산한 결과이다.

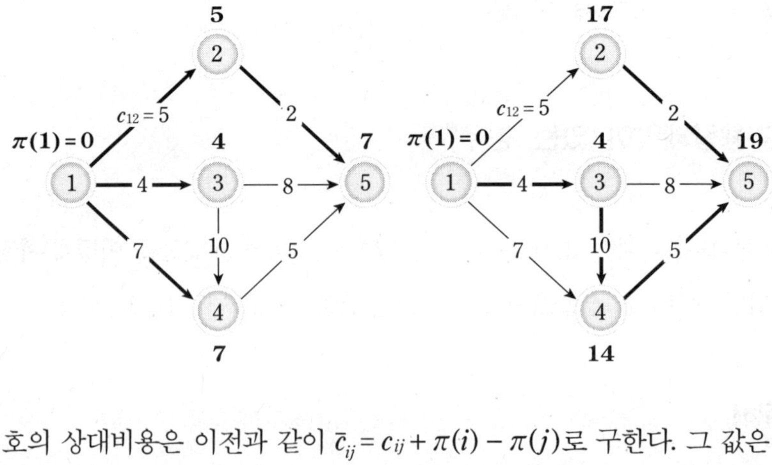

각 호의 상대비용은 이전과 같이 $\bar{c}_{ij} = c_{ij} + \pi(i) - \pi(j)$로 구한다. 그 값은 (i, j)가 나무의 호이면 0, 그렇지 않으면 해당 회로의 비용이 되는 것도 마찬가지이다.

목적함수를 개선하는 θ-조정

이전의 경우에 비해 용량이 유한한 호가 존재하는 경우는 어떤 회로 C를 통해 θ-조정을 할 때, 역방향호의 흐름뿐 아니라, 정방향호도 고려해야 한다. 왜냐하면, 정방향호의 용량이 유한한 경우 남은 용량보다 θ가 더 클 수 없기 때문이다. 따라서 다음과 같이 계산해야 할 것이다:

$$\theta = \min\{C\text{의 역방향호의 흐름}, C\text{의 정방향호의 남은 용량}\}. \tag{4.13}$$

용량이 유한한 호가 존재하는 경우 목적함수를 개선하는 방법은 두 가지가 있다.

첫째, 이전의 경우와 같이 현재 흐름이 0인 나무 밖의 호를 추가했을 때, 음수회로가 발생하는 경우이다. 이때, 식 (4.13)으로 계산한 θ를 사용하여 해를 개선할 수 있다.

둘째, 이전의 경우와는 다르게, 현재 흐름이 용량만큼 차있는 나무 밖의 호를 추가했을 때, 양수회로가 발생하는 경우가 있을 수 있다. 이 경우, 같은 회로를 반대 방향으로 경유하면 음수회로 C를 얻는다. 따라서 역시 앞의 식으로 계산한 θ를 사용하여 θ-조정을 하면 해를 개선할 수 있다.

새로운 나무해의 결정

위에서 나무 밖에서 추가되어 C를 생성시킨 호를 e, 그리고 식 (4.13)에서 θ를 결정한 원인이 되는 호를 e'이라고 하자. 이러한 호는 다수 생길 수 있다. 이 중 임의로 선택한다. 현재 나무에 e를 추가하고 e'을 제거하여 새로운 나무를 구한다. (따라서 $e = e'$인 경우도 생길 수 있다. 예를 들어 현재 $x_e = 0$이었는데, u_e가 다른 어떤 역방향 호의 현재 흐름이나, 정방향 호의 남은 용량보다 작은 경우이다. 이 경우는 걸침나무는 변하지 않는다. 즉, e는 나무 밖의 호로 남으며, 현재 흐름만 변하게 된다.)

알고리듬 4.29 최소비용흐름문제를 위한 네트워크 심플렉스

단계 0 : (초기화) 초기 나무해를 하나 구하고 임의로 뿌리마디 r을 선택한다.

단계 1 : (주 반복단계) 알고리듬이 끝날 때까지 다음을 반복한다:

1. 현재 나무해의 π를 구한다.
2. 현재 걸침나무 T에 속하지 않는 호 중에서 다음을 만족하는 것을 찾는다: $x_{ij}=0$이고 $\bar{c}_{ij}<0$, 혹은 $x_{ij}=u_{ij}$이고 $\bar{c}_{ij}>0$. 그런 호가 없으면 현재해는 최적해이다: 알고리듬을 **종료**한다. 그런 호가 존재한다면 그중 호 (i,j)를 하나 선택한다.
3. $\bar{c}_{ij}<0$이면 호 (i,j)를 T에 첨가했을 때 생기는 회로의 방향은 (i,j)가 정방향, $\bar{c}_{ij}>0$이면 호 (i,j)를 역방향이 되도록 한다. 만일 회로를 따라 역방향호가 없고, 정방향호의 용량이 모두 무한하면 최적해는 존재하지 않는다 : 알고리듬을 **종료**한다.
4. 식 (4.13)에 의하여 결정된 값을 사용해서 θ−조정을 수행한다. 앞에서 논의한 호의 추가 제거 원칙에 따라 새로운 나무해를 구한다.

연습문제 4.30 [예 4.1]의 문제를 풀라. 단, 앞에서 제시한 두 개의 나무해를 초기해로 사용하여 각각 해를 완성하라.

연습문제 4.31 다음 최소비용흐름문제의 최적해를 네트워크 심플렉스를 사용하여 풀라.

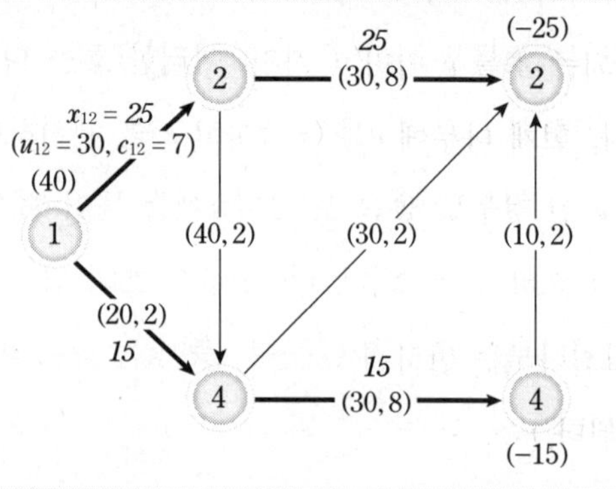

네트워크 심플렉스 알고리듬이 최소비용흐름문제를 올바로 푼다고 가정하면

알고리듬의 각 반복단계로부터 다음과 같은 사실을 쉽게 관찰할 수 있다.

정리 4.32 모든 용량이 정수인 최소비용흐름문제가 최적해를 가지면 반드시 정수 최적해를 갖는다.

연습문제 4.33 다음 그래프를 고려하자. (호에 쓰인 숫자는 각 호의 비용을 의미한다.)

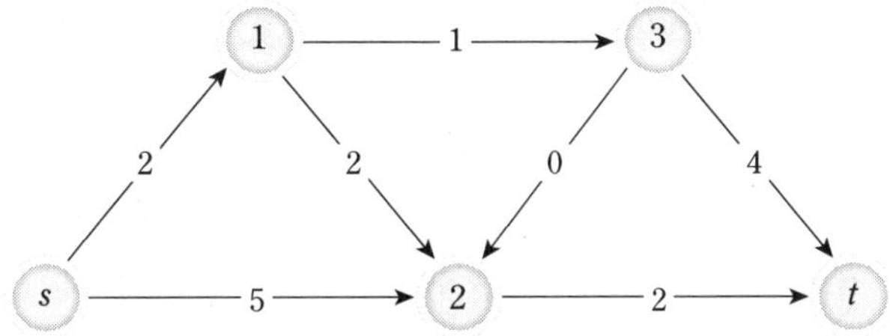

가. 위 $s-t$ 최단경로문제를 최소비용흐름문제로 바꾸라.

나. 가.에서 구한 최소비용흐름문제에 대해 초기 나무해가 호 $(s,1)$, $(s,2)$, $(2,t)$, $(3,t)$가 되도록 가능 흐름을 구하고, 네트워크 심플렉스 알고리듬을 통하여 최적흐름을 도출하라.

다. $s-t$ 최단경로가 변하지 않는 호 $(s,2)$ 비용, 호 $(1,2)$의 비용과 호 $(2,t)$ 비용의 범위를 각각 구하라.

4.7 다품목 흐름네트워크*

지금까지 다룬 최소비용흐름문제는 각 노드에 도착하는 흐름이 어떤 노드에서시작했는지 구분하지 않았다. 그러나 동일한 네트워크 위에 두 종류 이상의 구별이 필요한 흐름을 고려해야 하는 경우가 있다. 예를 들어 지하철 네트워크에서 운영계획을 위해서 각 출발역과 목적지역 별 승객들이 어떤 경로를 사용했는지 추정하게 되는데, 이 경우 각 출발역과 목적지역 별로 승객의 흐름이 다른 종류의 흐름으로 취급된다.

이러한 경우, 우리의 문제는 다품목 흐름네트워크로 모형화할 수 있다. 지금까지의 단일품목 흐름네트워크는 자연스럽게 다품목으로 확장할 수 있다. 다음 그림의 왼쪽 네트워크에는 우리가 이미 논의한 단일품목 흐름이 흐르고 있다. 이에 한 종류의 흐름을 첨가한 네트워크가 오른쪽에 있다.

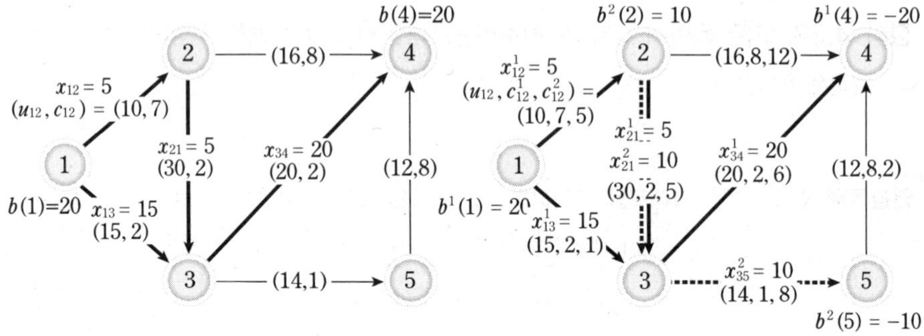

이 네트워크에 표기한 것처럼, 단일 품목 대신 K개의 품목을 다루기 위해 위의 첨자 $k = 1, 2, \cdots, K$를 도입하여 흐름의 종류를 구별할 수 있다.

- x_{ij}^{k} = 호 (i, j)의 품목 k 흐름의 크기,
- $b^{k}(i)$ = 마디 i의 품목 k 흐름의 균형,
- c_{ij}^{k} = 호 (i, j)의 품목 k의 단위 흐름 비용.

용량제약을 제외하면 각 품목은, 개별적으로 단일 품목으로서 각 마디에서 균형 조건을 만족해야 한다. 품목들은 용량을 공유하게 된다. 즉, 각 호 (i, j)에 흐르는 K개의 품목 흐름의 합이 호의 용량인 u_{ij}를 넘지 않아야 한다.

$$\sum_{k=1}^{K} x_{ij}^{k} \leqslant u_{ij}. \tag{4.14}$$

이러한 조건을 만족하는 다품목 흐름 중에서 발생하는 총비용의 합이 최소인 것을 구하는 문제를 다품목 최소비용흐름 문제라고 한다. 각 품목마다 각 마디에서 흐름 균형 조건은 동일하게 성립해야 한다. 단일품목과의 차이는, 품목들의 흐름이 각 호를 공유하기 때문에 그 합이 호의 용량을 넘지 않아야 한다는 것이다. 이러한 용량조건은 선형제약식이 되므로, 다품목 최소비용흐름문제 역시 선형계획으로 모형화되는 것을 알 수 있다. 이 문제는 단일 품목 문제와는 달리 앞에서 논의한 알고리듬들이 적용되지 않는다. 하지만 선형계획문제로 모형화되기 때문에 심플렉스해법 등으로 풀 수 있다.

연습문제 4.34 이전 그림의 2품목 최소비용흐름문제를 선형계획으로 모형화하라.

예 4.35 (통행 배정과 시간확장 네트워크*) 대중 교통 문제의 중요한 것 중에 하나는, 승객이 출발지에서 목적지까지 어떤 경로를 통하여 이동했는지 추정하거나, 이동할지를 예측하는 것이다. 이를 통행 배정 문제(transit assignment problem)라고 한다. 교통공학에서는 이러한 경로를 연결(connection)이라고 부른다. 철도 네트워크인 경우, 열차선택(train choice)이라고 부르기도 한다.

따라서 통행 배정 문제를 풀기 위해서는, 해당 대중교통 네트워크의 모든 출발지와 목적지 쌍간의 연결을 보여주는 네트워크가 필요하다.

예를 들어 지하철 네트워크를 생각하자. 물론 논의할 방법은 일반적인 대중교통 네트워크에도 적용할 수 있다. 우선, 한 승객의 출발역에서 도착역까지의 경로는 단순히 거치는 지하철 역들만을 표시하는 것으로는 충분하지 않은 것을 알 수 있다. 왜냐하면, 이동경로는 단순히 물리적인 경로뿐 아니라, 어떠한 열차를 선택했는지도 중요하기 때문이다. 예를 들어 같은 구간에서 열차의 간격을 부분적으로 조정할 때, 승객의 열차선택이 어떻게 변하는지는 교통계획을 수립하는 데 중요한 자료이다.

이러한 이유 때문에, 승객의 통행을 표시하는 네트워크는 물리적인 지하철 네트워크를 배정된 열차들을 고려하여 확장한 시간확장 네트워크를 사용하여야 한다. 다음과 같은 간단한 지하철 네트워크와 열차 스케줄의 예를 들어보자. 간편함을 위해 각 호선에서 편도 열차만을 고려하였다.

열차스케줄

2호선	도착	출발	도착	출발
서울대입구	9:00:00	9:00:30	9:03:00	9:03:30
낙성대	9:02:00	9:02:30	9:05:00	9:05:30
사당	9:05:00	9:05:30	9:08:00	9:08:30
방배	9:08:00	9:08:30	9:11:00	9:11:30

4호선	도착	출발	도착	출발
남태령	9:04:30	9:05:00		
사당	9:06:30	9:07:00		9:10:00
이수	9:08:30	9:09:00	9:11:30	9:12:00

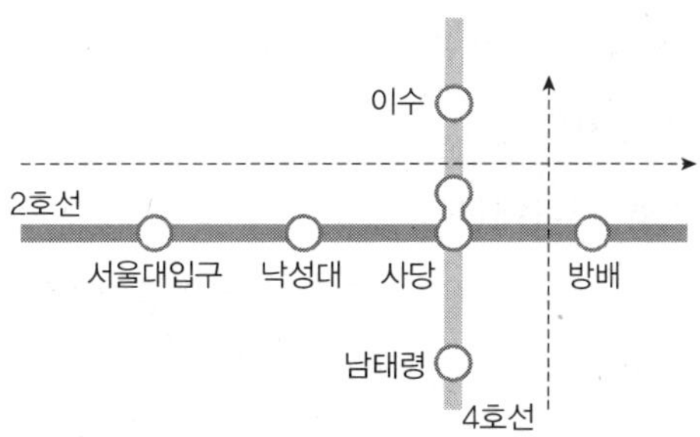

먼저 모든 역의 열차들을 2차원 평면에 표현한다. 즉, 역들을 세로축에 나타내고, 각 역의 시간 흐름을 가로축에 대응시키면, 특정 시각의 특정 역에 출도착하는 열차를 가로축 위의 마디 하나로 나타낼 수 있다. 그러면 역들을 연결하는 열차들은 이 마디들을 연결하는 호로 나타낼 수 있다. 이러한 기본 구성에 필요에 따라 요소들을 추가할 수 있다. 예를 들어 각 역에서 열차의 도착과 출발 시간을 나타내는 두 개의 마디를 사용하고, 그 사이에 호를 추가하면 열차의 도착, 정차, 그리고 출발을 표현하게 된다. 그리고 사당역과 같은 환승역은 동일한 역을 각 호선마다 별도로 하나씩 고려하여, 그 사이에 호들을 연결하면 환승을 표현할 수 있다. 이러한 네트워크는 시간확장 열차 네트워크의 기본 개념을 보여준다.

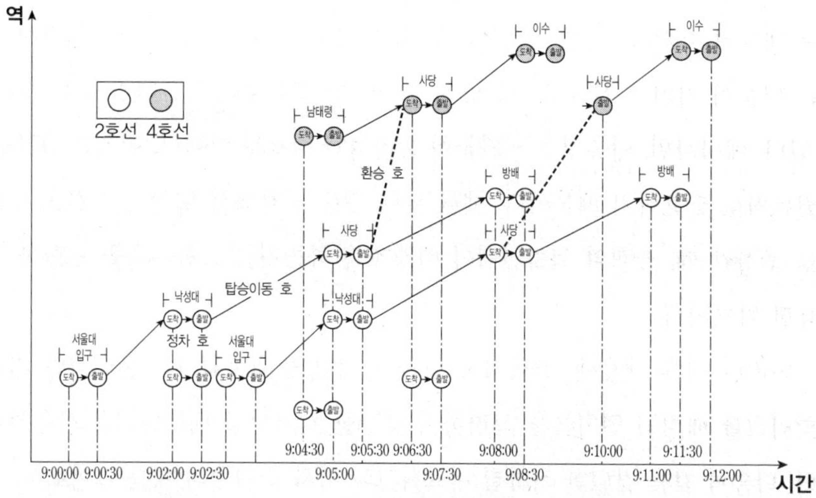

통행 배정은 시간확장 열차 네트워크의 가능흐름 중에서 실제에 가장 가까운 흐름을 추정하는 것이다.

통행 배정의 목적을 위해서는 위의 열차 네트워크에 추가적인 마디들과 호들을 첨가할 필요가 있다. 우선 위의 네트워크에서 통행이 발생하는 것과 완료되는 것을 나타내는 마디들이 필요하다. 이 마디들은 흐름네트워크의 유입점과 유출점에 해당한다. 통행 발생 마디를 선택 가능한 열차에 연결하여, 승객의 열차 선택과 탑승을 나타낼 수 있다.

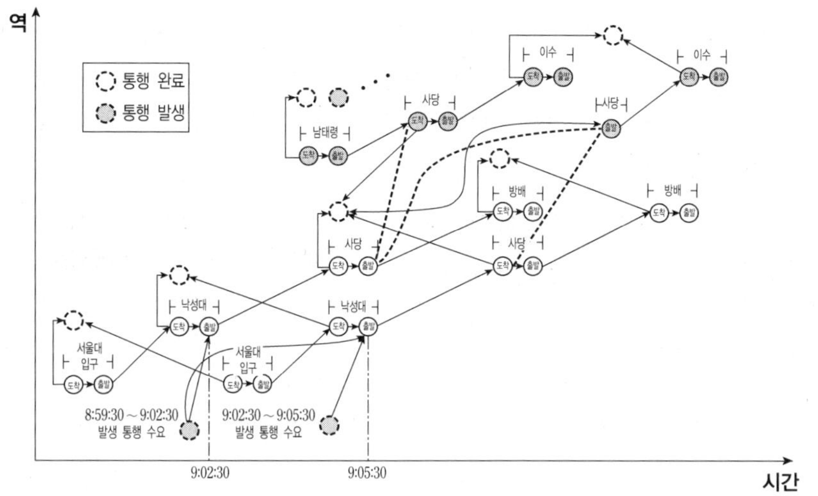

통행 배정을 위한 시간확장 네트워크가 위에서 구성한 네트워크와 같이 정형화되어 있는 것은 아니다. 통행 배정에 사용하는 원리와 방법에 따라 다를 수 있다. 위의 네트워크는 교통공학에서 사용하는 시간확장 네트워크의 구성 원리를 예시하기 위한 것뿐이다.

참고 4.36 통행 배정 문제는, 일반적으로 전체 비용을 최소화하는 흐름을 구하는 최소비용흐름문제의 목적함수를 그대로 적용할 수 없다. 왜냐하면 우리가 매일 경험하듯이 승객의 열차선택에서 느끼는 비용은 통행소요시간과 같은 고정된 비용이 아니라, 그 시각에 연결들의 상황에 의존하기 때문이다. 예를 들어, 혼잡도가 가장 좋은 예이다. 따라서 호의 비용을 고정된 어떤 값으로 가정할 수 없다.

통행 배정이 최소비용흐름문제와 같은 결정적 최적화 모형과 본질적으로 다른 것 중에 하나는, 승객 각각의 의사결정이 서로 영향을 주는 게임이론적인 상황이다.

따라서 통행을 합리적으로 예측하기 위해서는, 통행량과 같이 그 시점의 상황에 따라 변하는 호 비용을 고려하여, 게임이론적인 균형에 해당하는 흐름을 찾아야 한다. 이는 뒤의 제7장 4.3절의 워드롭(Wardrop) 균형에서 좀더 논의할 것이다.

연습문제 4.37 (주)코리아나 항공은 서울-제주 간 주중 일일 운항계획을 수립한다. 다음과 같은 항공편 중에서, 몇 대의 비행기를 투입하여 어떤 것들을 실제로 운항할지를 결정한다. 비행기당 운항 고정 비용은 100만원이다. 코리아나 항공의 일일 수익을 최대로 하는 운항 계획을 수립하라.

(단위 : 만원)

출발		도착		비행수입	변동비용
도시	시각	도시	시각		
서울	10:00	제주	11:00	100	50
서울	11:00	제주	12:00	110	60
서울	12:00	제주	13:00	120	70
서울	13:00	제주	14:00	140	65
제주	10:30	서울	11:30	90	60
제주	11:30	서울	12:30	115	70
제주	12:30	서울	13:30	135	70
제주	13:30	서울	14:30	120	75

연습문제 4.38 단 한 대의 150인승 보잉 제트 비행기로 국내 항공산업의 틈새 시장에 진출한 항공사 '프리버드'(FreeBird)는 매일 새벽 1회 다음과 같은 순서로 주요 도시를 경유하며, 당일 대형 항공사가 '오버북킹'으로 만족시키지 못한 출근 고객을 흡수한다: 서울-부산-제주-목포-서울. 오늘 아침 각 도시 사이에 프리버드가 태울 수 있는 승객의 수와 일인당 요금은 다음과 같다.

(단위 : 명, 만원)

	부산	제주	목포	서울
서울	85, 7	70, 8	10, 8	–
부산	–	60, 9.5	50, 10	–
제주	–	–	50, 9	15, 8
목포	–	–	–	70, 9

순익을 극대화하는 승객 항공권 판매 계획을 수립하라.

5 네트워크 설계문제

5.1 최소비용 걸침나무문제

최소비용 걸침나무문제(minimum spanning tree problem)는 무향네트워크, $G=(N,A)$에서 정의한다. 각 호 $e \in A$의 비용 c_e가 있을 때, 호 비용의 합이 최소가 되는 G의 걸침나무 T를 구하는 문제이다. 따라서 최소비용 걸침나무문제는 네트워크의 모든 마디를 가장 경제적으로 연결하는 부분 네트워크를 찾는 문제가 된다.

〈그림 4.27〉은 최소비용 걸침나무의 예이다.

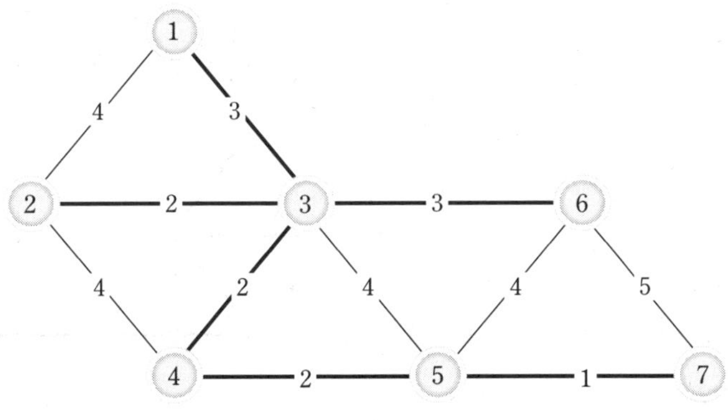

〈그림 4.27〉 최소비용 걸침나무의 예

최소비용 걸침나무문제는 가장 효율적으로 풀 수 있는 네트워크 문제이기도 하다. 다음과 같은 아주 자연스러운 알고리듬을 생각해 보자.

알고리듬 5.1 프림의 알고리듬(Prim's algorithm)

단계 0 : (초기화) 임의의 뿌리마디 r을 선택하여 $T \leftarrow (\{r\}, \phi)$.

단계 1 : (주 반복단계) T가 모든 마디를 포함할 때까지 다음을 반복한다:

1. 양 끝 마디 중에서 하나만 T에 포함된 호의 집합을 S라 하자.
2. S에서 가장 비용이 작은 호 e를 하나 선택하여 T에 첨가한다.

예 5.2 다음 〈그림 4.28〉은 〈그림 4.27〉의 네트워크에서 $r=1$로 두고 프림의 알고리듬을 적용한 과정이다.

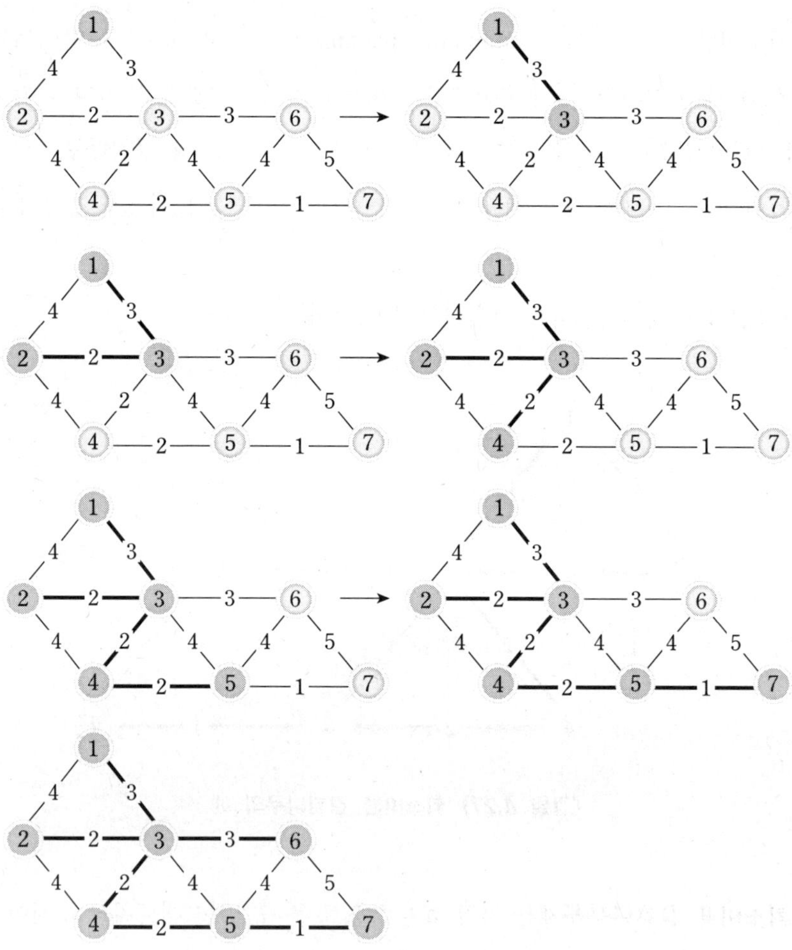

〈그림 4.28〉 프림 알고리듬의 적용 예

이 알고리듬의 특징은 각 단계마다 가능하면 가장 비용이 작은 호를 현재 나무에 첨가한다는 것이다. 그리고 한 번 선택한 호는 그대로 둔다. 이 두 성질을 만족하는 알고리듬을 보통 'greedy' 타입 알고리듬이라고 한다. 물론, 모든 문제에 'greedy' 타입 알고리듬이 가능한 것은 아니다. 최소비용 걸침나무문제의 경우,

'greedy' 타입 알고리듬이 항상 최적해를 구하는 특수성을 가지고 있다. (논의는 생략한다.)

연습문제 5.3 〈그림 4.27〉에 [알고리듬 5.1]을 적용하라. 단, $r = 3$으로 시작하라.

앞에서 논의한 프림의 알고리듬은 임의의 마디를 시작으로 모든 마디를 포함할 때까지 나무를 키우는 해법이다. 또 다른 'greedy' 타입 알고리듬에는, 현재 해가 나무는 아니지만 단순히 회로가 생기지 않도록 호를 더해가는 방법이 있다. 이때 역시 가능한 호 중에서 비용이 가장 작은 호를 선택한다. 이를 크라스칼 알고리듬(Kruskals's algorithm)이라고 부른다.

연습문제 5.4 크라스칼의 알고리듬을 앞의 〈그림 4.27〉에 적용하여 프림의 알고리듬과 같은 최적해를 생성하는 것을 확인하라.

연습문제 5.5* 또 다른 'greedy' 타입 알고리듬을 설계해 보라.

5.2 최소비용 걸침나무문제의 응용

연습문제 5.6 한국 철도공사는 칠레와의 FTA 협정에 의거, 칠레의 주요 도시를 잇는 고속 철로 사업에 직접투자하기로 하였다. 모든 두 도시가 서로 철로로 연결되어야 한다는 것을 초기 계약에 명시하였다. 칠레로 사전 답사를 나간 조사반은, 도시 A와 C 사이에는 큰 산맥이 가로막고 있어 철로를 놓을 수 없음을 알았고, 또한 도시 C와 E는 교류가 거의 없어 철로를 놓지 않는 것이 더 경제적으로 타당할 것이라고 보고하였다. 주요 도시 간의 거리는 다음 표와 같다.

도시	A	B	C	D	E
A	–	132	–	164	58
B	–	–	290	201	79
C	–	–	–	113	–
D	–	–	–	–	196
E	–	–	–	–	–

가. 전체 노선의 길이를 최소화하는 철도망을 구성하도록 네트워크 문제를 모형화하라.

나. 가.의 문제를 프림 알고리듬을 이용해 찾아라.

5.3 최소비용 스타이너나무문제*

예 5.7 2.2절에서 우리는 컴퓨터 네트워크 위에서 일대일 통신문제를 최단경로 문제로 모형화할 수 있음을 보았다. 하지만 네트워크가 발전하고 사용환경이 변함에 따라 화상회의와 같이 한 개의 마디에서 복수의 마디로 데이터를 동시에 전송하는 통신형태인 멀티캐스팅도 중요해지고 있다. 이 경우 라우팅 문제는 관련된 마디를 모두 연결하는 최소비용 부분 네트워크를 찾는 문제로 모형화할 수 있다.

문제 5.8 (최소비용 스타이너나무문제) 무향네트워크 $G=(N, A)$, 마디의 부분집합 $M \subseteq N$, 그리고 각 호의 비용 $c=(c_{ij}:(i, j) \in A)$가 있을 때, 최소비용 스타이너나무문제(Steiner tree problem)란, M을 포함하는 나무 중에서 호 비용의 합이 최소가 되는 것을 구하는 것이다. 〈그림 4.29〉는 $M=\{1, 2, 4, 6, 7\}$을 마디에 포함하는 스타이너나무의 예이다.

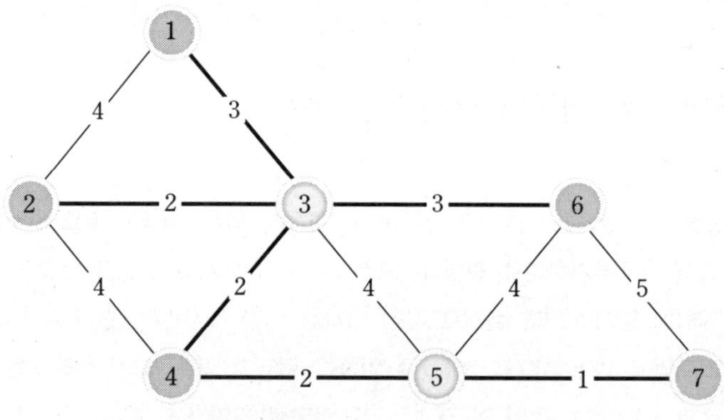

〈그림 4.29〉 스타이너나무의 예

최소비용 스타이너나무문제는 걸침나무문제와 많은 유사성을 가지고 있다. 한 가지 차이점은 걸침나무문제에서는 포함해야 하는 마디의 집합이 전체집합이었지만 스타이너나무문제에서는 입력으로 주어진 부분 집합이라는 것이다. 그리고 이 차이점이 해법측면에서 아주 큰 차이를 만든다. 최소비용 스타이너나무문제는, 제1장에서 소개한 NP-hard 문제 중 하나이다. 즉, 최적해를 신속하게 구할 수 있는 알고리듬은 없다고 여겨지는 문제 중 하나이다. 이런 경우, 차선책으로 최적해를 보장하지는 못하지만 최적해에 가까운 해를 구해 주는 해법을 추구하게 된다. 예를 들어 최소화문제에서 최적해 목적함수의 c배를 넘지 않는 가능해를 보장하는 해법을 **c −근사해법**이라고 부른다. 다음 알고리듬은 스타이너나무문제에 대한 근사해법 중 하나이다.

알고리듬 5.9 스타이너 근사알고리듬(Steiner tree approximation algorithm)

단계 0 : (초기화) 임의의 마디 r을 선택하여 $T \leftarrow (\{r\}, \phi)$, $S \leftarrow M \setminus \{r\}$.

단계 1 : (주 반복단계) S가 공집합이 될 때까지 반복한다:

1. S에서 T까지의 최단경로가 가장 짧은 마디 v를 선택한다.
2. 위에서 구한 최단경로를 T에 연결한다.
3. $S \leftarrow S \setminus \{v\}$.

[알고리듬 5.9]는 최소비용 걸침나무문제의 프림의 알고리듬과 유사한 'greedy' 타입 해법임을 알 수 있다. 앞에서 언급한 바와 같이 이 알고리듬이 최적해를 보장하지 못하지만 2−근사해법임은 증명할 수 있다.

연습문제 5.10 [알고리듬 5.9]를 〈그림 4.29〉에 적용하라. 구한 해와 최적해의 비용을 비교하라.

연습문제 5.11 [알고리듬 5.9]가 출력하는 해의 목적함수가 최적해의 목적함수의 2배를 넘지 않는다고 하였다. 그런데 최악의 경우, 두 값의 비율이 2에 한없이 가까워지는 예를 만들 수 있다. 다음의 예를 참고하여 설명해 보라.

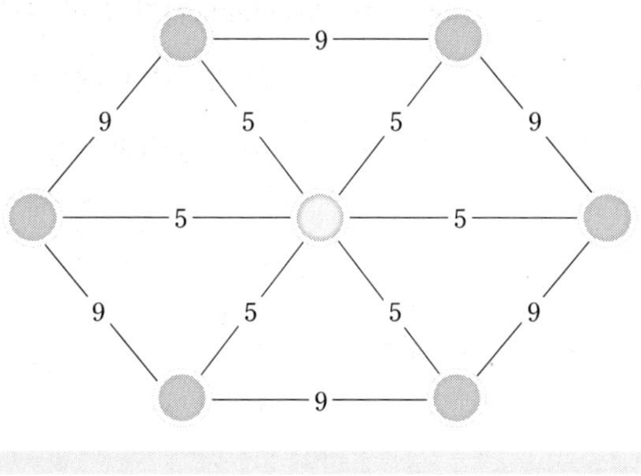

5.4 '좁은 세상'(Small-world) 네트워크 이야기

'좁은 세상' 네트워크는 인간관계 네트워크의 현상을 일컫는 용어로, 20세기 초 무선통신 최초 발명자로 알려진 이탈리아의 마르코니를 비롯한 여러 학자들의 학설과 연구에 의하여 형성되었다. 그러나 미국의 사회심리학자 스탠리 밀그램(Stanley Milgram)이 1960년대 하바드 재직 시절 행한 일련의 실험을 통해 세상에 알려지게 되었다.

밀그램의 실험을 간단히 말하면 다음과 같다. 미국에서 멀리 떨어진 두 개 주에서 각각 한 사람씩을 임의로 선택한다. 두 사람을 갑과 을이라고 하자. 이 중 갑에게 편지를 보내 을을 잘 아느냐고 묻는다. 그렇다면 실험은 끝난다. 그렇지 않은 경우, 을을 보다 잘 알 가능성이 있는 사람에게 이 편지를 전해달라고 부탁한다. 이러한 과정은 을을 잘 아는 사람에게 편지가 전달되는 경우 끝나게 된다.

네트워크의 용어를 사용하면, 각 사람이 마디에, 두 사람 사이에 친밀한 인간관계가 존재하는 경우 호를 대응시켜 만든 인간관계 네트워크에서 임의의 두 마디 사이에 얼마나 짧은 경로가 존재하는지에 관한 실험이다. 밀그램의 실험 결과에 의하면 편지가 거친 경로의 평균 길이는 약 5.5였다. 즉, 모든 사람은 평균 4명 정도의 잘 아는 사람들을 거치면 연결된다는 것이다.

이런 현상은 1990년대에 들어와서 좀더 엄밀한 네트워크 모형으로 설명되었지만, 보통 대인 관계가 넓은 사람들의 역할이 중요하다는 사회적 의미를 내포한다. 다시 말하면 인간관계 네트워크에서 많은 호를 갖고 있는 마디가 중요하다는 것을 시사한다. (네트워크의 용어로 각 마디가 달고 있는 호의 개수를 마디의 차수(degree)라고 한다.)

이와 관련된 것으로 에르디시 수(Erdös number)가 있다. 이는 수학자들을 마디로 하고, 두 수학자 사이에 공저 논문이 있으면 길이 1인 호를 부여하여 얻은 네트워크에서, 수학자 에르디시(Erdös)로부터 각 수학자까지의 최단경로 길이를 말한다.

6 프로젝트 문제

6.1 KTX 차량운용계획

철도청은 확장하는 대안적 교통수단 속에서 상대적으로 정체된 열차 수요를 반전하기 위하여 2004년 고속 철도 서비스(KTX)를 개시하였다. KTX의 운용에는 여러 가지 이슈가 존재한다. 그중 하나가 대당 연간 운용비용이 100억원을 넘는 것으로 추정되는 고속 차량을 경제적으로 운용하는 것이다. 구체적으로 말해, 열차 운행 스케줄을 최소의 차량 대수로 소화해 수익을 극대화하고 여유 차량을 극대화해 변화하는 수요에 유연성을 확보하는 것은 중요한 과제이다.

본 프로젝트에서는 이러한 목적을 달성하는 KTX 차량운용계획 문제를 다루고자 한다. 먼저 용어들을 정의하자.

- 열차(train) : 항공기의 편(flight)과 같은 개념으로, 출도착역, 출도착시간 등의 기본적인 정보로 표현하는 하나의 서비스 단위. (예 : 대전발 0시 50분)
- 차량(railway stock) : 객차와 동력차가 합쳐 있는 물리적 운송 수단.
- 운용(routing) : 하나의 차량이 담당해야 할 일련의 열차 집합.

철도 차량운용계획 문제는, 일정한 주기(KTX의 경우 일주일)로 반복되는 열차운행을 최소비용으로 완수하는 차량운용계획을 수립하는 것이다. 즉, 결정변수는 전체 열차운행계획을 커버하는 데 필요한 차량의 대수와 각 차량이 담당할 일련의 열차들의 순서를 구성하는 계획이다.

고려해야 할 제약 조건으로는,

첫째, 하나의 차량이 담당하는 열차들의 출발, 도착역의 일치성,
둘째, 차량이 하나의 역에 진입해 다시 나가는 데까지 필요한 선회(turnaround) 시간 확보 등이 있다.

참고 또한 일정한 운행 거리와 시간을 가진 열차는 검수를 받아야 하며, 이를 제약조건에 추가하는 것이 현실적인 모형이 되지만 본 프로젝트에서는 고려하지 않기로 한다.

차량운용 예제 : 다음 그림 같이 16개의 열차로 구성된 운행계획을 가지고 있을 때 다음과 같이 4대의 차량을 사용하는 차량운용계획을 찾을 수 있다: (차량 1 : 1 – 5 – 7 – 10), (차량 2 : 2 – 4 – 9 – 12), (차량 3 : 3 – 6 – 11 – 14), (차량 4 : 8 – 13 – 15 – 16).

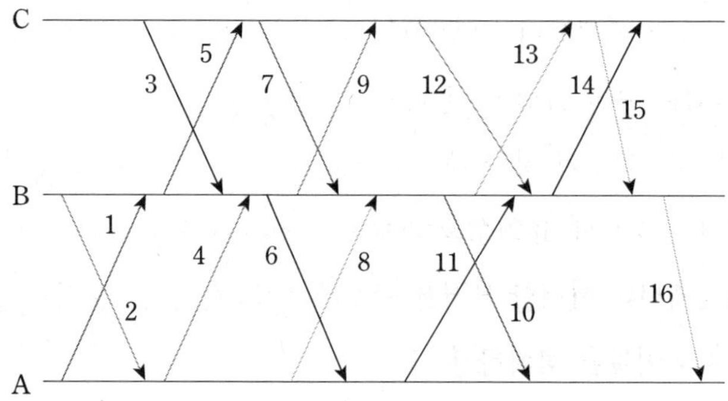

데이터 및 요구사항

- 프로젝트에 사용할 열차운행계획은 실제 예의 축소로, 1일 주기를 가지는 총 26편의 열차로 이루어진다. 각 열차는 〈표 4.1〉과 같이 열차번호, 출발역, 출발시간, 도착역, 도착시간의 정보를 가지고 있다.
- 선회시간 : 모든 역에서 동일하게 4시간을 적용한다. (실제는 이보다 훨씬 짧다.)
- 본 문제를 해결하는 수리모형을 제시하라.
- Xpress–MP를 사용하여 최적 운용계획을 수립하라.
- 프로젝트를 완수한 컨설턴트로서 발표자료를 만들라.

표 4.1 열차운행계획 데이터

열차번호	출발역	출발시간	도착역	도착시간
3	서울	13:15:00	동대구	15:02:00
13	대전	22:37:00	동대구	23:51:00
15	서울	8:30:00	부산	11:40:00
26	대전	12:11:00	서울	13:09:00
28	서울	17:00:00	부산	19:37:00
32	부산	11:40:00	서울	14:24:00
46	서울	21:50:00	부산	24:42:00
48	서울	14:40:00	부산	17:24:00
50	동대구	21:00:00	서울	22:47:00
56	서울	17:12:00	대전	18:24:00
70	부산	9:20:00	서울	12:00:00
77	부산	7:40:00	서울	10:20:00
81	부산	15:45:00	서울	18:45:00
86	부산	13:15:00	서울	16:03:00
94	서울	7:17:00	동대구	9:02:00
101	부산	13:40:00	서울	16:29:00
130	동대구	6:20:00	서울	8:20:00
134	서울	10:00:00	부산	12:37:00
137	서울	14:00:00	부산	16:48:00
139	동대구	6:55:00	대전	8:03:00
152	부산	21:30:00	서울	24:18:00
178	부산	11:30:00	서울	14:18:00
212	서울	19:00:00	부산	21:49:00
377	서울	20:30:00	부산	23:40:00
453	서울	22:30:00	대전	23:35:00
911	대전	5:25:00	서울	6:38:00

6.2 통행 배정 문제*

6.2.1 문제 정의

통행 배정 문제는 승객이 출발지에서 목적지까지 어떤 경로를 통하여 이동했는지 추정하거나, 이동할지를 예측하는 문제를 말한다. 본 프로젝트에서는 지하철 네트워크에서의 승객 통행 배정 문제를 다룬다.

이 문제를 풀 때 주어지는 데이터들은 다음과 같다.

1) 지하철 노선 네트워크(transit network), 환승시간
2) 차량 스케줄(각 역에서의 도착 및 출발 시각)
3) 수요(출발역, 도착역, 역도착시각, 승객 수)
4) 차량 정원

승객들은 자신의 비용을 최소화하는 경로를 선택한다고 가정한다. (하지만 이 문제는 여러 승객들이 각자 자신의 비용함수를 최소화하며 노선 네트워크를 이용한다는 점과, 한 승객의 경로 선택이 다른 모든 승객들에게 영향을 미치게 됨을 고려해야 한다.)

6.2.2 문제 데이터

다음과 같이 2호선, 3호선, 4호선, 6호선으로 이루어진 지하철 네트워크를 고려하자.

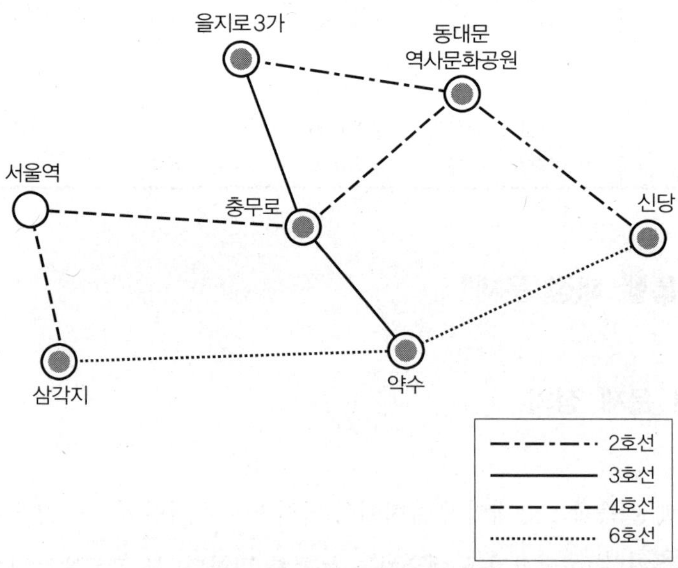

각 역에서 다른 노선으로 갈아타기 위해 소요되는 환승시간은 다음 표와 같다. (현실에서는 환승하는 방향에 따라 환승시간이 달라진다. 본 프로젝트에서는 문제의 단순화를 위해 환승 방향에 상관없이 같은 시간이 소요된다고 가정한다.)

표 4.2 역별 환승시간

역	환승시간
을지로3가	2분 30초
동대문역사문화공원	1분
충무로	50초
신당	3분 30초
약수	2분
삼각지	2분

각 노선별 열차 일정은 〈표 4.2〉 ~ 〈표 4.5〉를 참고하라. 이 정보 이외의 열차 일정은 없다고 가정한다.

표 4.3 2호선 열차 출발 및 도착 시각

2호선(내선)	을지로3가		동대문역사문화공원		신당	
열차 번호	도착시각	출발시각	도착시각	출발시각	도착시각	출발시각
2008	7:01:00	7:01:30	7:04:30	7:05:00	7:06:30	7:07:00
2010	7:07:00	7:07:30	7:10:30	7:11:00	7:12:30	7:13:00
2012	7:13:30	7:14:00	7:17:00	7:17:30	7:19:00	7:19:30

2호선(외선)	신당		동대문역사문화공원		을지로3가	
열차 번호	도착시각	출발시각	도착시각	출발시각	도착시각	출발시각
2031	6:56:30	6:57:00	6:58:30	6:59:00	7:02:00	7:02:30
2035	7:14:00	7:14:30	7:16:00	7:16:30	7:19:30	7:20:00

표 4.4 3호선 열차 출발 및 도착 시각

3호선(하행)	을지로3가		충무로		약수	
열차 번호	도착시각	출발시각	도착시각	출발시각	도착시각	출발시각
K3009	7:06:00	7:06:30	7:07:30	7:08:00	7:11:00	7:11:30
S3011	7:14:00	7:14:30	7:15:30	7:16:00	7:19:00	7:19:30

3호선(상행)	약수		충무로		을지로3가	
열차 번호	도착시각	출발시각	도착시각	출발시각	도착시각	출발시각
S3022	7:02:30	7:03:00	7:06:00	7:06:30	7:07:30	7:08:00
K3024	7:10:00	7:10:30	7:13:30	7:14:00	7:15:00	7:15:30
S3026	7:20:30	7:21:00	7:24:00	7:24:30	7:25:30	7:26:00

표 4.5 4호선 열차 출발 및 도착 시각

4호선(하행)	동대문역사문화공원		충무로	
열차 번호	도착시각	출발시각	도착시각	출발시각
S4003	6:59:30	7:00:00	7:02:00	7:02:30
S4517	7:09:30	7:10:00	7:12:00	7:12:30

4호선(하행)	서울역		삼각지	
열차 번호	도착시각	출발시각	도착시각	출발시각
S4003	7:07:00	7:07:30	7:11:00	7:11:30
S4517	7:17:00	7:17:30	7:21:00	7:21:30

4호선(상행)	삼각지		서울역	
열차 번호	도착시각	출발시각	도착시각	출발시각
S4006	6:58:30	6:59:00	7:02:30	7:03:00
S4304	7:14:00	7:14:30	7:18:00	7:18:30

4호선(상행)	충무로		동대문역사문화공원	
열차 번호	도착시각	출발시각	도착시각	출발시각
S4006	7:07:30	7:08:00	7:10:00	7:10:30
S4304	7:23:00	7:23:30	7:25:30	7:26:00

표 4.6 6호선 열차 출발 및 도착 시각

6호선(하행)	신당		약수		삼각지	
열차 번호	도착시각	출발시각	도착시각	출발시각	도착시각	출발시각
6016	7:01:40	7:02:10	7:05:00	7:05:40	7:12:10	7:12:50
6018	7:16:40	7:17:10	7:20:00	7:20:40	7:29:10	7:29:50

6호선(상행)	삼각지		약수		신당	
열차 번호	도착시각	출발시각	도착시각	출발시각	도착시각	출발시각
6009	6:56:30	6:57:00	7:05:30	7:06:10	7:09:10	7:09:40
6011	7:13:20	7:13:50	7:22:20	7:23:00	7:26:00	7:26:30

출발역과 도착역에 따른 승객 수와 그 승객들이 출발역에 도착하는 시각을 다음 〈표 4.7〉에 정리하였다.

표 4.7 출발-도착역별 승객 수

출발역	도착역	역도착시각	승객 수
동대문역사문화공원	약수	6:57:00 AM – 7:00:00 AM	84
동대문역사문화공원	약수	7:00:01 AM – 7:05:00 AM	71
약수	동대문역사문화공원	7:00:00 AM – 7:03:00 AM	92
약수	동대문역사문화공원	7:03:01 AM – 7:06:10 AM	82
을지로3가	삼각지	7:00:00 AM – 7:06:30 AM	51
을지로3가	삼각지	7:06:31 AM – 7:07:30 AM	53
삼각지	을지로3가	6:54:00 AM – 6:57:00 AM	47
서울	신당	6:58:00 AM – 7:03:00 AM	152
서울	신당	7:03:01 AM – 7:07:30 AM	137
신당	서울	6:58:00 AM – 7:02:10 AM	101
을지로3가	서울	7:00:00 AM – 7:06:30 AM	98
서울	을지로3가	6:58:00 AM – 7:03:00 AM	119
삼각지	신당	6:52:00 AM – 6:57:00 AM	92
삼각지	신당	6:57:01 AM – 7:13:50 AM	77
신당	삼각지	6:57:00 AM – 7:02:10 AM	121
신당	삼각지	7:10:01 AM – 7:17:10 AM	95
삼각지	동대문역사문화공원	6:54:00 AM – 6:59:00 AM	87
삼각지	동대문역사문화공원	6:59:01 AM – 7:14:30 AM	89
동대문역사문화공원	삼각지	6:55:00 AM – 7:00:00 AM	95
동대문역사문화공원	삼각지	7:00:01 AM – 7:10:00 AM	90
을지로3가	약수	7:01:00 AM – 7:06:30 AM	187
을지로3가	약수	7:06:31 AM – 7:14:30 AM	137
약수	을지로3가	6:58:00 AM – 7:03:00 AM	186
약수	을지로3가	7:03:01 AM – 7:10:30 AM	131
을지로3가	신당	6:56:00 AM – 7:01:30 AM	194
을지로3가	신당	7:01:31 AM – 7:07:30 AM	178
신당	을지로3가	6:49:00 AM – 6:57:00 AM	174
신당	을지로3가	6:57:01 AM – 7:14:30 AM	147
을지로3가	동대문역사문화공원	6:56:00 AM – 7:01:30 AM	132
을지로3가	동대문역사문화공원	7:01:31 AM – 7:07:30 AM	138
동대문역사문화공원	을지로3가	6:54:00 AM – 6:59:00 AM	102
동대문역사문화공원	을지로3가	6:59:01 AM – 7:16:30 AM	107
충무로	서울	6:56:00 AM – 7:02:30 AM	198
충무로	서울	7:02:31 AM – 7:12:30 AM	187
서울	충무로	6:50:00 AM – 7:03:00 AM	201
서울	충무로	7:03:01 AM – 7:18:30 AM	195
약수	삼각지	6:57:00 AM – 7:05:40 AM	99
약수	삼각지	7:05:41 AM – 7:20:40 AM	103
삼각지	약수	7:00:00 AM – 7:13:50 AM	109

6.2.3 문제

1) 승객 통행 배정을 위한 시간확장 네트워크를 구축하라.
2) 비용이 시간만으로 결정되고, 차량의 정원이 무한하다고 가정하자. 이때의 통행배정을 실시하라.
3) 비용이 시간만으로 결정되고, 차량의 정원이 300명이라 하자. (즉, 만약 어떤 차량에 300명이 탑승해 있다면 다른 승객들은 그 차량에 더 이상 탑승하지 못하므로 다른 이동 경로를 선택하게 될 것이다.) 이때의 통행배정을 실시하라.
4) 현실에서는 차량의 정원이 존재하지 않는다. 차량에 탑승할 수 있는 승객들의 수는 그 한계가 명확히 주어지지 않고, 승객들은 차량의 정원을 고려하는 것이 아니라, 차량 내 혼잡도를 비용으로 고려하여 경로를 선택한다는 가정이 현실적이기 때문이다. 비용이 시간과 혼잡도로 결정되고, 차량의 정원이 무한하다고 하자. 각자 나름대로의 비용함수를 정의하여 통행배정을 실시해 보라.

6.3 낙성대는 우승권에서 탈락했는가?*

2005년 대학농구 '챔프 리그'는 이제 막바지에 접어들고 있다. 현재 승수가 다른 팀들에 비해 현저하게 많은 네 팀의 현재까지의 승수와 남은 경기는 다음과 같다.

팀	고대	낙성대	연대	중앙대
승수	41	37	36	32
남은 경기	10	5	9	6

팀	고대	낙성대	연대	중앙대
고대	–	1	8	1
낙성대	1	–	0	4
연대	8	0	–	1
중앙대	1	4	1	–

종종 스포츠지의 저질 논란을 불러 일으키는, 그러나 국내 최대발행부수를 자랑하는 일간지 '마니팔면데' 지의 스포츠 담당 기자는 우승권에서 탈락한 팀을 정확히 알 수 있는 프로그램을 개발하고자 한다. 예를 들어, 지난 시즌의 우승팀이었던 '낙성대' 가 우승권에서 탈락했는지는 현재 가장 큰 관심사이다. 편의상 무승부는 없다고 가정하자. 이 문제를 최대흐름문제로 모형화하라.

정수계획 및 조합최적화 모형

5

Chapter Five

예 0.1 프로야구 제11구단 단장 홍빈은 돌아올 2023년 시즌을 승리로 이끌 라인업을 구상하며 선수들을 선발하고자 한다. 현재는 공격력을 극대화하기 위해 타자들을 선발하고 있다.

홍빈은 빌리 제임스의 세이버매트릭을 수용하여, 타자의 공격력 평가 척도 중에서 출루율을 가장 중요하게 생각하고 있다. 그리고 경험으로부터 선수들의 공격력은 서로 상승효과를 일으켜 출루율은 가합성을 가진다고 가정하였다. 예를 들어, 출루율이 3할대인 선수 둘은 출루율이 6할인 선수 하나에 못지않은 공격력을 가진다고 생각하였다.

예산 면에서 소규모 구단인 제11구단의 타선 강화를 위한 2014년 예산은 20억원으로 잡혀 있다. 홍빈이 현재 고려 중인 타자들과 그들의 예상 연봉과 출루율은 다음과 같다.

표 5.1 선발 대상 선수, 예상 연봉, 출루율

선수명	예상 연봉(억원)	출루율
김상준	15	0.55
팀 브래들리	13	0.50
송상현	8	0.45
박규동	7	0.40
현규식	3	0.35
주상기	2.5	0.29
이경석	1.5	0.20

이 문제는 한정된 예산을 사용하여 타선의 출루율의 합을 최대화하는 전형적인 최적화문제이다. 그 세 가지 요소를 정확히 찾아보자. 첫째, 구단이 결정해야 할 것은 대상 선수들 중에서 누구를 뽑을까 하는 것이다. 즉, 결정변수는 고려 대상 선수 각각을 선발하는가 마는가 하는 것이다. 7명의 선수를 순서대로 1에서 7에

대응시키면, 이는 각 $j = 1, \cdots, 7$에 대해 다음과 같은 이진 변수(binary vabiable)로 표현할 수 있다.

$$x_j = \begin{cases} 1, & \text{선수 } j\text{를 선발하는 경우 ;} \\ 0, & \text{그렇지 않은 경우.} \end{cases} \tag{0.1}$$

(0.1)의 이진 결정변수를 사용하면 목적함수는 다음과 같이 표현할 수 있다.

$$\max\ 0.55x_1 + 0.50x_2 + 0.45x_3 + 0.40x_4 + 0.35x_5 + 0.29x_6 + 0.20x_7 \tag{0.2}$$

그리고 제약조건인 예산제약은 다음과 같다.

$$15x_1 + 13x_2 + 8x_3 + 7x_4 + 3x_5 + 2.5x_6 + 1.5x_7 \leqslant 20 \tag{0.3}$$

정리하면 홍빈의 문제는 다음과 같다.

$$\begin{aligned} \max\ & 0.55x_1 + 0.50x_2 + 0.45x_3 + 0.40x_4 + 0.35x_5 + 0.29x_6 + 0.20x_7 \\ \text{sub.to}\ & 15x_1 + 13x_2 + 8x_3 + 7x_4 + 3x_5 + 2.5x_6 + 1.5x_7 \leqslant 20, \\ & x_j \in \{0,1\}, \quad \forall 1 \leqslant j \leqslant 7. \end{aligned} \tag{0.4}$$

제2장에서 다룬 선형계획모형은 각 결정변수가 제약조건을 만족하는 범위에서는 연속적인 값을 가질 수 있다.

그러나 많은 의사결정문제는 우리가 결정해야 하는 값이 반드시 정수 값을 가져야 한다. 결정변수의 값을 정수로 제한하는 모형을 **정수계획문제**(integer programming problem)라고 한다. 그중에서도 선형계획에 결정변수의 정수조건이 추가된 문제를 **정수선형계획문제**(integer linear programming problem)라고 한다. (보통 정수선형계획문제를 줄여서 정수계획문제로 부르는데 우리도 혼동할 염려가 없을 때는 그렇게 하기로 하자.)

조합최적화문제(combinatorial optimization problem)란, 주어진 유한 집합의

부분집합들 중에서 특정한 조건을 만족시키면서 목적함수를 최대화 혹은 최소화 하는 것을 찾는 문제이다. 예를 들어, 앞 장에서 배운 최단경로문제는 전체 호집합의 부분집합들 중에서, 경로를 이루면서 비용이 최소가 되는 것을 찾는 조합최적화문제이다. 또한 [예 0.1]의 경우에도, 결정 사항은 '고려 대상인 선수 집합에서 어떤 부분 집합을 선택하는가' 이기 때문에 (어떤 목적함수와 제약조건을 갖든지) 조합최적화문제가 된다.

이런 조합최적화문제는, 각 원소를 부분집합에 포함시키면 1, 그렇지 않으면 0의 값을 대응시키는 0-1 정수 변수를 사용하여 모형화할 수 있기 때문에, 정수계획문제의 한 종류가 된다. 제3절에서는 다양한 조합최적화문제를 다룰 것이다.

1 정수계획 및 조합최적화 모형이란?

문제 1.1 (정수선형계획문제) $A \in \mathbb{R}^{m \times n}$, $N = \{1, 2, \cdots, n\}$이라고 할 때, 일반적인 정수선형계획문제는 다음과 같이 쓸 수 있다.

$$\begin{aligned} z_{IP} = \quad & \min \quad c^T x \\ & \text{sub. to} \quad Ax = b, \\ & \qquad\qquad x \geqslant 0, \\ & \qquad\qquad x_j \text{ 는 정수}, \ \forall j \in M \subseteq N. \end{aligned}$$

모든 결정변수가 정수일 때, 즉 $M = N$일 때, [문제 1.1]을 **순수정수계획문제**(pure integer programming problem)라고 부르고, 결정변수 중 일부만 정수일 때, 즉 $\phi \neq M \subsetneq N$일 때, **혼합정수계획문제**(mixed integer programming problem)라고 부른다. 또한 순수정수계획문제 중에서 모든 변수가 0 또는 1, 두 가지 정수로 국한되는 경우를 **0-1 정수계획문제**라고 부른다. 이 문제는 앞에서 말한 것처럼, 조합최적화문제를 포함하는 중요한 정수계획문제이다.

예 1.2 〈그림 5.1〉은 다음의 정수계획문제와, 이로부터 정수조건을 제거하여 얻은 선형계획문제의 해집합을 그린 것이다. 앞으로 정수조건을 제거한다는 것을 **정수조건을 완화하였다**고 표현하자. 정수계획문제의 가능해집합은, 아래 그림과 같이 선형계획완화문제의 가능해집합 다면체(polyhedron)가 포함하는 정수 격자점(integer lattice)들이 된다.

$$
\begin{aligned}
z = \max \quad & 7x_1 + 6x_2 \\
\text{sub.to} \quad & 4x_1 - 3x_2 \leqslant 4, \\
& 4x_1 + 3x_2 \leqslant 14, \\
& x_1 \geqslant 0, \quad x_2 \geqslant 0, \\
& x_1, \quad x_2 \text{는 정수}.
\end{aligned}
$$

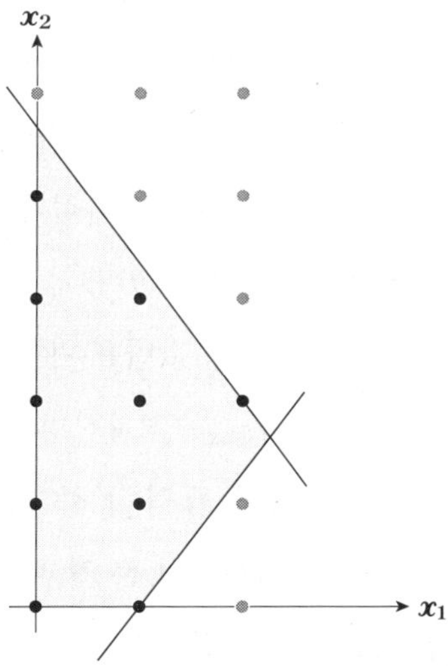

〈그림 5.1〉 정수계획문제와 선형완화

2 정수계획문제의 어려움

선형계획문제는 일반적으로 셀 수 없이 많은 점들이 가능해가 되지만 정수계획문제는 유한하거나 최소한 셀 수 있는(countable) 가능해 집합을 갖는다. 이렇게 가능해의 수가 훨씬 작은 정수계획문제가 더 풀기 쉬운 문제라고 생각하기 쉽다. 그러나 정수계획은 선형계획과는 달리 정확한 해를 신속하게 구하는 효율적인 해법이 아직 없다. 많은 연구자들이 수십 년간 노력했지만, 모든 해를 일일이 열거하여 비교하는 열거법 이외에는 최적해를 정확히 구하는 방법을 인류는 아직 발견하지 못했다. 더구나 수리과학의 혁명적인 발전이 없는 한, 그러한 해법은 없을 것으로 학계는 믿고 있다.

정수계획문제가 왜 이렇게 어려운 최적화문제인지를 논의하는 것은 쉬운 일은 아니다. 4.3절에서는 관심이 있는 독자들을 위해 'NP-hard' 의 개념을 통하여 이러한 정수계획문제의 어려움을 조금 더 엄밀하게 논의하겠지만, 여기서는 직관적으로 살펴보기로 하자.

선형계획은 대응되는 정수선형계획문제보다 훨씬 많은 가능해를 갖지만, 제2장에서 보았듯이 최적해는 해집합 다면체의 꼭지점 중에 생기며 이를 쉽게 찾을 수 있다. 그러나 정수선형계획문제의 최적해는 다면체 내부 정수 격자점들 중에 발생한다. 그런데 꼭지점들의 경우와는 다르게, 이러한 격자점 중에서 목적함수를 최적화하는 점을 효율적으로 구하는 해법은 아직 알려져 있지 않으며, 현재로서는 격자점들을 모두 따져보는 방법밖에는 없다.

그러나 각 원소가 0 또는 1의 두 가지 값만을 가져도, 그 경우의 수는 차원 n이 증가함에 따라 2^n으로 증가한다. 즉, 정수격자점의 개수는 문제의 크기가 증가함에 따라 그것의 지수함수가 되어 급격히 증가한다. 이를 **지수적으로** (exponentially) **증가한다**고 한다. 따라서 n이 큰 경우, 모든 해를 다 헤아려 비교하는 방법, 즉 **열거법**(enumeration)은 비실용적으로 큰 계산시간을 필요로 한다.

이러한 난점을 피하기 위해 차선의 접근법들을 생각할 수 있다. 예를 들어, 다음과 같은 실용적 방법을 생각해 보자.

알고리듬 2.1 (가까운 정수로 바꾸기, 라운딩, rounding) 선형계획완화문제를 풀고 최적해가 정수가 아니면 소수 부분을 올림, 내림 또는 반올림하여 정수해로 바꾼다.

이는 실제로 많이 사용하는 방법이다. 예를 들어, 전자제품의 생산량이나 투입 인력을 결정하는 문제들은 결정해야 할 값이 정수이기 때문에 정수계획모형을 사용

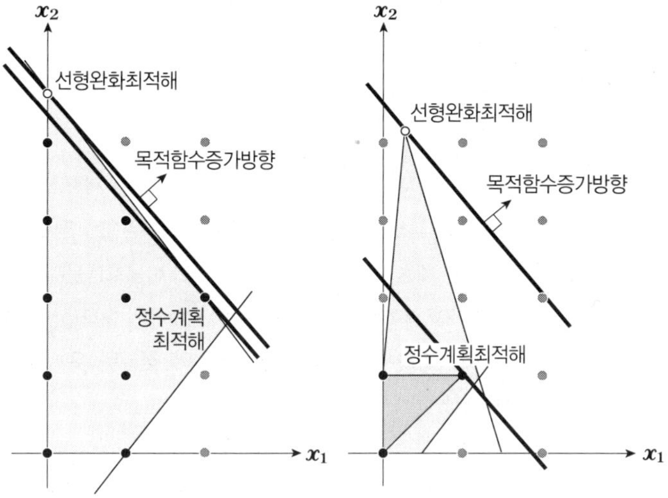

〈그림 5.2〉 정수계획문제와 선형계획완화문제의 격차

해야 한다. 그러나 정수조건을 완화시킨 선형계획의 최적해를 구하고, 이에 가까운 정수해를 사용하는 경우가 많다. 이러한 해는 정확한 최적해는 아니지만 결정변수 값의 단위가 큰 경우는 대체로 만족할 만한 해를 제공한다.

그러나 엄밀하게 보면, 이러한 라운딩 해법은 다음과 같은 문제점을 갖는다.

첫째, 정수최적해와 선형계획완화문제의 최적해 간의 격차가 상당히 커질 수 있다. [예 1.2]를 보자. 선형계획완화문제의 최적해는 〈그림 5.2〉의 왼쪽에 표시한 것처럼, $(0,4\frac{2}{3})$이지만 정수계획문제의 최적해는 (2,2)가 되어 두 해의 거리가 상당히 떨어져 있음을 알 수 있다. 최적해 간의 거리뿐만 아니라 목적함수의 격차 또한 큰 경우도 어렵지 않게 만들 수 있다. 〈그림 5.2〉의 오른쪽에는 목적함수의 격차 또한 큰 예가 그림으로 나타나 있다.

둘째, 라운딩으로 실수해를 정수해로 바꾸는 경우, 제약조건을 만족하도록 하는 것은 원래 정수계획문제의 최적해를 구하는 것만큼 어려운 경우가 많다. 이러한 현상은 특히 조합최적화문제를 모형화한 0–1 정수선형계획문제의 경우 많이 발생한다. 0과 1의 정수 변수 값은 해당 원소를 선택하느냐 마느냐의 논리적인 의미를 갖는다. 이러한 경우, 분수해는 문제를 푸는 데 도움을 주지 못하는 경우가 많다. [예 3.3]에서 여러분이 정의한 문제의 선형완화문제의 답이 모두 $\frac{1}{2}$에 가깝게 나온다면, 분수해가 정수해를 구하는 데 별로 도움이 못 될 것이다.

요약해 보자. 정수조건이 첨가되면 해집합의 이산적인 구조 때문에, 꼭지점들만을 생각하면 되는 선형계획과는 달리 정확한 최적해를 구할 수 있는 신속한 방법은 아직 없다. 현재로는 모든 해를 나열하여 비교하는 방법을 사용할 수밖에 없다.

참고 2.2 일반적으로 정수조건은 문제를 어렵게 만든다. 그러나 정수제약조건이 있다고 하여 모든 문제가 어렵다는 것은 아니다. 문제의 구조가 특수한 경우에는 정수제약이 있어도 정수계획문제를 쉽게 풀 수 있다. 예를 들어, 우리가 배운 최소비용흐름문제는 모든 데이터가 정수이면, 정수조건을 첨가하지 않아도 최적해 중에는 정수해가 반드시 존재하며, 이러한 정수해를 쉽게 구할 수 있다. 따라서 이 경우, 정수조건이 첨가된 문제와 그렇지 않은 문제가 본질적으로 같은 문제이다.

3 정수계획 및 조합최적화문제의 예

최적해를 구하는 것이 어렵다는 것은 정수계획 모형의 심각한 단점이라고 할 수 있다. 그러나 정수라는 특별한 조건을 추가로 사용할 수 있기 때문에, 선형계획 모형에 비해 광범위한 문제들을 모형화할 수 있다는 것이 정수계획문제의 장점이기도 하다. 특히, 논리적인 의미를 갖는 변수들을 갖는 조합최적화문제가 좋은 예이다.

본 절에서는 대표적인 정수계획 및 조합최적화문제의 예를 살펴본다. 한 가지 강조할 사항은, 같은 문제를 여러 가지 정수계획 문제로 모형화할 수 있다는 것이다. 이는 해법의 개발과도 깊은 연관을 가지고 있다.

3.1 배낭문제

배낭문제(knapsack problem)는 다음과 같은 비교적 단순한 형태의 문제이다.

$$\begin{aligned} \max \quad & p_1 x_1 + p_2 x_2 + \cdots + p_n x_n \\ \text{sub.to} \quad & w_1 x_1 + w_2 x_2 + \cdots + w_n x_n \leq W, \\ & \text{모든 } x_j \text{는 비음 정수.} \end{aligned} \tag{3.5}$$

여기서 모든 p_j와 w_j, 그리고 W는 양수이다. 얼핏 보면, 배낭문제는 매우 단순한 문제이다. 정수조건이 없다면, p_j/w_j가 가장 큰 변수 하나만을 사용하면 최적해를 구할 수 있다. 그러나 변수 값을 정수로 국한하면 풀기 어려운 문제가 된다. 변수 값을 정수 중에서 0 또는 1 값을 갖도록 하는 0−1 배낭문제의 경우도 역시 풀기 어려운 문제가 된다.

참고 3.1 4.3절을 읽었다면 집합분할문제, 즉 [문제 4.17]을 배낭문제로 모형화할 수 있음을 보이라. 이는 배낭문제가 집합분할문제보다 더 어려운 문제라는 것을 의미한다. 따라서 배낭문제도 NP-hard 문제가 된다.

따라서 배낭문제는 최적화문제가 정수 조건을 가지는 경우, 아주 어려운 문제가 될 수 있다는 것을 극명하게 보여주는 예라고 하겠다. 독자들 나름대로의 발견적인(heuristic) 기준을 적용하여 다음과 같은 0−1 배낭문제 최적해를 꼭 구해 보기를 권한다.

예 3.2 (0−1 배낭 문제) 다음과 같은 5가지 프로젝트가 있다.

프로젝트	투자액(만원)	예상수익(만원)
1	5,000	165
2	4,000	130
3	7,000	222
4	3,000	90
5	2,000	55

총 투자액이 1억 4천만원을 초과할 수 없을 때, 최적투자계획은?

각 $j=1, \cdots, 6$에 대하여 다음과 같이 변수를 정의하자:

$$x_j = \begin{cases} 1, & \text{투자하는 경우,} \\ 0, & \text{그렇지 않는 경우.} \end{cases}$$

그러면 최적투자계획은 다음과 같은 0－1 정수계획문제가 된다.

$$\begin{aligned} \max \quad & 165x_1 + 130x_2 + 222x_3 + 90x_4 + 55x_5 \\ \text{sub.to} \quad & 5x_1 + 4x_2 + 7x_3 + 3x_4 + 2x_5 \leqslant 14, \\ & x_j \in \{0, 1\},\ \forall j. \end{aligned} \tag{3.6}$$

연습문제 3.3 다음의 메뉴를 보고, 나름대로 의사결정문제를 만들어 보고 그것을 수리모형화해 보라. 추가적인 데이터를 가정하여 현실에서 사용할 수 있는 모형을 만들어 보라.

음식	가격(원)	열량(Kcal)
울타리콩밥	600	447
쌀밥	500	477
쇠고기 무국	500	57
순두부 버섯찌개	2,000	323
탕수육	1,500	688
연북어 양념구이	800	221
충무식 오징어무침	800	221
잡채	600	189
감자채 쇠고기볶음	600	67
절임 고추무침	400	54
고구마 범벅	500	76
포기김치	350	45

연습문제 3.4 세이버매트릭스에 의하면 타자의 평가 척도 중에서, 출루율뿐 아니라 장타율도 중요하다고 한다. [예 0.1]에서, 어떻게 이 점을 추가하여 새로운 모형을 수립할지 생각해 보자.

3.2 추가제약을 갖는 조합최적화문제

기존의 조합최적화 모형에 목적함수와 같은 유형의 제약을 추가하여 만든 모형을 추가제약을 갖는 조합최적화문제라고 부른다.

예를 들어보자. 각 호 $(i, j) \in E$의 비용 c_{ij}의 합을 최소화하는 경로를 구하는 최단경로문제를 생각해 보자. 이 문제의 효율적인 해법은 제4장에서 이미 논의하였다.

어떤 경우에는, 각 호 $(i, j) \in E$에서 이를 경유할 때 발생하는 비용 c_{ij}뿐 아니라, 추가적인 패러미터를 고려해야 할 필요가 있다. 예를 들어 호 (i, j)를 경유할 때 걸리는 시간 d_{ij}가 또한, 중요한 고려 사항이 될 수 있다. 예를 들어 통신망에서는 그 응용이 실시간의 성격을 가지면, 전송한 데이터가 출발지 s에서 목적지 t까지 도달하는 데 걸리는 시간도 중요하다. 이러한 경우 단순히 비용이 가장 작은 $s-t$ 경로가 아니라, 그 경로의 호의 시간 d_{ij} 합이 미리 정한 어떤 값 △보다 크지 않은 $s-t$ 경로들 중에서 비용이 최소인 것을 찾는 문제가 더 적절한 모형이 될 것이다.

이러한 최단경로문제를 **추가제약 최단경로문제**라고 부르며, 다음과 같이 정확히 정의할 수 있다.

문제 3.5 (추가제약 최단경로문제)

입력 : 단순 유향네트워크 $G = (N, A)$; 두 마디 $s, t \in N$; 각 호 (i, j)의 비용 c_{ij}와 시간 d_{ij} ; 상수 △.

출력 : 시간의 합이 △ 이하인 $s-t$ 경로 중에서 비용이 최소인 것.

이렇게 추가제약 조합최적화문제는 더 다양한 문제를 모형화할 수 있지만, 풀기 어려운 문제가 된다(4.3절의 용어를 빌리면 일반적으로 NP-hard 문제가 된다). 이렇게 쉽게 풀 수 있는 조합최적화문제도 제약을 추가하면 어려운 문제가 되는 경우가 종종 있다.

연습문제 3.6* (4.3절을 공부한 경우) 추가제약 최단경로문제가 배낭문제를 포함하는 것을 보여라. 즉, 임의의 배낭문제는 추가제약 최단경로문제로 모형화할 수 있음을 예를 들어 설명하라.

예 3.7 제4장의 [예 2.2]의 최적해는, 〈그림 5.3〉에서 추가한 시간 제약을 만족하지 않는다. 최적해가 어떻게 변했는지, 굵은 선으로 표시하였다.

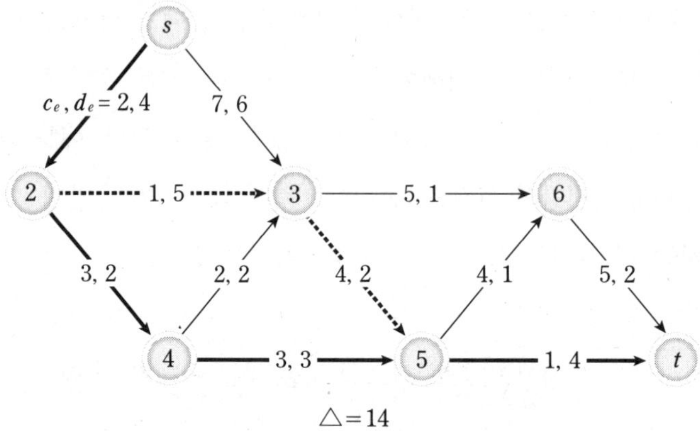

〈그림 5.3〉 시간제약을 가진 최단경로문제의 예

> **연습문제 3.8** 추가제약 최단경로문제와 유사하게 추가제약 걸침나무 문제를 정의해 보자. 어떤 문제들을 추가제약 걸침나무 문제로 모형화할 수 있겠는가?

3.3 집합커버문제

다음과 같이 집합커버문제(set covering problem)의 예를 두 가지 들어보자.

예 3.9 인접한 6개의 도시 중에 소방서를 설치하려고 한다. 단, 모든 도시는 출동시간이 15분을 넘지 않는 인근 도시에 소방서가 있어야 한다. 각 도시에서 15분 이내에 있는 도시를 나열하면 다음과 같다.

도시	
1	1, 2
2	1, 2, 4
3	3, 4, 5
4	2, 3, 4, 6
5	3, 5, 6
6	4, 5, 6

최적해를 구하라. 즉 최소의 소방서 수로 모든 도시를 커버할 수 있는 해를 구하라.

위의 문제를 다음과 같은 정수계획문제로 모형화할 수 있다.

$$x_i = \begin{cases} 1, & i\text{번째 도시에 소방서를 설치하는 경우,} \\ 0, & \text{그렇지 않는 경우.} \end{cases}$$

목적함수는 설치하는 소방서의 수를 최소화하는 것임을 알 수 있다. 이는 다음과 같이 나타낼 수 있다.

$$\min \ x_1 + x_2 + x_3 + x_4 + x_5 + x_6.$$

각 도시는, 자신을 포함하여 15분 안에 도착할 수 있는 이웃 도시에 최소한 한 개의 소방서가 필요하다. 예를 들어, 도시 1은 자신이나 도시 2에 소방서가 최소 하나 필요하다:

$$x_1 + x_2 \geqslant 1.$$

$$\begin{array}{llllllll}
\min & x_1 & +x_2 & +x_3 & +x_4 & +x_5 & +x_6 & \\
\text{sub.to} & x_1 & +x_2 & & & & & \geqslant 1, \\
 & x_1 & +x_2 & & +x_4 & & & \geqslant 1, \\
 & & & +x_3 & +x_4 & +x_5 & & \geqslant 1, \\
 & & x_2 & +x_3 & +x_4 & & +x_6 & \geqslant 1, \\
 & & & x_3 & & +x_5 & +x_6 & \geqslant 1, \\
 & & & & x_4 & +x_5 & +x_6 & \geqslant 1, \\
 & & x_j \in \{0,1\}, \ \forall j. & & & & &
\end{array}$$

각 제약식은 각 도시를 커버해야 한다는 조건을 나타낸다. 예를 들어, 첫 번째 제약식의 의미는 첫 번째 도시를 커버할 수 있는 두 개의 도시, 즉 첫 번째와 두 번째 도시에 설치되는 소방서의 수가 최소한 1개 이상 되어야 한다는 것을 나타낸다.

각 도시마다 소방서를 짓는 비용이 다르다면 목적함수에서 적절한 계수를 해당 변수에 곱하면 될 것이다.

소방서 문제의 최적해는 물론 위의 정수선형계획문제를 풀어서 구할 수 있다. 그러나 어떤 문제를 정수선형계획문제로 모형화한다고 해서 문제가 쉬워질 수는 없을 것이다. 즉, 이러한 유형의 조합최적화문제를 앞에서 언급한 'NP-hard' 문제이다. 따라서 위의 모형은 정수선형계획문제가 일반적으로 최적해를 합리적인 시간 안에 최적해를 구하기 어려운 'NP-hard' 문제임을 말해준다.

이러한 경우는 우리의 목표를 최적해를 구하는 것 대신 괜찮은 품질을 가진 해를 구하는 것으로 낮출 수 있다. 앞에서 스타이너나무문제의 경우처럼 괜찮은 해를 구할 수 있는 발견적 기법을 개발해 보라. 많은 경우, 앞에서 몇 차례 경험한 것처럼, 가장 손쉽게 적용할 수 있는 원리는 'greedy' 이다. 'Greedy' -타입 알고리듬은 멀리 보지 않고 현재 상황의 국지적 선택 중에서 최선인 것을 고르는 것이다. 예를 들어, 최소비용걸침나무문제나 스타이너나무문제에서 현재 나무에 마디를 첨가할 때, 가장 작은 비용으로 연결할 수 있는 것을 선택하였다.

이러한 원리를 소방서 문제에도 적용하여 보자. 소방서를 설치할 도시들을 하나씩 추가하면서 '탐욕스러운' 선택을 하여 보자. 즉, 설치하게 되면 새롭게 커버되는 도시가 가장 많은 도시에 소방서를 설치해 가는 것이다. 가장 많은 도시를 커버할 수 있는 도시가 2개 이상이면 임의로 하나 선택하자. 물론 모든 도시가 커버되면 종료한다.

예 3.10 [예 3.9]에 이 'greedy' 알고리듬을 적용하여 얻을 수 있는 해의 하나는 도시 4, 1, 5 순서대로 추가하는 것이다. 그러나 최적해는 도시 2와 5에 소방서를 설치하는 것이다.

위의 문제에서 한 개의 도시는 그 도시가 커버할 수 있는 도시의 집합에 대응된다. 이러한 집합들의 합집합이 전체 도시 집합이 되도록 최소 개수의 집합들을 선택하는 문제가 된다. 집합커버라는 명칭은 이런 이유 때문이다.

연습문제 3.11 'Optima' 사에서는 2009년 하반기 공채를 실시하였는데, 경제위기로 인한 회사의 사정을 반영하여 최소한의 인건비를 위해 꼭 필요한 인재만을 뽑으려고 한다. 현재 'Optima' 사에서 요구하는 기술은 문서작성, 웹페이지 관리, 서버관리, 프로그래밍, 영어번역' 5개 분야다.

2009년 하반기에 지원한 인력은 총 10명으로 각 지원자별 보유 기술 및 경력을 고려한 적정 연봉은 다음과 같다.

지원자	보유 기술	적정 연봉(단위: 백만원)
1	문서작성, 영어번역	20
2, 6	서버관리	10
3	문서작성, 프로그래밍	22
4	서버관리, 웹페이지 관리	25
5	웹페이지 관리, 영어번역	30
7	웹페이지 관리	15
8	문서작성, 웹페이지 관리, 영어번역	40
9	프로그래밍, 영어번역	35
10	문서작성, 웹페이지 관리, 서버 관리	45

가. 위의 인력충원 문제를 0-1 정수계획문제로 모형화하라.

나. 'Greedy' 알고리듬을 적용하여 해를 구해보자.

예 3.12 (마디커버문제) 집합커버문제의 중요한 예 중에 하나가 마디커버문제이다. 주어진 무향그래프 $G=(V,E)$가 있을 때, E의 모든 호의 끝마디 중 최소한 하나를 포함하는 마디 집합 $U \subseteq V$를 마디커버라고 한다. 마디커버문제(set cover problem)는 최소 크기 마디커버를 구하는 문제이다.

다음의 그림은 크기가 7인 마디커버를 보여준다. (더 좋은 해가 존재하는가?)

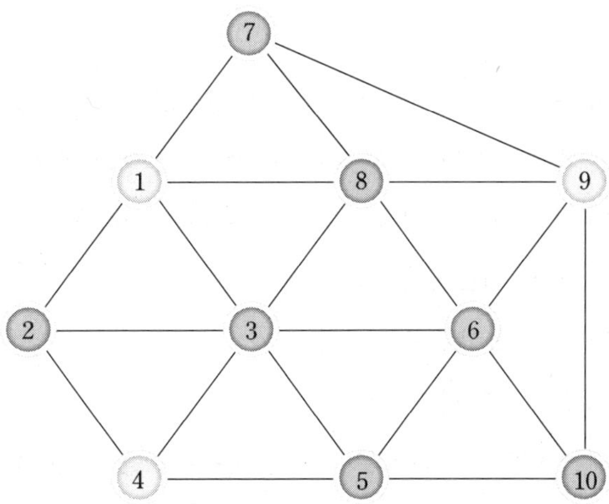

연습문제 3.13 보안업체 'ConEspionage'는 산업보안을 전문으로 한다. S대 산학협력 프로젝트로 2011년 봄, 건립되는 생물공학단지 'B-지역'의 보안을 외주받았다. 보안설계실장 'KGB'씨는 현재 B-지역 도로망 보안카메라 배치 계획을 수립하고 있다. 도로망은 다음 그림과 같다. 격자 한 칸의 길이는 10미터이다. 카메라는 도로에만 설치할 수 있으며 360도 회전가능하다. 그러나 해상도 제한으로 50미터 이상 떨어진 물체의 100% 식별은 어렵다. 이 도로망의 보안카메라 설치문제를 조합최적화문제로 모형화하라. (공원에는 나무가 높이 자라 있으며 나머지 구역은 촬영에 방해가 되는 장애물이 없다. 둥근 도로 부분을 어떻게 처리할지 한 가지 정답이 있는 것은 아니다. 각자 아이디어를 생각해 보자. 대체로 현실 문제들은 이런 측면을 많이 가지고 있다.)

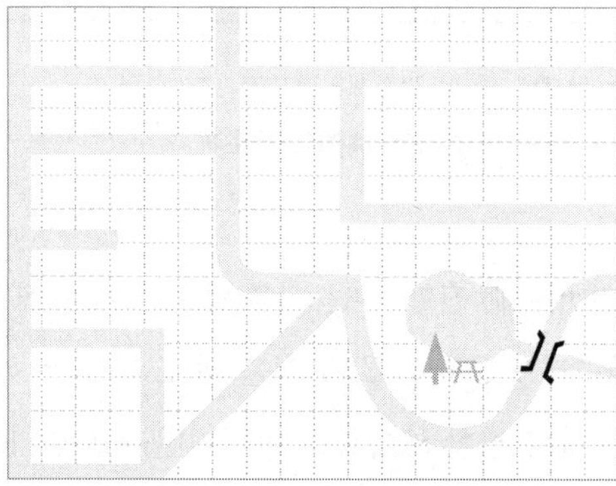

3.4 세일즈맨순회문제, TSP

예 3.14 (세일즈맨순회문제, Traveling Salesman Problem, TSP) 자신의 회사를 포함하여 n개의 거래처를 모두 매일 순회(tour)해야 하는 영업사원이 있다. 모든 두 지점 i와 j 사이를 이동할 때 걸리는 시간을 c_{ij}라고 하면, 영업사원은 소요시간이 가장 적도록 n개의 지점을 순회하려고 할 것이다. (이때, 모든 지점을 돌아 제자리로 돌아오는 회로가 되기 때문에 시작 지점이 어디인지는 중요하지 않다는 것을 알 수 있다.)

이러한 문제는 네트워크 $G = (N, A)$를 사용하여 쉽게 표현할 수 있다. 각 지점을 마디로 하고, 두 지점 쌍을 호로 연결하고 이동 소요시간을 호의 비용으로 적는다. 이때, 양방향으로 소요시간이 같으면 무향호를 사용할 수 있으며, 대칭(symmetric) TSP문제라고 부른다. 그렇지 않은 경우, 양방향으로 각각 유향호를 연결하고 해당 소요시간을 각각 적는다. 비대칭(asymmetric) TSP문제라고 부른다. 〈그림 5.4〉에는 대칭 TSP문제의 예와 최적해, 즉 최단 시간을 갖는 순회를 굵은 선으로 표시했다. 대칭문제는 비대칭문제의 특별한 경우이다. 각 마디 쌍 사이에 양방향으로 호를 만들고, 같은 시간을 각각 적으면 된다.

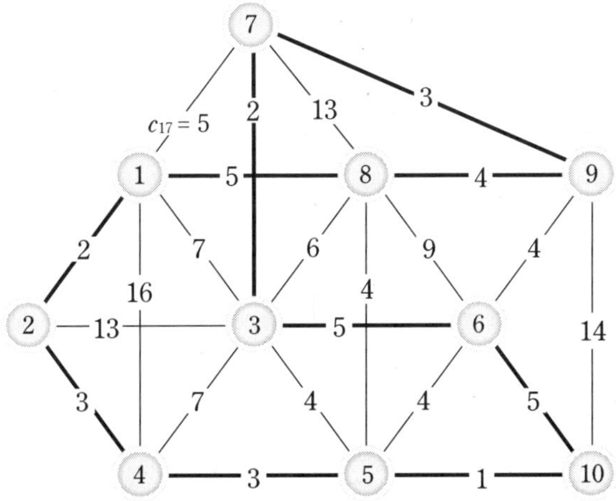

〈그림 5.4〉 TSP문제의 예

세일즈맨순회문제의 정수계획모형*

대칭 TSP를 정수계획문제로 써보자. 우선 호로 연결되어 있지 않은 마디 쌍 사이에는 비용이 아주 큰 호가 연결되어 있다고 생각하면 된다. 예를 들어, 〈그림 5.4〉에서 마디 1과 5 사이에 아주 큰 비용, M을 갖는 호를 연결하면 된다. 따라서 G를 모든 마디 쌍 사이에 호가 있는 완전호 무향네트워크로 생각할 수 있다.

우선, 각 호 (i, j)마다 다음과 같이 변수를 정의한다.

$$x_{ij} = \begin{cases} 1, & (i, j) \text{를 순회에 포함하는 경우,} \\ 0, & \text{그렇지 않는 경우.} \end{cases}$$

여기서 호의 방향이 중요하지 않으므로, 즉 호 $(i, j) = (j, i)$이므로, 호 (i, j)는 $i < j$가 되도록 쓰자. 그러면 목적함수는 순회의 소요시간을 최소화하는 것이다.

$$\min \sum_{i<j} c_{ij} x_{ij}.$$

이제 $x_{ij}=1$인 호들이 정확히 하나의 순회를 구성하도록 제약식을 만들어야 한다. 우선 순회는 모든 마디를 포함하는 회로가 된다. 회로의 특징은 각 마디가 두 개의 호를 갖는다는 것이다. 따라서 순회는 모든 마디에서 다음과 같은 제약조건을 만족해야 한다.

$$\sum_{j<i} x_{ji} + \sum_{j>i} x_{ij} = 2, \ \forall i \in N. \tag{3.7}$$

하지만 이 제약식은 순회가 될 필요조건일 뿐, 충분조건은 아니다. 왜냐하면, 〈그림 5.5〉와 같이 마디 집합을 분할하는 부분순회(subtour)들도 제약식 (3.7)을 만족하기 때문이다.

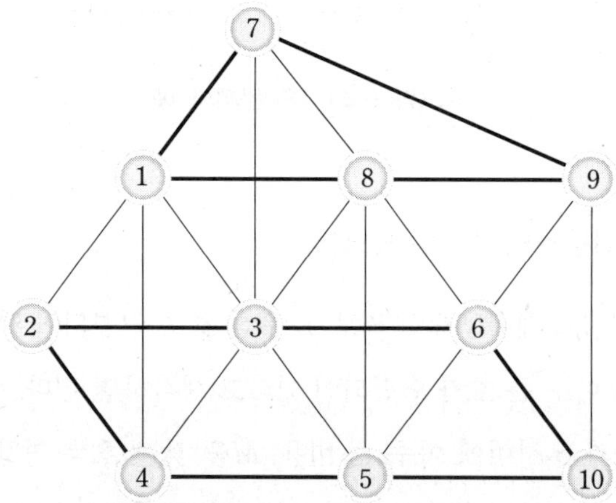

〈그림 5.5〉 부분순회의 예

부분순회방지 제약식**

이러한 부분순회를 방지하는 추가 제약식은 여러 가지 방법으로 만들 수 있다. 그중 하나는 '부분순회가 발생하는 경우는 N의 어떤 진부분집합의 마디들로 이루어진 회로가 존재한다는 것'이다. 회로의 호의 수는 마디의 수와 같으므로 그런 경우를 방지하기 위해서는, N의 모든 진부분집합 S에 대해, 그 집합으로부터 양 끝마디를 모두 갖는 호의 개수가 $|S|$보다 작게 선택되도록, 다음과 같은 제약

식을 추가하는 것이다.

$$\sum_{i<j:i,j\in S} x_{ij} \leq |S|-1,\ \forall \phi \neq S \subsetneq N. \tag{3.8}$$

TSP를 위한 발견적 기법

TSP는 풀기 어려운 조합최적화문제의 대표적인 문제이다. 많은 접근법들이 제시되어 있는데, 이는 TSP가 어떤 접근법으로도 만족할 만한 해를 구하기 힘든 어려운 문제라는 것을 반증하는 것이기도 하다. TSP는 조합최적화문제 중에서도 특히 어려운 문제이다. (4.3절의 NP-hard 문제 중에서도 가장 어려운 그룹에 속한다. 문제가 특별한 성질을 가지지 않은 한, 해의 품질을 보장할 수 있는 어떠한 근사해법도 존재할 수 없다는 것을 보일 수 있다.)

해법 중에는 최적성이나 근사성은 보장이 안 되지만, 나름대로 타당한 원리를 갖고 있는 것들이 있는데, 이러한 해법들을 **발견적 기법**(heuristic)이라고 부른다.

연습문제 3.15 TSP를 위한 발견적 기법을 생각해 보라(대칭문제로 가정하라). 그리고 그 해법이 어떠한 경우에 좋은 해를 주는지, 또한 어떠한 경우에 문제가 있는지 설명해 보라.

TSP의 발견적 기법 중에서 가장 단순한 방법 중 하나는 다음과 같다. 임의의 마디에서 출발하여 가장 가까운 이웃 마디를 선택하며 순회를 구성해가는 방법으로, **최근이웃 기법**(nearest neighbor heuristic)이라고 부른다. 물론 최근이웃 기법은 항상 좋은 해를 보장하지는 못한다. 즉, 최근이웃 기법이 아주 좋지 않은 품질의 해를 주는 예를 만들 수 있다.

연습문제 3.16 어떤 경우 최근이웃 기법이 좋지 않은 해를 만드는지 생각해 보라.

그 다음으로 손쉽게 생각할 수 있는 발견적 기법으로는 **한쌍바꾸기**(2-opt heuristic)가 있다. 이는 현재 순회를 이루는 두 개호의 양 끝 마디를 교환하여 길이를 개선하는 방법이다. 1회 반복단계를 그림으로 나타내면 다음과 같다.

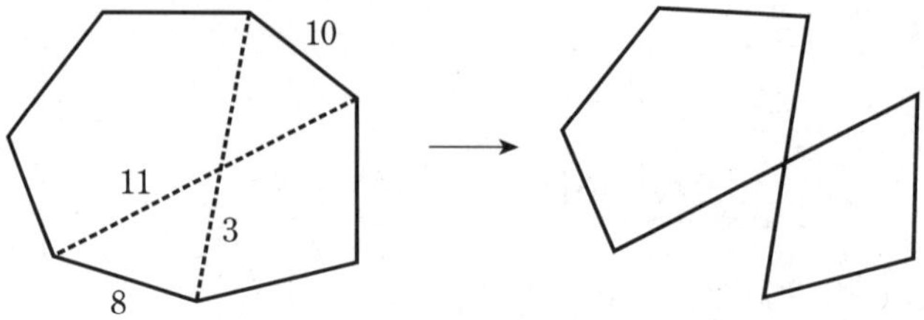

이 경우 한쌍바꾸기 한 반복단계로 순회의 길이는 4가 개선되었다. 더 이상 순회를 개선하는 호가 없을 때까지 반복단계를 수행한다.

연습문제 3.17 〈그림 5.4〉의 TSP를 최근이웃 기법으로 풀고 한쌍바꾸기 기법을 적용하여 해를 구하라. 최근이웃 기법을 적용할 때는, 마디 1에서 시작하라. (호가 없는 마디 쌍 사이에는 길이가 아주 큰 호가 존재한다고 가정하라.)

물론 한쌍바꾸기의 해가 항상 최적이 되는 것은 아니다.

연습문제 3.18 〈그림 5.6〉을 사용하여 왜 그런지 설명하라.

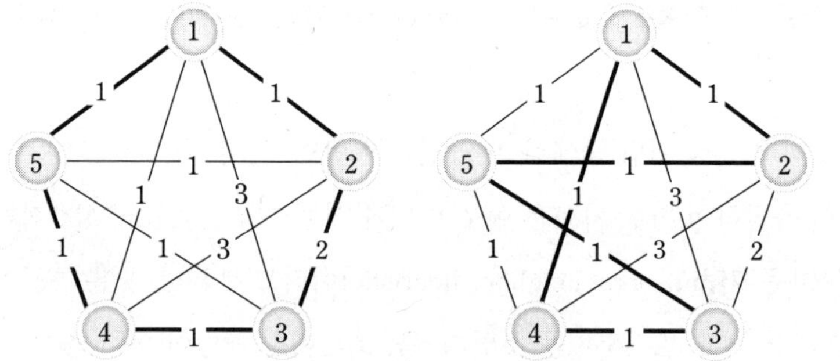

〈그림 5.6〉 현재해와 최적해

한쌍바꾸기는 현재해 부근의 해를 찾아 개선하는 이른바 부분탐색(local search)의 하나이다.

3.5 논리조건제약의 정수 제약식 표현

의사결정 문제에서는 논리조건제약이 종종 발생한다. 예를 들어 '어떤 품목을 생산하게 되면, 반드시 일정 이상을 해야 한다' 거나, '두 열차가 같은 트랙을 지나게 되면 일정 시간 간격을 유지해야 한다' 등이 좋은 예이다. 이는 다음과 같이 일반적으로 표현할 수 있다.

$$A\text{이면 } B\text{이다.} \tag{3.9}$$

다음과 같은 간단한 예를 보자.

예 3.19 세 가지 모형의 자동차 생산량을 결정하는, 다음과 같은 문제를 생각하자.

모형	1	2	3
판매이익	200	300	400

단위당 투입요소	1	2	3	가용량
강철	1.5	3	5	6,000
인력	20	30	40	60,000

이 문제는 앞에서 배운 선형계획문제로 쉽게 모형화할 수 있다.

$$\begin{aligned}
\max \quad & 200x_1 + 300x_2 + 400x_3 \\
\text{sub.to} \quad & 1.5x_1 + 3x_2 + 5x_3 \leqslant 6,000, \\
& 20x_1 + 30x_2 + 40x_3 \leqslant 60,000, \\
& x_1,\ x_2,\ x_3 \geqslant 0.
\end{aligned}$$

여기에 다음과 같은 추가 제약을 생각하자. '어떤 모형을 생산하는 경우, 반드시 1,000대 이상 만들어야 한다.'

이러한 조건은 다음과 같이 일반화할 수 있다.

$$x > a\text{이면 } z \geqslant b\text{이다.} \tag{3.10}$$

(3.10)은 논리조건제약 (3.9)의 한 예가 되는 것을 알 수 있다. (3.10)은 '$x \leqslant a$'가 성립하지 않으면 '$z \geqslant b$'가 반드시 성립하고, 한편 '$x \leqslant a$'가 성립하는 경우, z가 값을 제약받지 않는다는 의미이다. 이는 0–1 정수변수 y를 도입하면, 다음과 같은 정수 제약식으로 표현할 수 있다.

$$\Leftrightarrow \text{ '}x - a \leqslant yM,\ \ b - z \leqslant (1-y)M,\ \ y \in \{0, 1\}.\text{'}$$

단, 여기서 M은 x와 y의 가능한 모든 값에 대해여 $x-a$나 $b-y$보다 큰 수를 의미한다.

이러한 관계를 우리의 문제에 적용하면, 첫 번째 모형에 관한 추가제약은 다음과 같은 정수제약식으로 쓸 수 있다.

$$x_1 \leqslant My_1,$$
$$1{,}000 - x_1 \leqslant M(1-y_1).$$

따라서 모든 모형에 대해 추가제약이 반영된 완성된 수리모형은 다음과 같다.

$$\begin{aligned}
\max \quad & 200x_1 + 300x_2 + 400x_3 \\
\text{sub. to} \quad & 1.5x_1 + 3x_2 + 5x_3 \leqslant 6{,}000, \\
& 20x_1 + 30x_2 + 40x_3 \leqslant 60{,}000, \\
& x_1 \leqslant My_1, \\
& 1{,}000 - x_1 \leqslant M(1-y_1), \\
& x_2 \leqslant My_2, \\
& 1{,}000 - x_2 \leqslant M(1-y_2), \\
& x_1 \leqslant My_1, \\
& 1{,}000 - x_3 \leqslant M(1-y_3),
\end{aligned}$$

$$x_1,\ x_2,\ x_3 \geqslant 0,$$
$$y_1,\ y_2,\ y_3 \in \{0, 1\}.$$

연습문제 3.20 x_i와 x_j는 0−1 변수이다. 다음의 조건제약을 정수제약식으로 표현하라.

$$x_i = x_j = 1\text{이면 } y_i - y_j \geqslant a.$$

예 3.21 (논리합 제약조건(disjunction)) 앞의 (3.9)는 다음과 같이 다시 표현할 수 있다.

$$A \rightarrow B \Leftrightarrow (\sim A) \vee B.$$

따라서 (3.10)도 다음과 같은 동치 조건으로 다시 쓸 수 있다.

$$\text{‘}x \leqslant a\text{이거나 } z \geqslant b\text{이어야 한다.’} \tag{3.11}$$

(3.11)은 벡터변수 $x \in \mathbb{R}^n$의 제약식들에 관한 조건으로 일반화할 수 있다.

$$\text{‘}c^T x \leqslant d\text{이거나 } e^T x \leqslant f\text{이어야 한다.’} \tag{3.12}$$

여기서, $c,\ e \in \mathbb{R}^n$, 그리고 $e,\ f \in \mathbb{R}$이다. (3.12)와 같은 제약을 **논리합 제약**(disjunction)이라고 부른다. 이는 앞에서 본 논리조건제약과 같은 것임을 알 수 있으며, 따라서 다음과 같이 쓸 수 있음을 알 수 있다.

$$c^T x - d \leqslant yM,\quad e^T x - f \leqslant (1-y)M,\quad y \in \{0, 1\}.$$

예 3.22 (분할불가작업 단일기계 스케줄링(nonpremptive scheduling on single machine)) 한 개의 기계를 사용하는 두 개의 작업, $i = 1, 2$를 생각하자. 각 작업은 d_i의 시간이 소요되며, 중단 없이 연속적으로 완성되어야 한다. 따라서 각 작업의 시작 시간을 s_i라고 하면, ‘$s_1 + d_1 \leqslant s_2$’ 이거나 ‘$s_2 + d_2 \leqslant s_1$’ 이 성립해야 함을 알 수 있다. 이는 다음과 같은 정수제약조건으로 표현할 수 있다.

$$s_1 + d_1 - s_2 \leqslant yM, \quad s_2 + d_2 - s_1 \leqslant (1-y)M, \quad y \in \{0, 1\}.$$

예 3.23 (준비비용(set-up cost)이 있는 생산 수준 결정)

생산량을 x라고 할 때, 생산비용이 다음과 같이 주어지는 문제를 생각하자.

$$C(x) = \begin{cases} K + cx, & x > 0, \\ 0, & x = 0. \end{cases}$$

예를 들어 세 개의 제품, 셔츠, 반바지, 그리고 바지의 생산량을 결정하는 문제를 생각하자.

제품	셔츠	반바지	바지
준비비용	200	150	100
판매가격	6	4	7

단위당 투입요소	셔츠	반바지	바지	가용량
1	3	2	6	150
2	4	3	4	160

x_i를 i번째 제품의 생산량을, 그리고 y_i를 실제로 생산하는 경우 1, 그렇지 않은 경우 0값을 갖는 이진변수라고 하자. 그러면 앞의 예와 같은 원리에 의하여 최적 생산량 결정문제는 다음과 같은 혼합정수계획문제로 모형화할 수 있다.

$$\begin{aligned} \max \quad & 6x_1 + 4x_2 + 7x_3 - 200y_1 - 150y_2 - 100y_3 \\ \text{sub.to} \quad & 3x_1 + 2x_2 + 6x_3 \leqslant 150, \\ & 4x_1 + 3x_2 + 4x_3 \leqslant 160, \\ & My_1 \geqslant x_1, \\ & My_2 \geqslant x_2, \\ & My_3 \geqslant x_3, \\ & x_1, x_2, x_3 \geqslant 0, \\ & y_1, y_2, y_3 \in \{0, 1\}. \end{aligned}$$

연습문제 3.24 다음 문제를 정수계획문제로 모형화하시오. 3가지 제품의 생산을 고려 중에 있다. 그런데 3가지 제품 중 최대 2개까지만 생산할 계획이고, 각 제품의 모든 생산을 공장 2곳 중 한 곳에서 담당할 계획이다. 또한, 재고비용이 매우 크기 때문에 예측된 수요 이상은 생산하지 않는다고 할 때, 이익을 최대화하는 생산계획을 모형화하시오.

	제품당 소요시간			주당 가용시간
	제품 1	제품 2	제품 3	
공장 1	3	4	2	30
공장 2	4	6	2	40
단위이익	5	7	3	(백만원)
수요	7	5	9	(단위/주)

물론 모든 조건제약을 위와 같이 큰 수 M을 사용하여 표현해야 하는 것은 아니다. 관련된 변수가 모두 논리적인 값을 가지는 경우, 더 쉽게 표현할 수도 있다.

연습문제 3.25 다섯 개의 프로젝트가 있다. 다음과 같은 제약을 0-1 정수계획 제약식으로 표현하라.

1. 최대 2개까지만 투자할 수 있다.
2. 두 번째 프로젝트는 첫 번째 프로젝트가 필요하다.
3. 두 번째 프로젝트를 하면 다섯 번째는 하지 못한다.
4. 1, 2, 3번째 프로젝트 중 적어도 하나를 선택하거나, 2, 4, 5 프로젝트 중에서 적어도 두 개를 선택해야 한다.

4 최적해 기법

제2절(그리고 4.3절)에서 논의했듯이 일반적인 정수선형계획문제의 정확한 최적해를 빠른 시간에 구하는 알고리듬을 기대하기 힘들다. 최적해를 구하기 위해서는 모든 해를 나열하여 비교하는 열거법을 사용할 수밖에 없다.

최적화문제의 해의 개수는 문제의 크기, 즉 변수의 개수나 데이터의 실수 값들을 컴퓨터에 입력할 때 소요되는 저장 공간의 크기 등이 증가함에 따라, 급격히 증가하기 때문에, 단순한 열거법은 현실성 있는 크기의 문제를 위한 실용적인 방법이 될 수 없다.

따라서 최적해를 구해야 한다면, 단순한 나열방법에 추가적인 정보를 사용하여 경우의 수를 줄이는 방법이 필요하다. 이러한 방법은 대부분 분지한계법에 기반을 두고 있다. 분지한계법은 원래 문제를 부문제(subproblem)로 분할하고, 부분문제의 최적해들로부터 원래 문제의 최적해를 구하는 분할정복(divide-and-conquer)의 원리를 사용한다. 이러한 원리는 각 부문제에 재귀적으로(recursively) 적용하게 된다. 즉, 각 부문제를 다시 부문제들로 나누어 같은 과정을 반복하게 되는 것이다.

부문제가 작을수록 최적해를 구하는 것이 쉬울 것이다. 그러나 이러한 부문제를 제한 없이 분할할 경우, 최악의 경우, 가능한 해의 개수만큼 생길 수 있다. 따라서 부문제의 수를 줄이기 위해 추가적인 정보를 사용하게 된다.

가장 많이 사용하는 추가적인 정보는, 목표가 되는 최적목적함수 값의 상한과 하한이다. 상한과 하한이란, 최적목적함수가 가질 수 있는 최대 그리고 최소 값을 말한다. (이러한 상한과 하한을 어떻게 구하는지는 4.1절에서 설명하기로 한다.)

만약 최소화문제에서, 어떤 부문제 최적해의 하한이 현재 알고 있는 최적목적함수 값 상한보다 크다면, 그 부문제는 최적해를 포함할 수 없으므로 고려 대상에서 제외할 수 있다. 이 경우 그 부문제를 더 이상 분할하여 풀 필요가 없게 되며, 필요한 계산이 줄게 된다.

4.1 상한과 하한을 구하는 방법 - 최소화문제 기준

앞에서 언급했듯이 좋은 하한이나 상한은 문제의 최적해를 구하는데 결정적인 역할을 한다. 이러한 값들을 구하는 방법을 보자. 앞으로 논의에서 모든 문제는 최소화문제로 가정하자.

4.1.1 상한

최소화 정수계획문제의 하나의 정수가능해를 알면 이를 상한으로 사용할 수 있다. 왜냐하면 최적해의 목적함수 값은, 그 정의에 따라서 이보다 작거나 같기 때문이다.

그러나 많은 경우, 정수계획문제의 가능해를 구하는 것이 그 최적해를 구하는 것과 본질적으로 같은 정도로 어려운 문제이다. 따라서 가능해를 구하는 것이 항상 용이한 것은 아니다.

우리가 논의할 분지한계법의 경우, 초기에는 상한을 구할 수 없지만 나누어진 부문제를 풀다 보면 정수가능해가 나오는 경우가 발생하는데 이때, 상한을 얻게 된다.

4.1.2 선형계획완화를 사용한 하한

어떤 선형계획문제에 정수조건을 추가하였을 때, 주어진 정수계획문제의 정수 가능해 집합과 같다면, 그 선형계획문제를 정수계획문제의 **선형계획완화문제**라고 한다. 선형계획완화문제의 최적목적함수 값을 z_{LP}라고 하면, 정수계획문제의 최적목적함수 값 z_{IP}의 하한이 된다. 이는 같은 목적함수를 더 큰 해집합 위에서 최소화하였기 때문이다. (최소화문제를 가정하고 있음을 잊지 말자.)

$$z_{LP} \leqslant z_{IP}. \tag{4.13}$$

예를 들어, [문제 1.1]에서 선형계획완화문제를 얻는 **하나의** 방법은 그 정수조건을 완화하는 것이다.

$$\begin{aligned} z_{LP} = \quad & \min \quad c^T x \\ & \text{sub.to} \quad Ax = b, \\ & \qquad\qquad x \geqslant 0. \end{aligned}$$

선형계획완화문제의 최적목적함수 값은 정수계획문제의 최적목적함수 값보다 같거나 작은데, 그 차이가 적을수록 좋은 완화문제이다. 가장 이상적인 선형계획완화문제는 물론 정수계획문제의 정수 격자점을 포함하는 최소다면체, 즉 **정수덮개**(integral hull)와 같은 해집합을 갖는 선형계획문제인데, 이 경우, 어떠한 목적함수에 대해서도 두 문제의 최적목적함수 값은 같게 된다. 〈그림 5.7〉에서 가장 어두운 다면체가 정수덮개가 된다. 따라서 이러한 경우는 선형계획완화문제를 풀면 원래문제를 풀 수 있다. 그러나 정수계획문제가 어려운 문제이고 선형계획문제는 쉬운 문제임을 생각하면 이러한 이상적인 선형계획완화문제를 쉽게 발견할 수 없을 것이라는 것을 알 수 있다. 따라서 될 수 있으면 정수덮개와 밀착된 완화문제를 구하는 것이 실용적인 목표가 될 것이다.

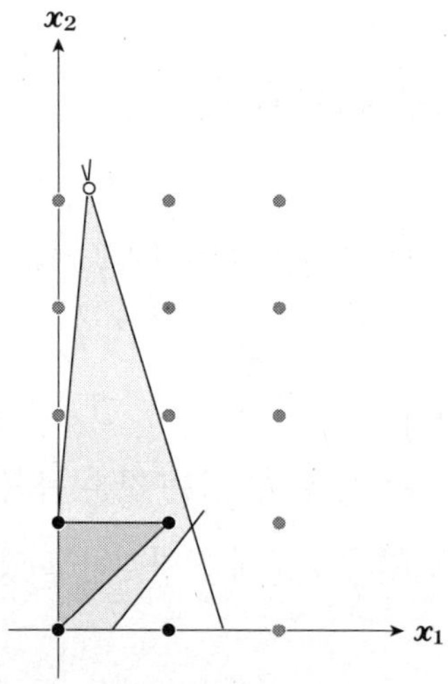

〈그림 5.7〉 정수덮개(integral hull)

4.1.3 라그랑지 완화법*

라그랑지 완화문제(Lagrangian relaxation)란 주어진 정수계획문제 제약식 집합의 부분적인 계산 용이성을 이용하여, 최적해의 하한을 구하는 방법 중에 하나이다. 좀더 구체적으로 말해, 문제를 어렵게 만드는 제약식들을 적절한 가중치를 곱하여 목적함수에 포함시킨 완화문제를 사용한다.

다음과 같은 정수선형계획문제를 생각해 보자.

$$
\begin{aligned}
z_{IP} = \quad \min \quad & c^T x \\
\text{sub.to} \quad & Ax \geq b, && (4.14) \\
& A'x \geq b', && (4.15) \\
& x \geq 0, && (4.16) \\
& \text{모든 } x_j \text{는 정수.} && (4.17)
\end{aligned}
$$

우리의 가정은 제약식 (4.14)를 제외한 (4.15 ~ 4.17) 위에서 선형함수를 최소화하는 정수계획문제는 풀기 쉽다는 것이다(예를 들어, 최단경로문제나 최소걸침나무문제가 그러한 예이다).

임의의 상수 벡터 $\lambda \geq 0$에 대하여 다음과 같은 문제 $z_{LD}(\lambda)$를 정의할 수 있다.

$$
\begin{aligned}
z_{LD}(\lambda) = \quad \min \quad & c^T x - \lambda^T (Ax - b) && (4.18) \\
\text{sub.to} \quad & A'x \geq b', && (4.19) \\
& x \geq 0, && (4.20) \\
& \text{모든 } x_j \text{는 정수.} && (4.21)
\end{aligned}
$$

우선 가정에 의하여 위의 문제는 풀기 쉬운 문제이다. (4.19 ~ 4.21)의 제약조건을 만족하는 정수해의 집합을 S라고 놓으면, $z_{LD}(\lambda)$는 다음과 같이 다시 쓸 수 있다.

문제 4.1 $LD(\lambda)$

$$
\begin{aligned}
z_{LD}(\lambda) = \quad \min \quad & c^T x - \lambda^T (Ax - b) && (4.22) \\
\text{sub.to} \quad & x \in S. && (4.23)
\end{aligned}
$$

기본정리 4.2 모든 $\lambda \geq 0$에 대하여 $z_{LD}(\lambda) \leq z_{IP}$가 성립한다.

증명 : $z_{LD}(\lambda)$의 가능해 집합은 원래 문제의 해집합을 포함한다. 따라서 원래 문제의 모든 정수가능해 x에 대하여 다음이 성립하는 것을 보이면 된다.

$$c^T x - \lambda^T (Ax - b) \leqslant c^T x.$$

그러나 $\lambda \geqslant 0$이고 $Ax - b \geqslant 0$이기 때문에 이것은 당연하다. □

이때 완화된 제약식 $Ax \geqslant b$를 목적함수로 올리는 데 사용한 가중치 벡터 λ를 라그랑지 승수(Lagrangian multiplier)라고 부른다. 라그랑지 완화문제의 해가 반드시 원래문제의 가능해가 되는 것은 물론 아니다. 그러나 $\lambda \geqslant 0$이기 때문에, $Ax \geqslant b$을 만족하지 않는 해들은 목적함수의 $\lambda^T (Ax - b)$항에서 벌칙비용을 발생시키게 된다. 이런 의미에서 완화문제의 해의 해당 가중치에 따라 불가능성이 지나치게 크지 않게 조정될 것이라는 것을 알 수 있다.

[기본정리 4.2]에 의하여 $\{z_{LD}(\lambda) : \lambda \geqslant 0\}$는 모두 z_{IP}의 하한이 되는 것을 알 수 있다. 하한은 원래 문제의 값에 밀착한 값일수록 좋은 법이다. 따라서 다음과 같은 값은 라그랑지 완화로 얻을 수 있는 가장 좋은 하한이 된다.

$$z_{LD} = \max \{z_{LD}(\lambda) : \lambda \geqslant 0\}. \tag{4.24}$$

참고 4.3 앞에서 언급한 바와 같이, 위의 정의는 선형계획을 포함한 일반적인 연속함수로 이루어진 최적화 문제에서도 유사하게 적용할 수 있다. 예를 들어 선형계획의 쌍대문제 역시 이러한 방법으로 동등한 결과를 얻을 수 있다. 따라서 일반적인 볼록최적화문제(convex optimization problem)의 쌍대문제를 정의하는 방법의 하나인 라그랑지 쌍대를 정수계획문제에 원용한 방법이라고도 볼 수 있다.

예 4.4 (추가제약 최단경로문제의 라그랑지 완화) [예 3.7]의 추가제약 최단경로문제의 라그랑지 완화를 사용하여 최적해의 하한을 구해 보자. $s-t$ 유향경로의 집합을 $\mathcal{P}$라고 하고, 유향경로 P의 비용과 시간을 각각 $c(P) = \sum_{(i,j)\in P} c_{ij}$ 그리고 $d(P) = \sum_{(i,j)\in P} d_{ij}$로 표기하면, 추가제약 최단경로문제는 다음과 같이 쓸 수 있다.

$$\begin{aligned} \min \quad & c(P) && (4.25) \\ \text{sub.to} \quad & d(P) \leqslant \triangle, && (4.26) \\ & P \in \mathcal{P}. && (4.27) \end{aligned}$$

제약식 (4.26)을 완화하면 문제는 단순히 최단경로문제가 된다. 따라서 라그랑지 승수 $\lambda \geqslant 0$을 제약식 (4.26)에 곱하여 목적함수에 더하면 다음과 같은 문제 $LD(\lambda)$를 얻는다.

$$\begin{aligned} \min \quad & c(P) - \lambda(\triangle - d(P)) && (4.28) \\ \text{sub.to} \quad & P \in \mathcal{P}. && (4.29) \end{aligned}$$

이를 다시 정리하면, 다음과 같은 최단경로문제를 얻는다:

$$\begin{aligned} \min \quad & c(P) + \lambda d(P) - \lambda\triangle && (4.30) \\ \text{sub.to} \quad & P \in \mathcal{P}. && (4.31) \end{aligned}$$

따라서 라그랑지 승수 $\lambda \geqslant 0$에 대한 $LD(\lambda)$는 각호의 비용이 $c_{ij} + \lambda d_{ij}$인 최단경로문제를 푸는 것과 같다.

연습문제 4.5 3.2절의 추가제약 최단경로문제의 라그랑지 완화문제를 여러 λ 값에 대하여 풀어, 그 하한 값들을 최적 목적함수 값과 비교하라.

앞에서 보았듯이 라그랑지 완화를 사용하여 최선의 하한을 구하기 위해서는 (4.24)의 z_{LD}를 구해야 한다. 이는 추가제약 최단경로문제의 경우, 비용이 $c_{ij} + \lambda d_{ij}$인 최단경로의 값이 가장 큰 $\lambda \geqslant 0$를 구하는 것과 같다.

z_{LD}를 효율적인 구하는 일반적인 해법으로 **서브그래디언트 최적화법** (subgradient optimization)이 있는데, 여기서는 생략한다.

4.2 분지한계법

분지한계법(branch-and-bound method)은 제4절 도입 부분에서 설명한 분할정복의 원리를 가진 해법이다. 문헌이나 상용코드에서 사용하는 대부분의 최적해법은 분지한계법이나 그 확장이라고 할 수 있다.

각 반복단계는 현재 문제를 더 작은 부문제들로 분할하는 분지(branching) 단계, 그리고 분할된 부문제의 완화문제를 풀어 상하한을 개선하고 이로부터 얻는 추가 정보를 사용하여 현재해를 개선하거나 부문제를 제거하는 한계(bounding) 단계로 이루어진다.

[예 3.2]의 0-1 배낭문제를 통하여 선형계획완화 하한을 사용하는 분지한계법의 원리를 공부해 보자. 앞의 상하한의 기준은 최소화문제였지만, 이 예의 경우는 최대화문제이다. 따라서 상한과 하한의 역할이 바뀌는 것에 유의하자.

예 4.6 우선 선형완화문제를 써보자. $x_j \in \{0,1\}$ 조건은 $0 \leqslant x_j \leqslant 1$이라는 부등호 제약과 '$x_j$는 정수' 라는 두 개의 조건의 결합이다. 그러므로 올바른 선형계획완화문제를 얻기 위해서는 0-1 조건을 단순히 비음조건으로만 대체하는 것이 아니고 $0 \leqslant x_j \leqslant 1$로 대체해야 한다.

따라서 선형계획완화는 다음과 같이 쓸 수 있다.

$$\begin{aligned} \max \quad & 165x_1 + 130x_2 + 222x_3 + 90x_4 + 55x_5 \\ \text{sub.to} \quad & 5x_1 + 4x_2 + 7x_3 + 3x_4 + 5x_5 \leqslant 14, \\ & 0 \leqslant x_j \leqslant 1,\ \forall j. \end{aligned} \tag{4.32}$$

이 선형계획문제는 최적해를 쉽게 구할 수 있다. 변수들을 p_j/w_j의 내림차순으로 정렬하고 그 순서대로 변수값을 우변의 여유가 있을 때까지 1 또는 최대 가능값으로 놓으면 최적해를 구할 수 있다.

이미 내림차순으로 정렬되어 있음을 알 수 있다. 그러므로 $x_1 = 1$, $x_2 = 1$, 그리고 $x_3 = \frac{5}{7}$가 최적해가 되며, $z_{LP} = 453\frac{4}{7}$이 된다. 이는 우리의 최적해의 목적함수 값은 453보다 크지 않다는 것을 의미한다. (우리 문제가 최대화문제라는 것에 유의하자.) 따라서 현재 상한 $U = 453$이 된다. 정수 가능해의 목적함수 값으로 최적목적함수 값의 하한으로 사용하자. (우리 문제는 최대화문제임을 명심하자.) 아직 정수 가능해를 구하지 못하였으므로, 현재 하한 값을 $L = -\infty$로 놓는다.

반복단계 1

분지(branching) : 분지란 현재 문제를 부문제들로 분할하는 것이다. 이때 여러가지 분할 방법을 사용할 수 있다.

예를 들어, 변수가 가질 수 있는 정수 값을 기준으로 사용할 수 있다. 0–1 정수계획문제의 경우, 변수를 하나 선택하여 그 변수가 0 또는 1인 경우에 대응하는 두 개의 부문제로 분할할 수 있다.

그러면 어떤 변수를 선택할 것인가. 보통 그 선형완화 최적해에서 소수 부분이 0.5에 가장 가까운 변수를 선택한다. 그것은 완화해를 기준으로 볼 때, 다른 변수들에 비해, 이런 변수는 최적해에서 0 또는 1 어떤 값을 가지게 될지 가장 불분명하다는 직관적인 이유 때문이다.

이에 따라, 우리 문제를 x_3을 기준으로 하여, $x_3 = 0$과 $x_3 = 1$에 대응하는 두 개의 부문제로 분할하자.

$$\begin{aligned} \max \quad & 165x_1 + 130x_2 + 90x_4 + 55x_5 \\ \text{sub.to} \quad & 5x_1 + 4x_2 + 3x_4 + 5x_5 \leqslant 14, \\ & x_j \in \{0, 1\}, \ \forall j = 1, 2, 4, 5 . \end{aligned} \tag{4.33}$$

$$\begin{aligned} \max \quad & 165x_1 + 130x_2 + 90x_4 + 55x_5 + 222 \\ \text{sub.to} \quad & 5x_1 + 4x_2 + 3x_4 + 5x_5 \leqslant 7, \\ & x_j \in \{0, 1\}, \ \forall j = 1, 2, 4, 5 . \end{aligned} \tag{4.34}$$

한계(bounding) : 이 단계는 부문제의 완화문제를 풀어 상한과 하한을 개선하고 부문제들을 더 이상 분할할 필요가 있는지를 판단하는 단계이다.

우리 문제의 경우, $x_3 = 0$에 대응하는 부문제 (4.33)의 완화문제 최적해는 $x_1 = 1,\ x_2 = 1,\ x_3 = 0,\ x_4 = 1,\ x_5 = \dfrac{2}{5}$이며 목적함수 값 $z_{LP} = 407$이다. 즉, $x_3 = 0$인

가능해의 목적함수 값은 407보다 클 수 없다. 한편 $x_3 = 1$에 대응하는 부문제 (4.34)의 완화 최적해는 $x_1 = 1$, $x_2 = \frac{1}{2}$, $x_3 = 1$, $x_4 = x_5 = 0$, $z_{LP} = 452$가 된다. 즉, $x_3 = 1$인 가능해의 목적함수 값은 452보다 클 수 없다.

두 부문제 모두 아직 정수가능해를 찾지 못하였으며, 각각의 상한이 지금까지 구한 하한($L = -\infty$)보다 크므로 두 문제 모두 분지를 계속하게 된다. 지금까지의 과정을 나무로 정리하면 〈그림 5.8〉과 같다.

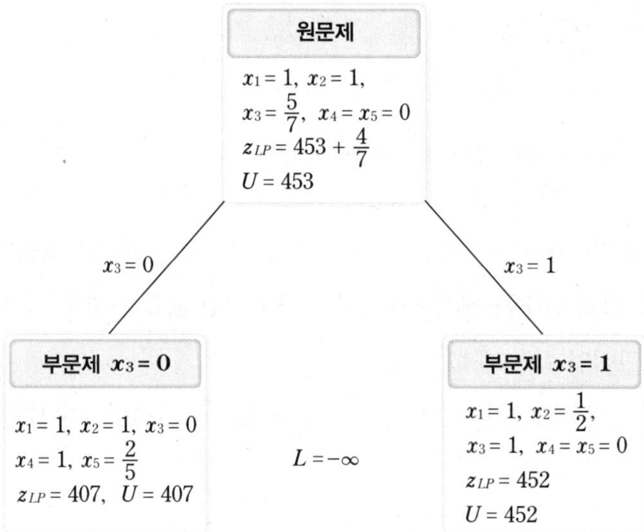

〈그림 5.8〉 첫 분지와 한계

반복단계 2

분지(branching) **:** 최초 반복 단계 이후에는, 일반적으로 복수 개의 부문제가 생성된다. 다음의 반복단계를 수행하기 위해 부문제들 중 하나를 선택하여 이를 부문제들로 분할하게 된다.

그러므로 현재 부문제들 중에서 어떤 문제를 선택하여 분할할 것인가를 먼저 정해야 한다.

이때 여러가지 선택기준이 가능하다. 예를 들어 깊이우선탐색(depth first search)이 가능한데, 가장 최근에 분할된 부문제 중에 하나를 선택하여 다시 분할하는 것이다. 이 경우 반복단계가 진행됨에 따라, 고정되는 변수의 수가 빨리 증가하여 가능해를 신속하게 구할 수 있는 장점이 있다.

우리는 상한이 제일 큰 부문제를 선택하는 기준을 사용하자. 이유는 상한이 크기 때문에 더 좋은 정수해를 얻을 수 있는 가능성이 많아 보인다는 직관적인 이유이다. (물론, 그런 보장은 없다.)

이런 기준을 따르면, 두 개의 부문제 중, $x_3 = 1$에 대응하는 부문제를 선택해야 한다. 따라서 (4.34)의 완화문제의 해에서 그 값이 0.5에 가장 가까운 x_2를 사용하여 분할단계를 수행하게 된다. x_2를 0과 1로 고정하여 만든 두 개의 부문제는 다음과 같다.

$x_2 = 0$으로 고정한 부문제:

$$\begin{aligned} \max \quad & 165x_1 + 90x_4 + 55x_5 + 222 \\ \text{sub.to} \quad & 5x_1 + 3x_4 + 5x_5 \leqslant 7, \\ & x_j \in \{0, 1\},\ \forall j = 1, 4, 5. \end{aligned} \tag{4.35}$$

$x_2 = 1$로 고정한 부문제:

$$\begin{aligned} \max \quad & 165x_1 + 90x_4 + 55x_5 + 352 \\ \text{sub.to} \quad & 5x_1 + 3x_4 + 5x_5 \leqslant 3, \\ & x_j \in \{0, 1\},\ \forall j = 1, 4, 5. \end{aligned} \tag{4.36}$$

한계(bounding) : (4.35)의 최적해는 $x_1 = 1,\ x_2 = 0,\ x_3 = 1,\ x_4 = \frac{2}{3},\ x_5 = 0$, 그리고 $z_{LP} = 447$이 된다. (4.36)의 최적해는 $x_1 = \frac{3}{5},\ x_2 = 1,\ x_3 = 1$, 그리고 $z_{LP} = 451$이 된다. 두 문제의 상한이 모두 지금까지 구한 최대 하한 $L = -\infty$보다 크므로, 두 문제 모두 분지의 대상이 된다. 이러한 과정은 〈그림 5.9〉에 도시하였다.

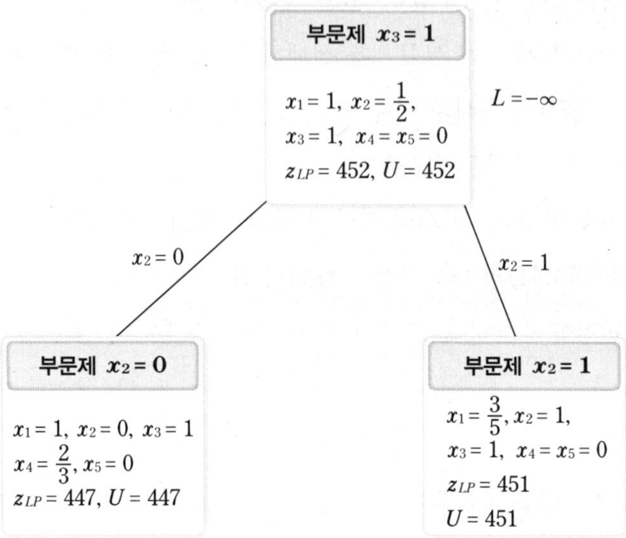

〈그림 5.9〉 두 번째 분지와 한계

반복단계 3

분지(branching) **:** 지금까지 분할된 세 개의 부문제 중, 상한이 가장 좋은 값이 451인 부문제를 분지해 보자. 따라서 (4.36)에서 x_1을 0과 1로 고정하여 만든 부문제를 만들면, 대응하는 선형계획 완화문제는 다음과 같다.

$x_1 = 0$으로 고정한 부문제:

$$\begin{aligned} \max \quad & 90x_4 + 55x_5 + 352 \\ \text{sub.to} \quad & 3x_4 + 5x_5 \leqslant 3, \\ & x_j \in \{0, 1\}, \ \forall j = 4, 5. \end{aligned} \tag{4.37}$$

$x_1 = 1$로 고정한 부문제:

$$\begin{aligned} \max \quad & 90x_4 + 55x_5 + 517 \\ \text{sub.to} \quad & 3x_4 + 5x_5 \leqslant -2, \\ & x_j \in \{0, 1\}, \ \forall j = 4, 5. \end{aligned} \tag{4.38}$$

한계(bounding) : 완화문제 (4.37)의 최적해는 $x_1=0$, $x_2=1$, $x_3=1$, $x_4=1$, $x_5=0$, 그리고 $z_{LP}=442$가 된다. 현재 해는 정수해가 된다. 그리고 이 정수해는 이 부문제의 정수해 중에는 가장 좋은 해가 된다. 따라서 이 부문제는 분지가 끝난다.

완화문제 (4.38)은 가능해를 갖지 않는 것을 쉽게 알 수 있다. 따라서 정수해도 존재할 수 없으므로 이 부문제의 분지 역시 끝나게 된다.

이러한 과정은 〈그림 5.10〉에 도시하였다.

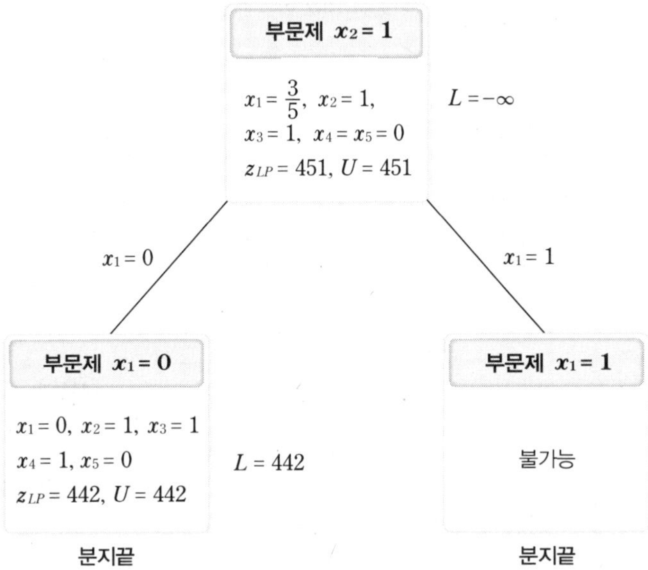

〈그림 5.10〉 세 번째 분지와 한계

새로운 정수가능해를 얻은 경우는, 최적목적함수의 하한을 얻은 것이기 때문에, 현재 분지를 기다리고 있는 모든 부문제의 하한과 비교해야 한다.

이보다 앞에서 생성되었지만, 아직 분지가 완료되지 않은 두 개의 부문제 중 $x_3=0$에 해당하는 부문제는 더 이상 분지를 할 필요가 없게 되는데, 그 이유는 상한 407이 현재 최상의 하한인 $L=442$보다 작기 때문이다. 따라서 더 이상 분지를 해도 현재 정수가능해보다 더 좋은 해를 얻는 것은 불가능하다. 이 부문제의 분지는 여기서 종료되며 이후 고려대상이 아니다.

지금까지의 과정을 모두 나타내면 〈그림 5.11〉과 같다.

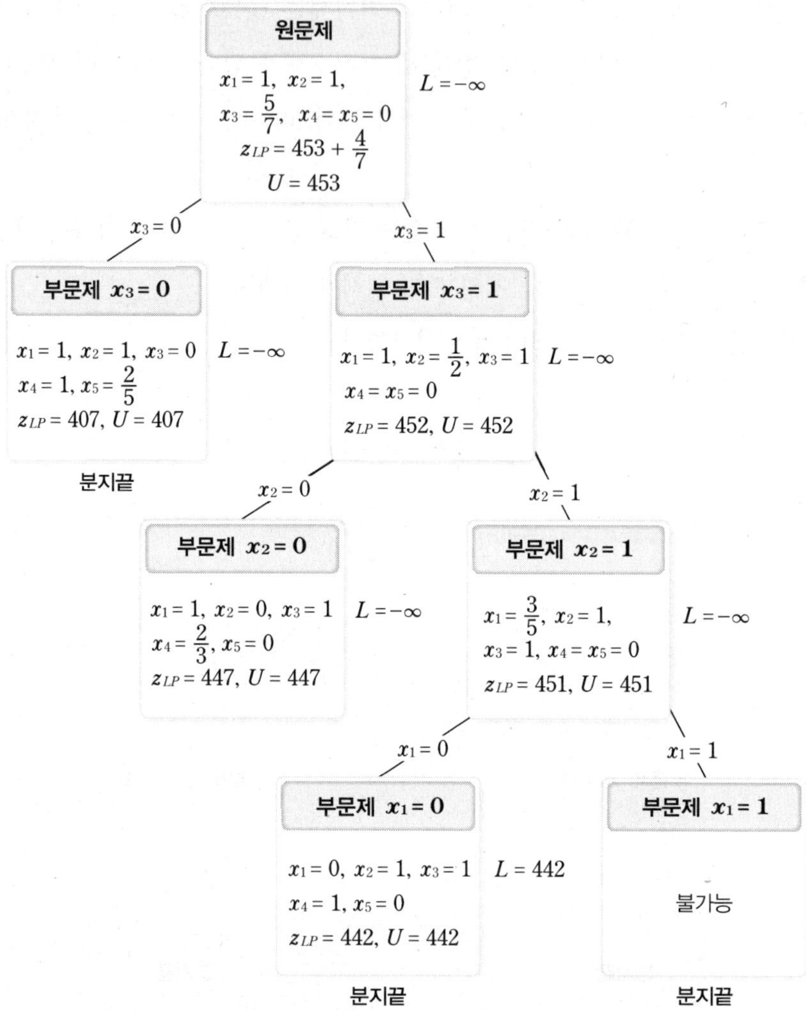

〈그림 5.11〉 지금까지 분지한계 과정

반복단계 4

〈그림 5.11〉의 $x_3 = 1,\ x_2 = 0$에 대응하는 부문제는 그 상한 $U = 447$이 하한 $L = 442$보다 크므로, 이 부문제가 더 좋은 정수해를 가질 가능성을 배제할 수 없기 때문에 분지가 계속된다.

연습문제 4.7 분지한계법을 완성하라.

물론 분지한계법은 일반적인 정수선형계획문제에도 적용할 수 있다. 선형계획완화를 사용하여 (최소화문제인 경우) 하한을 구할 수 있다.

연습문제 4.8 [예 3.3]에서 여러분 나름대로 정의한 문제를 분지한계법을 적용하여 최적해를 구하라. 선형계획완화문제를 엑셀 해 찾기 기능을 사용하여 하한(또는 상한)을 구하라.

연습문제 4.9 아래의 나무는 어떤 최소화문제에 분지한계법을 적용한 과정이다. 물음에 답하라.

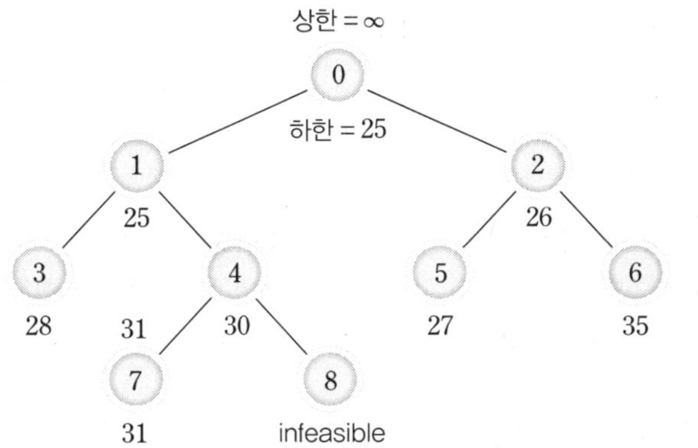

가. 지금까지의 과정을 보고 최적 목적함수에 가장 근접한 상한과 하한을 구하시오.

나. 앞으로 분지의 대상이 되는 마디와 분지가 끝난 마디를 구분하고, 분지가 끝난 이유를 명확히 적으시오.

연습문제 4.10 다음 배낭 문제의 최적해를 분지한계법을 이용하여 구하시오. 단, 넓이 우선 탐색을 사용하여 분지한계법에서 생성되는 마디가 6개까지만 시행하라.

$$
\begin{aligned}
z = \max \quad & 22x_1 + 16x_2 + 12x_3 + 8x_4 \\
\text{sub. to} \quad & 7x_1 + 5x_2 + 4x_3 + 3x_4 \leqslant 14, \\
& x_j = 0 \text{ 또는 } 1.
\end{aligned}
$$

연습문제 4.11 모든 마디를 정확히 한 번씩 지나는 경로를 해밀턴 경로라고 부른다. 다음의 그림으로 주어진 그래프에서 호비용의 합이 최소가 되는 해밀턴 경로를 분지한계법으로 구하고자 한다.

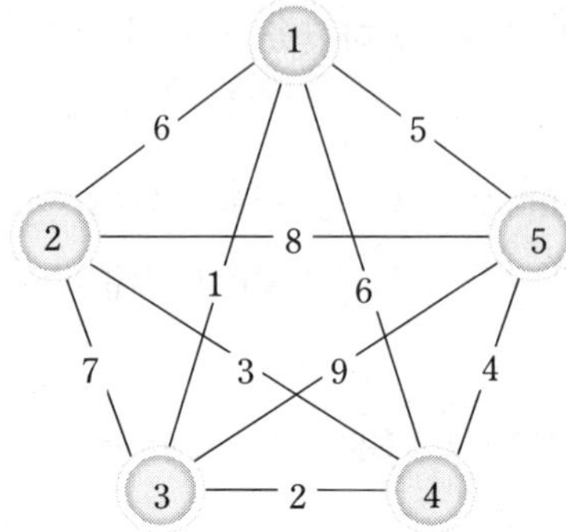

가 최소비용 걸침나무의 비용이 최적 목적함수값보다 항상 같거나 작음을, 하한이 됨을 증명하라.

나 크러스컬 알고리듬을 사용하여 원 그래프의 최소비용 걸침나무를 구하라. 최소비용 해밀턴 경로의 값은 최소 얼마 이상인가?

다 다음의 기준으로 현재 문제를 분할한다: 최소비용 걸침나무에서 차수가 3 이상, 즉 셋 이상의 호를 달고있는 마디 중 임의로 선택한 마디를 V라 하자. 최소비용 걸침나무에서 V의 호 중 비용이 가장 작은 것을 A, 두 번째로 작은 것을 B라 하자.

- 첫 번째 부문제는 호 A를 사용하지 않는 부문제,
- 두 번째 부문제는 호 A를 사용하고, 호 B를 사용하는 부문제,
- 세 번째 부문제는 (걸침나무가 아니라) 원래 그래프의 V의 호 중 A와 B만을 사용하고 나머지는 사용하지 않는 부문제이다.

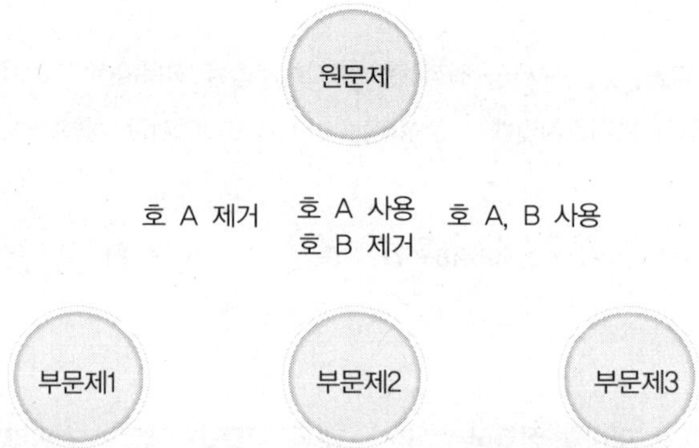

최소비용 걸침나무의 목적함수 값을 하한으로 위의 방법으로 문제를 분할하는 분지한계법을 사용하여 최소비용 해밀턴 경로를 구하라. 분지한계 나무와 각 단계에서 상한을 정확히 명시하라.

4.3 절단평면해법*

앞에서 보았듯이 정수계획문제의 하한을 구하는 방법의 하나는 선형계획완화를 사용하는 것이다. 선형완화문제의 해집합이 정수덮개와 최대한 밀착될수록 좋은 하한을 구하게 된다. 이러한 방법의 하나로 현재 선형계획완화문제의 해집합 중에서, 정수가능해를 포함하지 않은 불필요한 부분을 잘라내는 방법인 **절단평면해법**(cutting plane algorithm)의 개념을 소개한다.

예 4.12 다음 정수문제를 살펴보자.

$$\begin{aligned} \min \quad & 3x_1 + 5x_2 \\ \text{sub.to} \quad & x_2 \leqslant 2, \\ & x_1 - 2x_2 \leqslant 2, \\ & 5x_1 - x_2 \leqslant 14, \\ & x_1, x_2 \in \mathbb{Z}_+. \end{aligned}$$

위 문제의 가능해를 2차원 평면에 표시하면 〈그림 5.12〉의 왼쪽과 같다. 완화 최적해는 오른쪽 위의 꼭지점 $x = \left(\frac{16}{5}, 2\right)$이고 최적값은 $\frac{98}{5}$이다.

이때 우리는 첫 번째와 세 번째 제약식에서 각각 1을 곱하여 더하면 제약식 $5x_1 \leqslant 16$을 얻게 되는데, x_1은 정수이므로, 모든 정수 가능해는 다음 제약식을 만족한다.

$$x_1 \leqslant \left\lfloor \frac{16}{5} \right\rfloor = 3.$$

이렇게 모든 정수 가능해가 만족하는 부등식을 **타당한 부등식**(valid inequality)이라고 한다. 〈그림 5.12〉의 두 번째 그림은 원래 해집합에 제약식 $x_1 \leqslant 3$을 추가한 것을 나타낸다. 그림에서 제약식을 추가한 경우에 불필요한 부분은 잘라내지만 모든 정수가능해를 보존하는 것을 알 수 있다. 제약식을 추가한 후 완화문제의 최적해를 구하면 (3,2)이며, 최적값은 19로 줄어들었다. 그리고 이 경우, 완화문제의 최적해가 정수해가 되므로 원래 정수계획문제의 최적해가 된다. (왜인가?)

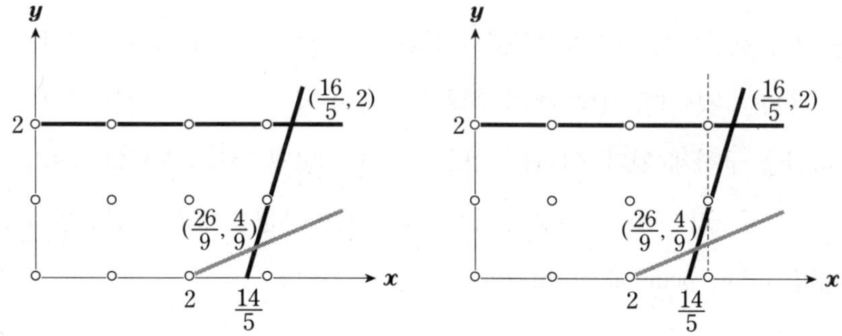

〈그림 5.12〉 정수문제의 가능해와 절단평면

이처럼 어떤 선형 제약식이 모든 정수가능해는 보존하면서, 즉 타당한 부등식이 되면서, 선형계획완화문제 해집합의 일부를 제거할 때, 이 제약식을 **절단평면**(cutting plane) 혹은 간단히 **절단면**(cut)이라고 한다.

위의 예에서 절단면을 구하는 방법은, 각 제약식에 적당한 양수를 곱하여 더하고, 우변상수를 내림하여 절단면을 생성하였다. 이러한 방법을 일반화한 것이 크바탈-고모리(Chvatal-Gomory) 방법이다.

크바탈-고모리(Chvatal-Gomory) 방법

성질 4.13 $X = \{Ax \leqslant b,\ x \geqslant 0,\ x$는 정수$\}$, A는 열 벡터 $a_1, \cdots, a_n$로 이루어진 $m \times n$ 행렬, u는 비음으로 이루어진 $m \times 1$ 벡터라고 하자. 이때 다음은 타당한 부등식이다.

$$\sum_{j=1}^{n} \lfloor u^T a_j \rfloor x_j \leqslant \lfloor u^T b \rfloor.$$

증명 : $u \geqslant 0$이고 $\sum_{j=1}^{n} a_j x_j \leqslant b$이므로 모든 가능해에 대해

$$\sum_{j=1}^{n} u^T a_j x_j \leqslant u^T b.$$

$x \geqslant 0$이므로 다음이 성립한다.

$$\sum_{j=1}^{n} \lfloor u^T a_j \rfloor x_j \leqslant u^T b. \tag{4.39}$$

x_j가 정수이고 그 계수도 정수이므로 위 식의 좌변은 정수이다. 그러므로 모든 정수가능해가 다음의 제약식을 만족한다.

$$\sum_{j=1}^{n} \lfloor u^T a_j \rfloor x_j \leqslant \lfloor u^T b \rfloor. \ \square$$

이러한 크바탈-고모리방법을 사용하면 u에 따라 여러 개의 절단평면을 구할 수 있다. 그리고 (4.39)의 우변이 정수가 아니면 타당한 부등식은 절단평면이 된다.

예 4.14 다시 [예 4.12]를 보자. 제약식에 비음 가중치 $u = \left(\frac{3}{5}, 0, \frac{2}{5}\right)$를 곱하여 다음 식을 유도할 수 있다.

$$2x_1 + \frac{1}{5}x_2 \leqslant \frac{34}{5}.$$

제약식의 좌측편에 있는 계수들을 그보다 작은 최대 정수값으로 치환하여도 제약식은 성립한다.

$$2x_1 + 0x_2 \leqslant \frac{34}{5}.$$

위 식의 좌변은 정수이므로 우변을 정수로 치환하여도 제약식은 성립한다.

$$2x_1 \leqslant \left\lfloor \frac{34}{5} \right\rfloor = 6.$$

즉, $x_1 \leqslant 3$이라는 타당한 부등식을 얻었다.

연습문제 4.15 아래 문제의 선형완화문제의 최적해를 구하고, 크바탈-고모리 방법을 사용하여 완화문제의 최적해를 잘라내는 절단평면을 찾아보자.

$$
\begin{aligned}
\min \quad & 2x_1 + 4x_2 \\
\text{sub. to} \quad & x_1 + 4x_2 \geqslant 4, \\
& x_1 + \frac{1}{2}x_2 \geqslant 1, \\
& x_1, x_2 \in \mathbb{Z}_+.
\end{aligned}
$$

4.4 'NP-hardness' 이야기

제1장에서 NP-hard 문제에 대해 간단히 소개하였다. 정수계획문제가 풀기 어려운 이론적인 근거는 그것이 NP-hard라는 데 있다.

우선 NP란, 쉽게 말해 컴퓨터가 다룰 수 있는 전체 문제 중에서 상당히 큰 부분 집합이라고 생각하면 되며, 대부분의 경영과학 모형을 포함한다. NP의 문제들 중에서 신속한 시간에 풀 수 있는 문제들로 이루어진 부분집합을 *P*라고 한다. 이러한 문제들은 전문 용어로, 즉 **다항시간**에 풀 수 있는(polynomially solvable) 문제들이라고 한다. 예를 들어, 선형계획, 최소비용흐름문제, 최소비용걸침나무문제와 같이 본서에서 효율적인 해법을 논의한 문제들이 모두 P에 속한다(〈그림 5.13〉 참고).

NP-hard 문제란 NP의 문제들 중에서 가장 어렵다고 증명된 문제를 말한다. 좀더 구체적으로 말하면, 어떤 문제 Π가 NP-hard라는 의미는 NP의 모든 문제들을 Π로 신속하게 변환할 수 있다는 것을 말한다. 따라서 Π를 신속하게 풀 수 있다면 모든 NP의 문제를 신속하게 풀 수 있게 된다. (그렇지 않다고 믿고 있지만.) 이러한 의미에서 NP-hard 문제는 NP의 문제들 중에서 가장 어려운 문제가 된다. 만약 NP-hard 문제 중에 하나만이라도 신속하게 풀 수 있다면 P = NP가 되는 것이다. 하지만 지금까지 누구도 어떠한 NP-hard 문제를 위해 신속한 해법을 개발하는 데 성공하지 못하였으며, 이것이 가능한지는, 즉 $P \stackrel{?}{=} NP$인지는 아직 해결되지 않은 현대 수리과학의 가장 중요한 질문 중의 하나이다.

참고 4.16 더 엄밀하게는 NP-hard보다는 NP-complete라는 용어를 써야 하는데 자세한 것은 생략한다.

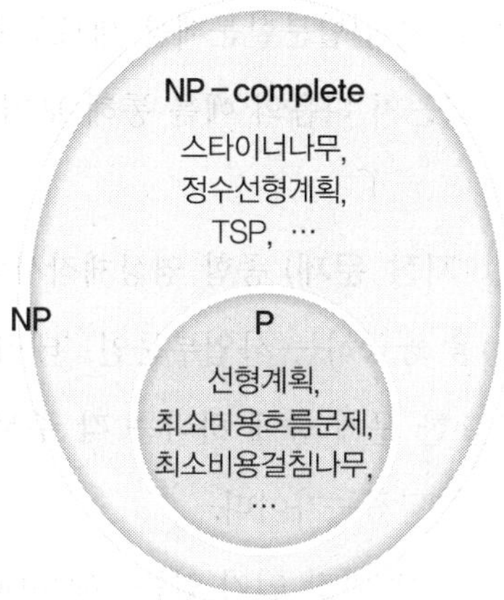

〈그림 5.13〉 NP의 공간

그럼 NP-hard 문제는 어떤 것이 있는가? 또한 새로운 문제를 만날 때마다, 그 문제가 NP-hard인지 어떻게 판단할 수 있을까? 새로운 문제 Π가 NP-hard임을 확인하는 과정은, 보통 이미 NP-hard임이 확인된 또 하나의 문제 Π'을 사용한다. 즉, Π'을 Π로 신속히 변환할 수 있다는 것을 보이는 것이다. 그렇다면, Π를 신속하게 풀 수 있으면 Π'도 그러할 것이다. 즉, Π가 Π'보다 어려운 문제라는 것이다. 하지만 Π'이 NP-hard이므로 Π는 어려운 문제일 수밖에 없는 것이다. 이러한 과정을 설명하기 위해 대표적인 NP-hard 중 하나를 보자.

문제 4.17 (집합분할문제) 유한개의 양수들 $a_1, a_2, \cdots, a_n$을 그 합이 같도록 두 개의 집합으로 분할할 수 있는가?

참고 4.18 우선 이 문제는 최적화문제와는 다른 '예' 또는 '아니오'로 답하는 문제이다. 이러한 문제를 **결정문제**(decision problem)라고 한다. 엄밀히 말해 NP는 이러한 결정문제의 집합으로 정의된다. 그러나 최적화문제는 쉽게 결정문제로 변환할 수 있으며, 결정문제의 이론들을 최적화문제에도 어렵지 않게 확장할 수 있다. 자세한 논의는 생략한다.

집합분할문제는 누구나 이해할 수 있는 단순한 문제이다. 그렇기 때문에 집합 분할문제가 NP 중에서 가장 어려운 문제라는 것은 놀라운 일이다. 그리고 아직 효율적으로 푸는 방법이 없기 때문에 답을 구하기 위해선 $2^{n-1}-1$개의 모든 경우를 다 따져 보아야만 한다. 이 집합분할문제를 새로운 문제의 어려움을 규명하기 위해 어떻게 응용할 수 있는지 다음의 예를 통해 보기로 하자.

예 4.19 (VOD 파일 저장 문제) 종합 영상제작사업체인 '시네마벨'은 온라인에서 주문 영상(VOD)을 공급하는 사업부문인 '테라박스'를 새로 설립하였다. 테라박스 운영에서 중요한 문제 중에 하나는 각 주문을 위한 영상 파일들을 위해 저장디스크를 어떻게 할당하는가이다.

논의를 쉽게하기 위해, 현재 가장 인기 있는 '해운대', '국가대표', '킹콩을 들다' 세 가지의 영화 파일들만 관리하는 시스템을 생각해 보자. 문제를 단순화하여 이 영화 파일들은 모두 같은 한 단위의 용량이 필요하고, 발생한 주문 하나마다 별도의 파일에 저장해야 한다고 하자. 따라서 각 디스크는 물론 저장하는 파일들의 총 용량보다 큰 용량을 가지고 있어야 한다. 추가적으로 각 디스크에 담을 수 있는 영화의 종류의 수도 제한되어 있다. 예를 들어, 〈그림 5.14〉에는 최대 세 가지 종류의 영화를, 모두 합하여 7단위까지 저장할 수 있는 디스크와, 이를 두 종류 그리고 세 종류 영화의 저장을 위해 할당한 방법의 예를 두 가지 도시하였다. 현재 세 종류의 영화를 최대 100개를 담을 수 있는 공용 디스크와 두 종류의 영화를 최대 200개 담을 수 있는 공용 디스크를 가지고 있다. '해운대', '국가대표', '킹콩을 들다'에 대한 수요가 각각 130, 30, 140 발생했을 때, 시스템 관리자는 영화의 수요를 최대로 만족시키기 위하여 이 공용 디스크의 공간을 어떻게 할당하는 것이 최적이겠는가?

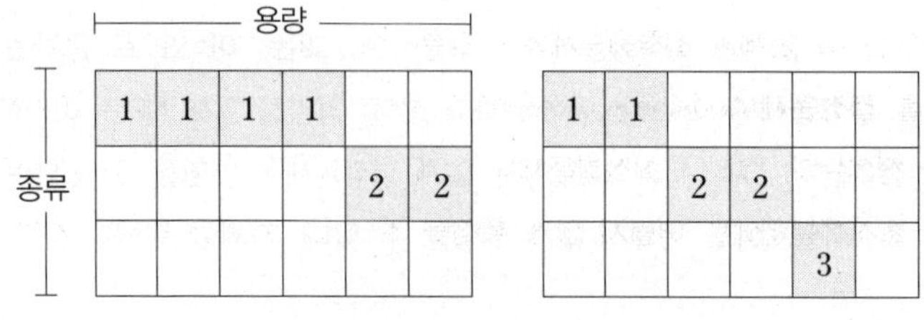

〈그림 5.14〉 저장 공간 할당 방법

이 문제는 다음과 같이 일반화할 수 있다.

문제 4.20 (저장공간 할당문제(storage allocation problem)**)** 저장해야 할 유한개의 품목 $i=1, 2, \cdots, n$의 용량 a_i가 주어져 있다. 각 저장공간 $j=1, 2, \cdots, m$는 s_j종류의 품목을 저장할 수 있고, 총 b_j의 용량만큼 저장할 수 있다. 저장공간에 어떻게 할당해야 저장되는 품목의 총 용량을 최대화할 수 있는가?

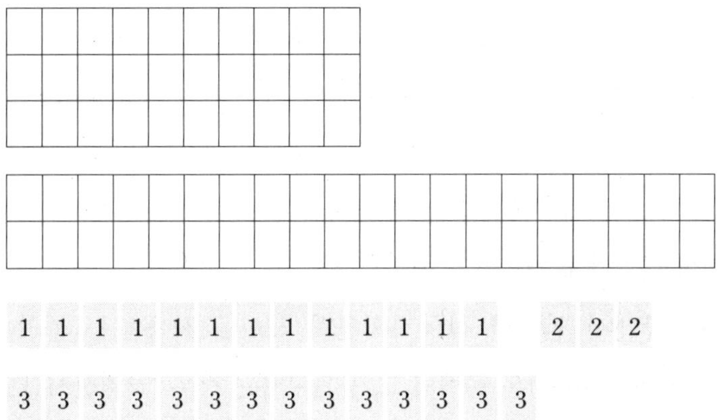

〈그림 5.15〉 두 개의 디스크와 세 가지 영화에 대한 주문(한 칸은 10단위)

이제 저장공간 할당문제가 어려운 문제임을 증명하자. (보통 그 이전에 문제의 정확한 최적해를 효율적으로 푸는 알고리듬을 개발하려는 상당한 노력을 먼저 하게 된다.) 이미 우리가 NP-hard임을 알고 있는 집합분할문제가 저장공간 할당문제로 쉽게 변환될 수 있음을 보일 수 있다.

이를 위해 n개의 양수 $a_1, \cdots, a_n$의 집합분할문제를 생각하자. 이 문제를 담을 수 있는 영화 종류 개수 제약이 모두 1개이고, 용량 제약이 $a_1, \cdots, a_n$인 n개의 공용 디스크에 수요가 $\Sigma_{i=1}^{n} \frac{a_i}{2}$인 영화 1과 2를 할당하는 저장공간 할당문제로 변환시키자. 이때, 저장공간 할당문제의 최적해가 영화 1과 2의 모든 수요를 충족시킨다면 원래 집합분할문제의 답도 '예' 이고, 그 역도 성립함을 쉽게 확인할 수 있다. 따라서 저장공간 할당문제는 NP-hard이다. 따라서 집합문제가 NP-hard임을 생각할 때, 저장공간 할당문제의 최적해를 정확히 신속하게 구하는 것은 불가능한 문제라는 것을 알 수 있다.

그러므로 저장공간 할당문제의 정확한 최적해를 구하려고 하는 것보다는, 빠른 시간에 근사적인 해를 구하는 해법으로 목표를 낮추는 것이 현명한 접근법이라는 것을 알 수 있다. 이렇게 NP-hard 성질을 증명하는 것이 적절한 해법을 개발하는 좋은 가이드라인이 된다는 것이다. 만약 누군가가 이러한 정보 없이 저장공간 할당문제의 최적해법을 개발하려 한다면, 필경 아무런 성과를 거두지 못할 것이다.

또한 강조해야 할 사항은 내가 풀어야 할 문제가 NP-hard 문제라고 해도 좋은 해를 구하는 것이 전혀 불가능하다는 것을 의미하는 것은 아니라는 것이다. NP-hard 문제라고 할지라도, 여러 가지 차선적인 접근법이 가능하다. 이런 차선적인 접근법의 관점에서 보면 NP-hard에 속한 문제가 모두 다 똑같은 정도로 어려운 것은 아니다. 그 문제의 구조와 문제 예의 현실 데이터 특성에 따라 종종 효과적인 접근법이 다양하게 가능하기 때문이다.

예를 들어, 앞에서 언급한 선형계획완화 하한을 사용하는 분지한계법(branch-and-bound method)은 문제의 크기가 커지는 경우 그 계산시간도 급격히 증가하지만, 절단평면해법(cutting plane method)과 결합하면 예에 따라 계산시간을 상당히 절감할 수 있다. 변수 규모가 대형인 문제에서 필요에 따라 부분적으로 변수를 생성하는 열생성법(column generation method) 등도 분지한계법과 혼합하여 사용할 수 있다.

또 스타이너나무 문제에서 소개했듯이, 아주 많은 계산시간을 요구하는 최적해 대신, 빠른 시간 내에 최적해에 가까운 해를 찾아주는 근사해법을 추구할 수 있다. 저장공간 할당문제의 경우, 영화 종류 개수 제약이 모두 1인 특수한 경우에는 수요가 가장 큰 영화를 저장공간이 가장 큰 저장공간에 할당하는 근사해법을 생각해 볼 수 있다. 증명은 생략하겠지만, 이 방법으로 항상 최적해의 $\frac{3}{4}$ 이상인 근사해를 얻을 수 있다.

만약 해의 품질보다는 해법의 수행시간을 최소화하는 것이 중요하다면 더 빠른 발견적(heuristic) 기법을 사용할 수 있다. 앞에서 언급했듯이 자신의 문제에 대한 직관을 사용하여 간단하면서도 효과적인 해법을 만들 수 있는 경우가 많이 있다. 이러한 다양한 접근법은 정수계획 및 조합최적화를 가장 풍부한 경영과학의 연구 분야로 만들고 있다.

5 프로젝트 문제

5.1 프록터 갬블 사의 공급사슬

1993년, 프록터 갬블 사(Proctor and Gamble, 이하 피앤지)에서 업무과정의 능률 상승과 제조, 분배과정의 비용 감소를 위해 'SGE(strengthening global effectiveness)' 라는 프로젝트를 시작하였다. 프로젝트의 주된 목표는 북미지역의 상품공급과 분배 시스템을 재구성하는 것이었다. 재구성 이전 북미지역의 공급사슬은 50여 종의 상품과 60여 개의 공장, 15개의 분배센터로 이루어져 있었다. 하지만, 피엔지의 해외사업 비중이 점점 커짐에 따라 북미지역 각 공장의 제조비용과 경영자본 감소의 필요성이 커졌고, 이를 위해 피엔지는 경영과학 기법을 사용하기로 하였다.

재구성 작업을 위한 첫 번째 단계로 이들은 고객 수요를 150개의 수요구역(customer zone)으로 구분하였으며, 각 구역을 담당하기 위한 5～12개의 분배센터를 설립하기로 하였다. 이들은 경영과학 기법을 사용하여 최적의 분배센터 위치를 정하기로 하였다. 각 수요구역은 하나의 분배센터에 할당되며, 할당된 분배센터-수요구역 비용의 총합을 최소화시키는 분배센터의 위치를 결정하는 것이다.

이러한 재구성 작업 결과, 피엔지는 북미지역의 제조, 분배 시스템의 수를 20% 가량 감소시킬 수 있었고, 이로 인해 매년 200만 달러 이상의 비용을 절감할 수 있었다.

연습문제 5.1 **피엔지의 분배센터를 계획해 보자.**

피엔지에서는 물류비용 감소를 위해 모든 고객의 수요를 크게 5개의 구역으로 나누고 수요구역의 물량 공급을 위한 분배센터를 배치하여 물류비용을 감소하려고 한다. 각 수요구역은 하나의 분배센터에만 할당되어야 하며, 특정 분배센터가 설립되지 않으면 수요구역은 해당 분배센터에 할당될 수 없다. 5개의 분배센터 후보지역이 있으며, 사전 연구를 바탕으로 이 중 2개의 분배센터를 설립하려고 한다. 5개 구역의 수요를 각 분배센터에서 충족하기 위한 비용은 아래 표와 같다.

	수요구역 1	수요구역 2	수요구역 3	수요구역 4	수요구역 5
분배센터 1	1	20	16	5	3
분배센터 2	5	1	14	6	10
분배센터 3	12	3	1	4	2
분배센터 4	3	5	30	1	5
분배센터 5	15	10	5	10	1

가. 2개의 분배센터를 5개의 후보 중 어디에 설립할 때, 물류비용이 최소화되겠는가? 또한 각 수요구역은 어느 분배센터로 할당되겠는가?

나. 5개 분배센터의 설립비용이 아래 표와 같다고 하자.

	분배센터 1	분배센터 2	분배센터 3	분배센터 4	분배센터 5
비용	13	15	10	14	14

분배센터를 어디에 설립하는 것이 좋은가? 또한 몇 개를 설립하는 것이 좋은가? 발견적 기법으로 해를 구해 보자.

5.2 샌프란시스코 경찰국 일정계획

샌프란시스코는 미국 캘리포니아 주 서해안에 있는 도시로 인구는 약 70만 명이다. 이 도시를 관할하는 경찰 인력은 약 1,900명이며 850여 가지의 임무를 수행하고 있다. 샌프란시스코 경찰국의 일년 예산은 17,600만 달러이며 이 중 인건비 관련 예산이 16,100만 달러에 이른다.

샌프란시스코 경찰국에서는 몇몇의 숙달된 직원들이 수작업으로 인력을 계획하였다. 하지만 이 방법으로는 해당 일정이 최적인지 판단할 수 없었고, 정책이 변경될 때마다 일정을 수정하는 것 역시 많은 시간이 소요되었다.

경찰국에서는 5일–8시간(5/8) 근무제를 시행하고 있었지만 4일–10시간(4/10) 근무제를 적용하고 싶었다. 하지만 4일–10시간(4/10) 근무제와 5일–8시간(5/8) 근무제의 효율성을 비교할 방법이 없었고, 이 때문에 일정계획을 담당하는 직원들은 새로운 근무제 도입을 힘들어 했다.

경찰국은 이를 위해서 최적화 기반의 의사결정 시스템을 도입하기로 하였다. 각 지서의 인력현황과 일정계획 시 고려해야 할 점을 조사하고, 이를 바탕으로 문제를 모형화하였다.

이 프로젝트를 통해서 고려해야 할 사항으로는 시민안전 최대화, 운영비용 최소화, 그리고 경찰인력의 복지 등이 있었지만 무엇보다도 가장 중요한 사항은 5일-8시간(5/8) 근무제와 4일-10시간(4/10) 근무제 간의 운영비용 비교였다. 이것을 비교하기 위하여 각 요일, 각 시간마다 몇 명의 경찰인력이 출근해야 하는가를 조사하였고, 각 지서별로 필요한 경찰인력 또한 조사하였다. 조사한 데이터를 바탕으로 최적화 기반의 의사결정 방법을 적용한 결과 5일-8시간(5/8) 근무제와 4일-10시간(4/10) 근무제의 필요인력을 비교할 수 있었고, 이에 따른 인력 배치는 각 요일-각 시간의 부족인력과 잉여인력을 줄이는 효과를 가져다 주었다.

결과적으로, 샌프란시스코 경찰국은 인력 조정작업을 한 결과 200여 명의 경찰인력을 추가로 고용한 효과를 얻을 수 있었다. 이는 연간 예산 1,100만 달러를 절감하는 효과와 같다.

연습문제 5.2 생각해 볼 문제

샌프란시스코 경찰국 직원들은 다음의 두 가지 근무조건을 갖는다.

1. 5일-8시간 근무제에서 경찰국 직원은 5일을 연속으로 근무하고 2일을 쉰다. 예를 들어 화요일 출근한 직원은 화, 수, 목, 금, 토요일을 근무하고 일요일과 월요일은 휴식을 취한다. 4일-10시간 근무제에도 마찬가지로 4일 연속근무와 3일 휴식을 취한다.
2. 5일-8시간 근무제에서 경찰국 직원은 8시간을 연속으로 근무한 후 퇴근한다. 예를 들어 월요일 20시에 출근한 직원은 화요일 4시까지 근무한 후 퇴근한다. 이 조건은 4일-10시간 근무제에서도 똑같이 적용된다.

아래의 표는 샌프란시스코 경찰국의 어느 지서에서 요일-시간대별로 필요한 인력을 조사한 것이다. 5일-8시간 근무제에서 표의 필요 인력을 만족하는 최소의 인력은 몇 명인가? 각 시간대별로 몇 명의 직원들이 출근해야 하는가? 4일-10시간 근무제와 비교·평가하여라.

	0-2	2-4	4-6	6-8	8-10	10-12
일	15	7	10	14	15	14
월	17	8	12	16	17	16
화	18	9	14	18	18	19
수	16	8	12	16	17	18
목	17	9	13	17	18	17
금	18	10	14	18	19	18
토	16	9	12	16	17	16

	12-14	14-16	16-18	18-20	20-22	22-24
일	18	22	21	18	22	19
월	20	25	23	20	24	21
화	21	26	24	21	25	22
수	22	24	23	22	24	21
목	23	26	24	23	25	22
금	21	27	25	24	26	23
토	20	22	23	23	24	22

5.3 나무수확문제

나무수확문제(Forest Harvest Problem)란 숲에 길을 뚫고, 길 주변 나무를 베고, 그 나무를 길을 따라 입구로 수송하는 것을 최적화하는 문제이다.

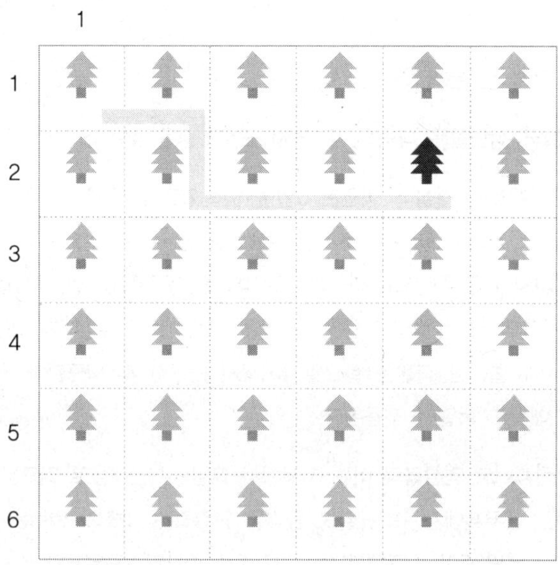

- 임업회사는 참나무 숲 B의 나무를 30년간 벌목하여 팔려고 한다.
- 10년 단위로 세 번의 주기에 걸쳐 벌목을 할 예정이다.
- 스탠드란, 비슷한 나무들의 군집이다.
- 숲 B는 1km×1km 크기의 정사각형 모양의 '스탠드'들이 6×6의 체스판 형태로 구성하고 있다.

- 각 스탠드는 4가지 중 하나의 유형이며 나이는 10, 20, …, 140살 중 하나이다.
- 스탠드의 (유형,나이)에 따라, 벌목할 수 있는 나무의 부피가 정해진다.
- (1,1) 위치의 스탠드는 바로 벌목할 수 있지만, 다른 스탠드의 나무를 벌목하기 위해서는, 해당 스탠드에서 (1,1)까지 길을 만들어야 한다.
- 각 스탠드에서 상하좌우 4방향으로 길을 만들 수 있으며, 길을 만들면 양방향으로 나무를 수송할 수 있게 된다.
- A 임업회사는 각 주기에 길을 만들고, 스탠드 단위로 벌목하고, 벌목한 나무를 (1,1)까지 수송하게 된다.
- 수송된 나무는 정해진 가격에 팔게 되며, 그 수요는 무한하다.
- 길을 만들 때, 땅의 고저차나 곡률 등에 의해 주어진 비용이 든다.
- 나무가 수송될 때, 수송 거리에 따라 수송 비용이 든다.
- 어떤 스탠드를 벌목한다면 그 주기에 완전히 벌목해야 하며, 한 번 벌목한 스탠드는 다시 벌목할 수 없다.
- 벌목한 나무는 그 주기에 모두 (1,1)로 수송되어야 한다.
- 이웃한 스탠드 사이에 길이 건설된다면, 그 길이는 1km이다.
- 목재를 (1,1)로 수송할 때, 1m^{3}의 나무가 1km 이동할 때 0.03만원의 비용이 든다.
- 한 번 길을 만들면, 그 길은 계속 유지된다.
- 환경 보호 차원에서, 한 주기 동안 60만(m^3) 만큼의 나무만 벌목할 수 있다.
- 금리 때문에 지금 주기의 1원은 다음 주기의 1.2원이 된다.
- 60살 이상의 스탠드만 벌목할 수 있다.
- 60～120살 나무의 가격은 1m^{3}당 9만원, 130～160살 나무의 가격은 1m^{3}당 12만원이다.

이 문제의 하나의 가능해를 예시하면, 세 주기 동안 뚫을 길과 벌목할 나무는 다음의 그림과 같이 나올 수 있다.

이 문제와 관련된 데이터들은 다음과 같이 정리할 수 있다.

각 스탠드의 나이(10살)

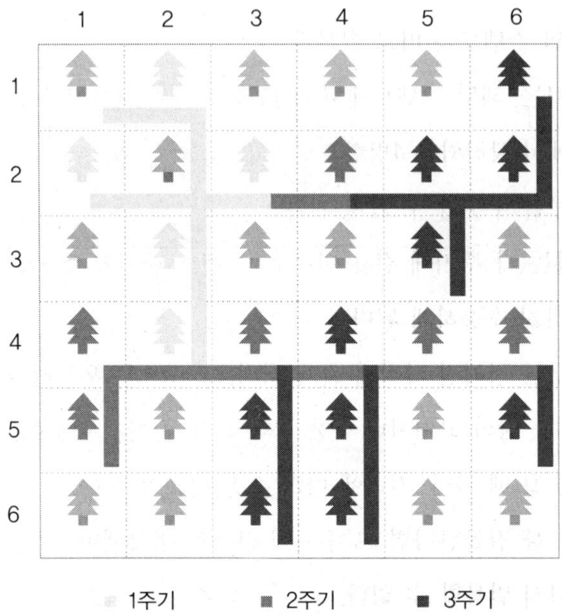

	1	2	3	4	5	6
1	4	11	12	2	6	13
2	6	13	14	11	4	14
3	4	4	10	6	10	8
4	5	7	2	1	14	3
5	9	10	11	4	11	3
6	9	1	1	13	9	5

각 스탠드와 그 오른쪽 스탠드를 연결하는 길의 건설비용(만원)

	1	2	3	4	5
1	3,711	2,695	2,920	2,888	3,508
2	3,547	3,446	2,462	2,566	3,551
3	3,730	3,139	3,343	2,316	3,448
4	2,791	2,961	2,466	3,595	2,454
5	2,713	3,479	3,075	2,384	2,584
6	2,819	2,975	2,712	3,563	3,390

각 스탠드와 그 아래쪽 스탠드를 연결하는 길의 건설비용(만원)

	1	2	3	4	5	6
1	3,485	3,379	2,908	2,995	3,675	2,947
2	2,716	3,233	3,499	3,361	3,616	3,509
3	3,135	2,978	3,375	2,829	2,299	3,168
4	3,439	3,415	2,782	2,503	3,739	3,020
5	3,528	2,963	2,479	2,375	3,412	2,264

각 스탠드의 유형

	1	2	3	4	5	6
1	3	2	3	2	3	4
2	2	1	3	2	3	3
3	4	2	3	4	3	4
4	2	2	2	3	2	4
5	2	2	2	2	2	3
6	2	3	3	3	3	3

유형, 나이(10살 단위)에 따른 벌목 가능한 나무의 부피(m^3)

	6	7	8	9	10	11	12	13	14	15	16
1	41	97	531	2,288	3,806	5,233	7,522	9,887	11,405	13,413	15,093
2	5,702	10,055	14,610	19,081	23,461	27,478	31,368	35,014	38,512	41,479	44,047
3	28,807	39,219	49,281	58,545	67,460	75,360	82,805	89,487	95,988	102,061	107,456
4	58,119	71,777	83,526	94,560	104,349	113,474	121,654	129,665	137,306	144,087	150,111

6 우수 프로젝트 보고서 예

5.3절의 나무수확문제는 2020년 경영과학 과목 프로젝트 문제이다. 다음은 수강생이 제시한 우수한 보고서의 예이다. 수강생 Max Kapur가 제출한 프로젝트 보고서이다. 한글 용어 사용이 약간 비표준적인 면이 있지만, 원문을 존중하여 보

고서를 그대로 옮겼다. 문제를 세심하면서도 논리적인 근거를 가지고 접근하여 모형화하는 자세가 훌륭하다. 본서에 게재를 허락해준 Max Kapur 학생에게 감사하다.

6.1 문제정의

시나리오를 아래처럼 해석한다.

ㅁ A lumber company owns a 6×6 km^2 plot of land and must decide which of the 36 1×1km^2 plots to harvest in a given year. The planning horizon is 30 years, divided into three 10–year planning periods. Each plot can only be forested once, and when its trees are harvested, they must be transported to the company' s processing center at the (1,1) square.

제약조건과 최적 기준을 부제목에서 자세히 설명할 것이다.

6.2 가설법

우선 문제는 가능하다. 적어도 온 숲을 아예 벌목하지 않는 해가 가능함을 볼 수 있다.

최적해의 모양을 예상하자면 금리는 높고, 수송비용과 길 건설비는 벌목수익에 비해 작기 때문에 모든 스탠드를 빨리 벌목할수록 최적일 것 같다. 시간이 지나면 한 스탠드의 나무들의 부피가 커지지만 대부분 주기마다 20%만 못할 것 같다. 따라서 주기마다 벌목하는 나무 부피는 제한 60만 m^{3}에 가까운 걸로 예상한다. 주기 1에 벌목되지 않는 스탠드가 있으면, 주기 1에 너무 어리거나 그 다음 주기에 많이 자라기 때문일 것이다. 또한 길을 만들 때, 가치 높은 "오늘"의 돈을 내지 않고 최대한 늦게 길을 만들게 되는 해가 나올 것이다.

6.3 모형수립

본 보고서에서 아래같은 indexing 법을 사용한다.

$k \in \{1 \ldots 3\}$ 주기

$i \in \{1 \ldots 6\}$ Planning grid 행

$j \in \{1 \ldots 6\}$ Planning grid 열

6.3.1 입력 데이터

모형화하기 전에 주어진 데이터를 preprocessing해서 얻은 입력 데이터는 아래와 같다. 결정변수와 쉽게 구별할 있도록 각 데이터 아이템에 세 글자 이름을 주었다. (이 단계에서 금리를 고려하지 않는다.)

아이템	데이터의 모양	의미	단위
rcr_{ij}	$\forall (i, j) \in \{1 \ldots 6\} \times \{1 \ldots 5\}$	스탠드 (i, j)를 스탠드 $(i, j+1)$에 연결하는 길의 건설비용(road cost, right)	만원
rcd_{ij}	$\forall (i, j) \in \{1 \ldots 5\} \times \{1 \ldots 6\}$	스탠드 (i, j)를 스탠드 $(i, j+1)$에 연결하는 길의 건설비용(road cost, down)	만원
age_{kij}	$\forall (k, i, j) \in \{1 \ldots 3\} \times \{1 \ldots 6\} \times \{1 \ldots 6\}$	주기 k에 스탠드 (i, j) 나무들의 나이(age)	10살
vol_{kij}	$\forall (k, i, j) \in \{1 \ldots 3\} \times \{1 \ldots 6\} \times \{1 \ldots 6\}$	주기 k에 스탠드 (i, j) 나무들의 부피(volume)	m^3
val_{kij}	$\forall (k, i, j) \in \{1 \ldots 3\} \times \{1 \ldots 6\} \times \{1 \ldots 6\}$	주기 k에 스탠드 (i, j) 나무들의 전체 판매 가격(vaiue)	만원

rcr과 rcd는 그대로 주어져 있으며 나머지 입력 데이터는 주어진 나이 · 부피 · 종류 정보에 참고하면 쉽게 계산할 수 있다(부제목 6.3.4 참고).

6.3.2 결정변수

결정변수를 아래처럼 정의한다.

변수의 범위	차원	의미	단위
$x_{kij} \in \{0, 1\}$	$\forall (k, i, j) \in \{1 \ldots 3\} \times \{1 \ldots 6\} \times \{1 \ldots 6\}$	주기 k에 스탠드 (i, j)가 벌목하면 1, 아니면 0	
$y^r_{kij} \in \{0, 1\}$	$\forall (k, i, j) \in \{1 \ldots 3\} \times \{1 \ldots 6\} \times \{1 \ldots 5\}$	주기 k에 스탠드 (i, j)의 오른쪽 길을 건설하면 1, 아니면 0	
$y^d_{kij} \in \{0, 1\}$	$\forall (k, i, j) \in \{1 \ldots 3\} \times \{1 \ldots 5\} \times \{1 \ldots 6\}$	주기 k에 스탠드 (i, j)의 아래쪽 길을 건설하면 1, 아니면 0	
$f^r_{kij} \in \mathbb{R}$	$\forall (k, i, j) \in \{1 \ldots 3\} \times \{1 \ldots 6\} \times \{1 \ldots 5\}$	주기 k에 스탠드 (i, j)에서 오른쪽 이웃으로 가는 나무의 흐름	m^3
$f^d_{kij} \in \mathbb{R}$	$\forall (k, i, j) \in \{1 \ldots 3\} \times \{1 \ldots 5\} \times \{1 \ldots 6\}$	주기 k에 스탠드 (i, j)에서 아래쪽 이웃으로 가는 나무의 흐름	m^3
$z^{r+}_{kij} \in \mathbb{R}_+$	$\forall (k, i, j) \in \{1 \ldots 3\} \times \{1 \ldots 6\} \times \{1 \ldots 5\}$	f^r_{kij}의 양부분	m^3
$z^{r-}_{kij} \in \mathbb{R}_+$	$\forall (k, i, j) \in \{1 \ldots 3\} \times \{1 \ldots 6\} \times \{1 \ldots 5\}$	f^r_{kij}의 음부분 벌목하면 1, 아니면 0	$-m^3$
$z^{d+}_{kij} \in \mathbb{R}_+$	$\forall (k, i, j) \in \{1 \ldots 3\} \times \{1 \ldots 5\} \times \{1 \ldots 6\}$	f^d_{kij}의 양부분 길을 건설하면 1, 아니면 0	m^3
$z^{d-}_{kij} \in \mathbb{R}_+$	$\forall (k, i, j) \in \{1 \ldots 3\} \times \{1 \ldots 5\} \times \{1 \ldots 6\}$	f^d_{kij}의 음부분 길을 건설하면 1, 아니면 0	$-m^3$
$t_k \in \mathbb{R}_+$	$\forall k \in \{1 \ldots 3\}$	주기 k에 벌목한 나무의 총부피	m^3

총 831개의 변수인데, 각 f^r_{kij}와 f^d_{kij}를 $z^{r+}_{kij} - z^{r-}_{kij}$와 $z^{d+}_{kij} - z^{d-}_{kij}$인 sign decomposition으로 대체하면 651개로 줄일 수 있다(제약식 6.46 참고). 편의상 f를 그대로 유지한다.

6.3.3 제약식

네트워크로 구성

해결법의 핵심은 각 주기의 수확을 어떤 네트워크의 가능흐름으로 구성하냐는 것이다. 주기 k의 네트워크를 아래처럼 만들면, 이 네트워크의 가능흐름마다 그 주기에 가능한 수확계획에 대응한다 (잘 보이도록 3×3 subgrid로 확대). 마디 위에 쓰인 식은 그 마디에 형이며 호 균 옆에 쓰인 것은 용량이다. 각 마디의 균형(공급)은 x_{kij}의 선형함수이다. 만약 주기 k에 이 마디를 벌목한다면 x_{kij}는 1이되고 공급은 vol_{kij} 아니면 0이다.

호 용량에 ±가 쓰인 것은 흐름이 쌍방향으로 흐를 수 있다는 것을 의미한다. 고정된 (i, j) 오른쪽 길에 해당하는 y^r_{kij} 중에서 $\exists p \leqslant k: y^r_{pij} = 1$이 만족되면, 주기 k에 그 호에 길이 만들어져 있고 호의 용량은 $\pm\infty$이다. 큰 상수를 M으로 놓으면 조건적인 용량을 $\pm M \sum^k_{p=1} y^r_{pij}$처럼 나타낼 수 있다. 아래쪽 길 y^d_{kij} 경우는 유사하다. 역시 결정변수 y들에 대한 선형함수이다.

Grid 내부에 있는 마디 (i, j)의 흐름균형보존 제약식을 이렇게 쓸 수 있다:

$$vol_{kij}\, x_{kij} = -f^r_{ki(j-1)} + f^r_{kij} - f^d_{k(i-1)j} + f^d_{kij} \tag{6.40}$$

좌변은 이 마디에 입력하는 공급(균형)이며 우변은 마디에서 나가는 흐름이다. 정의로 각 호의 "+" 방향은 오른쪽 혹은 아래쪽으로 가는 흐름이다. $f^r_{ki(j-1)}$와 $f^d_{k(i-1)j}$는 위쪽 혹은 왼쪽에서 마디 (i, j)로 들어오는 흐름이기 때문에 −1로 곱한다.

Grid 경계나 구석에 있는 마디의 흐름균형보존 제약식을 조금씩 수정해야 한다. 예를 들면 마디 (2,1)은 왼쪽에서 들어오는 흐름이 없으니까 6.40의 우변에서 첫 번째 term을 제거해야 한다.

마디 (1,1)은 특별하다. 주기 k에 벌목되는 모든 나무가 (1,1)로 흐르고 거기서 나가야 되니까 $t(k)$만큼의 수요가 생긴다. 따라서 (1,1)의 흐름균형보존 제약식은 아래와 같다:

$$vol_{k11}\, x_{k11} - t(k) = f^{r}_{k11} + f^{d}_{k11} \tag{6.41}$$

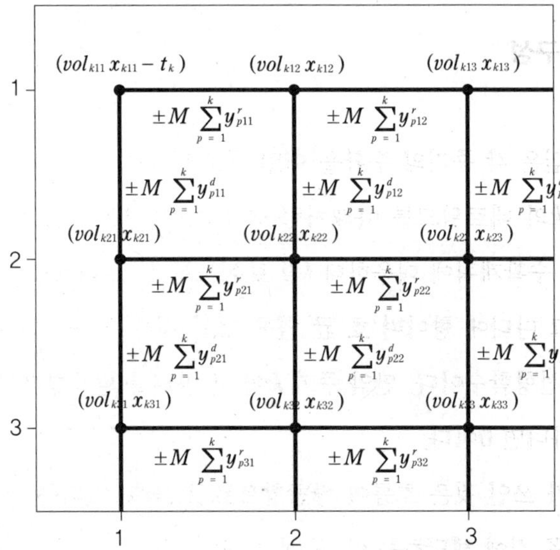

모든 흐름균형보존 제약식은 결정변수에 대해서 선형이다.

제약조건에서 제약식으로

흐름 네트워크로 근간을 세워 주어진 제약조건들을 하나씩 식으로 표현해야 한다. 재미를 삼아 영어로 번역하자. (순서를 살짝 바꿨다.)

- The trees in stand (1,1) can be harvested immediately, but to harvest the trees in another stand, there must be a road leading from that stand to (1,1).
- Lumber Company A makes roads in each time period, harvests the trees along the road, and transports them to (1,1) for sale.

이 2가지 조건은 네트워크 흐름 모델로 보장된다. 각 마디에서 6.40이 성립되면 그 마디에서 벌목하는 나무가 흐름이 되고, 용량이 있는 (즉, 만들어진) 길로 (1, 1)로 흐른다.

- From each stand, a road can be built in any of the four cardinal directions, and if a road is built, trees can travel along it both ways.
- Once a road is built, it stays built forever.

이 조건을 만족하기 위하여 모든 y^r_{kij}와 y^d_{kij}를 {0,1}로 제한하고 호들의 용량을 위 그림에서 나온 것처럼 정의했다. 부등식으로 표현하면 아래와 같다.

$$\begin{aligned} &-M \textstyle\sum_{p=1}^{k} y^r_{pij} \leqslant f^r_{kij} \leqslant M \sum_{p=1}^{k} y^r_{pij}, \\ &\forall (k,i,j) \in \{1\ldots3\} \times \{1\ldots6\} \times \{1\ldots5\} \\ &-M \textstyle\sum_{p=1}^{k} y^d_{pij} \leqslant f^d_{kij} \leqslant M \sum_{p=1}^{k} y^d_{pij}, \\ &\forall (k,i,j) \in \{1\ldots3\} \times \{1\ldots5\} \times \{1\ldots6\} \end{aligned} \tag{6.42}$$

길이 없으면 양변이 0이 되고 흐름이 흐를 수 없다.

- If trees are harvested from a given stand, then all the trees in that stand must be harvested in the same time period. If a stand is harvested once, it cannot be harvested again.

$x_{kij} \in \{0, 1\}$으로 제한하면 각 스탠드를 한꺼번에 벌목하는 것을 보장할 수 있다. 한번만 벌목할 수 있다는 조건은 이렇게 쓸 수 있다:

$$\sum_{k=1}^{3} x_{kij} \leqslant 1, \forall (i,j) \in \{1\ldots6\} \times \{1\ldots6\} \tag{6.43}$$

- Lumber is sold at a given price and demand is unlimited.
- Due to environmental regulations, in a given period no more than 600,000 m^3 of trees may be harvested.

시장수요는 무한하며 그 다음 조건에 따라 마디 (1, 1)의 수요를 600,000으로 제한한다.

$$t(k) \leqslant 600,000, k \in \{1\ldots3\} \tag{6.44}$$

- Only trees aged 60 years or older may be harvested.

나이가 50살 이하인 스탠드에 해당하는 x_{kij}를 0으로 고정하면 된다.

$$x_{kij} = 0, \forall\ (k, i, j): age_{kij} < 6 \tag{6.45}$$

마지막, 각 흐름 f^r_{kij}와 f^d_{kij}는 그의 양부분과 음부분의 차이와 일치해야 한다.

$$\begin{aligned} f^r_{kij} &= z^{r+}_{kij} - z^{r-}_{kij}, \forall\ (k, i, j) \in \{1\ldots3\} \times \{1\ldots6\} \times \{1\ldots5\} \\ f^d_{kij} &= z^{d+}_{kij} - z^{d-}_{kij}, \forall\ (k, i, j) \in \{1\ldots3\} \times \{1\ldots5\} \times \{1\ldots6\} \end{aligned} \tag{6.46}$$

일반적으로 양부분과 음부분 중에 하나는 0이라는 조건도 만족해야 되는데, 뒤에 보일 것처럼 목적함수의 성질에 따라 최적해는 반드시 그렇게 나온다.

보였다시피 모든 제약조건을 선형부등식으로 표현할 수 있다.

6.3.4 목적함수

먼저 주기별의 수익과 비용 함수를 정의하고, 다음에 금리에 따라 그 함수들의 weighted sum을 목적함수로 최적화한다.

주기별 길 건설비용

값이 1인 y^r_{kij}마다 주기 k에 마디 (i, j)의 오른쪽 길의 건설비용이 든다. 나머지 y^r_{kij}값들은 0이다. 따라서 y^r_k와 건설비용 행렬 rcr_k의 내적을 계산하면 모든 오른쪽 길의 건설비용을 알 수 있다. 아래쪽 길의 건설비용은 유사하다.

$$RoadCost(k) \equiv \sum_{i=1}^{n}\sum_{j=1}^{m-1} rcr_{kij}\, y^r_{kij} + \sum_{i=1}^{n-1}\sum_{j=1}^{m} rcd_{kij}\, y^d_{kij} \tag{6.47}$$

주기별 수송비용

It costs 0.03만원 to move one m³ of lumber one kilometer.

만약 모든 흐름이 정방향이라면 주기 k에 마디 (i, j)의 오른쪽 흐름비용이 $0.03f^r_{kij}$가 되겠지만, 무방향으로 흐를 수 있으니까 정확한 비용함수는 $0.03\left|f^r_{kij}\right|$이다. 이것은 선형함수가 아니다. 하지만 6.46에 따라 $f^r_{kij} = z^{r+}_{kij} - z^{r-}_{kij}$이고, 양부분과 음부분 중에 반드시 하나는 0이 된다. 따라서 $\left|f^r_{kij}\right|$을 z^{r+}_{kij}과 z^{r-}_{kij}의 합으로 대체하면 동치한 선형 비용함수를 만들 수 있다.

$$TransCost(k) \equiv 0.03\sum_{i=1}^{n}\sum_{j=1}^{m-1}(z^{r+}_{kij} + z^{r-}_{kij}) + 0.03\sum_{i=1}^{n-1}\sum_{j=1}^{m}(z^{d+}_{kij} + z^{d-}_{kij}) \tag{6.48}$$

최적해에 달성하면 양부분과 음부분 중에 반드시 하나는 0이 된다는 것을 증명하자. 정의에 따라 둘 다 0보다 크니까 둘 다 양수인 경우만 발생하지 않는다고 보이면 된다. z^{r+}_{kij}와 z^{r-}_{kij}가 둘 다 양수인 최적해가 있다면, z^{r+}_{kij}에서 z^{r-}_{kij}를 빼고 z^{r-}_{kij}를 0으로 바꾸면 f^r_{kij}의 값은 바뀌지 않으므로 모든 제약식을 만족한다. 또한 z^{r+}_{kij}와 z^{r-}_{kij}의 합이 작아졌기 때문에 해당하는 비용이 감소된다. 즉, 최적해는 아니다. 모순.

다르게 말하면, z^{r+}_{kij}와 z^{r-}_{kij}는 각 호를 정방향(+)과 역방향(-)인 두 개의 호로 나누는 방법이다. 어떤 호에서 정방향과 역방향 동시에 나무를 보내고 있다면 자원을 낭비하는 것이다.

주기별 수익함수

- Each stand contains one of four kinds of trees aged between 10 and 140 years.
- The volume of lumber in each stand varies according to the age and kind of trees in the stand. volume.
- The value of wood aged between 60 and 120 years is 9만원 per m^3, and the value of wood aged between 130 and 160 years is 9만원 per m^3.

이를 참고해서 *val* 입력 데이터를 이미 만들었다. 어떤 스탠드를 벌목해야 그의 판매가격이 수익이 되기 때문에 벌목 여 행렬 x_k와 판매가격 행렬 val_k의 내적은 주기 k의 수익이다.

$$MktValue\,(k) \equiv 0.03 \sum_{i=1}^{n} \sum_{j=1}^{m} val_{kij}\, x_{kij} \tag{6.49}$$

합성 이익함수

수익함수 6.49에서 비용함수 6.47, 6.48을 빼면 주기별 이익을 알 수 있다. 하지만, 금리 때문에 주기 1의 이익 1원마다 주기 3까지 기다리면 1.2^2원의 가치가 든다.

- The value of 1원 in the current time period is 1.2원 in the next time period (interest).

따라서 주기 k의 이익을 고려할 때, 1.2^k만큼의 discounting을 해야 한다. 이익함수를 아래처럼 정의하면 함수값의 단위는 "주기 0" 의 만원이다. 만약 주기 n의 만원을 단위로 계산하고 싶으면 분모를 1.2^{k+n}으로 대체하면 된다. 상수로 곱하는 것이기 때문에 최적해가 변하지 않는다.

$$Profit \equiv \sum_{k=1}^{3} \frac{1}{1.2^k} (MktValue(k) - RoadCost(k) - TransCost(k)) \quad (6.50)$$

이 함수는 선형함수인 MktValue(k), RoadCost(k), TransCost(k)의 선형 조합이므로 선형함수이다.

6.4 문제의 모형

6.3.3절에서 정의한 제약식과 부제목 6.3.2에서 정의한 변수들의 범위에서 나온 해집합 위에서 목적함수 Profit을 최대화하면 이 문제를 해결할 수 있다.

목적함수와 모든 제약식이 선형이며 정수로 제한된 x, y^r, y^d 결정변수가 있으므로 이 문제는 혼합정수계획 모형이다.

6.5 코딩

문제 자체를 Mosel 언어로 표현해서 FICO Xpress으로 최대해를 구했으며 Python 스크립트를 사용해서 데이터를 pre−와 postprocessing하는 몇 가지 작업을 수행했다.

코드는 opt.mosel, misc/pre.py, misc/post.py에 제공돼 있으니, 이 부제목에서 중요한 부분만 설명한다.

6.5.1 Preprocessing : 입력 데이터 정리

우선 위에서 정의한 age 데이터를 만들기 위해서는 주어진 나이 데이터를 복사하고 1, 2를 더해서 주기별의 나이 행렬들 age_k를 얻는다. (주어진 나이는 주기 1에 해당하다고 가정.)

vol 데이터는 위의 age 데이터와 주어진 종류 데이터를 가지고 주어진 표에 참고하면 출력할 수 있다.

입력한 나이의 부피 단위 가격을 알려주는 함수를 아래처럼 정의하고, 이 함수에 age를 입력하고 vol로 곱하면 val 데이터를 만들 수 있다.

마지막, Mosel이 선호하는 형식으로 데이터를 .dat 파일로 출력한다. misc/pre.py는 주어진 misc/data.xlsx 파일을 읽고 위 작업들을 수행해서 data.dat을 출력하는 Python 스크립트다.

```
def value_calc(a):
    if a < 5.5: return 0.
    elif a < 12.5: return 9.
    else: return 12.

value = np.vectorize(value_calc)(age) * volume
```

6.5.2 Mosel로 모델을 만들고 최적화하기

먼저 opt.mos의 declaration block에서 다음 물건들이 초기화된다. 각 아이템과 그의 대응하는 수학적 의미를 정리하자.

Model parameters

Mosel 아이템	수학적 의미
h=3	주기의 개수
n=6	Grid 세로 크기
m=6	Grid 가로 크기
M=6e5	논리 제약용 큰 상수
cpk=.03	키로미터 단위 수송비용
interest=1.2	금리

입력 데이터

Mosel 아이템	수학적 의미
road_cost_r: array(1..n, 1..(m−1)) of real	rcr
road_cost_d: array(1..(n−1), 1..m) of real	rcd
age: array(1..h, 1..n, 1..m) of integer	age
volume: array(1..h, 1..n, 1..m) of integer	vol
value: array(1..h, 1..n, 1..m) of real	val

결정변수

Mosel 아이템	수학적 의미
x: array(1..h, 1..n, 1..m) of mpvar	x
y_r: array(1..h, 1..n, 1..(m−1)) of mpvar	y^r
y_d: array(1..h, 1..(n−1), 1..m) of mpvar	y^d
f_r: array(1..h, 1..n, 1..(m−1)) of mpvar	f^r
f_d: array(1..h, 1..(n−1), 1..m) of mpvar	f^d
z_r: array(1..h, 1..n, 1..(m−1), 1..2) of mpvar	$z\_r(k,i,j,1) = z_{kij}^{r+}$ $z\_r(k,i,j,2) = z_{kij}^{r-}$
z_d: array(1..h, 1..(n−1), 1..m, 1..2) of mpvar	$z\_d(k,i,j,1) = z_{kij}^{d+}$ $z\_d(k,i,j,2) = z_{kij}^{d-}$
t: array(1..h) of mpvar	t

제약식

Mosel 아이템	수학적 의미
FlowBal: array(1..h, 1..n, 1..m) of linctr	제약식 6.40
CutOnce: array(1..n, 1..m) of linctr	제약식 6.43
RoadExists_r: array(1..h, 1..n, 1..(m−1), 1..2) of linctr	제약식 6.42
RoadExists_d: array(1..h, 1..(n−1), 1..m, 1..2) of linctr	제약식 6.42
PosNeg_r: array(1..h, 1..n, 1..(m−1)) of linctr	제약식 6.46
PosNeg_d: array(1..h, 1..(n−1), 1..m) of linctr	제약식 6.46

목적함수

Mosel 아이템	수학적 의미
RoadCost: array(1..h) of linctr	주기별 비용함수 6.47
TransCost: array(1..h) of linctr	주기별 비용함수 6.48
MktValue: array(1..h) of linctr	주기별 수익함수 6.49
Profit: linctr	합성 이익함수 6.50

제약식과 데이터를 입력하는 데에 특히 놀라운 내용이 없으므로 대부분 보고서에서 생략한다. 몇 가지 주의사항만 보자.

1. 흐름보존제약식을 입력할 때 신경이 쓰여야 할 것. Grid 내부 마디는 사방으로 나가고 들어오는 호가 있으니까 먼저 경계를 제외하여 내부 마디들의 제약식을 정의한다. 그 다음은 각 edge ($i = 1, i = 6, j = 1, j = 6$일 때)와 각 모서리 하나씩 고려야 한다. opt.mos 75–109줄 참고.
2. Floating point 오류 때문에 논리 제약용 상수 M이 너무 크면 안 된다. 왜냐하면 y를 정수로 제한함에도 불구하고 Xpress는 해법을 돌리면서 모든 변수를 float으로 나타내기 때문이다. y의 요소 중 0 대신 0.000045가 있으면 M*y도 0이 아닌 큰 상수가 될 수 있다. 문제의 구조를 따져 보면 아무래도 한 호의 흐름이 60만을 넘을 일이 없으니까 M을 그 값으로 고정한다. opt.mos 10–11줄 참고.
3. Floating point 오류 때문에 결과를 출력할 때 $x = 1$ 대신 $x \geqq 0.9$ 비교 표현을 사용할 것. y도 유사하다. opt.mos 153–66줄 참고.

opt.mos를 실행하면 out/_results.txt에 아래같은 내용을 출력한다:

```
! Plots to harvest
  1        1  6
  1        2  2
  ...
```

x_{113}, x_{116} 등 1이 되고 나머지는 0이라는 뜻이다.

out/_results.txt에는 중요한 결정변수 x, y^r, y^d, t만 포함하는데 다른 결정변수의 값들은 out/ 폴더 각각 변수 이름을 가진 .txt 파일에서 찾을 수 있다.

6.5.3 Postprocessing : 출력 데이터 정리하고 그래프 그리기

두번째 Python 스트립트 misc/post.py를 실행하면 출력 데이터를 읽고 matplotlib으로 이 보고서에서 포함된 그래프들 misc/grid.pgf와 misc/soln.pgf를 출력한다.

6.6 결과

최적해에 따른 총 수익은 (주기 0 기준) 103,820,000,000원이며 각 주기의 벌목 부피는 594, 447, 397, 684, 399, 439m^3이다.

과제 자료에 포함된 예시와 비슷한 그래프를 만들면 다음 그림과 같다.

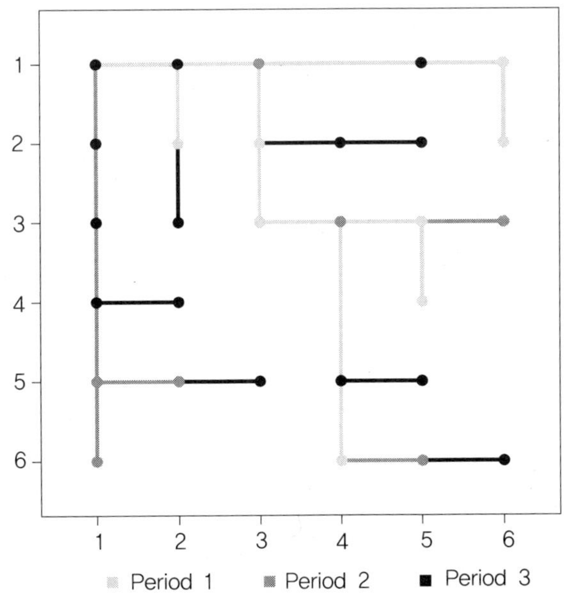

눈으로 보면 각 스탠드가 벌목될 때 길이 지어져 있고, 어떤 주기에 어떤 길을 만들면 항상 그 길 끝점 스탠드를 벌목하니까 길을 적당하게 만든 것 같다. 또한 모든 t_k-값이 60만 이하이니까 제약조건만 정확하게 해석했다면 이 수확계획이 가능해라고 할 자신이 있다. 예상처럼 거의 모든 스탠드가 벌목했고, 벌목되지 않는 스탠드들은 주기 3까지 기다려도 여전히 60살 이하여서 벌목할 희망은 원래 없었다.

만약 선형계획문제라면 쌍대 최적해를 제공하여 최적임을 증명할 수 있겠다. 정수계획문제이므로 이러한 근거 없이 Xpress의 알고리듬과 나의 코딩 실력에 대한 신뢰가 얼마나 높은지에 따라 최적해라고 할 정확성이 바뀐다. 또한 데이터 preprocessing단계에서 off-by-one 오류 혹은 불확실한 점이 종종 있었다. 예를 들어 주어진 나이 데이터를 주기 1의 나이로 해석하기로 했는데, 어떻게 보면 주기 0의 나이로 이해할 수도 있다. 이 경우 벌목 가능한 스탠드가 더 많아져 답도 달라진다.

비선형계획

6

Chapter Six

1 호텔링의 포효

댄직이 선형계획과 그 해법 심플렉스 알고리듬을 개발하자 학계는 이를 주목하고 유망한 학문 분야의 탄생을 예감하였다. 그 분야를 수리계획(mathematical programming)이라고 명명하였는데, 수학자였던 댄직 아버지의 제안이었다고 한다. (수리계획은 최적화와 거의 동의어이며 경영과학의 수리적인 부분을 연구하는 분야이다.)

폰 노이만을 비롯한 당대의 학자들은 '제0회 수리계획 심포지움'이라고 불리는 학술대회를 1949년 시카고에서 개최하였다. (그리고 60주년이 되는 2009년 여름, 같은 시카고에서 수리계획 심포지움이 다시 열렸다.) 그 결과로 "Activity analysis of production and allocation"이라는 제목이 붙은 학술논문집이 발간되었는데, 선형계획을 비롯한 수리계획의 중요한 초기 연구들이 담겨 있다.

그보다 일년 전, 1948년 댄직은 위스콘신의 계량경제 학회가 주최하는 학술회의에서, 유명 경제학자들과 수학자들에게 선형계획에 대해 발표하였다. 발표가 끝나자 사회는 청중들에게 질문을 청하였다. 그리고 청중석에서 유난히 긴 팔이 번쩍 올라갔다. 그는 저명한 경제학자 호텔링(Hotelling)이었다. "하지만 우리가 알다시피 세상은 비선형(non-linear)이죠." 이렇게 일갈하고 털썩 앉자 댄직은 뭐라고 말해야 할지 당황하였다. 그때 구원의 또 다른 팔이 올라갔다. 바로 폰 노이만이었다. "발표 제목이 선형계획이고 또한 그 가정도 설명했습니다. 응용 대상이 그 가정을 만족하면 사용하고, 아니면 안 하면 되죠."

댄직은 이 일을 두고두고 잊지 못했나 보다. 그의 스탠포드 대학 연구실 문에는 다음과 같이 붙어 있었다고 한다. "세상이 선형이라면 ……."

세상은 물론 선형이 아니다. 그리고 일반적으로 비선형계획문제는 선형계획문제보다 훨씬 어렵다. 예를 들어, 2차 함수 등호제약식만 가져도 비선형계획문제는 제5장에서 언급한 NP-hard 문제가 될 수 있다.

그러나 많은 경우, 비선형계획문제들은 선형계획문제로 근사하여 취급하여 좋은 해를 얻을 수 있다. 또한 비선형계획문제 중에는 선형계획의 강쌍대성에 버금가는 좋은 성질들을 가지고 있어 효율적인 해법을 디자인할 수 있는 문제들이 존재한다. 볼록최적화문제(convex optimization problem)가 그러한 문제로서 매우 중요한 최적화 모형이다.

비선형계획의 이론과 알고리듬은 대부분 볼록최적화문제를 중심으로 전개된다. 문제가 가능해 영역에서 볼록최적화문제가 아닐 경우에도 국지적으로 볼록성을 가진다고 가정하고 국지 최적해적해를 구하는 접근방법을 취하는 경우가 많다. 볼록최적화문제는 1990년대 이후 공학, 금융 등 다양한 분야에 활용되면서 더욱 그 의미가 커졌다. 그리고 현재에도 그 응용과 해법 개발 연구들이 다양한 분야에서 활발히 진행되고 있다.

본 장에서는 일반적인 비선형계획문제의 최적 조건들을 유도하고, 더 나아가 볼록최적화문제의 최적 필요충분조건을 논의하려고 한다. 또한 이를 바탕으로 비선형 알고리듬의 원리를 간략히 논의한다. 마지막으로 여러 가지 응용 문제들을 살펴볼 것이다.

2 비선형계획 모형이란?

둘레가 20을 넘지 않고 면적이 최대가 되도록 직사각형을 만들어 보자. 가로와 세로의 길이를 결정하면 직사각형은 결정되므로 각각 x와 y로 결정변수를 정의하자. 그러면 다음과 같은 최적화문제가 된다.

$$
\begin{aligned}
\max \quad & xy \\
\text{sub.to} \quad & x+y \leqslant 10, \\
& x \geqslant 0,\ y \geqslant 0.
\end{aligned}
\tag{2.1}
$$

목적함수가 두 변수의 곱이 되어 비선형임을 알 수 있다. 이렇게 목적함수나 제약조건에 비선형함수를 포함하는 최적화문제를 비선형계획, 또는 비선형최적화라고 한다.

예를 더 들어 보자. 앞에서 본 선형계획을 비롯하여, 여러 가지 현실의 문제의 맥락에서 선형시스템 $Ax = b$의 해를 구해야 할 필요가 발생한다.

이 문제는 수리적으로 말하면 A의 열벡터를 조합하여 b를 나타내는 계수 x를 구하는 것이다. 현실적으로는 관찰된 데이터를 통해 미리 가정한 형태의 함수의 계수를 구하는 방정식일 수 있다. 그러나 많은 경우 해가 존재하지 않는다. 언급한 예의 경우, 데이터를 관찰할 때 인적 오류나 노이즈로 인해 데이터의 일관성이 훼손될 수 있으며 또는 미리 가정한 함수의 형태가 정확하지 않을 수 있기 때문이다.

그러나 현실의 문제는 우리에게 어쨌든 대안을 제시할 것을 요구한다. 이 경우 목표를 낮추어 좌변과 우변 사이에 오차가 가장 적은 해를 구하는 문제로 대신할 수 있다. 즉, 벡터 Ax와 b 간의 유클리디언 거리, 즉 A를 m개의 열을 가진 행렬, 그 i−번째 열을 A_i, 그리고 b_i를 b의 i−번째 원소라고 할 때, $\|Ax - b\|_2 = \left(\sum_{i=1}^{m} |A_i x - b_i|^2\right)^{1/2}$를 최소화하는 x를 구하는 문제를 생각할 수 있다: $\min \|Ax - b\|_2$. 함수 $\|Ax - b\|_2$는 미분 불가능 점들을 가지는 상대적으로 다루기 불편한 함수이기 때문에, 미분 가능하면서도 동등한 목적함수 $\|Ax - b\|_2^2 = x^T A^T Ax - 2b^T Ax + b^T b$를 최소화하는 문제로 대신한다. 이 문제의 최적해를 최소자승해라고 한다.

예 2.1 예를 들어 다음 시스템을 생각해보자.

$$
\begin{aligned}
2x_1 &+ x_2 = 10 \\
x_1 &+ x_2 = 8 \\
-x_1 &+ 3x_2 = 6
\end{aligned}
\tag{2.2}
$$

시스템 (2.2)의 최소자승해를 구하는 최적화문제는 다음과 같다:

$$\min\ (10-2x_1-x_2)^2+(8-x_1-x_2)^2+(6+x_1-3x_2)^2$$
$$=[x_1, x_2]\begin{bmatrix}2 & 1 & -1\\ 1 & 1 & 3\end{bmatrix}\begin{bmatrix}2 & 1\\ 1 & 1\\ -1 & 3\end{bmatrix}\begin{bmatrix}x_1\\ x_2\end{bmatrix}-2[10 \quad 8 \quad 6]\begin{bmatrix}2 & 1\\ 1 & 1\\ -1 & 3\end{bmatrix}\begin{bmatrix}x_1\\ x_2\end{bmatrix}+[10 \quad 8 \quad 6]\begin{bmatrix}10\\ 8\\ 6\end{bmatrix}$$

이러한 이차함수 최적화문제를 비롯하여 비선형계획문제는 현실에서 매우 다양하게 나타난다. (8절에서 다양한 예를 다룰 것이다.) 일반적으로 비선형계획문제는 가능해 집합 $S \subseteq \mathbb{R}^n$의 원소 중에서 함수 $f: \mathbb{R}^n \to \mathbb{R}$를 최소화하는 x를 구하는 문제를 말한다.

$$\begin{aligned}&\min \text{ 또는 } \max\ f(x)\\ &\text{sub.to} \quad x \in S.\end{aligned} \tag{2.3}$$

여기서 함수 f의 정의역은, 일반적으로 $\mathbb{R}^n$의 진부분집합이 될 수 있지만, 논의의 간편성을 위해 $\mathbb{R}^n$ 전체로 가정한다. 가능해집합 S는 다음과 같이 제약식 함수들의 방정식과 부등식으로 주어진다.

$$S=\{x \mid g_i(x) \geqslant \text{ 또는 } \leqslant 0, i=1,2,\cdots,m, h_j(x) \leqslant 0,\ j=1,2,\cdots,p\} \tag{2.4}$$

앞으로 비선형최적화문제는 다음 두 가지 형태 중 하나로 가정한다.

$$\begin{aligned}&\min\ f(x)\\ &\text{sub.to} \quad g_i(x) \geqslant 0,\ i=1,2,\cdots,m,\\ &h_j(x)=0,\ j=1,2,\cdots,p,\end{aligned} \tag{2.5}$$

$$\begin{aligned}&\max\ f(x)\\ &\text{sub.to} \quad g_i(x) \leqslant 0,\ i=1,2,\cdots,m,\\ &h_j(x)=0,\ j=1,2,\cdots,p,\end{aligned} \tag{2.6}$$

어떤 함수를 최소화하는 것은 그 함수에 -1을 곱하여 얻은 함수를 최대화하는 것과 동등하다. 또한 제약식 부등호 기호는 양변에 -1을 곱하여 원하는 방향으로 바꿀 수 있다. 따라서 모든 최적화문제는 (2.5) 또는 (2.6)의 형태로 변환할 수 있다. 굳이 이러한 형태를 가정하는 것은 뒤에 개념이나 알고리듬을 설명할 때 상대적으로 간편하기 때문이다. 이들을 **표준형 최적화문제**라고 부르자.

필요한 용어들을 더 정리해 보자. 어떤 x가 (2.4)의 제약식을 모두 만족할 때 가능해, 그리고 그중에서 목적함수 값이 원하는 대로 최소 또는 최대인 해 x^*를 최적해라고 한다. 전체 가능영역은 아니라도 자신을 포함하는 어떤 이웃에서 가장 좋은 목적함수를 가지는 해를 **국지 최적해**(local optimal solution), 또는 **국지해**라고 한다. (따라서 최적해도 국지해가 된다.) 〈그림 6.1〉은 선분 위에서 일차원 목적함수를 최소화시키는 문제가 4개의 국지해와 한 개의 최적해를 갖는 것을 보여준다. 일반적인 n-차원 문제에서 국지 최적해는 다음과 같이 정의할 수 있다.

정의 2.2 (국지 최적해) $x \in S$가 자신을 중심으로 포함하는 어떤 공 안에서 가장 좋은 해이면 **국지 최적해**, 또는 **국지해**라고 한다:

$$\exists \varepsilon > 0 : f(x) \leqslant f(y),\ \forall y \in B_\varepsilon(x) \cap S.$$

단, $B_\varepsilon(x)$는 x로부터 거리가 $\varepsilon > 0$을 넘지 않는 점들의 집합, 즉 x를 중심으로 반지름이 $\varepsilon > 0$인 구를 의미한다: $B_\varepsilon(x) = \{y \in \mathbb{R}^n \mid \|y - x\|_2 \leqslant \varepsilon\}$.

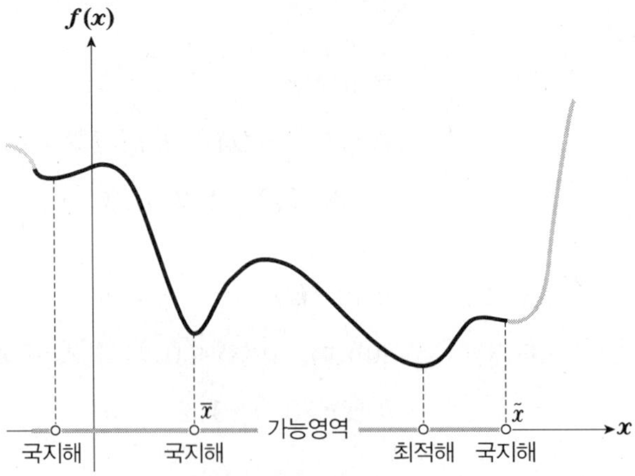

〈그림 6.1〉 국지 최적해

3 개선방향의 원리

3.1 기울기 벡터의 이해

비선형 해법은 현재 가능해의 목적함수 값을 개선하기 위해 탐색방향과 그 방향으로 얼마나 이동할 것인지 스텝 크기를 결정하게 된다. 이때 기울기 벡터는 유망한 방향을 찾는 데 중요한 역할을 한다. 따라서 기울기 벡터에 대한 정확한 이해와 직관을 얻는 것은 비선형 공부의 좋은 출발점이 된다.

한 점 $x=\bar{x}$에서 함수 $f(x)$의 기울기 벡터(gradient), $\triangledown f(\bar{x})$는 다음과 같이 정의한다.

$$\triangledown f(\bar{x}) = \left(\frac{\partial f}{\partial x_1} f(\bar{x}),\ \frac{\partial f}{\partial x_2} f(\bar{x}),\ \cdots,\ \frac{\partial f}{\partial x_n} f(\bar{x}) \right)^T. \tag{3.7}$$

일반적으로 $\triangledown f(x)$는 점 x에서 함수의 순간 증가율이 가장 높은 방향을, 그리고 벡터의 길이 $\|\triangledown f(1,1)\|_2$는 그 증가율이 된다.

〈그림 6.2〉의 왼편과 같이 한 개의 변수의 일차함수 $f(x)=\frac{1}{2x}$를 보자. 모든 점에서 $\triangledown f(\bar{x})=+\frac{1}{2}$이 된다. 일차원 공간에서 벡터의 방향은 두 가지 중 하나이다. 양의 방향과 음의 방향, 이 중에서 $f(x)$가 가장 빨리 증가하는 방향은 양의 방향이라는 것을 기울기 벡터가 말해 준다. 그리고 그 방향으로 단위거리, 즉 1만큼 움직일 때, 함수는 기울기 벡터의 절대값인 $|\triangledown f(\bar{x})|=\frac{1}{2}$만큼 증가한다. 이러한 관계를 $x=1$를 중심으로 도시하였다.

이러한 관찰은 변수가 여러 개인 경우에서도 성립한다. 〈그림 6.2〉의 오른쪽과 같이 함수 $f(x_1,x_2)=x_1+x_2$를 보자. 그 그래프는 원점을 지나는 평면이 된다. 모든 점에서 기울기 벡터는 $\triangledown f(x)=[1,1]^T$이 된다. 그림에는 점 (1,1)에서 함수의 변화를 도시하였다. 함수 f는 기울기 벡터 $[1,1]^T$ 방향으로 가장 빠르게 증가한다. 그 방향으로 1의 거리를 움직이면 함수는 $\|\triangledown f(1,1)\|_2=\sqrt{2}$만큼 증가한다.

상상을 해보자! 〈그림 6.2〉의 오른편 그래프와 같은 완벽하게 매끄러운 슬로

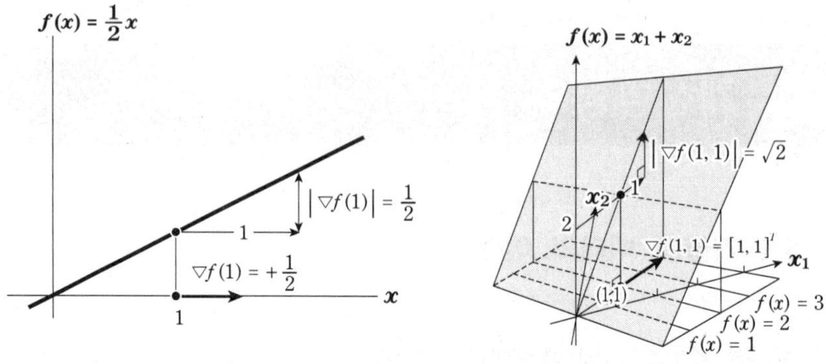

〈그림 6.2〉 일차함수의 기울기 벡터

우프에서 스키를 신고 서면 어떻게 될까? 기울기 벡터의 반대방향인 $-\nabla f(1,1) = [-1,-1]^T$의 방향으로 미끄러지게 된다. 가장 빠르게 고도가 감소하는 방향이다. 그리고 수평 거리 1만큼 움직일 때마다 고도는 $\sqrt{2}$만큼 낮아진다. 그림에 f가 1, 2, 그리고 3의 값을 갖는 점들의 집합, 즉 함수의 **등고선**(level sets, contour)이 나타나 있다. 이들은 직선들이 되며, 기울기 벡터 $[1,1]^T$은 등고선과 수직인 벡터, 즉 법선벡터(normal vector)가 된다.

일반함수의 기울기 벡터는 각 점에서 함수 그래프와 접하는 평면을 이루는 일차함수의 기울기 벡터로 정의한다. 〈그림 6.3〉의 왼편 그래프는 함수 $f(x) = \frac{1}{4}x^2 + \frac{1}{4}$을 나타낸다. $x = 1$에서의 기울기 벡터는 $\nabla f(1) = \frac{1}{2}$이다. 이는 $f(x)$의 그래프와 $(1, f(1))$에서 접하는 직선이 나타내는 함수 $g(x) = \frac{1}{2}x$의 기울기 벡터 $\nabla g(1) = \frac{1}{2}$과 같다. 일반적으로 〈그림 6.3〉의 오른편과 같이, $x = \bar{x}$에서 함수 $f(x)$의 기울기 벡터 $\nabla f(\bar{x})$는 $f(x)$의 그래프와 $(x, f(x))$에서 접하는 평면이 나타

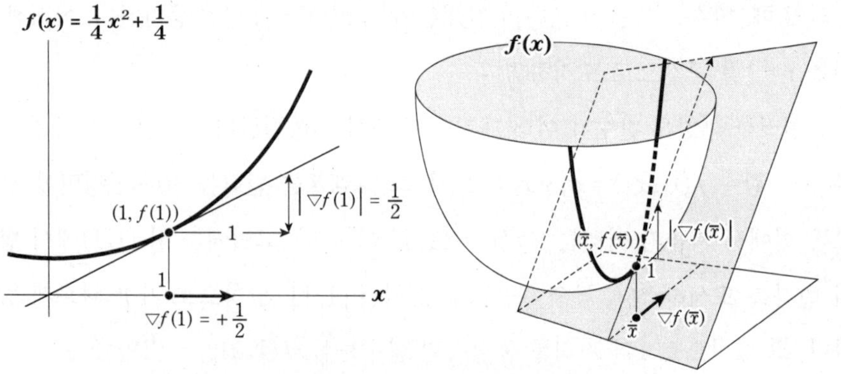

〈그림 6.3〉 일반 함수의 기울기 벡터

내는 일차함수의 기울기 벡터와 같다. 이 방향은, 앞에서 논의한 대로, $x = \bar{x}$에서 접평면이 가장 빠르게 증가하는 방향이며, 그 점에서 함수의 순간 증가율이 가장 큰 방향이 된다. 그때 증가율은 $\nabla f(\bar{x})$이다.

이러한 점에서 점 $x = \bar{x}$에서 함수 값을 감소시키려고 할 때, 가장 생각하기 쉬운 대안 중 하나는 가능하면 기울기 벡터의 반대방향으로 움직이는 것이다. (물론 그림에서도 알 수 있지만, 그래프가 평면인 일차함수가 아닌 경우 감소율이 그 방향으로 동일하게 유지되는 것은 아니다.)

또 하나의 예를 통해 기울기 벡터 논의를 계속하자. 함수 $f(x) = x_1^2 + 2x_2^2$의 기울기 벡터는 $\nabla f(x) = [2x_1, 4x_2]^T$가 된다. 예를 들어 점 $x = (1,1)$에서 기울기 벡터 $\nabla f(1,1) = [2,4]^T$는 〈그림 6.3〉의 오른편과 같은 모습이 될 것이다. 삼차원 공간에서 f의 그래프와 $(1,1,f(1,1))$에서 접하는 평면을 나타내는 기울기 벡터와 f의 기울기 벡터는 같다. 그리고 점 $(1,1)$에서 기울기 벡터 방향으로 두 함수의 순간 증가율은 일치한다.

접평면을 나타내는 일차함수 $g(x)$를 구해 보자. 그 기울기 벡터는 $\nabla f(1,1) = [2,4]^T$와 동일하므로, 어떤 상수 k가 있어 $g(x) = 2x_1 + 4x_2 + k$를 만족한다. 점 $(1,1)$에서 f와 g의 함수값이 같다는 것을 사용하면 $k = -3$이 된다. 따라서 $g(x) = 2x_1 + 4x_2 - 3$이 된다. 함수 g는 점 $(1,1)$ 부근에서 함수 f의 최선의 일차 근사가 된다.

참고 3.1 실제로 함수의 도함수는 접평면을 나타내는 일차함수의 일차항 계수벡터로 정의한다. 그러나 모든 연속 함수의 그래프가 각 점에서 유일한 접평면을 갖는 것은 아니다. 이때 미분 불능이라고 한다. 그러한 경우에도 어떤 함수는 기울기 벡터에 준하는 방향을 갖는다. 준기울기(subgradient) 벡터가 그러한 예이다.

연습문제 3.2 함수 $f(x_1, x_2) = x_1 x_2$의 그래프와 점 $(2,2)$에서의 접평면을 스케치하라.

기울기 벡터는 앞에서 정의한 함수의 등고선을 사용하여 나타낼 수도 있다. 〈그림 6.4〉 왼편에는 함수 $f(x) = x_1 + 2x_2$의 값 3, 6, 그리고 9에 대한 등고선이 나타나 있다. f는 일차함수이기 때문에 등고선들은 2차원 $x_1 - x_2$ 공간의 평행한 1차원 직선들이 된다. 그리고 각 점의 기울기 벡터는 $[1,2]^T$이며, 그 점을 포함하

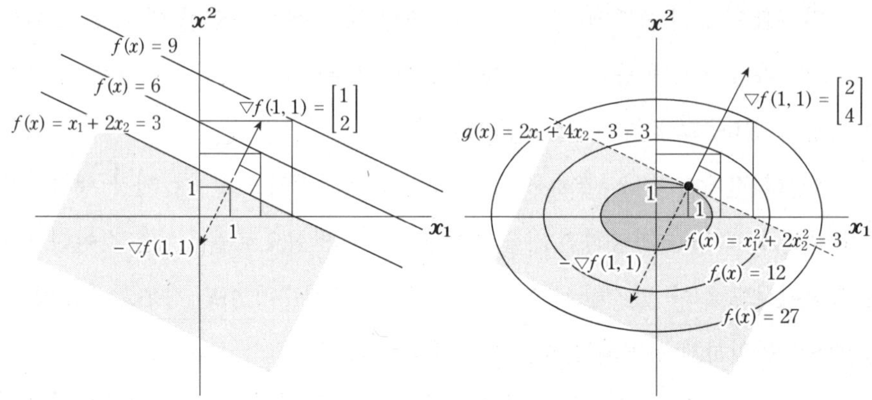

〈그림 6.4〉 등고선과 기울기 벡터

는 등고선과 법선 벡터가 된다. 예를 들어, $f(x)=x_1+2x_2=3$을 만족하는 등고 직선 위의 점 $(1,1)$에서 기울기 벡터 $[1,2]^T$는 수직방향이 된다. 이 등고선을 경계로 음영처리된 영역은 함수의 값이 3보다 작은 점들을, 그 반대 영역은 3보다 큰 점들의 집합이다. 그리고 앞에서 논의한 것처럼, 기울기 벡터 $[1,2]^T$는 함수의 값이 가장 빠르게 증가하는 방향이 된다.

이차함수 $f(x)=x_1^2+2x_2^2$의 등고선은 〈그림 6.4〉의 오른편과 같이 타원이 된다. f의 기울기 벡터는 $[2x_1,4x_2]^T$이 된다. 등고선 $x_1^2+2x_2^2=3$ 위의 점 $(1,1)$에서 기울기 벡터는 $[2,4]^T$가 된다. 그리고 등고 타원과 법선을 이룬다. 다시 말하면 점 $(1,1)$에서 타원과 접하는 직선 $2x_1+4x_2=6$과 수직을 이룬다. 왜 그런가? 앞에서 f의 그래프와 점 $(1,1)$에서 접하는 평면의 함수는 $g(x)=2x_1+4x_2-3$이 되는 것을 보았다. 그리고 그 점에서 g는 f와 동일한 기울기 벡터 $[2,4]^T$를 가진다. 그리고 점 $(1,1)$에서 두 함수의 값은 동일하기 때문에, 이 점을 포함하는 g의 등고선은 $2x_1+4x_2-3=f(1,1)=3$이 된다. 그리고 이 직선은 기울기 벡터 $[2,4]^T$와 수직을 이룬다. 점 $(1,1)$에서 두 함수의 그래프가 접하기 때문에 그 점을 포함하는 두 함수의 등고선 역시 접해야 한다. 이것이 점 $(1,1)$을 포함하는 f의 등고 타원이 g의 등고 직선 $2x_1+4x_2-3=3$과 접하고, 공통의 기울기 벡터 $[2,4]^T$가 등고선 $2x_1+4x_2-3=3$과 수직을 이루는 이유이다.

연습문제 3.3 함수 $f(x_1,x_2)=x_1x_2$의 값 1, 4, 9, 그리고 16에 대한 등고선을 그려라. 점 $(2,2)$와 $(2,8)$에서의 기울기 벡터를 도시하라.

3.2 감소방향 정리

〈그림 6.4〉의 두 함수 모두 점 (1,1)에서 기울기 벡터의 반대방향 $-[1,2]^T$이 목적함수 값이 가장 빨리 감소하는 방향이다. 그리고 감소율은 각각 $\left\|[1,2]^T\right\|=\sqrt{5}$와 $\left\|[2,4]^T\right\|=2\sqrt{5}$가 된다. 왼편의 선형 함수의 경우는 기울기 벡터의 반대방향 $-[1,2]^T$과 예각을 이루는 방향으로 진행하면 목적함수는 항상 감소하게 된다. 즉, 그림에서 음영처리된 부분은 $z-[1,1]^T$가 $\nabla f(1,1)$과 내적이 양수가 되는 점 z들의 집합이 된다.

오른쪽과 같이, 함수 f가 일반적인 비선형일 때는, 선형함수와 같이 강한 성질은 아니지만, 중요한 유사점이 존재한다. 즉, $-\nabla f(\overline{x})$와 내적이 양수가 되는 방향으로 진행하면 목적함수가 $f(\overline{x})$보다 감소하는 구간이 즉시 출발 후부터 존재한다. (단, 선형함수와 같이 그 방향으로 감소율이 유지되지는 않는다). 예를 들어 점 (1,1)에서 연하게 음영 처리한 영역의 임의의 점을 향하여 움직이면, 함수의 값이 감소하는 부분인 진하게 음영처리된 부분을 통과하게 된다. 이처럼 현재해 $(\overline{x})$로부터 어떤 방향 y로 이동할 때, 함수 f의 값이 시작점보다 작은 구간이 즉시 존재하면, y를 함수 f의 $x=(\overline{x})$의 **감소방향**(descent direction)이라고 부른다. 증가하는 경우는 **증가방향**(ascent direction)이라고 한다. 이러한 관찰은 다음과 같이 정리할 수 있다.

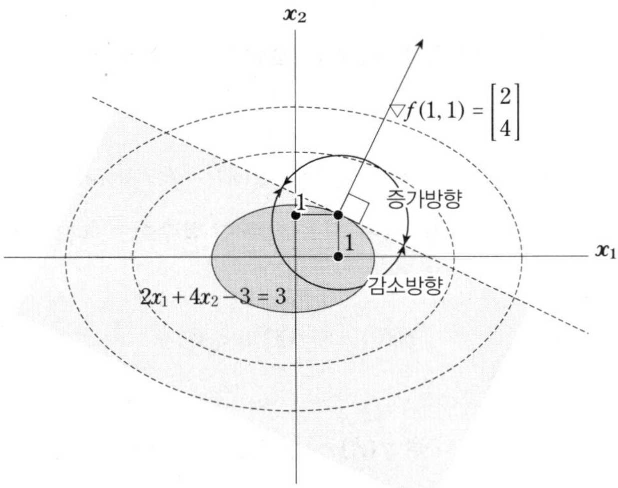

〈그림 6.5〉 함수 $f(x)=x_1^2+2x_2^2$의 점 $x=(1,1)$에서의 감소방향

성질 3.4 (감소방향 정리) 미분가능한 목적함수 f의 $\bar{x}$에서의 도함수 $\nabla f(\bar{x}) \neq 0$일 때, $\bar{x}$에서 $-\nabla f(\bar{x})$와 내적이 양수인 방향 y는 감소방향이 된다. 구체적으로 말해서, $\bar{x}$에서 벡터 y 방향으로 충분히 가까운 점들은 함수값이 $f(\bar{x})$값보다 작다. 즉, 방향 y가 $\nabla f(\bar{x})^T y < 0$이면, 어떤 $\bar{\lambda} > 0$가 존재하여 모든 $0 < \lambda \leqslant \bar{\lambda}$에 대해 $f(\bar{x} + \lambda y) < f(\bar{x})$가 성립한다.

증명* : f가 일변수 함수일 때는 y가 +1 또는 −1이면 정리를 만족하는 것을 이미 알고 있다. 즉, $f'(\bar{x}) < 0$이면 어떤 $\bar{\lambda} > 0$에 대해, $0 < \lambda \leqslant \bar{\lambda}$를 만족하는 모든 λ는 $f(\bar{x} + \lambda y) < f(\bar{x})$임을 증명 없이 받아들이기로 하자. 예를 들어 〈그림 6.6〉에서 도함수 반대방향인 $y = +1$은 감소방향이 된다.

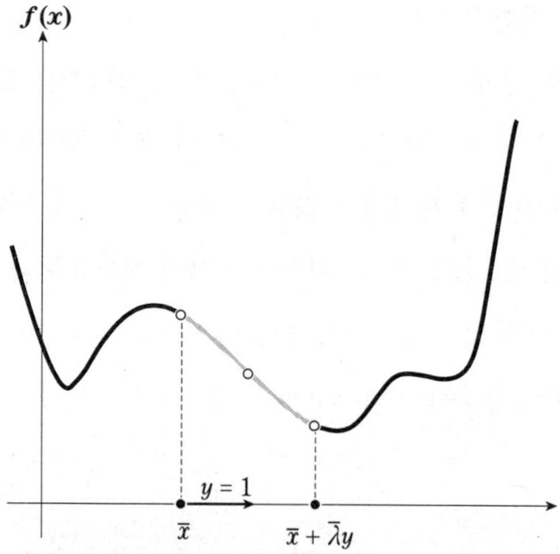

〈그림 6.6〉 도함수와 감소방향 : 일차원 예

f가 n−차원에서 정의된 함수인 경우, $g(\lambda) := f(\bar{x} + \lambda y)$로 정의되는 λ의 함수를 생각하자. 그러면 $g(\lambda)$는 λ에 대한 일변수 함수이고, 다음이 성립한다.

$$g'(0) = \nabla f(\bar{x})^T y < 0. \tag{3.8}$$

따라서 모든 $0 < \lambda \leqslant \bar{\lambda}$에 대해 $g(\lambda) < g(0)$인 $\bar{\lambda}$를 찾을 수 있다. 즉, 다음을 만족시키는 $\bar{\lambda}$가 존재한다.

$$\forall 0 < \lambda \leq \bar{\lambda},\ f(\bar{x}+\lambda y) < f(\bar{x}).\ \square$$

연습문제 3.5* (3.8)을 연쇄법칙을 사용하여 증명하라. (6장 부록 참조)

연습문제 3.6 [성질 3.4]를 함수의 증가방향으로 다시 기술하라.

연습문제 3.7 다음 함수의 점 (1,1)에서 기울기 벡터와 감소방향과 증가방향을 구하고 등고선과 접선을 사용해 도시하라.

가. $f(x) = 3x_1 + 2x_2 - 5$

나. $f(x) = x_1 + x_2 + x_3 - 1$

다. $f(x) = 2x_1 x_2$

라. $f(x) = 3(x_1-1)^2 + 4(x_2-2)^2$

마. $f(x) = (x_1 - 2x_2)^2$

3.3 가능방향

이번엔 제약식 함수의 기울기 벡터가 어떤 정보를 주는지를 살펴보자.

현재 점 $\bar{x}$가 단일 제약식 $g(x) \leq 0$을 등호, 즉 $g(\bar{x}) = 0$으로 만족시킨다고 하자. $\nabla g(\bar{x})$와 내적이 음수인 방향 y는 [성질 3.4]에 의해 g의 감소방향이 되므로, $\bar{x}$에서 이 방향으로 가능성을 유지하며 0보다 큰 거리를 이동할 수 있다. 이런 y를 $\bar{x}$의 **가능방향**(feasible direction)이라고 한다. 〈그림 6.7〉에서 두 제약식 $g(x) = x_1 + 2x_2 - 3 \leq 0$ 그리고 $g(x) = x_1^2 + 2x_2^2 - 3 \leq 0$에서 각각 현재 가능해

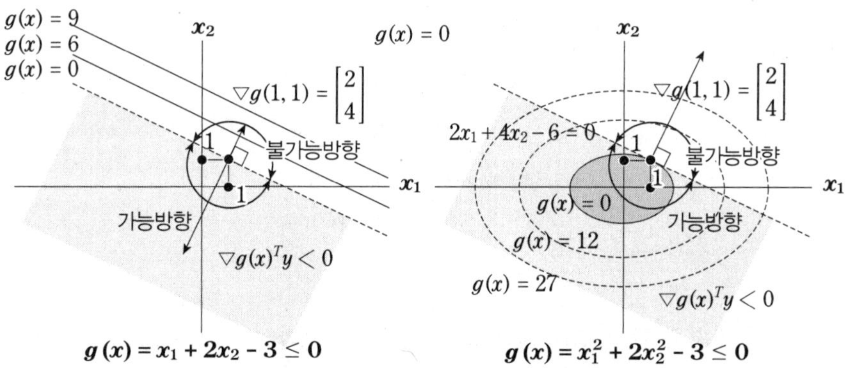

〈그림 6.7〉 가능방향과 불가능방향

(1, 1)은 해당 제약식을 등호로 만족한다. 따라서 각각 기울기 벡터 $[12]^T$와 $[24]^T$와 내적이 음수가 되는 방향은 가능방향이 되는 것을 알 수 있다. 만약에 현재 가능해가 등호로 만족하는 ≤-형태의 제약식에 여러 개라면 모든 제약식의 기울기 벡터와 내적이 음수인 방향이 가능방향이 되는 것을 알 수 있다. 만약 $g(\bar{x}) < 0$이면 $\bar{x}$를 중심으로 반지름이 0보다 큰 원을 가능해 영역에 포함되도록 잡을 수 있으므로 모든 방향이 가능방향이 된다.

연습문제 3.8 현재점에서 기울기벡터와 내적이 0이 되는 방향은 어떨까? 위의 그림을 보고 결론을 도출하라.

4 KKT 최적조건의 원리

최소화문제에서 현재 가능해 $\bar{x}$가 감소방향과 가능방향이 모두 되는 y를 가지면 그 방향으로 이동하자마자 개선된 해를 만난다. 이런 방향을 **개선방향**(improving direction)이라고 한다. 따라서 현재 해가 국지 최적해이면 개선방향을 가질 수 없다. 이것이 KKT 최적조건의 의미이다.

4.1 부등호제약조건

다음과 같은 선형계획문제를 보자.

$$
\begin{array}{llrrrl}
\max & f(x) = & 4x_1 & +2x_2 & & \\
\text{sub.to} & g_1(x) = & x_1 & +2x_2 & -10 & \leqslant 0 \\
 & g_2(x) = & 4x_1 & -x_2 & -4 & \leqslant 0 \\
 & & & x \geqslant 0 & &
\end{array}
\tag{4.9}
$$

〈그림 6.8〉의 왼편과 같이, 최적해는 (2,4)가 된다. 따라서 (2,4)에서는 개선방향이 존재할 수 없다. 즉, 현재 가능해 (2,4)에서는 기울기 벡터 $\nabla f(2,4)$와 수직인

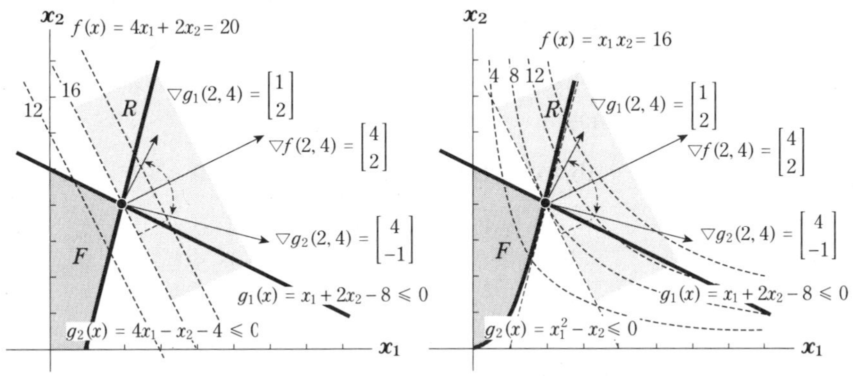

〈그림 6.8〉 KKT 최적화 조건의 원리

등고직선 $4x_1+2x_2=20$을 경계로 영역 R의 내부의 어떤 점을 향해 진행하여도 가능해 집합 S를 지나지 않는다는 것이다. 이것은 목적함수 기울기 벡터 $\nabla f(2,4)$가, 현재 가능해 (2,4)가 등호로 만족하는 제약조건 $g_1(x) = x_1+2x_2-8 \leqslant 0$와 $g_2(x) = 4x_1-x_2-4 \leqslant 0$의 기울기 벡터 사이에 있어야 한다는 의미이다. 예를 들어 점 (2,4)에서 $\nabla f(2,4)$가 반시계 방향으로 회전을 해서 $\nabla g_1(2,4)$를 지나치는 순간, 점 (2,4)를 중심으로 R의 내부가 S의 내부와 교집합을 갖게 된다. 점 (2,4)에서 개선방향이 존재한다는 의미가 되어 모순이다. 이는 $g_1(x) = x_1+2x_2-8 \leqslant 0$와 $g_2(x) = 4x_1-x_2-4 \leqslant 0$의 기울기 벡터들의 비음 선형조합이 된다는 것이다. 다음을 만족하는 λ_1과 λ_2 가 존재한다.

$$\begin{gathered} \nabla f(2,4) - \lambda_1 \nabla g_1(2,4) - \lambda_2 \nabla g_2(2,4) = 0, \\ \lambda_1 \geqslant 0, \quad \lambda_2 \geqslant 0. \end{gathered} \tag{4.10}$$

연습문제 4.1 (4.10)을 만족하는 λ_1과 λ_2의 값을 구하라.

λ_1과 λ_2를 라그랑지 승수라고 하며, 최적해에서는 (4.10)을 만족하는 라그랑지 승수가 반드시 존재한다.

참고 4.2 위와 같은 선형계획문제의 경우, 최적해의 라그랑지 승수는 쌍대문제의 최적해에 해당한다.

이러한 관찰을 비선형 최적화문제에 발전시켜 보자.

$$\begin{aligned} \max \quad & f(x) = x_1 x_2 \\ \text{sub.to} \quad & g_1(x) = x_1 + 2x_2 - 8 \leqslant 0 \\ & g_2(x) = x_1^2 - x_2 \leqslant 0 \\ & x \geqslant 0 \end{aligned} \tag{4.11}$$

〈그림 6.8〉의 오른편에는 가능해의 집합과 목적함수의 등고선, 그리고 최적해가 나타나 있다.

최적해 (2,4)는 등고선 $x_1 x_2 = 8$ 위에 위치한다. 이 점에서 목적함수 기울기 벡터 $\nabla f(1,1)$과 예각을 이루는 방향이 되는 영역 R로 진행할 때, 가능해 집합 S를 지나지 않으므로 개선방향이 존재하지 않는다. 역시 $\nabla f(1,1)$가 $\nabla g_1(2,4)$와 $\nabla g_2(2,4)$가 이루는 예각 사이에 존재한다는 것이다. 예를 들어, 점 (2,4)에서 $\nabla f(2,4)$가 시계방향으로 회전을 해서 $\nabla g_2(2,4)$를 지나치는 순간, S와 R점이 겹치는 영역이 생겨 현재 가능해 (2,4)에서 개선방향이 생겨 모순이 된다. 따라서 점 (2,4)에서 조건 (4,10)을 만족하는 λ가 존재하는 것을 의미한다.

선형최적화문제 (4.9)는 비선형최적화문제 (4.11)을 점 (2,4)에서 선형근사하면 얻을 수 있다. 따라서 비선형최적화 문제의 어떤 점에서 KKT 최적조건을 만족한다는 것은, 그 점을 중심으로 선형근사를 통해 얻은 선형최적화문제가 그 점에서 최적이라는 말과 같다.

연습문제 4.3 조건 (4.10)은 비선형 최적화의 최적해가 만족해야 하는 필요조건인 KKT(Karuch–Kuhn–Tucker) 최적조건의 예이다. 다음 문제들의 최적해를 구하고 KKT 최적화조건이 성립하는 것을 확인하라.

$$\begin{aligned} \max \quad & f(x) = (x_1 - 4)^2 + (x_2 - 6)^2 \\ \text{sub.to} \quad & g_1(x) = x_1 + 2x_2 - 10 \leqslant 0 \\ & g_2(x) = x_1^2 - x_2 \leqslant 0 \\ & x \geqslant 0. \end{aligned}$$

$$\begin{aligned} \max \quad & f(x) = x_1 + x_2 \\ \text{sub.to} \quad & g_1(x) = x_1 + 2x_2 - 10 \leqslant 0 \end{aligned}$$

$$g_2(x) = \quad 2x_1 \quad +x_2 - 4 \quad \leqslant \ 0$$
$$x \geqslant 0.$$

연습문제 4.4 [연습문제 3.7]의 목적함수를 문제 (4.11)의 제약조건 위에서 최대화 그리고 최소화할 때, 최적해를 구하고 그 해가 KKT 최적화 조건을 만족하는지 라그랑지 승수를 구하여 확인하라.

앞의 관찰을 확장하면 다음과 같이 부등호 제약 KKT 필요조건을 얻을 수 있다.

정리 4.5 x^*가 $\max \left\{ f(x) \middle| g(x) := [g_1(x), \cdots, g_p(x) \leqslant 0 \right\}$의 국지 최적해이면 다음가 같은 λ^*가 존재한다.

- $\nabla f(x^*) - \lambda_1^* \nabla g_1(x^*) - \cdots - \lambda_p^* \nabla g_p(x^*) = 0$
- $\lambda^* \geqslant 0$
- $g_i(x^*) < 0$이면 $\lambda_j^* = 0$. 이는 $\lambda^{*^T} g(x) = \sum_{i=1}^{p} \lambda_i^* g_i(x^*) = 0$이 성립한다.

단, x^*가 등호로 만족하는 제약조건의 기울기 벡터들이 선형독립이어야 한다. ('regularity' 가정이라고 한다.)

역은 일반적으로 성립하지 않는다.

연습문제 4.6 다음과 같은 두 가지 방법으로 $\min \left\{ f(x) \middle| g(x) := [g_1(x), \cdots, g_p(x)] \geqslant 0 \right\}$의 KKT 조건을 유도하라.

1. 위와 같은 과정을 반복하여 KKT 필요조건을 유도해 보아라.
2. 'min' 문제를 'max' 문제로 변환하여 그 KKT 조건을 적용해 보라.(이러한 방법을 사용하면 최대, 최소, 그리고 부등호의 방향에 관계 없이 KKT 조건을 유도할 수 있다.)

예 4.7 (2.1)의 문제를 KKT 최적화 조건을 사용하여 풀어보자. 먼저 목적함수를 -1로 곱하여 표준형 최소화문제로 바꾸어 라그랑지안을 쓰면 다음과 같다. 우선 모든 승수는 비음이어야 한다.

$$L(x, y, \lambda, \mu_1, \mu_2) = -xy - \lambda(10 - x - y) - \mu_1 x - \mu_2 y.$$

우선 (4.19)의 (KT3)로부터

$$\nabla_{(x,y)} L(x, y, \lambda, \mu_1, \mu_2) = \begin{bmatrix} -y + \lambda - \mu_1 \\ -x + \lambda - \mu_2 \end{bmatrix} = 0 \tag{4.12}$$

이 성립한다. 그리고 (KT4)에 의하여

$$\mu_1 x = 0, \mu_2 y = 0$$

이다. 그런데 μ_1이나 μ_2가 양수이면 이에 따라 x나 y가 0이 되어 목적함수는 0이 된다. 이 경우는 최적해가 아니므로 고려대상에서 제외할 수 있다. 즉, (KT2)로부터 $\mu_1 = \mu_2 = 0$이 된다. 그러면 (4.12)에 의하여

$$x = y = \lambda$$

이 성립한다. 그리고 (KT1)로부터 $x = y = \lambda = 5$의 최적해를 얻는다. 즉, 우리가 잘 아는 대로 정사각형일 때, 면적이 25로 최대가 된다.

연습문제 4.8 다음 최적화 문제에서 (0.0)은 KKT 조건을 만족하지만 국지해가 되지 않음을 확인하라. $\max\left\{x_2 : x_2 \leqslant x_1^3\right\}$.

연습문제 4.9 다음 문제들에서 주어진 x^*가 국지 최적해임을 그림을 통해 확인하고 라그랑지 승수를 구하라.

1. $x^* = (5, -2)$

$$\begin{array}{lll} \max & 4x_1 + 2x_2 & \\ \text{sub.to} & 2x_1 & \leqslant 10 \\ & 2x_1 + 3x_2 & \leqslant 4 \end{array}$$

2. $x^* = [-1, 9]^T$

$$\begin{array}{lll} \max & 3x_1^2 + 2x_2 & \\ \text{sub.to} & 2x_1 + x_2 & \leqslant 7 \\ & x_1^2 & \leqslant 1 \end{array}$$

3. $x^* = [0, 2]^T$

$$\begin{array}{lll} \max & x_1 & + x_2 \\ \text{sub. to} & x_1^2 & + x_2^2 \leqslant 4 \\ & 2x_1 & + x_2 \leqslant 2 \end{array}$$

연습문제 4.10 다음 문제에서 KKT 조건을 만족하는 점을 구하고, 스케치를 통해 최적해인지 확인하라.

1.

$$\begin{array}{ll} \max & 2x_1^2 \\ \text{sub. to} & x_1^2 + 2x_2^2 \leqslant 1 \\ & x_1 \geqslant 0,\ x_2 \geqslant 0 \end{array}$$

2.

$$\begin{array}{ll} \max & 2x_1^2 + x_2^2 \\ \text{sub. to} & x_1^2 + x_2^2 \leqslant 16 \\ & x_1 \geqslant 0,\ x_2 \geqslant 0 \end{array}$$

4.2 등호제약조건*

다음과 같은 선형등호제약식만을 가진 최적화문제를 생각하자.

$$\begin{array}{ll} \min & f(x) \\ \text{sub. to} & Ax = b. \end{array}$$

단, $A \in \mathbb{R}^{m \times n}$이고 함수 $f : \mathbb{R}^n \to \mathbb{R}$이 미분가능하다고 가정하자. x^*를 국지 최적해라고 하고 어떤 조건을 이끌어낼 수 있는지 살펴보자.

감소방향 정리, [성질 3.4]에 의하여, $x^* + d$가 가능해가 되는 모든 벡터 d에 대해서도, **방향 도함수** $\nabla f(x^*)^T d$가 음수가 될 수 없다. 왜냐하면, 만일 음수라면, [성질 3.4]에 의하여 방향 d로 충분히 가까운 점들의 목적함수 값이 $f(x^*)$보다 더 작게 된다. 이는 x^*가 국지 최적해라는 것에 모순이 된다.

그러므로 $A(x^* + d) = b$를 만족하는 모든 d에 대하여 $\nabla f(x^*)^T d \geqslant 0$이 성립한다. 그리고 $A(x^* + d) = b \Leftrightarrow Ad = 0$이기 때문에, $Ad = 0$을 만족하는 모든 d에

대하여 $\nabla f(x^*)^T d \geqslant 0$이 성립한다는 의미이다. 그런데 $Ad = 0$이면, $A(-d) = 0$이기 때문에, $Ad = 0$을 만족하는 모든 d에 대하여 $\nabla f(x^*)^T d = 0$이 성립하게 된다.

즉, $\nabla f(x^*)$가 A의 빈공간(nullspace) $\{d : Ad = 0\}$의 수직공간(orthogonal complement)에 속한다. 이 수직공간은, 잘 알려진 선형대수의 기본성질에 의하여, A의 행들에 의해 펼쳐지는(span) 행공간(row space) $\{A^T \lambda : \lambda \in \mathbb{R}^m\}$이다. 따라서 다음을 만족하는 λ^*가 존재한다.

$$\nabla f(x^*) + A^T \lambda^* = 0. \tag{4.13}$$

〈그림 6.9〉은 $A = [a^T]$인 이차원 예이다.

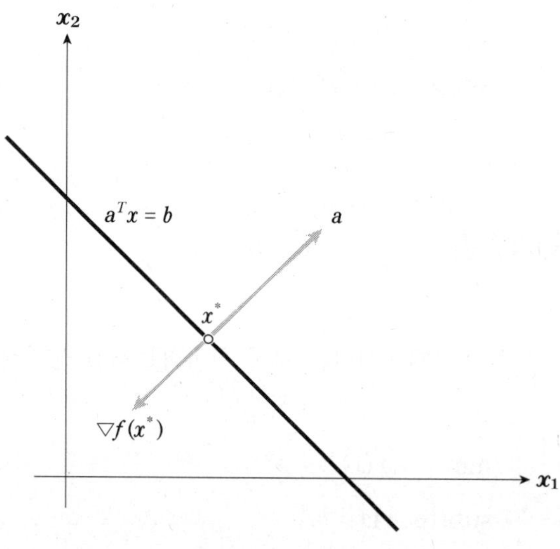

〈그림 6.9〉 선형등호제약 국지 최적해의 필요조건

[성질 4.13]는 다음과 같은 일반적인 등호제약 최적화문제의 국지최적해가 갖는 성질의 특수한 경우가 된다.

$$\begin{aligned} \min \quad & f(x) \\ \text{sub.to} \quad & g_i(x) = 0, \quad i = 1, \cdots, m. \end{aligned} \tag{4.14}$$

정리 4.11 (4.14)의 모든 함수가 미분가능하다고 하자. 만약 x^*가 국지 최적해이고 m개의 벡터 $\nabla g_1(x^*), \nabla g_2(x^*), \cdots, \nabla g_m(x^*)$가 선형독립(linearly independence)이면 다음을 만족하는 λ^*가 존재한다.

$$\nabla f(x^*) + \sum_{i=1}^{m} \lambda_i^* \nabla g_i(x^*) = 0. \tag{4.15}$$

[정리 4.11]의 증명은 본서의 범위를 넘으므로 생략하기로 한다. 단, 이 정리가 조건 (4.13)의 일반화라는 것을 보자. $g(x) = [g_1(x), g_2(x), \cdots, g_m(x)]^T$이라고 표기할 때, $g(x) = Ax - b$인 경우 [정리 4.11]의 (4.15)는 (4.13)이 되는 것을 알 수 있다.

〈그림 6.10〉에는 조건 (4.15)의 기하학적인 의미를 예시하였다. 이는, x^*가 국지 최적해가 되면, 그 점에서 목적함수의 도함수 $\nabla f(x^*)$는 제약식 함수 $g(x)$의 도함수의 선형조합으로 표시할 수 있다는 것이다.

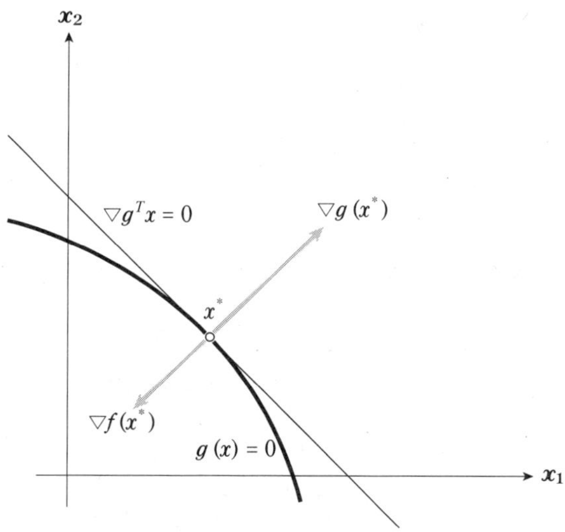

〈그림 6.10〉 등호제약 국지 최적해의 필요조건

예 4.12 다음과 같이 선형등호제약식 위에서 2차함수를 최소화하는 문제를 생각해 보자(여기서 Q는 가역행렬, A의 행들이 선형독립이라고 가정하자).

$$\begin{aligned} \min \quad & \frac{1}{2} x^T Q x \\ \text{sub.to} \quad & Ax = b. \end{aligned}$$

만일 x가 국지 최적해이면 다음의 필요조건을 만족하는 λ가 존재해야 한다.

$$Ax = b,$$
$$Qx + A^T\lambda = 0.$$

그러면 Q가 가역행렬이므로 두 번째 조건에 의해 다음이 성립한다.

$$x = -Q^{-1}A^T\lambda. \tag{4.16}$$

이를 첫 번째 조건에 대입하면, $\lambda = -(AQ^{-1}A^T)^{-1}b$가 된다. 그러면 (4.16)에 의하여

$$x = Q^{-1}A^T(AQ^{-1}A^T)^{-1}b$$

는 유일하게 [정리 4.11]의 조건을 만족한다. 그러므로 국지해가 존재한다면 반드시 이 x가 유일한 국지해가 되며 최적 목적함수의 값은 다음과 같다.

$$\frac{1}{2}x^TQx = \frac{1}{2}b^T(AQ^{-1}A^T)^{-1}AQ^{-1}A^T(AQ^{-1}A^T)^{-1}b.$$

연습문제 4.13 다음 문제의 최적해와 최적 목적함수값을 구하라.

$$\begin{aligned} \min \quad & 2x_1^2 + 2x_1x_2 + x_2^2 \\ \text{sub. to} \quad & 2x_1 + x_2 = 4. \end{aligned}$$

4.3 부등호-등호제약조건*

이번에는 부등호제약조건을 포함하는 표준형 최적화문제 (2.5)를 생각해 보자.

$$\begin{aligned} \min \quad & f(x) \\ \text{sub. to} \quad & g_i(x) \geqslant 0, \quad i = 1, 2, \cdots, m, \\ & h_j(x) = 0, \quad j = 1, 2, \cdots, p. \end{aligned}$$

만일 x^*가 국지 최적해라고 하면, 부등호제약식은 x^*가 등호 $g_j(x^*)=0$으로 만족하는 것과 부등호 $g_j(x^*)>0$으로 만족하는 것, 두 종류로 나눌 수 있다. 이때 등호로 만족하는 부등호제약식의 집합을 $A(x^*)$라고 하자. 즉, $A(x^*)=\{i:g_i(x^*)=0\}$이다. g_i들을 미분가능하다고 가정하면 연속이기 때문에, $g_i(x^*)>0$이면 $x=x^*$를 중심으로 가지는 어떤 구안에서 $g_i(x)>0$이 성립하여 해당하는 부등호제약식을 만족한다. 따라서 x^*는 다음 최적화문제의 국지 최적해가 되는 것을 알 수 있다.

$$\min\{f(x):g_i(x)=0,\ \ i\in A(x^*), h_j(x)=0, j=1,2,\cdots,p,\}.$$

그러면 [정리 4.11]에 의하여 다음과 같은 λ_i^*와 μ_j^*가 존재한다.

$$\nabla f(x^*)-\sum_{i\in A(x^*)}\lambda_i^*\nabla g_i(x^*)-\sum_{j=1}^{p}\mu_j^*\nabla h_j(x^*)=0. \tag{4.17}$$

여기서, λ_i^*는 모두 비음이 되어야 한다. 그 이유는 엄밀한 증명은 아니지만 앞에서 부등호제약조건 KKT 조건에서 라그랑지 승수의 비음조건으로부터 직관적으로 이해할 수 있다.

정리 4.14 최적화문제 (2.5)의 모든 함수가 미분가능하다고 하자. 만약 x^*가 국지 최적해이고, x^*가 등호로 만족하는 제약식 함수들의 도함수가 $x=x^*$에서 선형독립이라고 하자. 그러면 다음과 같은 $\lambda^*\in\mathbb{R}^m$, $\mu^*\in\mathbb{R}^p$가 존재한다.

$$\begin{gathered}
g_i(x^*)\geqslant 0,\ \ i=1,\cdots,m,\ \ h_j(x^*)=0,\ \ j=1,\cdots,p,\\
\lambda^*\geqslant 0,\\
\nabla f(x^*)+\Sigma_{i=1}^{m}\lambda_i^*\nabla g_i(x^*)-\Sigma_{j=1}^{p}\mu_j^*\nabla h_j(x^*)=0,\\
\Sigma_{j=1}^{p}\lambda_i^* g_i(x^*)=0.
\end{gathered} \tag{4.18}$$

이를 KKT 조건(Karush–Kuhn–Tucker conditions)이라고 한다. 다음과 같은 $x\in\mathbb{R}^n$, $\lambda\in\mathbb{R}^m$, $\mu\in\mathbb{R}^p$의 함수를 최적화문제 $\min\{f(x):g_i(x)\geqslant 0, i=1,\cdots,m,$ $h_j(x)=0,\ \ j=1,\cdots,p\}$의 **라그랑지안**(Lagrangian)이라고 부른다.

$$L(x, \lambda, \mu) = f(x) - \sum_{i=1}^{m} \lambda_i g_i(x) - \sum_{j=1}^{p} \mu_j h_j(x)..$$

그러면 (4.18)의 조건들은 다음과 같이 쓸 수 있다.

$$\begin{aligned} &(\text{KT1}) \quad \nabla_\lambda L(x^*, \lambda^*, \mu^*) \geqslant 0, \ \nabla_\mu L(x^*, \lambda^*, \mu^*) = 0, \\ &(\text{KT2}) \quad \lambda^* \geqslant 0, \\ &(\text{KT3}) \quad \nabla_x L(x^*, \lambda^*, \mu^*) = 0, \\ &(\text{KT4}) \quad \textstyle\sum_{i=1}^{m} \lambda_i^* g_i(x^*) = 0. \end{aligned} \tag{4.19}$$

연습문제 4.15 (2.6)의 라그랑지안과 이를 사용하여 KKT 조건을 기술하라.

연습문제 4.16 다음 문제의 라그랑지안과 KKT 조건을 쓰시오.

$$\begin{aligned} \min \quad & x_1^2 - 2x_1 x_2 + 2x_2 + x_3^2 \\ \text{sub. to} \quad & x_1 - x_3 = 0, \\ & x_1 - 2x_2 \leqslant 1. \end{aligned}$$

연습문제 4.17 $x^* = (1, 1, 1)$이 다음 문제의 KKT 조건을 만족함을 확인하라.

$$\begin{aligned} \min \quad & -\log(x_1 x_2 x_3) \\ \text{sub. to} \quad & x_1 + x_2 + x_3 \leqslant 3. \end{aligned}$$

x^*는 국지 최적해인가?

5 일반적인 비선형계획문제의 어려움*

함수 f와 g_i, h_j에 대해서 아무런 제한을 두지 않으면 문제 (2.3)은 매우 어려운 문제가 된다. 이 경우 S의 가능해를 하나 구하는 것도, 앞의 제5장에서 논의한, NP-hard 문제를 푸는 것을 포함하는 어려운 문제가 된다. 다음의 예를 통해 쉽게 이해할 수 있다.

$$\begin{aligned} \min \quad & c^T x \\ \text{sub.to} \quad & Ax = b, \\ & x_i(x_i - 1) = 0, \ \ i = 1, 2, \cdots, n. \end{aligned}$$

이 문제는 비선형계획문제의 예인 동시에 0–1 정수계획문제이다. 즉, 0–1 정수계획문제가 비선형계획문제의 특별한 경우로 볼 수 있기 때문에 비선형계획문제 역시 NP–hard임을 알 수 있다.

좀더 구체적인 예를 들어보자. 제5장의 [문제 4.17], 집합분할문제는 '유한개의 양수들 $a_1, a_2, \cdots, a_n$을 그 합이 같도록 두 개의 집합으로 분할할 수 있는가' 라는 질문에 답하는 것이었다. x_i를 첫 번째 집합에 a_i가 포함되는가를 나타내는 0–1 결정변수라고 하면, 다음 비선형제약식의 해집합 S가 가능해를 가지는 것과 집합분할이 가능하다는 것은 동치이다.

$$\begin{gathered} a_1 x_1 + a_2 x_2 + \cdots + a_n x_n = \frac{1}{2}\Sigma_{i=1}^{n} a_i, \\ x_1^2 - x_1 = 0, \\ \vdots \\ x_n^2 - x_n = 0. \end{gathered}$$

여기서 $x_i^2 - x_i = 0$의 방정식은 각 변수 x_i가 0 또는 1의 값을 갖게 하는 효과가 있다는 것을 알 수 있다.

이렇게 비선형계획은 이차 함수만 포함해도 0–1 정수계획보다 어려운 문제가 된다. 그러나 어떤 특성들을 가지고 있으면, 비선형문제가 풀기 쉬운 문제가 되는데, 그러한 대표적인 특성으로는 볼록성이 있다.

6 볼록최적화문제

주어진 비선형계획문제의 최적해를 효율적으로 구할 수 있는지는 그 구조적 특성에 달려 있다. 볼록성(convexity)은 효율적으로 구할 수 있는 대표적 특성이다. 일반적인 비선형계획문제의 다양성을 고려하면 볼록성은 매우 특별한 구조라고 할 수 있지만, 우리가 다루는 현실 문제의 상당수가 볼록성을 가지고 있다. 선형계획이 대표적인 예이다. 또한 주어진 문제가 볼록성을 가지고 있지 않더라도, 관련 함수들을 국지적으로 선형이나 볼록 이차함수와 같은 볼록함수로 가정하고 알고리듬을 디자인한다.

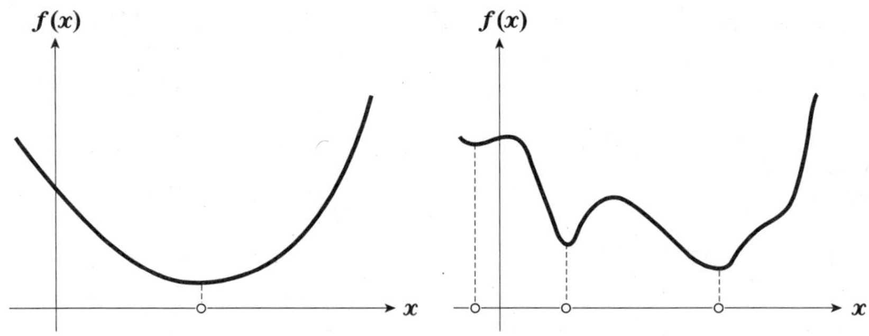

〈그림 6.11〉 볼록함수와 비볼록함수의 최소화

그렇다면 먼저 볼록성이 왜 그렇게 중요한 역할을 하는지를 〈그림 6.11〉의 예를 통해 직관적으로 살펴보자. 그래프로 나타낸 함수를 최소화하는 x를 구하는 두 개의 문제를 비교해 보자. 여기서 해집합은 실수 전체집합이라고 생각하자(즉, $S = \mathbb{R}$이다). 왼쪽 함수는 그 모양이 울퉁불퉁함이 없이 전체적으로 아래로 둥근 것을 알 수 있다. 이런 형태의 함수가 바로 볼록함수인데, 이 함수의 특징은 국지 최적해가 최적해가 된다는 것이다. 하지만 오른쪽 함수는 국지 최적해가 3개 존재한다. 일반적인 비선형함수는 국지 최적해의 개수의 상한이나 그 존재 영역을 미리 알 수 없는 경우가 많다. 이런 경우 최적해를 탐색하는 것은 매우 어려운 문제가 된다.

그러나 볼록함수의 경우는 아무리 작은 범위라도 그 위에서 가장 좋은 국지 최적해는 전체 구간의 최적해가 된다(이는 뒤에서 엄밀하게 증명할 것이다). 이러한 볼록함수의 성질은 알고리듬 설계를 매우 쉽게 만든다.

이때 목적함수의 볼록성뿐 아니라 해집합의 볼록성도 중요하다. 〈그림 6.11〉의 예는 해집합이 실수 전체이기 때문에 함수의 볼록성만이 중요했지만, 〈그림 6.12〉에서 굵은 선으로 표시한 것처럼 해집합을 제한하면 목적함수가 모두 볼록

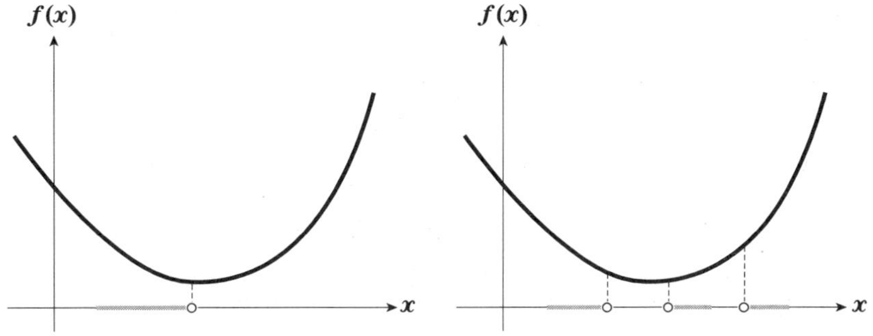

〈그림 6.12〉 볼록 해집합과 비볼록 해집합 위의 최소화

함수라고 해도 얘기는 달라진다.

왼쪽 그림에서는 국지 최적해는 하나 존재하고, 그것이 최적해가 된다. 그러나 오른쪽 그림에서는 해집합이 불연속적이므로 국지 최적해가 3개 존재한다. 이러한 차이를 만드는 특징을 좀더 자세히 살펴보자. 왼쪽 그림에서는 해집합에 속한 임의의 두 점을 연결하는 선분 위의 모든 점이 해집합에 다시 속한다. 그러나 오른쪽 그림의 해집합에서는 그렇지 않다. 왼쪽 그림의 해집합과 같은 특징을 가진 집합을 볼록집합이라고 한다(이런 관점에서 보면 실수 전체 집합도 볼록집합이 된다).

최적화문제의 목적함수와 해집합 모두 볼록성을 가지고 있는지 여부는 문제가 쉬운지 어려운지의 경계선이 된다.

6.1 볼록집합과 볼록함수

볼록집합 또는 함수를 정의하기 위해서는 두 점을 연결하는 직선을 사용한다. n−차원의 두 벡터 $x, y \in \mathbb{R}^n$가 있을 때, 이 두 점을 지나는 직선 위의 점은 벡

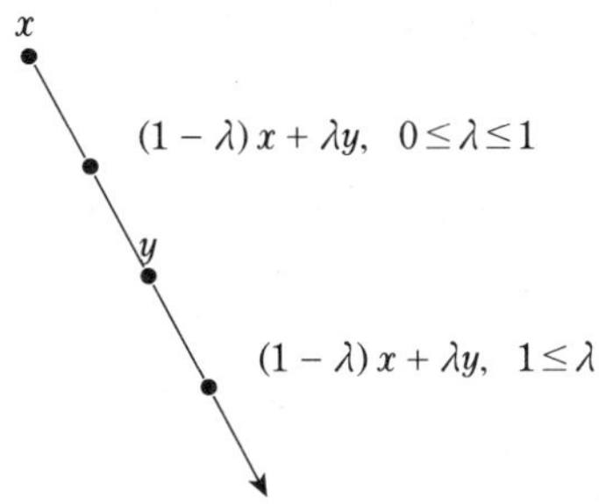

〈그림 6.13〉 두 점을 지나는 직선의 패러미터 표현

터 x에 벡터 $y-x$의 상수 배 $\lambda(y-x)$를 더한 형태로 표시된다(〈그림 6.13〉).

$$\begin{aligned} &x+\lambda(y-x) \\ &=(1-\lambda)x+\lambda y. \end{aligned}$$

이때 λ의 범위에 따라 해당 점과 끝 점들과 상대적 위치는 달라진다. 예를 들어 $0 \leqslant \lambda \leqslant 1$에 해당하는 부분은 x와 y를 끝점으로 하는 선분이 된다.

정의 6.1 집합 $S \subseteq \mathbb{R}^n$가 자신의 임의의 두 점을 잇는 선분을 포함하면 **볼록집합**(convex set)이라고 한다. 즉, 다음이 성립하면 볼록집합이 된다:

$$(1-\lambda)x+\lambda y \in S, \ \ \forall x, y \in S, \ \ \forall \lambda : 0 \leqslant \lambda \leqslant 1.$$

〈그림 6.14〉는 볼록집합과 비볼록집합의 예를 나타낸 것이다.

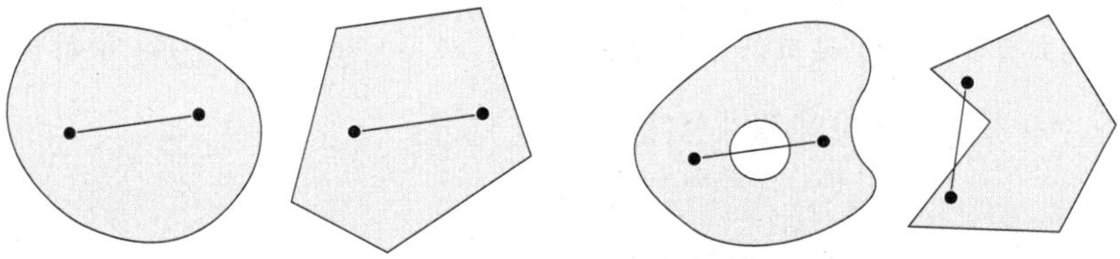

〈그림 6.14〉 볼록집합과 비볼록집합

연습문제 6.2 다음을 증명하라.

1. 선형방정식 $a^T x = b$의 해집합은 볼록이다.
2. 선형부등식 $a^T x \leqslant b$의 해집합은 볼록이다.

성질 6.3 집합 S_1, S_2가 모두 볼록이면 그 교집합 $S_1 \cap S_2$도 볼록이다.

증명 : $S_1 \cap S_2$에 속하는 임의의 원소 x_1, x_2는 S_1과 S_2의 원소이므로 다음을 만족한다.

$$(1-\lambda)x_1+\lambda x_2 \in S_1,\ \ \forall\lambda: 0\leqslant\lambda\leqslant 1,$$
$$(1-\lambda)x_1+\lambda x_2 \in S_2,\ \ \forall\lambda: 0\leqslant\lambda\leqslant 1.$$

그러므로 다음이 성립한다.

$$(1-\lambda)x_1+\lambda x_2 \in S_1\cap S_2,\ \ \forall\lambda: 0\leqslant\lambda\leqslant 1.$$

즉, $S_1\cap S_2$는 볼록집합이다. □

> **연습문제 6.4** 다음을 증명하라.
>
> 1. 선형방정식 시스템 $Ax=b$의 해집합은 볼록이다.
> 2. 선형부등식 시스템 $Ac\leqslant b$의 해집합은 볼록이다.

정의 6.5 함수 $f:\mathbb{R}^n\rightarrow\mathbb{R}$이 다음을 만족하면 **볼록함수**(convex function)라고 한다.

$$f((1-\lambda)x+\lambda y)\leqslant(1-\lambda)f(x)+\lambda f(y),\ \ \forall x,y\in S,\ \ \forall\lambda: 0\leqslant\lambda\leqslant 1.$$

$-f$가 볼록함수이면 f를 **오목함수**(concave function)라고 부른다. 그리고 함수 f가 볼록함수이면서 오목함수이면 **평면함수**(affine function)라고 부른다.

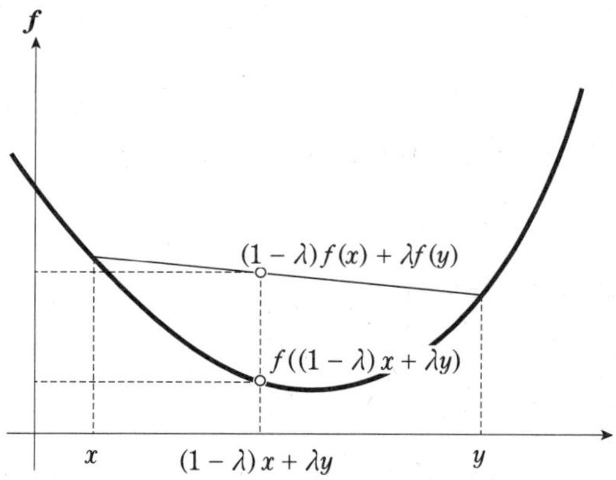

〈그림 6.15〉 볼록함수

예 6.6 1. $f(x)=x^2$은 볼록함수이다. 왜냐하면 $0 \leqslant \lambda \leqslant 1$일 때, $(1-\lambda)f(x)+\lambda f(y)-f((1-\lambda)x+\lambda y)=(1-\lambda)\lambda(x-y)^2 \geqslant 0$이 성립하기 때문이다. 따라서 $f(x)=-x^2$은 오목함수이다.

2. 벡터 $[c_1, c_1, \cdots, c_n]^T$로 정의한 함수 $f:\mathbb{R}^n \to \mathbb{R}$, $f(x)=c_1x_1+\cdots+c_nx_n=c^Tx$는 볼록함수이며 동시에 오목함수이다. 따라서 평면함수가 된다. $0 \leqslant \lambda \leqslant 1$일 때, $f((1-\lambda)x+\lambda y)=c^T((1-\lambda)x+\lambda y)=(1-\lambda)c^Tx+(1-\lambda)c^Ty=(1-\lambda)f(x)+\lambda f(y)$가 성립한다.

함수가 볼록함수인지 판별하기 위해서 볼록함수의 정의를 사용할 수도 있지만, 볼록성을 알고 있는 기존 함수들의 연산으로 생성한 함수가 많기 때문에, 다음의 성질들은 매우 유용하다.

성질 6.7 다음 연산은 함수의 볼록성을 유지한다.

1. 볼록함수 f에 양의 상수 α를 곱한 함수, αf는 볼록함수이다.
2. 두 볼록함수 f_1, f_2를 합한 함수 f_1+f_2도 볼록함수이다.

증명 : 1의 증명은 생략하고, 2를 증명하자. f_1, f_2가 볼록함수이므로 $0 \leqslant \lambda \leqslant 1$에 대해 다음이 성립한다.

$$
\begin{aligned}
&(f_1+f_2)((1-\lambda)x_1+\lambda x_2)\\
&= f_1((1-\lambda)x_1+\lambda x_2)+f_2((1-\lambda)x_1+\lambda x_2)\\
&\leqslant \big((1-\lambda)f_1(x_1)+\lambda f_1(x_2)\big)+\big((1-\lambda)f_2(x_1)+\lambda f_2(x_2)\big)\\
&= (1-\lambda)\big(f_1(x_1)+f_2(x_1)\big)+\lambda\big(f_1(x_2)+f_2(x_2)\big)\\
&= (1-\lambda)(f_1+f_2)(x_1)+\lambda(f_1+f_2)(x_2).
\end{aligned}
$$

그러므로 f_1+f_2는 볼록함수이다. □

연습문제 6.8 다음을 증명하라.

1. 볼록함수 $f_1, \cdots, f_m$의 비음가중합으로 만든 $f=w_1f_1+w_2f_2+\cdots+w_mf_m$ $(w_j \geqslant 0,$ $j=1,\cdots,m)$은 볼록함수이다.

2. f_1, f_2가 볼록함수라면 함수 $f(x) = \max\{f_1(x), f_2(x)\}$도 볼록함수이다.

성질 6.9 $g(x)$가 볼록함수이면 '$g(x) \leq$ 상수', 오목함수이면 '$g(x) \geq$ 상수', 그리고 평면함수이면 '$g(x) =$ 상수'가 나타내는 집합이 볼록이다.

각각 'sub-level set', 'upper-level set', 그리고 'level set'이라고 한다. 〈그림 6.16〉에는 1 변수 함수 예가 제시되어 있다.'

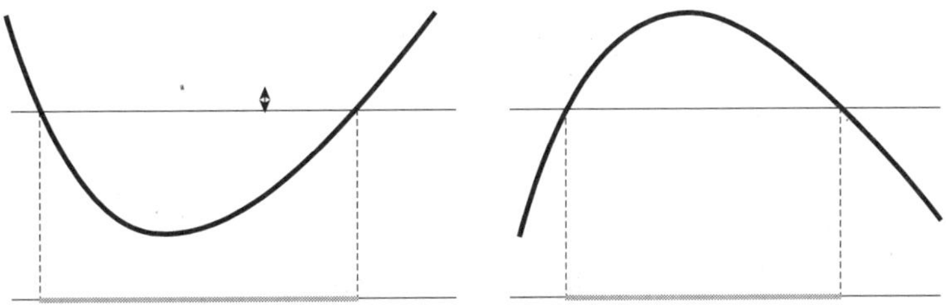

〈그림 6.16〉 'sub-' 그리고 'upper-level set'

연습문제 6.10 $g_i(x)$는 볼록함수, h_i가 평면함수이면 $S = \{x : g_1(x) \leq 0, \ldots, g_m(x) \leq 0, h_1(x) = 0, \ldots, h_p(x) = 0\}$도 볼록집합이 된다.

볼록함수와 볼록집합 사이에는 특별한 관계가 존재한다. 볼록함수를 그래프로 표현하였을 때 그 그래프를 포함한 윗부분은 볼록집합이고, 또 역으로 이러한 성질을 갖는 함수는 볼록함수라는 것이다. 〈그림 6.17〉에 볼록함수와 그 상부그래프를 표현하였다. 이를 엄밀히 기술하면 다음과 같다.

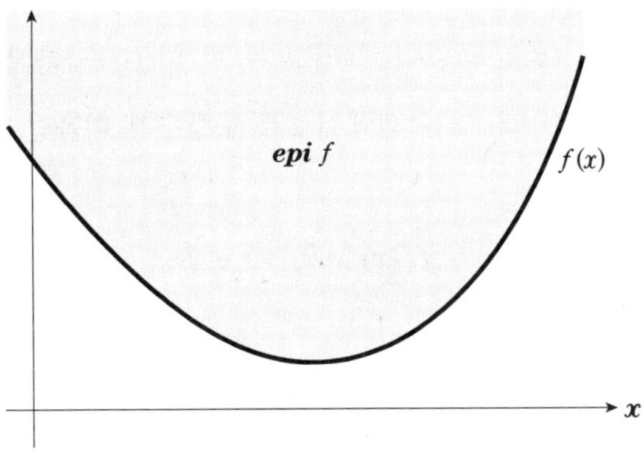

〈그림 6.17〉 상부그래프

연습문제 6.11* 집합 $\text{epi}\,f = \{(x, t) : f(x) \leqslant t\}$를 함수 $f : \mathbb{R}^n \to \mathbb{R}$의 상부그래프(epigraph)라고 한다. 함수 f가 볼록함수일 필요충분조건은 $\text{epi}\,f$가 볼록집합임을 증명하라.

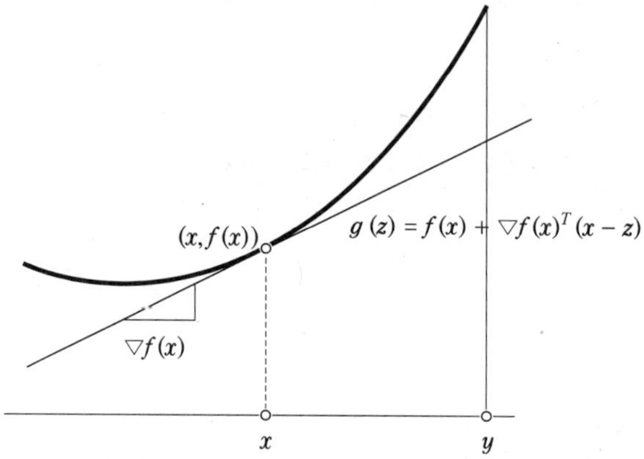

〈그림 6.18〉 선형근사와 볼록함수

〈그림 6.18〉의 예와 같이 미분가능한 볼록함수의 임의의 점 x에서 $f(x)$의 값을 갖고 그 기울기가 $\nabla f(x)$가 되는 선형근사함수는 모든 점에서 f보다 아래에 있다. 그리고 이것은 미분가능함수가 볼록함수가 될 충분조건이기도 하다.

성질 6.12 미분가능함수 $f : \mathbb{R}^n \to \mathbb{R}$이 볼록함수가 될 필요충분조건은 모든 x와 y에 대해 다음이 성립하는 것이다.

$$f(y) \geqslant f(x) + \nabla f(x)^T (y - x). \tag{6.20}$$

이에 대한 증명은 6.3절로 미룬다. 그리고 두 번 미분가능한 일차원 함수가 볼록함수가 될 필요충분조건은 모든 점에서 2계 도함수가 비음인 것이다.

$$f''(x) \geqslant 0, \ \forall x \in \mathbb{R}. \tag{6.21}$$

차원이 2 이상일 때의 조건은 6.4절에서 다루도록 한다.

예 6.13 $f(x) = 3x^2 - 2x$는 볼록함수일까? [성질 6.12]를 이용하여 확인해 보자. $\nabla f(x) = 6x - 2$이므로 다음이 성립한다.

$$\begin{aligned} f(y) - f(x) - \nabla f(x)^T (y-x) &= 3y^2 - 2y - (3x^2 - 2x) - (6x-2)(y-x) \\ &= 3y^2 - 2y - 3x^2 + 2x - 6xy + 6x^2 + 2y - 2x \\ &= 3y^2 + 3x^2 - 6xy = 3(y-x)^2 \geqslant 0. \end{aligned}$$

식 (6.20)을 만족하므로 f는 볼록함수이다.

예 6.14 볼록함수의 2계 도함수가 모든 점에서 비음이라는 조건을 이용하여 함수의 볼록성을 확인할 수도 있다.

1. $f(x) = e^x$이면, $f'(x) = f''(x) = e^x \geqslant 0$이므로 $f(x)$는 볼록함수이다.
2. $f(x) = x\log x\ (x > 0)$이면, $f'(x) = \log x + 1$이고 $f''(x) = \frac{1}{x}$이다. 정의역 $x > 0$에서 $f''(x) > 0$이므로 $f(x) = x\log x$는 볼록함수이다.

6.2 볼록성의 일차원성*

어떤 함수의 볼록성을 증명하는 방법에는 정의를 사용하는 방법 이외에도 더 편리한 방법들이 있다. 첫째, 볼록함수 정의의 본질적인 특징은 두 점을 연결하는 선분 위의 함수의 특성에 초점이 맞추어져 있다. 선분 위의 함수 그래프보다 두 점에 해당하는 함수 그래프의 점을 연결하는 선분이 항상 위에 있다는 것을 의미한다. 즉 두 점 x, y를 일단 고정하면, 나머지 조건은 두 점을 지나는 선분 $x + \lambda(y-x)$ 위에서 정의되는 λ의 일차원 함수 $f(x + \lambda(y-x))$가 볼록이라는 의미이다. 물론 x, y를 확장하면 그 두 점을 지나는 직선 위에서 볼록이라는 의미이다. 또한 역으로 임의의 두 점 x, y를 지나는 직선 위에서 함수가 볼록이면 함수가 전체 영역에서 볼록이라는 것을 알 수 있다. 따라서 f가 일반적인 n-차원 공간 위의 함수라고 해도, 그 볼록성을 증명하기 위해서는, 임의의 두 점 x, y를 잡은 후, 그 두 점을 지나는 선분 $x + \lambda(y-x)$ 위에서 정의되는 λ의 일차원 함수 $f(x + \lambda(y-x))$가 볼록이라는 것을 증명하면 충분하다.

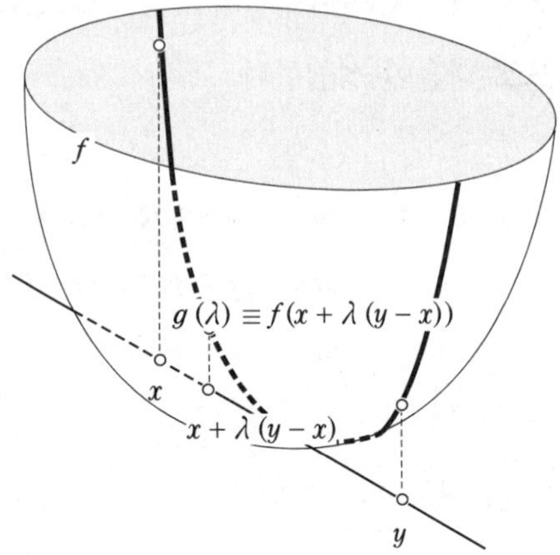

〈그림 6.19〉 두 점을 지나는 직선 위의 볼록함수

성질 6.15 함수 $f : \mathbb{R}^n \to \mathbb{R}$이 볼록이라는 것을 보이기 위해서는 임의의 두 점 x와 y에 대해 다음 함수 g가 λ의 볼록함수라는 것을 보이면 된다.

$$g(\lambda) := f(x + \lambda(y - x)). \tag{6.22}$$

이러한 점은 볼록함수의 정의가 본질적으로 일차원적이라는 것을 의미한다. 일차원 볼록함수는 기하학적으로 매우 직관적이다. 이것이 볼록최적화문제의 해법 개발이 쉬운 이유이다.

이러한 볼록함수의 1차원성을 사용하는 데 편리하게 사용할 수 있는 정의가 바로 방향 도함수이다. $f : \mathbb{R}^n \to \mathbb{R}$을 미분가능함수라고 하자. 그리고 임의의 두 x, y를 지나는 직선 위의 f로 정의되는 일변수 함수 $g(\lambda) := f(x + \lambda(y - x))$를 생각하자. 이때 [연습문제 3.5]에 의하여 $g'(\lambda)$는 다음과 같다.

$$g'(\lambda) = \nabla f(x + \lambda(y - x))^T (y - x). \tag{6.23}$$

특히 $\lambda = 0$에서의 g의 도함수 $g'(\lambda)$를 f의 x에서 y로의 **방향 도함수**(directional derivative)라고 부른다.

6.3 볼록성의 1계 도함수 조건의 증명*

정리 6.16 미분가능함수 $f: \mathbb{R}^n \to \mathbb{R}$가 블록일 필요충분조건은

$$f(y) \geqslant f(x) + \nabla f(x)^T (y-x) \ \forall x, y \in \mathbb{R}^n. \tag{6.24}$$

증명 : (필요성) 임의의 두 점 x, y를 잡자. f가 볼록이므로 모든 $0 < \lambda < 1$에 대해 $f(x+\lambda(y-x)) \leqslant (1-\lambda)f(x) + \lambda f(y)$. 양변을 λ로 나누면 $f(y) \geqslant f(x) + \frac{f(x+\lambda(y-x)) - f(x)}{\lambda}$. $g(\lambda) = f(x+\lambda(y-x))$로 놓으면 마지막 항은 $\frac{g(\lambda)-g(0)}{\lambda - 0}$이므로, $\lambda \to 0$이면 $g'(0) = \nabla^T f(x)(y-x)$가 된다. 따라서 식 (6.24)를 얻는다.

(충분성) 식 (6.24)에 의하여

$$\begin{aligned} f(y) &\geqslant f((1-\lambda)x + \lambda y) + (1-\lambda)\nabla f(x)^T((1-\lambda)x + \lambda y)(y-x) \\ f(x) &\geqslant f((1-\lambda)x - \lambda y) - \lambda \nabla f(x)^T((1-\lambda)x + \lambda y)(y-x) \end{aligned} \tag{6.25}$$

위 식에 λ, 아래 식에 $1-\lambda$를 곱하여 더하면 젠센의 부등식을 얻는다.

6.4 볼록함수의 2계 도함수 조건*

성질 6.17 f가 두 번 미분가능하다고 가정하자. 그러면 f가 볼록함수일 필요충분조건은, 모든 x에 대해 f의 헤시안(Hessian) $\nabla^2 f(x)$이 PSD(positive semidefinite)인 것이다. 즉,

$$\nabla^2 f(x) \succeq 0.$$

(PSD행렬에 대한 자세한 설명은 부록을 참조하자.)

증명 : 먼저 $n=1$인 경우를 증명하자.

(필요성) 만약 f가 볼록함수면, $x < y$인 모든 x, y에서 $f(y) \geqslant f(x) + f'(x)$

$(y-x)$ 또 는 $\dfrac{f(y)-f(x)}{y-x} \geqslant f'(x)$. 또 한 $f(x) \geqslant f(y)+f'(y)(x-y)$로 부 터 $\dfrac{f(y)-f(x)}{y-x} \leqslant f'(y)$. 따라서 f'는 단조증가함수이고 $f''(x) \geqslant 0$.

(충분성) f가 두 번 미분가능하므로, 모든 x, y에 대해 다음을 만족시키는 z가 존재한다.

$$f(y)=f(x)+f'(x)(y-x)+\frac{1}{2}f''(z)(y-x)^2 \geqslant f(x)+f'(x)(y-x).$$

(두 번째 부등식은 가정에 의하여 성립한다.) 그러므로 f는 볼록함수이다.

이제 $n \geqslant 2$에 대한 일반적인 경우를 증명하자. $g(\lambda)=f(x+\lambda y)$를 정의하면, f가 볼록함수인 것과 g가 임의의 x, y에 대해 $\{\lambda | x+\lambda y\}$에서 볼록함수인 것은 동치이다. 그러면 $n=1$일 때 증명한 것과 같이, g가 볼록함수인 것은 $\{\lambda | x+\lambda y\}$에서 $g''(\lambda) \geqslant 0$인 것과 동치이다. [연습문제 3.5]와 연쇄법칙(부록 참조)을 사용하면 다음이 성립한다.

$$\begin{aligned} g''(\lambda) &= \frac{d}{d\lambda} g'(\lambda) = \frac{d}{d\lambda}\left(\triangledown f(x+\lambda y)^T y\right) \\ &= \sum_{i=1}^{n} y_i \frac{d}{d\lambda}\left(\frac{\partial}{\partial x_i} f(x+\lambda y)\right) = \sum_{i=1}^{n} y_i \triangledown^2 f(x+\lambda y)_{i} . y \\ &= y^T \triangledown^2 f(x+\lambda y)\, y \geqslant 0. \end{aligned}$$

여기서 $\triangledown^2 f(x)_i .$는 $\triangledown^2 f(x)$의 i번째 행을 의미한다. 모든 $\lambda \geqslant 0$와 y에 대하여 성립하므로 $\triangledown^2 f(x) \succeq 0$이다. □

6.5 볼록최적화와 그 특성

정의 6.18 (볼록최적화) f가 볼록함수, g_i들이 모두 볼록함수, 그리고 h_j들이 모두 평면함수(즉, 1차 함수)이면 문제 (2.5)는 볼록함수를 볼록집합 위에서 최소화하는 문제가 된다. 이를 **볼록최적화문제**라고 부른다. 한편 f가 오목함수, g_i들이 모두 오목함수, 그리고 h_j들이 모두 평면함수이면 문제 (2.6)은 오목함수를 볼록집합 위에서 최대화하는 문제가 된다. 이를 역시 볼록최적화문제라고 부른다.

예 6.19 다음 최적화문제는 볼록최적화문제의 간단한 예이다.

$$\begin{aligned} \min \quad & 2x_1^2 + 2x_1 x_2 + x_2^2 \\ \text{sub.to} \quad & -3x_1 - 2x_2 \geqslant -12. \end{aligned}$$

〈그림 6.11〉에서 잠깐 살펴본 것처럼, 볼록최적화문제에서는 국지 최적해가 최적해가 된다. 이 정리를 증명해 보자.

정리 6.20 볼록최적화문제에서는 국지 최적해가 최적해가 된다.

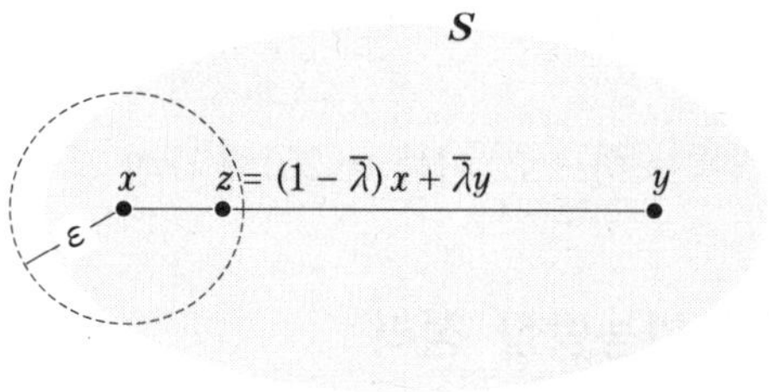

〈그림 6.20〉 국지 최적해 + 볼록성 = 최적해

증명 : x를 국지 최적해라고 하자. 즉 어떤 $\varepsilon > 0$이 존재하여 x를 중심으로 반지름이 ε인 공 안에서 x가 제일 좋은 해라고 하자.

$$f(x) \leqslant f(z), \ \ \forall z \in B_\varepsilon(x) \cap S. \tag{6.26}$$

우리가 원하는 것은 S 전체에서 위의 부등호가 성립함을 보이는 것이다. 모순법을 사용하기 위해 S에 이 부등호를 만족하지 않는 점이 있다고 가정하자. 이를 y라고 하자.

$$f(x) > f(y), \ \ y \in S. \tag{6.27}$$

x와 y를 연결하는 선분을 생각하자.

$$z(\lambda) = x + \lambda(y - x) = (1 - \lambda)x + \lambda y, \quad 0 \leqslant \lambda \leqslant 1.$$

S의 볼록성에 의하여 선분의 점은 모두 S에 속하며, $\lambda > 0$가 충분히 작아지면 $B_\varepsilon(x)$에 속하게 되는데, 그런 점 중에서 하나를 $\bar{z} = (1 - \bar{\lambda})x + \bar{\lambda}y$라고 하자(〈그림 6.20〉 참조). 그러면 다음이 성립한다.

$$\begin{aligned} f(\bar{z}) &= f((1 - \bar{\lambda})x + \bar{\lambda}y) \\ &\leqslant (1 - \bar{\lambda})f(x) + \bar{\lambda}f(y), \ (f\text{의 볼록성}) \\ &< (1 - \bar{\lambda})f(x) + \bar{\lambda}f(x), \ (\text{가정 } (6.27)) \\ &= f(x). \end{aligned}$$

하지만 $\bar{z}$는 $B_\varepsilon(x) \cap S$에 속하므로, 이는 (6.26)에 대한 모순이다. □

6.6 볼록최적화 가능방향 정리

최적화문제 (2.3)의 가능해 $x \in S$에서 y 방향으로 가능성이 유지되도록 움직일 수 있을 때, 즉 모든 $\lambda \leqslant \bar{\lambda}$에 대해 $x + \lambda y \in S$인 $\bar{\lambda} > 0$가 존재할 때, y를 x의 **가능방향**이라고 부른다.

정리 6.21 (볼록최적화 가능방향 정리) 문제 (2.3)이 볼록최적화문제이고 그 목적함수 $f: \mathbb{R}^n \to \mathbb{R}$이 미분가능하다고 하자. $x \in S$가 문제 (2.3)의 최적해가 될 필요충분조건은 모든 x의 모든 가능방향 y에 대하여, $\nabla f(x)^T y \geqslant 0$이 되는 것이다.

증명 : 필요조건은 감소방향 정리 [성질 3.4]에 의해 성립하는 것을 쉽게 알 수 있다(볼록성과 관계없이 성립한다).

충분조건이 됨을 보자. 이를 위해 x와 다른 임의의 $z \in S$를 잡자. 그러면 f의 볼록성과 [성질 6.12]에 의하여

$$f(z) \geqslant f(x) + \nabla f(x)^T(z-x)$$

가 성립한다. 그리고 S의 볼록성에 의하여 $y := z - x$는 가능방향이 된다. 따라서 가정에 의하여 $\nabla f(x)^T(z-x) \geqslant 0$이 성립한다. 그러므로 $f(z) \geqslant f(x)$이 성립하여 x가 최적해가 된다.

내부점에서는 모든 방향이 가능방향이기 때문에 최적해의 기울기 벡터가 모든 방향과 내적이 0보다 같거나 커야한다. 그런 벡터는 0−벡터뿐이다.

따름정리 6.22 미분가능한 목적함수를 가진 볼록최적화문제에서 내부해(interior solution) x가 최적일 필요충분조건은 $\nabla f(x) = 0$이 되는 것이다.

[따름정리 6.22]에서 $\nabla f(x) = 0$를 만족하는 x를 안정점(stationary point)이라고 한다. 즉, 볼록최적화문제에서 안정점이 해집합 내부에 있으면 최적해가 된다는 것이다.

예 6.23 다음 볼록최적화문제를 보자.

$$\begin{aligned} \min \quad & f(x) = 2x_1^2 + x_2^2 \\ \text{sub.to} \quad & h_1(x) = x_1^2 + 6x_1 + 2x_2^2 + 6x_2 + 9 \leqslant 0. \end{aligned}$$

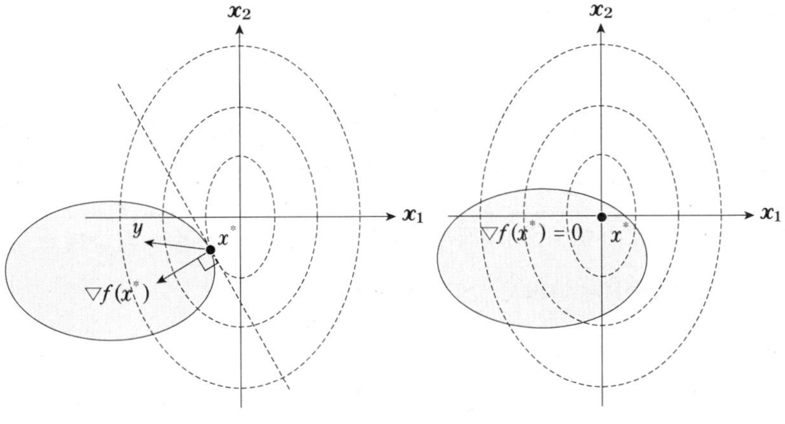

〈그림 6.21〉 최적해의 도함수와 가능방향과의 관계

〈그림 6.21〉의 왼쪽 그림에서 알 수 있듯이, $x^* = [-1, -1]^T$의 $\nabla f(x^*)$는 x^*의 모든 가능방향 y와 내적이 0보다 크거나 같다. 그래서 볼록최적화 가능방향 정리에 의해 x^*는 위 문제의 최적해가 된다.

예 6.24 다음 볼록최적화문제를 보자.

$$\begin{aligned} \min \quad & f(x) = 2x_1^2 + x_2^2 \\ \text{sub.to} \quad & h_1(x) = x_1^2 + 2x_1 + 2x_2^2 - 4x_2 - 1 \leqslant 0. \end{aligned}$$

$\nabla f(x) = 0$을 만족하는 점 $x^* = [0, 0]^T$가 〈그림 6.21〉의 오른쪽 그림과 같이 내부해이기 때문에 [따름정리 6.22]에 의해 최적해가 된다.

6.7 볼록최적화문제와 KKT 조건*

최소화를 기준으로 할 때, 가능방향정리는 모든 가능방향이 목적함수와 내적이 음수인 감소방향이 되지 않는다는 의미이므로 KKT 조건과 본질적으로 같은 조건이 된다. 실제로 볼록최적화문제에서는 KKT 조건이 최적해의 충분조건도 된다는 것을 확인하자.

성질 6.25 최적화문제 $\min\{f(x) : g_i(x) \geqslant 0,\ i = 1, \cdots, m,\ h_j(x) = 0, \cdots, p\}$가 볼록최적화문제라고 하자. 만약 $(\tilde{x}, \tilde{\lambda}, \tilde{\mu})$가 KKT 조건을 만족하면 $\tilde{x}$는 최적해이다.

증명 : 최적화문제 $\min_x L(x, \tilde{\lambda}, \tilde{\mu}) = f(x) - \sum_{i=1}^m \tilde{\lambda} g_i(x) - \sum_{j=1}^p \tilde{\mu}_j h_j(x)$를 생각하자. 가정에 의해 g_i들은 오목, h_j들은 평면함수이므로 이는 볼록최적화문제이다. 제약조건이 없기 때문에 [따름정리 6.22]와 (KT3) 조건에 의하여 $(\tilde{x}, \tilde{\lambda}, \tilde{\mu})$는 이 문제의 최적해이다. 따라서 모든 x에 대해

$$L(\tilde{x}, \tilde{\lambda}, \tilde{\mu}) \leqslant L(x, \tilde{\lambda}, \tilde{\mu})$$

이다. 그리고 (KT4)에 의하여

$$L(\tilde{x}, \tilde{\lambda}, \tilde{\mu}) := f(\tilde{x}) + \sum_{i=1}^{m} \tilde{\lambda}_i g_i(x) + \sum_{j=1}^{p} \tilde{\mu}_j h_j(x) = f(\tilde{x})$$

이 성립한다. 또한 (KT2) 조건에 의하여 원래 문제의 모든 가능해 x는

$$L(x, \tilde{\lambda}, \tilde{\mu}) \leqslant f(x)$$

을 만족한다. 이 세 가지를 결합하면 원래 문제의 모든 가능해 x에 대해

$$f(\tilde{x}) \leqslant f(x)$$

가 성립한다. 식 (4.19)의 (KT1)에 의해 $\tilde{x}$는 가능해이므로 $\tilde{x}$는 최적해이다. □

따라서 [연습문제 4.17]의 KKT 조건을 만족하는 점 $x^* = [1, 1, 1]^T$는 최적해이다.

연습문제 6.26 다음 문제를 KKT 조건을 사용하여 풀어보자.

1. $\min \left\{ x^T x : \sum_{i=1}^{n} x_i = 1 \right\}$.
2. $\min \left\{ \sum_{i=1}^{n} x_i : x^T x \leqslant 1 \right\}$.

7 비선형 알고리듬의 원리

선형계획문제와는 달리 비선형계획문제는 다양한 특성의 문제들이 존재하기 때문에, 몇 가지 정해진 해법으로 모든 문제를 해결하는 것은 불가능하다. 20세기 중반, 수리계획 분야가 탄생한 이후 지금까지, 다양한 해법들이 연구되었다. 본 절에서는 비선형계획문제를 편의상, 제약조건이 없는 경우, 등호제약만 있는 경우, 그리고 부등호제약까지 있는 경우로 나누어 알고리듬의 원리를 살펴본다.

앞으로 다룰 비선형계획 알고리듬들은 주어진 문제가 볼록최적화임을 가정한다. 또한 7절에서는 모든 함수들이 $\mathbb{R}^n$ 전체에서 정의되고, 연속 2계 도함수를 갖는다고 가정한다.

7.1 제약조건이 없는 경우

다음과 같은 제약조건이 없는 비선형계획문제를 생각하자.

$$\min\ f(x). \tag{7.28}$$

최적해를 x^*라고 가정하자. 그러면 [따름정리 6.22]에 의하여 (7.29)가 성립한다.

$$\nabla f(x^*) = 0. \tag{7.29}$$

만약 f가 볼록함수라면 [따름정리 6.22]에 의하여 (7.29)는 최적해의 필요충분조건이기도 하다. 따라서 제약조건이 없는 비선형계획문제의 해법은 방정식 (7.29)를 푸는 것과 같다. 그러나 그 해를 한 번에 구하는 공식이 있는 경우는 많지 않다. 대부분의 경우, 알고리듬을 사용하여 수치적인 해를 구해야 한다. 이러한 알고리듬은 최적해에 수렴하는 해, $x^{(0)}$, $x^{(1)}$, …를 매 반복단계마다 생성하게 된다.

$$k \to \infty \text{이면 } f(x^{(k)}) \to f(x^*).$$

비선형 알고리듬은 초기해 $x^{(0)}$를 구하고, 이후, 다음과 같은 관계에 의하여 해를 개선해 간다.

$$x^{(k+1)} = x^{(k)} + \sigma^{(k)} d^{(k)},\ \sigma^{(k)} > 0.$$

여기서 $d^{(k)}$는 k번째 반복단계의 **탐색방향**(search direction)이라 부르고, $\sigma^{(k)}$는 **스텝크기**(step size)라고 부른다. $d^{(k)}$와 $\sigma^{(k)}$를 어떻게 결정하는지가 하나의 알고리

듬을 결정하게 된다.

7.1.1 하강 알고리듬

알고리듬이 생성하는 해, $x^{(k)}$들이 모든 $k=1, 2, \cdots$에 대해 다음을 만족하면 **하강 알고리듬**(descent method)이라고 한다.

$$f(x^{(k+1)}) < f(x^{(k)}).$$

알고리듬 7.1 하강 알고리듬

초기화 : 초기해 x를 구한다.

주반복단계 : 종료조건을 만족할 때까지 다음을 반복한다.

1. 탐색방향 d를 정한다.
2. **직선 탐색** : 현재해 x를 시점으로 하여, d 방향으로 $f(x+\sigma d)$를 최소화하는 스텝크기 $\sigma^* > 0$를 찾는다.
3. $x \leftarrow x + \sigma^* d.$

감소방향 정리, [성질 3.4]에 의하여, 현재해 x에서 $\nabla f(x)^T d < 0$를 만족하는 d의 방향, 즉 감소방향으로는 반드시 목적함수가 감소하는 점이 존재한다. 목적함수가 볼록인 경우, 그 역도 성립한다.

성질 7.2* f가 볼록함수인 경우, d가 하강 알고리듬의 탐색방향이면 $\nabla f(x)^T d < 0$을 만족한다.

증명 : f의 볼록성과 [성질 6.12]에 의하여, $y = x + \sigma d$라고 놓으면 다음이 성립한다.

$$f(y) \geqslant f(x) + \sigma \nabla f(x)^T d.$$

그리고 하강 알고리듬이라는 가정에 의하여 어떤 $\bar{\sigma} > 0$가 존재하여 $f(y) - f(x) < 0$이다. 따라서 $\sigma \nabla f(x)^T d < 0$가 된다. 그런데 $\bar{\sigma} > 0$이므로, $\nabla f(x)^T d < 0$이 성립한다. □

따라서 볼록함수의 경우 $\nabla f(x)^T d < 0$를 만족하는 방향, 즉 감소방향을 하강 알고리듬의 탐색방향으로 사용할 수 있다.

가장 자연스러운 개선방향은 함수 $f(x)$의 순간 기울기의 절대값이 가장 큰, 도함수의 음의 방향, 즉 $-\nabla f(x)$이다. (물론, 순간 감소율이 가장 크다고 해서 실제 실현 가능한 감소가 가장 큰 방향이라는 법은 없다.) $-\nabla f(x)$를 탐색방향으로 사용하는 하강 알고리듬을 특히 **최대 감소율 알고리듬**(steepest descent method)이라고 한다. 최대 감소율 알고리듬을 정리하면 다음과 같다.

알고리듬 7.3 최대 감소율 알고리듬

초기화 : 초기해 x를 구한다.

주반복단계 : 종료조건을 만족할 때까지 다음을 반복한다.

1. 탐색방향 $d = -\nabla f(x)$를 정한다.
2. **직선 탐색** : $f(x + \sigma d)$를 최소화하는 $\sigma^* > 0$를 찾는다.
3. $x \leftarrow x + \sigma^* d$.

최대 감소율 알고리듬은 그 탐색방향을 목적함수의 선형근사에 근거하여 구하는 방법이라고 해석할 수 있다. 그 이유를 간략히 살펴보자. f를 현재해 x 부근에서 선형근사하면 다음과 같다.

$$f(x + d) \approx f(x) + \nabla f(x)^T d.$$

x가 고정되어 있기 때문에 위의 함수는 d의 1차함수이다. 따라서 단위 길이 벡터 d 중에서 $\nabla f(x)^T d$를 최소화시키는 방향은 $d = \dfrac{-\nabla f(x)}{\|\nabla f(x)\|}$가 된다. 이 방향은 최대 감소율 알고리듬의 탐색방향과 일치한다.

예 7.4 $f(x_1, x_2) = 2x_1^2 + x_2^2 - 8x_1 - 4x_2 + 12$의 최소값을 구하는 제약조건 없는 최적화문제를 하강알고리듬으로 풀어 보자.

가. 초기해 $x^{(0)} = [2, 3]^T$에 대해 최대 감소율 알고리듬을 적용해 보자. 기울기 함수는 $\nabla f(x) = [4x_1 - 8,\ 2x_2 - 4]^T$이므로 $d = -\nabla f(x^{(0)}) = [0, -2]^T$이다. 이제 $f(x^{(0)} + \sigma d)$를 최소화하는 $\sigma^* > 0$를 찾자. $f(x^{(0)} + \sigma d) = 4\alpha^2 - 4\alpha + 1$이므로 $\sigma^* = \dfrac{1}{2}$에서 최소값을 갖는다. 따라서 $x^{(1)} = x^{(0)} + \sigma d = [2, 2]^T$이다. $\nabla f(x^{(1)}) = [0, 0]^T$이므로 현재해가 최적해이다.

나. 이번에는 초기해를 $x^{(0)} = [3, 5]^T$로 잡아 보자. $d = -\nabla f(x^{(0)}) = [-4, -6]^T$이므로 $f(x^{(0)} + \sigma d) = 2(3 - 4\sigma)^2 + (5 - 6\sigma)^2 - 8(3 - 4\sigma) - 4(5 - 6\sigma) + 12 = 68\alpha^2 - 52\alpha + 11$이 된다. 따라서 $x^{(0)}$로부터 방향 d로 향하는 직선 위에서 함수 값을 최소로 스텝크기 $\sigma^* = \dfrac{13}{34}$이 되어, $x^{(1)} = x^{(0)} + \sigma d = [3, 5]^T + \dfrac{13}{34}[-4, -6]^T = \left[\dfrac{25}{17}, \dfrac{46}{17}\right]^T$이 된다. 이러한 과정을 반복하면 〈그림 6.22〉와 같이 최적해에 수렴하게 된다. 가.의 경우와 비교했을 때 더 많은 반복단계가 필요한 것을 알 수 있다.

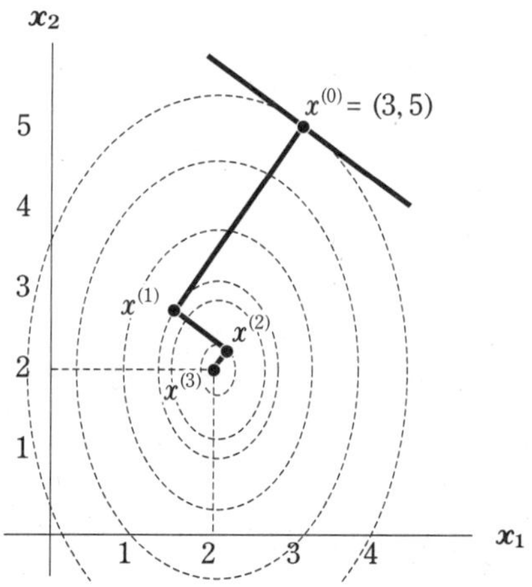

〈그림 6.22〉 최대 감소방향을 사용한 하강알고리듬의 예

> **연습문제 7.5** $f(x_1, x_2) = 2x_1^2 + 2x_1 x_2 + x_2^2$는 $x^* = [0, 0]^T$에서 최소값을 갖는다. 초기값 $x^{(0)} = [1, -1]^T$에서부터 최대 감소율 알고리듬을 2회 반복하고, 생성한 현재해들이 최적해로 가까이 가는지 확인해 보자.

7.1.2 직선 탐색

직선 탐색은 비선형 알고리듬의 중요 요소로, 현재해 x를 시점으로 하여, d를 방향으로 갖는 직선 위에서 함수 f를 최소로 하는 점을 찾는 것이다. 이때 $g(\sigma):=f(x+\sigma d)$를 최소로 하는 σ^*를 구하는 문제는 단일 변수 최적화이기 때문에 어렵지 않은 문제이다. 그러나 알고리듬의 매 단계마다 수행해야 하기 때문에 직선 탐색 알고리듬의 계산시간은 탐색방향 계산과 함께 전체 계산시간을 결정하는 중요한 요소가 된다.

이러한 이유로 정확한 알고리듬 대신 많은 경우 계산적으로 저렴한 알고리듬을 사용한다. 즉 정확한 σ^*를 계산하는 대신, 근사적인 해를 적은 시간에 구하는 것이다. 이때 유의해야 할 것은 근사적인 해라고 하여도 알고리듬의 수렴성을 보장할 정도의 품질은 보장해야 한다는 것이다. 이러한 알고리듬들이 문헌에 다양하게 제시되어 있다. 본서에서는 도함수의 계산이 상대적으로 저렴하여 하강방향을 쉽게 구할 수 있는 경우에 사용하는 **아르미호**(Armijo)**의 규칙**을 사용하는 탐색법을 살펴본다.

아르미호(Armijo)의 규칙을 사용하기 위해서는 두 개의 상수, $0<\rho, \tau<1$을 미리 정한다. 또한 $\sigma=0$에서 $g(\sigma):=f(x+\sigma d)$의 선형근사함수 $h(\sigma)=g(0)+g'(0)(\sigma-0)$을 구한다. $g(\sigma)=f(x)$, $g'(0)=\nabla f(x)^T d$이므로 h는 다음과 같다.

$$h(\sigma)=f(x)+\sigma\nabla^T f(x)\,d. \tag{7.30}$$

〈그림 6.23〉의 굵은 선은 $g(\sigma):=f(x+\sigma d)$의 그래프를, 가장 아래의 점선은 선형근사 $h(\sigma)$를 나타낸다. $g(\sigma)$를 $\sigma\geqslant 0$의 범위에서 최소화하는 정확한 σ^*를 구하는 대신, 다음의 규칙을 만족하는 σ를 탐색하여 σ^* 대신 사용하는 것이 이 근사적 탐색법의 원리이다.

$$f(x+\sigma d)\leqslant f(x)+\sigma\rho\nabla f(x)^T d. \tag{7.31}$$

이러한 σ를 탐색하는 과정은 다음과 같다. 우선 위의 규칙을 만족하는 σ는

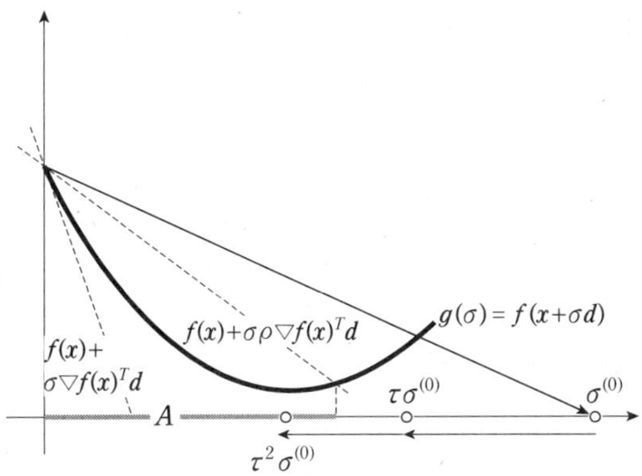

〈그림 6.23〉 아르미호(Armijo)의 규칙

그림에서 영역 A에 속하는 점들이다. 초기해 $\sigma^{(0)}$를 임의로 정한다. 만약 $\sigma^{(0)}$가 식 (7.31)을 만족하면 멈춘다. 〈그림 6.23〉과 같이 만족하지 않는 경우에는 σ를 정해진 τ의 비율로 줄인다: $\sigma \leftarrow \tau\sigma$. (7.31)을 만족할 때까지 이 과정을 반복한다. 〈그림 6.23〉에서는 두 단계가 필요했다. 따라서 이 그림에서 최종 스텝크기는 $\sigma := \tau^2\sigma^{(0)}$가 된다.

연습문제 7.6 $f(x_1, x_2) = 2x_1^2 + x_2^2 - 8x_1 - 4x_2 + 12$는 $x^* = [2, 2]^T$에서 최소값을 갖는다. $\sigma^{(0)} = 1$이라고 하고, $\rho = \frac{3}{4}$, $\tau = \frac{2}{3}$라고 하자. 초기값 $x^{(0)} = [4, 4]^T$에서부터 아르미호의 규칙에 의한 근사적 탐색을 통해 최대 감소율 알고리듬을 4회 반복해 보고, 최적해로 가까이 가는지 확인해 보자.

7.1.3 뉴튼 알고리듬*

앞에서 최대 감소율 알고리듬의 탐색방향은 목적함수의 선형근사에 근거하여 정하는 것을 보았다. 이번에는 다음과 같이 현재해 x 부근에서 목적함수를 2차 근사하여 탐색방향을 정하는 방법을 보기로 하자.

$$f(x+d) \approx f(x) + \nabla f(x)^T d + \frac{1}{2} d^T \nabla^2 f(x)\, d.$$

f가 볼록함수이면 [성질 6.17]에 의하여 $\nabla^2 f(x)$는 PSD가 되어, 위의 우변 함수

는 d의 볼록 2차함수가 된다. 따라서 다음과 같이 우변의 일계도함수를 0으로 만드는 d가 이 함수를 최소화시키는 해가 된다.

$$\nabla f(x) + \nabla^2 f(x)\, d = 0.$$

만약 헤시안 $\nabla^2 f(x)$가 가역이면,

$$d = -\nabla^2 f(x)^{-1} \nabla f(x) \tag{7.32}$$

가 된다. 뉴튼 알고리듬(Newton's method)은 바로 (7.32)를 탐색방향으로 한다.

알고리듬 7.7 뉴튼 알고리듬

초기화 : 초기해 x를 구한다.

주반복단계 : 종료조건을 만족할 때까지 다음을 반복한다.

1. 탐색방향 $d = -\nabla^2 f(x)^{-1} \nabla f(x)$를 구한다.
2. **직선 탐색** : $f(x + \sigma d)$를 최소화하는 $\sigma^* > 0$를 찾는다.
3. $x \leftarrow x + \sigma^* d$.

(7.32)의 탐색방향 d는 하강방향이 된다. 즉, $\nabla f(x)^T d < 0$이 된다. 왜냐하면 우선 (7.32)에 의해 다음의 관계가 성립한다.

$$\nabla f(x)^T d = -\nabla f(x)^T \nabla^2 f(x)^{-1} \nabla f(x).$$

볼록조건과 가역조건에 의해 $\nabla^2 f(x)$가 PD(positive definite)가 되며, 이는 $\nabla^2 f(x)^{-1}$ 또한 PD가 되는 것을 의미한다. 따라서

$$-\nabla f(x)^T \nabla^2 f(x)^{-1} \nabla f(x) < 0.$$

뉴튼 알고리듬이 2차근사를 사용하므로, 볼록 2차함수인 경우 (7.32)의 d는 항상 최적해가 되는 것을 알 수 있다. 즉, 초기해가 무엇이든지 한 번의 반복단계에 문제의 최적해를 구하게 된다.

연습문제 7.8 $\min f(x_1, x_2) = 2x_1^2 - 8x_1 + x_2^2 - 6x_2 + 12$에 대해 초기해 $x^{(0)} = [4, 4]^T$에서부터 뉴튼 알고리듬을 시행하라.

연습문제 7.9 $\min f(x_1, x_2) = x_1^2 + 2x_1 - x_2 + e^{x_1 + x_2}$의 최적해가 $\left[-\frac{3}{2}, \frac{3}{2}\right]^T$임을 보이고, 초기해 $x^{(0)} = [1, 1]^T$에서 뉴튼 알고리듬을 시행하였을 경우 한 번의 반복으로는 최적해를 구할 수 없음을 증명하라.

7.2 등호제약조건을 위한 선형근사 기반 알고리듬 원리*

볼록최적화문제이기 때문에 등호제약조건은 선형제약조건이 된다.

$$
\begin{aligned}
\min \quad & f(x) \\
\text{sub.to} \quad & Ax = b.
\end{aligned}
\tag{7.33}
$$

단, $A \in \mathbb{R}^{m \times n}$, $m \leqslant n$이고 A의 계수가 m이라고 하자.

제약식이 없는 경우에는 탐색방향 d를 정할 때, 목적함수와의 관계만을 고려하면 되었다. 예를 들어 하강 알고리듬이 되기 위해서는 d가 현재해의 도함수와 $\nabla f(x)^T d < 0$를 만족하는 것으로 충분하였다. 하지만 등호제약조건이 있는 경우는 d가 동시에 가능해를 생성하는 방향, 즉 가능 하강 방향이 되어야 한다.

선형제약식을 가진 경우에는, 새로운 해 $x + \sigma d$가 가능해가 되기 위해서는 $A(x + \sigma d) = b$를 만족해야 한다. 그래서 $Ad = 0$을 만족해야 하므로 d는 A의 빈 공간(null space)에 속해야 한다. 이러한 d를 따라 움직이면 모든 점이 가능해가 되므로 d는 가능방향이 된다.

다음에 설명할 도함수 투영 알고리듬(gradient projection method)은 하강방향 d를 A의 빈공간에 투영하여 가능 하강 방향을 찾는다. 〈그림 6.24〉는 하강방

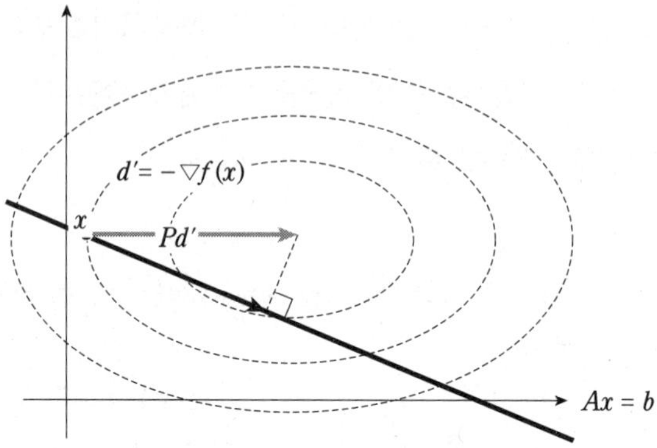

〈그림 6.24〉 탐색방향의 빈공간으로의 투영

향 d를 단일 선형제약식의 빈공간으로 투영하는 예이다.

(8.86)에서 우리는 $A(A^TA)^{-1}A^T$가 벡터를 A의 열들이 펼치는 열공간으로 투영하는 선형변환을 나타냄을 보았다. A의 빈공간은 행공간과 수직이기 때문에, A의 빈공간으로 투영시키는 선형변환은 다음과 같다.

$$P = I - A^T(AA^T)^{-1}A. \tag{7.34}$$

연습문제 7.10 (8.86)을 사용하여 (7.34)를 증명하라.

연습문제 7.11 $P^2 = P$임을 증명하라.

도함수 투영 알고리듬은 다음의 정리에 근거하여 탐색방향을 결정한다.

정리 7.12 $P = I - A^T(AA^T)^{-1}A$라고 하고, $d = -P\nabla f(x)$라 하자. 만약 $d \neq 0$이면 d는 가능 하강 방향이다.

증명 : $P^2 = P$가 성립하므로 다음이 성립한다.

$$\nabla f(x)^T d = -\nabla f(x)^T P \nabla f(x) = -\nabla f(x)^T PP \nabla f(x) = -\|P\nabla f(x)\|^2 < 0.$$

따라서 d는 하강방향이다. 또한 P가 빈공간 투영변환이므로 $Ad=0$이다(직접 계산으로 확인해 보자). 따라서 d는 가능방향이기도 하다. □

알고리듬 7.13 도함수 투영 알고리듬

초기화 : 초기해 x를 구한다.

주반복단계 : 종료조건을 만족할 때까지 다음을 반복한다.

1. 탐색방향 $d=-(I-A^T(AA^T)^{-1}A)\nabla f(x)$로 정한다.
2. **직선 탐색** : x를 시점으로 하여, d 방향으로 $f(x+\sigma d)$를 최소화하는 $\sigma^*>0$를 찾는다.
3. $x \leftarrow x+\sigma^* d$.

연습문제 7.14 점 $x^{(0)}=[1,1/2,2]^T$에서 다음의 문제에 대해 도함수 투영 알고리듬을 적용하려고 한다. $x^{(0)}$에서의 탐색방향은?

$$
\begin{aligned}
\min \quad & 45x_1^2+75x_2^2 \\
\text{sub.to} \quad & \frac{1}{2}x_1+x_2+x_3=3.
\end{aligned}
$$

참고 7.15 위에 기술된 알고리듬은 실용적인 알고리듬이라기보다는 목적함수 선형근사에 기반하여 기울기벡터를 사용하여 선형제약식을 다루는 알고리듬 원리를 제시하는 데 중점을 두었다. 실제로 선형등호제약식을 다루는 여러 가지 접근법이 가능하다. 예를 들어 뉴튼방법과 같이 목적함수를 현재 가능해에서 2차함수로 근사하면 선형제약식 위에서 최적해는 예 4.12처럼 KKT 조건을 사용하여 구할 수 있다. 따라서 이를 탐색방향으로 사용하는 알고리듬을 사용할 수 있다.

7.3 부등호-등호제약조건을 위한 장벽방법

표준 최소화 문제 (2.5)가 볼록 최적화 문제라면 다음과 같이 쓸 수 있다.

$$
\begin{aligned}
\min \quad & f(x) \\
\text{sub.to} \quad & g_i(x) \geqslant 0,\ i=1,2,\cdots,m, \qquad (7.35)
\end{aligned}
$$

$$Ax - b = 0.$$

이 문제를 기준으로 장벽방법(barrier method)을 논의하려고 한다.

7.3.1 원리

부등호제약조건을 가진 문제에 접근하는 한 가지 아이디어는, 문제 (7.35)를 등호제약조건만 가진 문제로 변환하는 것이다. 그러면 앞 절에서 논의했던 등호제약조건 알고리듬을 적용할 수 있다. 먼저 문제 (7.35)를 다음과 같이 다시 기술해 보자.

$$\begin{aligned} \min \quad & f(x) + \textstyle\sum_{i=1}^{m} B(g_i(x)) \\ \text{sub.to} \quad & Ax = b. \end{aligned} \tag{7.36}$$

여기서 $B : \mathbb{R} \to \mathbb{R}$은 양수에 대해서는 ∞의 값을 갖고 비음수에 대해서는 0의 값을 갖는 함수이다. 그러면 문제 (7.36)의 가능해 중에서, 원래 부등호 제약을 만족하지 않는 해의 목적함수는 무한대의 값을 갖고, 만족하는 해의 목적함수는 원래 목적함수와 일치하기 때문에 문제 (7.36)은 문제 (7.35)와 동치인 문제가 된다. 그런데 B는 ∞ 값을 가지며, 원점에서 미분이 불가능한 함수이기 때문에 목적함수를 다루기 어렵게 하여 문제 (7.36)은 개념적인 표기일 뿐, 알고리듬을 개발하는 데 유용한 형태는 아니다.

7.3.2 로그장벽 방법

아이디어는 B를 다루기 쉬운 함수 $\hat{B}$로 근사하는 것이다. 예를 들어 다음과 같은 함수를 생각하자.

$$\hat{B}(u) = -\log(u), \; u > 0. \tag{7.37}$$

$\hat{B}$는 단조 감소하는 볼록함수이고, B와 다르게 미분가능하다. 이를 패러미터 $t > 0$의 역수를 곱하여, 문제 (7.36)에 B 대신 대입하면 다음의 문제를 얻는다.

$$\begin{aligned} \min \quad & f(x) - 1/t \textstyle\sum_{i=1}^{m} \log(g_i(x)) \\ \text{sub.to} \quad & Ax = b. \end{aligned} \tag{7.38}$$

여기서 $-\sum_{i=1}^{m} \log(g_i(x))$를 $g_i(x) \leqslant 0,\ i = 1, \cdots, m$을 위한 **로그장벽함수**(log barrier function)라고 한다. 우선 로그장벽함수는 불가능해 x에 대해서 함수 값이 정의되지 않는다. 내부 가능해 x가 어떤 부등호제약식 $g_i(x) \geqslant 0$가 등호로 만족되는 경계선으로 가까이 가면 로그장벽함수는 그 함수 값이 무한히 증가하게 된다. 따라서 B와 유사한 성질을 가진다.

여기서 패러미터 t는 근사의 정확도를 조절하는 파라미터이다. 직관적으로 t가 증가함에 따라 가능해 영역의 로그장벽함수 값이 0에 가까이 가기 때문에 로그장벽함수가 $\sum_{i=1}^{m} B(g_i(x))$에 가까이 갈 것이라는 것을 알 수 있다. 〈그림 6. 25〉는 $g_1(x) = x$이고 $g_2(x) = -x + 10$인 경우 로그장벽함수 항 $-1/t \sum_{i=1}^{m} \log(g_i(x))$이 t가 증가함에 따라 어떻게 달라지는지를 나타낸다. 이 그림을 통해서 우리는 t가 클수록 우리가 예상한 대로 로그장벽이 $\sum_{i=1}^{m} B(g_i(x))$에 수렴하는 것을 알 수 있다. 따라서 문제 (7.38)의 최적해가 문제 (7.35)의 최적해에 수렴할 것이라는 것을 알 수 있다.

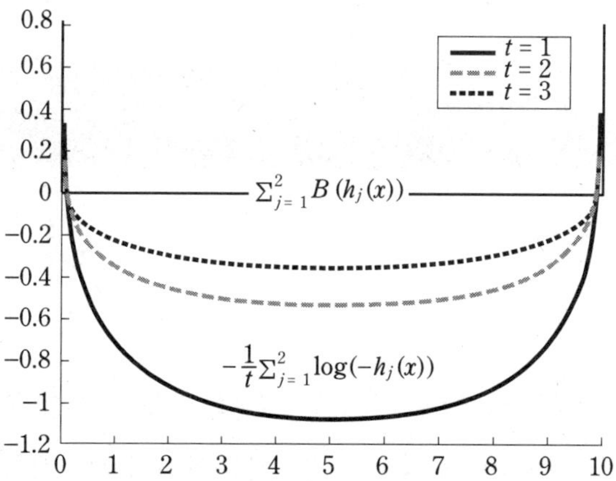

〈그림 6.25〉 t에 따른 로그장벽함수의 변화

본 책에서는 증명하지 않겠지만 좀더 구체적으로 말하면, $x^*(t)$를 특정 t에 대한 문제 (7.38)의 최적해라 하고 z^*를 원래 문제의 최적목적함수값이라 하면 $f(x^*(t)) - z^* \leqslant m/t$가 되는 것을 증명할 수 있다. 따라서 다음의 장벽 알고리듬을 통하여 문제 (7.35)의 최적해를 구할 수 있다.

알고리듬 7.16 장벽 알고리듬(barrier method)

초기화 : $t := t^{(0)}$로 놓는다. 그리고 문제 (7.35)의 내부해 x를 구한다. $\sigma > 1$을 만족하는 σ와 오차 $\varepsilon > 0$을 정한다.

주반복단계 : 종료조건을 만족할 때까지 다음을 반복한다.

1. x를 시점으로 하여, 문제 (7.38)의 최적해 $x^*(t)$를 구한다.
2. 종료조건 : $m/t < \varepsilon$이면 종료하고 $x^*(t)$를 출력한다.
3. $x \leftarrow x^*(t)$, $t \leftarrow \sigma t$.

연습문제 7.17 다음 볼록최적화문제에 장벽 알고리듬을 2번 적용해 보자. 단, $t^{(0)} = 1$, $\varepsilon = 0.5$, $\sigma = 2$를 사용하자.

$$\begin{array}{ll} \min & x_1 + x_2 \\ \text{sub. to} & 2x_1 + x_2 = 2, \\ & x_1 - 1 \leqslant 0. \end{array}$$

8 비선형계획의 응용 예

8.1 배합문제

제2장 3.3절과 제3장 3절에서 우리는 고유의 품질을 가진 원유를 배합하여 필요한 품질을 가진 휘발유나 난방유를 제조하는 문제를 선형계획으로 모형화할 수 있음을 보았다. 그런데 원유의 배합이 중간 저장소에서 이루어지고, 새롭게 만

들어진 제품의 품질이 중간 저장소에 들어오는 원유의 품질의 비율에 의해 결정되는 경우에는 이 문제를 비선형계획으로 모형화할 수 있다.

구체적으로 살펴보자(〈그림 6.26〉 참조). 원산지의 집합 I, 저장소의 집합 J, 제품의 집합 K, 그리고 품질의 집합 A가 주어진다. 각 원산지 $i \in I$에는 원유가 b_i만큼 보유되어 있고, 1단위 사용할 때마다 c_i의 비용이 든다. 그리고 원산지 i에서 나가는 원유에는 q_{ia}의 비율만큼 $a \in A$ 등급의 원유가 포함된다. 각 저장소 $j \in J$에는 저장용량 λ_j가 주어진다. 마지막으로 각 제품 $k \in K$에는 각 등급의 수요량 l_{ka}가 주어지고, 등급에 상관없이 1단위에 p_k에 팔린다. 이 상황에서 배합문제는 수익을 최대화하도록 각 원산지에서 중간 저장소와 제품으로 보내는 양 x_{ij}와 z_{ik}, 그리고 각 중간 저장소에서 만드는 제품의 양 y_{jk}를 결정하는 문제이다.

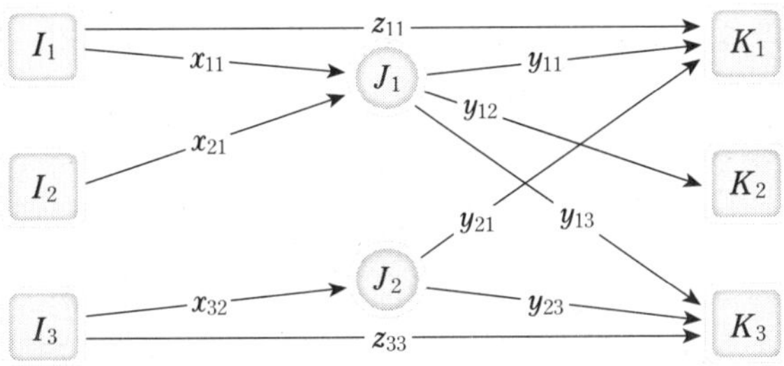

〈그림 6.26〉 배합문제의 간단한 예

이때 원유의 흐름은 다음 제약을 만족해야 한다.

- 각 원산지에서 사용할 수 있는 원유의 양은 b_i를 넘을 수 없다.

$$\sum_{j \in J} x_{ij} + \sum_{k \in K} z_{ik} \leqslant b_i, \ \forall i \in I.$$

- 각 저장소에 저장할 수 있는 용량은 λ_j 이하이다.

$$\sum_{i \in I} x_{ij} \leqslant \lambda_j, \ \forall j \in J.$$

- 각 저장소에 들어오는 원유의 양은 나가는 양과 같다.

$$\sum_{i \in I} x_{ij} = \sum_{k \in K} y_{jk}, \ \forall j \in J.$$

- 저장소에서 나가는 제품에서 a 등급이 차지하는 비율은 그 저장소로 들어오는 원유에서 a 등급 원유가 차지하는 비율이다. 예를 들어 저장소 1로 들어오는 a 등급 원유의 양은 $x_{11}q_{1a}+x_{21}q_{2a}$이기 때문에 저장소 1에서 나가는 모든 제품에는 $\frac{x_{11}q_{1a}+x_{21}q_{2a}}{x_{11}+x_{21}}$의 비율만큼 a 등급 제품이 포함된다. 따라서 t_{ja}를 중간 저장소 j에서 등급 a의 비율을 나타내는 변수라고 하면

$$t_{ja}\sum_{i\in I}x_{ij}=\sum_{i\in I}q_{ia}x_{ij},\ \forall j\in J, \forall a\in A.$$

- k 제품, a 등급의 생산량은 수요량 l_{ka} 이상이다.

$$\sum_{i\in I}q_{ia}z_{ik}+\sum_{j\in J}t_{ja}y_{jk}\geqslant l_{ka},\ \forall k\in K, \forall a\in A.$$

목적함수는 수익 최대화이므로 다음과 같은 비선형계획문제가 된다.

$$\begin{aligned}
\max\quad & \sum_{j\in J, i\in K}p_k y_{jk}-\sum_{i\in I, j\in J}c_i x_{ij}+\sum_{i\in I, k\in K}(p_k-c_i)z_{ik} & \\
\text{sub.to}\quad & \textstyle\sum_{j\in J}x_{ij}+\sum_{k\in K}z_{ik}\leqslant b_i, & \forall i\in I,\\
& \textstyle\sum_{i\in I}x_{ij}\leqslant \lambda_j, & \forall j\in J,\\
& \textstyle\sum_{i\in I}x_{ij}=\sum_{k\in K}y_{jk}, & \forall j\in J,\\
& \textstyle t_{ja}\sum_{i\in I}x_{ij}=\sum_{i\in I}q_{ia}x_{ij}, & \forall j\in J, \forall a\in A,\\
& \textstyle\sum_{i\in I}q_{ia}z_{ik}+\sum_{j\in J}t_{ja}y_{ik}\geqslant l_{ka}, & \forall k\in K, \forall a\in A,\\
& \quad x_{ij}, z_{ik}, y_{jk}, t_{ja}\geqslant 0. &
\end{aligned}$$

연습문제 8.1 이란, 이라크, 쿠웨이트에서는 단위 비용이 각각 10, 12, 8인 원유가 매월 15, 10, 20만큼 생산된다. 각 원산지에서 생산되는 원유에서 1등급, 2등급, 3등급 원유가 차지하는 비율은 이란의 경우 2:3:5, 이라크 2:5:3, 쿠웨이트는 1:1:3이다. 이 원유를 이용하여 품질에 상관없이 각각 50, 30, 80에 팔리는 경유, 등유, 휘발유를 생산한다. 이때 1등급, 2등급, 3등급의 경유가 각각 3, 4.5, 7.5 필요하고, 등유는 2, 4, 4, 휘발유는 4, 5, 11만큼 필요하다. 원유의 흐름이 〈그림 6.26〉과 같을 때 이 문제를 비선형계획으로 모형화해 보자.

8.2 EOQ 모형

예 8.2 (경제적 주문량(Economic Order Quantity, EOQ) 모형) 어떤 유통업체에서, 단위 기간의 수요가 일정한 값 λ인 한 제품의 주문량을 결정하려고 한다.

기업의 정책으로 고객의 수요는 항상 만족시켜야 한다고 가정하자. (실제로 고객의 수요가 일정하고 그것을 미리 안다면 만족시키지 않을 이유는 없을 것이다.) 그렇다면 이 기업의 단위기간의 수입은 λ에 의하여 정해져 있기 때문에, 수요를 만족시키기 위해 제품을 주문하고 재고를 유지하기 위해 발생하는 비용을 최소화하는 것이 합리적인 목적이 될 것이다. 즉, 주문비용과 재고유지비용의 합을 최소화하는 것이다.

보통 제품을 주문할 때마다 주문량에 관계없이 K원의 고정비용이 든다. 공급업체의 제품 단위 공급가격은 c원이다. 제품 한 단위를 한 단위 기간 동안 재고로 유지하는 데 들어가는 기회비용, 즉 재고유지비용(holding cost)은 h원이다. 최적 1회 주문량을 구하라.

첫 회 주문량을 Q라고 하자. 그러면 이후 재고가 일정하게 λ의 비율로 감소할 것이다. 그러면 다음 주문은 재고가 0으로 떨어지는 순간 도착하도록 하는 것이 경제적일 것이다. 그럼 이때 주문량은 얼마일까? 직전의 최적주문량이 Q이었다면 이번에도 Q가 최적주문량이 된다. 왜냐하면 모든 조건이 같기 때문이다. 즉, 주문량은 매번 동일하다. 따라서 시간에 따른 재고 수준을 그리면 〈그림 6.27〉과 같은 주기 함수가 된다. 주기의 길이는 $T = \dfrac{Q}{\lambda}$가 된다.

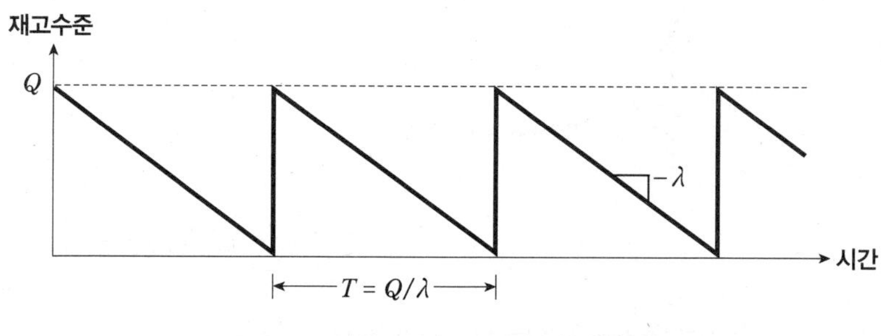

〈그림 6.27〉 시간에 따른 재고 수준

이러한 관찰을 바탕으로 한 주기의 재고비용을 구해 보자. 주문에 관한 비용으로는 1회 주문 시 주문량에 관계없이 들어가는 고정비용 K, 주문량 Q에 비례하는 비용 cQ가 있다. 그리고 한 주기 동안 평균 $\frac{Q}{2}$의 재고가 유지되므로, 유지비용은 $\frac{hQT}{2}$가 된다. 따라서 한 주기의 총비용은

$$K + cQ + \frac{hQT}{2}$$

가 된다.

그리고 한 주기의 비용을 주기의 길이 $T = \frac{Q}{\lambda}$로 나누면 재고관리의 단위 시간당 비용, 즉 평균비용은 $\frac{\lambda K}{Q} + \frac{hQ}{2} + c\lambda$가 된다. 여기서 문제의 최적해와는 무관한 마지막의 상수항을 제거하면, 우리의 문제는 아래 비용함수를 최소화하는 Q를 찾는 문제가 된다.

$$\min\left\{ f(Q) = \frac{\lambda K}{Q} + \frac{hQ}{2} \middle| Q \geqslant 0 \right\}. \qquad (8.39)$$

이 비용함수는 〈그림 6.28〉과 같은 모양이 되며, 볼록함수가 되는 것을 알 수 있다. $f''(Q) = 2\frac{\lambda K}{Q^3}$가 되어 $Q \geqslant 0$이면 $f''(Q) \geqslant 0$이 되어 볼록함수 조건 (6.21)을 만족하기 때문이다. 따라서 $f'(Q) = 0$을 만족하는 Q가 양수라면, 이는 [정리 6.21]에 의하여 최적해가 된다. 실제로 다음의 값은 바로 이러한 해가 된다.

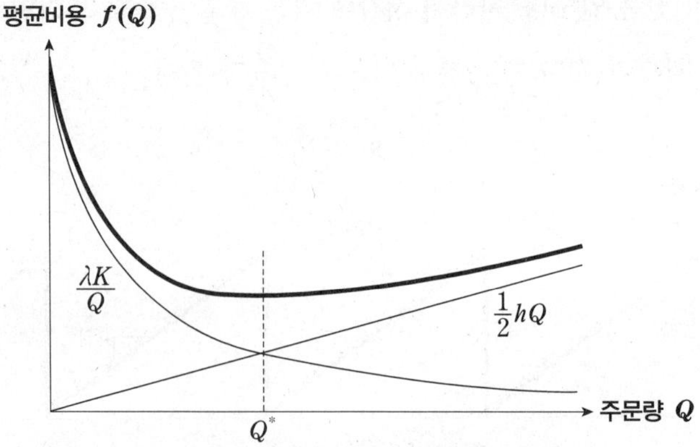

〈그림 6.28〉 단위기간당 평균 비용(주문원가 제외)

$$Q^* = \sqrt{\frac{2\lambda K}{h}}. \tag{8.40}$$

연습문제 8.3 한 인터넷쇼핑몰에서 '경영과학' 교양서의 주문량을 결정하려고 한다. 단위 기간 수요는 121개로 일정하고, 공급 가격은 개당 만원이며, 주문 시 주문량에 관계없이 20 만원의 고정비용이 든다. 재고 유지비용은 천원이라고 할 때, 최적주문량을 구하라.

8.3 붕어빵 만들기

〈그림 6.29〉 붕어빵

예 8.4 붕어빵

청계천 벼룩시장에서만 맛볼 수 있는, 홍씨 아저씨의 겨울 붕어빵은 장안에 소문난 서민들 간식거리,

새벽에 일어나 노우하우와 희망 반반 섞은 반죽을 빚어, 에미넴을 들으며, 김현식을 들으며 흥얼흥얼 딸깍딸깍 달콤한 노동을 찍어 파네.

해가 중천에 걸리면, 문득 생각 났다는 듯이, 남은 반죽 모두 노릇노릇 팔딱팔딱 뛰는 붕어로 만들어 노인정에 밀어 넣고 놀이방에 먹여 주고

나도 한마리, 황금 붕어살 베어 물고 깜장 단팥을 씹으며 책 한권 겨드랑이 끼고 어디론가 성큼성큼 떠나네.

붕어빵 100개의 재료비는 3만 5천원 정도이다. 붕어빵은 한 개에 500원에 판다. 수요 X는 다음의 표와 같은 분포를 갖는다. 반죽을 얼마나 준비하는 것이 최적인가? (단, 표에서 한 단위는 10개이며, 편의를 위해 10개 단위로 의사결정을

할 것.)

X	$Pr\{X=x\}$	$Pr\{X \leqslant x\}$	$1-Pr\{X \leqslant x\}$
1	0.00000	0.00000	1.00000
2	0.00000	0.00000	1.00000
3	0.00002	0.00002	0.09998
4	0.00041	0.00043	0.99957
5	0.00578	0.00621	0.99379
6	0.04158	0.04779	0.95221
7	0.15454	0.20233	0.79767
8	0.29767	0.50000	0.50000
9	0.29767	0.79767	0.20233
10	0.15454	0.95221	0.04779
11	0.04158	0.99379	0.00621
12	0.00578	0.99957	0.00043
13	0.00041	0.99998	0.00002
14	0.00002	1.00000	0.00000
15	0.00000	1.00000	0.00000

현재 붕어빵 생산량을 Q라고 하고 이로부터 한 단위 증가시킬 것인가 생각해 보자. 그럴 경우, 그 한 단위로부터 얻는 기대이익은 다음과 같다: (판매가 − 원가) × Pr\{수요 > Q\}. 한편 증가된 한 단위는 비용을 발생시킬 수도 있으며 그 기대값은 다음과 같다: 원가 × Pr\{수요 ⩽ Q\}. (왜인가.)

원가를 c, 판매가격을 p, 수요를 확률 변수 X로 표현하자. 다음과 같은 생산량 결정방법을 생각해 보자. $Q=0$부터 시작하여, 기대이익이 기대비용보다 큰 경우, 생산량을 단위만큼 늘인다. 그리고 최초로 기대이익이 기대비용보다 작거나 같은 경우가 발생하면 현재 생산량을 고정한다. 즉, 다음을 만족하는 최초의 Q로 생산량을 결정한다는 말이다.

$$
\begin{aligned}
&(p-c)\,Pr\{X > Q-1\} - c\,Pr\{X \leqslant Q-1\} > 0, \\
&(p-c)\,Pr\{X > Q\} - c\,Pr\{X \leqslant Q\} \leqslant 0.
\end{aligned}
\tag{8.41}
$$

$(p-c)\,Pr\{X > Q\} - c\,Pr\{X \leqslant Q\}$를 함수 $f(Q)$라고 하면 Q의 단조 감소함수가 된다. 따라서 위의 조건을 만족하는 Q는 하나밖에 있을 수 없다. 이는 최적생산

량이 되어야 한다. (왜인가.) 즉, (8.41)을 만족하는 Q는 최적 생산량이 된다.

$Pr\{X > Q\}$를 $1 - Pr\{X \leqslant Q\}$로 바꾸면 (8.41)은 다음과 동치임을 알 수 있다.

$$Pr\{X \leqslant Q-1\} < \frac{p-c}{p},$$
$$Pr\{X \leqslant Q\} \geqslant \frac{p-c}{p}. \tag{8.42}$$

우리 경우, $\frac{p-c}{p} = \frac{150}{500} = 0.3$. 앞의 표에서 (8.42)를 만족하는 $Q = 8$(80개)임을 알 수 있다.

조건 (8.42)는 X가 연속분포일 때는 다음과 같은 조건이 된다.

$$Pr\{X \leqslant Q\} = \frac{p-c}{p}. \tag{8.43}$$

(8.44)는 최적으로 생산을 하기 위해서는, 판매가에서 실제 이익이 차지하는 비율과 만족시키는 수요의 비율을 일치시키라는 말이다. 매우 직관적인 결과임을 알 수 있다.

연습문제 8.5 다른 것은 동일하지만, 수요가 위와 다른 규모의 분포를 갖는다고 하자. 일정 기간 관찰한 결과, 하루에 200개 정도가 팔리고 표준편차는 30개라고 하자. 정규분포를 가정하고 최적 생산량을 구하라.

연습문제 8.6 붕어빵의 명성을 듣고 멀리서 오는 손님들이 늘어나고 있다. 허탕치고 가는 손님들에 대한 선의 상실 비용 100원을 추가 책정한다면 반죽은 얼마를 준비하는 것이 합리적인가? (힌트 : 한 단위를 더 주문했을 때 얻는 기대이익 대신, 한 단위를 더 주문하는 것을 포기했을 때, 발생하는 비용을 생각하며 앞의 유도과정을 반복하라.)

일반적으로, c_U를 수요를 한 단위 놓쳤을 때 발생하는 비용, c_O를 재고가 한 단위 남았을 때 발생하는 비용이라고 하면 (8.44)는 다음과 같이 다시 쓸 수 있다.

$$Pr\{X \leqslant Q\} = \frac{c_U}{c_O + c_U}. \tag{8.44}$$

예를 들어 [연습문제 8.5]에서 $c_U = 150$, $c_O = 350$, 그리고 [연습문제 8.6]에서는 $c_U = 150 + 100 = 250$, $c_O = 350$이 된다.

이는 앞의 이산적 수요을 갖는 경우의 논의로부터 충분히 직관적으로 확인할 수 있다. 또는 다음의 절들에서 좀더 공식적으로 확인할 수 있다.

8.3.1 단일 주기 주문량 모형의 정의*

[예 8.4]는 'Newsboy model' 또는 'Newsvendor model' 이라고 부르는 생산운용관리의 단일주기 주문량 모형의 예이다.

제품의 효용이 단위 기간에 국한되어, 각 기간의 재고관리가 다른 기간에 영향을 주지 않는 경우의 재고관리 모형을 의미한다. 이러한 경우, 각 기간의 재고관리는 그 기간에 국한하여 독립적으로 수행할 수 있음을 알 수 있다.

단일주기 주문량 모형은, 일반적으로 다음과 같은 패러미터가 결정한다.

- 제품 한 단위당 주문(또는 제조) 비용 c. 붕어빵의 경우, $c = 350$.
- 제품 한 단위당 판매 가격 p. 붕어빵의 경우, $p = 500$.
- 제품 한 단위당 선의상실 비용 g. 제조 또는 주문이 수요에 미치지 못하는 'underage'가 발생했을 때, 정책적으로 산정하는 단위당 비용이다. [예 8.4]의 경우는 $g = 0$, [연습문제 8.6]의 경우는 $g = 200$.
- 남은 제품 한 단위당 처분 가격 s. 주문초과(overage), 즉 주문량이 실제 수요보다 큰 경우가 발생했을 때, 팔고 남은 제품을 다른 유통경로를 통해 처분하여, 회수할 수 있는 단위당 금액을 말한다. $s < p$를 만족한다고 가정한다. 붕어빵의 경우, $s = 0$.

총비용을 최소화하는 주문량을 최적주문량이라고 하자. 물론 최적주문량은 이러한 데이터와 더불어 수요가 결정한다.

- 수요 X는 확률밀도함수 $f(x)$를 따르는 확률변수라고 하자.

8.3.2 단일 주기 최적 주문량 결정*

최적 주문량 Q는 다음과 같은 단계로 결정한다.

1. Q만큼 주문할 때의 총비용을 Q와 수요변수 X의 함수 $\mathrm{T}(Q, X)$로 표현한다.
2. X의 확률분포를 고려하여, 총비용의 기대값 $E_X[T(Q,X)]$를 구한다. 이는 Q의 함수가 된다. $G(Q)$로 표기하자.
3. 총비용의 기대값 $G(Q)$를 최소로 하는 최적주문량 Q^*를 계산한다.

1. 총비용 함수 $T(Q,X)$ 구하기

총비용 $T(Q,X)$를 주문이 수요보다 많은 경우와 적은 경우로 나누어 생각해 보자. 많은 경우는 팔린 양과 팔고 남은 양으로 나누어 비용을 생각하고, 적은 경우는 팔린 양과 팔 수 있었는데 주문이 부족하여 팔지 못한 양으로 나누어 비용을 생각하자. 그러면 다음과 같이 표현할 수 있다.

$$T(Q,X) = \begin{cases} (c-p)X + (c-s)(Q-X), & X \leqslant Q\text{인 경우}, \\ (c-p)Q + g(X-Q), & X > Q\text{인 경우}. \end{cases} \tag{8.45}$$

연습문제 8.7 (8.45)의 각 항의 비용 계수들을 자세히 설명하라.

2. $T(Q,X)$의 기대값 $G(Q)$ 구하기

식 (8.45)에 의하여 $T(Q,X)$의 기대값 $G(Q)$는 다음과 같다.

$$\begin{aligned} G(Q) &:= E_X[T(Q,X)] \\ &= \int_0^Q ((c-p)x + (c-s)(Q-x))f(x)\,dx \\ &\quad + \int_Q^\infty (g(x-Q) - (p-c)Q)f(x)\,dx \\ &= \int_0^Q ((c-s)(Q-x))f(x)\,dx - \int_0^Q (p-c)xf(x)\,dx \end{aligned} \tag{8.46}$$

$$\begin{aligned}
&+\int_Q^\infty (g+p-c)(x-Q)f(x)\,dx-\int_Q^\infty (p-c)\,xf(x)\,dx \\
&=(c-s)\int_0^Q (Q-x)f(x)\,dx \\
&\quad +(g+p-c)\int_Q^\infty (x-Q)f(x)\,dx-(p-c)\int_0^\infty xf(x)\,dx.
\end{aligned}$$

주문이 수요를 초과한 경우, 한 단위마다 $c-s$의 비용이 발생한다. 이를 주문초과 단위비용(cost of overage) $c_O=c-s$로 표기하자. 식 (8.46)의 마지막 등호 이후의 첫 항은 다음과 같이 다시 쓸 수 있다.

$$(c-s)\int_0^Q (Q-x)f(x)\,dx=c_O\int_0^\infty \max\{(Q-X),0\}f(x)\,dx.$$

여기서 $\max\{(Q-X),0\}$는 초과 주문량을 나타내므로, 이 항은 초과주문량에 의하여 발생하는 비용의 기대값을 의미한다.

한편 주문이 수요에 미치지 못하면, 부족한 한 단위마다 선의상실비용 g와 상실한 이익 $p-c$가 비용으로 발생한다고 할 수 있다. 이들이 합을 주문부족 단위비용(cost of underage) $c_U=g+p-c$라고 표기하자. 식 (8.46)의 마지막 등호 이후의 두 번째 항은 다음과 같이 다시 쓸 수 있다.

$$(g+p-c)\int_0^\infty (x-Q)f(x)\,dx=c_U\int_0^\infty \max\{(X-Q),0\}f(x)\,dx.$$

여기서 $\max\{(X-Q),0\}$는 초과 수요를 나타내므로, 이 항은 주문부족에 의하여 발생하는 비용의 기대값을 의미한다.

이를 정리하면 다음과 같다.

$$\begin{aligned}
G(Q)=c_O\,E[\max\{(Q-X),0\}]+c_U\,E[\max\{(X-Q),0\}] \\
-(p-c)\,E[X].
\end{aligned}\tag{8.47}$$

(8.47)에서 마지막 항은 상수이기 때문에 최적주문량 Q는 처음 두 항에 의하여 결정된다. Q만큼 주문했을 때 발생하는 주문초과비용과 주문부족비용의 합의 기대값을 최소로 하는 Q가 최적주문량이 되는 것이다.

3. 최적 주문량 Q^* 구하기

최적 주문량 Q^*를 구하기 위하여, (8.46)의 마지막 식을 Q에 관해 미분하자. 이때 다음의 사실을 사용한다. 임의 상수 a에 대해,

$$\frac{d}{dQ}\int_a^Q f(x)\,dx = f(Q). \tag{8.48}$$

그러면

$$\frac{d}{dQ}G(Q) = c_O\int_0^Q f(x)\,dx - c_U\left(1 - \int_0^Q f(x)\,dx\right), \tag{8.49}$$

$$\frac{d^2}{dQ^2}G(Q) = c_O\,f(Q) - c_U\,f(Q). \tag{8.50}$$

(8.50)으로부터 $\frac{d^2}{dQ^2}G(Q) > 0$이므로 기대비용 $G(Q)$는 Q의 볼록함수가 되어 최적주문량은 방정식 $\frac{d}{dQ}G(Q) = 0$에 의해 결정된다. (8.49)로부터 최적주문량 Q^*는 다음을 만족한다.

$$\int_0^Q f(x)\,dx = Pr(X \leqslant Q) = \frac{c_U}{c_O + c_U}. \tag{8.51}$$

최적 주문량 공식 (8.51)은 매우 직관적인 의미를 갖는다. 최적주문량은 수요가 주문량보다 작을 확률이 두 비용, 즉 주문초과 단위비용과 주문부족 단위비용의 합에서 주문부족 단위비용이 차지하는 비중과 같을 때가 된다는 것이다. 따라서 주문부족비용의 비중이 커질수록 주문량을 증가시켜야 한다.

예 8.8 [연습문제 8.5]를 다시 확인하자. $c_O = 350$, $c_U = 150$이 된다. 따라서 주문량 Q가 $Pr(X \leqslant Q) = \frac{150}{500} = 0.3$을 만족할 때 최적주문량이다. X가 평균 200, 표준편차 30의 분포를 따른다고 하였으므로, $Pr\left(\frac{X-200}{30} \leqslant \frac{Q-200}{30}\right) = 0.3$이 된다. $\frac{X-200}{30}$은 표준정규분포를 따르므로 표준정규분포표를 사용하면, $\frac{Q-200}{30} = -0.52$가 되어 Q^*는 184개가 된다.

연습문제 8.9 패션 디자이너 'sphong'은 8월 말에 열린 가을을 위한 패션쇼에서 호평을 받은 투피스의 판매 전략을 수립하려고 한다. 오랫동안 거래해 온 하청업체에 주문하면 한 벌당 25만원의 비용이 들어간다. 판매가격은 50만원으로 결정되었다. 백화점의 전용매장에서 9월 한 달 동안 판매하며, 팔리지 않은 재고는 2월 말에 15만원에 모두 '땡처리' 할 수 있다. 그리고 하청 비용은 9월 말 판매 후에 지불하기로 약속하였다. 이러한 사업계획을 위하여 월 2%(단리)의 사채를 쓴다.

가. 과거의 경험으로 보아 판매수요는 60벌 정도로 예상하며 표준편차는 5벌 정도이다. 수요를 정규분포라고 가정할 때, 몇 카피를 주문하는 것이 최적이겠는가?

나. 가.의 정규분포 대신 다음의 이산분포를 사용하여 최적주문량을 다시 계산하라.

x	확률	$F(x)$	$1-F(x)$
10	0.05		
20	0.05		
30	0.10		
40	0.15		
50	0.35		
60	0.15		
70	0.10		
80	0.05		

8.4 공급사슬 협력 모형*

원료의 획득, 제품 생산, 그리고 소매에 이르는 최종 유통 단계까지, 제품이나 서비스를 고객들에게 제공하기 위해 필요한 단계별 과정들을 아울러 공급사슬(supply chain)이라고 한다. 하나의 공급사슬은 일반적으로 복수의 기업들이 그 단계들을 나누어 담당하게 된다. 이러한 단계들 간에는 제품과 정보와 돈, 세 가지 흐름이 발생한다.

공급사슬에 참여하는 기업들이 개별적으로 또는 협력을 통하여 담당하는 단계들의 효율을 높혀 창출하는 이윤을 극대화하는 학문분야를 공급사슬 관리(supply chain management)라고 하며 경영과학의 중요한 응용분야 중 하나이다.

8.4절에서는 공급사슬에 참여하는 기업들이 의사결정의 범위를 자신의 단계만에 국한할 때, 이중 마진이 공급사슬 전체의 효율을 저하시킬 수 있다는 것을 살펴볼 것이다. 또한 참여 기업들 간의 협력(coordination)을 통하여 전체 공급사

슬이 달성할 수 있는 이윤을 제고하는 것이 가능하다는 것을 볼 것이다.

8.4.1 가격 결정 모형

다음과 같은 예를 살펴보자.

예 8.10 단일 제품을 생산하고 판매하는 단순한 공급사슬을 생각하자. 제품의 수요는 다음과 같은 가격 p의 함수라고 가정하자.

$$D(p) = 5{,}000 - 10p. \tag{8.52}$$

제품의 생산과 판매를 동일한 기업에 하는 경우를 먼저 생각해 보자. 수입을 최대로 거두는 판매 가격을 결정하는 문제는 다음과 같은 최적화문제가 된다.

$$\max\{(5{,}000 - 10p)\,p \mid p \geqslant 0\}. \tag{8.53}$$

문제 (8.53)은 오목함수인 2차함수를 볼록집합 위에서 최대화하는 볼록최적화문제이다. 그리고 그 목적함수의 미분값을 0으로 만드는 안정점이 0보다 크다. 즉, 해집합 내부에 있다. 따라서 [따름정리 6.22]에 의하여 최적해가 된다.

즉, $p = 250$이 최적해가 된다. 이때 이익은 625,000이 된다.

이제 생산과 판매가 서로 독립적인 기업에 의하여 이루어지는 경우를 생각해 보자. 즉, 제조기업은 소매기업에 p_M의 가격에 제품을 공급하고, 소매기업은 최종 소비자에게 p_R의 가격에 제품을 판매한다고 하자. $p_M < p_R$이 성립한다고 가정하자.

우선 소매기업의 가격결정은 다음과 같은 최적화문제가 된다.

$$\max\{(5{,}000 - 10p)(p - p_M) \mid p \geqslant 0\}. \tag{8.54}$$

유사하게 볼록최적화문제인 (8.54)의 최적해는 다음과 같다.

$$p_R = 250 + \frac{1}{2}p_M. \tag{8.55}$$

즉, 소매기업은 생산자의 공급가격이 p_M이라고 할 때, $p_R = 250 + \frac{1}{2}p_M$의 가격으로 판매를 하게 되며, (8.52)에 의하여 이때 판매량은 $5{,}000 - 10\,(250 + \frac{1}{2}p)$가 될 것이다.

따라서 생산자의 수익을 최대화하는 공급가격은 다음과 같은 최적화 문제가 된다.

$$\max\left\{\left(5{,}000 - 10\,(250 + \frac{1}{2}p)\right)p \,\middle|\, p \geqslant 0\right\}. \tag{8.56}$$

최적가격은 $p_M = 250$이 된다. 따라서 $p_R = 375$로 결정될 것이다. 그리고 수요는 (8.52)에 의하여 $D(375) = 1{,}250$이 된다.

이때 제조기업과 소매기업이 거두는 총수입은 다음과 같다.

$$D(p_R)p_M + D(p_R)(p_R - p_M) = 1{,}250 \times 375 = 468{,}750.$$

공급사슬 전체의 수입은 625,000에서 468,750로 감소하는 것을 알 수 있다.

이러한 예에서 볼 수 있듯이, 공급사슬의 생산과 유통의 이익 마진 결정이 두 단계에서 이중으로 이루어질 때, 공급사슬에서 거둘 수 있는 총수입은 생산과 유통을 동일한 주체가 할 때보다 작아지는 것을 알 수 있다.

연습문제 8.11 위의 예에서 제조기업과 소매기업이 전략적인 제휴를 통하여 소매기업 수입의 25%를 제조기업에게 주기로 하였다고 하자. 대신 납품가격을 낮추어 상호 수입을 증가시키는 가능성을 타진하기로 하였다.

가. 제조기업의 공급가격이 p_M이면 소매기업의 최적가격은, (8.55)에 비하여, $p_R = \frac{2}{3}p_M + 250$이 되는 것을 보여라.

나. 하지만 제조기업의 최적 공급가격은 160.1원 정도로 낮아지는 것을 보여라.

다. 이에 따라 소매가격도 낮아지며 수요를 증가시켜, 결과적으로 제조기업과 소매기업 모두 수입이 증가하는 것을 보여라.

8.4.2 주문량 결정 모형

앞의 가격 결정 모형과는 달리 최종 소비자 가격은 p로 고정이 되어 있다고 가정하자. 그리고 제품의 수요는 공급사슬의 의사 결정과는 무관하게 확률밀도함수 $f(x)$를 따르는 확률변수 X라고 가정하자.

다음의 두 개의 공급사슬을 비교하여 보자. 공급사슬 1은 제조기업과 최종 소비자 사이를 한 개의 유통기업이 연결하는 경우이다. 공급사슬 2는 두 개의 유통기업, 도매기업(wholesaler)과 소매기업(retailer)이 존재하는 경우이다.

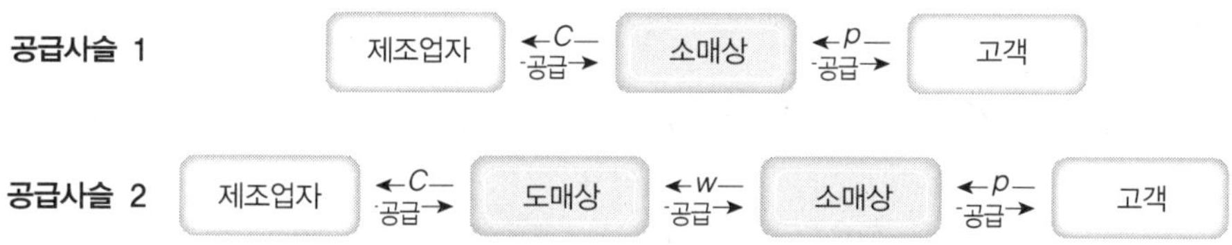

〈그림 6.30〉 두 개의 공급사슬

공급사슬 1의 주문량을 구해 보자.

논의를 단순화하기 위해 공급사슬이 취급하는 제품은 그 효용이 단일기간만 유지된다고 하자. 따라서 8.3절에서 논의한 단일주기 주문량 모형을 사용하여 주문량이나 생산량을 결정할 수 있다.

다음과 같은 패러미터를 가정하자.

- 제품 한 단위당 주문 비용 c, 판매가격 p. $c < p$라고 가정한다.
- 팔고 남은 제품 한 단위당 회수가격(salvage value) s. $s < c$를 만족한다고 가정한다.
- 선의상실비용 $g = 0$.

그러면 식 (8.51)에 따라, 소매기업의 최적 주문량 Q_R^1은 다음과 같다.

$$\int_0^{Q_R^1} f(x)\,dx \equiv Pr(X \leqslant Q_R^1) = \frac{p-c}{(p-c)+(c-s)}. \tag{8.57}$$

이때 얻는 수익을 계산하여 보자. 이는 식 (8.47)에서 주어지는 비용과 부호가 반대가 된다. $g=0$이므로 일반적으로 주문량이 Q일 때, 공급사슬 1의 소매기업의 수익 함수 $\pi_1(Q)$는 다음과 같다.

$$\begin{aligned}\pi_1(Q) &= (s-c)E[\max\{(Q-X),0\}] \\ &\quad +(c-p)E[\max\{(X-Q),0\}]+(p-c)E[X].\end{aligned} \tag{8.58}$$

우변의 두 번째 항에 $\max\{(X-Q),0\} = X-\min\{Q,X\}$를 사용하면 (8.58)은 다음과 같다.

$$\pi_1(Q) = pE[\min\{Q,X\}]+sE[\max\{Q-X,0\}]-cQ. \tag{8.59}$$

식 (8.59) 우변의 처음 두 개의 항은 소매기업의 수입을 그리고 세 번째 항은 지출을 보여준다.

(8.59)의 두 번째 항에 $\max\{(Q-X),0\} = Q-\min\{Q,X\}$의 관계를 적용하면 다음을 얻는다.

$$\pi_1(Q) = (p-s)E[\min\{Q,X\}]+(s-c)Q. \tag{8.60}$$

연습문제 8.12 (8.59)와 (8.60)을 유도하라.

이번에는 공급사슬 2에서 소매기업의 최적 주문량을 구해 보자.

제조기업과 소매기업 사이에 도매기업이 존재하여, 소매기업은 도매기업으로부터 w라는 단위 가격으로 공급을 받는다고 하자. 이 경우, 다음의 관계를 가정할 수 있다.

$$c < w < p. \tag{8.61}$$

그러면 식 (8.51)에 따라, 소매기업의 최적 주문량 Q_R^2은 다음을 만족한다.

$$\int_0^{Q_R^2} f(x)\,dx \equiv Pr(X \leqslant Q_R^2) = \frac{p-w}{(p-w)+(w-s)}. \tag{8.62}$$

이때 두 유통업자들이 얻는 수익을 계산해 보자. 우선 소매자의 주문량이 Q일 때, 도매기업이 얻는 수익은 다음과 같다.

$$\pi_w(Q) = (w-c) \times Q.$$

한편 소매기업의 이익은 (8.60)식에서 c를 w로 대체하여 얻을 수 있다.

$$\pi_c(Q) = (p-s)E[\min\{Q,X\}] + (s-w)Q. \tag{8.63}$$

공급사슬 2의 총수익 $\pi_2 = \pi_w + \pi_c$는 다음과 같다.

$$\pi_2(Q) = (p-s)E[\min\{Q,X\}] + (s-c)Q. \tag{8.64}$$

(8.60)과 (8.64)를 비교하면, 두 공급사슬의 총 유통 이익이 같은 것을 알 수 있다. 즉, 공급사슬 총수익은 소매기업의 주문량에 의해서만 결정되며, 같은 주문량에 대하여 총수익은 같다. 이는 직관적으로도 이해할 수 있는 결과이다.

이는 또한 공급사슬 1과 2, 모두 주문량이 $Q = Q_R^1$일 때, 총수익이 최대화됨을 의미한다. 그리고 이는 유일한 최대점이다. 왜냐하면 $\pi''(Q) = -G''(Q)$이고 (8.50)으로부터 $G''(Q) > 0$이므로 $\pi(Q)$는 유일한 최대점을 갖는 오목함수이기 때문이다.

Q_R^1과 Q_R^2를 비교해 보자. (8.61)에 의해 $w > c$이므로 다음이 성립한다.

$$\frac{p-c}{(p-c)+(c-s)} > \frac{p-w}{(p-w)+(w-s)}.$$

따라서 $Pr(X \leqslant Q_R^1) > Pr(X \leqslant Q_R^2)$이기 때문에 $Q_R^1 > Q_R^2$이 된다. 즉, 공급사슬 2의 주문량은 공급사슬 1의 주문량보다 작다. 공급사슬 1의 총수익에 비해, 유통단계가 하나 더 많은 공급사슬 2의 총수익이 감소하였음을 알 수 있으며, 물론 이

중마진이 그 원인이다.

이중마진에 의한 공급사슬의 비효율성을 극복하는 것은 공급사슬관리의 중요한 의제 중에 하나이며, 현재까지 여러 가지 방안이 연구되었다.

이 중에서 되사기(buyback) 그리고 수입공유(revenue sharing) 계약을 보자.

8.4.3 되사기 계약

되사기(buyback) 계약이란, 도매기업이 공급한 물량 중에서 소매기업이 팔지 못한 양을 도매기업이 되사는 계약을 말한다. 자세히 설명하면 공급사슬 2에서 소매기업은 도매업자로부터 w라는 가격으로 제품을 공급받고, 팔지 못하고 남은 제품을 도매기업에게 b라는 가격에 되파는 것이다. 그러면 다음의 관계를 가정할 수 있다.

$$s < b < c < w < p. \tag{8.65}$$

제조기업과 소매기업 사이에 도매기업이 존재할 때 되사기 계약 하에서의 소매기업 이익은 식 (8.60)에서 s를 b, c를 w로 대체하여 얻을 수 있다.

$$\pi_b(Q) = (p-b)\,E\,[\min\{Q, X\}] + (b-w)\,Q. \tag{8.66}$$

따라서 식 (8.51)에 따라, 소매기업의 최적 주문량 Q_R^b은 다음을 만족한다.

$$\int_0^{Q_R^b} f(x)\,dx \equiv Pr\,(X \leqslant Q_R^b) = \frac{p-w}{(p-w)+(w-b)}. \tag{8.67}$$

앞에서 보았듯이 공급사슬의 총수익은 소매기업의 주문량에 따라 결정되며, 공급사슬 1과 2, 모두 주문량이 $Q = Q_R^1$일 때 공급사슬의 총수익이 최대화된다.

따라서 (w, b)를 조정하여 식 (8.57)을 만족할 수 있다면 $Q_R^1 = Q_R^b$가 된다. 즉, 식 (8.68)을 만족하는 (w, b)는 공급사슬 전체 수익을 최대화한다.

$$\frac{p-c}{p-s} = \frac{p-w}{p-b}. \tag{8.68}$$

하나의 대안은 $0 < \phi < 1$을 만족하는 어떤 ϕ에 대해 다음의 값들을 사용하는 것이다.

$$\begin{aligned} w &= p - \phi\,(p-c) \\ b &= p - \phi\,(p-s) \end{aligned} \tag{8.69}$$

실제로 식 (8.69)의 (w, b)가 식 (8.68)을 만족하는 것을 쉽게 확인할 수 있다. 따라서 이 값들은 공급사슬의 전체 수익을 최대화하게 된다. 이 경우, (8.66)에 의하여 주어지는 소매기업의 이익은 (8.60)의 공급사슬의 최대이익과 비교하면 다음과 같다.

$$\begin{aligned} \pi_r^B(Q) &= \phi\,(p-s)\,E\,[\min\{Q, X\}] + \phi\,(s-c)\,Q \\ &= \phi\pi_2(Q) \end{aligned} \tag{8.70}$$

이상에서 알 수 있는 것은 되사기 계약에서 식 (8.69)의 (w, b)를 통해 공급사슬의 이윤을 제고할 수 있을 뿐 아니라, 공급사슬의 최대화된 총수익 중 $\phi\,(0 \leqslant \phi \leqslant 1)$만큼을 소매기업이 얻게 된다는 점이다. (도매기업은 $1-\phi$만큼을 얻게 된다.)

되사기 계약에서 ϕ를 결정하는 것은 중요한 문제가 된다. 실제 현실에서는 공급사슬 내의 소매기업, 도매기업, 제조기업 등 각 기업이 가지는 협상력(bargaining power)에 의해 ϕ를 결정하게 된다.

8.4.4 수입공유 계약

이번에 살펴볼 협력 방안은 수입공유(revenue sharing) 계약이다. 수입공유 계약은 소매기업이 얻은 수익의 일부를 도매업자와 나누기로 한 계약을 뜻한다. 즉, 소매기업은 도매기업으로부터 w라는 가격에 제품을 공급받고, 판매가 끝난 후 소매기업이 얻은 수입 중 어떤 $1 < \lambda < 1$을 정하여 $1-\lambda$만큼의 몫을 도매기업

에게 제공하는 것이다. 따라서 수입공유 계약에서 결정해야 하는 것은 도매가격 w와 공유비율 λ이다.

식 (8.59)에 의하여 수입공유 전의 소매기업의 이익은 다음과 같다.

$$\pi_r(Q) = pE[\min\{Q,X\}] + sE[\max\{Q-X,0\}] - wQ. \tag{8.71}$$

우변의 처음 두 개의 항은 수입을 그리고 마지막 항은 지출을 의미한다. 따라서 수입공유 계약에서의 소매기업의 이익은 다음과 같다.

$$\begin{aligned}\pi_r^R(Q) &= \underbrace{\lambda\left(pE[\min\{Q,X\}] + sE[\max\{Q-X,0\}]\right)}_{\text{도매상 공유부분 제외한 수입}} - wQ \\ &= \lambda(p-s)E[\min\{Q,X\}] + (\lambda s - w)Q.\end{aligned} \tag{8.72}$$

$0<\phi<1$을 만족하는 어떤 ϕ를 정하여 공급가를 제조기업의 공급가격 이하인 ϕc로 낮추는 대신, 도매기업이 수입의 $1-\phi$를 가져가는 계약을 생각해 보자.

$$\begin{aligned} w &= \phi c \\ \lambda &= \phi. \end{aligned} \tag{8.73}$$

그러면 소매기업의 이익은 다음과 같다.

$$\begin{aligned}\pi_r^R(Q) &= \phi(p-s)E[\min\{Q,X\}] + \phi(s-c)Q. \\ &= \phi\pi_1(Q)\end{aligned} \tag{8.74}$$

따라서 ϕ가 정해지면 소매기업의 이익을 최대화하는 것은 공급사슬 전체의 이익 $\pi_1(Q)$를 최대화하는 것과 같다. 이것은 소매기업이 주문량을 $Q=Q_R^1$로 결정한다는 의미이다.

이렇게 최대화된 공급사슬 전체의 이익을 소매기업과 도매기업이 사전에 결정된 λ와 $1-\lambda$만큼 나누게 된다.

수익공유(revenue sharing) 계약의 경우 되사기 계약과 유사한 점도 있으나, 되사기 계약이 소매기업의 한계 수입을 조정하여 소매기업이 공급사슬 전체의 수익을 최대화하는 주문량을 내도록 유도한다면, 수입공유 계약의 경우는 소매기업의 한계수입과 한계지출을 모두 조정하여 소매기업이 공급사슬 전체의 수익을 최대화하는 결정을 하도록 한다.

수입공유(revenue sharing) 계약의 실제 사례를 살펴보자.

예 8.13 미국의 비디오 대여업체 블록버스터는 1997년 여름 당시 폭발적인 인기를 끌었던 영화 '*The English Patient*' 와 '*Jerry Maguire*' 의 비디오를 대여해 주고 있었다. 영화의 높은 인기만큼 블록버스터의 고객들도 이 두 영화에 대한 수요가 많았다. 하지만 매장에 비디오가 없어 빈손으로 돌아가는 고객들로 인해 블록버스터사는 추가 매출을 올릴 수 있는 기회를 잃었다. 또한 소비자들은 소비자대로 원하는 영화를 비디오로 대여할 수 없어서 그 불만이 커져갔고, 블록버스터에게 비디오를 공급하는 영화사들은 블록버스터와 마찬가지로 추가 매출의 기회를 잃게 되어 공급사슬 내의 참여자들 모두가 만족스럽지 못한 상황에 처해 있었다.

이러한 문제의 궁극적인 원인은 바로 영화사들이 블록버스터에게 공급하는 비디오의 단가가 60달러였다는 데에 있었다. 일반 소비자가 비디오 대여료로 지불하는 금액이 3달러였기 때문에 블록버스터는 손익 분기를 달성하기 위해서는 한 비디오가 20회 이상 대여되어야 했다. 따라서 블록버스터의 입장에서는 가능한 한 적은 양의 비디오를 구비해 놓고 고객들이 비디오를 많이 빌려가는 것이 바람직했다. 그렇지만 주요 영화사들은 공급가격을 개당 60달러 아래로 낮추는 것을 불가능하다고 생각하였고 이와 같은 공급가격은 블록버스터 매장 내의 비디오 구비량을 감소시켜 전체적인 관점에서 볼 때 공급사슬은 최적의 상황이 아니었다.

이러한 경영 환경 하에서 1998년 블록버스터의 경영진은 영화사들이 블록버스터에 공급하는 비디오의 공급 단가를 낮추고 대신에 자사의 비디오 대여 수익을 일정 부분 영화사들과 공유하는 방식으로 주요 영화사들과의 계약을 체결했다. 그 결과 블록버스터가 공급받는 비디오의 공급 단가가 낮아졌기 때문에 블록버스터는 더 많은 비디오를 구매할 유인이 생겼고, 충분한 비디오가 구비되어서 매출은 증가하고 비용이 감소했기 때문에 블록버스터의 이윤은 증가했다. 또한 공급업자인 영화들도 비디오의 판매량이 증가하고, 비디오 대여 수익의 새로운 수익원이 생겼기 때문에 그 이윤이 증가하게 되었다.

이렇게 수입 공유를 시작한 지 1년 만에 블록버스터의 시장 점유율은 대략 5% 정도 증가했고, 비디오 대여 산업에서 2위 업체가 되었다. 현재에 와서는 수입 공유 계약은 비디오 및 DVD 대여업종에서 보편적인 계약이 되었다. 아래의 표는 수입공유 계약을 체결하기 전과 후의 양 사의 수익을 비교한 표이다.

표 6.1 블록버스터와 영화사 수입 내역

	기존	수입 공유 이후
가. 구매한 비디오 테이프의 수	10	30
나. 비디오 테이프 가격	$60	$9
다. 비디오 테이프 구매비용	$600	$270
라. 비디오 대여 횟수	300	500
마. 총 대여 수입	$900	$1,500
바. 대여 수입 중 블록버스터의 몫	$900(100%)	$750(50%)
사. 블록버스터의 수익	$300	$480
아. 대여 수입의 영화사의 몫	$0(0%)	$750(50%)
자. 영화사의 총수입	$600	$1,020
차. 영화사의 생산 및 유통비용	$100	$300
카. 영화사의 수익	$500	$720

연습문제 8.14 블록버스터 사례를 위의 모형에 맞추어 설명하라.

8.5 수익관리 모형

8.5.1 가격차별에 의한 수익관리

다음과 같은 간단한 예에서 수익관리(revenue management)의 개념을 얻어 보자.

예 8.15 전 세계적인 시장을 대상으로 수리과학 전문서적을 출간해 온 글로벌은 자사의 스테디셀러 중 하나인 한 대학원 교재의 신판 출시를 앞두고 판매

가격 p를 정하려고 한다. 글로벌의 경험에 의하면 이 교재의 전 세계적인 수요 D는 다음과 같다.

$$D = 10{,}000 - 40p. \tag{8.75}$$

원가와 유통비용을 고려할 때, 가격은 최소한 미국 달러로 50은 되어야 한다고 하자. 글로벌의 수입을 최대로 하기 위해서는 가격을 얼마로 해야 할까. 이 문제는 결정변수를 p로 갖는 다음과 같은 간단한 최적화 문제이다.

$$\begin{aligned} &\max \quad p\,(10{,}000 - 40p) \\ &\text{sub.to} \ \ p \geqslant 50. \end{aligned} \tag{8.76}$$

연습문제 8.16 판매가격 p가 125달러일 때, 최대 수입 625,000달러를 올릴 수 있다.

이때 625,000은 〈그림 6.31〉의 첫 번째 그림의 수요-가격 곡선에서 $p = 125$에 해당하는 사각형의 넓이에 해당한다. 물론, 사각형의 밑넓이는 가격이고 높이는 수요가 된다. 그런데 올해 마케팅 부서 분석 보고서에 의하면 미국에서는 대학 도서관과 같은 기관 수요가 많고, 해당 과목이 대부분 대학에 개설되어 있어 이 교재를 중고 시장에서 쉽게 되팔 수 있기 때문에, 상대적으로 높은 가격에도 이 책을 사려고 하지만, 그 이외의 국가에서는 개별적인 구입이 대부분이기 때문에 수요가 상대적으로 낮은 가격에 몰려 있다고 하자.

이렇게 분화된 시장을 글로벌의 수입 향상에 이용할 수 있을까?

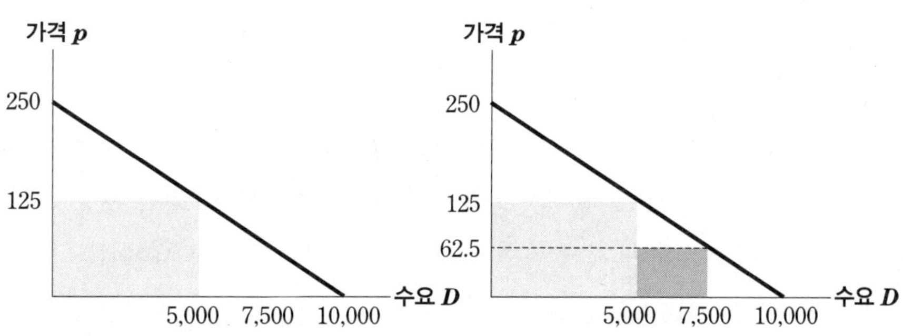

〈그림 6.31〉 단일 최적 가격과 차별화 가격의 수입

다음과 같은 간단한 최적화 전략을 생각해 보자. 가격을 차별화하여 판매하는 것이다. 즉 미국에서는 125달러에, 그리고 미국을 제외한 지역에서는 반값인 62.5 달러에 판매하는 것이다.

그러면 앞의 마케팅 분석에 의하여 125달러 이상을 지불할 용의가 있는 수요는 대부분 미국에 몰려 있기 때문에 수요가 그대로 유지된다고 생각할 수 있다. 그러나 62.5달러의 가격을 가진 교재는 상대적으로 낮은 가격 수요가 분포한 다른 국가에서 추가적으로 2,500의 수요를 유발한다. 따라서 156,250달러의 수입을 추가로 얻을 수 있다.

이러한 가격 차별화를 통한 수익관리는 현재에는 많이 사용하는 방법이 되었다.

〈그림 6.32〉 Not for sale in the United States

[예 8.15]는 수익관리의 두 가지 요점을 담고 있다. 첫째는 같은 제품이나 서비스에 대해 분화된 시장이 존재한다는 것이다. 둘째는 분화된 시장에 맞게 복수개의 가격을 적용하여 수익을 증가시킨다는 것이다.

위의 예에서 알 수 있듯이, 차별화된 가격을 사용하는 수익관리의 성공을 위해서는 높은 가격을 지불할 용의가 있는 고객들이 낮은 가격에 같은 제품이나 서비스를 살 수 없도록 하는 것이 필수적이다. 즉, 두 분화된 시장 사이에는 서비스나 제품의 구매의 장벽(barrier)이 있어야 한다. [예 8.15]의 경우는 지리적인 여건이 자연스럽게 이러한 장벽의 역할을 할 수 있다.

지리적으로 동일한 지역에서도, 수요의 특성을 이용하면 가격 차별을 위한 장벽 효과를 거둘 수 있다. 항공 산업의 예를 보자. 여객 항공 수요는 일정조정의 편의성 요구와 가격에 민감도를 기준으로 크게 두 부류로 나눌 수 있다.

1. 사업이나 급한 용무로 상대적으로 임박하여 출발하거나, 출발 후 짧은 시간에 돌아와야 하지만 한편으로는 상대적으로 높은 가격을 지불할 의사가 있는 사업 여행객(Business travelers).
2. 관광이나 친지 방문과 같이 비행 일정을 융통성 있게 조정할 수 있으나 비용을 개인적으로 부담하기 때문에 가격에 민감한 관광여행객(Leisure travelers).

이러한 두 수요를 차별화하기 위해, 출발에 상대적으로 임박하여 하거나 주말을 넘기지 않고 돌아오는 고객에 대해서는 상대적으로 높은 요금을 그렇지 않은 경우는 상대적으로 낮은 가격을 받는 정책을 사용할 수 있으며, 실제로 우리가 자주 경험하는 미국의 항공사의 보편적인 가격 정책이다.

연습문제 8.17 [예 8.15]에서 125와 62.5보다 더 수익이 높은 가격을 설정할 수 없을까? 이를 최적화문제로 모형화하라. 단, 두 가격의 수요는 (8.75)에 의하여 나누어진다고 하자.

8.5.2 수익관리에 위한 사전적 용량 결정 모형

(8.75)와 같은 수요곡선은 수익관리의 원리를 설명하기 위한 것이지만, 대부분의 경우 그 정확한 형태를 명시적으로 알기는 힘들다.

대신 분화된 시장에 대한 차별화된 가격을 미리 정하고 해당 수요를 경험 등에 의하여 확률분포로 예측한다고 하자. 그리고 수익을 극대화하기 위해서 두 고객층에 대한 공급 용량을 사전적으로 결정하는 문제를 생각해 보자.

예 8.18 (주)코리아나 항공은 다음 시즌 김포–김해 공항 간의 월요일 10시 비행편의 수익관리를 위해 고객을 사업여행객과 관광여행객으로 분류하고 항공

요금은 각각 p와 $q(p>q)$로 책정하였다. 현재는 사전적으로 두 부류 고객을 위하여 좌석수를 배정하려고 한다.

경험으로 볼 때, 월요일 10시 비행편에 대한 두 종류의 고객의 수는 각각 f와 g라는 확률밀도함수에 의해 결정된다(해당하는 확률분포함수를 각각 $F(x):=\int_0^x f(u)\,du$와 $G(x):=\int_0^x g(u)\,du$라고 하자). 편의상 연속 함수라고 가정하자.

전체 탑승 정원 L, 두 수요층을 위해 배정해야 할 좌석 수를 각각 x와 y라고 할 때, 이 값들을 **미리 정해야 한다면** 어떻게 구해야 할까?

용량을 각각 x와 $y=L-x$로 배정하는 경우, 수이익의 기대값은 다음과 같다.

$$h(x)=p\int_0^x uf(u)\,du+px(1-F(x)) \quad (8.77)$$
$$+q\int_0^{L-x} vg(v)\,dv+q(L-x)(1-G(L-x)). \quad (8.78)$$

여기서 (8.77)과 (8.78)은 할당한 좌석 수가 x와 $L-x$일 때, 두 수요층에서 발생하는 이익의 기대값이다.

연습문제 8.19 왜 이렇게 되는지 설명하라.

h의 일계 도함수는

$$\begin{aligned}h'(x)&=pxf(x)+p(1-F(x))-pxf(x)\\&\quad-q(L-x)g(L-x)+q(L-x)g(L-x)-q(1-G(L-x))\\&=p(1-F(x))-q(1-G(L-x))\end{aligned}$$

이고, 이계도함수는

$$h''(x)=-pf(x)-qg(L-x)\leqslant 0$$

이 된다. 따라서 우리의 문제는 다음과 같은 오목함수 최대화문제이다.

$$\begin{aligned} &\max && h(x) \\ &\text{sub.to} && 0 \leqslant x \leqslant L. \end{aligned} \tag{8.79}$$

이때, 전 구간 $0 \leqslant x \leqslant L$에서 $h'(x) = p(1 - F(x)) - q(1 - G(L - x)) \geqslant 0$이면 $x = L$이 최적해이고, $h'(x) \leqslant 0$이면 $x = 0$이 최적해이다. 그리고 나머지 경우에는 다음을 만족하는 x가 최적해가 된다.

$$p(1 - F(x)) = q(1 - G(L - x)). \tag{8.80}$$

연습문제 8.20 조건 (8.80)의 의미는?

연습문제 8.21 (주)코리아나 항공은 앞의 두 수요층에 대해 요금을 각각 366,500원, 200,000원으로 책정하였다. 그리고 지금까지의 데이터를 통해 미루어볼 때, 두 수요층의 고객 수는 각각 다음과 같은 f, g라는 확률밀도함수를 따르는 것으로 나타났다. 항공기의 전체 탑승 정원 L이 150이라고 할 때, 수익의 기대값을 최대화하도록 두 수요층의 좌석을 배정하라.

x	$f(x)$	$g(x)$	$F(x)$	$G(x)$	$G(L-x)$
10	0.067	0			
20	0.066	0			
30	0.067	0.017			
40	0.067	0.05			
50	0.066	0.083			
60	0.067	0.117			
70	0.067	0.15			
80	0.066	0.183			
90	0.067	0.175			
100	0.067	0.125			
110	0.066	0.075			
120	0.067	0.025			
130	0.067	0			
140	0.066	0			
150	0.067	0			

연습문제 8.22 [예 8.18]을 다시 생각해 보자. 사업 여행객을 위한 예매 이전 일정 기간 동안 관광 여행객에 항공권을 판매한다고 하자. 현재까지 발매한 관광 여행객 예매가 y만큼 이루어졌다고 하자. 그리고 추가적인 관광 여행객 수요가 하나 발생했을 때, 팔 것인지 말 것인지를 결정한다고 하자. 어떤 기준으로 항공권 발매를 결정해야 하는지 생각해 보자.

8.6 마코위츠의 포트폴리오 최적화 모형*

가용한 자본을 가능한 금융 상품들에 최적으로 투자하는 문제를 생각해 보자. 모두 n개의 금융 상품이 있다고 하자. 그리고 어떤 기간 보유하는 상품 i의 양을 x_i라고 하자. 여기서 두 가지 경우, $x_i > 0$ 그리고 $x_i < 0$은 각각 투자자가 상품 i를 매수(long position)하거나 공매도(short position)한다는 것을 의미한다.

해당 기간 동안 각 상품 i의 가격의 증가를 p_i라고 하자. (물론 가격은 감소할 수도 있는데 이 경우 p_i는 음수 값을 가질 것이다.) $p = [p_1, \cdots, p_n]^T$라고 표기하자.

여기서 p_i들을 확률변수로 가정하고 이들의 평균을 $\overline{p} = [\overline{p}_1, \cdots, \overline{p}_n]^T$, 그리고 p_i와 p_j의 공분산을 σ_{ij}라고 하자:

$$\sigma_{ij} = \sigma_{ji} = E(p_i - \overline{p}_i)(p_j - \overline{p}_j). \tag{8.81}$$

특히 σ_{ii}는 p_i의 분산 σ_i^2이 된다. 이 공분산 행렬을 Σ라고 표기하자.

$$\Sigma = \begin{bmatrix} \sigma_1^2 & \sigma_{12} & \cdots & \sigma_{1n} \\ \sigma_{21} & \sigma_2^2 & \cdots & \sigma_{2n} \\ \vdots & \vdots & \ddots & \vdots \\ \sigma_{n1} & \sigma_{n2} & \cdots & \sigma_n^2 \end{bmatrix}. \tag{8.82}$$

다음과 같이 확률변수 p_i들을 상수 x_i를 사용하여 선형조합한 확률변수를 생각하자.

$$p^T x = p_1 x_1 + p_2 x_2 + \cdots + p_n x_n.$$

그러면 그 기대값은

$$E(p^T x) = \bar{p}_1 x_1 + \bar{p}_2 x_2 + \cdots + \bar{p}_n x_n = \bar{p}^T x \tag{8.83}$$

이고 분산은 다음과 같다.

$$\begin{aligned}
&Var(p^T x) \\
&= E(E(p^T x) - p^T x)^2 = E(\bar{p}^T x - p^T x)^2 = E((\bar{p} - p)^T x)^2 \\
&= E\left(\textstyle\sum_{i=1}^n (\bar{p}_i - p_i) x_i\right)^2 = E\left(\textstyle\sum_{i=1}^n \sum_{j=1}^n (\bar{p}_i - p_i)(\bar{p}_j - p_j) x_i x_j\right) \\
&= \textstyle\sum_{i=1}^n \sum_{j=1}^n E((\bar{p}_i - p_i)(\bar{p}_j - p_j)) x_i x_j = \sum_{i=1}^n \sum_{j=1}^n \sigma_{ij} x_i x_j \\
&= x^T \Sigma x
\end{aligned}$$

여기서 두 번째 등호는 식 (8.83)을, 그리고 마지막 두 개 등호는 각각 식 (8.81)과 식 (8.82)를 사용한 것이다.

예 8.23 세 개의 금융상품이 다음과 같은 공분산을 갖는다고 하자.

$$\Sigma \equiv \begin{bmatrix} \sigma_1^2 & \sigma_{12} & \sigma_{13} \\ \sigma_{21} & \sigma_2^2 & \sigma_{23} \\ \sigma_{31} & \sigma_{32} & \sigma_3^2 \end{bmatrix} = \begin{bmatrix} 2 & 1.2 & 3 \\ 1.2 & 6 & 5 \\ 3 & 5 & 8 \end{bmatrix}. \tag{8.84}$$

그리고 $x = (20, 12, 13)^T$ 라고 하자. 그러면

$$\begin{aligned}
&Var(20p_1 + 12p_2 + 13p_3) \\
&= [20\ 12\ 13] \begin{bmatrix} 2 & 1.2 & 3 \\ 1.2 & 6 & 5 \\ 3 & 5 & 8 \end{bmatrix} \begin{bmatrix} 20 \\ 12 \\ 13 \end{bmatrix} \\
&= 2 \times 20^2 + 6 \times 12^2 + 8 \times 13^2 \\
&\quad + 2 \times 1.2 \times 20 \times 12 + 2 \times 3 \times 20 \times 13 + 2 \times 5 \times 12 \times 13
\end{aligned}$$

확률 변수의 분산은 변수 값 변동성의 척도이다. 분산이 0인 변수는 상수이다. 반대로 분산이 크면 클수록 평균과 먼 값이 발생할 확률이 큰 것을 의미한다. 따라서 포트폴리오의 분산이 크다는 것은, 실제 수익이 평균보다 훨씬 클 수도 있지만

훨씬 아래가 될 가능성도 커진다는 것을 의미하며 될 수 있으면 분산이 작은 분포트폴리오를 구성하는 것이 합리적이다.

포트폴리오 평균 수익 (8.83)뿐만 아니라, 그 위험성을 나타내는 분산도 동시에 고려한다는 것이 포트폴리오 최적화 모형들의 아이디어이다.

먼저 마코위츠가 제시한 가장 고전적인 모형을 살펴보자. 첫째, 공매도는 없다고 가정한다. 즉, 모든 i에 대해 $x_i \geqslant 0$인 경우만 생각한다. 이때는 투자에 사용할 수 있는 초기 자산이 있다고 가정할 수 있다. 결정변수는 각 금융상품 i에 투자하는 가용액의 비율 x_i로 다음과 같이 표현이 가능하다.

$$\sum_{i=1}^{n} x_i = 1, \ x_i \geqslant 0.$$

이 경우 평균 수익을 미리 정해진 수준 $p_{\min}$ 이상 보장하면서 위험을 최소화하는 포트폴리오는 다음과 같은 최적화문제의 해가 될 것이다.

$$\begin{aligned} \min \quad & x^T \Sigma x \\ \text{sub.to} \quad & \bar{p}^T x \geqslant p_{\min}, \\ & 1^T x = 1, \ x \geqslant 0. \end{aligned}$$

연습문제 8.24 사회 초년생 나신입 군은 그동안 모아둔 돈으로 주식 투자를 하기로 했다. 건실한 기업 몇 곳에 분산 투자를 하라는 직장 선배들의 이야기를 들은 나신입 군은 안정된 수익을 보장할 수 있는 기업을 투자 대상으로 결정했다. 그러나 나신입 군이 초기 투자금은 많지 않기 때문에 (주)오성, (주)미래 두 곳에만 투자를 하기로 결정했다.

전문평가기관의 보고서에 따르면, (주)오성과 (주)미래 주식의 기대수익률은 각각 5%, 10%라고 한다. 그리고 조사 결과, 양사 주식의 기대수익률의 공분산행렬은 다음과 같았다.

$$\Sigma = \begin{bmatrix} 0.16 & 0.36 \\ 0.36 & 0.81 \end{bmatrix}.$$

현재 정기예금 수익률은 연 7.5%라고 한다. 나신입 군은 정기예금 수익률 이상의 수익을 목표로 최대로 안전한 주식 포트폴리오를 구성하려고 한다. 투자 비율을 얼마로 하면 될까?

8.7 최소자승해*

다음과 같은 최적화문제를 생각하자.

$$\min \| Ax - b \|^2 . \tag{8.85}$$

여기서 $A \in \mathbb{R}^{m \times n}$의 열벡터들을 $a_1, \cdots, a_n$이라고 하자. 그러면 Ax는 $a_1, \cdots, a_n$을 x의 원소를 계수로 사용하여 만든 선형조합이다.

$$Ax = x_1 a_1 + \cdots + x_n a_n .$$

집합 $\mathcal{R}(A) := \{Ax \mid x \in \mathbb{R}^n\}$를 행렬 A의 열공간(column space)이라고 부르자. 열공간은 $\mathbb{R}^m$의 부분공간이다.

$\| Ax - b \|$는 b와 열공간 $\mathcal{R}(A)$의 점 Ax 사이의 거리이기 때문에, 최적화문제 (8.85)는 열공간에서 b와 가장 가까운 점을 찾는 문제이다. 따라서 b가 $\mathcal{R}(A)$에 속하면, 즉 시스템 $Ax = b$가 해를 가지면 문제 (8.85)의 최적목적함수 값은 0이 되며 시스템의 모든 해가 최적해가 된다.

그렇지 않은 경우, 즉 b가 $\mathcal{R}(A)$에 속하지 않으면, (8.85)는 $\mathcal{R}(A)$의 점 중에서 b와 가장 가까운 점 b^*를 구하는 문제가 된다. b^*는 b에서 $\mathcal{R}(A)$에 내린 수선의 발이 되며, b의 투영(projection)이라 한다. (8.85)의 최적해 $x_1^*, \cdots, x_n^*$는 b^*를 $a_1, \cdots, a_n$으로 표현할 때, 필요한 계수가 된다.

(8.85)는 다음과 같은 2차함수계획문제와 같다.

$$\min\, (Ax - b)^T (Ax - b) = x^T A^T Ax - 2b^T Ax + b^T b .$$

$f(x) = x^T A^T Ax - 2b^T Ax + b^T b$라고 하면, 모든 $x \in \mathbb{R}^n$에 대해 $\nabla^2 f(x) = A^T A$이 된다. $A^T A$는 PSD이기 때문에 6.4절의 조건에 의해 $f(x)$는 볼록함수가 된다. 따라서 최적해는 다음과 같은 조건을 만족한다.

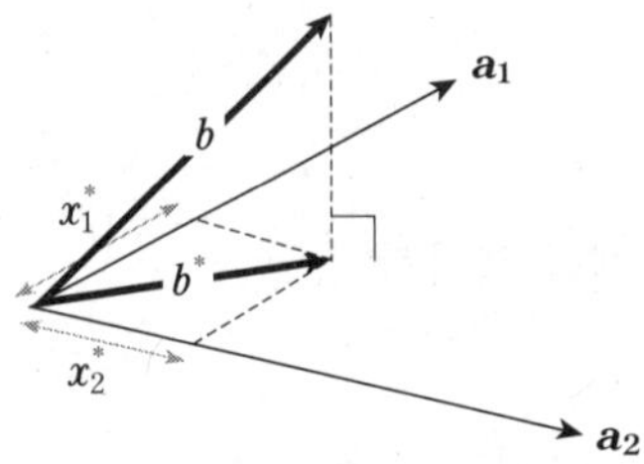

〈그림 6.33〉 최소자승해와 열공간 투영

$$2A^T Ax - 2A^T b = 0.$$

A의 열들이 모두 선형독립이라고 가정하자(아니면, 가우스소거법을 사용하여 다른 벡터의 선형조합으로 표시할 수 있는 벡터들은 모두 제거할 수 있다). $A^T A$는 가역행렬이므로 $x^* = (A^T A)^{-1} A^T b$가 되고 다음이 성립한다.

$$b^* = A(A^T A)^{-1} A^T b.$$

다음을 A의 열공간 $\mathcal{R}(A)$ 투영변환 행렬이라고 부른다.

$$A(A^T A)^{-1} A^T. \tag{8.86}$$

예 8.25 (회귀분석과 최소자승해) 최소자승해는 회귀분석에서 선형회귀모형의 회귀계수를 구할 때 유용하게 사용된다. 독립변수 x와 종속변수 y의 관측치가 다음과 같다고 하자.

x	1	2	3
y	1.8	3	4.2

회귀모형을 $y(x) = ax + b$라고 정의하면,

$$y(1) = a + b,\ y(2) = 2a + b,\ y(3) = 3a + b$$

의 관계가 성립한다. 관측값과 회귀모형을 통해 얻은 예측 값과의 차이는 각각 다음과 같다.

$x=1$일 때, $y(1)-1.8=a+b-1.8$,

$x=2$일 때, $y(2)-3=2a+b-3$,

$x=3$일 때, $y(3)-4.2=3a+b-4.2$이다.

관측값과 예측값 사이의 오차를 최소화하는 회귀계수를 구하려고 한다. 만일 그 오차를 위의 각 점에서의 차이의 제곱의 합으로 정의하면 회귀계수는 다음 문제의 최적해가 된다.

$$\min \left\| \begin{bmatrix} 1 & 1 \\ 2 & 1 \\ 3 & 1 \end{bmatrix} \begin{bmatrix} a \\ b \end{bmatrix} - \begin{bmatrix} 1.8 \\ 3 \\ 4.2 \end{bmatrix} \right\|^2 .$$

앞의 논의에 의하여 다음과 같이 회귀계수를 구할 수 있다.

$$\begin{bmatrix} a \\ b \end{bmatrix} = \left(\begin{bmatrix} 1 & 2 & 3 \\ 1 & 1 & 1 \end{bmatrix} \begin{bmatrix} 1 & 1 \\ 2 & 1 \\ 3 & 1 \end{bmatrix} \right)^{-1} \begin{bmatrix} 1 & 2 & 3 \\ 1 & 1 & 1 \end{bmatrix} \begin{bmatrix} 1.8 \\ 3 \\ 4.2 \end{bmatrix}$$
$$= \frac{1}{6} \begin{bmatrix} 3 & -6 \\ -6 & 14 \end{bmatrix} \begin{bmatrix} 20.4 \\ 9 \end{bmatrix} = \begin{bmatrix} 1.2 \\ 0.7 \end{bmatrix}.$$

즉, 주어진 관측값에 대한 오차를 최소화하는 선형회귀모형은 $y=1.2x+0.7$이다.

〈그림 6.34〉는 각 점의 관측값과 그 1차회귀분석을 나타내는 그래프를 보여준다.

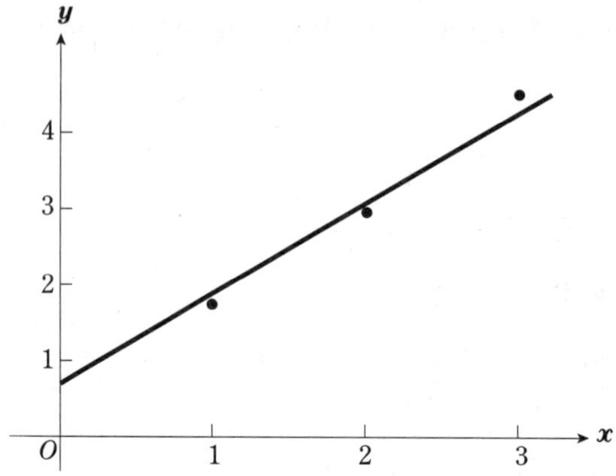

〈그림 6.34〉 간단한 1차회귀분석의 예

연습문제 8.26 독립변수 x와 종속변수 y의 관측치가 다음과 같다고 하자.

x	1	2	3	4
y	3	13	20	38

회귀모형을 2차항과 상수항으로 이루어진 $y(x) = ax^2 + c$라고 정의했다고 할 때, 회귀분석을 위한 최소자승해 문제를 정의하고, a, c를 추정하라.

9 프로젝트 문제*

대학에 진학한 성원이는 그동안 조금씩 모아뒀던 용돈을 가지고, 주식에 투자하여 재테크 경험을 쌓기로 한다. 성원이는 적은 돈이지만 경영과학과 같이 체계적인 방법을 사용하여 투자를 하고 싶었다. 그리하여 1년 전부터 약 열흘 간격의 주식 가격을 조사하고, 이를 기반으로 전체 종목에 대한 포트폴리오를 구성하기로 하였다.

투자이론에 의하면, 포트폴리오의 수익률과 리스크는 서로 확률적으로 상충하는 값이다. 따라서 성원이는 수익률이 일정 수준 이상이면서 리스크를 가장 적게 하는 포트폴리오를 구성하는 데 초점을 맞추었다.

1. 성원이는 연간 기대 수익률을 최소 11%로 정하였다. 엑셀을 이용하여 다음 쪽의 데이터로부터 필요한 입력 패러미터 값들을 구하라. 그리고 '해찾기' 기능을 통해 원하는 포트폴리오를 구성하라(마코위츠의 포트폴리오 최적화 모형을 참조하라).

ㅁ 데이터의 30칸이 1년에 해당한다고 가정한다. 주식 가격이 아닌, 그것으로부터 계산한 수익률을 토대로 포트폴리오를 구성하라.

2. 성원이는 위에서 구성한 포트폴리오에 투자하였다. 총 투자금을 편의상 1만원이라고 하자. 하지만 투자와 동시에 목표 기대 수익률을 너무 낮게 책정했다고 판단하여, 추가적인 거래 비용(transaction cost)을 감수하더라도 목표 기대 수익률이 연간 14%인 새로운 포트폴리오로 변경하고자 한다. 사고파는 거래 금액 1원당 추가로 발생하는 거래 비용이 종목에 따라 다음 표와 같다. 이때, 새로운 포트폴리오를 구성하는 최적화 모형을 제시하고, 해를 구하라.

(단위 : 원)

Stock 1	Stock 2	Stock 3	Stock 4	Stock 5	Stock 6	Stock 7
0.01	0.01	0.005	0.015	0.02	0.01	0.005

ㅁ 위 문제를 풀기 위해서는 다음 제약조건을 고려하여야 한다.

초기 투자액(1만원) = 최종 투자액 + 거래 비용.

	Stock 1	Stock 2	Stock 3	Stock 4	Stock 5	Stock 6	Stock 7
0	1100.8	800.1	556.8	647.1	1806.7	758.9	469.2
1	1102.9	801.4	557.8	650.7	1819.6	759.8	470.1
2	1110.7	805.8	559.9	648.0	1829.2	763.4	471.7
3	1119.8	811.0	562.4	649.0	1849.3	768.2	473.4
4	1127.6	815.5	563.0	647.4	1860.7	768.0	474.9
5	1122.6	813.0	564.6	649.5	1872.1	770.3	475.1
6	1133.4	819.2	566.9	655.0	1883.5	774.5	477.0
7	1120.7	812.7	569.9	652.5	1900.4	780.4	476.6
8	1131.9	819.2	572.3	648.4	1912.2	784.9	478.6
9	1132.6	819.6	576.0	644.7	1942.3	792.6	479.4
10	1149.4	829.3	579.7	651.5	1936.1	800.1	482.1
11	1146.3	827.8	582.6	661.4	1947.0	805.9	482.5
12	1139.8	824.5	586.7	671.8	1953.8	814.5	482.6
13	1150.5	830.6	587.1	661.3	1975.6	813.5	484.5
14	1159.7	835.9	586.7	662.8	1984.8	810.3	486.2
15	1159.4	835.9	588.9	665.1	2027.7	814.2	486.9
16	1156.8	834.6	590.0	668.7	2041.3	815.3	487.3
17	1171.0	842.7	593.4	673.4	2070.6	822.2	489.7
18	1170.0	842.3	595.5	677.3	2081.5	825.8	490.3
19	1170.7	842.9	595.9	685.9	2086.3	824.9	491.1
20	1179.4	847.7	597.3	687.3	2024.4	826.9	492.8
21	1190.2	853.9	598.3	677.4	2027.9	827.5	494.7
22	1191.9	854.9	603.3	682.8	2018.0	838.3	495.6
23	1200.8	860.0	604.8	679.0	2027.5	840.3	497.3
24	1205.4	862.6	607.6	682.3	2046.3	845.7	498.5
25	1211.2	865.9	610.8	688.1	2067.8	852.2	499.8
26	1208.6	864.7	612.5	689.5	2085.5	854.7	500.3
27	1210.3	865.7	614.6	686.9	2103.5	858.3	501.2
28	1223.9	873.4	615.1	696.3	2117.2	857.8	503.5
29	1231.8	877.9	617.1	700.1	2109.3	861.1	505.1
30	1246.0	885.9	616.8	701.3	2118.8	858.1	507.4
31	1249.2	887.8	620.1	708.6	2138.5	864.8	508.4
32	1253.3	890.1	621.3	713.9	2172.5	866.2	509.6
33	1251.9	889.5	623.1	720.7	2192.3	869.0	510.2
34	1263.3	895.9	627.5	731.0	2162.1	878.1	512.2
35	1270.9	900.2	629.3	738.2	2198.2	881.0	513.7
36	1287.2	909.3	634.1	748.5	2228.8	891.3	516.3

부록*

기울기벡터, 도함수, 그리고 연쇄법칙

함수 $f : \mathbb{R}^n \to \mathbb{R}$의 점 $x = \overline{x}$에서의 기울기벡터 또는 그레디언트(gradient)는 다음과 같은 벡터로 정의된다.

$$\triangledown f(\overline{x}) = \begin{bmatrix} \dfrac{\partial f(\overline{x})}{\partial x_1} \\ \vdots \\ \dfrac{\partial f(\overline{x})}{\partial x_n} \end{bmatrix}.$$

기울기 벡터가 점 $x = \overline{x}$로부터 함수 f의 순간증가율이 가장 빠른 방향을 의미하는 것을 이미 보았다.

한편, $f(x)$의 점 $x = \overline{x}$에서의 도함수 $Df(\overline{x})$는 정의에 따라, $\mathbb{R}^n$으로부터 $\mathbb{R}$로 가는 선형변환이기 때문에 $1 \times n$ 행렬이 되며 다음과 같이 정의한다.

$$Df(\overline{x}) = \begin{bmatrix} \dfrac{\partial f(\overline{x})}{\partial x_1} & \cdots & \dfrac{\partial f(\overline{x})}{\partial x_n} \end{bmatrix}.$$

따라서 $\mathbb{R}^n$으로부터 $\mathbb{R}$로 가는 함수인 경우, 그 형태는 $\triangledown^T f(\overline{x}) = Df(\overline{x})$가 되지만, 전자는 그 정의 자체가 벡터이고 후자는 선형변환을 나타내는 행렬임을 유의하자.

따라서 도함수는 벡터함수에서도 정의가 자연스럽게 확장된다. f가 $\mathbb{R}^n$에서 $\mathbb{R}^m$으로 가는 함수라고 하면, 그 도함수 $Df(x)$는 다음과 같이 정의된다.

$$Df(x) = \begin{bmatrix} \dfrac{\partial f_1(x)}{\partial x_1} & \dfrac{\partial f_1(x)}{\partial x_2} & \cdots & \dfrac{\partial f_1(x)}{\partial x_n} \\ \dfrac{\partial f_2(x)}{\partial x_1} & \dfrac{\partial f_2(x)}{\partial x_2} & \cdots & \dfrac{\partial f_2(x)}{\partial x_n} \\ \vdots & \vdots & \ddots & \vdots \\ \dfrac{\partial f_m(x)}{\partial x_1} & \dfrac{\partial f_m(x)}{\partial x_2} & \cdots & \dfrac{\partial f_m(x)}{\partial x_n} \end{bmatrix}.$$

연쇄법칙이란 두 개의 함수가 합성된 함수의 도함수가 각 함수의 도함수의 행렬 곱으로 주어짐을 말한다. 예를 들어 함수 f가 함수 $h:\mathbb{R}^n\to\mathbb{R}^m$와 $g:\mathbb{R}^m\to\mathbb{R}^p$의 합성함수라고 하자. (간편함을 위해 함수의 정의역을 전 공간으로 가정하기 때문에 모든 합성함수는 잘 정의된다.) 그러면 함수 $f:=g\circ h:\mathbb{R}^n\to\mathbb{R}^p$의 도함수는 $\mathbb{R}^n$에서 $\mathbb{R}^p$로 가는 선형변환이기 때문에 $p\times n$ 행렬이 되며, 자연스럽게 다음과 같은 $p\times m$ 그리고 $m\times n$ 두 개의 도함수 행렬의 곱이 되는 것을 짐작할 수 있다. (물론 이것은 증명이 아니다.)

정리 9.27 함수 f가 다변수함수 $h:\mathbb{R}^n\to\mathbb{R}^m$과 $g:\mathbb{R}^m\to\mathbb{R}^p$의 합성함수라고 하자: $f(x)=g(h(x))$. 그러면 합성함수의 $f:=g\circ h:\mathbb{R}^n\to\mathbb{R}^p$의 도함수는 다음과 같다.

$$
\begin{aligned}
Df(x) &= D(g\circ h)(x) = Dg(h(x))\,Dh(x)\\
&= \begin{bmatrix}
\frac{\partial g_1(h(x))}{\partial y_1} & \frac{\partial g_1(h(x))}{\partial y_2} & \cdots & \frac{\partial g_1(h(x))}{\partial y_m}\\
\frac{\partial g_2(h(x))}{\partial y_1} & \frac{\partial g_2(h(x))}{\partial y_2} & \cdots & \frac{\partial g_2(h(x))}{\partial y_m}\\
\vdots & \vdots & \ddots & \vdots\\
\frac{\partial g_p(h(x))}{\partial y_1} & \frac{\partial g_p(h(x))}{\partial y_2} & \cdots & \frac{\partial g_p(h(x))}{\partial y_m}
\end{bmatrix}
\begin{bmatrix}
\frac{\partial h_1(x)}{\partial x_1} & \frac{\partial h_1(x)}{\partial x_2} & \cdots & \frac{\partial h_1(x)}{\partial x_n}\\
\frac{\partial h_2(x)}{\partial x_1} & \frac{\partial h_2(x)}{\partial x_2} & \cdots & \frac{\partial h_1(x)}{\partial x_n}\\
\vdots & \vdots & \ddots & \vdots\\
\frac{\partial h_m(x)}{\partial x_1} & \frac{\partial h_m(x)}{\partial x_2} & \cdots & \frac{\partial h_m(x)}{\partial x_n}
\end{bmatrix}.
\end{aligned}
$$

예 9.28 $h:\mathbb{R}^2\to\mathbb{R}^3$, $g:\mathbb{R}^3\to\mathbb{R}$이 다음과 같이 정의된다고 하자.

$$
h(x_1,x_2)=\begin{bmatrix} x_1^2+x_2^2\\ x_1x_2\\ x_1+x_2\end{bmatrix},\quad g(y_1,y_2,y_3)=y_1^2+y_2^2+y_3^2.
$$

그러면 $Dh(x)$와 $Dg(y)$는 다음과 같다.

$$
Dh(x)=\begin{bmatrix}
\frac{\partial h_1}{\partial x_1} & \frac{\partial h_1}{\partial x_2}\\
\frac{\partial h_2}{\partial x_1} & \frac{\partial h_2}{\partial x_2}\\
\frac{\partial h_3}{\partial x_1} & \frac{\partial h_3}{\partial x_2}
\end{bmatrix}=\begin{bmatrix} 2x_1 & 2x_2\\ x_2 & x_1\\ 1 & 1\end{bmatrix},
$$

$$
Dg(y)=[2y_1, 2y_2, 2y_3].
$$

$f=g\circ h$로 정의하면, $Df(x)=D(g\circ h)(x)=Dg(h(x))\,Dh(x)$이므로,

$$
\begin{aligned}
Df(x) &= D(g \circ h)(x) = Dg(h(x))\,Dh(x) \\
&= [2(x_1^2+x_2^2), 2x_1x_2, 2(x_1+x_2)]\begin{bmatrix} 2x_1 & 2x_2 \\ x_2 & x_1 \\ 1 & 1 \end{bmatrix} \\
&= [4x_1^3 + 6x_1x_2^2 + 2x_1 + 2x_2, 4x_2^3 + 6x_2x_1^2 + 2x_1 + 2x_2]
\end{aligned}
$$

임을 알 수 있다.

PD행렬과 PSD행렬

정의 9.29 대칭행렬 $A \in \mathbb{R}^{n \times n}$이 0이 아닌 모든 벡터 $x \in \mathbb{R}^n$에 대해 $x^T Ax > 0$을 만족하면, A를 PD(Positive Definite)행렬이라고 하고 $A \succ 0$으로 표기한다.

정의 9.30 대칭행렬 $A \in \mathbb{R}^{n \times n}$이 모든 벡터 $x \in \mathbb{R}^n$에 대해 $x^T Ax \geqslant 0$을 만족하면, A를 PSD(Positive Semidefinite)행렬이라고 하고 $A \succeq 0$으로 표기한다.

PSD행렬은 다음과 같은 동치의 성질들을 갖는다.

1. A가 PSD행렬이다.
2. A의 모든 고유값(eigenvalue)이 비음이다.
3. $A = B^T B$를 만족하는 행렬 B가 존재한다.
4. A의 모든 주부분행렬(principal submatrix의 행렬식(determinant)은 비음이다.
4. A에 가우스소거법을 적용하면, 모든 피봇원소는 비음이다.

게임이론

7

Chapter Seven

많은 경우 나의 성과는 다른 사람과의 상호작용 속에서 거두게 된다. 내가 직면한 최적화문제가 다른 이들의 의사결정에 영향을 받으며, 그 역도 성립한다.

새로 개점하는 상점의 입지나 판매 제품의 가격을 결정할 때, 경쟁업체의 입지나 가격을 고려한다. 최근 개성공단 재개를 두고 벌어지는 남과 북의 정략적인 공세 속에서도 자신에게 최선의 성과를 거두게 하는 상대의 의사결정을 이끌어 내려는 노력을 분명히 볼 수 있다. 서울 시내에서 지하철을 타거나 차를 운전할 때, 다른 이들이 어떤 경로를 선택할 것인가를 예상해서 자신의 경로를 선택한다. 주식투자를 할 때도 다른 사람들의 투자 동향이 나의 투자에 영향을 준다. 물론 그 역도 성립한다.

이러한 상황에서 타인과 나의 성과는 서로 상충되는 측면을 가지기도 하고 협력적인 측면을 가지기도 한다. 각자 이러한 점들을 적절히 고려하여, 자신의 이익을 극대화하는 의사결정을 해야 한다.

이렇게 수립한 의사결정을 **전략**(strategy)이라고 부르고 전략적 의사 결정을 연구하는 경영과학의 분야를 **게임이론**(game theory)이라고 부른다.

1 게임이론의 용어

다음의 예를 통해 게임이론의 용어를 보자.

예 1.1 (입지선택 게임) 어떤 신도시에, A와 B지역, 두 개의 상권이 있다. 경쟁업체인 M과 L은 각각 둘 중 한 곳에 햄버거 체인점을 열려고 한다. A지역의 인구는 10만, B지역의 인구는 5만이다. 현재 M과 L에서 판매하는 햄버거의 선호도는 7 대 3이라고 하자. 그러면 두 업체는 각각 어느 지역으로 진출하는 것이 최선일까?

이 게임의 경우는 *M*과 *L*이 동시에 수를 쓴다고 가정한다. 즉, 시간의 흐름에 따른 게임의 전개과정은 명시적으로 고려하지 않는다. 입지선택 게임의 중요한 점은, 물론 *M*과 *L*의 의사결정이 상호적으로 영향을 준다는 것이다. 즉, 두 기업이 선택한 대안의 조합이 두 기업의 **성과**를 결정한다.

2차원 표를 사용하여 이러한 성과를 나타낼 수 있다. 이를 **성과표**(payoff table)라고 한다.

		L	
		A	*B*
M	*A*	3 7	
	B		

*M*과 *L*을 우리는 **게임참가자**(player)라고 부른다. *M*과 *L*은 모두 *A* 또는 *B*라는 가능한 **대안**(action)의 집합 중 하나를 선택할 수 있다. 대안집합은 일반적으로는 게임참가자들에 따라 다를 수 있다. 대안집합 중 하나를 선택하여 실행하는 것을 '수를 쓴다' (make a move)라고 표현하기도 한다.

위의 성과표에서 첫 번째 게임참가자인 *M*이 선택할 수 있는 대안, *A*와 *B*가 세로로 표시되어 있다. 그러면 게임참가자 *L*이 선택할 수 있는 대안들을 가로로 나타낼 수 있다.

두 게임참가자의 성과를 계산해 보자. 예를 들어, *M*과 *L*이 모두 *A*지역을 선택하면 각각 7만과 3만의 잠재 고객을 확보하게 된다. 이 성과를 해당하는 왼쪽 윗칸에 표시할 수 있다.

연습문제 1.2 위의 성과표를 완성하라.

각 게임참가자는 자신의 **성과**(payoff)를 극대화하기 위하여 가능한 대안 중에서 하나를 실행한다. 이때 상대가 어떤 대안을 선택할지 고려하여, 자신에게 가장 좋은 성과를 주는 대안을 선택한다. 이렇게 상호적인 고려를 통하여 선택한 최선의 대안을 **전략**(strategy)이라고 부른다. 그리고 참가자들이 선택한 전략의 조합과 그 성과를 **균형**(equilibrium)이라고 한다.

연습문제 1.3 [예 1.1]의 게임의 균형은 무엇일까, 짐작해 보자.

2 게임이론의 역사

게임이론은 1944년 폰 노이만과 모겐스턴이 *The theory of games and economic behavior*를 출간하면서 본격적으로 시작되었다. 제로섬게임(zero-sum game)이나 협력게임(cooperative game)과 같은 용어가 생긴 것도 이때였다.

그러나 이들의 게임이론은 제로섬게임과 같이 게임참가자 간의 이해가 완전히 상반되는 경우의 최적 전략은 명확히 설명하지만, 게임참가자 간에 협력이나 협상(bargaining)의 여지가 있는 일반적인 경우에 대해서는 잘 설명하지 못한다. 이러한 이유로 게임이론은 애초의 기대와는 달리 충분한 발전을 이루지 못하였다.

이러한 이론의 한계를 극복할 수 있었던 계기는 내쉬(J. Nash)가 발표한 일반화된 전략적 균형의 개념이었으며, 이를 **내쉬균형**(Nash equilibrium)이라고 부르고 있다. (내쉬의 이론은 1950년대 초반에 발표되었지만, 사회과학에서 본격적으로 응용된 것은 상당한 시간이 흐른 후였다.)

약 사반세기 동안 게임이론은, 내쉬, 섀플리(L. Shapley), 그리고 하사니(J. C. Harsanyi) 등과 같은 학자들의 연구 결과를 바탕으로 급속한 발전을 이루었다.

경영이나 경제학과 같은 사회과학에서 게임이론이 필수적인 도구가 된 것은 이미 오래이다. 그리고 현재 진행되고 있는 게임이론 발전은 사회과학의 범위를 이미 넘어서고 있다. 20세기 후반에 이르러는 생물학의 분야에서 게임이론을 사용하여 많은 현상들을 성공적으로 설명하기 시작하였다.

어떤 시스템이나 자원이 단일 관리자에 의하여 통제되는 것이 아니라 각자의 목적을 가진 다수의 참가자에 의하여 운영되거나 사용되는 상황이라면, 이를 가장 잘 모형화하는 수단은 게임이론이 될 것이다.

그러한 대표적인 현대 시스템이 바로 인터넷이다. 인터넷에 게임이론을 적용한 개척자, 스캇 쉔커(Scott Shenker)는 "인터넷은 균형이다. 우리가 할 일은 그 게임이 무엇인지 밝히는 것 뿐이다" 라고 갈파했다고 한다.

전통적으로 게임이론은 게임의 균형이 어떤 성질을 갖는지 설명하는 데 중점을 두어 왔다. 그러나 현대의 시스템에서는 그 균형을 어떻게 찾을 수 있는지도 이에 못지 않은 중요한 이슈가 된다. 예를 들어, 서울의 지하철 네트워크에서 승객들의 경로 선택이 각자 최소비용 경로를 추구하는 과정에서 달성된 균형이라는 사실뿐 아니라, 균형에서 각 승객이 선택한 경로를 신속하게 추정하는 것도 중요한 문제이다.

이렇게 게임이론은 현재 진행형이며, 기존의 사회과학에서 진화생물학, 교통공학, 그리고 계산과학 분야까지 그 응용 범위를 넓혀가고 있다.

3 게임 모형의 종류

게임이론의 모형들을 일괄적으로 분류한다는 것은 어려운 일이지만, 몇 가지 유용한 기준들은 다음과 같다.

첫째, 게임참가자의 수에 따라 2인 게임, 3인 게임 등으로 분류할 수 있다.

둘째, 게임에 전개과정이 존재하는지에 따라 분류할 수 있다. [예 1.1]의 게임에서는 게임참가자들이 사전적으로 전략을 정하고 이를 동시에 실행하여 성과를 거둔다고 가정하였다. 기본적으로 게임의 전개과정에 대한 고려는 없다. 이러한 게임을 **동시게임**(simultaneous game, strategic game)이라고 한다.

일반적으로 현실의 게임은 전개과정을 갖는다. 게임이 시작해서 종료할 때까지 시간의 흐름 속에서 각 참가자들은 적절한 시점에 자신의 수를 쓴다. 하나의 전략이 한 개 이상의 수(move)들로 이루어진다. 그리고 게임참가자들이 이러한 수들을 서로 번갈아 가며 사용한다. 따라서 수를 쓸 때 그때까지의 전개과정(history)을 고려한다. 이러한 게임을 **순차적게임**(sequential game, extensive game)이라고 한다.

셋째, 모든 게임참가자들이 게임의 구조, 즉 참가자, 가능한 수, 성과 등을 모두 알고 있는 경우를 **완비게임**(games with complete information)이라고 한다. 예를 들어, 바둑이나 포커게임은 완비게임이다. 그렇지 못한 게임을 **불완비게임**(games with incomplete information)이라고 한다. 예를 들어, 우리는 사업 경쟁 상대의 성과구조나 가능한 전략을 온전히 파악하지 못한 채 게임을 하는 경우도 많다. 불완비게임을 하는 것이다.

넷째, 각 수를 쓸 때, 그 전까지의 게임의 전개 과정, 즉 다른 참가자들이 쓴 수를 모두 알 수 있는 게임을 **완전정보게임**(games with perfect information)이라고 부른다. 그렇지 않은 게임은 **불완전정보게임**(games with imperfect information)이라고 한다. 예를 들어, 바둑은 완전정보게임이나 포커와 같이 숨겨진 패가 있는 카드 게임은 불완전정보게임이다.

다섯째, 참가자들의 성과 구조가 완전히 대립되는 경우를 **제로섬게임**(zero-sum game)이라고 부른다. 예를 들어, 2인 게임에서 성과표의 각 사각형 안에 있는 두 참가자의 성과를 합한 값이 모두 0일 때, 이를 제로섬게임이라고 한다. 이러한 경우, 성과표의 사각형에 두 게임참가자의 성과를 모두 적을 필요는 없을 것이다.

그러나 제로섬게임이 아니라면, 두 게임참가자의 모든 전략조합에 대해 두 개의 성과를 적어야 한다. 이러한 이유 때문에 제로섬게임이 아닌 2인 게임을 **2원소행렬게임**(bimatrix game)이라고 부른다.

본 장에서는 2인 완비게임을 중심으로 기본적인 게임의 이론을 살펴볼 것이다.

4 동시게임

동시게임은 게임참가자들이 각자 미리 전략을 정하고 이를 끝까지 바꾸지 않고 실행하여 게임의 성과를 거둔다고 가정한다. 실제 상황에서는 게임의 전개과정을 고려하여 전략을 수정하는 경우도 있기 때문에, 동시게임은 단순화된 모형이라고 볼 수 있다. 그러나 이러한 단순성 때문에 포괄적인 응용성을 가지기도 한다. 그리고 간결한 균형의 개념을 적용할 수 있다.

4.3절에서 다루게 될 내쉬균형은 서로 최선의 대응이 되는 전략조합을 말한다. 서로 최선이기 때문에, 한 쪽이 먼저 자신의 전략을 바꿀 동기가 발생하지 않으므로 일단 달성되면 안정된 상태, 즉 균형이 된다.

본 절에서는 먼저 게임의 균형을 쉽게 찾을 수 있는 특별한 경우를 살펴보자.

4.1 우위전략

동시게임을 분석하는 데 유용한 개념 중 하나가 우위전략이다.

정의 4.1 게임참가자 I의 어떤 전략 s가, 다른 게임참가자들이 어떠한 전략을 선택하는 경우에도, I에게 가장 큰 성과를 주면, s를 I의 **우위전략**(dominant strategy)이라고 한다.

예를 들어, 참가자 I과 II가 하는 2인 게임에서 전략 s가 I에게 우위전략이라는 것은, II가 어떤 전략을 취하든지 I에게 가장 큰 성과를 주는 전략이라는 의미이다.

우위전략을 가진 참가자는 그 전략을 선택하는 것이 최적이며, 다른 참가자들은 이러한 가정에서 각자의 최적전략을 선택할 수밖에 없다. 따라서 2인 게임에서 우위전략이 두 참가자 중 한 사람에게 존재하면 게임의 균형은 쉽게 구할 수 있다.

상대방의 모든 전략에 대해 가장 좋은 성과를 보장한다는 강한 의미의 우위전략은, 그러나 항상 존재하는 것은 아니다.

연습문제 4.2 우위전략이 존재하지 않는 게임을 만들어 보라.

우위전략과 대비되는 열위전략은 다음과 같이 정의한다.

정의 4.3 참가자 I의 어떤 전략 s가 다음의 성질을 만족하면 **열위전략**(dominated strategy)이라고 한다. 상대방이 어떤 전략을 선택하더라도, 참가자 I에게는 전략 s보다 나쁘지 않은 성과를 주는 전략이 존재한다.

정의로부터, 열위전략은 고려 대상에서 제거하여도 해당 참가자의 성과가 작아지지 않는다는 것을 쉽게 알 수 있다. 따라서 열위전략은 우위전략만큼 강한 개념은 아니지만, 제거함으로써 의사결정 문제의 크기를 줄일 수 있다.

예 4.4 (주)삼성과 (주)LG는 '블루레이 디스크 대 HD-DVD 디스크'로 대표되는 차세대 미디어 표준 경쟁에 참가하려고 한다. 시장조사 결과 국내의 블루레이와 HD-DVD의 수요 규모는 각각 연간 150만 장, 50만 장으로 추산되고 있다.

두 회사가 서로 다른 미디어에 투자할 경우 해당 수요를 독점할 수 있다. 그러나 같은 미디어에 투자할 경우, 아직은 두 미디어 중 어느 한 쪽도 유리한 상황이 아니기 때문에, 수요를 반반씩 나누게 된다.

두 회사는 각각 어떤 미디어에 투자할 것인가? 다음의 성과표를 이용하여 동시게임으로 나타내고 확인해 보자.

		LG	
		블루레이	HD-DVD
삼성	블루레이	75 / 75	150 / 50
	HD-DVD	50 / 150	25 / 25

성과표를 보면 삼성에게 블루레이가 우위전략이다. LG가 어떤 전략을 선택해도, 성과가 큰 대안이기 때문이다. 성과가 두 게임참가자에게 대칭적이기 때문에 LG 역시 같은 대안이 우위전략이 된다. 두 회사는 블루레이 사업에 진출하게 된다.

여기에 한 가지 가정을 추가해 보자.

기술 선점을 위하여 삼성은 블루레이 관련 기술을, LG는 HD-DVD 관련 특허를 사전에 구입하였다. 이 특허 때문에 삼성이 HD-DVD 분야에 진출할 경우 LG에 수익의 40%만큼의 로열티를 지불해야 하고, 반대로 LG가 블루레이 분야에 진출할 경우에는 삼성에 수익의 40%만큼의 로열티를 지불해야 한다. 이 경우 양사의 전략은 어떻게 될 것인가?

		LG	
		블루레이	HD-DVD
삼성	블루레이	45 / 105	50 / 150
	HD-DVD	90 / 110	35 / 15

연습문제 4.5 만약 LG만 블루레이 기술특허를 샀다고 하자. 균형은 어디서 발생하는가?

동시게임에서 가장 빈번하게 언급되는 게임은 **죄수의 딜레마**(prisoners' dilemma)이다.

예 4.6 (죄수의 딜레마) 범죄의 용의자인 A와 B가 검거되었다. 검사는 두 사람 모두 공범으로 판단하고 있다. 범행이 밝혀지는 경우, 형량은 최소 5년이지만, 현재 상황은 용의자의 자백이 필수적이다. 즉 두 사람 모두 침묵을 지킨다면, 증거 확보가 어려워 징역 2년을 넘는 형을 받을 가능성은 없다.

검사는 A와 B를 다른 곳에 놓고 이야기한다.

"둘 모두 자백을 한다면, 협조한 것을 참작하여 최소 형량 5년을 구형할 것이다. 그러나 한 사람만 자백을 할 경우, 그의 형량은 유죄협상(plea bargain)에 의거 1년으로 낮추겠지만, 자백을 거부한 사람은 10년을 구형할 것이다."

두 용의자는 어떠한 선택을 하게 될까?

A와 B가 처한 상황을 동시게임으로 생각하고, '자백' 또는 '묵비'에 대한 성과를 정리하면 〈그림 7.1〉과 같다. 이 게임에서는, 서로 협력하는 경우 모두 가벼운 처벌을 받을 수 있음에도 불구하고, 두 용의자는 결국 자백을 하게 되는 것을 알 수 있다.

		B	
		자백	묵비
A	자백	−5 −5	−10 −1
	묵비	−1 −10	−2 −2

〈그림 7.1〉 죄수의 딜레마

확인해 보자. A의 관점에서 생각하자. 만일 B가 자백한다면 A도 물론 자백해야 한다. 그리고 B가 침묵을 지킨다면 역시 A는 자백을 하는 것이 더 좋은 결과를 가져온다. 즉, 자백하는 것이 A에게 우위전략이다.

성과표의 대칭성은, 자백하는 것이 B에게도 우위전략이라는 것을 말해 준다. 따라서 A와 B는 협력하여 2년형을 받는 대신, 모두 자백을 하고 5년형을 살게 된다.

여기서 강조해야 할 것은, A와 B는 성과구조에 따라 합리적인 게임을 하였는데도 불구하고 가능한 최선보다 좋지 않은 상황에 빠질 수밖에 없다는 것이다.

실제로 다양한 맥락에서 '죄수의 딜레마'의 현상을 관찰할 수 있다. 예를 더 들어보자.

2008년 상반기 국제 유가는 150달러까지 육박하여 세계적으로 에너지 위기감을 조성했다. 그러나 미국발 신용경색에서 출발한 경제위기 상황에서 2008년 12월, 국제 유가는 다시 40달러 선까지 곤두박질쳤다가 2009년 말 80달러 선을 유지하였다. 이렇게 큰 변동성의 원인은 공급의 문제가 아니라, 수요가 예상된 범위보다 많이 축소되었거나 확대된 것이 원인으로 알려져 있다. 특히 경기전망에 국제유가가 예민하게 반응하는 것을 목격하고 있다. (물론 수요의 차이가 투기적인지 실질적인지에 대한 논란은 있다.)

즉, 석유수출국기구(OPEC)라는 카르텔은 원유가격 상승의 지속적인 주요 원인이 아니라는 것이다. 2000년대 초 원유가가 40달러대로 최초로 돌입한 후, 레바논에서 석유수출국기구 회의가 열렸다. 이때, 사우디아라비아와 아랍에미레이트 공화국에서는 카르텔의 원유 상한선보다 더 많은 양의 원유를 생산하겠다고 선언했다. 이후 원유가는 40달러 아래로 내려가 세계 경제에 숨 돌릴 여유를 주었다.

수요의 급격한 변화가 발생하지 않는 한, 원유가의 상승은 이러한 식으로 진정되는 것이 대부분이다. 2008년 12월, OPEC은 대규모 감산을 선언했지만 국제시장은 이를 심각하게 받아들이지 않았다. 현재 OPEC이라는 카르텔은 국제 원유 가격 결정에 주요 변수로 작용하고 있는 것 같지는 않다. 이러한 가격담합 무력화 현상도 죄수의 딜레마를 통해서 설명할 수 있다.

연습문제 4.7 (양촌치킨과 바베큐치킨) 낙성대학 캠퍼스촌의 양촌치킨과 바베큐치킨은 다양한 메뉴로 학생들의 밤참 시장에 공헌하고 있다. 현재 치킨 가격은 두 가게 모두 10,000원이고, 한 마리당 원가는 양촌은 4,000원, 바베큐는 4,500원이다.

어느 날, 양촌치킨의 점주는 바베큐치킨에게 치킨의 가격을 15,000원으로 올리자는 제안을 했다. 가격을 올리는 대신 고급 닭고기와 특별 소스를 사용하여 질을 높이면 학생들에게 어필할 수 있다는 것이다. 이렇게 고급 재료를 사용할 경우, 양촌치킨은 5,000원, 바베큐치킨은 6,000원의 원가를 지출한다. 현재 치킨의 일일 수요는 1,200마리이고, 15,000원으로 가격을 올린다면 치킨의 수요는 1,000마리로 줄어든다. 다년간의 장사 경험에서 보아, 두 치킨집의 가격이 같을 때, 양촌치킨과 바베큐치킨은 동일하게 수요를 양분한다.

반면 두 가게의 치킨 가격이 다르다면, 학생들 대부분은 10,000원짜리를 선택한다. 15,000원짜리와 10,000원짜리의 수요는 각각 300마리, 900마리가 된다. 과연 이 담합은 성립할까? 다음의 성과표를 완성하여 설명하라.

		바베큐	
		15,000	10,000
양촌	15,000		
	10,000		

연습문제 4.8 죄수의 딜레마는 다양한 사회현상을 설명할 수 있는 틀이기도 하다. 다음과 같은 사회현상을 죄수의 딜레마로 설명해 보라.

1. 예방접종 기피현상
2. 사람들이 법을 지키지 않은 이유는 무엇일까? 흔히 "법을 지키면 나만 손해다"라고 말한다. 이러한 인식을 죄수의 딜레마로 설명해 보라.
3. 끼어들기가 습관이 된 운전자들의 행태를 죄수의 딜레마로 설명해 보라. 그렇지 않은 운전자들과의 결정적인 차이는 무엇인가?

연습문제 4.9 (반복되는 죄수의 딜레마*) [예 4.6]을 장기적으로 반복하는 상황을 생각해 보자. 이러한 게임에서 둘 다 자백하는 것 이외의 균형을 얻을 수 있을지 생각해 보자. (힌트 : 유한 번 반복하는 경우와 무한 번 반복하는 경우를 나누어 생각하고, 두 경우 모두 게임나무를 이용하여 분석하라.)

4.2 게임 메커니즘 디자인

게임 메케니즘이란 게임참가자들이 취할 수 있는 대안 집합과 선택한 대안 조합이 어떤 성과를 얻는가를 비롯해 게임의 모든 절차와 룰을 말한다. 게임 메커니즘을 설계하는 문제는 주어진 게임 메커니즘에서 최선의 전략을 수립하는 것과 다른 차원의 문제이며, 다양한 공동체에서 발생하는 중요한 문제임을 짐작할 수 있다.

예를 들어, 정부가 주파수 대역과 같은 공공 인프라를 민영화하기 위해 사용면허를 경매하는 경우를 생각해 보자. 공공의 이익에 부합하는 낙찰자를 선정하는 것은 매우 중요하다. 해당 주파수 대역의 가치를 가장 높게 평가하는 입찰자에게 면허를 주려고 한다. 이는 그 가치가 입찰자가 주파수 대역을 사용하여 창출할 수 있는 부가 가치라고 여기기 때문이다. 여기서 문제는 정부가 입찰자가 해당 품목에 대해 가지고 있는 실제 평가 가치를 모른다는 것이다. 물론 직접 물어볼 수 있겠지만, 입찰자는 될 수 있으면 크게 이를 과장할 것이다. 따라서 가장 높은 평가가치의 낙찰을 보장할 수 없다.

가장 큰 액수의 입찰가를 적어 낸 참가가에게, 이와 동일한 금액을 받고 경매물을 파는 최고 입찰가 방식은 어떨까? 이 경우에는 자신의 실제 가치를 입찰하면 낙찰이 되어도 이익이 없기 때문에, 그 보다는 낮고 다음으로 높은 입찰가 보다는 조금 높은 입찰가를 설정하는 것이 최적이다. 그러나 다른 입찰가격을 알 수 없기 때문에 가격을 너무 낮게 잡으면 다른 입찰자가 낙찰될 수 있다. 다른 입찰자의 선택에 따라 나의 전략이 달라지기 때문에 우위전략이 존재하지 않아 가장 큰 평가를 가진 입찰자도 낙찰을 보장할 수 없다.

이 목적에 맞도록 경매라는 게임을 설계하는 방법은 없을까?

예 4.10 (빅커리 경매 시스템(Vickrey auction)) 참여자들이 입찰가를 한 번 제시하고, 이를 바탕으로 낙찰자를 결정하는 경매를 생각해 보자. 경매물은 각 입찰자 i에게 v_i만큼의 가치를 가지고 있으며, p_i를 지불하면 $v_i - p_i$의 최종 이익을 얻게 된다. 빅커리 경매는 다음과 같은 방식을 취한다. 가장 큰 입찰가를 쓴 입찰자에게 낙찰을 주지만, 가격은 두 번째로 높은 입찰가를 받는다.

빅커리 경매에서 각 입찰자 i에게 우위전략이 있는지 살펴보자. 우선 자신의 평가 v_i보다 더 높은 가격 p_i를 제시하는 경우를 생각해 보자. 만약 다음으로 높은 입찰가 p'이 v_i보다 가격이 높다면 낙찰이 되더라도 자신이 느끼는 가치보다 $p' - v_i$ 만큼 높은 가격을 지불하게 된다. 한편 p'이 v_i보다 작다면 굳이 입찰가를 높이지 않아도 낙찰 가능성은 유지된다. 따라서 입찰가격을 v_i보다 과장할 필요는 없다.

그러면 입찰가격을 v_i보다 낮게 쓸 필요가 있을까? 낙찰되는 경우에는 $v_i - p'$의 이익을 얻게되는 것에는 변함이 없지만 낙찰 가능성을 불필요하게 감소시키게 된다. 따라서 입찰자는 그럴 이유가 없다.

따라서 어떠한 경우에도 각 입찰자 i는 경매물에 대한 자신의 가치 v_i를 입찰가로 쓰는 것이 우위전략이 된다. 따라서 v_i가 가장 큰 입찰자에게 낙찰된다.

위의 빅커리 경매는 다음과 같은 성질을 가진다.

1. 자신이 경매물에 대한 가치를 그대로 제시하는 것이 우위전략이며, 이 전략을 취하면 입찰자는 손해를 보는 경우가 없다.
2. 사회적 이익이 최대가 되도록 낙찰이 이루어진다. 즉, 입찰자들의 실현되는 경매물 가치 v_i의 합이 최대가 된다.

위의 성질들은 경매를 포함하여 공공의 이익과 관련된 게임 메커니즘에게 요구되는 바람직한 것들임을 알 수 있다. 게임 메커니즘 디자인은 경매, 선거, 에너지, 인터넷 운영 및 정책을 위해 발전하고 있는 분야이다

4.3 내쉬균형

우위전략은 존재한다면 반드시 선택해야 하는 전략이다. 그러나 앞에서 보았듯이, 우위전략이 항상 존재하는 것은 아니기 때문에 게임의 균형이 우위전략을 찾는 것에 국한되어서는 안 될 것이다. 즉, 일반적인 게임의 균형을 구하기 위해서는, 일반적인 균형의 개념이 필요하다. (실제로 우리는 지금까지 균형이라는 것을 직관적인 의미로 사용해 왔다.)

내쉬는 다음과 같이 일반화된 균형의 개념을 정의하였고, 이는 게임이론에서 가장 보편적으로 채택하고 있는 균형의 정의이다.

정의 4.11 2인 게임에서 두 참가자, I과 II가 택하는 전략 조합 순서쌍, (s, t)가 다음을 만족하면 내쉬균형(Nash equilibrium)이라고 한다.

1. I이 s를 선택한다면, t가 II에게는 최선의 전략이다.
2. II가 t를 선택한다면, s가 I에게는 최선의 전략이다.

다시 말하면 내쉬균형이란 어떤 참가자도 자기 혼자 전략을 바꿀 동기가 없는 전

략 조합을 말한다. 이러한 의미에서 내쉬균형은, 일단 달성되면, 안정적으로 유지되는 전략 조합이라고 할 수 있다.

> **연습문제 4.12** 내쉬균형이 우위전략의 개념을 포함한다는 것을 보여라. 즉, 우위전략의 조합은 내쉬균형임을 증명하라.

예 4.13 (성의 대결(Battle of Sexes)**)** 영희와 철수는 캠퍼스 커플이다. 주중에는 학업에 매진하고 금요일 저녁에 데이트를 한다. 그런데 영희는 야구광, 철수는 재즈팬이다. 어느 금요일, 철수는 재즈 베이스 주자 레이 브라운의 콘서트 표 두 장을, 영희는 한국시리즈 결승전 표 두 장을 들고 코엑스몰에서 만난다. 이날 둘의 운명은?

두 사람의 상황을 성과표로 만들어 보자. 우선 철수와 영희가 모두 야구장에 가기로 한 경우, 영희는 철수보다 더 큰 성과를 거둘 것이다. 따라서 철수와 영희에게 각각 0과 1의 성과를 줄 수 있다. 만약 둘이 모두 재즈콘서트를 간다면, 이와 대칭적인 성과를 가정하는 것이 합리적일 것이다.

만일 철수가 재즈콘서트를 고집하고 영희는 야구장을 향하여 간다면 어떨까? 각자 가고 싶은 장소로 가기는 하지만, 데이트의 본질이 '함께 하는 것'임을 생각하면 (그리고 이 일이 두 사람의 관계에 미칠 영향을 생각하면) 둘의 성과는 앞의 두 경우보다는 훨씬 낮아야 할 것이다. 예를 들어 각각 −1의 성과가 발생한다고 가정하자. 나머지 경우, 즉 철수가 야구장을 가고 영희가 재즈콘서트를 가는 경우는 그 반대의 경우보다 성과가 모두에게 더 나쁠 것이다. (따라서 −1보다 더

철수 \ 영희	야구장	재즈콘서트
야구장	0, 1	−2, −2
재즈 콘서트	−1, −1	1, 0

낮은 성과를 주는 것이 합리적일 것이다.)

이 게임에서 두 사람의 전략 쌍 중, (야구장, 야구장), 그리고 (재즈콘서트, 재즈콘서트)가 내쉬균형인 것을 알 수 있다. 영희가 야구장을 고집하면, 철수는 불만이겠지만 재즈콘서트로 가버리는 것보다는 영희와 같이 야구장을 가주는 것이 낫다. 역으로, 철수가 야구장을 선택하면 영희는 물론 야구장을 선택하는 것이 낫다. 즉, (야구장, 야구장)은 내쉬균형이다.

같은 이유로 (재즈콘서트, 재즈콘서트)가 내쉬균형인 것을 쉽게 확인할 수 있다. 실제로 우리의 경험에 의하면, 둘 사이에 실랑이가 있을 수는 있지만, 결국은 같은 곳으로 가게 된다.

예 4.14 (비둘기–매 게임(Hawk–Dove Game)**)** 어떤 한 개의 종은 두 가지 생존 경쟁 전략을 취할 수 있다. 하나는 '매' (hawk)가 되는 것이다. 상대를 만나면 언제나 전력을 다해 싸우며 어느 한 쪽이 심각하게 상처를 입으면 끝난다. 상처를 입으면 −100의 성과가 있다고 하자.

다른 하나의 전략은 '비둘기' (dove)가 되는 것이다. 비둘기는 매를 만나면 즉시 피하며 진다. 그러나 같은 비둘기를 만나면 싸우게 되는데, 폭력을 피하고 위협으로 상대를 물리치려고 한다. 그러나 노력과 시간이 소요되므로 이기든 지든 양쪽 모두 −10의 성과가 발생한다.

싸움 자체에서 발생하는 성과와는 별도로, 싸움에 이기면 50, 지면 0의 성과를 얻는다. 비둘기끼리 혹은 매끼리 싸울 때 승패의 확률은 각각 $\frac{1}{2}$이라고 하자.

그러면 비둘기–매 게임은 다음과 같은 성과표로 나타낼 수 있다.

		II: 비둘기	II: 매
I	비둘기	15 15	50 0
	매	0 50	−25 −25

성과표에서, 둘 다 비둘기가 되거나 매가 되는 것은 균형이 아니다. 한 사람이 비둘기이면 상대는 매가 되는 것이 더 나은 성과를 준다. 또한 상대가 매라면 이에 매로 맞서는 것보다는 비둘기의 전략을 취하는 것이 피해를 줄일 수 있다. 즉, 균형에서는 비둘기와 매의 전략이 상호 엇갈리게 된다.

현대사에서 북한과 미국의 국제 정치적인 갈등은 계속 반복되고 있다. 그러나 그 갈등의 국면을 자세히 살펴보면, 강경-온건 전략이 서로 엇갈리거나 혼재되어 있는 것을 알 수 있다. 2009년, 북한은 두 번째 핵실험라는 극단적인 선택을 한 이후, 미국의 자세가 강경해지자 억류 중이던 미국의 여기자들을 석방하는 등, 급격한 반전을 보이고 있다. 이러한 현상을 위와 같은 비둘기-매 게임으로 설명할 수 있다.

연습문제 4.15 (사슴이냐 토끼냐) 유인원 갑과 을은 동네 뒷산에서 사냥을 한다. 뒷산에서는 사슴이나 토끼를 잡을 수 있는데, 사슴은 고기 양은 많지만 서로 협력해서 잡아야 한다. 토끼는 혼자서도 잡을 수는 있지만, 뒷산에 사는 토끼의 수가 적어서 갑과 을 모두 토끼를 잡으면 사슴만큼 고기를 얻지는 못한다. 균형은 어디서 생길까?

성과표를 나름대로 만들고, 분석하라.

		을	
		사슴	토끼
갑	사슴		
	토끼		

연습문제 4.16 경부고속도로 상행선 서초동 진출로에서 끼어드는 차들은 대부분 자신의 의도대로 성공한다. 서울의 운전자들은 마음이 넓은 것일까? 설명해 보라.

내쉬균형은 상품의 공급자가 소수인 시장을 분석하는 데에도 응용할 수 있다. 어떤 상품의 공급자가 하나뿐일 때 그 상품의 시장을 독점시장(monopoly market)이라고 하고, 둘일 때는 복점(duopoly), 소수일 때는 과점(oligopoly)이라고 한다. 특히 복점시장에서 두 기업이 상품의 공급량과 가격을 어떻게 조절할 수 있는지에 대해 분석할 때 내쉬균형의 개념이 사용된다.

공급량을 이용하여 복점시장을 분석하는 모형을 쿠르노 모형(Cournot model)이라고 한다. 가격을 이용하여 시장의 균형을 분석할 수도 있는데, 이를 버트랜드 모형(Bertrand model)이라고 한다. 그리고 시장을 선도하는 기업과 이를 좇는 기업이 있을 때 균형을 분석하는 스타켈버그 모형(Stackelberg model)도 있다. 이 중 쿠르노 모형의 예를 들어보자.

예 4.17 (쿠르노 모형*) 스마트폰 시장은 피어(Pear)와 블루베리(Blueberry), 두 회사가 장악하고 있다. 피어의 생산량을 q_1, 블루베리의 생산량을 q_2라고 하면, 스마트폰의 가격 p는 $p = 1{,}000 - (q_1 + q_2)$로 결정된다고 알려져 있다. 두 회사의 단위 생산 비용은 100이다. 그러면 두 회사는 각각 얼마만큼 스마트폰을 생산할까? 그리고 스마트폰의 시장가격은 얼마일까?

피어와 블루베리, 두 회사의 이윤을 각각 $\pi_1(q_1)$, $\pi_2(q_2)$라고 하자. 그러면 이윤은 수입에서 비용을 뺀 값이므로 다음과 같다.

$$\pi_1(q_1) = (p - 100)\,q_1,$$
$$\pi_2(q_2) = (p - 100)\,q_2.$$

그런데 $p = 1{,}000 - (q_1 + q_2)$이므로 이를 대입하면, 다음과 같이 한 회사의 이윤은 다른 회사의 생산량의 함수임을 알 수 있다.

$$\begin{aligned}\pi_1(q_1) &= (p - 100)\,q_1 = ((1{,}000 - (q_1 + q_2)) - 100)\,q_1\\ &= -\left(q_1 - \frac{900 - q_2}{2}\right)^2 + \left(\frac{900 - q_2}{2}\right)^2,\\ \pi_2(q_2) &= (p - 100)\,q_2 = ((1{,}000 - (q_1 + q_2)) - 100)\,q_2\\ &= -\left(q_2 - \frac{900 - q_1}{2}\right)^2 + \left(\frac{900 - q_1}{2}\right)^2.\end{aligned}$$

위에서 각 사의 이윤을 최대화하는 조건은 다음과 같다. 피어는

$$q_1 = \frac{900 - q_2}{2}, \tag{4.1}$$

블루베리는

$$q_2 = \frac{900 - q_1}{2}. \tag{4.2}$$

즉, 자신의 최적 생산량은 상대의 생산량에 달려 있다. 만약 블루베리가 100대 생산한다면 피어는 400대 생산할 것이다. 만약 피어가 400대 생산한다면 블루베리는 250대 생산할 것이다.

궁극적으로 각 사는 몇 대를 생산하게 될까? 우선 (4.1)과 (4.2)를 동시에 만족하는 것이 유일한 내쉬균형이라는 것을 생각하자. (왜인가?) 이 두 식을 연립하여 풀면 $q_1 = q_2 = 300$이 내쉬균형이 된다. 이러한 내쉬균형을 특별히 쿠르노 균형(Cournot equilibrium)이라고 한다.

실제로 각 사가 정확히 300대에서 시작하지 않아도, (4.1)과 (4.2)를 사용하여 생산량을 상대방의 생산량에 따라 조정해 가면, $q_1 = q_2 = 300$이라는 내쉬균형에 수렴할 수 있다. 예를 들어, 위의 생산량들이 어떻게 $q_1 = q_2 = 300$에 수렴하는지 〈그림 7.2〉를 참조하라.

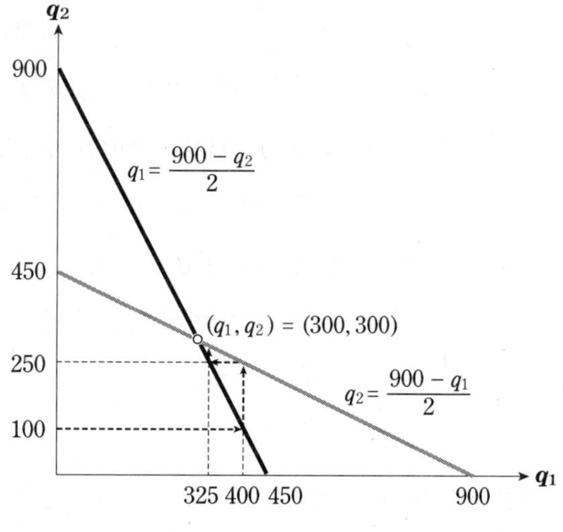

〈그림 7.2〉 쿠르노의 균형

4.4 라우팅 게임*

서울의 전철 승객들을 생각하자. 출발역 s에서 목적역 t까지 복수 개의 $s-t$ 경로가 존재한다고 하자. (교통공학에서는 경로 대신 '연결' (connection)이라는 용어를 사용하기도 한다.) 각 경로마다 통행 비용이 존재하고, 승객은 각자 자신의 통행을 위해 비용이 최소가 되는 경로를 선택한다고 하자. 이를 'selfish routing', 즉 개별적 라우팅이라고 한다.

개별 승객들이 각자 어떤 선택을 하느냐에 따라 전체 전철 네트워크의 통행 흐름이 결정된다. 즉, 각 경로의 통행량이 결정된다. 그리고 통행량은 또한 승객들이 경로를 선택할 때 느끼는 비용을 결정하는 요인 중에 하나이다. 그러한 요인 중에는 통행시간, 환승의 편의성, 요금 같은 다른 것들도 존재한다.

하지만, 통행량이 특별한 점은 이러한 요인으로 인해 승객들의 경로 선택이 상호적으로 영향을 준다는 것이다. 즉, 통행량이 승객들의 경로 선택의 기준인 통행 비용을 결정하는 요인의 하나라는 가정을 받아들이면, 각 승객들의 통행 경로 선택 문제는 게임이 된다. 이를 일반적으로 라우팅 게임(routing game)이라고 한다. 따라서 각 경로의 통행량은 라우팅 게임의 균형이 된다.

4.4.1 연속 흐름 라우팅 게임과 균형*

라우팅 게임의 참가자는 전체 승객이다. 이러한 게임을 정확히 묘사하기 위해서는 전체 승객의 수와 동일한 차원의 성과표가 필요할 것이다. 각 승객의 $s-t$ 경로들이 선택할 수 있는 전략 집합이 된다. 그러나 이러한 게임 모형은 승객의 수에 따라 그 크기가 너무 커져 효율적 분석이 불가능할 수 있다. 예를 들어, 서울을 중심으로 한 11개 노선의 지하철 통행 횟수는 1일 700만 건을 넘는다.

이러한 경우, 라우팅 게임에서 승객들을 개별적으로 반영하는 대신, 집합적으로 반영하는 연속 흐름 모형을 사용할 수 있다.

1. 승객을 개별적으로 구별하지 않고, 각 $i=1,\cdots,m$에 대해 출발역-도착역 쌍, s_i-t_i의 승객 수요를 r_i의 크기를 가진 연속 흐름으로 가정한다.

2. 각 $i=1,\cdots,m$에 대해 s_i-t_i를 연결하는 경로의 집합을 $\mathcal{P}_i$로 표시하고, 이에 속한 각 경로 $P\in\mathcal{P}_i$를 선택한 승객 흐름의 크기를 f_P로 표기한다. 전체 승객의 통행 경로 선택은, 따라서 $f=\{f_P \mid P\in\mathcal{P}_i,\, i=1,\cdots,m\}$으로 표현할 수 있다.
3. 네트워크 각 호 $e\in E$의 비용은 호 위의 흐름 $f_e=\sum_{P:e\in P} f_P$의 함수 $c_e(f_e)$로 가정한다.

예 4.18 연속흐름 모형을 위한 지하철 네트워크

□ $(s_1,t_1)=$ (사당, 을지로3가),

$P, Q\in\mathcal{P}_1$:

$P=$ (사당 → 충무로 → 을지로3가),

$Q=$ (사당 → 교대 → 을지로3가)

□ $(s_2,t_2)=$ (방배, 충무로),

$R, S\in\mathcal{P}_2$:

$R=$ (방배 → 사당 → 충무로),

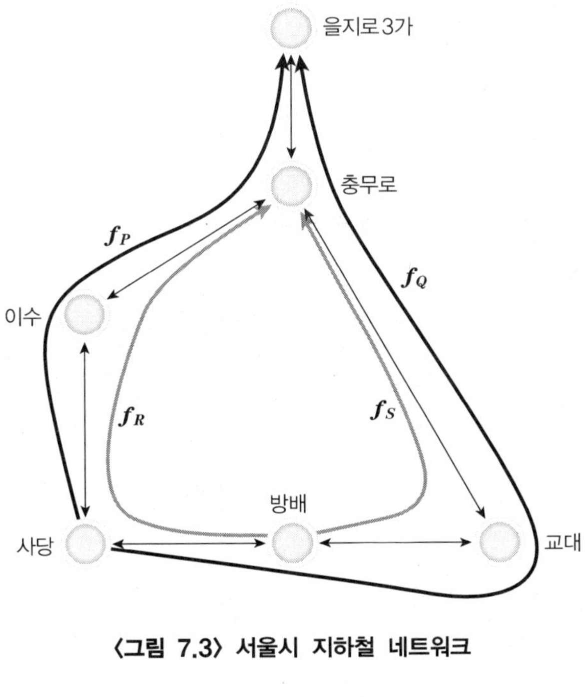

〈그림 7.3〉 서울시 지하철 네트워크

$$S = (\text{방배} \rightarrow \text{교대} \rightarrow \text{충무로})$$

□ $f_{\{\text{이수, 충무로}\}} = f_P + f_R, \quad f_{\{\text{방배, 교대}\}} = f_Q + f_S, \cdots$

위의 모형을 정의하는 데 사용한 네트워크는 실제로 비선형 비용을 가진 다품종 흐름네트워크 $G = (V, E, c)$라는 것을 알 수 있다. 그러나 연속흐름 라우팅 게임에서는, 전체 시스템에서 발생하는 호비용의 합을 최소화하는 최소비용 다품종 흐름 네트워크 문제와 달리, 'selfish routing' 을 추구하는 승객의 흐름이 달성한 균형을 찾는 문제가 된다.

다음과 같은 흥미로운 예가 이러한 차이를 잘 보여준다. (이는 1920년대에 경제학자 피구(Pigou)가 고안한 것이다.)

예 4.19 (피구(Pigou)의 예) 〈그림 7.4〉와 같이 s에서 t까지 1이라는 통행 수요가 있다고 하자. 두 개의 $s-t$ 경로가 있으며, 위 경로의 단위 흐름당 비용은 흐름량이 $0 \leqslant f \leqslant 1$일 때, $c(f) = 1$, 아래 경로는 $c(f) = f$이다. 예를 들어 위 경로는 멀어서 비용이 높지만 용량이 커서 통행량에 영향을 받지 않는 반면, 아래 경로는 짧지만 용량이 제한적이어서 통행량에 비례하여 단위 비용이 증가한다.

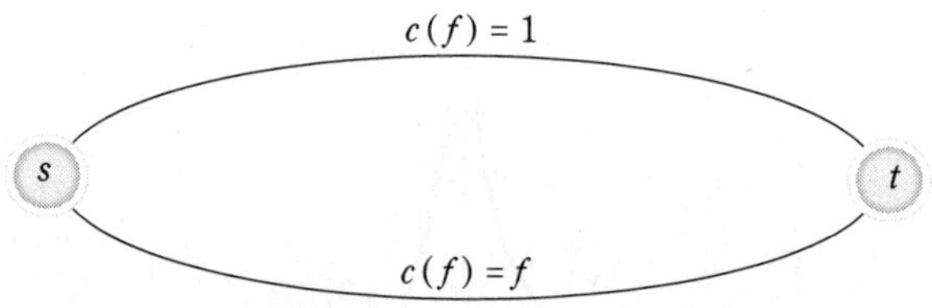

〈그림 7.4〉 피구(Pigou)의 예

우선 전체 시스템에서 발생하는 비용의 합을 최소화하는 최적해를 구해 보자. 아래 경로를 선택하는 통행량을 x라고 하면, 두 개 경로에서 발생하는 총비용은

$$1 \times (1 - x) + x \times x.$$

따라서 최적해는 $x^* = \frac{1}{2}$가 되고 그때 비용은 $\frac{3}{4}$이 된다.

한편, 균형은 어디서 발생할까? 연속흐름 모형은 승객들을 각각 게임참가자로 반영하지 않기 때문에 내쉬균형의 개념을 그대로 적용할 수 있는 것은 아니다.

그러나 각 승객들의 통행량을 각 수요 쌍 (s_i, t_i) 통행 수요 r_i 중에서 무한소(infinitesimal)만큼에 해당한다고 하고, 승객의 단위당 통행 비용이 모두 c로 같다고 하면, 내쉬균형의 개념을 연속흐름 모형에 적용할 수 있다. 균형 흐름은 어떤 한 승객도 현재 상황에서는 경로를 바꿀 동기가 없는 것이어야 한다. 균형 흐름이란 무한소만큼 흐름이 한 경로에서 다른 경로로 이동하여도 단위 비용이 감소하지 않는 그러한 흐름이라고 정의할 수 있다.

피구(Pigou)의 예에서 이러한 조건을 만족하는 흐름을 구해 보자. 아래 경로의 통행량이 1보다 작으면 그 단위 비용이 위 경로의 단위 비용보다 항상 작다. 따라서 무한소만큼의 비용이 아래로 이동하면 자신의 단위 비용을 줄일 수 있다. 따라서 앞에서 논의한 성질을 갖는 균형 흐름은 단 하나이다. 즉, 아래 경로 통행량 $x = 1$이 되어야 한다. 이 균형 흐름의 총비용은 1이 된다.

[예 4.19]는 전체 시스템의 흐름을 통제 가능한 관리자의 문제라고 할 수 있는 최소비용 다품종 흐름문제와 각 사용자들이 자신의 비용을 최소화하는 경로를 찾는 라우팅 게임의 차이를 잘 보여준다.

지하철 네트워크와 같이 각 승객들이 개별적 라우팅을 하는 네트워크에서 승객의 경로 선택을 추정하는 경우라면, 게임문제로 모형화하는 것이 적절할 것이다.

참고 4.20 [예 4.19]에서 최적화 문제의 최적해의 비용은 $\frac{3}{4}$이지만 균형의 목적함수 값은 1로 최적해보다 $\frac{4}{3}$배 크다. 이를 '방임의 댓가'(price of anarchy)라고 부른다.

만약 흐름이 0보다 큰 어떤 $s-t$ 경로 P의 현재 비용이 다른 어떤 $s-t$ 경로 P'의 비용보다 크다면, 흐름을 무한소만큼 P에서 P'으로 옮기면 비용이 감소할 것이다. (비용함수는 연속이라고 가정하자.) 그리고 그 역도 성립한다. 즉, P의 흐름을 무한소만큼 P'으로 옮겨서 비용을 감소시킬 수 있다면, 이는 P의 현재 비용이 크다는 의미가 된다. (흐름량이 증가하면 비용도 항상 증가한다고 하자. 즉, 비용은 흐름량의 단조 증가 함수라고 가정하자.)

따라서 연속흐름 라우팅 게임의 균형을 다음과 같이 정의할 수 있다.

정의 4.21 (워드롭 균형(Wardrop equilibrium)) f를 위에서 정의한 흐름 네트워크의 수요를 모두 만족하는 가능흐름이라고 하자. 만일 f가 다음과 같은 조건을 만족하면 워드롭 균형이라고 한다. 모든 $i=1,\cdots,m$에 대해, 모든 두 개의 s_i-t_i 경로 $P, P' \in \mathcal{P}_i$에 대해 다음 조건이 성립한다.

$$f_P > 0 \Rightarrow c_P(f) \leqslant c_{P'}(f).$$

4.4.2 브래이스의 역설*

예 4.22 (브래이스(Braess)의 역설) 〈그림 7.5〉의 왼쪽 네트워크의 워드롭 균형을 구해 보자. 두 개의 경로 P, Q의 단위 비용이 같기 때문에, 각각 1/2의 흐름이 균형이 된다. 그리고 총 발생 비용은 3/2이 된다.

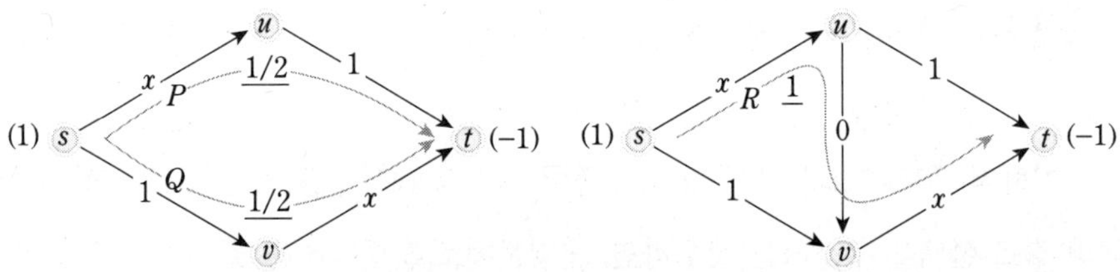

〈그림 7.5〉 브래이스의 역설

왼쪽 네트워크에서 마디 u로부터 v까지 단위비용이 0인 더 효율적인 링크를 추가해 보자. 새로운 경로 R은 통행량이 1이 되기 전에는 항상 P, Q보다 단위비용이 작기 때문에, 새로운 균형에서는 R에 1의 수요가 모두 몰린다. 따라서 경로 R의 단위 비용은 2가 되어, 2의 총 비용이 발생한다. 통행객들은 초기 네트워크보다 더 많은 비용을 지불한다!

브래이스의 역설은 추가된 도로가 승객들의 'selfish routing'에 의하여 더 큰 혼잡을 야기시킬 수 있다는 것을 의미한다. 브래이스 역설의 실제 예의 하나로 청계천 고가도로를 꼽는다. 6차선 고가도로를 철거하고 청계천 수로를 복구했을 때, 주변의 교통흐름은 나빠지지 않았다. 오히려 개선되는 효과를 보였다. 이것은 그 이전에 청계고가도로가 야기시켰던 브래이스 효과를 되돌리는 의미로 해석할 수 있다는 것이다.

4.4.3 워드롭 균형을 찾는 최적화 모형**

c_e^*를 현재 링크 e의 한계비용, 즉 $c_e^*(f_e) \equiv (f_e \cdot c_e(f_e))'$으로 표기하자. 그리고 $c_P^*(f) := \sum_{e \in P} c_e^*(f_e)$.

표기법에 유의하여 다음을 확인해 두자.

기본정리 4.23

$$\frac{\partial}{\partial f_P} \sum_{P \in \mathcal{P}} c_P(f) f_P = c_P^*(f).$$

성질 4.24 연속 라우팅 게임 (G, r, c)에서, 모든 호 e에서 $x \cdot c_e(x)$가 볼록함수라고 하자. 그러면, f^*가 (G, r, c)의 시스템 최적해가 될 필요충분조건은 모든 $i = 1, \cdots, k$에 대해,

$$\forall P, Q \in \mathcal{P}_i,\ f_P > 0 \Rightarrow c_P^*(f^*) \leqslant c_Q^*(f^*). \tag{4.3}$$

즉, 사용하고 있는 경로의 한계비용이 다른 어떤 경로의 한계비용보다도 같거나 작다는 것이다.

증명 : 다음의 최적화문제를 생각하자:

$$\min \left\{ \sum_{P \in \mathcal{P}} c_P(f) f_P : \sum_{P \in \mathcal{P}_i} f_P = d_i,\ f_P \geqslant 0 \right\}. \tag{4.4}$$

제6장에서 논의한 볼록최적화 최적조건을 사용하기 위해 라그랑지안을 쓰면 다음과 같다.

$$L(f,\lambda,\mu)=\Sigma_{P\in\mathcal{P}}c_P(f)f_P+\Sigma_i\lambda_i(\Sigma_{P\in\mathcal{P}_i}f_P-d_i)$$
$$-\Sigma_{P\in\mathcal{P}}\mu_P f_P \quad (4.5)$$

볼록성에 의해 f가 최소비용흐름일 필요충분조건은 모든 $i=1,\cdots,k$에 대해 다음을 만족하는 λ와 $\mu\geqslant 0$가 존재하는 것이다.

$$c^*_P(f)=-\lambda_i+\mu_P,\ \ P\in\mathcal{P}_i,$$
$$\mu_P\cdot f_P=0,\qquad P\in\mathcal{P}_i. \quad (4.6)$$

따라서 f^*가 시스템 최적해일 때, $f^*_P>0$이면 $\mu_P=0$이므로, 모든 i에 대해 조건 (4.3)이 성립한다.

역으로 (4.3)이 성립하는 경우, $\lambda_i\leftarrow-\min_{P\in\mathcal{P}_i}c^*_P(f^*)$, $\mu_P\leftarrow c^*_P(f^*)+\lambda_i$로 놓으면 (4.6)이 성립한다. 즉, f^*가 시스템 최적해가 된다.

[성질 4.24]와 워드롭 균형 정의를 살펴보면 다음이 성립하는 것을 알 수 있다.

성질 4.25 f^*가 (G,d,c)의 최소비용흐름일 필요충분조건은 (G,d,c^*)의 균형흐름이 되는 것이다.

[성질 4.25]에 의하여 호비용이 $h(x)=xc_e(x)$으로 주어지는 라우팅 네트워크 (G,d,c)의 시스템 최적흐름과, 단위비용이 $h'(x)$로 주어지는 라우팅 게임의 균형흐름이 일치하는 것을 의미한다. 그리고 이것은 호비용 $h(x)$가 볼록함수이기만 하면 그 함수의 구체적인 형태와 무관한 것을 알 수 있다.

따라서 라우팅 게임 (G,d,c)의 균형흐름은 $h(f_e)=\int_0^{f_e}c_e(x)\,dx$를 호비용으로 갖는 (그리고 나머지 입력은 같은) 라우팅 네크워크의 시스템 최적해임을 알 수 있다.

따름정리 4.26 다음과 같이 정의하자.

$$\Phi(f) := \sum_{e \in E} \int_0^{f_e} c_e(x)\, dx.$$

f^*가 (G, d, c)의 균형흐름일 필요충분조건은 호비용이 다음과 같은 라우팅 네크워크의 최소비용흐름이 되는 것이다.

$$\min\left\{\Phi(f) : \sum_{P \in \mathcal{P}_i} f_P = d_i,\ f_P \geqslant 0\right\}. \tag{4.7}$$

연습문제 4.27 [예 4.22]의 두 경우의 균형을 벡크만의 최적화 모형으로 구해 보자.

4.5 순수전략과 혼합전략

순수전략(pure strategy)이란 단일대안으로 구성된 전략을 의미한다. 지금까지 모든 예에서는 이러한 순수전략만을 고려하였다.

그런데 동시게임에서는 순수전략만으로 내쉬균형을 발견할 수 없는 경우가 있다. 이러한 경우, 여러 개의 대안들을 확률적으로 섞어서 구사하면 내쉬균형을 찾을 수 있게 된다. 다음 예를 보자.

예 4.28 (킥커와 키퍼) 축구 경기의 승부차기를 생각하자. 논의를 단순화하기 위하여 차는 쪽과 막는 쪽의 전략은, 각각 왼쪽과 오른쪽 두 가지이며 차는 방향과 막는 방향이 다르면 득점이 되고, 그렇지 않으면 득점이 되지 않는다고 가정하자. 그러면 게임의 성과는 다음과 같다.

킥커 \ 키퍼	좌	우
좌	−1, 1	1, −1
우	1, −1	−1, 1

이 게임은 제로섬게임이라는 것을 알 수 있다. 그리고 두 참가자 중 어느 누구에게도 우위전략이 없으며, 한 가지 대안을 선택해야 하는 경우, 즉 순수전략의 경우 내쉬균형도 없다는 것을 쉽게 확인할 수 있다.

그러면 어떠한 전략이 가능할까? 현실의 축구 경기에서 관찰을 해보면, 차거나 막는 방향을 한 가지로 정하지 않고 실제 방향을 눈치 못 채도록 하기 위해서, 속임 동작 등을 사용하여 좌우를 '섞는 전략'을 취하는 것을 흔히 볼 수 있다.

이러한 혼합전략은 야구 같은 다른 스포츠에서도 보편적인데, 순수전략을 무작위로 섞는 것이 필수적이다. 만약 규칙적인 패턴이 드러나면 상대는 이를 이용할 수 있기 때문이다. 따라서 각 게임참가자는, 좌 그리고 우, 두 개의 순수전략을 무작위로 그리고 적절한 비율로 혼합해야 하는데 이러한 전략을 **혼합전략**(mixed strategy)이라고 한다.

그러면 우리의 예에서 차는 쪽과 막는 쪽은 좌와 우를 어떤 비율로 섞는 것이 최선일까? 위의 성과표를 보면, 양쪽 모두 좌와 우를 택할 확률을 반반으로 하는 것이 최적일 것이라고 짐작할 수 있다. 즉, 키퍼와 킥커는 좌우를 정확히 반반씩 그러나 어떤 패턴이 드러나지 않도록 무작위로 섞어 차거나 막을 것이다.

이를 확인해 보자. 차는 쪽이 좌 그리고 우를 x와 $1-x$의 확률로 혼합한다고 하자. 만약 이에 대해 막는 쪽이 좌로 대응한다면, 그의 성과 기대값은 다음과 같다:

$$1\times x+(-1)\times(1-x)=2x-1.$$

만약 반대로 오른쪽을 막는다면, 그의 기대값은

$$(-1)\times x+1\times(1-x)=-2x+1.$$

이것은 〈그림 7.6〉의 두 직선에 해당한다.

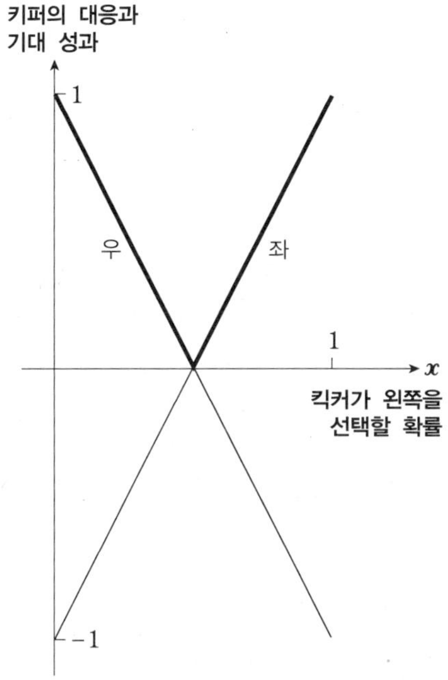

〈그림 7.6〉 키퍼의 대응과 성과

따라서 x가 $\left[0, \frac{1}{2}\right]$의 구간에 있을 때, 막는 쪽의 최적 대응은 오른쪽이며, $\left[\frac{1}{2}, 1\right]$의 구간에 있으면 최적 대응은 왼쪽을 막는 것이다. 이때 기대 성과는 굵게 표시한 그래프로 나타난다. 따라서 막는 쪽의 기대 성과를 최소로 하는 차는 쪽의 최적 혼합전략은 $x = \frac{1}{2}$, 즉 좌우의 확률을 정확히 같도록 하는 것이다.

게임은 양 참가자에게 대칭적이기 때문에 막는 쪽의 최적 혼합전략도 마찬가지임을 알 수 있다. 즉, 좌우의 확률을 정확히 같도록 막는 것이다. 그리고 이때, 차는 쪽은 좌우를 어떤 비율로 섞든지 최적이 된다.

따라서 키퍼와 킥커 모두 좌우를 반반씩 섞은 것이 내쉬균형이며 또한 최적 균형이 된다. 그리고 양편 모두 0의 성과를 거둔다.

그리고 위의 균형은 유일한 내쉬균형이다. 예를 들어, 키퍼의 비율이 반반이 아닌 경우, 왼쪽의 비율이 높다면 위의 그림에서 킥커가 오른쪽으로 차면 기대 성과는 0보다 크다. 반대의 경우도 유사하게 보일 수 있다.

위에서 게임참가자가 좌우를 $\frac{1}{2}$의 확률로 혼합할 때 선택을 무작위로 하는 것이 중요하다. 만약 어떤 규칙성을 노출하면 상대는 이를 이용할 수 있기 때문이다. 이는 실행하기 직전까지 실제의 전략을 자신도 예측할 수 없도록 해야 한다는 것이다.

어떻게 그렇게 할 수 있을까? 한 가지 방법은 동전을 던지는 것과 같이 무작위 실험을 하고 그에 따라 행동을 하는 것이다. 실제로 야구에서 유능한 투수는 다양한 구질의 공을 적절하게 예측하기 힘들도록 배합하는 선수라는 것을 우리는 알고 있다.

이러한 혼합전략은 물론 스포츠 경기에 국한되지 않는다. 예를 들어, 납세자의 성실신고를 유도하기 위해, 당국은 납세자 중에서 적절한 비율을 예측할 수 없도록 세무조사를 실시할 수 있다. 그리고 우리의 일상 생활에서도 나의 정확한 대답이나 의도를 모호하게 하여 상황을 유리하게 이끌어가는 경우가 있는데 이는 혼합전략이라고 볼 수 있다.

연습문제 4.29 [예 4.13]에서 영희와 철수의 혼합전략을 구하라. 구해진 해가 설명력이 있는지 토론해 보라. 아니라면 왜 이런 결과가 나왔을지 생각해 보라.

연습문제 4.30 (비둘기-매 게임) (계속) : [예 4.14]를 다시 보자.

[예 4.14]를 약간 수정하여, 어떤 한 개의 종(species)이 유전적으로 두 가지 생존 경쟁 전략 중 하나를 가지고 태어난다고 가정하자. 이 경우, 장기적으로 이 종에서 비둘기와 매의 형질의 비율은 얼마나 될지 다음과 같은 과정으로 계산해 보자.

가. 모든 구성원이 매인 경우, 싸움에서 얻는 기대값은 얼마인가? 이때 돌연변이 비둘기가 하나 태어났다고 하자. 이 비둘기의 유전자는 멸하게 될 것인가?

나. 모든 구성원이 비둘기인 경우, 같은 질문에 대해 답하라.

다. 장기적으로 이 종에서 매와 비둘기 형질 비율은 얼마가 될까? 왜 그런지 설명하라. (힌트 : 비둘기-매 게임에 대칭적인 혼합전략 내쉬균형이 있는지 찾아보라.)

라.* 다.의 비율이 한 번 달성되면, 다른 비율로 균형이 바뀌지 않는 것을 보여라. 구체적으로 말해, 이 비율을 p^*라고 하면, p^*에는 p^*로 대응하는 것이 최적이며, 어떤 다른 비율 p에도 p^*로 대응하는 것이, 꼭 같이 p로 대응하는 것보다 성과가 더 크다는 것을 보여라. (이런 비율을 **진화적안정전략**(evolutionarily stable strategy)이라고 한다.)

참고 4.31 진화적안정전략이란, 상호대칭적인 내쉬균형으로 진화생물학자 메이너드-스미스(Maynard-Smith)와 프라이스(Price)의 1973년 네이처(Nature)지 논문에서 도입된 개념이다.

연습문제 4.32 테니스 경기를 생각하자. 서비스를 넣은 서버는 두 가지 전략을 구사할 수 있다. 상대가 포핸드로 받아야 하는 위치로 공을 넣는 경우와 백핸드로 받아야 하는 위치로 공을 넣는 경우, 리시버 역시 포핸드 또는 백핸드로 서비스를 받아 넘길 준비를 할 수 있다. 각 경우 리시버가 공을 받아 넘기는 데 성공할 확률은 다음과 표와 같다. 이때 서버의 최적혼합전략을 구하여라.

		서버	
		포핸드	백핸드
리시버	포핸드	90%	20%
	백핸드	40%	60%

물론 혼합전략이 사후적으로 항상 최선의 결과를 주는 것은 아니다. 동전을 던져서 나는 왼쪽으로 찼는데, 키퍼의 동전도 왼쪽을 지시하는 경우가 발생할 수 있다. 그러나 요점은 공을 차기 전까지는 그것이 최선의 전략이었다는 것이다.

"후회하지 않는다. 나는 최선을 다했으므로." – 무명씨.

참고 4.33 (내쉬균형의 존재성과 계산)** 대안과 참가자가 모두 유한할 때, 혼합전략을 사용하면 내쉬균형은 항상 존재한다는 것을 증명할 수 있다. 이는 내쉬의 1951년 논문에 의하여 증명되었다. 그러나 그것을 찾는 것은 또 다른 문제이다. 2000년대에 이르러, 다스칼라키스(Daskalakis)와 파파디미트리우(Papadimitriou)에 의하여 일반적인 내쉬균형을 구하는 문제는, 효율적인 알고리듬이 존재하지 않을 가능성이 큰 'PPAD-complete' 임을 증명하였다. 'PPAD-complete' 이란, 제5장의 'NP-hard' 와 유사한 개념으로, 내쉬균형을 구하는 문제가 PPAD라는 종류의 문제들 중에서 가장 어려운 문제라는 의미이다. 여기서 PPAD는 NP의 부분집합이다.

5 순차적게임

순차적게임은 전개과정을 고려하는 게임의 모형이다. 게임참가자들은 상대의 수를 보고 나의 수를 결정한다. 미리 정해진 횟수의 수를 다 쓰거나, 특정 성과가 나오면 게임은 종료된다.

쉽게 생각할 수 있는, 순차적게임의 예로는 바둑, 장기, 체스, 틱택토 등이 있다. 그러나 앞의 동시게임과 마찬가지로 순차적게임은 다양한 맥락에서 발생한다.

순차적게임은 그 특성 때문에 자연스러운 균형을 정의할 수 있음을 볼 것이다. 구체적으로 말하면, 각 수를 위한 대안집합이 유한한 경우, 역귀납법을 사용하여 그 균형을 구할 수 있다.

예 5.1 틱택토(tic-tac-toe)는 〈그림 7.7〉과 같이 가로 세 칸, 세로 세 칸의 게임판 위에 O과 X를 번갈아 쓰는 게임이다. 각 참가자는 O과 X 중 하나만을 사용한다. 같은 글자로 가로, 세로, 혹은 대각선으로 한 줄을 먼저 만들면 이긴다. 틱택토에서 먼저 수를 쓰는 참가자가 중앙을 점령하면 항상 이길 수 있는 전략이 존재함은 잘 알려져 있다.

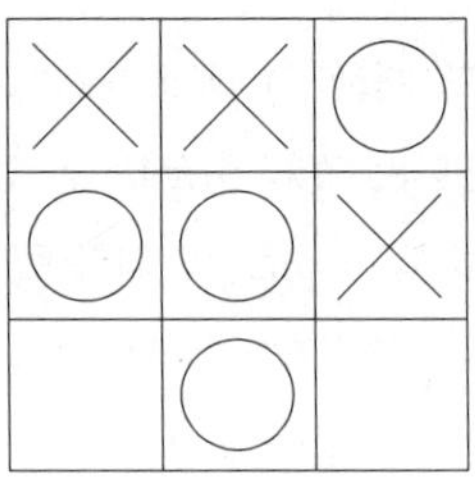

〈그림 7.7〉 틱택토 게임

5.1 게임나무

매번 선택 가능한 수의 종류가 유한한 경우, 순차적게임은 나무로 표현할 수 있다. 각 참가자가 수를 써야 하는 순간을 마디로 표현하고, 각 순간 선택 가능한 수 하나마다 호를 하나 대응시킨다. 그리고 게임이 끝나는 순간의 성과, 즉 승패를 해당 마디에 적는다. 이를 **게임나무**(game tree)라고 한다.

예 5.2 (틱택토 게임나무) 〈그림 7.8〉은 게임참가자 A와 B의 틱택토 게임나무를 보여준다. 가운데 회색음영으로 표시된 마디는 게임의 시작을 나타낸다. A가 먼저 수를 쓴다. 선택 가능한 수는 세 가지가 된다. 가운데에 두거나(a), 옆에 두거나(b), 혹은 구석에 둘 수 있다(c). 이 마디로부터, 이에 따라서 세 개의 호를

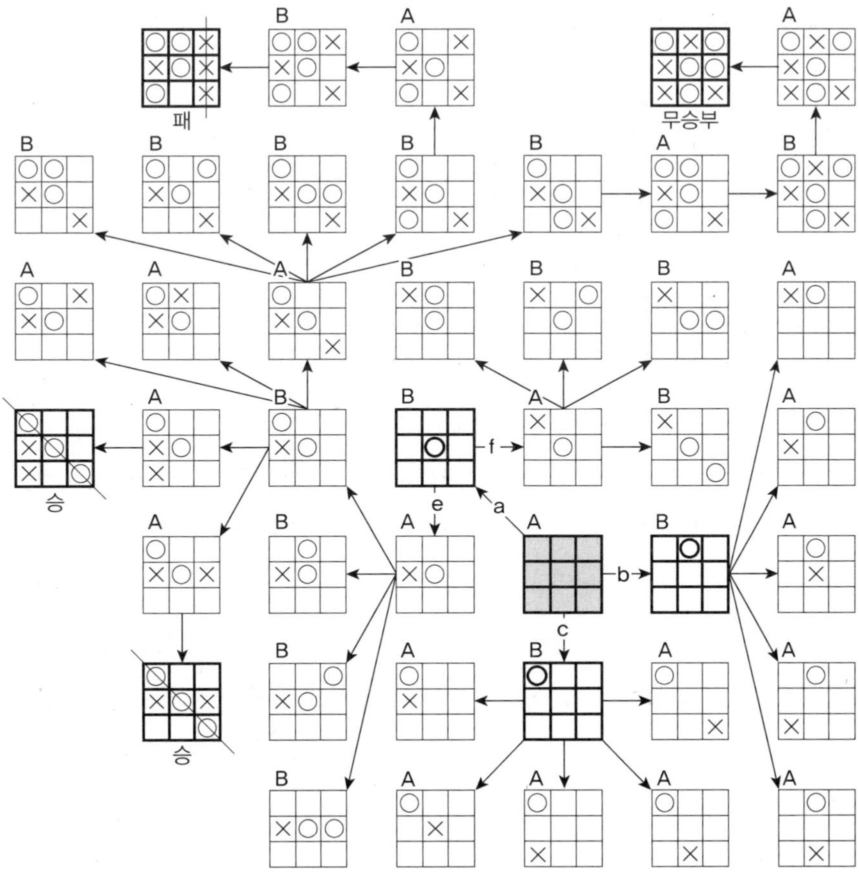

〈그림 7.8〉 틱택토 게임나무 – 부분

연결하였다. 호의 끝마디에는 A의 수를 나타내는 O이 해당하는 자리에 표시되어 있는 것을 알 수 있다.

이 세 개의 마디, 각각으로부터 같은 원리로 나무를 키울 수 있다. 예를 들어, 그림에 표시한 것 처럼, A가 가운데 두면, 즉 수 a를 쓰면, B는 두 가지의 수로 이에 대응할 수 있다. 옆에 두거나(e), 혹은 구석에 두거나(f). 이에 따라, 두 개의 호가 뻗어나가고 그 끝마디들에는 B가 쓴 수들을 해당하는 칸에 X로 표시하였다. 물론 이 마디들은 이제 A가 수를 써야 하는 순간들을 나타낸다.

지면의 한계 때문에 일부분만을 표시하였지만, 이러한 방식으로 나무를 그리면, 틱택토 게임 전체를 정확히 묘사할 수 있나는 것을 알 수 있다. 현재 그림에서, 게임이 끝난 순간을 보여주는 마디는 네 개이다. 이 마디들에는 게임의 성과가 게임참가자 A를 기준으로 표시되어 있는 것을 볼 수 있다.

5.2 순차적게임의 전략

우선 순차적게임의 전략에 대해서 생각해 보자. 순차적게임에서는, 각 참가자가 수를 선택하는 모든 시점에서, 그때까지 게임의 전개과정을 반영할 수 있는 여지가 있다. (이때 틱택토 게임처럼 그 전개과정을 완전하게 알 수 있는 게임을 완전정보게임이라 했다.)

따라서 순차적게임에서 각 참가자의 전략은 게임의 전개 과정에서 해당 참가자가 수를 쓰는 가능한 시점들의 수를 모두 명시해 주어야 완성된다.

틱택토의 예를 계속 사용해 보자. 전체 게임나무는 너무 크기 때문에, 편의를 위해, 다음과 같이 게임이 전개된 시점을 시작하는 게임을 생각해 보자. (원래 게임의 부분게임(subgame)이라고 한다.)

〈그림 7.9〉 에서 A의 전략을 생각해 보자. 게임나무에 표시한 것처럼, A가 수를 써야 하는 시점은 게임이 시작하는 순간과, B가 수를 쓴 다음 게임이 종료되지 않은 네 개의 시점이다.

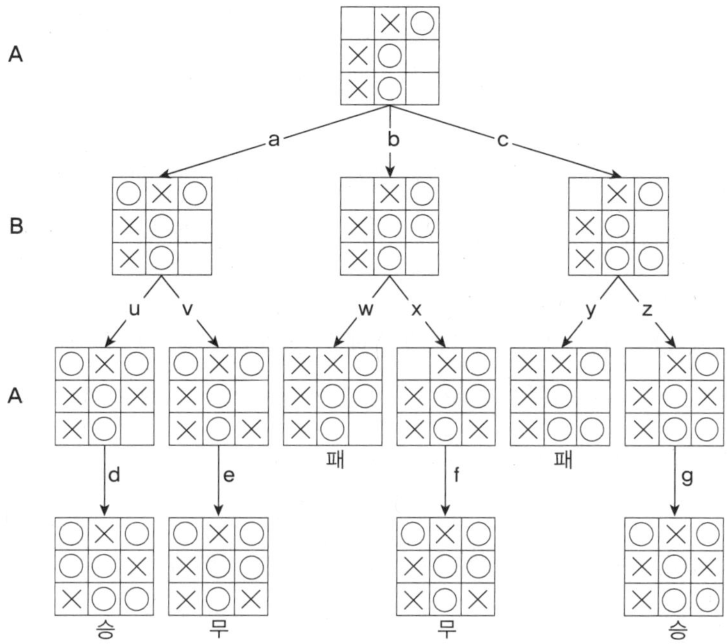

〈그림 7.9〉 작은 틱택토 게임나무

따라서 A의 전략은, 각 시점에서 어떤 수를 쓰는지를 나타내는 5원소 순서쌍으로 표현할 수 있다. 뒤의 네 개의 시점에는 A에게 단수만이 남기 때문에, 모든 가능한 전략은 게임 시작 때 사용할 수 있는 수와 같은 다음 세 가지와 같다.

$$(a, d, e, f, g),\ \ (b, d, e, f, g),\ \ (c, d, e, f, g). \tag{5.8}$$

이에 대하여, B의 전략은 세 가지 시점에 2개씩 존재하기 때문에 여덟 개의 전략이 가능하다.

$$\begin{aligned}&(u, w, y),\ \ (u, w, z),\ \ (u, x, y),\ \ (u, x, z),\\ &(v, w, y),\ \ (v, w, z),\ \ (v, x, y),\ \ (v, x, z).\end{aligned} \tag{5.9}$$

5.3 게임나무와 역귀납법

순차적게임의 게임나무를 사용하면 게임의 결과 마디들로부터 게임의 시작

마디까지 수를 역으로 추론하면 각 참가자의 최선의 전략을 찾아 게임의 균형을 찾을 수 있다. 이러한 방법을 **역귀납법**(backward induction)이라고 한다.

- 역귀납법은 게임나무에서 게임 종료 마디에서 시작 마디로 거슬러 올라간다. 즉, 어떤 마디의 분석을 위해서는 그 이후의 수를 나타내는 마디들을 먼저 분석해야 한다.
- 한 개 마디의 분석은 그 시점에서 해당 참가자가 각 대안을 선택했을 때 발생하는 성과를 바탕으로 최선의 대안이 무엇인지 그때 성과는 무엇인지를 정하는 것을 말한다.

예 5.3 (틱택토 게임나무)(계속) 〈그림 7.10〉의 예에 역귀납법을 적용해 보자. 게임이 종료되기 직전 A가 수를 쓰는 시점인 세 번째 단계의 마디들을 보자. 이 마디에서는 A가 쓸 수 있는 수가 하나씩밖에 없다. 따라서 이 유일한 대안들이 최적 선택이며 해당하는 게임성과를 해당 마디에 표시하면 분석이 끝난다. 앞에서 세 번째 단계의 마디들의 분석이 모두 끝났기 때문에, B가 수를 쓰는 시점

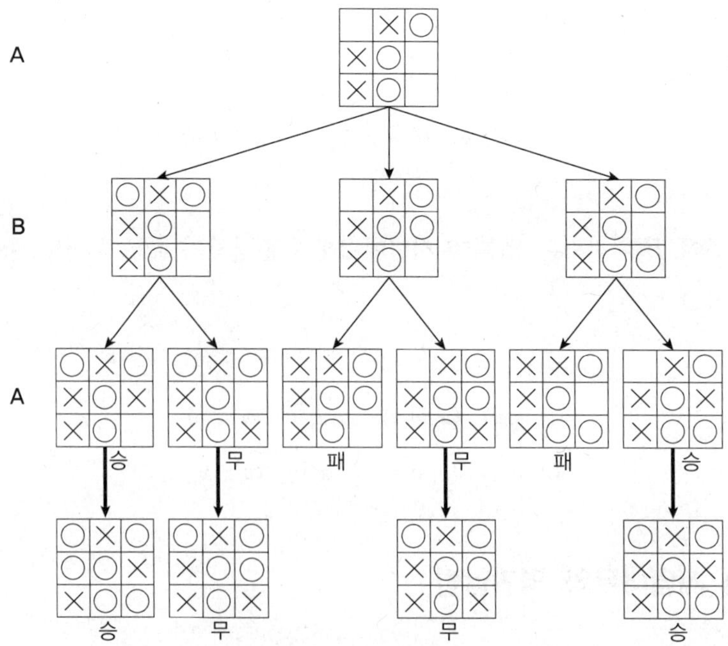

〈그림 7.10〉 역귀납법 – 1단계

에 해당하는 두 번째 단계의 마디들에 대한 분석이 가능하다.

가장 왼쪽 마디를 예로 분석해 보자. 가능한 두 개의 대안이 유향호로 표현이 되어 있다. 첫 번째를 선택하면, 다음 단계에서 A가, 앞에서 분석한 대로, 게임을 자신의 승리가 되도록 수를 쓴다. 두 번째는 무승부로 이어진다. 따라서 이 마디에서 B는 두 번째 대안이 최선이다. 선택하지 않는 왼쪽 호를 두 줄로 자르고, 선택하는 오른쪽 호를 굵게 표시한다. 그리고 해당하는 게임 결과를 호 옆에 표시한다. 〈그림 7.11〉의 왼쪽은 이와 같은 방법으로 완료된 두 번째 단계의 마디들에 대한 분석을 보여준다.

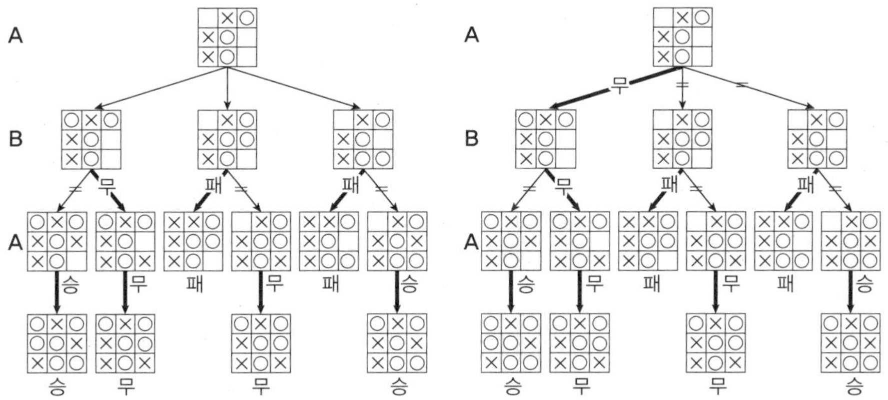

〈그림 7.11〉 역귀납법 – 2, 3단계

마찬가지로 두 번째 단계의 마디들까지 모두 완료되었기 때문에, A가 게임을 시작하는 가장 윗 단계 마디의 분석이 가능하다. A가 선택할 수 있는 세 개의 대안을 비교하면, 첫 번째 대안을 선택할 때 무승부가 되고, 이는 패배로 이어지는 나머지 두 개의 대안보다 낫기 때문에, 〈그림 7.11〉의 오른쪽과 같이, 첫 번째 호를 굵은 선으로 표시하여 나머지는 두 줄로 잘라내었다.

게임의 시작마디까지 분석이 모두 완료되었기 때문에 역귀납법 적용이 완료된다. 그림에는 각 참가자가 각 시점에서 선택하게 되는 수가 굵은 선으로 표시되어 있다. 이는 다음과 같은 전략 조합에 해당한다.

$$((a, d, e, f, g),\ (v, w, y)). \tag{5.10}$$

두 참가자가 최선을 다하여 게임을 하게 되면, 시작마디에서 A가 첫 번째 수인 a를 선택한다. 그러면 B는 두 개의 가능한 수 중에서 두 번째 수인 v를 선택하게 된다. 그러면 A가 단수 e를 써서 게임은 무승부로 종료된다.

이것은 A와 B가 최선을 다했을 때, 나타나는 게임의 전개과정이다. 그러나 중요한 것은, (5.10)의 전략은 A나 B 중 하나가 실수를 해서, 이러한 경로에서 벗어난 마디에 게임이 이르렀을 때도 그 이후 게임, 즉 부분게임의 최선의 전략을 말해 준다는 것이다.

예를 들어, 게임의 시작마디에서 A가 (실수를 해서) 첫 번째 전략 a 대신 두 번째 전략 b를 선택한다면, 이후 B는 가능한 두 개의 수 중에서 첫 번째 전략인 w를 선택하여 A를 패배시키는 것이 최선이다.

이와 같이 역귀납법으로 구한 전략은 전체 게임뿐 아니라, 모든 결정마디 이후에 해당하는 부분게임에서도 상호 최선의 전략 조합, 즉 내쉬균형이 된다.

성질 5.4 역귀납법으로 얻은 균형은 전체 게임뿐 아니라 모든 부분게임에서도 내쉬균형이 된다.

이러한 균형을 **부분게임완전균형**(subgame perfect equilibrium)이라고 한다.

하지만 모든 내쉬균형이 부분게임완전균형이 되는 것은 아니다. 이에 대해서는 5.5절에서 논의한다.

5.4 순차적게임의 예

예 5.5 (진입게임) 기업 I은 현재 어떤 산업 분야에 진입할 것을 고려하고 있다. 이 분야에는 현재 기업 II가 독점적인 지위를 누리고 있다. 기업 I이 진출을 하는 경우, 기업 II는 두 가지의 선택이 있다. 첫째는 이를 받아들이고 시장을 나누는 것이다. 둘째는 치열한 가격경쟁을 하여 기업 I과 싸우는 것이다. 이 상황을 순차적게임으로 모형화하면 다음과 같다.

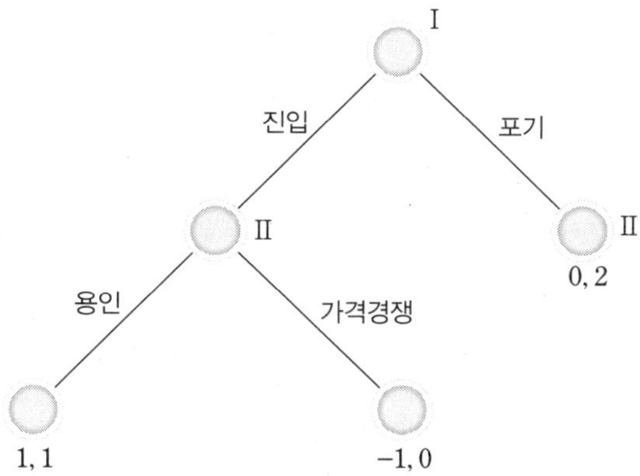

〈그림 7.12〉 진입게임

I이 진입을 하지 않으면, 기업 II는 독점적인 지위를 유지하며 2의 성과를 얻는다. 물론 I은 얻는 것도 잃는 것도 없다. I이 진입하고 II가 이를 용인하면 시장은 나누어지고 각각 1의 성과를 얻는다. 그러나 II가 가격경쟁으로 대응하면 I은 −1, II는 0의 성과를 가진다. 이 게임에 역귀납법을 적용해 보자. 일단 I이 진입을 하게 되면 II는 가격경쟁으로 대응하는 것보다는 이를 I의 시장 진입을 허용하는 것이 최선이다. 따라서 I은 진입을 하는 것이 최선의 전략이 된다.

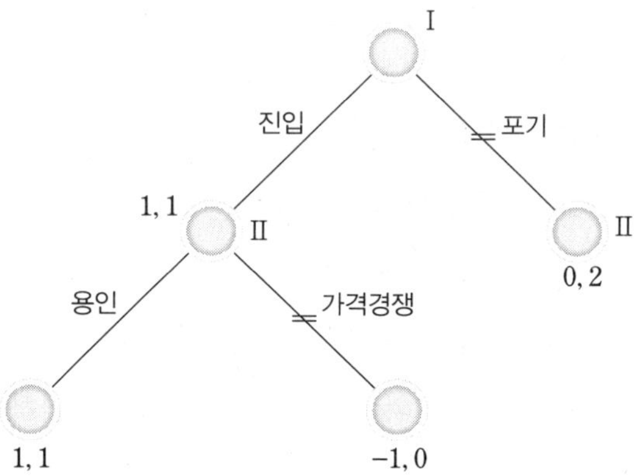

〈그림 7.13〉 진입게임의 부분게임완전균형

연습문제 5.6 현실에서는 어떤 일이 발생할 수 있을까? 이 진입게임에서 또 다른 균형이 존재할까?

예 5.7 (단일 후보 게임) 혼잡한 선거 양상은 순차적인 게임으로 설명할 수 있는 좋은 예이다. 최근의 총선이나 그 전의 대선에서도 그랬지만, 정치 강령이 비슷한 후보들은 단일 후보를 내는 것이 바람직하다는 인식으로 인하여 이러한 시도가 종종 있다.

그러나 두 후보의 지지율이 차이가 상당한 경우 (또는 그렇다고 판단하는 경우) 단일 후보 시도는 무산되는 경우가 많다. 이러한 현상을 순차게임으로 분석해 보자.

정치 노선이 비슷한 A 그리고 B 후보를 생각하자. A가 B보다 상대적으로 선호도에서 열세라고 가정하자. 다음과 같은 순차적게임을 생각하자. A가 이니셔티브를 취하여 '단일화' 를 제의하거나 '독자 출마' 를 결정한다. 단일화를 제의하는 경우, 이에 대해 B는 세 가지 종류의 대응을 할 수 있나.

첫 번째 대안은 적극적으로 협상에 임하는 것이다. 그러면 단일화의 성공 확률은 높아지며, 단일화에 이니셔티브를 취한 A가 단일 후보가 될 가능성이 상당히 높아질 것이다.

두 번째 대안은 소극적으로 협상에 임하는 것이다. 단일화에 이니셔티브를 취한 A의 지명도가 높아져 상대적으로 지명도를 잠식당할 가능성이 있지만, 소극적인 자세 때문에 단일화는 결렬될 개연성이 높아져 A가 단일 후보가 될 가능성 방지하고 B는 자신의 선호도를 상당히 유지할 수 있다.

마지막 대안은 제의를 명시적으로 거부하는 것인데, 이 대안은 우리가 경험하듯이 명분에 충실한 A의 지명도를 높일 수 있다.

한편, A가 독자 후보를 선택한다면, 현 상황은 그대로 유지된다.

따라서 게임나무는 〈그림 7.14〉와 같이 그릴 수 있다. 이 게임나무에 역귀납법을 적용해 보자. 게임참가자가 수를 쓰는 시점을 나타내는 마디 중에서 가장 오른쪽에 있는 두 개의 마디, 즉 B의 의사결정 시점 두 개를 생각하자.

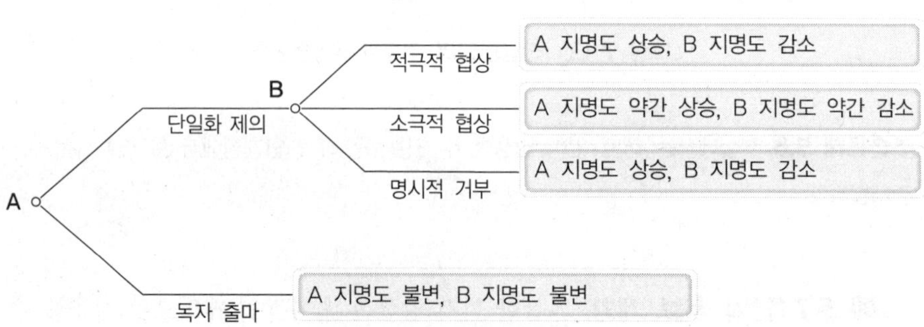

〈그림 7.14〉 단일 후보 게임나무

우선 A가 단일화 제의를 한다면 B는 소극적인 협상을 하는 것이 최선의 대응이라는 것을 알 수 있다. 따라서 나머지 두 개의 선택은 제외한다. 따라서 자신의 선호도 유지라는 성과를 얻게 된다.

게임의 시작마디를 분석해 보자. A는 단일화 제의를 하거나 독자 출마를 할 수 있다. 단일화 제의를 하면 B는 소극적인 협상으로 임할 것이 예상된다. 그러나 독자출마를 하게 되면 아무것도 얻을 것이 없기 때문에 단일화 제의가 최선의 수가 된다. 다음 그림에는 이러한 역귀납 과정에서 제외된 수들을 두 줄로 표시하였다.

따라서 이러한 성과 구조를 가진 단일후보 게임은 A가 단일화 협상을 제의하고, B는 명시적으로 거부하지는 않지만 소극적인 협상을 하게 되는 양상을 띨 것이다. 그리고 우리가 흔히 목격하는 대로, 선거가 임박하여 게임을 종료해야 할 때가 되면 협상은 흐지부지 결렬되는 경우가 많다.

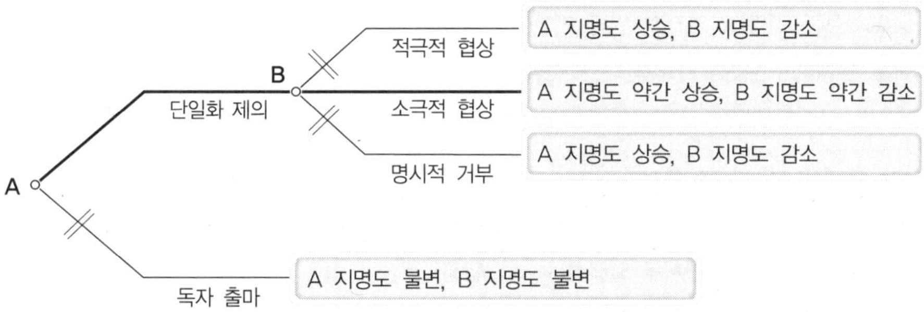

〈그림 7.15〉 단일 후보 게임의 균형

연습문제 5.8 (3인 결투–딕시트와 네일버프의 『전략적으로 사고하기』 중에서) 사오정, 저팔계, 그리고 손오공이 권총으로 결투를 한다. 결투는 사오정, 저팔계, 손오공 순으로 한 발씩 사격하고, 살아남은 사람들이 같은 순서대로 한 발씩 다시 사격하는 것으로 진행된다. 사오정의 사격실력은 형편 없으며(명중률 30%), 저팔계는 사오정보다는 훨씬 실력이 좋다(명중률 80%). 손오공은 완벽한 사격실력(명중률 100%)을 갖추었다. 이때 사오정, 저팔계, 손오공의 최적전략은 무엇인가? 가장 생존 가능성이 큰 사람은?

연습문제 5.9 A와 B 두 사람이 순서를 정하여 반지름 100인 원판 위에 반지름 1인 동전을 놓는 게임을 하려고 한다. 동전을 놓을 자리를 확보할 수 없을 때 게임에서 패배한다고 하면, 먼저 시작한 사람이 항상 게임에 이기게 된다. 왜일까?

연습문제 5.10 (바둑과 역귀납법) 바둑은 순차적게임이므로 그 균형 역시 역귀납법으로 풀 수 있을 것이다. 그러나 이러한 균형은 아직 알려진 바 없다. 그 이유는 무엇일까?

연습문제 5.11 (강령(platform)의 선택) 양당 제도가 정착된 소인국에서 자유당과 사회당이 선거를 대비하고 있다. 선거에서 중요한 일 중 하나는 정당이 정치적 강령을 밝혀 비슷한 이념 성향을 가진 유권자들의 표를 끄는 것이다. 편의상 유권자들의 이념적 스펙트럼은 '극좌'에서 '극우'까지 고르게 분포되어 있다고 가정하자. 극좌에 0, 극우에 1을 대응시키면, 유권자들의 이념 분포는 이들을 끝점으로 하는 구간으로 나타낼 수 있다.

각 유권자는 자신의 성향과 가장 가까운 강령을 가진 정당에 투표한다고 가정하자. 양 정당은 강령을 구간 어느 점에 놓겠는가?

연습문제 5.12 위의 연습문제에서 제3의 정당이 진입할 가능성이 있다고 할 때, 두 정당의 선택은 어떻게 달라지는가? 진입당의 운명은 궁극적으로 어떻게 되는가? 게임의 균형을 분석하고 현실에서 나타나는 현상과 비교해 보라.

연습문제 5.13 (지네 게임(centipede game)) 지네 게임은 2인 게임으로, 다음과 같은 게임나무로 표현할 수 있다. 게임참가자 갑과 을은, 가장 높은 마디부터 순서대로, 게임을 계속할 것인지 멈출 것인지를 결정한다. 순서쌍은, 게임을 멈추거나 게임이 끝나는 순간 갑과 을이 얻는 성과를 나타낸다.

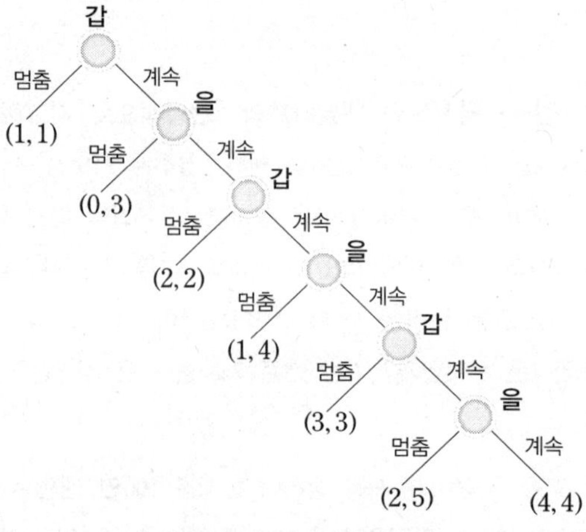

〈그림 7.16〉 지네 게임

가. 역귀납법을 사용하여 게임의 균형을 구하라.
나. 이 균형이 우리의 '일반적인' 기대와 일치한다고 할 수 있을까? 현실에서 이런 게임을 한다면 역귀납법의 결과대로 나타날까, 토론해 보라.

지네 게임은 1981년 로젠탈(Rosenthal)에 의해 최초로 소개되었다.

5.5 순차적게임의 내쉬균형*

5.3절에서 순차적게임에서 역귀납법으로 얻은 부분게임완전균형은 모든 부분게임에서의 상호 최선의 전략이 된다. 부분게임완전균형은, 전체 게임뿐 아니라, 모든 부분게임에서 내쉬균형이 되는 것이다. 따라서 매우 강건한 전략이라고 볼 수 있다.

그러면 그 역도 성립할까? 즉, 순차적게임에서 임의의 내쉬균형이 항상 모든 부분게임에서도 내쉬균형이 될 것인가?

앞에서 보았듯이 순차적게임과 동시게임의 근본적인 차이는 후자는 게임의 시간성을 갖지 않는다는 것이다. 동시게임에서는 모든 게임참가자가 사전에 수를 정하면 이후 게임의 전개 상황에 대한 고려없이, 이를 실행하고 그에 따른 성과를 거둔다.

이러한 동시게임에서 정의한 내쉬균형은, 게임의 전개과정에 대한 정보를 사용할 수 있는 순차적게임에서는 부실한 균형이 될 수 있다는 것을 보자.

예를 들어, 〈그림 7.9〉의 작은 틱택토 게임의 내쉬균형을 구해 보자. (5.8)과 (5.9)의 가능한 전략들을 사용하여 동시게임 형태로 모형화하면 〈표 7.1〉과 같다.

표 7.1 작은 틱택토 게임의 내쉬균형

	uwy	*uwz*	*uxy*	*uxz*	*vxy*	*vwz*	*vxy*	*vxz*
adefg	승	승	승	승	<u>무</u>	무	<u>무</u>	무
bdefg	패	패	무	무	패	패	무	무
cdefg	패	승	패	승	패	승	패	승

〈표 7.1〉에서 무승부의 게임값을 가지는 밑줄 친 두 개의 전략조합이 모두

내쉬균형이 된다는 것을 쉽게 확인할 수 있다.

$$((a,d,e,f,g),\ (v,w,y)),\ ((a,d,e,f,g),\ (v,x,y)).$$

첫 번째 내쉬균형은 앞에서 역귀납법으로 구한 균형이다.

두 번째 내쉬균형은 〈그림 7.17〉에 표시하였다. 굵은 선으로 표시한 A의 전략에 대해 굵은 파선으로 표시한 B의 전략이 최선이고 또한 그 역도 성립하는 것은 이 그림에서도 확인할 수 있다.

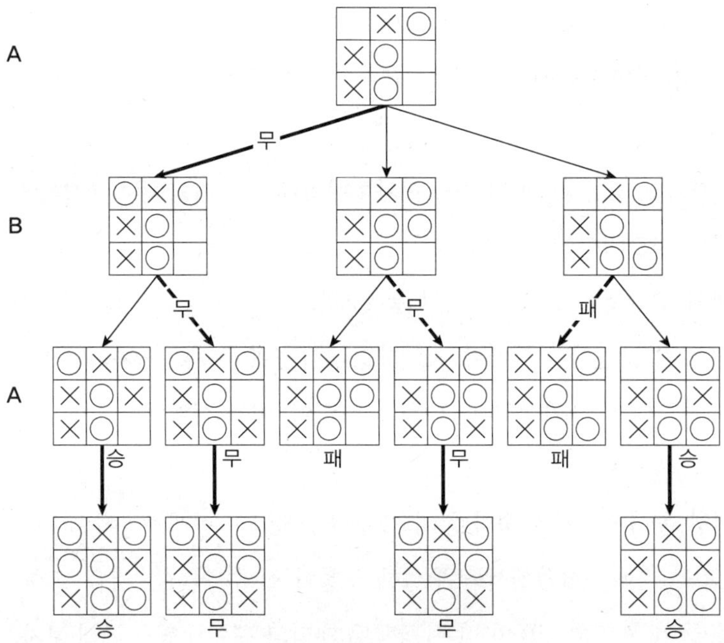

〈그림 7.17〉 작은 틱택토 게임의 또 다른 내쉬균형

그러나 이 균형은 문제점을 갖고 있다. 즉, B의 전략인 (v,x,y)는 A가 게임을 시작할 때, a를 선택하는 경우에만 최선이라는 것이다. 만약, A가 실수로 a 대신 b를 택한다고 하자. 그러면 이후 부분게임에서 B는, A를 패배시킬 수 있는 수인 w 대신, 무승부가 되는 x를 선택하기 때문에 이 부분게임에서는 최선의 대응이 되지 못한다. 이러한 점에서 앞의 부분게임완전균형보다 '부실한' 전략이 된다.

또 하나의 예를 보자.

예 5.14 (진입계속)(계속) [예 5.5]의 진입게임을 다시 살펴보자. 내쉬균형을 구하기 위하여, 참가자들의 가능한 전략을 열거하여, 동시게임의 형태로 게임을 다시 기술해 보자.

각 참가자가 한 개의 수 선택 마디에서 두 개의 수를 쓸 수 있다. I의 전략 집합은 {진입, 포기}, II의 전략 집합은 {용인, 가격경쟁}이 된다. 이에 따른 성과표는 〈그림 7.18〉과 같다. 〈그림 7.18〉에서 밑줄을 친 두 개의 내쉬균형을 확인할 수 있다.

(진입, 용인), (포기, 가격경쟁).

I \ II	용인	가격경쟁
진입	1, 1	−1, 0
포기	0, 2	0, 2

〈그림 7.18〉 진입게임의 동시게임 모형

이 중에서 첫번째 균형은 앞에서 역귀납법으로 구한 부분게임완전균형이다. 두번째의 균형을 보자. II는 (I이 진입을 한다면) 가격경쟁을 하고, I은 진입을 포기하는 것이다. 이것이 양방향으로 최선의 대응이라는 것은 쉽게 알 수 있다.

그러나 이 전략은 실제로 적용하려고 하면 명백한 문제가 발생한다. 즉, 설득력이 약한 전략이라는 것이다. 만약 I이 진입을 했다고 하자. 그러면 정말로 II는 가격전쟁에 돌입할 것인가? 또는 II는 어떻게 자신이 가격전쟁에 돌입할 것이라는 것을 상대에게 믿게 할 것인가? 이러한 문제점은 물론, 〈그림 7.19〉에서 확인할 수 있듯이, 이 전략이 I이 진입을 하는 경우 이후 발생하는 부분게임에서 내쉬균형이 아니라는 것에서 기인한다.

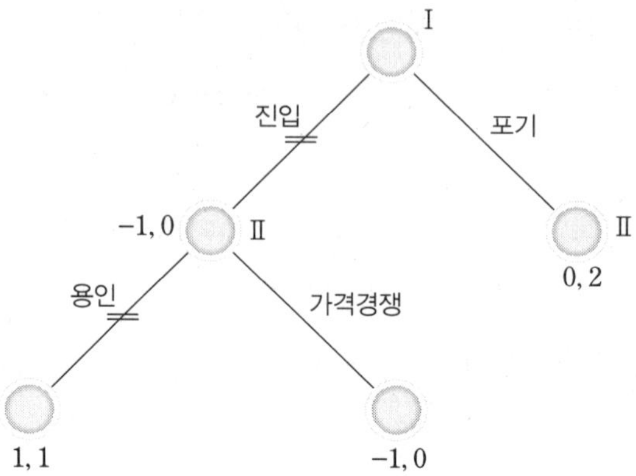

〈그림 7.19〉 진입게임의 부분게임완전균형이 아닌 내쉬균형

연습문제 5.15 (진입저지게임) 지네 게임은 진입게임에서 수를 쓰는 순서를 바꾸어보자. 즉, 기업 II가 먼저 용인할 것인지 가격전쟁에 돌입할 것인지를 정하고, 기업 I이 진입할 것인지 포기할 것인지를 결정한다. 이 경우, 내쉬균형과 부분게임완전균형을 구하라. (기업 II가 먼저 정한 수를 어떻게 기업 I이 믿도록 할 것인지 생각해 보라.)

6 제로섬게임의 내쉬균형—안장점*

앞의 [예 4.28]의 게임에서, 발생 가능한 모든 상황에서 두 사람의 성과의 합은 항상 0이 된다는 것을 알 수 있다. 이렇게 두 사람의 게임참가자의 성과의 합이 항상 일정한 상수가 되는 게임을 **제로섬게임**(zero-sum game)이라고 한다. 따라서 제로섬게임의 성과는 두 사람 중 한 사람의 성과만을 나타내면 되며, 게임의 성과표를 행렬로 간단하게 표시할 수 있다. 우리는 항상 첫 번째 게임참가자의 성과를 사용하기로 하자. 이러한 행렬을 **성과행렬**(payoff matrix)이라고 부르며, 이러한 이유로 제로섬게임을 행렬게임(matrix game)이라고 부르기도 한다.

예 6.1 다음과 같은 성과표를 가진 제로섬게임이 있다고 가정하자.

		Ⅱ		
		t_1	t_2	t_3
	s_1	0	1	7
Ⅰ	s_2	4	2	3
	s_3	9	0	0

이때, 성과행렬 A는 다음과 같다.

$$A = \begin{bmatrix} 0 & 1 & 7 \\ 4 & 2 & 3 \\ 9 & 0 & 0 \end{bmatrix}.$$

따라서 행렬 A의 (i,j)–번째 원소는 첫 번째 참가자 Ⅰ의 i–번째 전략을 두 번째 참가자 Ⅱ가 j–번째 전략을 취할 때 발생하는 성과이다. 이를 A_{ij}로 표기하자.

6.1 순수전략과 안장점*

어떤 제로섬게임의 순수 전략조합 (i^*, j^*)가 내쉬균형이라고 하자. 그러면 정의에 따라 다음이 성립함을 알 수 있다.

$$A_{ij^*} \leqslant A_{i^*j^*} \leqslant A_{i^*j}, \ \forall i,j. \tag{6.11}$$

제로섬게임의 내쉬균형을 특별히 **안장점**(saddle point)이라고 한다. 이는 말의 안장을 가로로 놓은 것처럼, 성과 행렬에서 세로로 보면 최대값을 가로로 보면 최소값을 주는 점이 되기 때문에 붙여진 명칭이다.

연습문제 6.2 [예 6.1]에서 (s_2, t_2)가 안장점이라는 것을 확인하라.

다음과 같은 두 개의 문제를 생각하자.

- 최대최소화문제(minimaximization) : 각 i에 대해, A_{ij}가 최소가 되는 j를 구하고, 그 최소값이 최대가 되는 i를 구한다. 그때 값을 $\underline{A}$라고 하자.
- 최소최대화문제(maxminimization) : 각 j에 대해, A_{ij}가 최대가 되는 i를 구하고, 그 최대값이 최소가 되는 j를 구한다. 그때 값을 $\overline{A}$라고 하자.

두 개의 문제는 다음과 같이 간략하게 쓸 수 있다.

$$\underline{A} = \max_i \min_j A_{ij}, \tag{6.12}$$

$$\overline{A} = \min_j \max_i A_{ij}. \tag{6.13}$$

최대최소화문제는 참가자 I의 전략 선택 방법의 하나이다. 자신의 어떤 선택을 하든지 참가자 II는 최선을 다해 자신의 성과를 최소화할 것이다. 따라서 그 최소값이 최대가 되는 전략을 선택하는 것이다. 따라서 참가자 I은 최소한 $\underline{A}$만큼의 성과를 보장할 수 있다. 그리고 참가자 I이 이러한 전략을 사용하지 않는다면, $\underline{A}$보다 낮은 성과에 머물 수가 있다. 따라서 $\underline{A}$는 참가자 I이 보장할 수 있는 최대값이라고 할 수 있다.

최소최대화문제는 유사하게 참가자 II의 전략 선택 방법이며, $\overline{A}$는 참가자 II가 항상 보장할 수 있는 최소값이 되는 것을 알 수 있다. 즉, 참가자 I의 성과가 $\overline{A}$가 될 수는 있지만 이를 넘지 않도록 할 수 있다는 것이다. 따라서 다음의 관계가 성립하는 것을 알 수 있다.

기본정리 6.3

$$\underline{A} = \max_i \min_j A_{ij} \leqslant \min_j \max_i A_{ij} = \overline{A}. \tag{6.14}$$

증명 : 앞의 설명에 의하여 (6.14)를 이미 증명했지만, 이를 수학적으로 다시 표현하면 다음과 같다.

각 i에 대해, $\min_j A_{ij} \leqslant A_{ij}$가 모든 j에 대하여 성립하므로, $\max_i \min_j A_{ij} \leqslant \max_i A_{ij}$가 역시 모든 j에 대하여 성립한다. 따라서 $\underline{A} = \max_i \min_j A_{ij} \leqslant \min_j \max_i A_{ij} = \overline{A}$. □

지금까지 우리는 제로섬게임에서 참가자 I과 II가, 각각, 최대최소전략과 최소최대전략을 사용하면 I은 자신의 최소성과를 보장하고 한편 II는 상대의 최대성과를 제한할 수 있다는 것을 보았다. 그리고 이때 참가가 I의 성과는 II의 성과보다 같거나 작다.

이러한 상호전략의 조합은 어떤 성질을 가질까? 내쉬균형, 즉 안장점이 될까? 다음과 같은 게임을 생각해 보자.

예 6.4 갑과 을 두 사람은 약간 변형된 "가위–바위–보" 게임을 하려고 한다. 바위로 가위를 이기면 이기는 사람은 2점을 얻고, 지는 사람은 2점을 잃는다. 마찬가지로 가위로 보를 이기면 3점, 보로 바위를 이기면 1점의 득실이 있다. 비기는 경우 점수의 득실은 없다.

$$\begin{array}{cc} & \text{을} \\ & \begin{array}{ccc} \text{가위} & \text{바위} & \text{보} \end{array} \\ \text{갑} \begin{array}{c} \text{가위} \\ \text{바위} \\ \text{보} \end{array} & \begin{bmatrix} 0 & -2 & +3 \\ +2 & 0 & -1 \\ -3 & +1 & 0 \end{bmatrix} \end{array} \tag{6.15}$$

여기서 갑의 최대최소전략은 '바위' 그리고 $\underline{A} = \min_j A_{\text{바위},j} = -1$, 을의 최소최대전략 역시 '바위' 그리고 $\overline{A} = \max_i A_{i,\text{바위}} = +1$이 되는 것을 알 수 있다.

그러나 전략 조합 (바위, 바위)는 안장점이 되지 않는다. 왜냐하면 두 참가자 모두 '바위' 에 대한 최선의 대응은 바위가 아니다. (바위, 바위)가 안장점이 되려면 $\min_j A_{\text{바위},j} = A_{\text{바위},\text{바위}}$, $\max_i A_{i,\text{바위}} = A_{\text{바위},\text{바위}}$가 성립하여 $\underline{A} = \overline{A}$이어야 하기 때문이다. 그러나 우리의 게임의 경우, $\underline{A} \neq \overline{A}$이다.

실제로 이 조건은 최대최소 그리고 최소최대 전략 조합이 안장점이 되는 필요충분조건이 된다.

정리 6.5 전략 쌍 (i^*, j^*)가 안장점이 될 필요충분조건은 (i^*, j^*)가 최대최소 그리고 최소최대 전략 조합이고 두 성과가 같은 것이다. 즉, 다음의 세 가지 조건이 만족하는 것이다.

- $\underline{A} = \max_i \min_j A_{ij} = \min_j A_{i^*,j}$,
- $\overline{A} = \min_j \max_i A_{ij} = \max_i A_{i,j^*}$, 그리고
- $\underline{A} = \overline{A}$.

증명 : (i^*, j^*)가 안장점이면 (6.11)에 의해

$$\min_j A_{i^*j} = A_{i^*j^*} = \max_i A_{ij^*}. \tag{6.16}$$

그런데 $\max_i \min_j A_{ij} \geq \min_j A_{i^*j}$, 그리고 $\max_i A_{ij^*} \geq \min_j \max_i A_{ij}$이므로

$$\max_i \min_j A_{ij} \geq \min_j A_{i^*j} = A_{i^*j^*} = \max A_{ij^*} \geq \min_j \max_i A_{ij}. \tag{6.17}$$

그런데 [기본정리 6.3]에 의하여, $\min_j \max_i A_{ij} \geq \max_i \min_j A_{ij}$ 이므로 (6.17)의 부등호는 모두 등호가 되어 세 가지 조건을 쉽게 확인할 수 있다.

역으로 세 가지 조건이 성립하면, $\min_j A_{i^*j} \geq \max_i A_{ij^*}$가 성립한다. 그러나 $A_{i^*j^*} \geq \min_j A_{i^*j}$ 그리고 $\max_i A_{ij^*} \geq A_{i^*j^*}$이므로 다음과 같은 관계를 얻는다.

$$A_{i^*j^*} \geq \min_j A_{i^*j} \geq \max_i A_{ij^*} \geq A_{i^*j^*}.$$

따라서 모든 i와 j에 대해, $A_{i^*j} \geq A_{i^*j^*} \geq A_{ij^*}$가 성립하여 안장점이 된다. □

6.2 혼합전략과 안장점*

[예 6.4]를 다시 보자. 조건 (6.11)을 만족하는 순수 전략 조합이 있는지 확인

해보자. 그러나 아홉 개의 전략 조합 모두, 세로로 보면 최대값이 되고 가로로 보면 최소값이 되는 조합은 아니라는 것을 확인할 수 있다.

		을		
		가위	바위	보
갑	가위	0	−2	+3
	바위	+2	0	−1
	보	−3	+1	0

(6.18)

갑과 을의 혼합전략을 찾아보자. 갑과 을이 각각 결정해야 하는 것은 가위–바위–보를 혼합하는 확률 분포이다. 따라서 갑의 확률을 $x=\left[x_1, x_2, x_3\right]^T$, 을의 확률을 $y=\left[y_1, y_2, y_3\right]^T$라고 하자.

(6.18)의 성과행렬을 A라고 하자. 을이 y라는 혼합전략을 사용한다고 하자. 만약 갑이 "가위" 라는 순수전략을 사용한다면, 갑의 성과의 기대값은

$$\sum_{j=1}^{3} A_{1j}\, y_j = A_1.y$$

이다. 그리고 갑이 x라는 혼합전략을 사용한다면 갑의 성과의 기대값은

$$\sum_i x_i\, A_i.y = x^T A y$$

이다.

혼합전략의 안장점은 순수전략의 안장점을 자연스럽게 확장하여 정의할 수 있다.

정리 6.6 임의의 혼합전략 조합 (x, y)에 대해 다음을 만족하는 혼합전략 조합 (x^*, y^*)를 안장점이라고 한다.

$$x^T A y^* \leqslant (x^*)^T A y^* \leqslant (x^*)^T A y. \tag{6.19}$$

순수전략의 최대최소화와 최소최대화 전략을 혼합전략에 대해서도 생각할

수 있다. 즉, 갑이 x라는 혼합전략을 사용하면 을은 $x^T Ay$라는 갑의 성과가 최소가 되도록 y를 선택할 것이다. 따라서 갑은 $\min_y x^T Ay$값을 최대화하는 x를 선택하는 것이다. 즉,

$$\underline{A} = \max_x \min_y x^T Ay. \tag{6.20}$$

이에 대해, 을은 다음과 같은 최소최대전략을 생각할 수 있다.

$$\overline{A} = \min_y \max_z x^T Ay. \tag{6.21}$$

앞의 순수전략의 결과들과 유사하게 다음을 증명할 수 있다.

기본정리 6.7

$$\underline{A} \leqslant \overline{A}. \tag{6.22}$$

정리 6.8 전략 쌍 (x^*, y^*)가 안장점이 될 필요충분조건은 (x^*, y^*)가 최대최소 그리고 최소최대 전략 조합이고 두 성과가 같은 것이다. 즉, 다음의 세 가지 조건이 만족하는 것이다.

- $\underline{A} = \max_x \min_y x^T Ay = \min_y (x^*)^T Ay$,
- $\overline{A} = \min_y \max_x x^T Ay = \max_x x^T Ay^*$, 그리고
- $\underline{A} = \overline{A}$.

6.3 최소최대정리와 쌍대정리*

제로섬게임에서 순수전략으로는 내쉬균형, 즉 안장점이 존재하지 않는 경우에도 혼합전략에서는 안장점이 항상 존재한다. [정리 6.5]의 충분조건의 증명을 보면 (x^*, y^*)가 $\min_y x^T Ay = \max_x x^T Ay^*$를 만족하면 안장점이 되는 것을 알 수 있다.

정리 6.9 (최소최대정리(minimax theorem)**)** A라는 성과행렬을 가진 제로섬게임에서 다음을 만족하는 혼합전략 쌍 (x^*, y^*)가 항상 존재한다.

$$\min_y x^{*T} Ay = \max_x x^T Ay^*. \tag{6.23}$$

즉, 안장점이 항상 존재한다.

증명 : x가 먼저 주어지면 $x^T Ay$는 $x^T A$원소의 볼록조합이다. 따라서

$$\min_y x^T Ay = \min\left\{x^T A_{\cdot j} : j = 1, \cdots, n\right\} \tag{6.24}$$

이다. (이 예에서 $n = 3$이다.) 그러므로 갑의 문제는 다음과 같다.

$$\max_x \min\left\{x^T A_{\cdot j} : j = 1, \cdots, n\right\}. \tag{6.25}$$

이것은 다음과 같은 선형계획문제로 쓸 수 있다.

$$\begin{array}{lrrcl} \max & z & & & \\ \text{sub.to} & & e^T x & = & 1, \\ & z & -A_{\cdot 1}^T x & \leqslant & 0, \\ & z & -A_{\cdot 2}^T x & \leqslant & 0, \\ & & \vdots & & \\ & z & -A_{\cdot n}^T x & \leqslant & 0, \\ & & x & \geqslant & 0. \end{array} \tag{6.26}$$

가위-바위-보 게임에서 갑의 문제는 다음과 같다.

$$\begin{array}{lrrrrcl} \max & z & & & & & \\ \text{sub.to} & & x_1 & + x_2 & + x_3 & = & 1, \\ & z & & -2x_2 & +3x_3 & \leqslant & 0, \end{array} \tag{6.27}$$

$$\begin{array}{rrrrl} z & +2x_1 & & -x_3 & \leqslant 0, \\ z & -3x_1 & +x_2 & & \leqslant 0, \\ & x_1, & x_2, & x_3 & \geqslant 0. \end{array}$$

같은 원리에 의해서 을의 문제는

$$\min_y \max_x x^T A y = \min_y \max\{A_i.y : i = 1, \cdots, m\} \tag{6.28}$$

또는,

$$\begin{array}{lrrl} \min & w & & \\ \text{sub.to} & & e^T y & = 1, \\ & w & -A_1.y & \geqslant 0, \\ & w & -A_2.y & \geqslant 0, \\ & & \vdots & \\ & w & -A_m.y & \geqslant 0, \\ & & y & \geqslant 0. \end{array} \tag{6.29}$$

가위–바위–보 게임에서는,

$$\begin{array}{lrrrrl} \min & w & & & & \\ \text{sub.to} & & y_1 & +y_2 & +y_3 & = 1, \\ & w & & -2y_2 & +3y_3 & \geqslant 0, \\ & w & -2y_1 & & +y_3 & \geqslant 0, \\ & w & +3y_1 & -y_2 & & \geqslant 0, \\ & & y_1, & y_2, & y_3 & \geqslant 0. \end{array} \tag{6.30}$$

(6.26)과 (6.29)를 비교하면 서로 원–쌍대 관계에 있는 것을 알 수 있다. 그리고 두 문제는 각각 최적해 x^*와 y^*를 가지는 것을 알 수 있다. (가능해 집합이 유계이고 닫혀 있기 때문에 최적해가 항상 존재한다. 그러나 수학적인 논의는 생

략하자.) 따라서 강쌍대 정리에 의하여 두 문제의 목적함수 값 z^*와 w^*는 같다.

따라서 (6.26)에 의하여 $\min\{(x^*)^T A_{\cdot j} : j=1,\cdots,n\} = z^*$보다 크다. 그러므로 (6.24)에 의하여 $\min_y (x^*)^T Ay = z^*$.

유사한 관찰을 통해 $\max_x x^T Ay^* = w^*$를 증명할 수 있다. $z^* = w^*$이므로 (6.23)이 성립한다. □

연습문제 6.10 선형계획문제 6.27과 6.30을 풀어서 최대최소정리를 확인하라. 또 [예 6.4]의 수정된 가위-바위-보 게임의 혼합전략을 수립하라.

참고 6.11 지금까지 제로섬게임의 최소최대정리는 쌍대정리로 유도할 수 있음을 보았다. 그 역도 성립함을 보일 수 있다.

다음과 같은 선형계획을 생각하자.

$$
\begin{array}{llllll}
\max & c_1x_1 & + c_2x_2 & + c_3x_3 & & \\
\text{sub.to} & a_{11}x_1 & +a_{12}x_2 & +a_{13}x_3 & \leqslant & b_1, \\
 & a_{21}x_1 & +a_{22}x_2 & +a_{23}x_3 & \leqslant & b_2, \\
 & x_1 \geqslant 0, & x_2 \geqslant 0, & x_3 \geqslant 0. & &
\end{array}
\tag{6.31}
$$

그러면 이 선형계획이 원-쌍대 쌍의 목적함수 값이 일치하는 가능해 쌍이 존재하는 것은, 다음의 성과행렬을 가지는 제로섬게임에서 한 참가자가 기대성과가 $t > 0$이 되는 안장점 혼합전략 $(t, x_1, x_2, x_3, y_1, y_2)^T$를 가지는 것과 동치임을 최소최대정리를 사용하여 증명할 수 있다.

$$
\begin{bmatrix}
0 & -c_1 & -c_2 & -c_3 & b_1 & b_2 \\
c_1 & 0 & 0 & 0 & -a_{11} & -a_{21} \\
c_2 & 0 & 0 & 0 & -a_{12} & -a_{22} \\
c_3 & 0 & 0 & 0 & -a_{13} & -a_{23} \\
-b_1 & a_{11} & a_{12} & a_{13} & 0 & 0 \\
-b_2 & a_{21} & a_{22} & a_{23} & 0 & 0
\end{bmatrix}.
\tag{6.32}
$$

연습문제 6.12 * 위의 사실을 증명하라.

7 댄직과 폰 노이만의 만남

심플렉스 해법을 개발한 댄직은 자신의 성과를 인정해 주고 조언해 줄 수 있는 학자를 찾고 있었다. 그의 첫 번째 선택은 단연 당시 최고의 수학자로 존경받고 있는 '위대한' 폰 노이만(J. von Neumann)이었다.

폰 노이만은 몇 세기에 한 명 나올까 말까 한 천재였다. 헝가리 부다페스트의 전화번호부를 한번 훑어 보고도 이름과 주소와 전화번호를 척척 외운다. 파티에서 누가 찰스 디킨즈의 『두 도시 이야기』를 읽어보았느냐고 물어보면, 시작부터 한 글자 안 틀리고 '이제 그만 됐다' 고 할 때까지 줄줄 들려주는, 소위 '포토그래픽 메모리' 를 가진 천재였다. 양자 역학, 함수 해석학, 계산학, 게임이론 등 다양한 분야에 불후의 업적을 남긴 폰 노이만은 당시 프린스턴의 고등학문연구소(Institute of Advanced Study)에 종신 교수로 있었다.

댄직은 보통 학생들에게 강의하듯, 선형계획 모형과 심플렉스 해법을 차근차근 설명하기 시작하였다. 폰 노이만 왈, "요점을 얘기해 봐!" 약간 기분이 상한 댄직은 빠르게 선형계획과 심플렉스 해법의 기하학적인 의미를 말하였다. 그때, 폰 노이만 "그래 그거야!" 댄직이 자신의 업적에 확신을 갖는 순간이었다.

얘기는 거기서 끝나지 않는다. 이번엔 폰 노이만의 차례였다. 그는 일어나서 댄직에게 선형계획의 또 다른 이론에 대해 설명하기 시작하였다. 모든 선형계획 문제에는 또 다른 문제가 하나 존재한다는 것, 그리고 그 두 개의 문제는 여러 가지 관점에서 해석할 수 있고, 그 최적 목적함수 값이 같다는 것, 즉 우리가 앞에서 배운 쌍대성이론이었다. 눈이 튀어나오도록 놀란 댄직에게 폰 노이만은 이것은 즉석에서 생각해낸 것이 아니라, 그가 경제학자 오스카 모겐스턴(Oscar Morgenstern)과 막 집필을 끝낸 게임이론 중 제로섬게임에서 최대최소정리와 같은 것임을 말해 주었다.

학문을 하는 사람들에게 보람 있는 순간은 타인들이 언급할 만한 새로운 사실을 발견하는 것이다. 그러나 그 사실이 전혀 다른 길에서도 발견될 수 있다는 것을 깨닫는 순간은 연구자로서 가장 깊어지는 순간일 것이다. 창의성이라는 것은 없던 것을 만들어내는 것이 아니다. 겉으로 보기에 전혀 다른 것들 사이의 연관성을 찾아내는 것이다.

연습문제 해답 ⇒

제2장

선형계획, 해법, 민감도 분석, 그리고 쌍대성

연습문제 1.2

다음 선형계획을 생각해 보자.

$$\begin{array}{llll} \max & x_1 & +15x_2 & \\ \text{sub.to} & x_1 & +12x_2 & \leqslant 4 \\ & x_1 \geqslant 0 & x_2 \geqslant 0 & \end{array}$$

x_1, x_2가 가능해 집합 안의 임의의 실수값을 가질 수 있다고 생각할 경우, 최적해는 $(0, \frac{1}{3})$이다. 하지만 정수값만 가질 수 있다고 가정하여 가까운 정수해인 $(0, 0)$을 택할 경우, 목적함수 값은 0이 된다. 이는 가능해 집합 원소들에 대응되는 목적함수 값들 중 가장 작은 값이다.

연습문제 2.3

$$\begin{array}{llllllll} \max & -z & +\frac{1}{2}x_1 & & & & -\frac{1}{2}x_5 & = -6 \\ \text{sub.to} & & \frac{3}{4}x_1 & & +x_3 & & -\frac{1}{4}x_5 & = 1, \\ & & \frac{3}{2}x_1 & & & +x_4 & +\frac{1}{2}x_5 & = 6, \\ & & \frac{1}{4}x_1 & +x_2 & & & +\frac{1}{4}x_5 & = 3. \end{array}$$

연습문제 2.7

나. 표준형으로 변환하면 다음과 같다.

$$\begin{array}{lllllll} \max & x_1 & +3x_2 & & & & \\ \text{sub.to} & 3x_1 & -x_2 & +x_3 & & & = 6, \\ & -x_1 & +x_2 & & +x_4 & & = 3, \\ & x_1 & +2x_2 & & & +x_5 & = 9, \\ & \multicolumn{6}{l}{x_1 \geqslant 0,\quad x_2 \geqslant 0,\quad x_3 \geqslant 0,\quad x_4 \geqslant 0,\quad x_5 \geqslant 0.} \end{array}$$

심플렉스 해법을 이용하여 위 문제를 풀면 다음과 같다.

$$\begin{array}{llllllll}
\max & -z & +x_1 & +3x_2 & & & & = 0, \\
\text{sub.to} & & 3x_1 & -x_2 & +x_3 & & & = 6, \\
& & -x_1 & +x_2 & & +x_4 & & = 3, \\
& & x_1 & +2x_2 & & & +x_5 & = 9.
\end{array}$$

$$\begin{array}{llllllll}
\max & -z & +4x_1 & & & -3x_4 & & = -9 \\
\text{sub.to} & & 2x_1 & & +x_3 & +x_4 & & = 9, \\
& & -x_1 & +x_2 & & +x_4 & & = 3, \\
& & 3x_1 & & & -2x_4 & +x_5 & = 3.
\end{array}$$

$$\begin{array}{llllllll}
\max & -z & & & & -\frac{1}{3}x_4 & -\frac{4}{3}x_5 & = -13 \\
\text{sub.to} & & & & +x_3 & +\frac{7}{3}x_4 & -\frac{2}{3}x_5 & = 7, \\
& & & x_2 & & +\frac{1}{3}x_4 & +\frac{1}{3}x_5 & = 4, \\
& & x_1 & & & -\frac{2}{3}x_4 & +\frac{1}{3}x_5 & = 1.
\end{array}$$

연습문제 2.8

$$\begin{array}{lllllll}
\min & -z & -2x_1 & -3x_2 & & & = 0 \\
\text{sub.to} & & x_1 & +x_2 & +x_3 & & = 10, \\
& & x_1 & +2x_2 & & +x_4 & = 14.
\end{array}$$

$$\begin{array}{lllllll}
\min & -z & & -x_2 & +2x_3 & & = 20 \\
\text{sub.to} & & x_1 & +x_2 & +x_3 & & = 10, \\
& & & x_2 & -x_3 & +x_4 & = 4.
\end{array}$$

$$\begin{array}{lllllll}
\min & -z & & & +x_3 & +x_4 & = 24, \\
\text{sub.to} & & x_1 & & +2x_3 & -x_4 & = 6, \\
& & & x_2 & -x_3 & +x_4 & = 4.
\end{array}$$

연습문제 2.9

$$\begin{array}{lllllll}
\min & -z & -15x_1 & & +2x_3 & -5x_4 & = 0, \\
\text{sub.to} & & -x_1 & +2x_2 & +x_3 & & = 2, \\
& & 3x_1 & 2x_2 & & +x_4 & = 12.
\end{array}$$

'pricing out' 하면,

$$\begin{array}{llllllll} \min & -z & +2x_1 & +6x_2 & & & = 56, \\ \text{sub.to} & & -x_1 & +2x_2 & +x_3 & & = 2, \\ & & 3x_1 & +2x_2 & & +x_4 & = 12. \end{array}$$

정규형 선형계획이 되었고, 목적함수 계수가 모두 양수이므로, 현재 기저가능해가 최적이다.

연습문제 2.10

가.

$$\begin{array}{lllllllll} \max & -z & +3x_1 & +5x_2 & & & & =0, \\ \text{sub.to} & & x_1 & & +x_3 & & & = 4, \\ & & & x_2 & & +x_4 & & = 6, \\ & & 3x_1 & +2x_2 & & & +x_5 & = 18. \end{array}$$

$$\begin{array}{lllllllll} \max & -z & +3x_1 & & & -5x_4 & & = -30, \\ \text{sub.to} & & x_1 & & +x_3 & & & = 4, \\ & & & x_2 & & +x_4 & & = 6, \\ & & 3x_1 & & & -2x_4 & +x_5 & = 6. \end{array}$$

$$\begin{array}{lllllllll} \max & -z & & & & -3x_4 & -x_5 & = -36, \\ \text{sub.to} & & & & x_3 & +\frac{2}{3}x_4 & -\frac{1}{3}x_5 & = 2, \\ & & & x_2 & & +x_4 & & = 6, \\ & & x_1 & & & -\frac{2}{3}x_4 & +\frac{1}{3}x_5 & = 2. \end{array}$$

나.

$$\begin{array}{lllllllll} \min & -z & +3x_1 & +5x_2 & & & & = 0, \\ \text{sub.to} & & x_1 & & +x_3 & & & = 4, \\ & & & x_2 & & +x_4 & & = 6, \\ & & 3x_1 & +2x_2 & & & +x_5 & = 18. \end{array}$$

다.

$$\begin{array}{lllllllll} \min & -z & +3x_1 & -5x_2 & & & & = 0, \\ \text{sub.to} & & x_1 & & +x_3 & & & = 4, \\ & & & x_2 & & +x_4 & & = 6, \\ & & 3x_1 & +2x_2 & & & +x_5 & = 18. \end{array}$$

$$\begin{array}{llllllll} \min & -z & +3x_1 & & & +5x_4 & & = 30, \\ \text{sub.to} & & x_1 & & +x_3 & & & = 4, \\ & & & x_2 & & +x_4 & & = 6, \\ & & 3x_1 & & & -2x_4 & +x_5 & = 6. \end{array}$$

연습문제 2.11

가. $x = (0, 1, 1, 0, 2, 0)^T$

나. $\alpha \geqslant 0,\ \delta \geqslant 0$

다. $\beta = \frac{1}{2},\ \alpha = -2$

라. $\gamma \leqslant 1,\ \alpha - \beta\delta \geqslant 0,\ \delta \leqslant 0$

연습문제 2.12, 2.13

다음 문제는 두 개 이상의 최적해를 갖고 있다.

$$\begin{array}{llll} \max & 3x_1 & +x_2 & \\ \text{sub.to} & x_1 & +3x_2 & \leqslant 12, \\ & 3x_1 & +x_2 & \leqslant 12, \\ & x_1 \geqslant 0, & x_2 \geqslant 0. & \end{array}$$

위 문제에 심플렉스 해법을 적용하면,

$$\begin{array}{lllllll} \max & -z & +3x_1 & x_2 & & & = 0 \\ \text{sub.to} & & x_1 & +3x_2 & +x_3 & & = 12, \\ & & 3x_1 & +x_2 & & +x_4 & = 12. \end{array}$$

$$\begin{array}{lllllll} \max & -z & & & & -x_4 & = 12 \\ \text{sub.to} & & & +\frac{8}{3}x_2 & +x_3 & -\frac{1}{3}x_4 & = 8, \\ & & x_1 & +\frac{1}{3}x_2 & & +\frac{1}{3}x_4 & = 4. \end{array}$$

최적 단계에서 비기저변수 x_2의 목적함수 계수가 0이다. 즉, 목적함수 값을 변화시키지 않고 x_2를 기저변수로 진입시킬 수 있다.

연습문제 2.14

$$\begin{array}{llllllll}
\max & -z & +6x_1 & +4x_2 & & & & = 0, \\
\text{sub.to} & & -x_1 & +x_2 & +x_3 & & & = 2, \\
& & 3x_1 & -2x_2 & & +x_4 & & = 3, \\
& & 3x_1 & +2x_2 & & & +x_5 & = 9.
\end{array}$$

$$\begin{array}{llllllll}
\max & -z & & +8x_2 & & -2x_4 & & = -6 \\
\text{sub.to} & & & \frac{1}{3}x_2 & +x_3 & +\frac{1}{3}x_4 & & = 3, \\
& & x_1 & -\frac{2}{3}x_2 & & +\frac{1}{3}x_4 & & = 1, \\
& & & 4x_2 & & -x_4 & +x_5 & = 6.
\end{array}$$

$$\begin{array}{llllllll}
\max & -z & & & & & -2x_5 & = -18 \\
\text{sub.to} & & & & x_3 & +\frac{5}{12}x_4 & -\frac{1}{12}x_5 & = \frac{5}{2}, \\
& & x_1 & & & +\frac{1}{6}x_4 & +\frac{1}{6}x_5 & = 2, \\
& & & x_2 & & -\frac{1}{4}x_4 & +\frac{1}{4}x_5 & = \frac{3}{2}.
\end{array}$$

연습문제 2.16

$$\begin{array}{llllllll}
\max & -z & +2x_1 & +x_2 & & & & = 0, \\
\text{sub.to} & & -x_1 & +x_2 & +x_3 & & & = 1, \\
& & -3x_1 & +2x_2 & & +x_4 & & = 2, \\
& & x_1 & -4x_2 & & & +x_5 & = 2.
\end{array}$$

$$\begin{array}{llllllll}
\max & -z & & +9x_2 & & & -2x_5 & = -4, \\
\text{sub.to} & & & -3x_2 & +x_3 & & +x_5 & = 3, \\
& & & -10x_2 & & +x_4 & +3x_5 & = 8, \\
& & x_1 & -4x_2 & & & +x_5 & = 2.
\end{array}$$

위 단계에서 최소비율 테스트를 하면 x_2를 무한으로 선택할 수 있으므로 최적해가 존재하지 않는다.

연습문제 2.17

(결정변수) x_1 : 파운드 보유량, x_2 : 달러 보유량

$$\begin{array}{llllll} \max & x_1 & +x_2 & & \\ \text{sub.to} & 1.8x_1 & -x_2 & \leqslant & 0, \\ & -2x_1 & +x_2 & \leqslant & 0, \\ & \multicolumn{4}{l}{x_1 \geqslant 0, \quad x_2 \geqslant 0.} \end{array}$$

연습문제 2.24

가. (1단계)

$$\begin{array}{lllllll} \min & -w & & & & +y & = 0 \\ \text{sub.to} & & x_1 & -2x_2 & +x_3 & & = 2 \\ & & x_1 & +x_2 & & +y & = 1 \end{array}$$

$$\begin{array}{lllllll} \min & -w & -x_1 & -x_2 & & & = -1 \\ \text{sub.to} & & x_1 & -2x_2 & +x_3 & & = 2 \\ & & x_1 & +x_2 & & +y & = 1 \end{array}$$

$$\begin{array}{lllllll} \min & -w & & & & +y & = 0 \\ \text{sub.to} & & & -3x_2 & +x_3 & -y & = 1 \\ & & x_1 & +x_2 & & +y & = 1 \end{array}$$

(2단계)

$$\begin{array}{llllll} \min & -z & -2x_1 & +x_2 & & = 0 \\ \text{sub.to} & & & -3x_2 & +x_3 & = 1 \\ & & x_1 & +x_2 & & = 1 \end{array}$$

$$\begin{array}{llllll} \min & -z & & +3x_2 & & = 2 \\ \text{sub.to} & & & -3x_2 & +x_3 & = 1 \\ & & x_1 & +x_2 & & = 1 \end{array}$$

연습문제 2.25

$$
\begin{array}{llrrrrrrrl}
\min & -w & & & & & & +x_6 & +x_7 & = 0, \\
\text{sub.to} & & -x_1 & +x_2 & -x_3 & & & +x_6 & & = 3, \\
& & x_1 & +x_2 & & +x_4 & & & & = 4, \\
& & 4x_1 & -x_2 & & & -x_5 & & +x_7 & = 4.
\end{array}
$$

$$
\begin{array}{llrrrrrrrl}
\min & -w & -3x_1 & & +x_3 & & +x_5 & & & = -7, \\
\text{sub.to} & & -x_1 & +x_2 & -x_3 & & & +x_6 & & = 3, \\
& & x_1 & +x_2 & & x_4 & & & & = 4, \\
& & 4x_1 & -x_2 & & & -x_5 & & +x_7 & = 4.
\end{array}
$$

$$
\begin{array}{llrrrrrrrl}
\min & -w & & -0.75x_2 & +x_3 & & +0.25x_5 & & +0.75x_7 & = -4, \\
\text{sub.to} & & & 0.75x_2 & -x_3 & & -0.25x_5 & +x_6 & +0.25x_7 & = 4, \\
& & & 1.25x_2 & & +x_4 & +0.25x_5 & & -0.25x_7 & = 3, \\
& & x_1 & -0.25x_2 & & & -0.25x_5 & & +0.25x_7 & = 1.
\end{array}
$$

$$
\begin{array}{llrrrrrrrl}
\min & -w & & & +x_3 & +0.6x_4 & +0.4x_5 & & +0.6x_7 & = -2.2, \\
\text{sub.to} & & & & -x_3 & -0.6x_4 & -0.4x_5 & +x_6 & +0.4x_7 & = 2.2, \\
& & & x_2 & & +0.8x_4 & +0.2x_5 & & -0.2x_7 & = 2.4, \\
& & x_1 & & & +0.2x_4 & -0.2x_5 & & +0.2x_7 & = 1.6.
\end{array}
$$

1단계 문제의 최적목적함수 값이 0이 아니다.

연습문제 2.26

가.

$$
\begin{array}{llrrrrrrrl}
\min & -w & & & & & & +x_6 & +x_7 & = 0, \\
\text{sub.to} & & -x_1 & +x_2 & -7x_3 & -2x_4 & -x_5 & & & = 8, \\
& & 2x_1 & -x_2 & & +3x_4 & & +x_6 & & = 7, \\
& & x_1 & +4x_2 & -3x_3 & -4x_4 & & & +x_7 & = 12.
\end{array}
$$

$$
\begin{array}{llrrrrrrrl}
\min & -w & -3x_1 & -3x_2 & +3x_3 & +x_4 & & & & = -19, \\
\text{sub.to} & & -x_1 & +x_2 & -7x_3 & -2x_4 & +x_5 & & & = 8, \\
& & 2x_1 & -x_2 & & +3x_4 & & +x_6 & & = 7, \\
& & x_1 & +4x_2 & -3x_3 & -4x_4 & & & +x_7 & = 12.
\end{array}
$$

$$
\begin{array}{llllllllll}
\min & -w & & -\frac{9}{2}x_2 & 3x_3 & +\frac{11}{2}x_4 & & +\frac{3}{2}x_6 & & = -\frac{17}{2}, \\
\text{sub.to} & & & \frac{1}{2}x_2 & -7x_3 & -\frac{1}{2}x_4 & +x_5 & +\frac{1}{2}x_6 & & = \frac{23}{2}, \\
 & & x_1 & -\frac{1}{2}x_2 & & +\frac{3}{2}x_4 & & +\frac{1}{2}x_6 & & = \frac{7}{2}, \\
 & & & \frac{9}{2}x_2 & -3x_3 & -3x_4 & & -\frac{1}{2}x_6 & +x_7 & = \frac{17}{2}.
\end{array}
$$

$$
\begin{array}{llllllllll}
\min & -w & & & & +\frac{5}{2}x_4 & & +x_6 & +x_7 & = 0, \\
\text{sub.to} & & & & -\frac{20}{3}x_3 & -\frac{1}{6}x_4 & +x_5 & +\frac{5}{9}x_6 & -\frac{1}{9}x_7 & = \frac{95}{9}, \\
 & & x_1 & & -\frac{1}{3}x_3 & +\frac{7}{6}x_4 & & +\frac{4}{9}x_6 & +\frac{1}{9}x_7 & = \frac{40}{9}, \\
 & & & x_2 & -\frac{2}{3}x_3 & -\frac{2}{3}x_4 & & -\frac{1}{9}x_6 & +\frac{2}{9}x_7 & = \frac{17}{9}.
\end{array}
$$

최적해의 값이 0이 되었으므로 가능해를 가진다.

나.

$$
\begin{array}{lllllllll}
\min & -w & & & & & +x_5 & +x_6 & = 0, \\
\text{sub.to} & & -x_1 & +2x_2 & +x_3 & -x_4 & +x_5 & & = 4, \\
 & & x_1 & +x_2 & +x_3 & & & +x_6 & = 1,
\end{array}
$$

$$
\begin{array}{lllllllll}
\min & -w & & -3x_2 & -2x_3 & +x_4 & & & = -5, \\
\text{sub.to} & & -x_1 & +2x_2 & +x_3 & -x_4 & +x_5 & & = 4, \\
 & & x_1 & +x_2 & +x_3 & & & +x_6 & = 1,
\end{array}
$$

$$
\begin{array}{lllllllll}
\min & -w & +3x_1 & & +x_3 & +x_4 & & +3x_6 & = -2, \\
\text{sub.to} & & -3x_1 & & -x_3 & -x_4 & +x_5 & -2x_6 & = 2, \\
 & & x_1 & +x_2 & +x_3 & & & +x_6 & = 1,
\end{array}
$$

최적해의 값이 0보다 크므로 가능해를 가지지 않는다.

연습문제 4.1

2. $36+\triangle$.

연습문제 4.2

x_j의 계수 c_j는 심플렉스의 반복 단계 중에 $c_j - \bar{c}_j$만큼 변화한다. 그런데 이 변화량은 제약식 상에서의 x_j의 계수, 기저 변수의 목적 함수 계수, 기저 변수의 제약식 상에서의 계수에 의해 결정된다. 그러므로 비기저 변수인 x_j의 목적 함수의 계수가 변하더라도 그 변화량은 변함이 없다. 그러므로 x_j의 목적 함수 계수가 $c_j - \bar{c}_j$로 변화한다면, 심플렉스 최적 단계에서 x_j의 계수는 $c_j - \bar{c}_j - (c_j - \bar{c}_j) = 0$이 되며, 그 이상 변화하게 되면 x_j의 계수가 음수가 되어 최적해를 이루는 기저 변수의 집합이 변화화고 최적해도 변화하게 된다.

연습문제 4.3

x_1의 계수가 $\triangle$만큼 변한다고 하자. 이때 최적 타블로를 얻었던 심플렉스 계산 과정을 그대로 적용했다고 하면 다음 타블로를 얻는다.

$$
\begin{array}{llllllll}
\min\ z = & \triangle x_1 & & & +\frac{2}{3}x_4 & +\frac{4}{3}x_5 & +\frac{1}{3}x_6 & = -\frac{13}{3}, \\
\text{sub.to} & & & x_3 & +x_4 & +x_5 & & = 3, \\
& x_1 & & & -\frac{1}{3}x_4 & +\frac{1}{3}x_5 & +\frac{1}{3}x_6 & = \frac{4}{3}, \\
& & x_2 & & -\frac{1}{3}x_4 & -\frac{2}{3}x_5 & \frac{1}{3}x_6 & = \frac{1}{3}. \\
& x_1, & x_2, & x_3, & x_4, & x_5, & x_6 \geqslant 0 &
\end{array}
$$

목적함수에서 기저변수인 x_1의 계수 $\triangle$를 제거하면 다음과 같다(변수 x_1, x_2, x_3와 비음조건은 표현에서 제외하였다).

$$
\begin{array}{lllll}
\min\ z = & \left(\frac{2}{3}+\frac{1}{3}\triangle\right)x_4 & +\left(\frac{4}{3}-\frac{1}{3}\triangle\right)x_5 & +\left(\frac{1}{3}-\frac{1}{3}\triangle\right)x_6 & = -\frac{13}{3}-\frac{4}{3}\triangle, \\
\text{sub.to} & +x_4 & x_5 & & = 3, \\
& -\frac{1}{3}x_4 & +\frac{1}{3}x_5 & +\frac{1}{3}x_6 & = \frac{4}{3}, \\
& -\frac{1}{3}x_4 & -\frac{2}{3}x_5 & \frac{1}{3}x_6 & = \frac{1}{3}.
\end{array}
$$

현재 최적해가 변하지 않기 위해선 목적함수에서 비기저변수의 계수가 모두 양수여야 한다. 즉, $\triangle$는 $2+\triangle \geqslant 0$, $4-\triangle \geqslant 0$, $1-\triangle \geqslant 0$을 만족해야 한다. 이를 만족하는 $\triangle$의 범위는 $-2 \leq \triangle \leq 1$이다. 따라서 초기에 x_1의 계수가 -1이므로, 현재 최적해를 변화시키지 않는 x_1의 계수의 범위는 $-3 \leq$ (x_1의 계수) ≤ 0이다.

연습문제 4.4

△의 값에 따른 최적해는 다음과 같다.

(1) $-6 \leqslant \triangle < -3$ 인 경우, 최적해는 뒤주 0개, 겹창 6개

(2) $-3 \leqslant \triangle < 0$인 경우, 최적해는 뒤주 1개, 겹창 6개

(3) $0 \leqslant \triangle < 3$ 인 경우, 최적해는 뒤주 2개, 겹창 6개

(4) $3 \leqslant \triangle < 6$ 인 경우, 최적해는 뒤주 3개, 겹창 6개

(5) $\triangle = 6$인 경우, 최적해는 뒤주 4개, 겹창 6개

연습문제 4.6

가.

$$
\begin{array}{llllllll}
\max & -z & +5x_1 & +2x_2 & & & & = 0 \\
\text{sub.to} & & x_1 & +2x_2 & +x_3 & & & = 12, \\
& & x_1 & +x_2 & & +x_4 & & = 8, \\
& & 3x_1 & +x_2 & & & +x_5 & = 18. \\
& & x_1 \geqslant 0, & x_2 \geqslant 0, & x_3 \geqslant 0, & x_4 \geqslant 0, & x_5 \geqslant 0. &
\end{array}
$$

(다음 단계)

$$
\begin{array}{llllllll}
\max & -z & & +\frac{1}{3}x_2 & & & -\frac{5}{3}x_5 & = -30 \\
\text{sub.to} & & & \frac{5}{3}x_2 & +x_3 & & -\frac{1}{3}x_5 & = 6, \\
& & & \frac{2}{3}x_2 & & +x_4 & -\frac{1}{3}x_5 & = 2, \\
& & x_1 & +\frac{1}{3}x_2 & & & +\frac{1}{3}x_5 & = 6. \\
& & x_1 \geqslant 0, & x_2 \geqslant 0, & x_3 \geqslant 0, & x_4 \geqslant 0, & x_5 \geqslant 0. &
\end{array}
$$

(다음 단계)

$$
\begin{array}{llllllll}
\max & -z & & & & -\frac{1}{2}x_4 & -\frac{3}{2}x_5 & = -31 \\
\text{sub.to} & & & & x_3 & -\frac{5}{2}x_4 & +\frac{1}{2}x_5 & = 1, \\
& & & x_2 & & +\frac{3}{2}x_4 & -\frac{1}{2}x_5 & = 3, \\
& & x_1 & & & -\frac{1}{2}x_4 & +\frac{1}{2}x_5 & = 5. \\
& & x_1 \geqslant 0, & x_2 \geqslant 0, & x_3 \geqslant 0, & x_4 \geqslant 0, & x_5 \geqslant 0. &
\end{array}
$$

따라서 최적해는 $x_1 = 5$, $x_2 = 3$, $x_3 = 1$, $x_4 = 0$, $x_5 = 0$이고 목적함수 값은 31이다.

나. 가.에서 구한 최종단계를 이용한다. x_1의 계수가 $\triangle$만큼 변하고 목적함수에서 이를 제거했을 때, 최적해가 변하지 않기 위해선 $\triangle$가 $-\frac{1}{2}+\frac{1}{2}\triangle \leqslant 0$, $-\frac{3}{2}-\frac{1}{2}\triangle \leqslant 0$을 만족해야 한다. 이를 만족하는 $\triangle$의 범위는 $-3 \leqslant \triangle \leqslant 1$이다. 따라서 최적해를 변화시키지 않는 x_1의 계수 c_1의 범위는 $2 \leqslant c_1 \leqslant 6$이다.

다. 첫 번째 제약식의 우변상수에 $\triangle$를 더한다고 하자. 심플렉스 반복단계를 거쳐도 최적기저변수 집합을 변화시키지 않게 하기 위해선 모든 단계마다 첫 번째 제약식의 우변상수 범위가 양수여야만 한다. 첫 번째 제약식의 우변상수에 $\triangle$를 더한 각 심플렉스 단계별 우변상수는 초기단계에서는 $(12+\triangle)$, 2단계에서는 $(6+\triangle)$, 최종단계에서는 $(1+\triangle)$가 된다. 따라서 $\triangle \geqslant -1$이어야 하고 첫 번째 제약식의 우변상수의 범위는 11부터 ∞이다.

연습문제 4.8

현재 생산비용에서 이란에서 생산하는 천연가스의 경우, 보통가스의 판매가가 0.5 이상 오르거나 고급가스의 판매가가 1 이상 오르면 천연가스 중에 해당가스로의 가공되어 판매되는 양이 증가한다. 인도네시아에서 생산하는 천연가스의 경우, 보통가스로만 가공이 가능하므로, 아무리 가격이 올라도 보통가스와 고급가스의 판매량은 변함이 없다. 반대로 현재 생산비용에서 보통가스의 판매가가 0.333 이상 하락하는 경우, 인도네시아에서 생산하는 천연가스 중에 보통가스로 가공되어 판매되는 가스의 양은 줄어들고 판매가가 1 이상 하락하는 경우, 이란에서 생산하는 천연가스 중에 보통가스로 가공되어 판매되는 가스의 양은 줄어든다. 고급 가스의 경우 판매가가 하락하여도 인도네시아에서 생산하는 천연가스 중에 고급가스로 전환되어 판매되는 가스의 양은 변함이 없고, 판매가가 0.5 이상 하락하는 경우, 이란에서 생산하는 천연가스 중에 고급가스로 가공되어 판매되는 가스의 양은 줄어든다.

연습문제 4.9

(1) $2 \leqslant$ (겹창의 가격).

(2) 소나무의 잠재가격은 0, 유리의 잠재가격은 3, 뽕나무의 잠재가격은 1이다. 따라서 신제품이 소나무 유리 뽕나무를 각각 2, 1, 2단위 사용할 경우 신제품을 생산하는 것이 이익이 되기 위해서는 가격이 최소 5 이상이어야 한다.

연습문제 5.2

쌍대문제를 원문제로 놓고, 목적함수의 하한을 구하는 선형계획문제를 쓰면 다음과 같다.

$$
\begin{array}{llllll}
\max & 3x_1 & +5x_2 & +4x_3 & & \\
\text{sub.to} & x_1 & & +x_3 & \leqslant & 4 \\
& & 2x_2 & +2x_3 & \leqslant & 6 \\
& 3x_1 & +2x_2 & 2x_3 & \leqslant & 18 \\
& x_1 \geqslant 0, & x_2 \geqslant 0, & x_3 \geqslant 0 & &
\end{array}
$$

연습문제 5.5

$y^* = (0, 1.5, 1)$이다. 잠재가격은 최적생산량 부근에서 단위당 가치를 뜻한다. 홍씨 아저씨는 원료를 팔지 않을 경우 최적생산량 부근에서 소나무, 유리, 뽕나무의 단위당 가치가 각각 0, 1.5, 1이다. 즉 홍씨 아저씨는 원료를 팔지 않아도 소나무, 유리, 뽕나무 각각 한 단위로 0, 1.5, 1의 수입을 올릴 수 있으므로 최소한 이 가격보다 비싸게 팔려고 할 것이다. 따라서 김씨 아저씨의 경우 원료를 구입하는 데 드는 비용을 최소화해야 하므로 최적해는 $y = (0, 1.5, 1)$이 된다.

연습문제 5.6

김씨 아저씨는 원료를 사는 데 비용을 최소화하려고 할 것이다. 그리고 홍씨 아저씨가 원료를 모두 파는 경우는, 자신이 원료를 팔지 않고 생산했을 때 최적해의 목적함수 값이 김씨 아저씨에게 원료를 모두 팔았을 때보다 작을 경우가 될 것이다. 따라서 홍씨 아저씨의 최적해의 목적함수 값은 김씨 아저씨의 최적해의 목적함수 값보다 작거나 같을 것이다.

연습문제 5.8

(원문제)

$$
\begin{array}{lrrrrrrrrrl}
\min & z = & 250x_1 & + & 300x_2 & + & 600x_3 & + & 300x_4 & & \\
\text{sub.to} & & 70x_1 & + & 350x_2 & + & 420x_3 & + & 30x_4 & \geqslant & 2500, \\
& & 100x_1 & + & & + & 11x_3 & + & 18x_4 & \geqslant & 700, \\
& & 3x_1 & + & 6x_2 & + & 20x_3 & + & 2x_4 & \geqslant & 50, \\
& & 5x_1 & + & 58x_2 & + & & + & 5x_4 & \geqslant & 400, \\
& & x_1 \geqslant 0, & & x_2 \geqslant 0, & & x_3 \geqslant 0, & & x_3 \geqslant 0. & &
\end{array}
$$

(쌍대문제)

$$
\begin{array}{llrrrrrrrrrrr}
\max & w = & 2500y_1 & + & 700y_2 & + & 50y_3 & + & 400y_4 & & \\
\text{sub.to} & & 70y_1 & + & 100y_2 & + & 3y_3 & + & 5y_4 & \geqslant & 250, \\
& & 350y_1 & & & + & 6y_3 & + & 58y_4 & \geqslant & 300, \\
& & 420y_1 & + & 11y_2 & + & 20y_3 & & & \geqslant & 600, \\
& & 30y_1 & + & 18y_2 & + & 2y_3 & + & 5y_4 & \geqslant & 300, \\
& & y_1 \geqslant 0, & & y_2 \geqslant 0, & & y_3 \geqslant 0, & & y_4 \geqslant 0. & &
\end{array}
$$

위 쌍대문제의 의미를 경제적으로 해석해 보자. 어느 영양제 제조 회사가 홍씨 가족에게 식단을 대신할 영양제를 만들어 팔려고 한다. 이때 y_1, y_2, y_3, y_4를 각각 칼로리, 칼슘, 단백질, 탄수화물의 단위 가격으로 생각한다면, 영양제에 들어갈 영양소의 양은 홍씨 가족이 필요한 양과 동일하기 때문에 목적함수 식은 영양제의 가격이 되고, 회사입장에선 이 가격을 최대화시켜야 한다. 그리고 홍씨 가족이 이 영양제를 구입하게 하기 위해선, 우유 100g이 공급해주는 영양소를 영양제를 통해 공급받을 경우의 비용이 우유 100g의 가격보다 작거나 같아야 할 것이다. 마찬가지로, 빵 , 돼지고기, 양배추에 대해서도 이같은 제약이 적용되야 하며 이는 쌍대문제의 제약식들로 나타나 있다.

연습문제 5.11

$$
\begin{array}{ll}
\max & y^T b \\
\text{sub.to} & y^T A \leqslant c^T
\end{array}
$$

연습문제 5.13

원문제가 가능해를 가지면 약쌍대정리에 의해서 쌍대 문제가 최소화문제인 경우, 목적함수 값이 원문제 가능해의 목적함수 값보다 크거나 같아야 한다. 따라서 최소화문제의 목적함수는 무한히 감소할 수 없다. 최대화문제의 경우도 마찬가지 방법으로 생각해 볼 수 있다.

연습문제 5.15

가.

$$
\begin{array}{llrrl}
\max & 3y_1 & +5y_2 & & \\
\text{sub.to} & y_1 & & \leqslant & 4 \\
& & 2y_2 & \leqslant & 6 \\
& 3y_1 & +2y_2 & \leqslant & 18 \\
& y_1 \geqslant 0, & y_2 \geqslant 0, & &
\end{array}
$$

나. 원문제의 가능해 (x_1, x_2, x_3)와 쌍대문제의 가능해 (y_1, y_2)에 대해서, $4x_1 + 6x_2 + 18x_3 \geqslant y_1x_1 + y_2x_2 + (3y_1 + 2y_2)x_3 = (x_1 + 3x_3)y_1 + (2x_2 + 2x_3)y_2 \geqslant 3y_1 + 5y_2$이다. 따라서 쌍대문제의 가능해의 목적함수 값은 항상 원문제 가능해의 목적함수 값보다 작거나 같다.

다. 2차원 그래프 해법을 사용하여 가.에 나온 쌍대문제의 최적해를 구하면 다음과 같다.

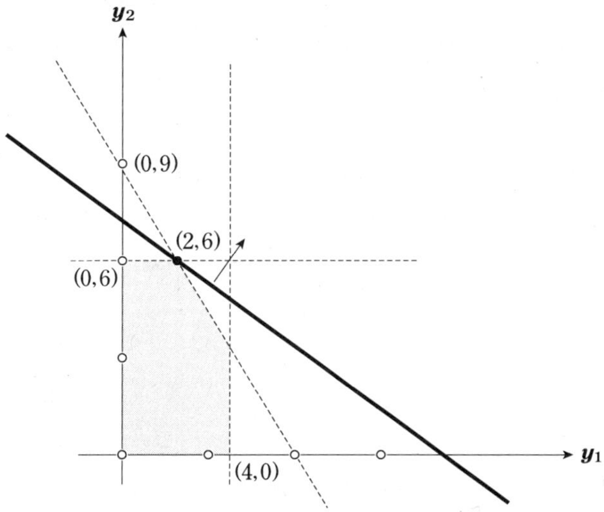

이때, 쌍대문제의 최적 목적함수 값은 36으로 강쌍대정리에 의하여 원문제의 최적 목적함수 값과 같다.

제3장

선형계획의 여러 가지 응용

연습문제 1.2

채권 1, 2, 3, 4에 투자하는 금액을 x_1, x_2, x_3, x_4라 하자. 주어진 조건(제약식)들을 만족하는 포트폴리오 중 평균수익률(목적함수)이 가장 높은 것을 찾는 선형계획문제가 된다. 식으로 표현하면 다음과 같다.

$$
\begin{array}{lrrrrll}
\max & 10x_1 & 12x_2 & +9x_3 & +13x_4 & & \\
\text{sub.to} & 8x_1 & +6x_2 & +9x_3 & +4x_4 & \geqslant & 210, \\
 & 8x_1 & +9x_2 & +4x_3 & +7x_4 & \leqslant & 240, \\
 & x_1 & & & & \leqslant & 12, \\
 & & x_2 & & & \leqslant & 12, \\
 & & & x_3 & & \leqslant & 12, \\
 & & & & x_4 & \leqslant & 12, \\
 & \multicolumn{4}{c}{x_1 \geqslant 0, \quad x_2 \geqslant 0, \quad x_3 \geqslant 0, \quad x_4 \geqslant 0.} & &
\end{array}
$$

연습문제 2.3

i번째 달 초에 남아 있는 축구공의 재고를 I_i, i번째 달 동안 만드는 축구공의 수를 x_i라 하자. 선형계획 모형을 세우면 아래와 같다.

$$
\begin{array}{ll}
\min & 12500x_1 + 12550x_2 + 12700x_3 + 12800x_4 + 12850x_5 + 12950x_6 \\
 & + \frac{12500}{20} I_2 + \frac{12550}{20} I_3 + \frac{12700}{20} I_4 + \frac{12800}{20} I_5 + \frac{12850}{20} I_6 + \frac{12950}{20} I_7 \\
\text{sub.to} & I_1 + x_1 - 10000 = I_2, \\
 & I_2 + x_2 - 15000 = I_3, \\
 & I_3 + x_3 - 30000 = I_4, \\
 & I_4 + x_4 - 35000 = I_5, \\
 & I_5 + x_5 - 25000 = I_6, \\
 & I_6 + x_6 - 10000 = I_7, \\
 & x_i \leqslant 30000, \qquad 1 \leqslant i \leqslant 6, \\
 & I_1 = 5000, \\
 & I_i \leqslant 10000, \qquad 2 \leqslant i \leqslant 7, \\
 & x_i \geqslant 0, \qquad 1 \leqslant i \leqslant 6, \\
 & I_i \geqslant 0, \qquad 2 \leqslant i \leqslant 7.
\end{array}
$$

연습문제 3.2

농장 i에서 구매하여 방법 j로 파는 포도의 갯수를 x_{ij}라 하자($i=1, 2, 3, j=1, 2, 3$). 홍군의 최적사업계획은 다음과 같다.

$$\begin{aligned}
\max\quad & 2500x_{11}+1500x_{12}+2000x_{13}+4500x_{21}+3500x_{22}+4000x_{23}+4000x_{31} \\
& +3000x_{32}+3500x_{33} \\
\text{sub.to}\quad & x_{11}+x_{12}+x_{13} \leqslant 500, \\
& x_{21}+x_{22}+x_{23} \leqslant 3000, \\
& x_{31}+x_{32}+x_{33} \leqslant 2000, \\
& x_{13}+x_{23}+x_{33} \leqslant 200, \\
& -2x_{11}+2x_{21}+x_{31} \leqslant 0, \\
& -3x_{12}+x_{22} \leqslant 0, \\
& -5x_{11}-3x_{21} \leqslant 0, \\
& -3x_{12}-x_{22}+2x_{32} \leqslant 0, \\
& -x_{13}+x_{23}+4x_{33} \leqslant 0, \\
& x_{ij} \geq 0,\ \forall i,\ j.
\end{aligned}$$

연습문제 4.2

가. 월요일에 근무를 시작하는 인원을 x_1, 이후 순서대로 x_2, x_3, $\cdots$, x_7이라 하자. 선형계획 모형을 세우면 아래와 같다.

$$\begin{array}{lllllllll}
\min & x_1 & +x_2 & +x_3 & +x_4 & +x_5 & +x_6 & +x_7 & \\
\text{sub.to} & 8x_1 & & & +8x_4 & +8x_5 & +8x_6 & +8x_7 & \geqslant 420, \\
& 8x_1 & +8x_2 & & & +8x_5 & +8x_6 & +8x_7 & \geqslant 480, \\
& 8x_1 & +8x_2 & +8x_3 & & & +8x_6 & +8x_7 & \geqslant 540, \\
& 8x_1 & +8x_2 & +8x_3 & +8x_4 & & & +8x_7 & \geqslant 480, \\
& 8x_1 & +8x_2 & +8x_3 & +8x_4 & +8x_5 & & & \geqslant 456, \\
& & 8x_2 & +8x_3 & +8x_4 & +8x_5 & +8x_6 & & \geqslant 576, \\
& & & 8x_3 & +8x_4 & +8x_5 & +8x_6 & +8x_7 & \geqslant 600, \\
\end{array}$$

$$x_1 \geqslant 0,\ x_2 \geqslant 0,\ x_3 \geqslant 0,\ x_4 \geqslant 0,\ x_5 \geqslant 0,\ x_6 \geqslant 0,\ x_7 \geqslant 0.$$

나. 월요일에 일을 시작하는 정직원과 파트타임 직원의 수를 각각 x_{11}, x_{12},
화요일에 일을 시작하는 정직원과 파트타임 직원의 수를 각각 x_{21}, x_{22},
수요일에 일을 시작하는 정직원과 파트타임 직원의 수를 각각 x_{31}, x_{32},
목요일에 일을 시작하는 정직원과 파트타임 직원의 수를 각각 x_{41}, x_{42},

금요일에 일을 시작하는 정직원과 파트타임 직원의 수를 각각 x_{51}, x_{52},
토요일에 일을 시작하는 정직원과 파트타임 직원의 수를 각각 x_{61}, x_{62},
일요일에 일을 시작하는 정직원과 파트타임 직원의 수를 각각 x_{71}, x_{72},
라고 하자. 인건비를 최소화하는 인력계획은 다음과 같다.

$$
\begin{aligned}
\text{min} \quad & 48000(x_{11}+x_{21}+x_{31}+x_{41}+x_{51}+x_{61}+x_{71}) \\
& +16000(x_{12}+x_{22}+x_{32}+x_{42}+x_{52}+x_{62}+x_{72}) \\
\text{sub.to} \quad & 8(x_{11}+x_{41}+x_{51}+x_{61}+x_{71})+4(x_{12}+x_{42}+x_{52}+x_{62}+x_{72}) \geqslant 420, \\
& 8(x_{11}+x_{21}+x_{51}+x_{61}+x_{71})+4(x_{12}+x_{22}+x_{52}+x_{62}+x_{72}) \geqslant 480, \\
& 8(x_{11}+x_{21}+x_{31}+x_{61}+x_{71})+4(x_{12}+x_{22}+x_{32}+x_{62}+x_{72}) \geqslant 540, \\
& 8(x_{11}+x_{21}+x_{31}+x_{41}+x_{71})+4(x_{12}+x_{22}+x_{32}+x_{42}+x_{72}) \geqslant 480, \\
& 8(x_{11}+x_{21}+x_{31}+x_{41}+x_{51})+4(x_{12}+x_{22}+x_{32}+x_{42}+x_{52}) \geqslant 456, \\
& 8(x_{21}+x_{31}+x_{41}+x_{51}+x_{61})+4(x_{22}+x_{32}+x_{42}+x_{52}+x_{62}) \geqslant 576, \\
& 8(x_{31}+x_{41}+x_{51}+x_{61}+x_{71})+4(x_{32}+x_{42}+x_{52}+x_{62}+x_{72}) \geqslant 600, \\
& x_{ij}\text{는 양의 정수}, \ \forall i, j.
\end{aligned}
$$

연습문제 5.2

강남역 지점의 모형만 예로 들자.

$$
\begin{aligned}
\text{max} \quad & 45u_1 + 60u_2 + 23u_3 \\
\text{sub.to} \quad & (45u_1 + 60u_2 + 23u_3) - (20v_1 + 150v_2 + 7v_3) \leqslant 0, \\
& (42u_1 + 63u_2 + 19u_3) - (25v_1 + 130v_2 + 8v_3) \leqslant 0, \\
& (34u_1 + 45u_2 + 14u_3) - (18v_1 + 130v_2 + 5v_3) \leqslant 0, \\
& 20v_1 + 150v_2 + 7v_3 = 1, \\
& u_1 \geqslant 0, u_2 \geqslant 0, u_3 \geqslant 0, v_1 \geqslant 0, v_2 \geqslant 0, v_3 \geqslant 0.
\end{aligned}
$$

이와 같은 방식으로 나머지 두 개 지점까지 모형화하여 운영 효율성을 계산한 결과는 다음과 같다.

지점	효율성	u_1	u_2	u_3	v_1	v_2	v_3
강남역	1	0.022	0	0	0.05	0	0
압구정	1	0	0.016	0	0	0.008	
양재	1	0.029	0	0	0	0	0.2

연습문제 6.2

아파트 단지 청구 1, 청구 2, 래미안 1, 래미안 2, 현대, 삼성, 롯데를 $i = 1, 2, 3, 4, 5, 6, 7$, 초등학교 양인, 소지, 퐁덕, 신걸을 $j = 1, 2, 3, 4$로 잡자. 아파트 단지 i에서 초등학교 j로 보내는 학생 수를 x_{ij}라 하면 선형계획 모형은 아래와 같다. (학생들의 등교거리 총합이 줄어들수록 합리적이라고 가정하자)

$$\begin{aligned}
\min \quad & z = 3x_{11} + 2x_{12} + 4x_{13} + 5x_{14} + 2x_{21} + 0.5x_{12} + 3x_{23} + 4x_{24} + 4x_{31} + 2x_{32} \\
& \quad + x_{33} + x_{34} + 3x_{41} + 6x_{42} + 3x_{43} + 3x_{44} + 4x_{51} + 5x_{52} + 3x_{53} + x_{54} \\
& \quad + 4x_{61} + 3x_{62} + x_{63} + 3x_{64} + x_{71} + 4x_{72} + 4x_{73} + 3x_{74} \\
\text{sub.to} \quad & x_{11} + x_{12} + x_{13} + x_{14} = 250, \\
& x_{21} + x_{22} + x_{23} + x_{24} = 350, \\
& x_{31} + x_{32} + x_{33} + x_{34} = 400, \\
& x_{41} + x_{42} + x_{43} + x_{44} = 150, \\
& x_{51} + x_{52} + x_{53} + x_{54} = 220, \\
& x_{61} + x_{62} + x_{63} + x_{64} = 180, \\
& x_{71} + x_{72} + x_{73} + x_{74} = 100, \\
& x_{11} + x_{21} + x_{31} + x_{41} + x_{51} + x_{61} + x_{71} \geqslant 350, \\
& x_{11} + x_{21} + x_{31} + x_{41} + x_{51} + x_{61} + x_{71} \leqslant 430, \\
& x_{12} + x_{22} + x_{32} + x_{42} + x_{52} + x_{62} + x_{72} \geqslant 350, \\
& x_{12} + x_{22} + x_{32} + x_{42} + x_{52} + x_{62} + x_{72} \leqslant 430, \\
& x_{13} + x_{23} + x_{33} + x_{43} + x_{53} + x_{63} + x_{73} \geqslant 400, \\
& x_{13} + x_{23} + x_{33} + x_{43} + x_{53} + x_{63} + x_{73} \leqslant 470, \\
& x_{14} + x_{24} + x_{34} + x_{44} + x_{54} + x_{64} + x_{74} \geqslant 280, \\
& x_{14} + x_{24} + x_{34} + x_{44} + x_{54} + x_{64} + x_{74} \leqslant 330, \\
& x_{ij} \geqslant 0,\ 1 \leqslant i \leqslant 7,\ 1 \leqslant j \leqslant 4.
\end{aligned}$$

연습문제 8.1

(a), (b), (c) 세 가지 전략을 모두 조합해 보자. 최적의 생산계획은 다음과 같다.

X_i : i번째 달에 일하는 근로자의 수, x_i : i번째 달에 정상근무하는 근로자의 수,

a_i : i번째 달에 증원된 근로자의 수, b_i : i번째 달에 감원된 근로자의 수,

I_i : i번째 달 말 재고의 양, O_i : i번째 달에 초과근무하는 근로자의 수,

P_i : i번째 달에 초과근무하는 근로자가 생산하는 물건의 양, D_i : i번째 달의 수요량.

$$\begin{aligned}
\min \quad & \Sigma_{i=1}^{12}(220X_i + 300a_i + 420b_i + 20P_i + 8I_i) \\
\text{sub.to} \quad & a_i + b_i \leqslant 40,\ \forall i \\
& X_i = x_i + O_i,\ \forall i \\
& X_i = X_{i-1} + a_i - b_i,\ \forall i \\
& P_i \leqslant 6 \times O_i,\ \forall i \\
& I_i = I_{i-1} + 20X_i + P_i - D_i,\ \forall i \\
& X_0 = 290,\ I_0 = 0,\ I_{12} = 0 \\
& X_i, a_i\ b_i, P_i, I_i, x_i \geqslant 0,\ \forall i
\end{aligned}$$

연습문제 8.2

시트고 정유회사의 최적 정유 분배 계획은 다음과 같다.

x_{ijk} : $t = i$일 때, j에서 k로 이동하는 기름의 양. ($j = 1$: 정유공장, $j = 2$: 창고, $j = 3$: 분배센터 1, $j = 4$: 분배센터 2, $j = 5$: 현물시장)

D_i : $t = i$일 때, 창고에 저장하는 기름의 양.

$$\begin{aligned}
\min \quad & (4x_{113} + 8x_{114}) + (4x_{123} + 8x_{124}) + (65x_{153} + 65x_{154}) + 65x_{152} \\
& + 5D_1 + (4x_{213} + 8x_{214}) + (70x_{253} + 70x_{254}) + (4x_{223} + 8x_{224}) \\
& + 70x_{252} - 62x_{115} - 69x_{215} \\
\text{sub.to} \quad & x_{112} + x_{113} + x_{114} + x_{115} = 100000, \\
& x_{113} + x_{123} + x_{153} = 20000, \\
& x_{114} + x_{124} + x_{154} = 40000, \\
& 20000 - x_{123} - x_{124} + x_{112} + x_{152} = D_1, \\
& x_{152} + x_{153} + x_{154} \leqslant 20000, \\
& x_{212} + x_{213} + x_{214} + x_{215} = 100000, \\
& x_{213} + x_{223} + x_{253} = 60000, \\
& x_{214} + x_{224} + x_{254} = 110000, \\
& D_1 - x_{223} - x_{224} + x_{212} + x_{252} = 30000, \\
& x_{252} + x_{253} + x_{254} \leqslant 20000, \\
& x_{ijk} \geqslant 0, \quad \forall i, j, k.
\end{aligned}$$

연습문제 8.3

(1) 비용을 최소화하는 경영과학 모형은 다음과 같다.

x_{ij} : node i에서 node j로 가는 물의 양

node 1 : 지하수, node 2 : 인접국가, node 3 : 비, node 4 : 정수처리, node 5 : 농업,

node 6 : 공업, node 7 : 생활, node 8 : 특수공업용수, node 9 : 강

$$
\begin{aligned}
\min \quad & (2x_{25}+x_{26}+4x_{24})+(x_{35}+2x_{36}+3x_{34})+(x_{45}+x_{46}+2x_{47}) \\
& +(2x_{15}+4x_{16}+5x_{17})+8x_{94} \\
\text{sub.to} \quad & x_{15}+x_{16}+x_{17}+x_{18}+x_{19}=10000, \\
& x_{24}+x_{25}+x_{26}+x_{29}=10000, \\
& x_{34}+x_{35}+x_{36}+x_{39}=30000, \\
& x_{15}+x_{25}+x_{35}+x_{45}-x_{59}=15000, \\
& x_{16}+x_{26}+x_{36}+x_{46}-x_{69}=10000, \\
& x_{17}+x_{47}-x_{79}=15000, \\
& x_{18}+x_{48}-x_{89}=5000, \\
& x_{24}+x_{34}+x_{94}-x_{45}-x_{46}-x_{47}-x_{48}\geqslant 0, \\
& x_{24}+x_{34}+x_{94}\leqslant 10000, \\
& x_{ij}\geqslant 0,\ \forall i,\ j.
\end{aligned}
$$

(2) c_1 : 추가로 개발하는 지하수의 양, c_2 : 부족한 공업용수의 양,

c_3 : 부족한 공업용수의 양, c_4 : 부족한 생활용수의 양,

c_5 : 부족한 특수공업용수의 양, c_6 : 추가로 처리하는 정수처리 용량

$$
\begin{aligned}
\min \quad & (2x_{25}+x_{26}+4x_{24})+(x_{35}+2x_{36}+3x_{34})+(x_{45}+x_{46}+2x_{47}) \\
& +(2x_{15}+4x_{16}+5x_{17})+8x_{94}+6c_1+8c_2+4c_3+20c_4+4c_5+10c_6 \\
\text{sub.to} \quad & x_{15}+x_{16}+x_{17}+x_{18}+x_{19}=10000+1000c_1, \\
& x_{24}+x_{25}+x_{26}+x_{29}=5000, \\
& x_{34}+x_{35}+x_{36}+x_{39}=5000, \\
& x_{15}+x_{25}+x_{35}+x_{45}-x_{59}+c_2=15000, \\
& x_{16}+x_{26}+x_{36}+x_{46}-x_{69}+c_3=10000, \\
& x_{17}+x_{47}-x_{79}+c_4=15000, \\
& x_{18}+x_{48}-x_{89}+c_5=5000, \\
& x_{24}+x_{34}+x_{94}\leqslant 10000+1000c_6, \\
& x_{24}+x_{34}+x_{94}-x_{45}-x_{46}-x_{47}-x_{48}\geqslant 0, \\
& c_1\leqslant 5,\ c_6\leqslant 5, \\
& x_{ij}\geqslant 0,\ c_j\geqslant 0,\ \forall i,\ j.
\end{aligned}
$$

연습문제 8.4

(1) 대한전력의 최적 운송 및 자원할당 계획은 다음과 같다.

x_{ijk} : 기업 i에서 항구 j를 거쳐 발전소 k로 이동하는 석탄의 양.

c_{ij} : 기업 i에서 항구 j로 이동하는 데 들어가는 비용.

c_{jk} : 항구 i에서 발전소 k로 이동하는 데 들어가는 비용.

L_i : 기업 i의 최소 공급량.

U_i : 기업 i의 최대 공급량.

D_k : 발전소 k의 수요.

I_{it} : 기업 i의 t번째 성분의 값.

L_{kt} : 발전소 k의 t번째 성분에 대한 최소값.

U_{kt} : 발전소 k의 t번째 성분에 대한 최대값.

$i = 1\ldots13,\ j = 1\ldots4,\ k = 1\ldots7.$

기업 1 : Angel, 기업 2 : Collinsville(미국), 기업 3 : Douglas, 기업 4 : Duiker,

기업 5 : Shell, 기업 6 : KPC, 기업 7 : MHU, 기업 8 : Edmonton, 기업 9 : Coalex,

기업 10 : Collinsville(호주), 기업 11 : Macquare, 기업 12 : Ulan, 기업 13 : Wambo

항구 1 : 울산, 항구 2 : 부산, 항구 3 : 인천, 항구 4 : 평택

성분 1 : 황산화물, 성분 2 : 화산재, 성분 3 : 발열량, 성분 4 : 휘발성분,

성분 5 : 분쇄성, 성분 6 : 수분함량, 성분 7 : 이산화질소

$$
\begin{aligned}
\text{min} \quad & \Sigma_{k=1}^{12}\Sigma_{j=1}^{4}\Sigma_{i=1}^{13}(c_{ij} + c_{jk})x_{ijk} \\
\text{sub.to} \quad & L_i \leqslant \Sigma_{j=1}^{4}\Sigma_{k=1}^{12} x_{ijk} \leqslant U_i,\ \forall i, \\
& \Sigma_{i=1}^{13}\Sigma_{j=1}^{4} x_{ijk} \geqslant D_k,\ \forall k, \\
& L_{kt} \times (\Sigma_{j=1}^{4}\Sigma_{i=1}^{13} x_{ijk}) \leqslant \Sigma_{j=1}^{4}\Sigma_{i=1}^{13} I_{it}\, x_{ijk} \leqslant U_{kt} \times (\Sigma_{j=1}^{4}\Sigma_{i=1}^{13} x_{ijk}),\ \forall k,\ t, \\
& x_{ijk} \geqslant 0,\ \forall i,\ j,\ k.
\end{aligned}
$$

(2) 항구에서 한 해 동안 처리할 수 있는 석탄의 양에 관한 제약식만 (1)에서 세운 자원할당 계획에 추가해주면 된다.

각 항구마다 처리할 수 있는 석탄의 양의 최대치를 H_j, $j = 1\ldots4$라고 하면, 제약식은 다음과 같다 : $\Sigma_{i=1}^{13}\Sigma_{k=1}^{12} x_{ijk} \leqslant H_j$.

제4장

네트워크 모형

연습문제 1.14

연결된 그래프 G가 나무가 아니라고 하자. 즉, G에 회로가 하나 이상 존재한다고 가정하자. 회로 하나를 선택하여 C로 표기하고, C에 속한 호를 하나 선택하여 e라 하자. 회로 C에서 호 e를 제외한 나머지 부분을 경로 P_e라고 하자. 그리고 그래프 G에서 호 e를 제거하고 얻은 그래프 G'을 고려하자.

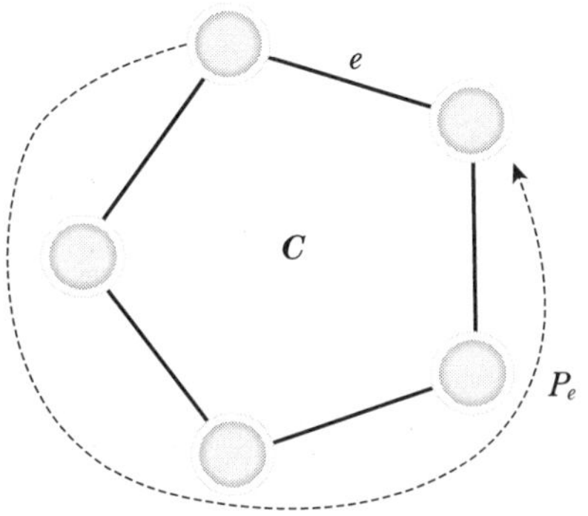

(i) 그래프 G에서 호 e를 포함한 경로로 연결되어 있던 두 마디 u, v는, 호 e를 경로 P_e로 대체한 경로로 여전히 연결되어 있다. 즉, G'은 연결된 그래프이다.

(ii) 호 e를 제거함으로써 적어도 하나의 회로가 제거된다. 회로가 모두 없어질 때까지 이러한 제거과정을 반복하자. 최종적으로 얻은 그래프는 회로가 없고 연결되어 있으므로 나무이다. 그렇다면 [성질 1.9]에 의해 호의 개수는 마디의 개수보다 하나 적고, 따라서 G의 호의 개수는 마디의 개수와 같거나 많다. 이는 그래프 G의 호가 마디보다 하나 작다는 가정에 모순이다. □

연습문제 1.15

추가한 호를 e라 하고, 그때 단순회로가 두 개 이상 발생한다고 가정하자. 그리고 두 회로를 선택하여 각각 C_1, C_2라 하자. 각 단순회로에서 e를 제거하면 얻는 경로를 P_1, P_2라 하자. 그렇다면 원 그래프에는 $P_1 \cup P_2$ 회로가 존재한다. 이는 원 그래프가 나무라는 가정에 모순이다. □

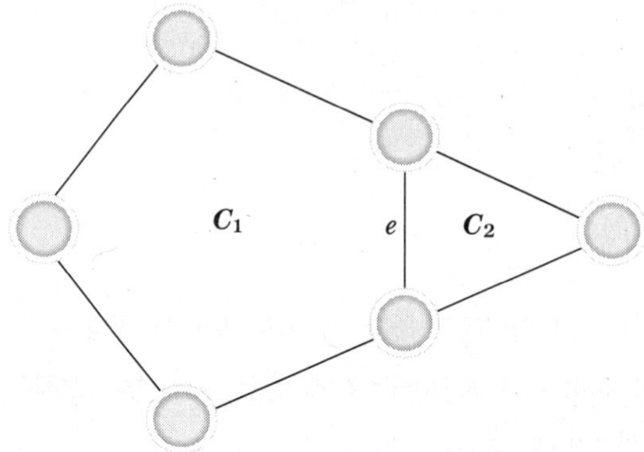

연습문제 1.17

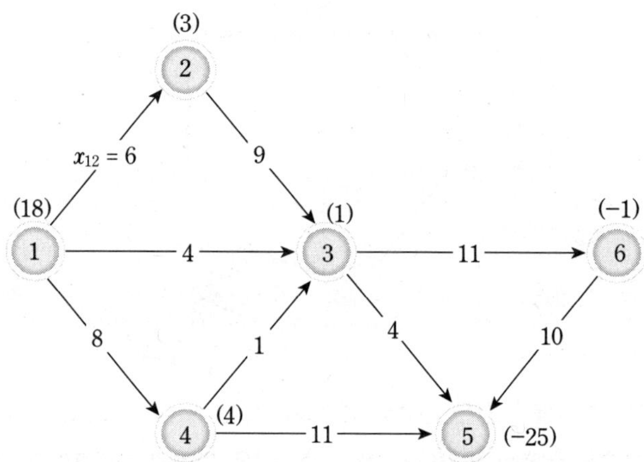

연습문제 1.18

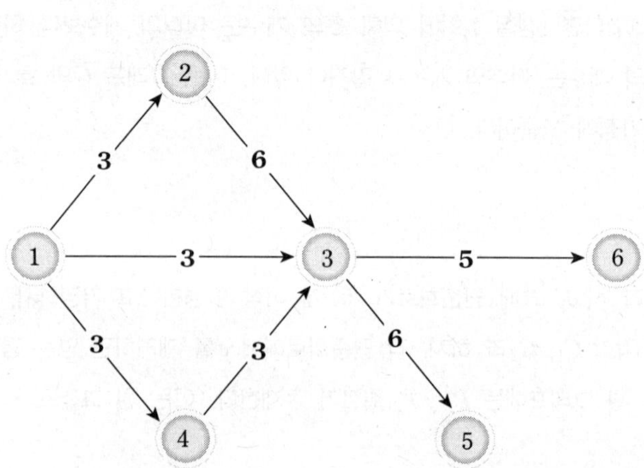

연습문제 1.19

마디 $1 : 3 + 2 + x_{14} = 6.$

마디 $2 : -3 + x_{23} = 3.$

마디 $3 : -2 - x_{23} + x_{34} + 4 = 0.$

마디 $4 : -x_{14} - x_{34} + x_{45} = -4.$

$x_{14} = 1,\ x_{23} = 6,\ x_{34} = 4,\ x_{45} = 1.$

연습문제 2.1

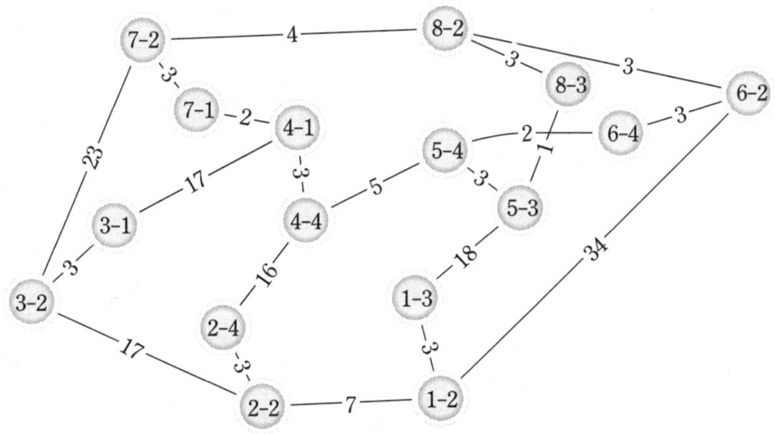

〈그림 A.1〉 지하철 환승 네트워크

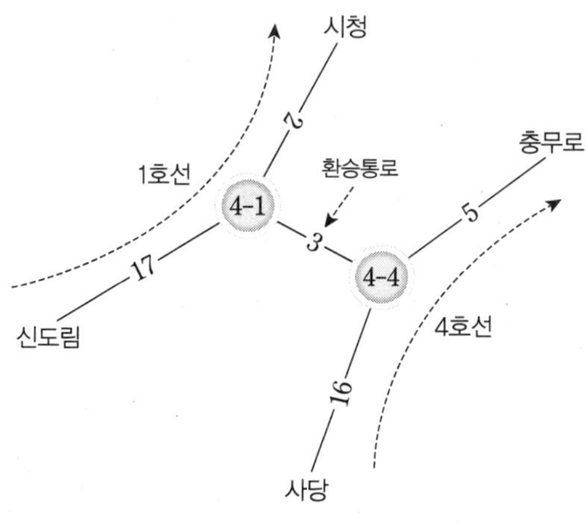

〈그림 A.2〉 서울역의 예

환승역마다 마디를 두 개씩 만들고, 환승시간을 비용으로 갖는 호로 그 두 마디를 연결한다.

연습문제 2.5

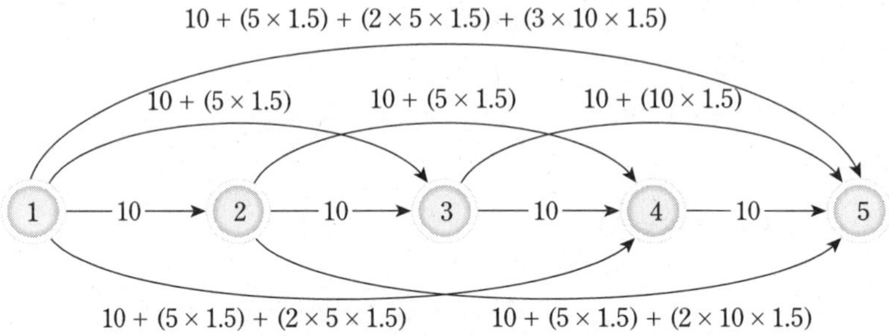

(i) 마디 1, 2, 3, 4, 5를 만든다. 마디 i는 i주 초를 의미한다.

(ii) 호 (i, j)는 i주 초에 j주 전까지의 수요를 충족시키는 주문을 했음을 의미한다. 그때의 주문비용과 기회비용을 더한 것을 호 (i, j)의 비용으로 설정한다.

최적주문계획은 1주 초에 15대, 3주 초에 5대, 4주 초에 10대를 주문하는 것이고, 그때의 비용은 37.5만원이다.

연습문제 2.6

d가 (2.3)을 만족하므로, 모든 호 $(i, j) \in A$에 대해 $c_{ij} \geqslant d(j) - d(i)$를 만족한다. 따라서,

$$\begin{aligned} c(P) &= c_{v_0 v_1} + c_{v_1 v_2} + \cdots + c_{v_{k-1} v_k} \\ &\geqslant d(v_1) - d(v_0) \\ &\quad + d(v_2) - d(v_1) \\ &\quad \vdots \\ &\quad + d(v_k) - d(v_{k-1}) \end{aligned}$$

$$\therefore c(P) \geqslant d(v_k) - d(v_0) = d(i) - d(s).$$

(2.2)에 의해 $d(s) = 0$이므로, $c(P) \geqslant d(i)$이다.

연습문제 2.8

(1) 아래의 그림과 같이 네트워크를 만들어보자.

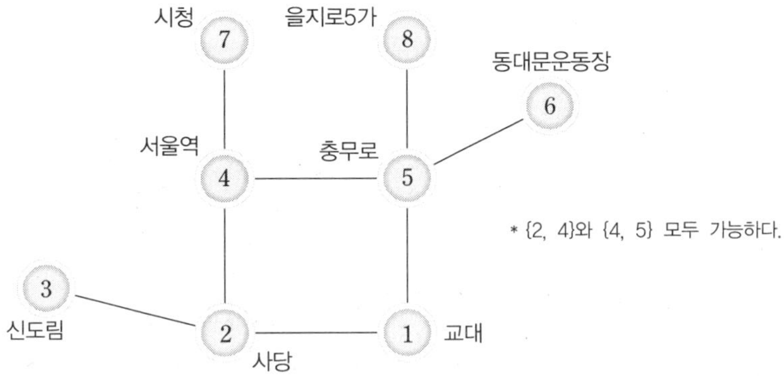

(2) $d(7)$은 최적이 아니다. 위의 해는 $19 + 4 < 25$로 필요충분조건을 만족시키지 않기 때문이다. 따라서 $d(7) = d(8) + c_{87}$로 개선한다. 그러면 $d(7)$의 값은 25에서 23으로 줄어든다.

연습문제 2.12

$d(i) + c_{ij} = d(j)$를 만족시키는 호 (i, j)가 s에서 마디 j로의 최단경로를 구성한다. 따라서 이런 호 (i, j)를 모두 찾는다면 최단경로를 쉽게 찾을 수 있다.

연습문제 2.13

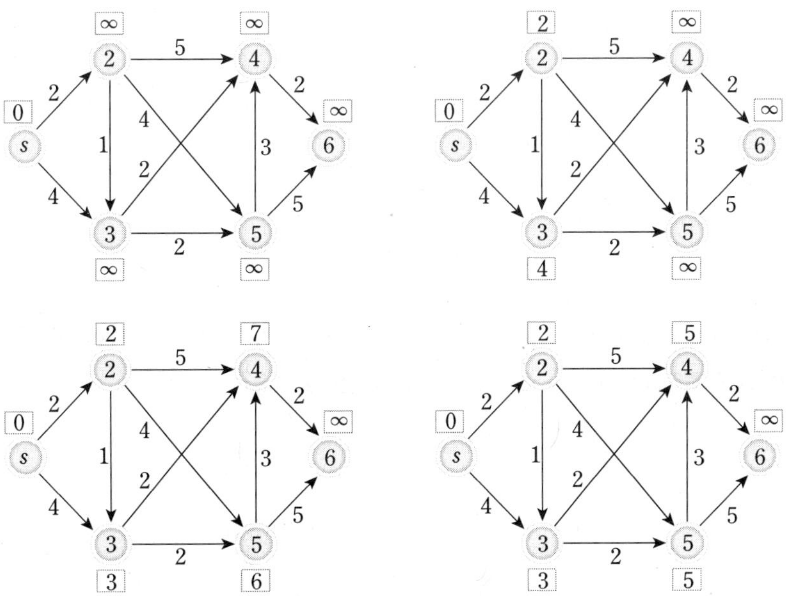

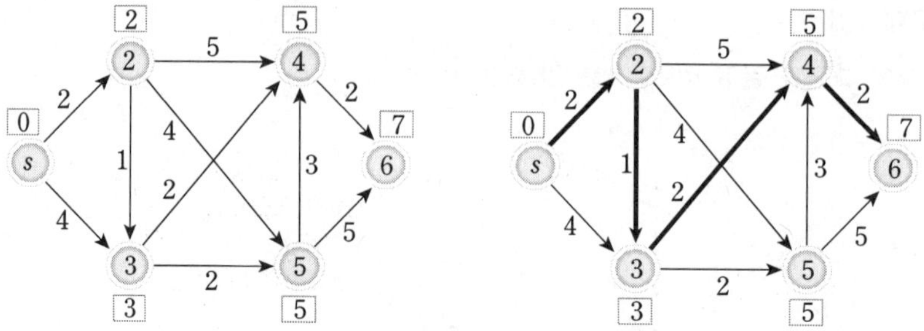

연습문제 2.14

다이크스트라 알고리듬은 i마디가 고정되는 순간의 $d(i)$값이 s에서 i로의 최단경로의 비용임을 이용한다. 모든 호의 비용이 양수이므로, 이후에 $d(i)$값이 더 감소하는 경우는 없다. 따라서, 한 번 고정된 마디를 또 고정할 필요가 없다. 하지만 호의 비용에 음수가 있는 경우에는 특정 마디가 고정된 이후에도 d값이 감소할 수 있다. 다음의 예를 보자.

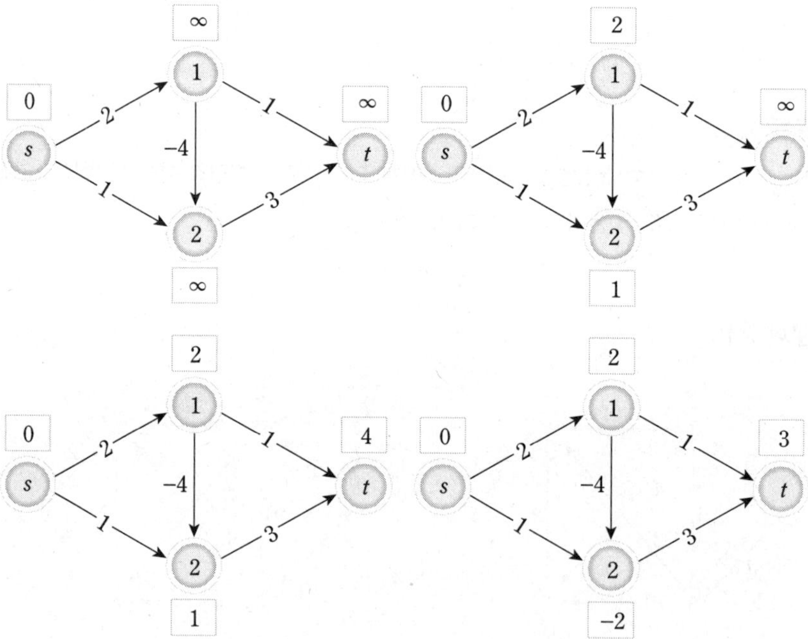

다이크스트라 알고리듬은 경로로 $s-1-t$를 출력하고, 그 비용은 3임을 알 수 있다. 하지만 실제 최적해는 $s-1-2-t$이고, 그 비용은 1이다.

연습문제 2.15

최단경로의 필요충분조건을 활용한다.

- 호 $(2,4)$: $2+x \geqslant 8$
- 호 $(5,6)$: $6+2 \geqslant 3+y$
- 호 $(6,7)$: $3+y+6 \geqslant 13$

위의 연립부등식을 풀면 $x \geqslant 6$, $4 \leqslant y \leqslant 5$가 나온다. 따라서 x, y의 최소값은 $x=6$, $y=4$이다. 이때의 최단경로는 다음과 같다.

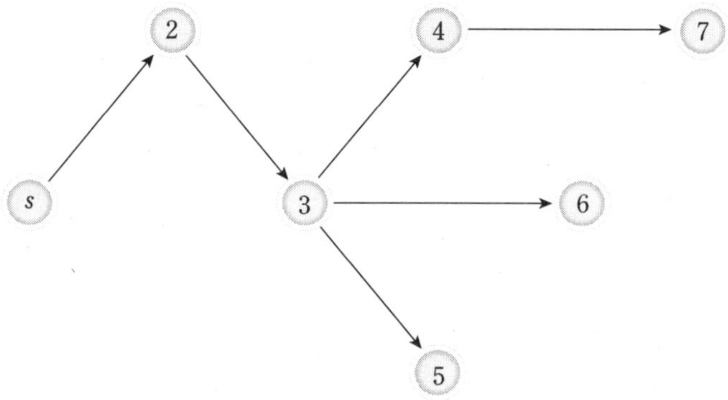

호 (3,4) 대신 호 (2,4) 혹은 호 (4,7) 대신 호 (6,7)도 최단경로가 될 수 있다.

연습문제 2.16

마디 t서부터 그 마디로 들어오는 호에 대해서 $d(i)+c_{ij}=d(j)$를 만족하는지 조사한다. 만약 s를 제외한 모든 마디에 대해 위 조건을 만족하는 호가 하나씩 존재한다면, 최적해는 유일하고, 그렇지 않다면 최적해는 여러 개이다.

연습문제 2.17

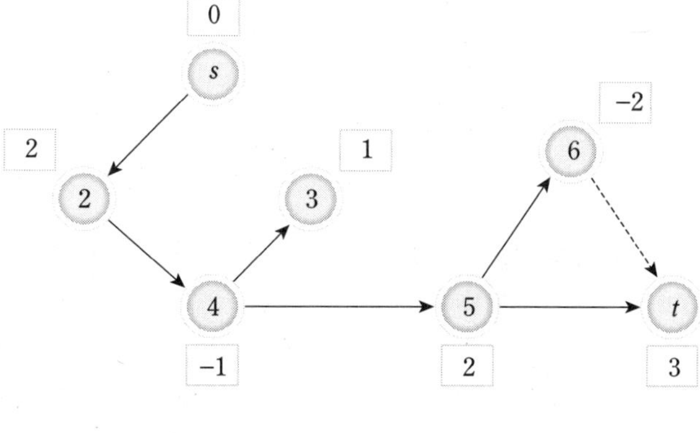

연습문제 3.9

흐름증가경로 D를 통해 경로의 용량 θ만큼 흐름을 보내자. 일단 그 경로의 용량 θ는 다음을 만족한다.

$$0 < \theta \leqslant c_e - x_e \quad \text{정방향 호}$$
$$0 < \theta \leqslant x_e \quad \text{역방향 호}$$

이때 정방향 호에는 흐름을 추가했으므로 $x_e + \theta \leqslant x_e + c_e - x_e = c_e$. 역방향 호에는 흐름을 제거했으므로 $x_3 + \theta \geqslant x_e - x_e = 0$. 따라서 용량조건과 비음조건을 만족함을 확인할 수 있다. 균형조건을 확인하기 위하여 다음과 같이 케이스를 나누어보자.

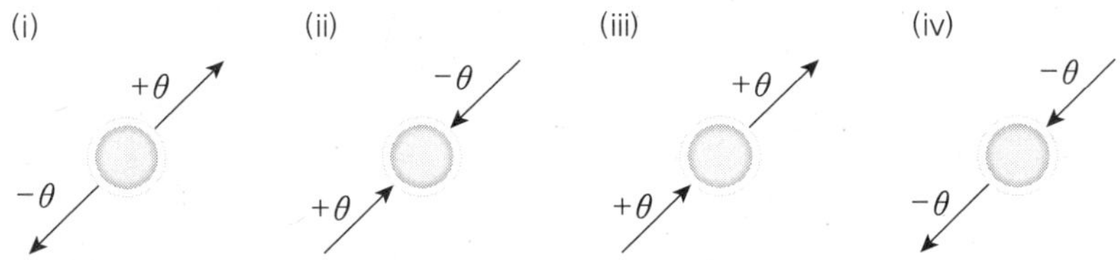

(i)의 경우엔 정방향호로 흐름이 증가한만큼 (θ) 역방향호로 흐름이 감소하고, (ii)의 경우엔 정방향호로 흐름이 증가한만큼 (θ) 역방향호로 흐름이 감소하기 때문에 균형조건이 만족한다는 것을 알 수 있다. (iii), (iv)의 경우도 마찬가지로 만족한다. 따라서 흐름증가경로 알고리듬을 통해 기존 가능흐름 위에 흐름을 추가해도 여전히 가능흐름이다.

연습문제 3.10

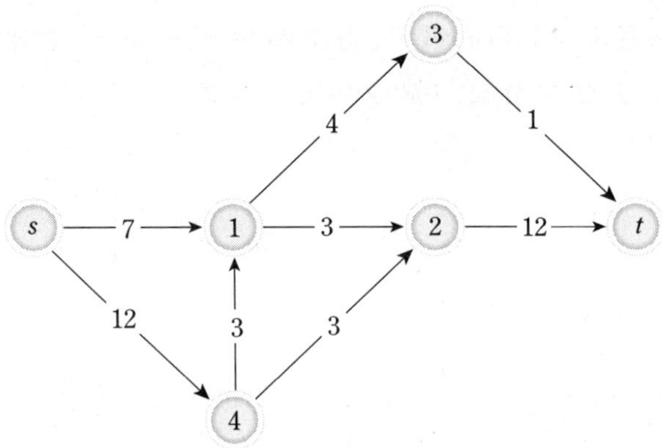

(i) 초기해를 $s-1-2-t$ 경로의 3의 흐름으로 잡는다. 이때 잔여용량 네트워크를 구하면 다음과 같다.

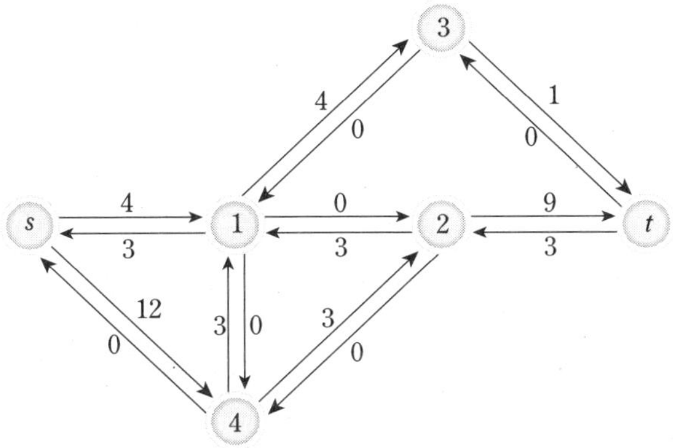

$s-1-3-t$의 흐름증가경로 위에 1의 흐름이 흐를 수 있으므로, 이 경로를 통해 흐름을 증가시키고 잔여용량 네트워크를 업데이트한다.

(ii)

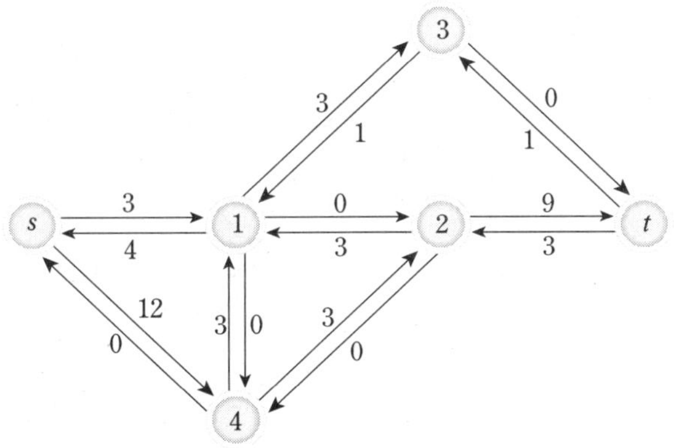

$s-4-2-t$의 흐름증가경로 위에 3의 흐름이 흐를 수 있다. 이를 통해 해를 개선시키자.

(iii)

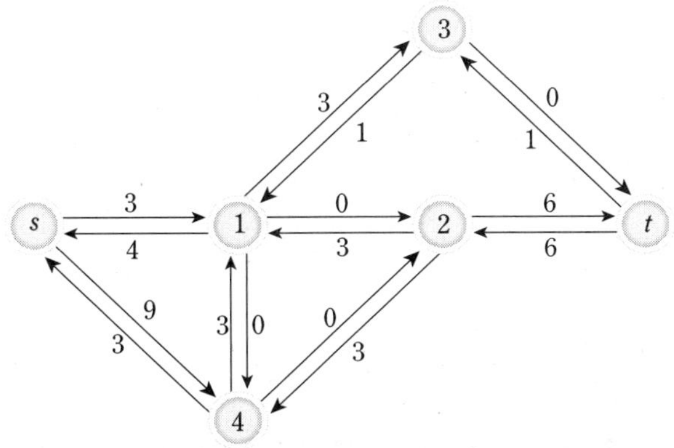

더이상 흐름증가경로가 없으므로 현재 흐름량 7이 최적해다.

연습문제 3.17

(i) 초기해를 $s-2-t$ 위에 흐름 4가 흐르는 해로 설정한다.

따라서 잔여용량 네트워크는,

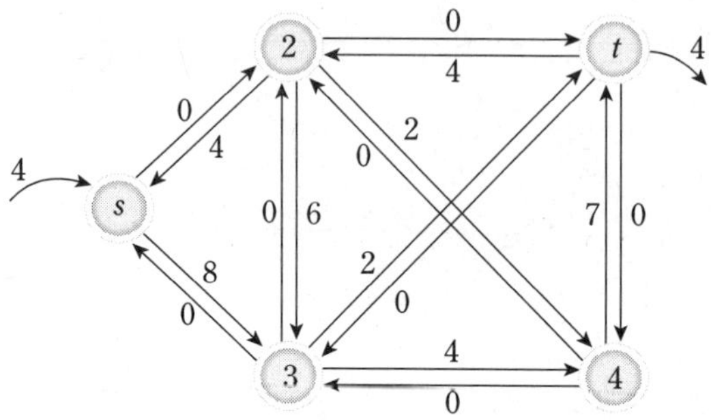

이다.

(ii) 흐름증가경로 $s-3-4-t$ 위에 흐름을 4 흘려보내자.

이때의 잔여용량 네트워크는

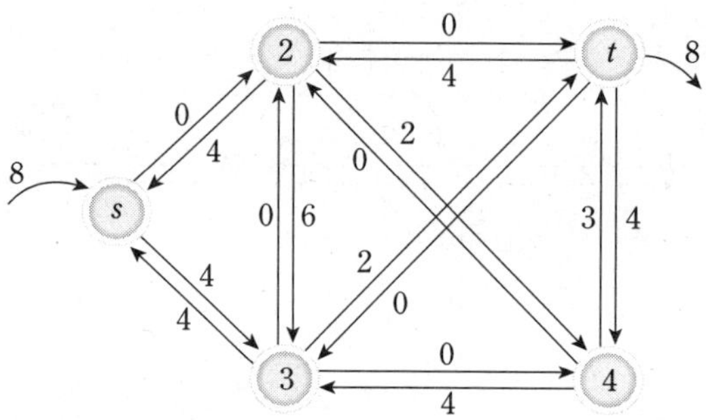

이다.

(iii) 흐름증가경로 $s-3-t$ 위에 흐름을 2 흘려보내자.

그러면 잔여용량 네트워크는

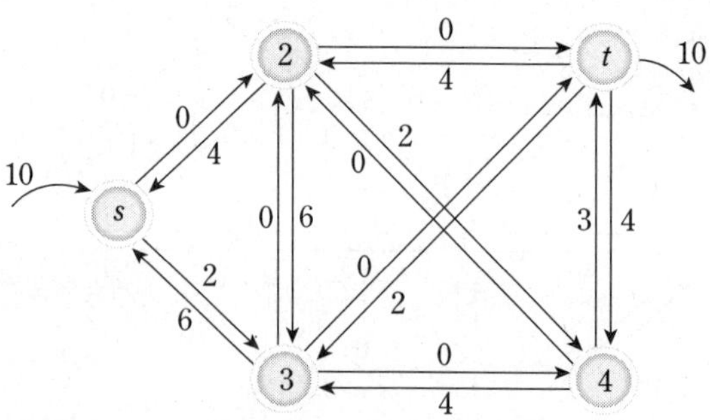

이고, 이때 흐름증가경로가 존재하지 않으므로 최대흐름은 10이다. 그리고 $S=\{s,3\}$, $T=\{2,4,t\}$와 같이 절단면을 잡으면 절단면의 용량은 10이고, 이는 최소절단면이다.

연습문제 3.18

(i) 잔여용량 네트워크를 그려보자.

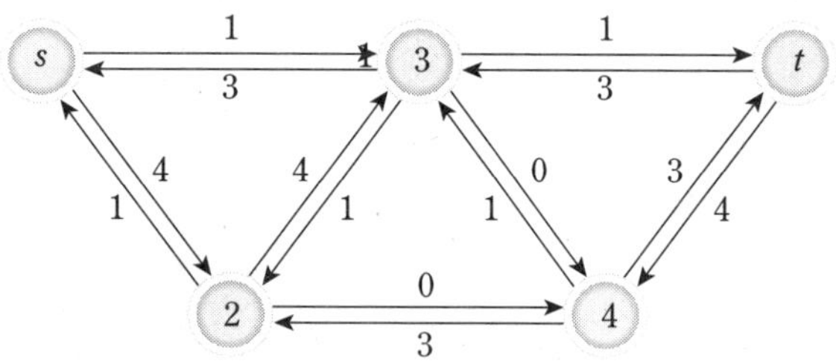

이때 $s-3-t$ 혹은 $s-2-3-t$와 같은 흐름증가경로가 존재하므로 현재 흐름은 최적이 아니다.

(ii) 이 그래프의 최소절단면은 $S=\{s, 2, 3\}$, $T=\{4, t\}$로 정의된다. 이때 절단면의 용량은 $u_{24}+u_{34}+u_{3t}=3+1+4=8$이다. 그러나 현재흐름양은 7이므로 최적이 아니다.

연습문제 3.19

가. (i) 잔여용량 네트워크를 그려보자.

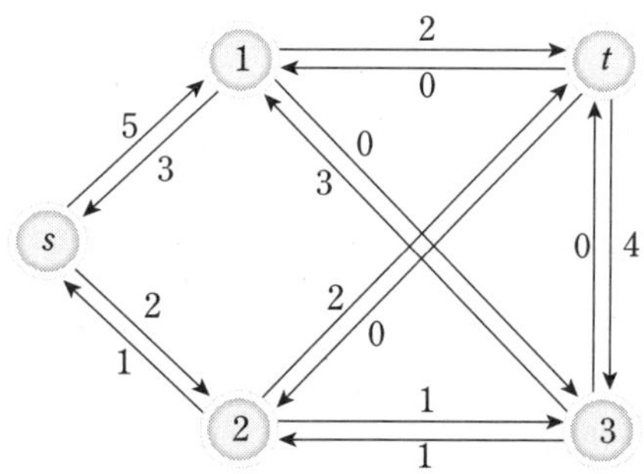

총 $s-t$ 흐름은 4이다. 여기서 흐름증가경로 $s-1-t$에 2의 흐름을 추가하자.

(ii)

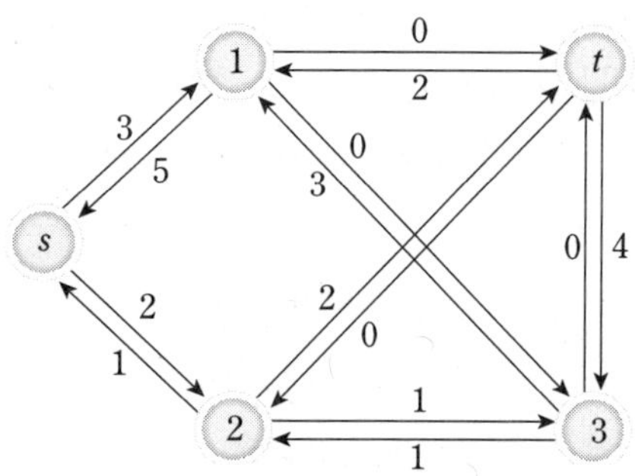

총 $s-t$ 흐름은 6이다. 여기서 흐름증가경로 $s-2-t$에 2의 흐름을 추가하자.

(iii)

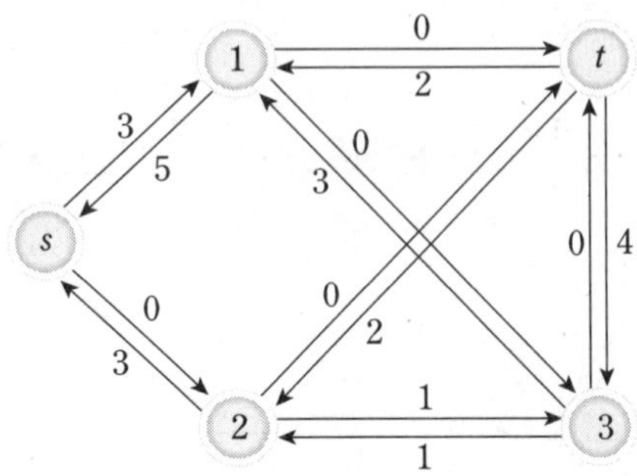

총 $s-t$ 흐름은 8이다. 주어진 흐름은 $s-t$ 최대흐름이다.

나. 이 네트워크의 $s-t$ 최소절단면은

(i) $S=\{s,1\},\ T=\{2,3,t\} \Rightarrow \{(s,2),(1,t),(1,3)\}$

(ii) $S=\{s,1,2,3\},\ T=\{t\} \Rightarrow \{(1,t),(2,t),(3,t)\}$

이다. 두 $s-t$ 최소절단면의 교집합인 $\{(1,t)\}$의 용량을 증가시키면 최소절단면 용량이 증가하므로, $s-t$ 최대흐름이 증가한다.

다. 호 $(s,1)$을 포함하는 $s-t$ 절단면은 세 개가 있다.

(i) $S=\{s,2\},\ T=\{1,3,t\} \Rightarrow \{(s,1),(2,t),(2,3)\}$

절단면 용량 $=u_{s1}+2+2$

(ii) $S=\{s,2,3\},\ T=\{1,t\} \Rightarrow \{(s,1),(2,t),(3,t)\}$

절단면 용량 $=u_{s1}+2+4$

(iii) $S=\{s\},\ T=\{1,2,3,t\} \Rightarrow \{(s,1),(s,2)\}$

절단면 용량 $=u_{s1}+3$

먼저 호 $(s,1)$은 최소절단면에 속하지 않으므로 용량을 증가시켜도 $s-t$ 최대흐름은 변하지 않는다. 그리고 호 $(s,1)$의 용량을 줄이는 경우, 위 세 절단면의 용량이 최소절단면의 용량과 같아질 때까지만 줄일 수 있다. 더 줄이는 경우, $s-t$ 최대흐름이 변하기 때문이다. 따라서,

$$u_{s1}+2+2 \geqslant 8$$
$$u_{s1}+2+4 \geqslant 8$$
$$u_{s1}+3 \geqslant 8$$

이므로 $u_{s1} \geqslant 5$이다.

연습문제 4.3

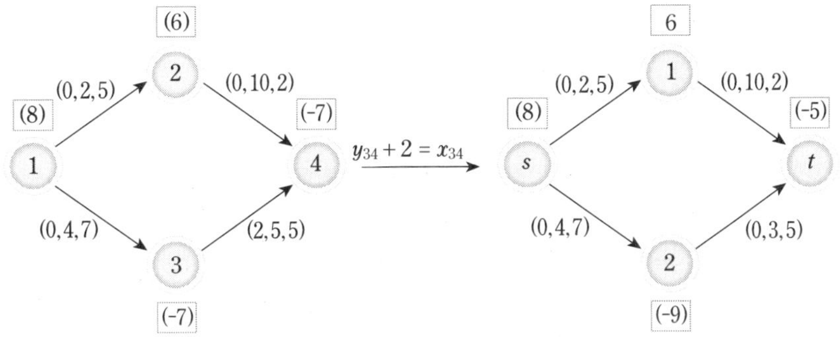

연습문제 4.5

본문 〈그림 4.24〉에 나타나 있는 새로운 순환흐름문제를 보자. 이 문제가 기존의 일반하한문제와 동등한 문제임을 확인하려면, 일반하한문제의 균형만큼 순환흐름문제에서도 흐름이 추가되거나(균형이 양수일 때) 유출되는지(균형이 음수일 때) 확인하는 것으로 충분하다.

마디 1의 균형은 10이었다. 오른쪽의 순환흐름문제에서는 호 (5,1)에 하한이 10, 상한이 10, 비용이 0으로 설정되어 있으므로, 마디 1에 정확히 10만큼의 흐름량이 호 (5,1)을 통해 유입되고 비용에는 아무런 영향을 미치지 않는다.

마디 3의 경우는 반대다. 이 마디의 균형은 −7이었다. 오른쪽의 순환흐름문제에서는 호 (3,5)에 하한이 7, 상한이 7, 비용이 0으로 설정되어 있으므로, 마디 3에 정확히 7만큼의 흐름량이 호 (3,5)를 통해 유출되고, 비용에는 아무런 영향을 미치지 않는다.

마디 2와 4의 경우도 마찬가지임을 쉽게 알 수 있다. 따라서 일반하한문제의 균형만큼 순환흐름문제에서도 흐름이 유입·유출되었고 나머지는 모두 동등하다. 따라서 〈그림 4.24〉의 두 문제는 동등한 문제이다.

연습문제 4.6

최대흐름문제에서는 마디 s에서 유입되는 흐름양과 마디 t에서 유출되는 흐름양은 같다. 이를 표현하기 위해 마디 t에서 마디 s로의 호 (t, s)를 추가하자. 그리고 최대흐름문제에서는 마디 s로 유입되어 마디 t로 빠져나오는 흐름을 최대화하려고 하므로, 위에서 생성한 호 (t, s)의 비용을 −1로 설정하자.

위의 내용을 기본으로 하여 문제에 나타난 최대흐름문제를 최소비용흐름문제로 변환시키면 다음과 같다.

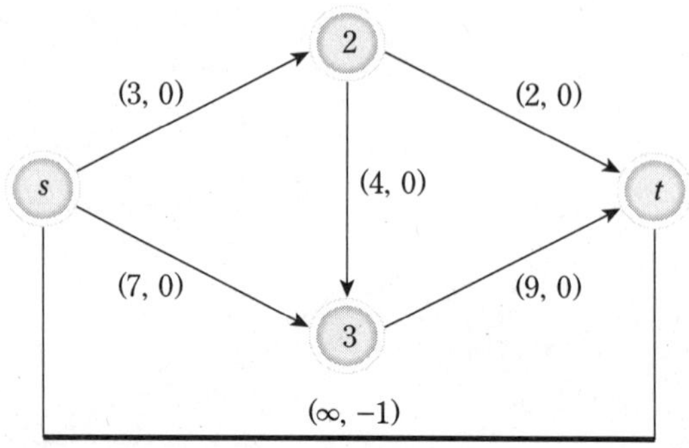

연습문제 4.10

$$
\begin{array}{llllll}
\min & 5x_{12} & +7x_{13} & +2x_{24} & +5x_{34} & \\
\text{sub.to} & x_{12} & +x_{13} & & & = 10, \\
 & -x_{12} & & +x_{24} & & = 4, \\
 & & -x_{13} & & +x_{34} & = -7, \\
 & & & -x_{24} & -x_{34} & = -7, \\
 & x_{12} & & & & \leqslant 4, \\
 & & x_{13} & & & \leqslant 4, \\
 & & & x_{24} & & \leqslant 10, \\
 & & & & x_{34} & \leqslant 5, \\
 & x_{12} & & & & \geqslant 2, \\
 & & x_{13} & & & \geqslant 0, \\
 & & & x_{24} & & \geqslant 0, \\
 & & & & x_{34} & \geqslant 2.
\end{array}
$$

연습문제 4.11

$$
\begin{array}{llllllll}
\min & 4x_{12} & +3x_{13} & +4x_{14} & +6x_{23} & +6x_{35} & +7x_{43} & +3x_{45} \\
\text{sub.to} & x_{12} & +x_{13} & +x_{14} & & & & & = 7, \\
& -x_{12} & & & +x_{23} & & & & = 4, \\
& & -x_{13} & & -x_{23} & & & & \\
+x_{35} & -x_{43} & & = 0, & & & & & \\
& & & -x_{14} & & & +x_{43} & +x_{45} & = -5, \\
& & & & & -x_{35} & & -x_{45} & = -6, \\
& x_{12} & & & & & & & \leqslant 3, \\
& & x_{13} & & & & & & \leqslant 2, \\
& & & x_{14} & & & & & \leqslant 3, \\
& & & & & & & x_{45} & \leqslant 3, \\
& x_{12} & & & & & & & \geqslant 0, \\
& & x_{13} & & & & & & \geqslant 0, \\
& & & x_{14} & & & & & \geqslant 0, \\
& & & & x_{23} & & & & \geqslant 0, \\
& & & & & x_{35} & & & \geqslant 0, \\
& & & & & & x_{43} & & \geqslant 0, \\
& & & & & & & x_{45} & \geqslant 0.
\end{array}
$$

연습문제 4.23

흐름이 0이 아닌 호를 보면 그 호들로 이루어진 그래프(부분 네트워크)는 나무가 아니다. C: 1−2−3−1 회로가 존재하기 때문이다. 따라서 이 회로의 흐름을 1 줄여 다음과 같은 흐름을 얻는다.

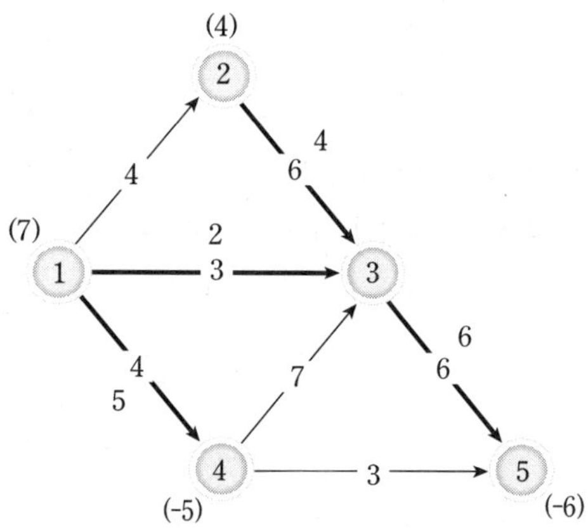

* 나머지 호는 흐름양이 0이다. 따라서 현재흐름은 나무해이다.

연습문제 4.26

(i)

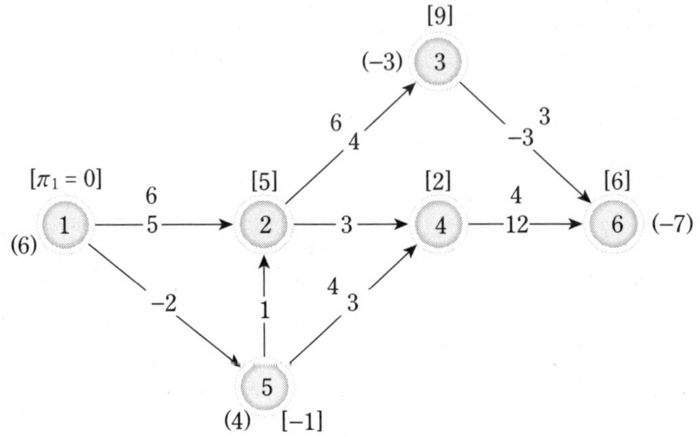

$\bar{c}_{52} = c_{52} + \pi(5) - \pi(2) = 1 - 1 - 5 = -5 < 0$이므로 호 (5,2)를 추가하였을 때 생기는 음수회로를 고려한다. 이때 역방향 호 중에 흐름이 가장 적은 양 4만큼 흐름을 음수회로에 흘리면 다음과 같은 나무해를 얻는다.

(ii)

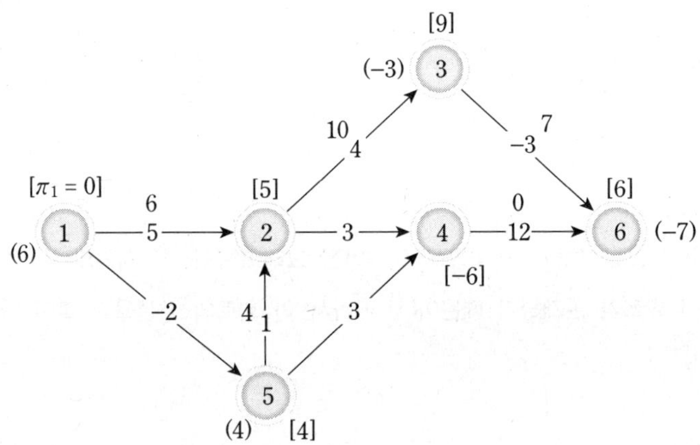

$\bar{c}_{15} = c_{15} + \pi(1) - \pi(5) = -2 + 0 - 4 < 0$이므로 호 (1,5)를 추가하였을 때 생기는 음수회로를 고려한다. 이 음수회로를 통해서 6의 흐름을 흘려준다. 그렇다면 다음과 같은 나무해를 얻는다.

(iii)

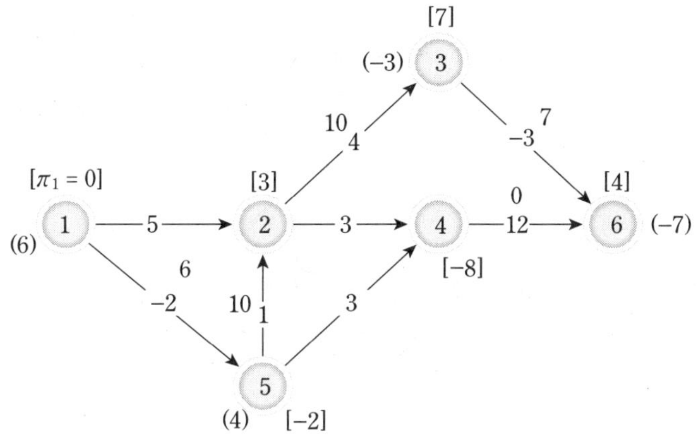

$\bar{c}_{12} = 5 + 0 - 3 \geqslant 0$, $\bar{c}_{54} = 3 - 2 - (-8) \geqslant 0$, $\bar{c}_{24} = 3 + 3 - (-8) \geqslant 0$이므로 음수회로가 존재하지 않는다. 따라서 현재 흐름이 최적 흐름 최적해이고, 그 비용은 17이다.

연습문제 4.27

[연습문제 4.23]에서 구한 나무해를 다시 그리면 다음과 같다.

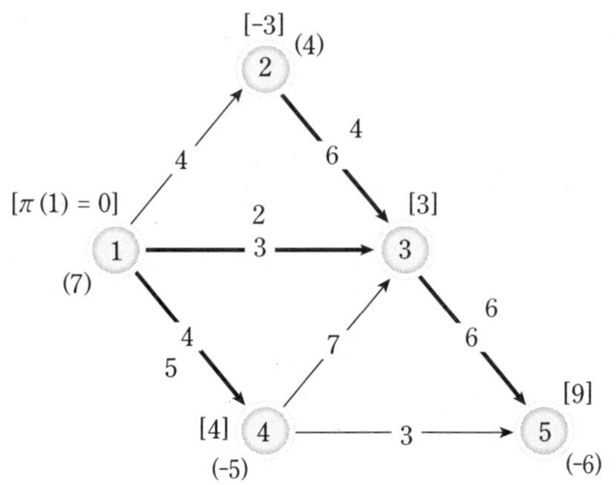

$\bar{c}_{45} = c_{45} + \pi(4) - \pi(5) = 3 + 4 - 9 = -2 < 0$이므로 현재 나무해가 최적이 아님을 알 수 있다. 호 (4,5)를 추가하였을 때 생기는 음수회로를 고려하면, 이 음수회로를 통해 2의 흐름을 흘려주어 다음과 같은 나무해를 얻을 수 있다.

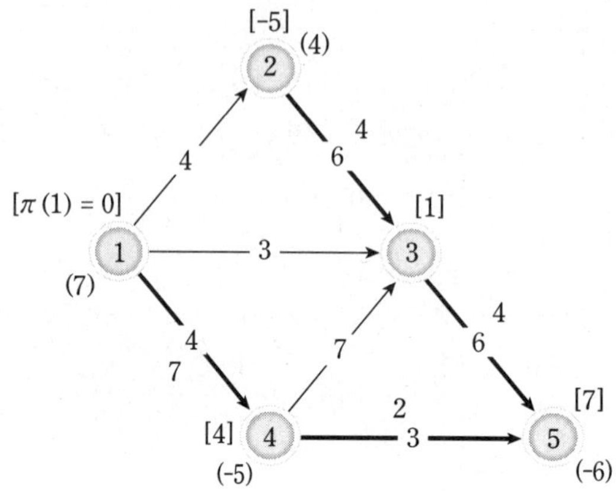

$\bar{c}_{12} = 4 + 0 - (-5) \geq 0$, $\bar{c}_{13} = 3 + 0 - 1 \geq 0$, $\bar{c}_{43} = 7 + 4 - 1 \geq 0$이므로 음수회로가 존재하지 않는다. 따라서 현재 나무해는 최적이고, 그 비용은 82이다.

연습문제 4.30

예 4.1의 나무해는 다음과 같다.

(i)

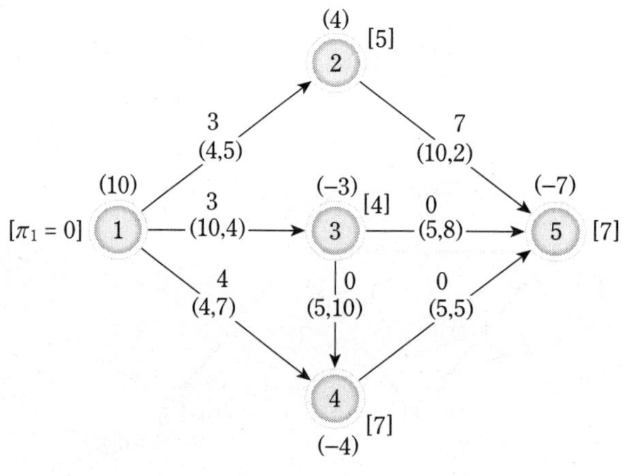

$\bar{c}_{34} = 10 + 4 - 7 > 0$, $\bar{c}_{35} = 8 + 4 - 7 > 0$, $\bar{c}_{45} = 5 + 7 - 7 > 0$, 이므로 음수회로가 존재하지 않는다. 따라서 현재 흐름이 최적이고, 그 비용은 128이다.

(ii)

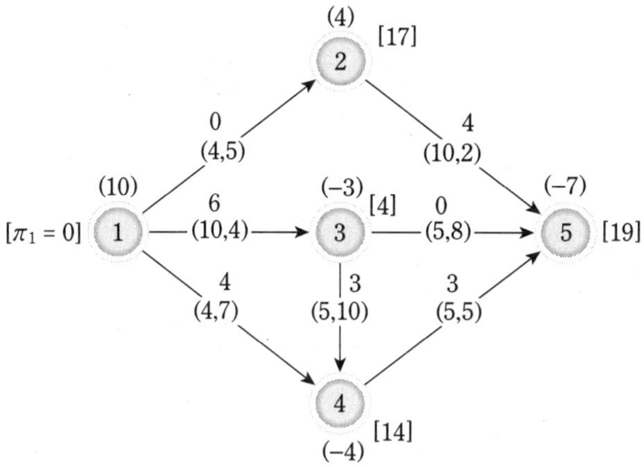

(iii) $\bar{c}_{12} = 0 + 5 - 17 < 0$, $x_{12} = 0$이므로 이 호를 정방향으로 하는 회로 C_1 : 1–2–5–4–3–1을 고려한다. 이 회로를 통해 흘릴 수 있는 흐름양은 3이고, 이만큼 흐름을 개선시키면 다음과 같은 나무해를 얻는다.

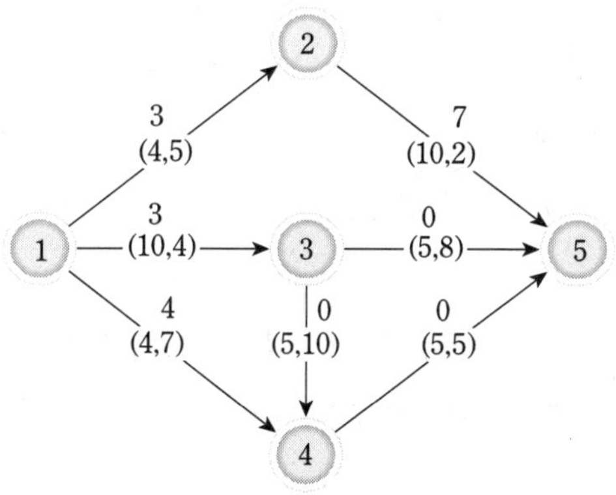

(*호 (1,4) 대신 호 (3,4)를 사용해도 된다.) 이때 얻은 나무해는 (i)과 같은 해다.

연습문제 4.31

(i)

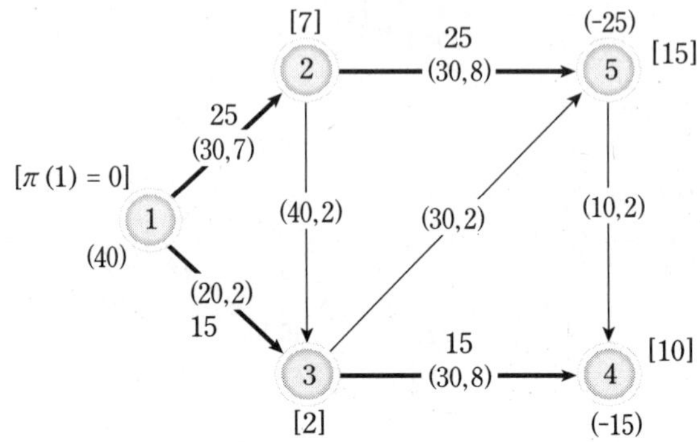

$\bar{c}_{35} = 2 + 2 - 15 < 0$, $x_{35} = 0$이므로 호 (3,5)를 정방향으로 하는 회로 C_1: 3–5–2–1–3을 고려한다. 이 음수회로에는 5만큼 흘려보낼 수 있으므로, 이만큼 개선시키면 다음과 같은 나무해를 얻는다.

(ii)

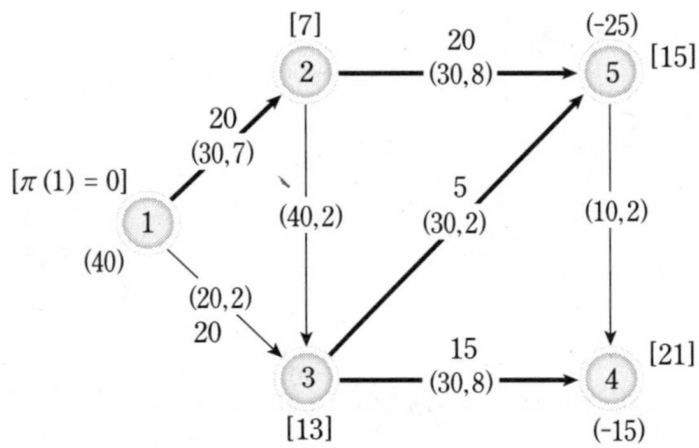

$\bar{c}_{23} = 2 + 7 - 13 < 0$, $x_{23} = 0$이므로 호 (2,3)을 정방향으로 하는 회로 C_2: 2–3–5–2를 고려한다. 이 음수회로에는 20만큼 흘려보낼 수 있으므로, 이만큼 개선시키자.

(iii)

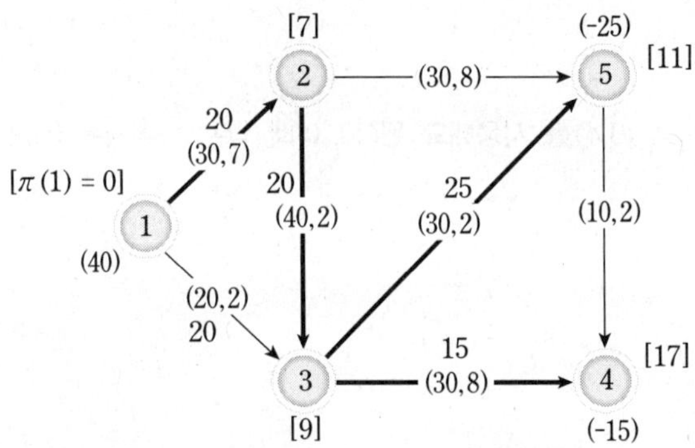

$\bar{c}_{54} = 2 + 11 - 17 < 0$, $x_{54} = 0$이므로 호 (5,4)를 정방향으로 하는 회로 C_3: 5–4–3–5를 고려하자. 이 음수회로에는 5만큼 흘려보낼 수 있으므로 개선시키면 다음과 같은

나무해를 얻는다.

(iv)

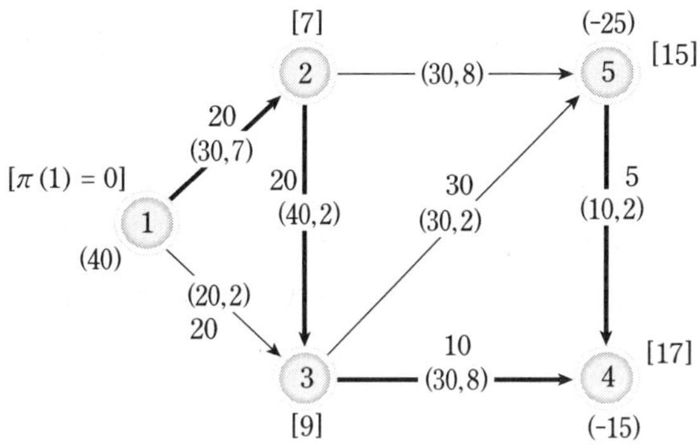

$\bar{c}_{13} = 2 + 0 - 9 < 0(x_{13} = u_{13})$, $\bar{c}_{35} = 2 + 9 - 15 < 0(x_{35} = u_{35})$, $\bar{c}_{25} = 8 + 7 - 15 = 0$ $(x_{25} = 0)$이므로 음수회로가 존재하지 않는다. 따라서 현재 흐름이 최적이고 그 비용은 370이다.

연습문제 4.33

가.

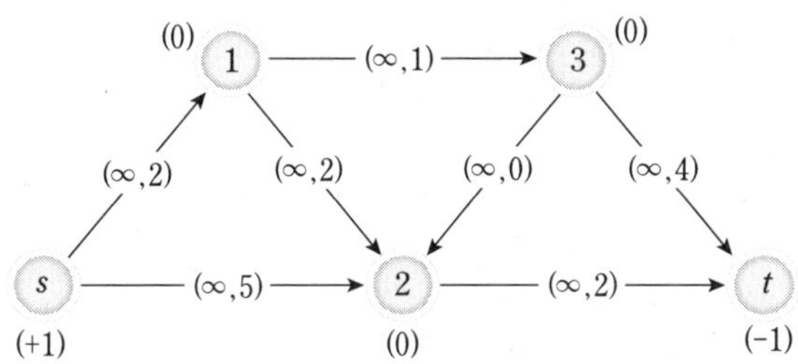

나. 다음과 같은 초기 나무해를 보자.

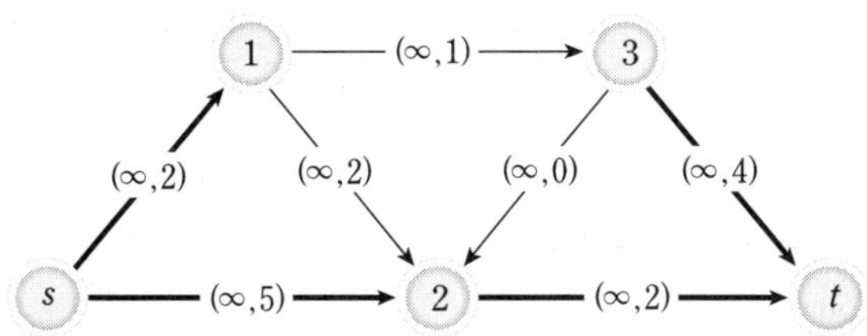

음수회로를 찾아 흐름을 개선해 보자. 먼저 $\{(s,2),(s,1),(1,2)\}$ 회로는 음수회로가 되며 호 $(s,2)$ 대신 $(1,2)$에 흐름을 보내어 현재 흐름을 개선시킬 수 있다. 이 과정을 거친 나무해는 다음 그림과 같다.

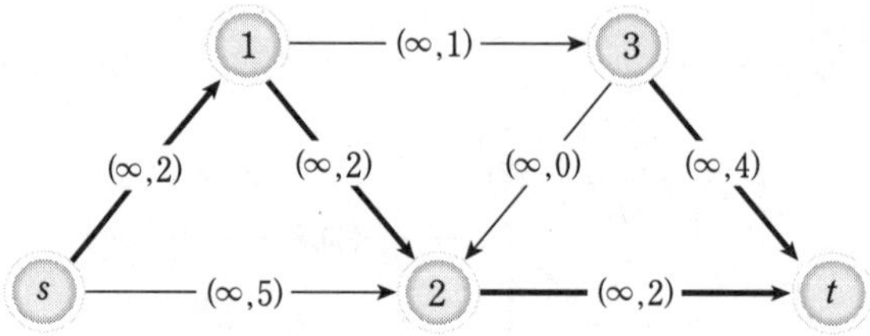

마찬가지로 음수회로를 찾아 흐름을 개선해 보자. 이번에는 $\{(3,2),(2,t),(3,t)\}$ 회로는 음수회로가 되며 호 $(3,t)$ 대신 $(3,2)$에 흐름을 보내어 현재 흐름을 개선시킬 수 있다. 이 과정을 거친 나무해는 다음 그림과 같다.

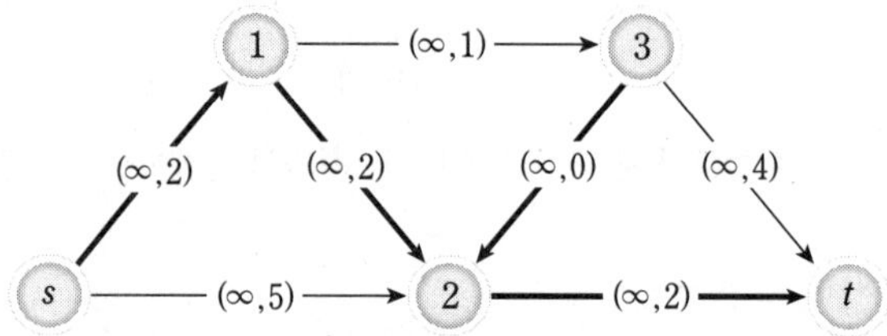

마찬가지로 음수회로를 찾아 흐름을 개선해 보자. 이번에는 $\{(1,3),(3,2),(1,2)\}$ 회로는 음수회로가 되며 호 $(1,2)$ 대신 $(1,3)$에 흐름을 보내어 현재 흐름을 개선시킬 수 있다. 이 과정을 거친 나무해는 다음 그림과 같다.

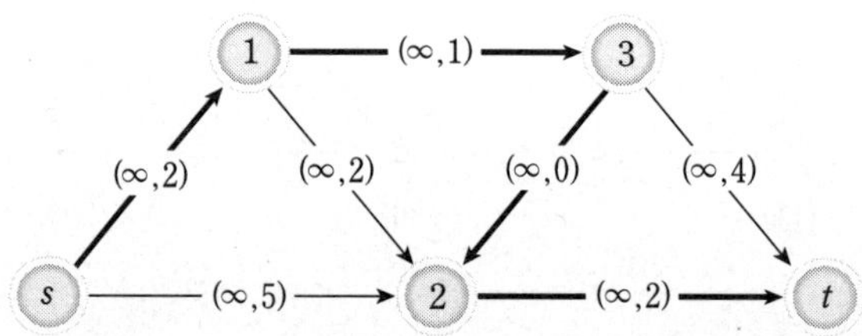

현재 나무해에는 더 이상의 음수회로가 존재하지 않으므로, $\{(s,1),(1,3),(3,2),(2,t)\}$는 최적흐름이다.

다. 위의 최적흐름에서 $s-t$ 최단경로가 변하지 않는 호 $(s,2)$, $(1,2)$, 그리고 $(2,t)$의 비용의 범위는 각각 :

$$c_{s2}-0-1-2 \geq 0,$$
$$c_{12}-0-1 \geq 0,$$
$$4-0-c_{2t} \geq 0,$$

과 같다. 따라서 $c_{s2} \geq 3$, $c_{12} \geq 1$, $c_{2t} \leqslant 4$이다.

연습문제 4.34

$$\begin{aligned}
\min \quad & \sum_{(i,j)\in A, k=1,2} c_{ij}^k x_{ij}^k \\
\text{sub.to} \quad & \sum_{(i,j)\in A} x_{ij}^k - \sum_{(j,i)\in A} x_{ji}^k = b^k(i) \quad , k=1,2,\ i \in N, \\
& \Sigma_{k=1}^2 x_{ij}^k \geqslant 0 \quad , \forall (i,j) \in A, \\
& \Sigma_{k=1}^2 x_{ij}^k \leqslant u_{ij} \quad , \forall (i,j) \in A.
\end{aligned}$$

연습문제 4.37

서울 1, …, 서울 4. 제주 1, …, 제주 4라는 마디를 만든다. 그리고 마디 s를 두고 위의 마디 8개에 연결한다. 이 8개 호들은 비행기를 운행에 사용함을 의미하고 비용을 100, 용량을 1로 설정한다. 비행편의 도착마디를 각각 하나씩 (총 8개) 만들고, 실제 운항을 의미하는 호를 각각 연결해준다. 따라서 '비용은 변동비용 − 비행수입'으로, 용량은 1로 설정한다. 특정 비행편 A를 커버한 비행기가 다른 비행편 B에서 운행가능하면, A의 도착마디에서 B의 출발마디로 호를 연결하고 비용을 0, 용량을 1로 설정한다. 마디 t를 두고 모든 도착 마디에서 마디 t로 호를 연결하고 비용은 0, 용량은 1로 설정한다. (더 이상 커버할 비행편이 없는 비행기가 회수되는 호이다.) 마디 t와 마디 s를 연결하고 비용을 0, 용량을 8보다 큰 수로 설정한다. 마지막으로 모든 마디의 균형은 0으로 한다.

(점선으로 나타내진 호의 비용은 0, 용량은 1이다.)

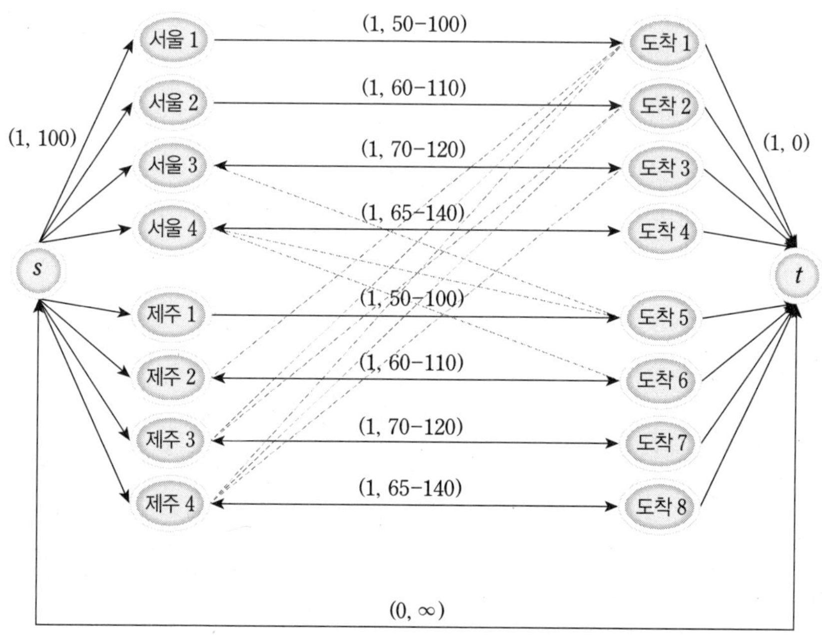

연습문제 4.38

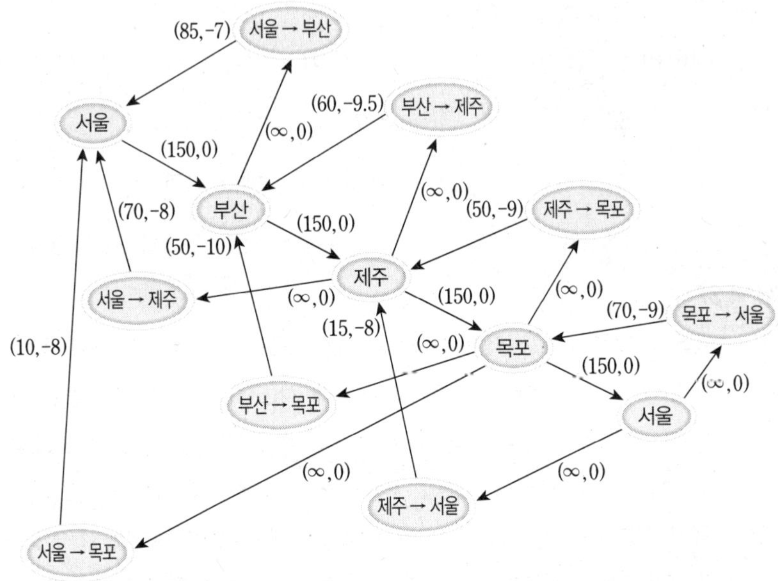

이때, 모든 마디의 균형은 0이다.

연습문제 5.3

마디 3을 시작점으로 프림의 알고리듬을 적용하면 다음 그림과 같다.

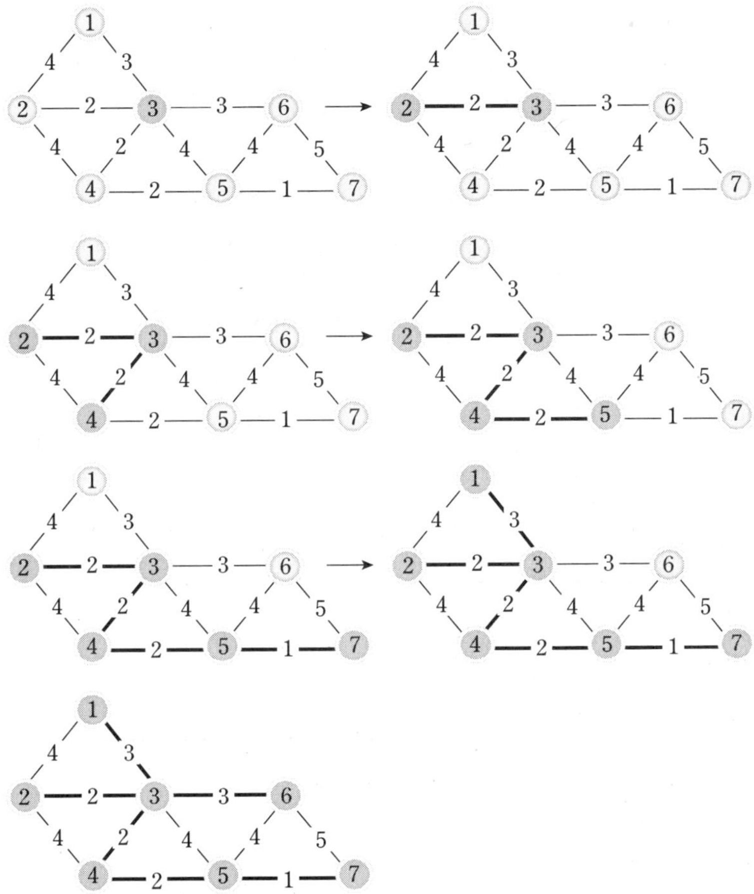

연습문제 5.4

(i)

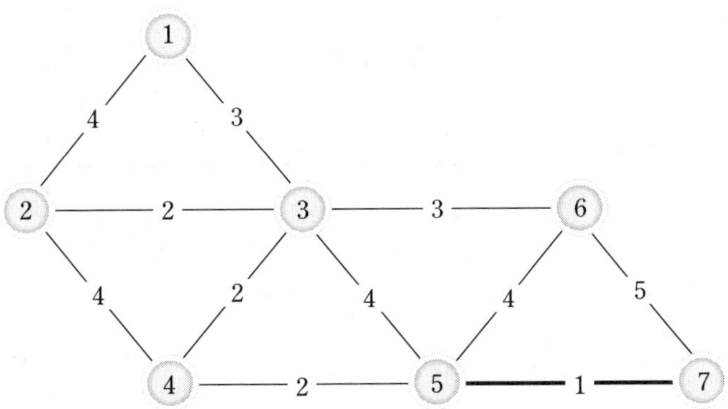

(ii)

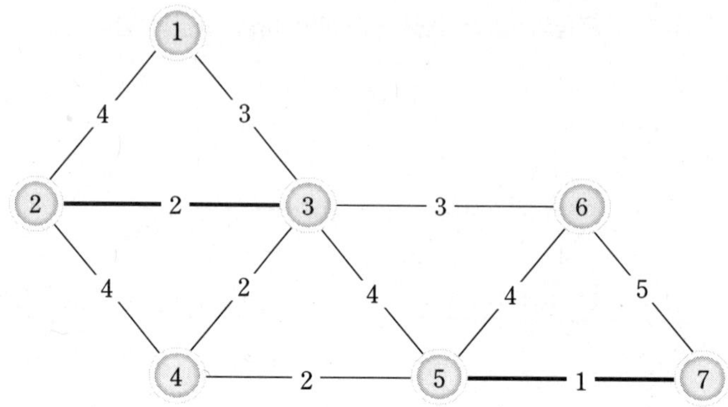
1
2
3
4
5
6
7
4
3
2
3
4
2
4
4
5
2
1

(iii)

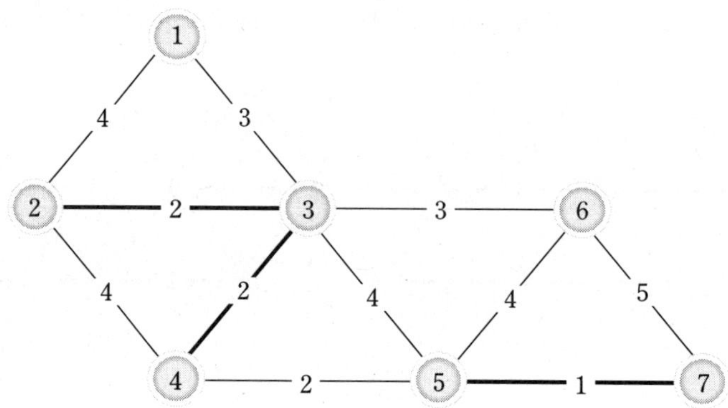
1
2
3
4
5
6
7
4
3
2
3
4
2
4
4
5
2
1

(iv)

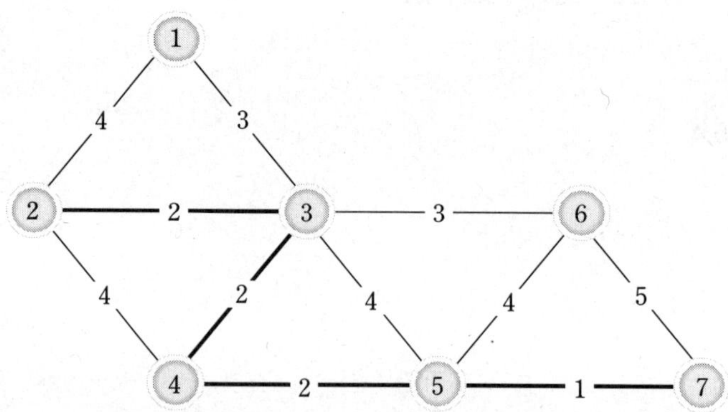
1
2
3
4
5
6
7
4
3
2
3
4
2
4
4
5
2
1

(v)

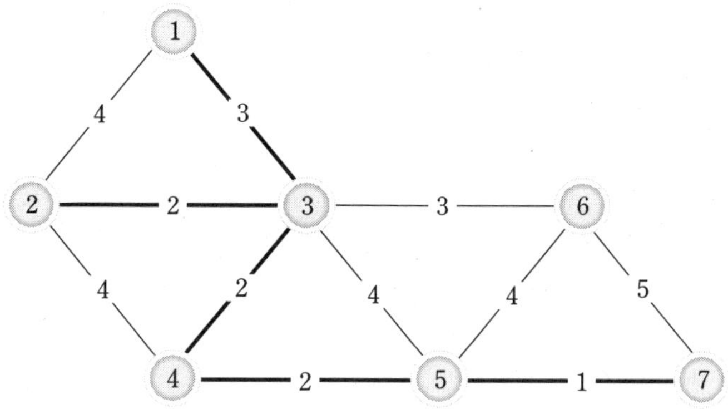

(vi)

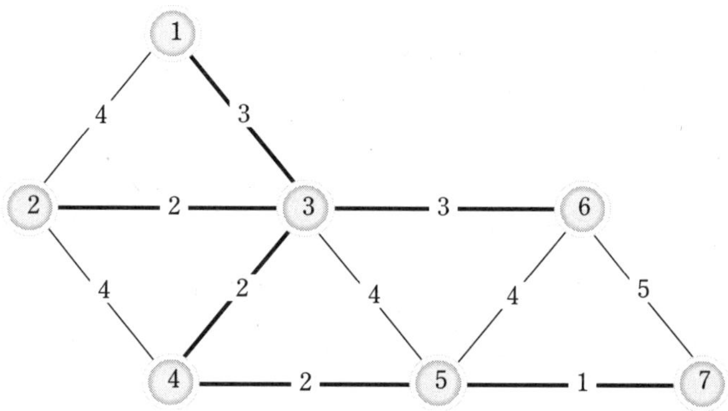

연습문제 5.5

* 전체 네트워크에서 비용이 큰 호들부터 차례대로 삭제한다. 호의 개수가 마디의 개수보다 하나 적을 때 알고리듬을 종료한다.
* 단, 삭제 시 모든 마디의 연결성을 보장해야한다.

연습문제 5.6

노선의 길이가 최소가 되는 철도망을 구축해야 하므로 도시 간 거리를 비용으로 하는 최소비용걸침나무문제를 고려한다.

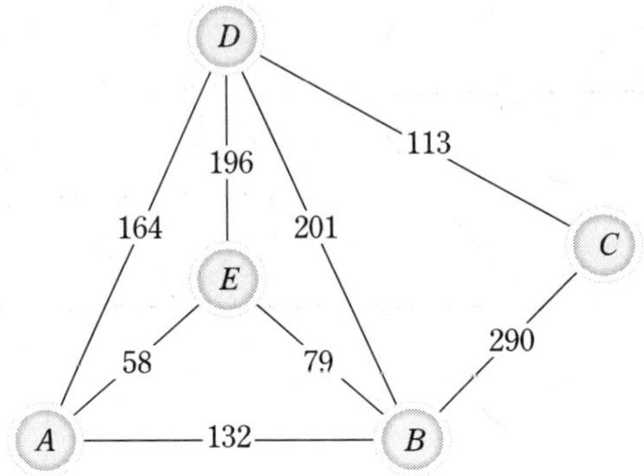

마디 A부터 프림 알고리듬을 적용하면,

(i)

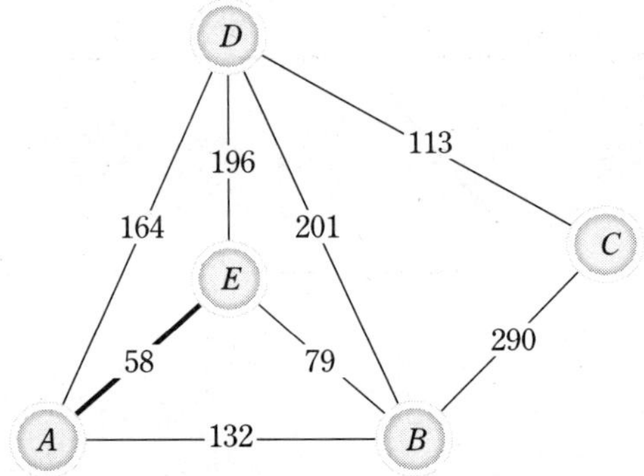

(ii)

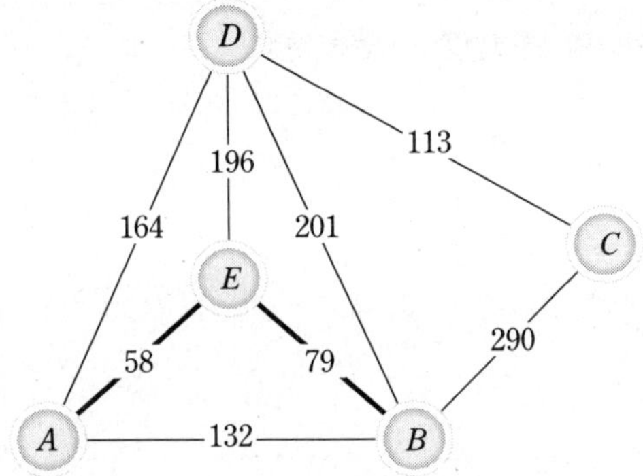

(iii)

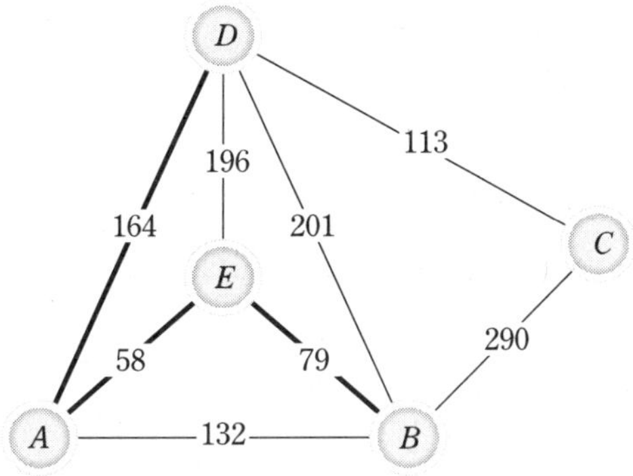

(iv)

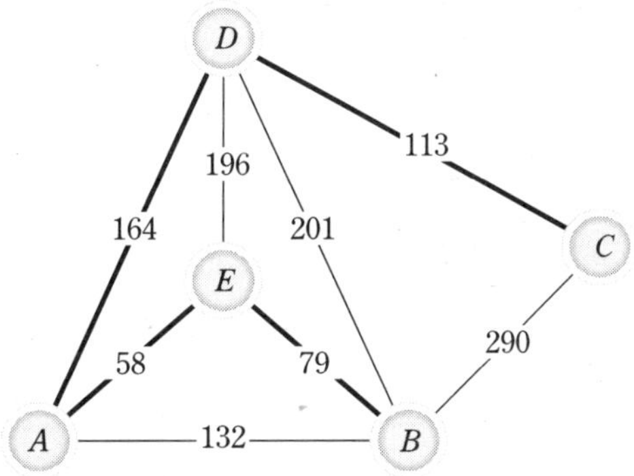

연습문제 5.10

* 첫 마디를 1로 설정한다.

(i) * 마디 1에서 나머지 마디 {2,4,6,7} 중 가장 가까운 마디는 2이고 그 비용은 4이다.

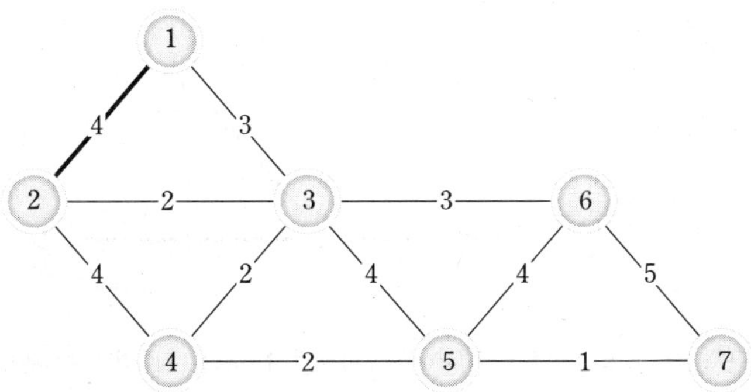

(ii) * 마디 1과 2에서 나머지 마디 {4,6,7} 중 가장 가까운 마디는 4이고 그 비용은 4이다.

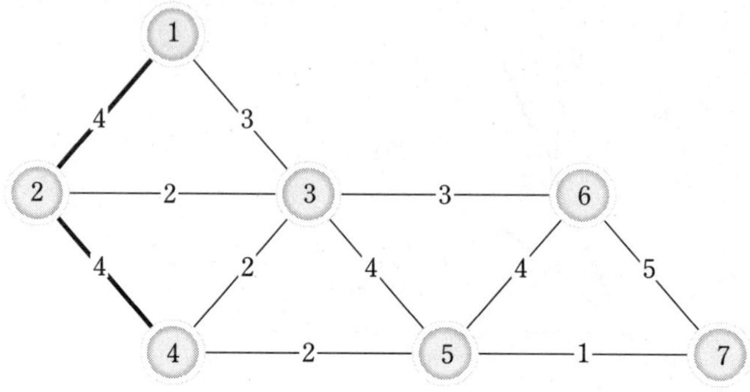

(iii) * 마디 {1,2,4}에서 나머지 마디 {6,7} 중 가까운 마디는 7이고 그 비용은 3이다.

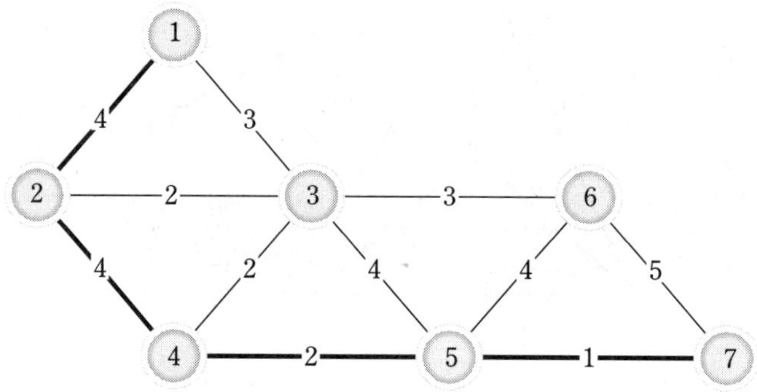

(iv) * 마디 {1,2,4,5,6}에서 나머지 마디 6으로의 최단경로는 5–6이고 그 비용은 4이다.

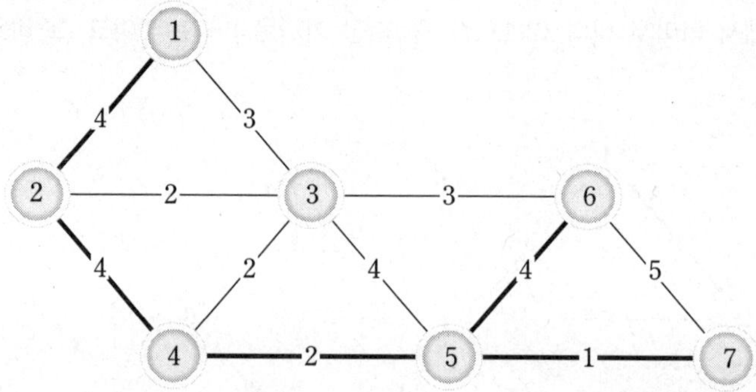

⇒ 스타이너 근사 알고리듬을 통해 얻은 해의 비용은 15이다. 하지만 최적해의 비용은 13이다. 근사 알고리듬으로 얻은 해가 최적 목적함수 값 이상이며 최적 목적함수 값의 2배를 넘지 않음을 확인할 수 있다.

연습문제 5.11

(1) * 스타이너 근사 알고리듬은 위와 같은 해를 출력하고, 그 비용은 $9 \times 5 = 45$이다. 하지만 최적해는 가운데 마디를 사용하는 〈그림 2〉와 같은 형태이고, 그 비용은 $5 \times 6 = 30$이다.

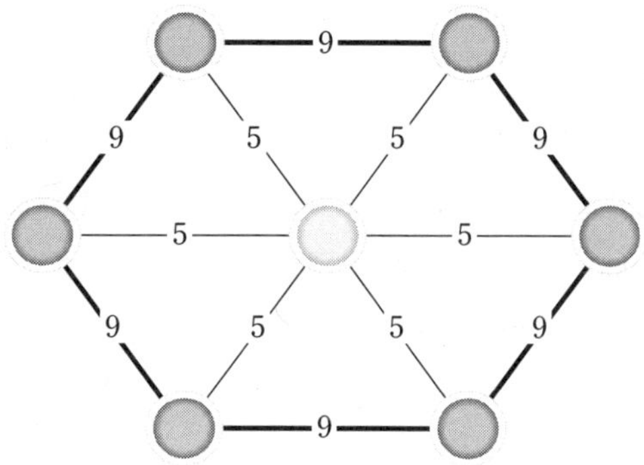

(2) * 〈그림 1〉과 같이 육각형 모양의 네트워크가 아닌 n각형 모양의 네트워크(가운데 마디를 n개의 마디가 둘러싼 그래프)를 고려하자.

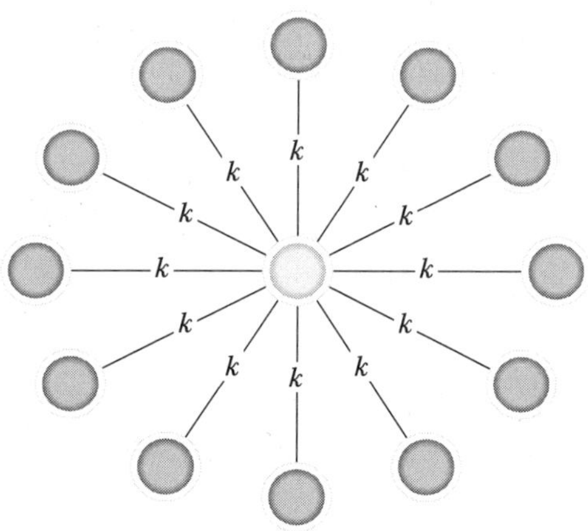

〈그림 1〉에 비용 5를 가졌던 호의 종류와 같은 호에는 비용 k를, 나머지 호에는 $2k - \varepsilon (\varepsilon > 0)$을 준다.

그렇다면 근사알고리듬의 해 $(2k - \varepsilon) \times (n - 1)$과 최적해 $k \times n$의 비율은 n이 커지고, ε이 작을수록 2에 가까워짐을 알 수 있다.

제5장
정수계획 및 조합최적화 모형

연습문제 3.3

(1) 의사결정문제 수립

저렴한 한 끼 식단을 찾고자 한다. 한 끼 식단에는 울타리콩밥과 쌀밥 중 최소 하나 이상, 쇠고기 무국과 순두부 버섯찌개 중 최소 하나 이상, 이들을 제외한 나머지 음식들 중 최소 셋 이상이 포함되어야 한다. 또한, 적절한 열량 섭취를 위해 총 열량의 합이 1,500kcal 이상이 되어야 한다. 이러한 조건을 만족하는 식딘 중 최소 비용인 식단은 무엇인가?

(2) 수리모형화

울타리콩밥부터 포기김치의 순으로 음식 1, …, 12라고 하자.

x_j, 음식 j의 포함여부. 포함되면 1, 그렇지 않으면 0 $(j=1,\cdots,12)$

p_j, 음식 j의 가격(원) $(j=1,\cdots,12)$

c_j, 음식 j의 열량(kcal) $(j=1,\cdots,12)$

$$
\begin{array}{llllll}
\min & z = \sum_j p_j x_j & & & & \\
\text{sub.to} & x_1 & +x_2 & \geqslant & 1 & \text{(밥)} \\
 & x_3 & +x_4 & \geqslant & 1 & \text{(국, 찌개)} \\
 & \sum_{5\leqslant j\leqslant 12} x_j & & \geqslant & 3 & \text{(반찬)} \\
 & \sum_j c_j x_j & & \geqslant & 1{,}500 & \text{(열량)} \\
 & x_j & \in & \{0,1\}, & \forall j. &
\end{array}
$$

연습문제 3.4

목적함수의 계수를 출루율 대신 출루율 + 장타율로 수정하여 모형을 수립한다.

연습문제 3.6

(1) 임의의 배낭문제

$$
\begin{array}{llllllll}
\max & z = 165x_1 & +130x_2 & +222x_3 & +90x_4 & +55x_5 & & \\
\text{sub.to} & 5x_1 & +4x_2 & +7x_3 & +3x_4 & +2x_5 & \leqslant & 14 \\
 & x_j & \in & \{0,1\}, & \forall j. & & &
\end{array}
$$

(2) 추가제약 최단경로문제로 모형화

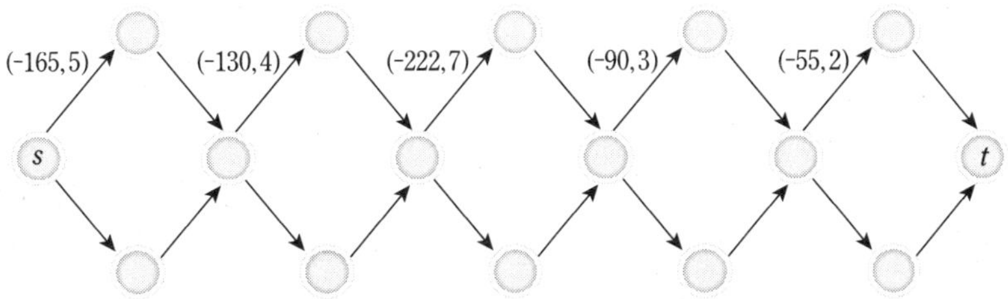

* 비용과 거리가 표시되지 않은 호는 (0,0)을 의미한다.

각 마름모 하나가 배낭 하나를 의미하며 경로가 위를 지날 경우 배낭을 선택한 것을 의미하고, 아래를 지날 경우 선택하지 않은 것을 의미한다. 위와 같이 배낭 문제가 주어지면 추가제약 최단경로문제로 모형화할 수 있으므로 배낭 문제는 추가제약 최단경로문제로 포함된다.

연습문제 3.8

(1) 추가제약 걸침나무 문제 정의

무향네트워크 $G=(N,A)$에서 각 호 $e \in A$의 비용 c_e와 거리 d_e가 있을 때, 호 거리의 합이 $\triangle$보다 작으면서 호 비용의 합이 최소가 되는 G의 걸침나무 T를 구하는 문제

(2) 모형화 예시

4장 연습문제 5.6에서 건설 비용을 추가하여, 주요 도시를 잇는 고속 철로를 건설할 때 전체 노선의 길이를 $\triangle$ 이하로 하면서 건설 비용이 최소가 되게 철도망을 구성하는 문제를 생각해 볼 수 있다.

연습문제 3.11

(1) 0-1 정수계획문제로 모형화

x_j, 지원자 j의 채용여부. 채용되면 1, 그렇지 않으면 0 ($j=1,\cdots,10$)

s_j, 지원자 j의 적정 연봉

min	$z=$	$\sum_j s_j x_j$						
sub.to		x_1	$+x_3$	$+x_8$	$+x_{10}$		≥ 1	(문서작성)
		x_4	$+x_5$	$+x_7$	$+x_8$	$+x_{10}$	≥ 1	(웹페이지 관리)
		x_2	$+x_4$	$+x_6$	$+x_{10}$		≥ 1	(서버 관리)

$$
\begin{array}{llllll}
x_3 & +x_9 & & & \geqslant 1 & \text{(프로그래밍)} \\
x_1 & +x_5 & +x_8 & +x_9 & \geqslant 1 & \text{(영어번역)} \\
x_j & \in & \{0,1\}, & \forall j. & &
\end{array}
$$

(2) 발견적 기법 예시

Rule : 희소한 영역부터 가진 기술 수 대비 적정 연봉이 낮은 인재를 선발한다.

희소한 영역은 두 명이 기술을 보유하고 있는 프로그래밍. 지원자 3은 기술 2가지, 연봉 2,200만원이므로 기술 대비 연봉은 1,100만원. 지원자 9는 기술 2가지, 연봉 3,500만원이므로 기술 대비 연봉은 1,750만원. 따라서 지원자 3을 선발하고, 지원자 3이 보유한 기술 문서작성과 프로그래밍을 표에서 삭제하여 다시 위와 같은 과정을 반복한다.

연습문제 3.16

예시

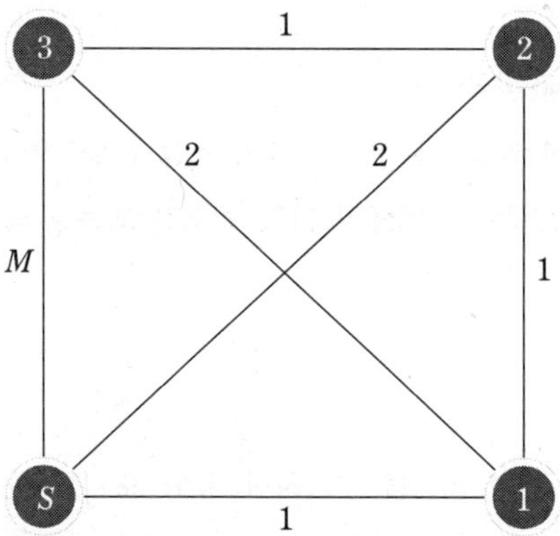

최근이웃기법 : S–1–2–3–S (obj : $3+M$), 최적해 : S–2–3–1–S (obj : 6)

따라서 M이 커질수록 최근 이웃 기법에 의해 찾은 해와 최적 해 사이의 품질 차이가 커진다.

연습문제 3.17

최근이웃기법 : 1–2–4–5–10–6–9–7–3–8–1

한쌍바꾸기기법 : 6–9와 3–8을 6–3과 9–8로 대체하면 1–2–4–5–10–6–3–7–9–8–1의 해를 구할 수 있다.

연습문제 3.18

현재 해에서 한쌍바꾸기기법을 적용하기 위해 한쌍의 호를 선택하는 방법은 비용이 1인 호 2개를 선택하거나, 비용이 1,2인 호를 하나씩 선택하는 방법이 있다. 비용이 1인 호 2개를 선택하는 경우는 비용의 합이 교환되는 호들의 비용의 합보다 항상 같거나 작으므로 교환할 수 없다. 비용이 1,2인 호를 하나씩 선택하는 방법은 인접한 호를 선택할 수는 없으므로 2가지 경우가 존재하는데 두 경우 모두 다 교환 후의 비용이 증가하므로 교환할 수 없다. 따라서 현재해에서 한쌍바꾸기기법은 종료가 되어 한쌍바꾸기의 해가 최적해가 아님을 알 수 있다.

연습문제 3.20

$a - y_i + y_j \leqslant (2 - x_i - x_j) M$

연습문제 3.24

$$
\begin{array}{llll}
\max & z = 5(x_{11}+x_{21}) + 7(x_{12}+x_{22}) + 3(x_{13}+x_{23}) & & \\
\text{sub.to} & 3x_{11}+4x_{12}+2x_{13} & \leqslant & 30 \\
 & 4x_{21}+6x_{22}+2x_{23} & \leqslant & 40 \\
 & x_{11}+x_{21} & \leqslant & 7 \\
 & x_{12}+x_{22} & \leqslant & 5 \\
 & x_{13}+x_{23} & \leqslant & 9 \\
 & x_{ij} & \leqslant & My_{ij} \ \forall i,j \\
 & \sum_i y_{ij} & \leqslant & 1, \ \forall j \\
 & \sum_i \sum_j y_{ij} & \leqslant & 2 \\
 & x_{ij} \in \{0,1,2,\cdots\}, \ \forall i,j, \ y_{ij} \in \{0,1\}, \ \forall i,j. & &
\end{array}
$$

x_{ij} : 공장 i에서의 제품 j 생산량

y_{ij} : 공장 i에서의 제품 j를 생산하면 1, 그렇지 않으면 0

연습문제 3.25

1. $\sum x_i \leqslant 2$
2. $x_2 \leqslant x_1$
3. $x_2 + x_5 \leqslant 1$
4. $1 - x_1 - x_2 - x_3 \leqslant My, \quad 2 - x_2 - x_4 - x_5 \leqslant M(1-y), \quad y \in \{0,1\}$

연습문제 4.5

$\lambda = 0$
$Z_{LD} = 8$

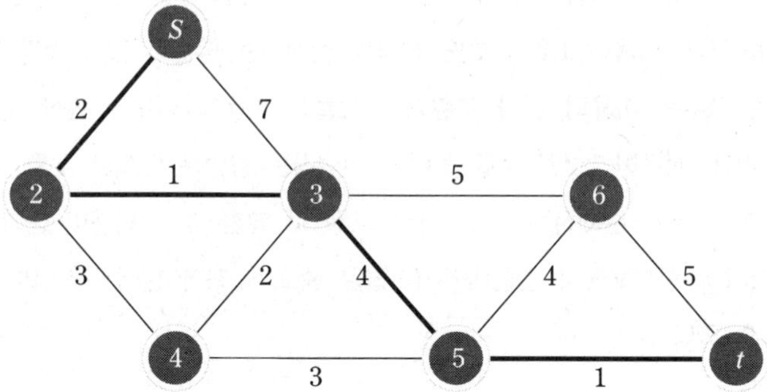

$\lambda = 1$
$Z_{LD} = 8$

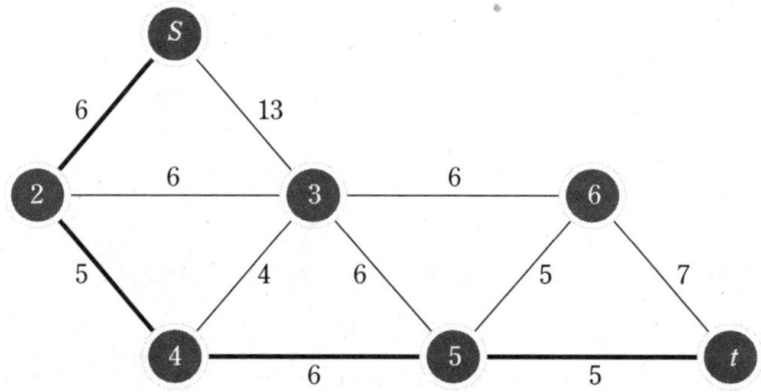

$\lambda = 2$
$Z_{LD} = 7$

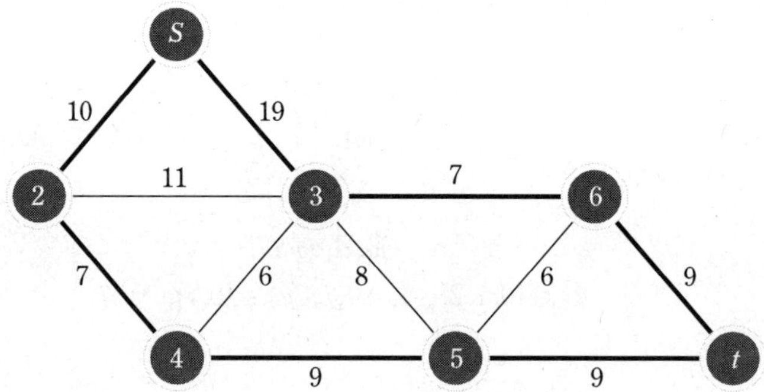

최적 목적함수 값인 9에 라그랑지 완화법으로 얻은 하한 값 8이 근접해 있음을 알 수 있다.

연습문제 4.7

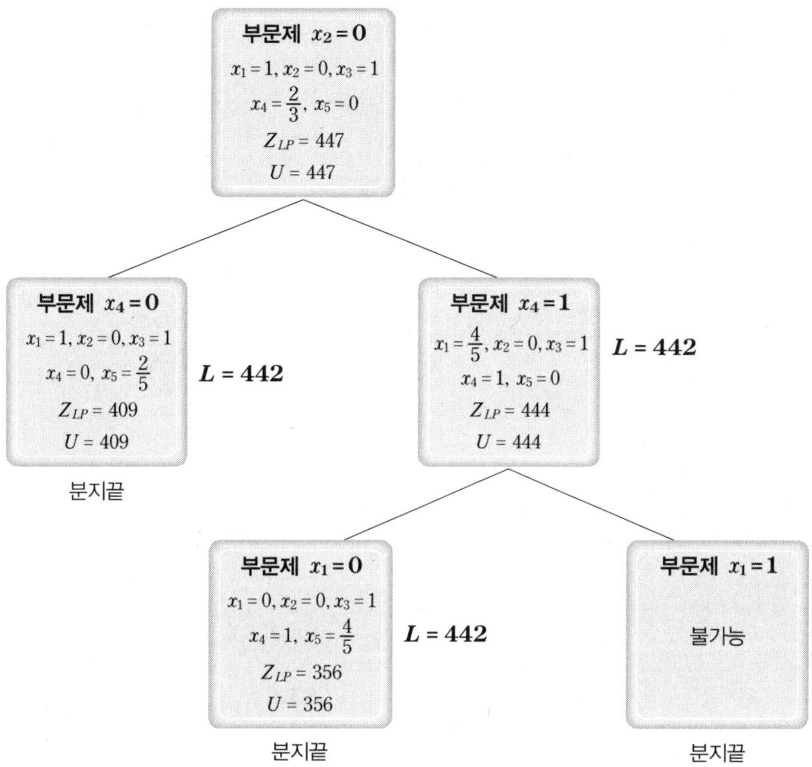

최적 목적함수 값 = 442, 최적해 = $[0\,1\,1\,1\,0]^T$

연습문제 4.9

(1) 상한 : 31, 하한 : 27

(2) 분지의 대상이 되는 마디 : 3,5

분지가 끝난 마디 : 6(하한이 이미 구한 가능해의 목적함수 값보다 큼), 7(상한 = 하한), 8 (infeasible)

연습문제 4.10

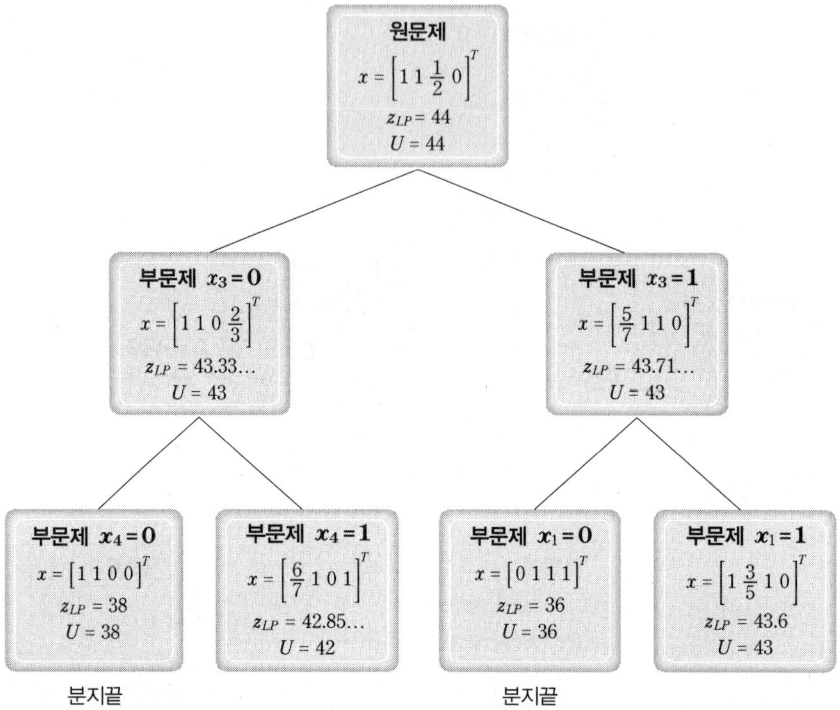

현재 상한 = 43, 하한 = 42

연습문제 4.15

완화문제의 최적해는 $x = \frac{1}{7}[4\ 6]^T$이고 이때 목적함수 값은 $z_{LP} = \frac{32}{7}$이다.

비음 가중치를 $u = \left[\frac{1}{5}\ \frac{2}{5}\right]^T$로 잡고 크비탈-고모리 방법을 통해 타당한 부등식을 구하면 다음과 같다.

$$\frac{3}{5}x_1 + x_2 \geqslant \frac{6}{5} \ \Rightarrow\ x_1 + x_2 \geqslant \frac{6}{5} \ \Rightarrow\ x_1 + x_2 \geqslant 2$$

완화문제의 최적해는 위 부등식을 만족하지 않으므로 위 부등식은 완화문제의 최적해를 잘라내는 부등식이다.

제6장

비선형계획

연습문제 3.5

$g(\lambda) := f(\bar{x} + \lambda y)$는 $h(\lambda) = \bar{x} + \lambda y$의 $f(x)$의 합성함수이다. 따라서 연쇄법칙에 의해 $Dg(\lambda) = Df(h(\lambda))Dh(\lambda) = \nabla f(\bar{x} + \lambda y)^T y$가 된다. 그러므로, $g'(0) = Dg(0) = \nabla f(\bar{x})^T y < 0$

연습문제 4.13

$$\begin{aligned} \min \quad & 2x_1^2 + 2x_1 x_2 + x_2^2 \\ \text{sub.to} \quad & 2x_1 + x_2 = 4 \end{aligned}$$

식 (4.5)에 의해 국지 최적해 x^*는 $\nabla f(x^*) + A^T \lambda^* = 0$을 만족시키는 λ^*가 존재한다. $\nabla f(x) = \begin{bmatrix} 4x_1 + 2x_2 \\ 2x_1 + 2x_2 \end{bmatrix}$이고 $A^T = \begin{bmatrix} 2 \\ 1 \end{bmatrix}$이므로

$$\begin{bmatrix} 4x_1 + 2x_2 \\ 2x_1 + 2x_2 \end{bmatrix} + \begin{bmatrix} 2 \\ 1 \end{bmatrix} \lambda^* = 0$$

이를 만족하기 위해서는 $x_2^* = 0$이 되어야 하고 $2x_1^* + \lambda^* = 0$이 된다. x^*는 가능해이므로 $2x_1^* + x_2^* = 4$를 만족해야 한다. 따라서 최적해는 $x_1^* = 2, x_2^* = 0$이다. 최적목적함수값은 8이다.

연습문제 4.16

$$\begin{aligned} \min \quad & f(x) := x_1^2 - 2x_1 x_2 + 2x_2 + x_3^2 \\ \text{sub.to} \quad & g(x) := x_1 - x_3 = 0 \\ & h(x) := x_1 - 2x_3 - 1 \leqslant 0 \end{aligned}$$

라그랑지안은 다음과 같다.

$$\begin{aligned} L(f, \lambda, \mu) &= f(x) + \lambda g(x) + \mu h(x) \\ &= x_1^2 - 2x_1 x_2 + 2x_2 + x_3^2 + \lambda(x_1 - x_3) + \mu(x_1 - 2x_2 - 1) \end{aligned}$$

KKT 최적화 조건은

(KT1) $\nabla_\lambda L = x_1 - x_3 = 0$, $\nabla_\mu L = x_1 - 2x_2 - 1 \leqslant 0$

(KT2) $\mu \geqslant 0$

(KT3) $\nabla_x L = \begin{bmatrix} -\dfrac{1}{x_1}+\mu \\ -\dfrac{1}{x_2}+\mu \\ -\dfrac{1}{x_3}+\mu \end{bmatrix} = 0$

(KT4) $\mu h(x) = \mu\,(x_1 - 2x_2 - 1) = 0$

연습문제 4.17

$$\begin{aligned} &\min && -\log x_1 x_2 x_3 \\ &\text{sub.to} && x_1 + x_2 + x_3 \leqslant 3 \end{aligned}$$

라그랑지안은 다음과 같다.

$$L\,(f, \lambda, \mu) = -\log x_1 x_2 x_3 + \mu\,(x_1 + x_2 + x_3 - 3)$$

KKT 최적화 조건은

(KT1) $x_1 + x_2 + x_3 \leqslant 3$

(KT2) $\mu \geqslant 0$

(KT3) $\nabla_x L = \begin{bmatrix} 2x_1 - 2x_2 + \lambda + \mu \\ -2x_1 + 2 - 2\mu \\ 2x_3 - \lambda \end{bmatrix} = 0$

(KT4) $\mu\,(x_1 + x_2 + x_3 - 3) = 0$

따라서 $\mu = 1$이면 $x^* = [1, 1, 1]^T$은 KKT 최적화조건을 모두 만족한다. 그리고 (KT1) ~ (KT4)를 모두 만족시키는 해는 $\mu = 1,\ x = [1, 1, 1]^T$밖에 없다. 따라서 $x^* = [1, 1, 1]^T$는 국지 최적해이다.

연습문제 6.2

1. $a^T x = b$의 해집합 X는 볼록이다.

증명 : 모든 $x_1,\ x_2 \in A$에 대하여 $z = \lambda x_1 + (1-\lambda) x_2\ (0 \leqslant \lambda \leqslant 1)$이면

$$\begin{aligned} a^T z &= a^T (\lambda x_1 + (1-\lambda)\, x_2) \\ &= \lambda a^T x_1 + (1-\lambda) a^T x_2 \\ &= \lambda b + (1-\lambda) b = b \end{aligned}$$

$\therefore$ z $\in A$가 되어 A는 볼록집합이다.

2. $a^T x \leqslant b$의 해집합 A는 볼록이다.

증명 : 모든 x_1, $x_2 \in A$에 대하여 $z = \lambda x_1 + (1-\lambda)x_2\ (0 \leqslant \lambda \leqslant 1)$이면

$$\begin{aligned} a^T z &= a^T(\lambda x_1 + (1-\lambda)\, x_2) \\ &= \lambda a^T x_1 + (1-\lambda) a^T x_2 \\ &\leqslant \lambda b + (1-\lambda) b = b \end{aligned}$$

$\therefore$ $z \in A$가 되어 A는 볼록집합이다.

연습문제 6.4

1. $Ax = b$의 해집합 X는 볼록이다.

증명 : $A_i.$을 A의 i번째 row라고 하자. 그리고 X_i를 $A_i.x = b$의 해집합이라 하자. 그러면 $X = X_1 \cap X_2 \cap \cdots \cap X_m$이다. [연습문제 6.2]의 1에서 X_i가 모두 볼록임을 알 수 있다. 따라서 [성질 6.3]에 의해 X는 볼록이다.

2. $Ax \leqslant b$의 해집합 A는 볼록이다.

증명 : X_i를 $A_i.x \leqslant b$의 해집합이라 하자. 1과 유사하게 X가 볼록임을 증명할 수 있다.

연습문제 6.8

1. 볼록함수 $f_1, \cdots, f_m$의 비음가중합 $f = w_1 f_1 + \cdots + w_m f_m\ (w_j \geqslant 0,\ j = 1, \cdots, m)$은 볼록함수이다. [성질 6.7]의 1에 의해 $w_i f_i$는 볼록함수이다. 따라서 [성질 6.7]의 2에 의해 f는 볼록함수가 된다.

2. f_1, f_2가 볼록함수이면 $f(x) = \max\{f_1(x), f_2(x)\}$도 볼록함수이다.

$$\begin{aligned} f(\lambda x_1 + (1-\lambda)\, x_2) &= \max\{f_1(\lambda x_1 + (1-\lambda)\, x_2),\ f_2(\lambda x_1 + (1-\lambda)\, x_2)\} \\ &\leqslant \max\{\lambda f_1(x_1) + (1-\lambda) f_1(x_2),\ \lambda f_2(x_1) + (1-\lambda) f_2(x_2)\} \\ &\leqslant \max\{\lambda f_1(x_1) + \lambda f_2(x_1)\} + \max\{(1-\lambda) f_1(x_2) + (1-\lambda) f_2(x_2)\} \\ &= \lambda \max\{f_1(x_1),\ f_2(x_1)\} + (1-\lambda) \max\{f_1(x_2),\ f_2(x_2)\} \\ &= \lambda f(x_1) + (1-\lambda) f(x_2) \end{aligned}$$

연습문제 6.11

$\text{epi} f = \{(x, t) : f(x) \leqslant t\}$일 때, f가 볼록함수 $\Leftrightarrow$ $\text{epi} f$가 볼록집합

i) ($\Rightarrow$) $\text{epi} f$에 속하는 임의의 두 점 (x_1, t_1), (x_2, t_2)는 $\text{epi} f$의 정의에 의해 $f(x_1) \leqslant t_1$, $f(x_2) \leqslant t_2$가 성립한다. $\text{epi} f$가 볼록집합임을 증명하기 위해 $0 \leqslant \lambda \leqslant 1$로 정의된

$(z,t)=\lambda(x_1,t_1)+(1-\lambda)(x_2,t_2)\in \mathrm{epi}f$임을 보이자.

$$\begin{aligned} f(z) &= f(\lambda x_1+(1-\lambda)x_2) \\ &\leqslant \lambda f(x_1)+(1-\lambda)f(x_2) \\ &\leqslant \lambda t_1+(1-\lambda)t_2 = t \end{aligned}$$

$\therefore$ $\mathrm{epi}f$는 볼록집합이다.

ii) ($\Leftarrow$) 임의의 두 점 x_1, x_2에 대해 $f(\lambda x_1+(1-\lambda)x_2)\leqslant \lambda f(x_1)+(1-\lambda)f(x_2)$를 보이자. $\mathrm{epi}f$의 정의에 의해 $(x_1,f(x_1)),(x_2,f(x_2))\in \mathrm{epi}f$이다. $\mathrm{epi}f$가 볼록집합이므로 $\lambda(x_1,f(x_1))+(1-\lambda)(x_2,f(x_2))\in \mathrm{epi}f$이다. $f(\lambda x_1+(1-\lambda)x_2)\leqslant \lambda f(x_1)+(1-\lambda)f(x_2)$가 된다. 따라서 f는 볼록함수이다.

연습문제 6.26

1.

$$\begin{aligned} \min \quad & x^T x = x_1^2+\cdots+x_n^2 \\ \text{s.t} \quad & x_1+\cdots+x_n=1 \end{aligned}$$

라그랑지안은 다음과 같다.

$$L(x,\lambda)=x_1^2+\cdots+x_n^2+\lambda(x_1+\cdots+x_n-1)$$

목적함수가 볼록함수이고 가능해 집합이 볼록집합이므로 주어진 문제는 볼록최적화문제이다. 따라서 KKT 최적화 조건을 만족하는 (x^*,λ^*)에 대해 x^*가 주어진 문제의 최적해이다.

KKT 최적화 조건은 $\begin{bmatrix} x_1+\cdots+x_n=1 \\ 2x_1+\lambda=0 \\ \vdots \\ 2x_n+\lambda=0 \end{bmatrix}$이므로 $x_i^*=-\frac{\lambda^*}{2}$이고 $-\frac{\lambda^*}{2}n=1$에 의해 $\lambda^*=-\frac{2}{n}$이 된다. $x_i^*=\frac{1}{n}$이고 최적목적함수값은 $\frac{1}{n}$이다.

2.

$$\begin{aligned} \min \quad & x_1+\cdots+x_n \\ \text{s.t} \quad & x_1^2+\cdots+x_n^2\leqslant 1 \end{aligned}$$

라그랑지안은 다음과 같다.

$$L(x,\mu)=x_1+\cdots+x_n+\mu(x_1^2+\cdots+x_n^2-1)$$

목적함수가 볼록함수이고 가능해 집합이 볼록집합이므로 주어진 문제는 볼록최적화문제이다. 따라서 KKT 최적화 조건을 만족하는 (x^*, μ^*)에 대해 x^*가 주어진 문제의 최적해이다.

KKT 최적화 조건은 $\begin{bmatrix} x_1^2 + \cdots + x_n^2 = 1 \\ \mu \geqslant 0 \\ 1 + 2\mu x_i = 0, \forall i \\ \mu(x_1^2 + \cdots + x_n^2 - 1) = 0 \end{bmatrix}$이므로 $x_i^* = -\frac{1}{2\mu^*}$이고 $\mu^* \neq 0$이므로

${x_1^*}^2 + \cdots + {x_n^*}^2 = 1$이다. $\frac{n}{4{\mu^*}^2} = 1$에서 $\mu^* = \frac{1}{2\sqrt{n}}$ $\therefore x_i^* = -\frac{1}{\sqrt{n}}$ 최적목적함수값은 $-\sqrt{n}$

이다.

연습문제 7.5

$$f(x_1, x_2) = 2x_1^2 + 2x_1 x_2 + x_2^2$$

$$\nabla f(x_1, x_2) = \begin{bmatrix} 4x_1 + 2x_2 \\ 2x_1 + 2x_2 \end{bmatrix}$$

1회 반복

(1) 탐색방향 $d = -\nabla f(x^{(0)}) = \begin{bmatrix} -2 \\ 0 \end{bmatrix}$

(2) 직선탐색 $f(x^{(0)} + \sigma d) = 2(1-2\sigma)^2 - 2(1-2\sigma) + 1 = 8\sigma^2 - 4\sigma + 1$ $\therefore \sigma = \frac{1}{4}$

(3) $x^{(1)} = x^{(0)} + \sigma d = \begin{bmatrix} 1/2 \\ -1 \end{bmatrix}$

2회 반복

(1) 탐색방향 $d = -\nabla f(x^{(0)}) = \begin{bmatrix} 0 \\ 1 \end{bmatrix}$

(2) 직선탐색 $f(x^{(0)} + \sigma d) = 2(1/2)^2 + 2(1/2)(-1+\sigma) + (-1+\sigma)^2 = \sigma^2 - \sigma + 1/2$

$\therefore \sigma = \frac{1}{2}$

(3) $x^{(2)} = x^{(1)} + \sigma d = \begin{bmatrix} 1/2 \\ -1/2 \end{bmatrix}$

$x^{(0)} \rightarrow x^{(1)} \rightarrow \cdots \rightarrow x^*$로 가까이 가게된다.

연습문제 7.6

$$f(x_1, x_2) = 2x_1^2 + x_2^2 - 8x_1 - 4x_2 + 12$$

$$\nabla f(x_1, x_2) = \begin{bmatrix} 4x_1 - 8 \\ 2x_2 - 4 \end{bmatrix}$$

$$d = -\nabla f(x^{(0)}) = \begin{bmatrix} -8 \\ -4 \end{bmatrix}$$

1회 반복 : $\sigma^{(0)} = 1$

(1) $f(x^{(0)} + \sigma^{(0)} d) = f(-4, 0) = 76$

(2) $f(x^{(0)}) + \sigma^{(0)} \rho \nabla f(x^{(0)})^T d = -48$

(3) $76 \nleq -48$ 이므로 2회 반복

2회 반복 : $\sigma^{(1)} = \dfrac{2}{3}$

(1) $f(x^{(0)} + \sigma^{(1)} d) = f(-4/3, 4/3) = 22.66$

(2) $f(x^{(0)}) + \sigma^{(1)} \rho \nabla f(x^{(0)})^T d = -28$

(3) $22.66 \nleq -28$ 이므로 3회 반복

3회 반복 : $\sigma^{(2)} = \dfrac{4}{9}$

(1) $f(x^{(0)} + \sigma^{(2)} d) = f(0.44, 2.22) = 4.88$

(2) $f(x^{(0)}) + \sigma^{(2)} \rho \nabla f(x^{(0)})^T d = -14.66$

(3) $4.88 \nleq -14.66$ 이므로 4회 반복

4회 반복 : $\sigma^{(3)} = \dfrac{8}{27}$

(1) $f(x^{(0)} + \sigma^{(3)} d) = f(1.62, 2.81) = 0.93$

(2) $f(x^{(0)}) + \sigma^{(3)} \rho \nabla f(x^{(0)})^T d = -5.77$

(3) $0.93 \nleq -5.7$ 이므로 5회 반복

같은 방법으로 6회 반복시 알고리듬이 종료되며 $x + \sigma^{(0)} d \rightarrow x + \sigma^{(1)} d \rightarrow \cdots \rightarrow x^*$로 가까이 가게 된다.

연습문제 7.8

$$\begin{aligned} f(x) &= 2x_1^2 - 8x_1 + x_2^2 - 6x_2 + 12 \\ &= 2(x_1 - 2)^2 + (x_2 - 3)^2 - 5 \end{aligned}$$

(1) 탐색방향 $d = -\nabla^2 f(x^{(0)})^{-1} \nabla f(x^{(0)}) = \begin{bmatrix} 1/4 & 0 \\ 0 & 1/2 \end{bmatrix} \begin{bmatrix} 8 \\ 2 \end{bmatrix} = \begin{bmatrix} -2 \\ -1 \end{bmatrix}$

(2) 직선탐색 $f(x^{(0)} + \sigma d) = 9\sigma^2 - 18\sigma - 8 \ \therefore \sigma = 1$

(3) $x^{(1)} = x^{(0)} + \sigma d = \begin{bmatrix} 2 \\ 3 \end{bmatrix}$

연습문제 7.9

$$\min \ f(x_1, x_2) = x_1^2 + 2x_1 - x_2 + e^{x_1+x_2}$$

f는 볼록함수 $x_1^2 + 2x_1 - x_2$, $e^{x_1+x_2}$의 합이므로 볼록함수이다. 따라서 $\nabla f(x) = 0$에서 최적해를 가진다.

$$\nabla f(x) = \begin{bmatrix} 2x_1 + 2 + e^{x_1+x_2} \\ -1 + e^{x_1+x_2} \end{bmatrix}$$

이므로 $x_1^* = -\dfrac{3}{2}$, $x_2^* = \dfrac{3}{2}$

$$\nabla^2 f(x) = \begin{bmatrix} 2 + e^{x_1+x_2} & e^{x_1+x_2} \\ e^{x_1+x_2} & e^{x_1+x_2} \end{bmatrix}$$

$$d = -\nabla^2 f(x^{(0)})^{-1} \nabla f(x^{(0)}) = -\begin{bmatrix} 2+e^2 & e^2 \\ e^2 & e^2 \end{bmatrix}^{-1} \begin{bmatrix} 4+e^2 \\ -1+e^2 \end{bmatrix} = \begin{bmatrix} -5/2 \\ 3/2 + 1/e^2 \end{bmatrix}$$

따라서 $x^* = x^{(0)} + \sigma d$를 만족하는 σ는 존재하지 않는다.

연습문제 7.10

$A(A^TA)^{-1}A^T$는 벡터 x를 A의 열공간으로 투영시키는 선형변환이다. A의 열공간과 A^T의 행공간이 같고, 역으로 A의 행공간과 A^T의 열공간이 같다. 따라서 벡터를 A의 행공간으로 투영시키는 선형변환은 $A^T(AA^T)^{-1}A$가 된다. 벡터 x는 A의 행공간에 투영시킨 x^1과 A의 빈공간에 투영시킨 x^2의 합으로 이루어진다. 즉, $x = x^1 + x^2$이다. 여기서 $x^1 = A^T(AA^T)^{-1}Ax$이므로 $x^2 = x - x^1 = x - A^T(AA^T)^{-1}Ax = (I - A^T(AA^T)^{-1}A)x$가 된다. $I - A^T(AA^T)^{-1}A$는 x를 A의 빈공간으로 투영시키는 선형변환이 된다.

연습문제 7.11

임의의 x에 대해 $P^2x = Px$를 보이면 되므로 우변의 값은 x는 A의 빈공간에 투영시킨 벡터이다. 그리고 좌변의 값은 $P(Px)$로 쓸 수 있으므로 A의 빈공간에 투영시킨 벡터를 다시 한번 A의 빈공간으로 투영시킨 벡터이다. 그런데 Px는 이미 A의 빈공간에 있으므로 변화가 없다. 따라서 좌변도 Px가 된다. 다른 방법으로는 $P^2 = (I - A^T(AA^T)^{-1}A)$ $(I - A^T(AA^T)^{-1}A) = I - 2A^T(AA^T)^{-1}A + A^T(AA^T)^{-1}AA^T(AA^T)^{-1} = I - A^T(AA^T)^{-1}A = P$. □

연습문제 7.14

$$\begin{aligned} \min \quad & 45x_1^2 + 75x_2^2 \\ \text{sub.to} \quad & \frac{1}{2}x_1 + x_2 + x_3 = 3 \end{aligned}$$

$$\nabla f(x) = \begin{bmatrix} 90x_1 \\ 150x_2 \\ 0 \end{bmatrix}$$

초기해에서의 $\nabla f(x^{(0)}) = \begin{bmatrix} 90 \\ 75 \\ 0 \end{bmatrix}$

탐색방향 $d = -(I - A^T(AA^T)^{-1}A\nabla f(x)$

$$= -\nabla f(x) + A^T(AA^T)^{-1}A\nabla f(x)$$

$$= \frac{1}{3}\begin{bmatrix} -190 \\ -65 \\ 160 \end{bmatrix}$$

연습문제 7.17

장벽 알고리듬을 실행하기 위해 문제를 다음과 같이 변환시킨다

$$\begin{aligned} \min \quad & x_1 + x_2 \\ \text{s.t} \quad & 2x_1 + x_2 = 2 \\ & x_1 - 1 \leqslant 0 \end{aligned} \quad \Rightarrow \quad \begin{aligned} \min \quad & x_1 + x_2 - \frac{1}{t}\log(1 - x_1) \\ \text{s.t} \quad & 2x_1 + x_2 = 2 \end{aligned}$$

1회 반복

(1) $t^{(0)} = 1$이므로 문제는

$$\begin{aligned} \min \quad & x_1 + x_2 - \log(1 - x_1) \\ \text{s.t} \quad & 2x_1 + x_2 = 2 \end{aligned}$$

$$\nabla f(x^{(0)}) = \begin{bmatrix} 1 + \dfrac{1}{1 - x_1} \\ 1 \end{bmatrix} = \begin{bmatrix} 2 \\ 1 \end{bmatrix}$$

(2) 직선탐색 $d = -(I - A^T(AA^T)^{-1}A)\nabla f(x^{(0)}) = \begin{bmatrix} 0 \\ 0 \end{bmatrix}$

(3) $x^{(1)} = x^{(0)} + \sigma d = \begin{bmatrix} 0 \\ 2 \end{bmatrix}$

(4) 부등호 제약식이 하나이고 $p/t = 1 > \varepsilon = 0.5$가 되므로 2회 반복 실시

2회 반복

(1) $t^{(1)} = \alpha t^{(0)} = 2$이므로 문제는

$$\begin{aligned} \min \quad & x_1 + x_2 - \frac{1}{2}\log(1 - x_1) \\ \text{s.t} \quad & 2x_1 + x_2 = 2 \end{aligned}$$

$$\nabla f(x^{(1)}) = \begin{bmatrix} 1 + \dfrac{1}{2\,(1 - x_1)} \\ 1 \end{bmatrix} = \begin{bmatrix} 3/2 \\ 1 \end{bmatrix}$$

(2) 직선탐색 $d = -(I - A^T(AA^T)^{-1}A)\nabla f(x^{(1)}) = \frac{1}{10}\begin{bmatrix} 1 \\ -2 \end{bmatrix}$

(3) 계산의 편의를 위해 $d = \begin{bmatrix} 1 \\ -2 \end{bmatrix}$라 하면 $x^{(2)} = x^{(1)} + \sigma d$

$$g(\sigma) = f(x^{(1)} + \sigma d) = \sigma + 2 - 2\sigma - \frac{1}{2}\log(1 - \sigma)$$

$g'(\sigma) = -1 + \frac{1}{2}\frac{1}{1 - \sigma} = 0$이므로 $g(\sigma)$가 최소가 되는 $\sigma^* = \frac{1}{2}$

$$x^{(2)} = x^{(1)} + \frac{1}{2}d = \begin{bmatrix} 1/2 \\ 1 \end{bmatrix}$$

연습문제 8.3

$$Q^* = \sqrt{\frac{2 \times 121 \times 20}{0.1}} = 220$$

연습문제 8.7

$(c - p)$: 붕어빵을 1개 팔았을 때 얻는 이익

$(c - s)$: 붕어빵을 만들었으나 팔지 못했을때 드는 비용

g : 신의성실 비용

연습문제 8.9

가. 2월 말에 땡처리할 수 있는 15만원을 8월 말 현재 시점의 가치로 변환해 주면 $\frac{15}{1.02^6}$ = 13.32만원이다. 이러한 13.32만원은 제품 한 단위당 처분 가격 s라고 할 수 있다. 따라서 $c_O = 25 - 13.32 = 11.68$, $c_U = 0 + 50 - 25 = 25$가 되고 $P_r(X \leqslant Q) = 0.68$이 된다. $\frac{X - 60}{5}$은 표준정규분포를 따르므로 $\frac{Q - 50}{5} = 0.47$이 되어 $Q^* = 63$개가 된다.

나. c_O, c_U에 변함이 없으므로, $P_r(X \leqslant Q) = 0.68$이다. 보간법을 이용하면 $F(49.43) = 0.68$이므로, $Q^* = 50$이다.

연습문제 8.11

1. 소매기업의 가격결정은 다음과 같은 최적화 문제가 된다.

$$\begin{aligned} \max \quad & (5000 - 10p_R)(0.75p_R - p_M) \\ \text{s.t} \quad & p_R \geqslant 0 \end{aligned}$$

p_R에 관해 미분하여 미분함수 값이 0이 될 때, 그때의 p_R이 최적가격이 되고 $p_R = 250 + \frac{2}{3}p_M$이다.

2. 제조기업의 가격결정은 다음과 같은 최적화 문제가 된다.

$$\begin{aligned} \max \quad & \{5000 - 10(250 + \tfrac{2}{3}p_M)\}p_M + 0.25\{5000 - 10(250 + \tfrac{2}{3}p_M)\}(250 + \tfrac{2}{3}p_M) \\ \text{s.t} \quad & p_M \geqslant 0 \end{aligned}$$

p_M에 관해 미분하여 미분함수 값이 0이 될 때, 그때의 p_M이 최적가격이 되고 $p_M = 160.1$이다.

3. $p_M = 160.1$이므로 $p_R = 356.73$, $D(356.63) = 1432.7$이다. 이때 제조기업과 소매기업이 거두는 총 수익은 다음과 같다.

$D(p_R)p_M + D(p_R)(p_R - p_M) = 1432.7 \times 160.1 + 1432.7 \times (356.73 - 160.1) = 511,087.1$

이는 제휴를 맺기 전 총 수입인 468,750보다 증가한 금액이다.

연습문제 8.17

미국에서 판매하는 책의 가격결정은 다음과 같은 최적화 문제가 된다.

$$\begin{aligned} \max \quad & p(10000 - 40p) \\ \text{s.t} \quad & p \geqslant 50 \end{aligned}$$

이 문제의 최적해는 $p = 125$이다.

낮은 가격 수요가 분포한 다른 국가에서 판매하는 책의 가격결정은 다음과 같은 최적화 문제가 된다.

$$\begin{aligned} \max \quad & p(10000 - 40 \cdot 125 - 40p) \\ \text{s.t} \quad & 50 \leqslant p \leqslant 125 \end{aligned}$$

이 문제의 최적해는 $p = 62.5$이다. 따라서 예 8.15보다 더 수익이 높은 가격은 설정할 수가 없다.

연습문제 8.19

실제 사업 여행객 수는 배정된 좌석 수보다 클 수도 있고 작거나 같을 수도 있다.

마찬가지로 실제 관광 여행객 수는 배정된 좌석 수보다 클 수도 있고 작거나 같을 수도 있다.

이러한 상황분석에 따라 $h(x)$의 각 항의 의미를 따져보면 다음과 같다.

$p\int_0^x uf(u)du$: 실제 사업 여행객 수 X가 용량 x보다 작을 경우의 수익의 기대값.

$px(1-F(x))$: 실제 사업 여행객 수 X가 용량 x보다 클 경우 수익의 기대값.

$p\int_0^{L-x} vf(v)dv$: 실제 관광 여행객 수 Y가 용량 y보다 클 경우 수익의 기대값.

$q(L-x)(1-G(L-x))$: 실제 관광 여행객 수 Y가 용량 y보다 작을 경우 수익의 기대값.

연습문제 8.20

조건 (8.80)은 $h'(x)$가 0이 되는 경우로 이를 만족하는 x는 안정점이다.

따라서 조건 (8.80)을 만족시키는 x는 주어진 문제의 최적해이다.

연습문제 8.21

다음을 만족하는 x가 최적해가 된다.

$$h'(x) = 366500\,(1-F(x)) - 200000\,(1-G(L-x)) = 0)$$

보간법에 의해 $x = 51.6$

연습문제 8.22

예 8.18은 오목함수 최대화 문제다. 따라서 현재 $h'(x)$의 값이 0보다 큰지 작은지를 계산하여 팔 것인지 말 것인지 정해야 한다.

$h'(x)$가 0보다 크면 추가로 발생한 관광 여행객에 대해 표를 파는 것이 이득이고 그렇지 않은 경우는 팔지 않는 것이 이익이다.

연습문제 8.24

최적 포트폴리오는 다음과 같다.

$$\min \quad (x_1 \ \ x_2)\begin{pmatrix}0.16 & 0.36\\0.36 & 0.81\end{pmatrix}\begin{pmatrix}x_1\\x_2\end{pmatrix} = 0.16x_1^2+0.72x_1x_2+0.81x_2^2$$

$$\text{sub.to} \quad (5 \ \ 10)\begin{pmatrix}x_1\\x_2\end{pmatrix} = 5x_1+10x_2 \geqslant 7.5$$

$$x_1+x_2=1$$

$$x_1 \geqslant 0, \quad x_2 \geqslant 0$$

최적해는 $x_1 = 0.5$, $x_2 = 0.5$이고 그때의 목적함수 값은 0.4225이다.

연습문제 8.26

주어진 a, c에 대해 예측값은 다음과 같다.

$$y(1) = a + c,\ y(2) = 4a + c,\ y(3) = 9a + c,\ y(4) = 16a + c$$

관측값과 예측값 사이의 오차를 최소화하는 회귀계수를 구해야 하는데, 회귀계수는 다음 문제의 최적해가 된다.

$$\min \left\| \begin{bmatrix}1 & 1\\4 & 1\\9 & 1\\16 & 1\end{bmatrix}\begin{bmatrix}a\\c\end{bmatrix} - \begin{bmatrix}3\\13\\20\\38\end{bmatrix} \right\|^2$$

이러한 회귀계수는 다음과 같다.

$$\begin{bmatrix}a\\c\end{bmatrix} = \left(\begin{bmatrix}1 & 4 & 9 & 16\\1 & 1 & 1 & 1\end{bmatrix}\begin{bmatrix}1 & 1\\4 & 1\\9 & 1\\16 & 1\end{bmatrix}\right)^{-1}\begin{bmatrix}1 & 4 & 9 & 16\\1 & 1 & 1 & 1\end{bmatrix}\begin{bmatrix}3\\13\\20\\38\end{bmatrix} = \begin{bmatrix}2.23\\1.76\end{bmatrix}$$

즉, 주어진 관측값에 대한 오차를 최소화하는 회귀모형은 $y = 2.23x^2 + 1.76$이다.

제7장

게임이론

연습문제 1.2

M \ L	A	B
A	3 7	5 10
B	10 5	1.5 3.5

연습문제 1.3

먼저, M은 L이 어떤 상권을 선택하는지에 상관없이 A상권을 선택하는 것이 더 큰 이익을 가져온다. 그리고 L은 M이 A상권을 선택할 것을 알기에 B상권을 선택하는 것이 더 좋은 전략이다. 따라서 M은 A상권, L은 B상권을 선택하는 경우가 균형이 된다.

연습문제 4.2

영희 \ 철수	콘서트	야구장
콘서트	25 50	0 0
야구장	0 0	50 25

연습문제 4.5

		LG	
		블루레이	HD-DVD
삼성	블루레이	45, 105	90, 110
	HD-DVD	50, 150	25, 25

삼성, LG 모두 우위전략은 존재하지 않는다. 균형은 (삼성, LG) = (블루레이, HD-DVD)와 (HD-DVD, 블루레이)에서 발생한다.

연습문제 4.7

		바베큐	
		15,000	10,000
양촌	15,000	500, 450	300, 495
	10,000	540, 270	360, 330

성과표 내의 이익의 단위는 10,000원이다. 양촌치킨과 바베큐치킨 모두 10,000원으로 파는 것이 우위전략이다. 따라서 균형은 (10,000원, 10,000원)에서 발생하며, 담합은 실패한다.

연습문제 4.8

예방접종을 하는 데는 9의 비용이 들어가지만, 한 명이라도 예방접종을 할 경우, 독감에 걸려 피해를 입을 가능성이 1로 줄어든다. 하지만 둘 모두 예방접종을 하지 않을 경우, 독감에 걸려 피해를 입을 가능성이 5가 된다. 이를 성과표로 나타내면 다음과 같다.

		타인	
		미접종	접종
나	미접종	−5 −5	−10 −1
	접종	−1 −10	−1 −1

즉, 나와 타인 모두 예방접종을 하지 않는 것이 우위전략이 되며, (미접종, 미접종)이 균형이 된다. 이것은 둘 모두 예방접종을 하는 것보다 더 안 좋은 성과를 가져오며, 이는 죄수의 딜레마에서 서로 자백을 하여 더 안 좋은 성과를 가져오는 결과와 같다.

연습문제 4.9

유한 번 반복할 경우 마지막 선택에서 죄수 B가 자백을 하는 것이 우위전략이 된다. 따라서 이전 죄수 A의 선택에서, 죄수 A는 다음 번에 죄수 B가 자백을 선택할 것을 알기 때문에 죄수 A 또한 자백을 선택한다. 즉, 유한 번 반복할 경우 (자백, 자백)이 균형이 된다.

하지만 무한번 반복할 경우 서로 묵비를 유지하는 것이 우위전략이 되므로 최종적으로 (묵비, 묵비)가 균형이 된다.

연습문제 4.12

2인 게임에서 두 참가자 I, II에 대하여, I의 우위전략은 s, II의 우위 전략은 t라 하자. 그러면 I이 어떤 전략을 선택하더라도 t가 II에게는 최선의 전략이므로, I이 s를 선택할 때 t가 II에게 최선의 전략이 된다. 마찬가지로 II이 t를 선택할 때, s가 I에게 최선의 전략이 된다. 따라서 우위전략의 조합 (s,t)는 내쉬균형이 된다.

연습문제 4.15

사슴을 사냥할 시 총 10에 해당하는 고기 양을 얻을 수 있고, 토끼는 총 2에 해당하는 고기 양을 얻을 수 있다고 하자. 이때 성과표는 다음과 같다 :

		을	
		사슴	토끼
갑	사슴	5 5	2 0
	토끼	0 2	1 1

갑-을의 사냥 전략의 균형은 (사슴, 사슴)과 (토끼, 토끼)에서 발생한다.

연습문제 4.16

갑이 끼어들 의도를 가진 운전자, 을이 양보 여부를 결정할 운전자라고 하자. 갑은 끼어드는 대안 A와 끼어들지 않는 대안 B를 갖는다. 을은 양보하지 않는 대안 C와 양보하는 대안 D를 갖는다. 몇가지 가정과 함께 성과표를 작성해 보자 :

		을	
		C	D
갑	A	−50 −50	−1 0
	B	0 −5	0 −5

(A, C) : 사고가 발생하는 상황이다.

(A, D) : 끼어드는 운전자에게 양보하는 상황이다.

(B, C), (B, D) : 끼어들지 못하고 길을 돌아가는 상황이다.

갑-을의 운전 전략의 균형은 (A, D)와 (B, C)에서 발생한다. 즉, 끼어드는 운전자에게 양보하는 균형과 끼어들지도 양보하지도 않는 균형 두 가지이다. 현실에서 끼어드는 차량이 있을 때, 즉 갑이 A대안을 시행할 때는 양보를 하는 것이 최선이다. 양보하는 사람은 마음이 넓어서 양보한다기보다 자신의 이익에 따른 행동을 하는 것에 가깝다.

연습문제 4.27

왼쪽의 경우에 대한 벡크만 최적화 모형은 다음과 같다.

$$\begin{aligned} \min \quad & \int_0^{f_P}(x+1)dx + \int_0^{f_Q}(x+1)dx \\ \text{sub.to} \quad & f_P + f_Q = 1, \\ & f_P, f_Q \geqslant 0. \end{aligned}$$

라그랑지안을 쓰면 다음과 같다.

$$L(f, \lambda, \mu) = (\frac{1}{2}f_P^2 + f_P) + (\frac{1}{2}f_Q^2 + f_Q) + \lambda(f_P + f_Q - 1) - \mu_P f_P - \mu_Q f_Q$$

라그랑지안에 대한 KKT 조건을 기술하면 다음 조건들을 얻는다 :

$$\begin{aligned} f_P + 1 + \lambda - \mu_P &= 0, \\ f_Q + 1 + \lambda - \mu_Q &= 0, \\ f_P + f_Q &= 1, \\ \mu_P f_P &= 0, \\ \mu_Q f_Q &= 0, \\ \mu_P, \mu_Q &\geqslant 0. \end{aligned}$$

위 조건들을 만족하는 $f_P, f_Q, \lambda, \mu_P, \mu_Q$를 찾아보자. 먼저 $f_P > 0$이라고 가정하자. 그렇다면 $\mu_P = 0$이기 때문에, $f_P = -\lambda - 1$이고, 뒤이어 $f_Q = \lambda + 2$, $\mu_Q = 2\lambda + 3$임을 알 수 있다. 이때 $\mu_Q f_Q = 0$이어야 하기 때문에, $(\lambda + 2)(2\lambda + 3) = 0$이다. 즉, λ는 -2이거나 $-\frac{3}{2}$이다. $\lambda = -2$인 경우, $\mu_Q < 0$이기 때문에 제외시키면 결국 $\lambda = -2$이고, $f_P = f_Q = \frac{1}{2}$, $\mu_P = 0$, $\mu_Q = 0$인 해를 얻는다.

두번째로, $f_P = 0$이라고 가정하자. 그렇다면 $f_Q = 1$, $\mu_Q = 0$이므로, $\lambda = -2$이다. 이 경우 $\mu_P = \lambda + 1 < 0$이므로 불가능하다.

즉, KKT 조건을 만족하는 해는 $\lambda = -2$이고, $f_P = f_Q = \frac{1}{2}$, $\mu_P = 0$, $\mu_Q = 0$뿐이다. 이것이 왼쪽 경우에 대한 벡크만 모형의 최적해이다.

오른쪽의 경우에 대한 벡크만 최적화 모형은 다음과 같다.

$$\begin{aligned} \min \quad & \int_0^{f_P+f_R} x dx + \int_0^{f_Q+f_R} x dx + \int_0^{f_P} 1 dx + \int_0^{f_Q} 1 dx \\ \text{sub.to} \quad & f_P + f_Q + f_R = 1, \\ & f_P, f_Q, f_R \geqslant 0. \end{aligned}$$

라그랑지안을 쓰면 다음과 같다.

$$L(f,\lambda,\mu)=\frac{1}{2}(f_P+f_R)^2+f_P+\frac{1}{2}(f_Q+f_R)^2+f_Q+\lambda(f_P+f_Q+f_R-1)$$
$$-\mu_P f_P-\mu_Q f_Q-\mu_R f_R$$

라그랑지안에 대한 KKT 조건을 기술하면 다음을 조건들을 얻는다 :

$$f_P+f_R+1+\lambda-\mu_P=0,$$
$$f_Q+f_R+1+\lambda-\mu_Q=0,$$
$$2f_R+f_P+f_Q+\lambda-\mu_Q=0,$$
$$f_P+f_Q+f_R=1,$$
$$\mu_P f_P=0,$$
$$\mu_Q f_Q=0,$$
$$\mu_R f_R=0,$$
$$\mu_P,\mu_Q,\mu_R\geqslant 0.$$

위 조건들을 만족하는 $f_P, f_Q, f_R, \lambda, \mu_P, \mu_Q, \mu_R$을 찾아보자. 먼저 $f_R > 0$이라고 가정하자. 그렇다면 $\mu_R=0$이기 때문에, $f_R=-\lambda-1$이고, 뒤이어 $f_P=\mu_P=0$, $f_Q=\mu_Q=0$이다. 즉, $f_R=1$이고, $\lambda=-2$이다.

그리고 $f_R=0$이라고 하자. 그리고 추가적으로 $f_P > 0$이라고 가정하자. 그렇다면 $\mu_P=0$이고, $f_P=-\lambda-1$이다. 뒤이어, $f_Q=\lambda+2$, $\mu_Q=2\lambda+3$이다. 그렇다면 $f_Q\mu_Q=0$에 의해 λ는 -2 혹은 $-\frac{3}{2}$이다. 하지만 $\lambda=-2$일 경우에는 $\mu_Q < 0$으로 불가능하고, $\lambda=-\frac{3}{2}$일 경우에는 $\mu_R < 0$으로 불가능하다. 이는 $f_P=0$이라고 가정했을 때도 마찬가지이다. 즉, $f_R=0$이면서 KKT 조건을 만족하는 해는 없다.

즉, KKT 조건을 만족하는 해는 $\lambda=-2$이고, $f_R=1$, $f_P=f_Q=\mu_P=\mu_Q=0$뿐이다. 이것이 오른쪽 경우에 대한 벡크만 모형의 최적해이다.

연습문제 4.32

리시버가 포핸드로 받을 준비를 할 확률을 p라 하고, 서버가 포핸드로 받아야 하는 위치로 공을 넣을 확률을 q라 하자.

만약 서버가 포핸드로 받아야 하는 위치로 공을 넣는다면, 리시버의 기대 성과는 $0.9p+0.4(1-p)$이다. 그리고 만약 서버가 백핸드로 받아야 하는 위치로 공을 넣는다면, 리시버의 기대 성과는 $0.2p+0.6(1-p)$이다. 만약 리시버가 $0.9p+0.4(1-p) > 0.2p+0.6(1-p)$를 만족하도록 p를 준비하고 있다면, 서버는 백핸드 쪽으로만 공을 넣는 것이 이롭고, 반대의 경우, 리시버가 $0.9p + 0.4(1-p) < 0.2p + 0.6(1-p)$를 만족하도록 p를 준비하고 있다면, 서버는 포핸드 쪽으로만 공을 넣는 것이 이롭다. 그리고 이때 리시버는 $0.9p + 0.4(1-p) = 0.2p + 0.6(1-p)$인 경우보다 항상 낮은 성과를 얻는다.

즉, 리시버는 $0.9p + 0.4(1-p) = 0.2p + 0.6(1-p)$를 만족하도록 확률 p를 준비하고 있어야 한다. 결국 $p = \frac{2}{9}$이다.

마찬가지 논리를 서버에 대해서도 적용하면 $q = \frac{4}{9}$임을 알 수 있다.

연습문제 5.6

(포기, 가격경쟁)도 하나의 균형이다. 이를 위해 양방향으로 균형의 정의를 만족하는지 살펴보자.

기업 I이 진입을 포기한다면, 기업 II는 용인하든 가격경쟁을 하든 성과가 같으므로, 가격경쟁을 하는 입장을 고수하는 것도 최선이다. 그리고 기업 II가 가격경쟁을 하겠다고 입장을 고수하고 있다면, 기업 I의 경우 진입을 포기하는 것이 최선이다.

연습문제 5.8

성과는 (사오정의 성과, 저팔계의 성과, 손오공의 성과) 순서쌍으로 표현하도록 한다.

먼저, 한 명이 총에 맞고 나머지 두 명이 생존한 상황에서 나타나는 결투를 살펴보면, 총 여섯 가지의 상황이 있다 :

2-1 손오공과 사오정이 남고, 손오공이 먼저 사격하는 경우
손오공은 사오정을 쏜다. 그때의 기대 성과는 $(0, 0, 1)$이다.

2-2 손오공과 저팔계가 남고, 손오공이 먼저 사격하는 경우
손오공은 저팔계를 쏜다. 그때의 기대 성과는 $(0, 0, 1)$이다.

2-3 사오정과 손오공이 남고, 사오정이 먼저 사격하는 경우
사오정은 손오공을 쏜다. 그때의 기대 성과는 $(0.3, 0, 0.7)$이다.

2-4 사오정과 저팔계가 남고, 사오정이 먼저 사격하는 경우
사오정은 저팔계를 쏜다. 그때의 기대 성과는 $(15/43, 28/43, 0)$이다.

2-5 저팔계와 손오공이 남고, 저팔계가 먼저 사격하는 경우
저팔계는 손오공을 쏜다. 그때의 기대 성과는 $(0, 0.8, 0.2)$이다.

2-6 저팔계와 사오정이 남고, 저팔계가 먼저 사격하는 경우
저팔계는 사오정을 쏜다. 그때의 기대 성과는 $(3/43, 40/43, 0)$이다.

지금부터, 세 명이 생존한 상황을 고려하자. 세 명 중에서 사격 순서가 가장 마지막인 손오공의 입장부터 고려하자. 앞선 두 명이 어떤 대안을 시행했느냐에 따라 손오공의 대응은 달라진다.

3-1 사오정과 저팔계가 서로를 사격하였으나 모두 생존한 경우

손오공은 허공에 사격한다. 그후엔 게임이 반복되고, 또 사오정과 저팔계가 서로를 사격할 것이다. 그들의 결투가 끝난 후, 생존자를 쏘면 손오공이 결투에서 승리한다. 그때의 기대 성과는 $(0, 0, 1)$이다.

3-2 사오정과 저팔계가 모두 허공에 사격한 경우

손오공은 저팔계를 쏜다. 만약 허공에 사격하여 게임이 반복되는 경우, 게임은 끝나지 않고 성과는 발생하지 않는다. 0보다 큰 성과를 발생시키기 위해서는, 손오공은 사오정과 저팔계 중 한 명을 사격해야 한다. 이때, 사오정을 사격한 경우엔 2-5 상황으로, 저팔계를 사격한 경우엔 2-3 상황에 해당하므로, 손오공 자신의 기대 성과를 높이려면 저팔계를 쏘게 된다. 이때의 기대 성과는 $(0.3, 0, 0.7)$이다.

3-3 사오정과 저팔계 중 하나라도 손오공을 사격하였으나 명중하지 못한 경우

손오공은 저팔계를 쏜다. 사오정이든 저팔계든 손오공을 사격하였으나 명중에 실패한 경우, 3-2 상황에서 언급했던 것과 같은 이유로 저팔계를 쏘는 것이 이롭다. 이때의 기대 성과는 $(0.3, 0, 0.7)$이다.

이제 저팔계의 입장을 고려하자. 저팔계는 사오정이 어떤 대안을 시행했느냐에 따라 대응이 달라진다.

3-4 사오정이 허공에 사격한 경우

저팔계는 손오공을 사격한다. 이러한 이유를 모든 상황에 따라 분석해 보자.

i) 만약 저팔계가 허공에 사격하면 3-2 상황에 해당하고 그때 저팔계의 기대 성과는 0이다.

ii) 저팔계가 사오정을 사격했다고 하자. 명중한 경우는 2-2 상황에 해당하고 저팔계의 기대 성과는 0이다. 명중하지 못한 경우에는 3-3 상황에 해당하고 저팔계의 기대 성과는 0이다.

iii) 저팔계가 손오공을 사격했다고 하자. 명중한 경우 2-4 상황에 해당하고, 그때의 기대 성과는 $(15/43, 28/43, 0)$이다. 명중하지 못한 경우는 3-3 상황에 해당하고, 그때의 기대 성과는 $(0.3, 0, 0.7)$이다. 저팔계가 손오공을 사격할

시의 기대 성과는 $28/43 \times 0.8 > 0$이므로 손오공을 사격한다.

3-5 사오정이 저팔계를 사격하였으나 명중하지 못한 경우

저팔계는 손오공을 사격한다. 저팔계가 어떤 선택을 하든 손오공은 저팔계를 사격할 것이기 때문이다. 이때의 기대 성과는 $0.8 \times (15/43, 28/43, 0)$이다.

3-6 사오정이 손오공을 사격하였으나 명중하지 못한 경우

저팔계는 손오공을 사격한다. 이 이유는 3-5 상황과 같다. 이때의 기대 성과도 3-5와 마찬가지로 $0.8 \times (15/43, 28/43, 0)$이다.

마지막으로 사오정의 입장을 고려하자. 먼저 사오정이 저팔계를 사격했다고 하자. 명중한 경우는 2-1 상황에 해당하여 사오정의 기대 성과는 0이다. 명중하지 못한 경우, 3-5 상황에 해당하고 기대 성과는 $0.8 \times (15/43, 28/43, 0)$이다. 즉, 사오정이 저팔계를 사격했을 때의 기대 성과는 $0.7 \times 0.8 \times (15/43, 28/43, 0)$이다.

다음 상황으로, 사오정이 손오공을 사격했다고 하자. 명중한 경우 2-6에 해당하고 그때의 기대 성과는 $(3/43, 40/43, 0)$이다. 명중하지 못한 경우는 3-6 상황에 해당하고 기대 성과는 $0.8 \times (15/43, 28/43, 0)$이다. 즉, 사오정이 손오공을 사격했을 때의 기대 성과는 $0.3 \times (3/43, 40/43, 0) + 0.7 \times 0.8 \times (15/43, 28/43, 0)$이다.

사오정이 허공에 사격했다고 하자. 이때의 상황은 3-4에 해당하여, 기대 성과는 $0.8 \times (15/43, 28/43, 0) + 0.2 \times (0.3, 0, 0.7)$이다.

세 가지 경우 중 사오정의 기대 성과가 가장 높은 것은 사오정이 허공에 사격한 경우이다.

이를 모두 정리하면, 사오정은 허공에 사격하고, 그후 저팔계는 손오공을 사격, 그리고 만약 손오공이 생존할 시 손오공은 저팔계를 사격하게 된다. 이것이 최적전략이다. 그때의 기대 성과는 $(0.34, 0.52, 0.14)$로 저팔계의 생존 가능성이 가장 크다.

연습문제 5.9

A가 먼저 시작한다고 가정하자. A에게는 필승 전략이 존재하는데 이는 다음과 같다.

1) 게임이 시작할 시, 정중앙에 동전을 놓는다.
2) 그후 B가 원판 위 어떤 지점에 동전을 놓으면, A는 정중앙을 기준으로 B가 놓은 곳의 반대 지점에 동전을 놓는다. 이를 계속 반복한다.

A가 위 전략을 시행할 시 항상 승리한다. 이를 증명하기 위해, A가 패배한다고 가정하자. A가 동전을 놓을 자리가 없었다는 것은, B가 동전을 놓은 자리의 반대 지점에 이미 동전이 놓여 있었다는 것이다. 하지만 A의 전략상 그런 지점은 존재하지 않으므로 모

순이다.

연습문제 5.10

바둑을 역귀납법으로 풀기 위해서는 게임 나무를 먼저 구축해야 한다. 하지만 바둑의 경우 게임 나무의 크기가 매우 큼을 알 수 있다. 처음 시작하는 게임 참가자의 바둑알을 놓을 수 있는 지점은 총 $19 \times 19 = 361$개이다. 그후 상대방이 놓을 수 있는 지점은 360개이다. 이런 식으로 게임 나무를 모두 키워나가면, 게임 나무는 $361!$개의 마디를 가질 것이다. 물론 바둑판의 대칭성으로 인해 마디의 수가 어느 정도 줄어들지만, 여전히 매우 큰 수이다. 이러한 게임 나무에 역귀납법을 적용하는 것은 불가능하다.

연습문제 5.11

편의상 두 정당을 A, B라 하자. 이때, A, B 모두 $\frac{1}{2}$에 강령을 밝히는 것이 균형이다.

이를 증명하기 위해, A가 $\frac{1}{2}$이 아닌 점 a에 강령을 밝혔다고 하자. 만약 A의 강령 a가 $\frac{1}{2}$보다 작은 경우, B는 a에 매우 작은 $\varepsilon > 0$을 더한 지점 $a+\varepsilon$으로 강령을 밝힐 것이다. 이때의 성과는 A가 a, B는 $1-\varepsilon-a$로 B의 성과가 더 크다.

만약 A의 강령 a가 $\frac{1}{2}$보다 큰 경우, B는 a에 매우 작은 $\varepsilon > 0$을 뺀 지점 $a-\varepsilon$으로 강령을 밝힐 것이다. 이때의 성과는 A가 $1-a$, B는 $a-\varepsilon$으로 B의 성과가 더 크다.

이는 B의 입장에서도 마찬가지이다. 따라서 두 정당 모두 $\frac{1}{2}$에 이념적 강령을 밝힐 것이다.

연습문제 5.12

이 게임의 균형은 없다.

연습문제 5.13

가. 마지막 선택 단계서부터 역귀납법을 적용하며 윗 단계로 올라오면, 항상 '멈춤'을 선택하는 것이 최선으로 나타난다. 따라서 맨 처음 갑이 게임을 진행시키지 않고 멈추는 것이 균형이다.

나. 현실에서는 두 사람이 협력하여 두 사람의 이득의 합이 최대가 되는 지점으로 게임을 진행할 수 있다. 하지만 두 사람이 서로를 불신한다면 결국 역귀납법의 결과대로 나타날 수 있다. 따라서 서로가 얼마나 협력할 수 있는 상황인지에 따라 그 결과가 달라짐을 알 수 있다.

연습문제 5.15

내쉬 균형은 {가격경쟁, (진입,포기)}, {가격경쟁, (포기,포기)} {용인, (진입,진입)}으로 총 세 개이다. 이 중에서 부분게임완전균형은 {가격경쟁, (진입,포기)}뿐이다.

연습문제 6.2

$A_{22} \geqslant A_{12} = 1,\ A_{22} \geqslant A_{32} = 0$이고, $A_{22} \leqslant A_{21} = 4,\ A_{22} \leqslant A_{23} = 3$이기 때문에 안장점이다.

연습문제 6.10

엑셀을 통해 선형계획문제를 푼 결과는 다음과 같다.

갑과 을의 혼합전략은 둘 모두 가위를 $\frac{1}{6}$, 바위를 $\frac{1}{2}$, 보를 $\frac{1}{3}$ 확률로 내는 것이다.

	(6.27)			
	z	x1	x2	x3
결정변수	0	0.166667	0.5	0.333333
목적함수	0			
제약조건	0	<=	0	
	0	<=	0	
	0	<=	0	
	1	=	1	

	(6.30)			
	w	y1	y2	y3
결정변수	0	0.166667	0.5	0.333333
목적함수	0			
제약조건	0	>=	0	
	0	>=	0	
	0	>=	0	
	1	=	1	

연습문제 6.12

$$
\begin{aligned}
\max \quad & c_1 x_1 + c_2 x_2 + c_3 x_3 \\
\text{sub.to} \quad & a_{11} x_1 + a_{12} x_2 + a_{13} x_3 \leqslant b_1, \\
& a_{21} x_1 + a_{22} x_2 + a_{23} x_3 \leqslant b_2, \\
& x_1 \geqslant 0, \quad x_2 \geqslant 0, \quad x_3 \geqslant 0.
\end{aligned}
$$

위 선형계획문제의 쌍대문제는 다음과 같다.

$$
\begin{aligned}
\min \quad & b_1 y_1 + b_2 y_2 \\
\text{sub.to} \quad & a_{11} y_1 + a_{21} y_2 \geqslant c_1, \\
& a_{12} y_1 + a_{22} y_2 \geqslant c_2, \\
& a_{13} y_1 + a_{23} y_2 \geqslant c_3, \\
& y_1 \geqslant 0, \quad y_2 \geqslant 0.
\end{aligned}
$$

먼저 이를 증명하도록 하자 :

위 선형계획의 원-쌍대 가능해 쌍이 주어졌다고 하자. 이 가능해들의 목적함수 값이 일치하는 것과 다음을 만족하는 것은 동치이다. (이를 상보여유조건이라 한다.)

$$\begin{aligned}(b_1 - a_{11}x_1 - a_{12}x_2 - a_{13}x_3)y_1 &= 0,\\ (b_2 - a_{21}x_1 - a_{22}x_2 - a_{23}x_3)y_2 &= 0,\\ (a_{11}y_1 - a_{21}y_2 - c_1)x_1 &= 0,\\ (a_{12}y_1 - a_{22}y_2 - c_2)x_2 &= 0,\\ (a_{13}y_1 - a_{23}y_2 - c_3)x_3 &= 0.\end{aligned}$$

먼저 정방향을 증명하기 위해, 원-쌍대 가능해 쌍 (x^*, y^*)의 목적함수 값이 일치한다고 가정하자. 즉,

$$(b_1y_1^* + b_2y_2^*) - (c_1x_1^* + c_2x_2^* + c_3x_3^*) = 0.$$

원문제의 제약조건의 의해 $b_i \geqslant a_{i1}x_1^* + a_{i2}x_2^* + a_{i3}x_3^*$이므로, 위 조건은

$$\begin{aligned}(b_1y_1^* + b_2y_2^*) - (c_1x_1^* + c_2x_2^* + c_3x_3^*) &\geqslant (a_{11}x_1^* + a_{12}x_2^* + a_{13}x_3^*)\,y_1^*\\ &\quad + (a_{21}x_1^* + a_{22}x_2^* + a_{23}x_3^*)\,y_2^*\\ &\quad - (c_1x_1^* + c_2x_2^* + c_3x_3^*)\\ &= (a_{11}y_1^* + a_{21}y_2^* - c_1)\,x_1^*\\ &\quad + (a_{12}y_1^* + a_{22}y_2^* - c_2)\,x_2^*\\ &\quad + (a_{13}y_1^* + a_{23}y_2^* - c_3)\,x_3^*\end{aligned}$$

이때 쌍대문제의 제약조건과 원문제의 비음조건에 의해 마지막 식은 0보다 크거나 같아야 한다. 따라서 샌드위치 정리에 의해 마지막 식은 0과 정확히 같아야 한다. 즉,

$$(a_{11}y_1^* + a_{21}y_2^* - c_1)x_1^* + (a_{12}y_1^* + a_{22}y_2^* - c_2)x_2^* + (a_{13}y_1^* + a_{23}y_2^* - c_3)x_3^* = 0.$$

한편 위 식은 비음수의 곱의 합이므로 이것이 0이 되기 위해선

$$\begin{aligned}(a_{11}y_1 + a_{21}y_2 - c_1)x_1 &= 0,\\ (a_{12}y_1 + a_{22}y_2 - c_2)x_2 &= 0,\\ (a_{13}y_1 + a_{23}y_2 - c_3)x_3 &= 0,\end{aligned}$$

를 만족해야 한다. 이와 동일한 방법으로 $(b_1 - a_{11}x_1 - a_{12}x_2 - a_{13}x_3)y_1 = 0$, $(b_2 - a_{21}x_1 - a_{22}x_2 - a_{23}x_3)y_2 = 0$도 증명할 수 있다.

역을 증명하기 위해, 원-쌍대 가능해 쌍이 다음을 만족한다고 가정하자.

$$
\begin{aligned}
(b_1 - a_{11}x_1^* - a_{12}x_2^* - a_{13}x_3^*)y_1^* &= 0, \\
(b_2 - a_{21}x_1^* - a_{22}x_2^* - a_{23}x_3^*)y_2^* &= 0, \\
(a_{11}y_1^* + a_{21}y_2^* - c_1)x_1^* &= 0, \\
(a_{12}y_1^* + a_{22}y_2^* - c_2)x_2^* &= 0 \\
(a_{13}y_1^* + a_{23}y_2^* - c_3)x_3^* &= 0.
\end{aligned}
$$

그렇다면

$$
\begin{aligned}
(b_1y_1^* + b_2y_2^*) - (c_1x_1^* + c_2x_2^* + c_3x_3^*) \geqslant\ & (a_{11}x_1^* + a_{12}x_2^* + a_{13}x_3^*)\,y_1^* \\
& + (a_{21}x_1^* + a_{22}x_2^* + a_{23}x_3^*)\,y_2^* \\
& - (c_1x_1^* + c_2x_2^* + c_3x_3^*) \\
=\ & (a_{11}y_1^* + a_{21}y_2^* - c_1)\,x_1^* \\
& + (a_{12}y_1^* + a_{22}y_2^* - c_2)\,x_2^* \\
& + (a_{13}y_1^* + a_{23}y_2^* - c_3)\,x_3^* \\
=\ & 0.
\end{aligned}
$$

또한

$$
\begin{aligned}
(c_1x_1^* + c_2x_2^* + c_3x_3^*) - (b_1y_1^* + b_2y_2^*) \leqslant\ & (a_{11}y_1^* + a_{21}y_2^*)x_1^* \\
& + (a_{12}y_1^* + a_{22}y_2^*)x_2^* \\
& + (a_{13}y_1^* + a_{23}y_2^*)x_3^* \\
& - (b_1y_1^* + b_2y_2^*) \\
=\ & -(b_1 - a_{11}x_1^* - a_{12}x_2^* - a_{13}x_3^*)y_1^* \\
& - (b_2 - a_{21}x_1^* - a_{22}x_2^* - a_{23}x_3^*)y_2^* \\
=\ & 0.
\end{aligned}
$$

즉,

$$(b_1y_1^* + b_2y_2^*) = (c_1x_1^* + c_2x_2^* + c_3x_3^*).$$

을 만족한다.

이제 원 연습문제로 돌아가자. 증명해야 하는 것은, 원-쌍대 쌍의 목적함수 값이 일치하는 가능해 쌍이 존재하는 것과 다음의 성과행렬을 가지는 제로섬게임에서 한 참가자가 기대성과가 $t > 0$이 되는 안장점 혼합전략 $(t, z_1, z_2, z_3, z_1, z_2)^T$를 가지는 것과 동치라는 것이다.

$$\overline{A} = \begin{bmatrix} 0 & -c_1 & -c_2 & -c_3 & b_1 & b_2 \\ c_1 & 0 & 0 & 0 & -a_{11} & -a_{21} \\ c_2 & 0 & 0 & 0 & -a_{12} & -a_{22} \\ c_3 & 0 & 0 & 0 & -a_{13} & -a_{23} \\ -b_1 & a_{11} & a_{12} & a_{13} & 0 & 0 \\ -b_2 & a_{21} & a_{22} & a_{23} & 0 & 0 \end{bmatrix}.$$

먼저 정방향을 증명하기 위해, 목적함수 값이 일치하는 원-쌍대 가능해 쌍을 (x^*, y^*) 라고 하자. 이때 $M = \Sigma_{i=1}^{3} x_i + \Sigma_{j=1}^{2} y_i + 1$를 도입하여 혼합전략 z^*, w^*를 정의하자. 이때 $M > 0$이다.

$$z^* = w^* = [1, x_1^*, x_2^*, x_3^*, y_1^*, y_2^*]^T / M.$$

먼저 $\min_w (z^*)^T \overline{A} w$를 만족하는 w를 구하자.

$$\min_w (z^*)^T \overline{A} w = \min_w \begin{bmatrix} 0 \\ -c_1 + a_{11} y_1^* + a_{21} y_2^* \\ -c_2 + a_{12} y_1^* + a_{22} y_2^* \\ -c_3 + a_{13} y_1^* + a_{23} y_2^* \\ b_1 - a_{11} x_1^* - a_{12} x_2^* - a_{13} x_3^* \\ b_2 - a_{21} x_1^* - a_{22} x_2^* - a_{23} x_3^* \end{bmatrix}^T w/M.$$

위 계산에서 확인할 수 있듯, $(z^*)^T \overline{A}$는 비음벡터이다. 따라서 목적함수를 0으로 만들 수 있는 혼합전략 w가 있다면 최적전략임을 알 수 있다. 이때, 앞서 증명한 상보여유조건에 의해 w^*가 위 목적함수를 0으로 만들기 때문에 w^*는 z^*에 대한 최적 대응 전략이다. 이제 $\max_z z^T \overline{A} w^*$를 만족하는 z를 구하자. 이때 $\overline{A}^T = -\overline{A}$임을 이용하면,

$$\max_z (w^*)^T \overline{A}^T z = \max_z - (w^*)^T \overline{A} z = \min_z (w^*)^T \overline{A} z.$$

으로 앞서 확인한 문제와 동일한 문제이다 즉, z^*가 w^*에 대한 최적 대응 전략이다. 따라서 (z^*, w^*)는 안장점 혼합전략 쌍이다.

반대 방향을 증명하기 위해, $\overline{A}$ 성과행렬을 가지는 제로섬게임에서 한 참가자가 기대성과가 $t > 0$이 되는 안장점 혼합전략 $(t, z_1, z_2, z_3, z_1, z_2)^T$를 갖는다고 하자. 편의 상 이 벡터를 $z^* = (t, x_1, x_2, x_3, y_1, y_2)^T$라 하고, $x = (x_1, x_2, x_3)$, $y = (y_1, y_2)$라 하자.

어떤 참가자의 안장점 혼합전략이 z^*라는 것은, $(z^*)^T \overline{A} \geqslant 0$ 혹은 $\overline{A} z^* \leqslant 0$임을 의미한다.

즉,

$$(z^*)^T\overline{A} = \begin{bmatrix} c_1x_1 + c_2x_2 + c_3x_3 - b_1y_1 - b_2y_2 \\ -tc_1 + a_{11}y_1 + a_{21}y_2 \\ -tc_2 + a_{12}y_1 + a_{22}y_2 \\ -tc_3 + a_{13}y_1 + a_{23}y_2 \\ tb_1 - a_{11}x_1 - a_{12}x_2 - a_{13}x_3 \\ tb_2 - a_{21}x_1 - a_{22}x_2 - a_{23}x_3 \end{bmatrix}^T \geqslant 0.$$

$t > 0$이므로, 위 식은 다음과 같이 정리할 수 있다.

$$\begin{gathered} c_1x_1/t + c_2x_2/t + c_3x_3/t \geqslant b_1y_1/t + b_2y_2/t, \\ a_{11}y_1/t + a_{21}y_2/t \geqslant c_1, \\ a_{12}y_1/t + a_{22}y_2/t \geqslant c_2, \\ a_{13}y_1/t + a_{23}y_2/t \geqslant c_3, \\ a_{11}x_1/t + a_{12}x_2/t + a_{13}x_3/t \leqslant b_1, \\ a_{21}x_1/t + a_{22}x_2/t + a_{23}x_3/t \leqslant b_2, \end{gathered}$$

z^*는 비음 벡터이므로 $(x/t,\ y/t)$도 비음 벡터이고, 위 조건들에 의해 x/t는 원 문제의 가능해이고, y/t는 쌍대 문제의 가능해이다. 또한 그 목적함수 값은 x/t가 y/t보다 크거나 같다. 하지만 약쌍대정리에 의해 원문제(최대화)의 목적함수 값은 항상 쌍대문제의 목적함수 값보다 작거나 같아야 하므로, $(x/t,\ y/t)$는 목적함수 값이 일치하는 가능해 쌍이다.

참고문헌

Management Science third edition Reference

최적화연구회, 제2회 최적화워크샵, 발표자료, 2005. 2.

I. Adler, A. L. Erera, D. S. Hochbaum, and E. V. Olinick, "Baseball, Optimization, and the World Wide Web," *Interfaces* 32, 2002.

C. Audet, J. Brimberg, P. Hansen, S. L. Digabel, and N. Mladenovic, "Pooling Problem: Alternate Formulations and Solution Methods," *Management Science* 50, 2004.

J. L. Balintfy, "The cost of decent subsistence," *Management Science*, 25(10) 980-989, 1979.

T. Bernholt, A. Gulich, T. Hofmeister, and N. Schmitt, "Football Elimination Is Hard to Decide Under the 3-Point-Rule," *LNCS* 1672, 1999.

K. Binmore, *Fun and Game*, D.C. Heath, 1992.

J. A. Bondy and U. S. R. Murty, *Graph theory with applications*, Elsevier, New York, 1976.

Gérard P. Cachon, "Supply Chain Coordination with Contracts," S. C. Graves and T. de Kok, *Handbooks in Operations Research and Management Science: Supply Chain Management: Design, Operations and Coordination*, North-Holland, 2003.

J. D. Camm, T. E. Chorman, F. A. Dill, L. R. Evans, and G. W. Wegryn, "Blending OR/MS Judgement and GIS: Restructuring P&G's Supply Chain," *Interface* 27, 1997.

V. Chvátal, *Linear Programming*, W. H. FREEMAN AND COMPANY, 2000.

W. J. Cook and W. H. Cunningham, W. R. Pulleyblank, and A. Schrijver, *Combinatorial Optimization*, Wiley, New York 1998.

G. B. Dantzig, "Reminiscence about the origin of linear programming," in Mathematical Programming, edited by R.W. Cottle, M. L. Kelmanson, and B. Korte, Elservier, 1984.

R. Dawkins, *The selfish gene*, Oxford University Press, 1989.

A. K. Dixit and B. J. Nalebuff, *Thinking Strategically*, Norton, 1991.

M. R. Garey and D. S. Johnson, *Computers and Intractability*, Freedman, 1979.

S. Garner and S. I. Gass, "Stigler's diet problem revisited," *Operations Research* 49(1) 1–13, 2001.

B. F. Goeller and The PAWN Team, "Planning the Netherlands' Water Resources," *Interfaces 15*, 1985.

C. Gueret, C. Prins, and M. Sevaux, *Applications of optimization with Xpress–MP*, Dash Optimization Ltd., 2000.

R. Hassin, "Approximation schemes for the restricted shortest path problems," *Mathematics of Operations Research* 17, 1992.

F. S. Hillier, M. S. Hillier, and G. J. Lieberman, *Introduction to Management Science*, McGraw–Hill, 1999.

S. –P. Hong, K. M. Kim, K. Lee, and B. H. Park, "A pragmatic algorithm for the train–set routing : The case of Korea high–speed railway," *OMEGA* 37, 2009.

S. –P. Hong, H. Lee, and B. H. Park, "An efficient multicast routing algorithm for delay–sensitive applications with dynamic membership," IEEE INFOCOM, pp.1433–1440, 1998.

D. Klingman, "The Successful Deployment of Management Science throughout Citgo Petroleum Corporation," *Interfaces 17*, 1987.

R. C. Leachman, "Application of mathematical optimization to semiconductor production planning," in *Handbook of Applied Optimization* edited by M. Resende, P. Pardolos, Oxford University Press, New York, 2002.

V. Lin, *Advanced semiconductor production planning*, PhD thesis, University of California, Berkeley, CA. 1999.

C. M. Liu and H. D. Sherali, "A Coal shipping and blending problem for an electric utility company," *Omega 28*, 2000.

S. Nahmias, *Production and operations analysis*, McGraw–Hill, 2008.

N. Naderializadeh and K. A. Crowe, "Formulating the integrated forest harvest–scheduling model to reduce the cost of the road–networks," *Operational Research*, 20(4), 2283–2306, 2020.

R. M. Nesse and G. C. Williams, *Why we get sick*, Vintage. 1996.

J. von Neumann and O. Morgenstern, *The theory of games and economic behavior*, Princeton University Press, 1944.

N. Nisan et al, *Algorithmic game theory*, Cambridge University Press, 2007.

T. Roughgarden, "Existence, uniqueness, and potential functions" N. Nisan et al ed, *Algorithmic game theory*, Cambridge University Press, 2007.

T. Roughgarden and E. Tardos, "Intoduction to the inefficiency of equilibria," N. Nisan et al ed, *Algorithmic game theory*, Cambridge University Press, 2007.

H. Shachnai and T. Tamir, "Polynomial Time Approximation Schemes for Class–Constrained Packing Problems," *LNCS* 1913, 2000.

G. Stigler, "The cost of substance," *J. Farm Economics*, 25 303–314, 1945.

P. E. Taylor and S. J. Huxley, "A Break from Tradition for the San Francisco Police: Patrol Officer Scheduling Using an Optimization–Based Decision Support System," *Interface* 19, 1989.

M. Trick, "Best Possible Outcome," *Optimize* 15, 2003.

W. L. Winston and S. C. Albright *Practical Management Science*, Duxbury, 1997.

L. A. Wolsey, *Integer Programming*, John Wiley & Sons, Inc., 1998.

F. Zhang, "Supply Chain Coodination," Wiely Encyclopedia of Operations Research and Management Science, 2010.

http://blogs.cornell.edu/info2040/2011/09/25/real–life–example–of–braesss–paradox–bostons–big–dig/

http://www.stanleymilgram.com/milgram.php

찾아보기 (국문)

Management Science third edition Index

찾아보기
(영문)

Management Science
third edition
Index

A

B

C

D

T

V

W

지은이에 대하여

홍성필

현, 서울대학교 산업공학과 교수.

서울대 산업공학과 졸업, 동 대학원 산업공학과 수리계획 전공.

UC Berkeley, IEOR 학과에서 조합최적화 논문으로 박사학위 취득.

University of Waterloo, Combinatorics and Optimization 학과 방문 부교수로 1년간 연구.

중앙대학교 안성캠퍼스 상경학부 교수 역임.

경영과학회지, 대한산업공학회지 최적화분야 편집위원 역임.

대한산업공학회 이사 역임.

경영과학회 부회장 역임.

다수의 최적화 이론 및 응용 논문들을 Mathematical Programming, SIAM Journal on Optimization, Networks, OR Letters, Transportation Research Part B 같은 국내외 학회지와 학회에서 발표.

조합최적화, SDP, 근사해법, 경영과학 응용 등에 관심을 가지고 있음.

특히, 학제적 분야인 경영과학이 국내에서 정착 발전하는 데 일조하려고 노력하고 있음.

2015 현우곽수일경영과학학술상 수상

제3판 경영과학

초　판 1쇄 발행 2010년 7월 10일
제2판 1쇄 발행 2014년 2월 25일
제3판 2쇄 발행 2023년 7월 25일

지은이 홍성필

펴낸이 박기남
펴낸곳 **율곡출판사**
08590 서울시 금천구 가산디지털1로 84(에이스하이엔드 8차), 803호
전화 (代) 02) 718-9872/3
팩스 02) 718-9874
home-page www.yulgokbooks.co.kr
e-mail yulgokbook@naver.com
등록 1989.11.10. 제2014-000031호(윤)
ISBN 979-11-91812-34-3　93320

정가 35,000원